Brief und Bildung

EPISTULA

Texte und Studien zur antiken Briefliteratur
Texts and Studies on Ancient Letter Writing

Herausgegeben von / Edited by
Eve-Marie Becker, Alfons Fürst, Michael Grünbart

Wissenschaftlicher Beirat / Advisory Board
Thomas J. Bauer (Erfurt), Gesine Manuwald (London),
Bronwen Neil (Sydney), Alexander Riehle (Cambridge MA)

Band 1

Brief und Bildung

Von der Antike bis zur Moderne

Herausgegeben von
Eve-Marie Becker und Alfons Fürst

DE GRUYTER

ISBN 978-3-11-074229-9
e-ISBN (PDF) 978-3-11-074245-9
e-ISBN (EPUB) 978-3-11-074257-2

Library of Congress Control Number: 2023951291

Bibliografische Information der Deutschen Nationalbibliothek
Die Deutsche Nationalbibliothek verzeichnet diese Publikation in der Deutschen Nationalbibliografie; detaillierte bibliografische Daten sind im Internet über http://dnb.dnb.de abrufbar.

© 2024 Walter de Gruyter GmbH, Berlin/Boston
Einbandabbildung: Wandmalerei mit Schreibutensilien aus dem Haus der Julia Felix in Pompeij: Papyrusrolle, gebundene Wachstafeln mit Schreibstift, Tafel mit Griff (*tabula ansata*). Art Collection 2, Alamy, ID: HR2AF3.
Satz: Integra Software Services Pvt. Ltd.
Druck und Bindung: CPI books GmbH, Leck

www.degruyter.com

Vorwort

Der vorliegende Band zum Thema *Brief und Bildung* eröffnet die neue Reihe *Epistula*, die als Publikationsforum für *Texte und Studien zur antiken Briefliteratur* gedacht ist. Der Zeitraum ‚Antike' reicht dabei von den Anfängen der Schriftkultur im Alten Orient und Ägypten über die griechisch-hellenistische und römische Welt des Mittelmeerraumes samt den insbesondere im Osten angrenzenden Gebieten und über die römische Kaiserzeit und die Spätantike bis hinein in das frühe Mittelalter im Westen, in die byzantinische Zeit im Osten und in die frühe islamische Welt im Osten und Süden des Mittelmeers. In den Blick genommen werden alle Kulturen, Sprachen und Religionen, die es in diesen Regionen in dieser Epoche gab. Die religiösen Überlieferungen umfassen die altorientalischen und antiken paganen Kultformen ebenso wie das Judentum und das Christentum in ihren vielfältigen regionalen Ausprägungen sowie den sich in der Spätantike entwickelnden Islam.

In allen diesen Kulturen und Religionen waren Briefe eines der wichtigsten Medien der Kommunikation. Die Spannweite dieser äußerst flexibel verwendbaren Gattung reicht von Gebrauchsbriefen des alltäglichen Lebens in familiären Beziehungen sowie in wirtschaftlichen, rechtlichen und politischen Angelegenheiten über inhaltlich und rhetorisch anspruchsvolle, traktatähnliche Briefe zu philosophischen Themen mit Anleitungen zur rechten Lebensführung – sei es auf philosophischer Basis, sei es im Rahmen religiöser Lebensformen – bis hin zu literarisch kunstvoll und bisweilen auch in Gedichtform ausgefeilten Schreiben, in denen die Gebildeten besonders in der Spätantike ihre freundschaftlich-sozialen Kontakte pflegten und über Fragen aller Art im brieflichen Medium diskutierten. Briefe bilden daher nicht nur ein ausgesprochen vielfältiges und lebendiges historisches Quellenmaterial, aus dem sich zahlreiche Aspekte der antiken Welt erheben lassen, sondern auch eine Art intellektuellen und dichterischen Gestaltungsraum, der ihre Autoren und deren reale oder fiktionale Adressaten über Raum und Zeit hinweg kommunikativ zusammenführt.

Die Forschung zu den aus der Antike erhaltenen Briefen und Briefcorpora hat in den letzten Jahrzehnten einen kräftigen Aufschwung genommen. Die Aspekte, die dabei untersucht werden, reichen von der Materialität des Briefschreibens und den sozialen, institutionellen und ideellen Bedingungen der Produktion, der Übermittlung und der Rezeption von Briefen über Fragen der Gattung, der Topik, der Stilistik und der Rhetorik bis hin zu Analysen der Inhalte von Briefen und der in ihnen geführten kontroversen Debatten über politische, religiöse, philosophische, theologische, ethische und lebenspraktische Themen. Die Reihe *Epistula* trägt dieser Entwicklung Rechnung und zielt darauf, dem weit verzweigten und kreativen Terrain der Briefforschung, auf dem sich die Klassischen Altertumswissenschaften und die antike Theologie- und Religionsgeschichte einschließlich der bibelwissenschaftlichen Disziplinen produktiv begegnen, sowohl ein Forum zu bieten als auch neue Impulse zu geben.

Die Grundlage für den vorliegenden Band *Brief und Bildung* bildete eine Ringvorlesung an der Universität Münster im Sommersemester 2021, die aufgrund der Corona-Pandemie und der dadurch verursachten Einschränkungen online stattfand. Sie beleuchtete die vielfältigen Zusammenhänge zwischen der Gattung ‚Brief' und einer in einem weiten Sinn aufgefassten ‚Bildung' – hier verstanden als Überbegriff über Erziehung, Ausbildung und ‚Gebildetheit' – aus einer transkulturellen und diachronen Perspektive. Die Vorträge wurden für den Band um einige weitere Beiträge ergänzt, so dass ein breites Panorama an Fachdisziplinen versammelt ist, das von der Ägyptologie und Papyrologie bis zur Klassischen Philologie (sowohl Gräzistik als auch Latinistik), der Geschichte der Antike und der antiken Philosophie und vom antiken Judentum und der neutestamentlichen Exegese bis zur Alten Kirchengeschichte und Patristik reicht und schließlich in einem Ausblick von der Kirchengeschichte der Neuzeit bis zur Erziehungswissenschaft (Historische Bildungsforschung) und der Germanistik (Neuere Deutsche Literaturwissenschaft) in die Moderne führt.

Die Herausgeberin und der Herausgeber des vorliegenden ersten Bandes der Reihe *Epistula* danken den Teilnehmerinnen und Teilnehmern der Ringvorlesung herzlich dafür, dass sie ihre Vorträge zu Aufsätzen ausgearbeitet und für diesen Band zur Verfügung gestellt haben, und wir danken den weiteren Autorinnen und Autoren für ihre Bereitschaft, zusätzliche Beiträge zu verfassen. Zudem gilt unser Dank Rebecca Meerheimb, Studentische Hilfskraft am Neutestamentlichen Seminar der Evangelisch-Theologischen Fakultät der Universität Münster, für ihre Hilfe bei der formalen Gestaltung der Manuskripte, sowie Alexandra Löbker und Annelina Rudolph, Studentische Hilfskräfte am Seminar für Alte Kirchengeschichte der Katholisch-Theologischen Fakultät, für die Anfertigung der Stellenregister. Und schließlich danken wir Dr. Monnica Klöckener, Akademische Rätin a.Z. am Seminar für Alte Kirchengeschichte der Katholisch-Theologischen Fakultät, für eine gründliche Lektüre der Druckfahnen und die Erarbeitung des Namen- und Begriffsregisters.

Münster, 30. September 2023
Eve-Marie Becker und Alfons Fürst

Inhaltsverzeichnis

Vorwort —— V

EINFÜHRUNG

Alfons Fürst
Brief und Bildung. Grundaspekte ihres Verhältnisses in der Antike —— 3

BRIEF UND BILDUNG IN DER PAGANEN ANTIKE

Alexandra von Lieven
Briefe und Bildung im Alten Ägypten am Beispiel der sog. *Satirischen Streitschrift* —— 37

Patrick Sänger und Kerstin Sänger-Böhm
Brief und Bildung im Lichte der Papyri —— 67

Niko Strobach
Asynchrone Bildung? Epikur als Verfasser von Briefen —— 85

Christine Schmitz
Poetische Briefe an gebildete Leser —— 101

Heinz-Günther Nesselrath
Dichtung und Wahrheit in der antiken Briefliteratur. Der Fall des Apollonios von Tyana —— 129

Matthias Haake
Die briefliche Kommunikation zwischen Herrschern und Philosophen in der Antike. Texte – Inhalte – Semantik – Intentionen —— 149

Wolfgang Hübner
Der Brief in der antiken Katarchenhoroskopie —— 175

BRIEF UND BILDUNG IN DER JÜDISCHEN UND CHRISTLICHEN ANTIKE

Lutz Doering
Wissensvermittlung in antiken jüdischen Briefen —— 207

Eve-Marie Becker
Transformational Leadership in Phil 1–3. How Paul Educates his Followers through Idealised Influence —— 231

Holger Strutwolf
„Fernunterricht". Die gnostischen Lehrschreiben an Flora und Rheginos —— 249

Alfons Fürst
Die Briefe des Origenes als Bildungsliteratur —— 275

Gina Derhard-Lesieur
Hieronymus' ‚Miniatur-Viten' ep. 23, 24 und 38. Moralische Erbauung durch Intertexte —— 317

Peter Gemeinhardt
Bildung in Briefen – Bildung durch Briefe. Spätantike christliche Briefe als Medien theologischer, rhetorischer und pastoraler Kommunikation —— 335

AUSBLICKE IN NEUZEIT UND MODERNE

Jürgen Overhoff
Briefe zur Bildung der Jugend im Zeitalter der Aufklärung. Joachim Heinrich Campes wegweisende Korrespondenz mit Kindern und Jugendlichen —— 363

Albrecht Beutel
Johann Gottfried Herder im epistolographischen Streit. Ein Musterfall hermeneutischer Aufklärung —— 379

Martina Wagner-Egelhaaf
Sohn- und Vater-Bildung. Zu Kafkas *Brief an den Vater* **—— 401**

Register —— 419

Stellen —— 419

Namen und Begriffe —— 437

EINFÜHRUNG

Alfons Fürst
Brief und Bildung
Grundaspekte ihres Verhältnisses in der Antike

1 Brief und Bildung: Grundverhältnisse

a) Zum Bildungsbegriff in der Antike

Ehe auf einige Grundaspekte der Beziehung zwischen Brief und Bildung in der Antike eingegangen werden kann, ist zunächst der Begriff ‚Bildung' kurz zu erläutern. Im Hinblick auf den vorliegenden Sammelband dürfte es zielführend sein, einen weiten Bildungsbegriff zugrunde zu legen, der sowohl die Aspekte von Erziehung und Ausbildung als auch deren Resultat, die ‚Gebildetheit', umfasst. Die damit indizierten Bildungsprozesse und Bildungsziele beziehen sich nicht nur auf kognitive Lernvorgänge und Fähigkeiten, bei denen Inhalte, Wissen und Kompetenzen vermittelt und erworben werden. Vielmehr geht es bei den Prozessen der Erziehung und Ausbildung auch um eine umfassende ‚Bildung' der Persönlichkeit, die den Doppelsinn der ‚Gestaltung' und der daraus resultierenden ‚Gestalt' eines Subjekts hat. Die affektiven, ethischen und sozialen Aspekte von ‚Bildung' spielen dabei ebenso eine Rolle wie die intellektuellen und rationalen.

Dieser weite Begriff von Bildung entspricht dem, was in der griechischen Antike als παιδεία bezeichnet wurde[1] – ein Wort, dem der deutsche, vom althochdeutschen *bildunga*, „Bildnis, Gestalt, Schöpfung", abgeleitete, von Meister Eckhart in philosophisch-mystischen Kontexten geprägte und in der zweiten Hälfte des 18. Jahrhunderts in der Pädagogik sich durchsetzende Begriff ‚Bildung'[2] im genannten umfassenden Sinn ganz gut entspricht, wofür es aber zum Beispiel im Englischen kaum einen äquivalenten Begriff gibt – *education* oder *literacy* fangen jeweils nur Teilaspekte ein –, weshalb es weithin üblich geworden ist, das antike Wort als Fremdwort ‚Paideia' zu gebrauchen.[3] Schon das Lateinische hatte keinen adäquaten Begriff für die griechi-

---

[1] Zur Begriffsgeschichte siehe den hinsichtlich seiner historiographischen Kategorien zwar überholten, doch aufgrund seiner vielfältigen Informationen immer noch nützlichen Überblick von G. Bertram, „παιδεύω, παιδεία", 597–603, dem die im Folgenden angeführten Belege entnommen sind.
[2] Siehe dazu E. Lichtenstein, „Bildung"; U. Frost, „Bildung I und III"; G. Zenkert, „Bildung I".
[3] So im Titel eines Klassikers aus den Altertumswissenschaften: W. Jaeger, *Paideia*. H.-I. Marrou hingegen bevorzugte für seine klassische Studie den Begriff ‚Erziehung', im frz. Original: *Histoire de l'éducation dans l'antiquité*, auf dt.: *Geschichte der Erziehung im klassischen Altertum* (wobei

---

Alfons Fürst, Münster

sche παιδεία im ganzheitlichen Sinn zur Verfügung, denn *educatio* fängt nur den Erwerb von Bildung durch Erziehung und Ausbildung ein, aber nicht das angestrebte Resultat eines umfassend intellektuell, emotional, moralisch und sozial ‚gebildeten' Menschen; auch Begriffe wie *doctrina*, „Lehre" oder „Gelehrsamkeit", und *disciplina*, „Disziplin", „Lebensordnung", decken jeweils nur Teilaspekte ab. Allenfalls die Wörter *eruditio* (das jedoch ebenfalls stärker den Erziehungsaspekt betont) und eher noch *humanitas* fangen alle Konnotationen der griechischen παιδεία ein.[4] Die „enzyklopädische Bildung" (ἐγκύκλιος παιδεία) in sämtlichen Wissenschaften als Ideal des freien Bürgers einer griechischen Polis wurde im Lateinischen zu den *artes liberales*, zu den „Wissenschaften, mit denen ein freier Mann sich beschäftigt"[5] – was zu einem weiteren Aspekt des antiken Bildungsbegriffs führt.

Von entscheidender Wichtigkeit für die antike ‚Paideia' ist der unumgehbare Wert des Individuums, das über sich selbst bestimmt, aus sich selbst heraus in Freiheit handelt und für sein Entscheiden und Handeln verantwortlich ist.[6] ‚Bildung' im Sinne von ‚Paideia' ist etwas, das nicht von außen oder von oben jemandem ‚beigebracht' oder gar aufgedrängt und aufgezwungen werden kann, sondern etwas, das sich ein Subjekt nur aus seiner ureigenen persönlichen Perspektive he-

---

éducation allerdings auch ‚Bildung' heißen kann), während er für seine Studie *Saint Augustin et la fin de la culture antique* das Wort ‚Kultur' verwendete, wofür die dt. Übersetzung den Begriff ‚Bildung' einsetzte: *Augustinus und das Ende der antiken Bildung*. Diese Buchtitel illustrieren auf ihre Weise die Probleme der Begrifflichkeit.

4 Das bringt Aulus Gellius, noct. Att. XIII 17,1, im 2. Jahrhundert n. Chr. in folgender Aussage zum Ausdruck: In korrektem Latein werde unter *humanitas* nicht, wie zu seiner Zeit üblich, „Menschenfreundlichkeit" verstanden, wofür die Griechen das Wort φιλανθρωπία gebrauchten, „sondern man verstand unter *humanitas* ungefähr das, was die Griechen als παιδεία bezeichnen, wofür wir Unterrichtung/Erziehung und Einführung in die guten Künste/Wissenschaften sagen. Diejenigen, die aufrichtig/ernsthaft nach diesen trachten und streben, sind die im eigentlichen Sinn am meisten ‚Gebildeten'": ... *humanitatem appellauerunt id propemodum quod Graeci παιδείαν uocant, nos eruditionem institutionemque in bonas artis dicimus. Quas qui sinceriter cupiunt adpetuntque, hi sunt uel maxime humanissimi*. Dieser klassische Sprachgebrauch liegt übrigens vor, wenn Erasmus von Rotterdam im Widmungsbrief vom 25. Mai 1522 zu seiner *Anleitung zum Briefschreiben* (*De conscribendis epistolis*) seinen Freund Nicolas Berauld eingangs als *eruditissime* und am Schluss als *vir humanissime*, also als „hochgebildet", anredet (ASD I–2, 205.2; 208.4–5).

5 Siehe dazu H. Fuchs, „Enkyklios Paideia"; G. Rechenauer, „Enkyklios Paideia". Vgl. Cicero, orat. III 127: *liberales doctrinae atque ingenuae*; wörtlichere lat. Wiedergaben bieten Vitruv I 1,12: *encyclios disciplina* (vgl. VI praef. 4: *litteratura encyclosque doctrinarum omnium disciplina*) und Martianus Cappella IX 998: *disciplinae cyclicae*.

6 Zur antiken Geschichte dieses Gedankens siehe L. Siedentop, *Die Erfindung des Individuums*, 15–176; für diesen Gedanken im Frühchristentum siehe A. Fürst, „Origenes über Individualität, Selbstbestimmung und Selbstsorge".

raus aktiv und freiwillig aneignen kann. Seit Platon geht es darum, „sich selbst zu bilden".[7] Solche Selbst-Bildung ist ohne Freiheit nicht denkbar (und umgekehrt gilt, dass die Vorstellung von der Freiheit des Menschen notwendig mit dem Gedanken von Erziehung und Bildung verbunden ist[8]). Nicht zuletzt deshalb war der Bildungsbegriff in der Antike mit der sozialen Stellung und den Tätigkeiten eines freien Mannes (in seltenen Fällen auch einer freien Frau[9]) verbunden, also ein Phänomen der wohlhabenden Oberschicht. Da für die Antike insgesamt von einer höchstens moderaten Alphabetisierungsquote von wohl deutlich unter 10% auszugehen ist – wobei mit erheblichen epochalen und regionalen Unterschieden zu rechnen ist, mit einer höheren Quote in den griechischen Städten der hellenistischen Zeit und einer spürbaren Abnahme in der Spätantike vom 3. Jahrhundert n. Chr. an –, waren selbst die elementaren Kulturtechniken des Lesens und Schreibens nur wenigen Menschen und auch dann wohl oft nur auf mäßigem Niveau zugänglich.[10] Die Sklaven und die breiten Schichten der Bevölkerung und meist auch die Frauen waren von Bildung ausgeschlossen,[11] und im antiken Christentum war

---

7 Platon, polit. VI 500 d: ἑαυτὸν πλάττειν.
8 Siehe dazu Th. Kobusch, „Freiheit als Prinzip", 20–27.
9 P. Gemeinhardt, Bildung, 47 Anm. 125 verweist als Zeugnisse hierfür auf Perpetua, die in pass. Perp. 2,1 (SC 417, 104–106) als liberaliter instituta bezeichnet wird, und auf die namentlich nicht genannte Tochter eines Rhetoriklehrers, von der Hieronymus berichtet, sie sei „in der Beredsamkeit ihrem Vater gleichgekommen", chron. a. 336 (GCS Eus. 7/1, 233): Nazarii rhetoris filia in eloquentia patri coaequatur. Lese- und Schreibkompetenz von Frauen belegt z. B. eine Geburtstagseinladung um das Jahr 100 n. Chr., die unter den Vindolanda-Täfelchen (T.Vindol. 291) erhalten ist: Claudia Severa, die Gattin des Kommandeurs einer Nachbargarnison, lädt die Frau des Lagerkommandanten Flavius Cerealis, Sulpicia Lepidina, zur Feier ihres Geburtstags ein, wobei sie den Schlussgruß eigenhändig hinzufügt (vgl. auch die weitere Korrespondenz der beiden Frauen: ebd. 292–293, ferner ebd. 294). Zu teilweise noch älteren Briefen von Frauen aus dem griechisch-römischen Ägypten siehe R. S. Bagnall/R. Cribiore, Women's Letters from Ancient Egypt.
10 Das ist das Ergebnis der Studie von W. V. Harris, Ancient Literacy (für die Spätantike ebd. 285–322).
11 Vgl. etwa Aristoteles, pol. VI 2, 1317 b 38–41, der „Bildung" zusammen mit „Abstammung" und „Besitz" aufführt, und zwar als das Gegenteil von „gemeine Abkunft, Armut und Dummheit": ἐπειδὴ ὀλιγαρχία καὶ γένει καὶ πλούτῳ καὶ παιδείᾳ ὁρίζεται, τὰ δημοτικὰ δοκεῖ τἀναντία τούτων εἶναι, ἀγένεια πενία βαναυσία. Im selben Sinne äußerten sich Platon, Prot. 312 b; polit. VII 536 e; nom. VII 817 e–819 a, und Seneca, ep. 88,2: liberalia studia dicta sint, ... quia homine libero digna sunt. Die Beschränkung von Bildung auf die Freien und Reichen wird auch in Papyri und Inschriften bezeugt, z. B. P.Oxy. II 265.24: τὴν πρέ]πουσαν ἐλευθέροις παισὶ παιδείαν (Ägypten: Oxyrhynchos, 81–95 n. Chr.); SIG[3] 578.62–63: τὴν παιδείαν τῶν ἐλευθέρων παίδων (Kleinasien: Teos, 2. Jahrhundert v. Chr., anlässlich der Gründung einer Schule). Epiktet, ein freigelassener Sklave und stoischer Philosoph, protestierte gegen diese Einschränkung: diss. II 1,22.25.

das nicht anders.¹² Dieses soziale Setting von Bildung gilt auch für das Thema ‚Brief und Bildung', denn einen Brief zu schreiben und zu lesen erfordert Grundkenntnisse im Lesen und Schreiben. Wer nicht selbst einen Brief schreiben konnte, wandte sich im Bedarfsfall, etwa in Verwaltungsangelegenheiten, an einen professionellen Briefschreiber, der den Brief im Namen seines Auftraggebers aufsetzte.¹³

b) Bildungsbegriff und Briefgattung

Diese Aspekte des antiken Bildungsbegriffs lassen sich mit der Gattung des Briefes auf unterschiedliche Weise in Beziehung setzen. Geht es um Inhalte und um das Niveau von Bildung, lässt sich das Verhältnis auf die Formeln ‚Brief als Bildung' und ‚Bildung im Brief' bringen. Ein Brief als solcher steht für einen gewissen Grad an Bildung und spiegelt die ‚Gebildetheit' sowohl des Verfassers – sei es nur auf dem basalen Niveau der Lese- und Schreibkompetenz, sei es in höchsten Graden gelehrter Bildung – als auch das von ihm erwartete oder angenommene Bildungsniveau des Adressaten. Zudem kann ein Brief Bildungsinhalte und Bildungsziele sowie Techniken und Methoden zu deren Erwerb formulieren und kommunizieren und somit durch seine Thematik explizit als ‚Bildungsbrief' auftreten, wie das zum Beispiel bei philosophischen Lehrbriefen der Fall ist. Darüber hinaus kann ein Brief dazu eingesetzt werden, Bildungsprozesse anzuregen und anzuleiten, wofür die Formel ‚Bildung durch Briefe' stehen kann. Aufgrund der engen Bindung von Bildung an deren individuelle Aneignung geht es bei diesen Bildungsprozessen um Persönlichkeits- und Selbst-Bildung. Damit dürften drei grundlegende Bestimmungen des Verhältnisses von ‚Brief und Bildung' benannt sein.

c) Der Brief als Bildung – Bildung im Brief

Ein Brief an sich ist schon aufgrund seiner bloßen Existenz ein Dokument von Bildung. Wer einen Brief schreiben und lesen kann, hat zumindest die basalen Kulturtechniken des Schreibens und Lesens erlernt. Über dieses Grundlagenniveau hinaus dokumentieren Briefe sodann verschiedene Bildungsgrade – je nachdem, wie weit es jemand auf dem Gebiet von Bildung und Ausbildung gebracht hat. Die Briefkultur der Antike weist eine enorm hohe Spannweite auf. Sie reicht

---

12 Siehe dazu W. V. Harris, *Ancient Literacy*, 302–306, mit dem Fazit ebd. 311: „In practice the fathers of the church accepted with complete equanimity the ignorance of the lay poor. Spreading education beyond what must have seemed its naturally established boundaries was not a matter of concern to them. Neither the church nor the new political order which it superintended gave any help to elementary education ..." (mit berechtigter Kritik an anderslautenden apologetischen Behauptungen mancher Kirchenhistoriker).
13 Siehe dazu Th. J. Bauer, „Sekretäre, Diktier- und Kopierwesen, Schreiber".

von alltäglichen Gebrauchsbriefen bis zu stilistisch ausgefeilten literarischen Briefen. Jene sind vor allem in Originalen dokumentiert, die auf Papyri oder anderen haltbaren Materialien wie Tonscherben (Ostraka), Holztäfelchen oder Bleiplättchen, selten auch Wachstäfelchen, und inschriftlich auf Stein erhalten sind,[14] diese sind in der Regel handschriftlich überliefert, und deren Apex stellen Briefe in Versform dar, in denen das hohe rhetorische und literarische Niveau ihrer Autoren beredten Ausdruck findet.[15]

Alle antiken Briefe, Gebrauchsbriefe des Alltags ebenso wie Briefe auf literarischem Niveau, folgten Normen. In den Handbüchern mit Regeln und Mustern für das Briefschreiben, den sogenannten ‚Briefstellern', wurden ausgefeilte Theorien über Brieftopik, Briefrhetorik und Briefstil entwickelt.[16] Diese Theoriebildung machte den Brief zum Gegenstand einer Bildung, die weit mehr Teilen der antiken Bevölkerung zugänglich war als die professionelle rhetorische Ausbildung im spezifischen Sinne. Es gab in der Antike ein sehr eingehendes theoretisches Nachdenken über den Brief: über die Merkmale, die einen Text zum Brief machen,[17] über formale Anforderungen, über Regeln für Anfang und Ende, also die Anrede- und Schlussformeln mit den Schlussgrüßen,[18] über den angemesse-

---

14 Siehe dazu N. Hömke, „Antike Privat- und Alltagsbriefe", mit dem Beispiel der weit über tausend Vindolanda-Täfelchen aus dem gleichnamigen römischen Militärlager am Hadrianswall in Britannien, die einen umfassenden Einblick in das militärische und zivile Alltagsleben am Rand des Römischen Reiches im 1. und 2. Jahrhundert n. Chr. (zwischen ca. 85 und 130 n. Chr.) geben. Ferner J. Kramer, *Vulgärlateinische Alltagsdokumente*.
15 Siehe K. Thraede, „Spannweite der antiken Gattung ‚Brief'".
16 Die grundlegende Studie hierzu ist K. Thraede, *Brieftopik*. Einen guten Überblick gibt K. Smolak, „Einleitung", ix–xxii. Siehe auch A. J. Malherbe, *Ancient Epistolary Theorists*, 1–14 und C. Poster, „Epistolary Theory", dazu die Bibliographie von S. Abram, „Select Bibliography", bes. 276–283, ferner den allgemeinen Abschnitt bei B.-J. Schröder, *Bildung und Briefe*, 136–157. Beispiele aus der christlichen Spätantike bei P. Gemeinhardt, *Bildung*, 187–201. Siehe ferner die Beiträge zum *Handbuch Brief: Antike* von S. Seibert zur „Brieftheorie", von H. Wulfram zur „Brieftopik" und von R. Schwitter zum „Briefstil".
17 Augustinus bemerkte dazu einmal lakonisch, ein Brief liege vor, „wenn am Anfang steht, wer an wen schreibt", retr. II 20,1 (CCSL 57, 106): ... *epistula est; habet quippe in capite, quis ad quem scribat.* Übersetzung aus P. Gemeinhardt, *Bildung*, 187.
18 Vgl. dazu die grundsätzliche Anweisung bei Julius Victor, rhet. 27 (p. 448 Halm; 106 Giomini/Celentano): *Praefationes ac subscriptiones litterarum conputandae sunt pro discrimine amicitiae aut dignitatis, habita ratione consuetudinis.* Die für den spätantiken und frühbyzantinischen Briefstil typischen Titulaturen und zeremoniellen Anredeformen sind bereits eingehend untersucht worden: A. Engelbrecht, *Titelwesen*; M. B. O'Brien, *Titles of Address*; H. Zilliacus, *Anredeformen und Höflichkeitstitel*; ders., „Anredeformen"; H. Koskenniemi, *Phraseologie*; J. Svennung, *Anredeformen*; A. A. R. Bastiaensen, *Cérémonial épistolaire*; G. Tibiletti, *Lettere private*, 31–46.

nen Einsatz topischer Gedanken, beispielsweise zum Brief als Ersatz für reales Beisammensein[19] und insofern als Ersatz für ein Gespräch, daher als „die eine Hälfte eines Gesprächs",[20] als „Gespräch zwischen Abwesenden"[21] und als Ausdruck der Sehnsucht nach Beisammensein,[22] über die Anpassung des Stilniveaus an den jeweiligen Adressaten[23] und anderes mehr.

Aus dieser theoretischen Briefliteratur ist ein Exkurs in einem dem Demetrios von Phaleron zugeschriebenen rhetorischen Handbuch *Über den Stil* (Περὶ ἑρμηνείας, *De elocutione*) überliefert, das wohl in Ägypten zwischen der Mitte des 2. und der Mitte des 1. Jahrhunderts v. Chr. entstanden ist.[24] Als Grundregeln für das Abfassen eines Briefes benennt Pseudo-Demetrios neben der Richtlinie, dass ein Brief nicht zu lang sein soll, die Definitionen des Briefs als „Hälfte eines Gesprächs" und als „Spiegel der Seele" des Verfassers.[25] Ebenfalls diesem Demetrios ist ein Handbuch zugeschrieben, das irgendwann zwischen dem 2. Jahrhundert v. Chr. und dem 1./3. Jahrhundert n. Chr. in Ägypten entstanden ist und in dem 21 *Briefarten* (Τύποι ἐπιστολικοί) mit den zu den jeweiligen Umständen passenden Schreibstilen aufgelistet werden; die beigefügten Beispielbriefe sind derart allgemein, fast nichts-

---

19 Zum Topos des Briefes als „Vergegenwärtigung der Person" siehe K. Thraede, *Brieftopik*, 146–157. Vgl. z. B. Cicero, fam. III 11,2: *complexus ... sum* (sc. im Brief) *cogitatione te absentem*; Seneca, ep. 40,1; 67,2; Hieronymus, ep. 29,1,1 (CSEL 54, 232): *epistolare officium est ... quodammodo absentes inter se praesentes fieri*, und weiter der Ausdruck *confabulationis tale conuiuium*; Pseudo-Libanios, ep. char. 2 (IX p. 27 Foerster†/Richtsteig): ἐρεῖ ... τις ἐν αὐτῇ (sc. im Brief) ὥσπερ παρών τις πρὸς παρόντα.

20 Pseudo-Demetrios, eloc. 223 (p. 63 Chiron), zitiert die Definition des Artemon, des Herausgebers der Briefe des Aristoteles: εἶναι ... τὴν ἐπιστολὴν οἷον τὸ ἕτερον μέρος τοῦ διαλόγου, will einen Brief dann aber im Hinblick auf seinen Stil von einem Dialog unterschieden wissen: ebd. 224–226 (p. 63–64).

21 Pseudo-Libanios, ep. char. 2 (IX p. 27 Foerster†/Richtsteig): ἐπιστολὴ μὲν οὖν ἐστιν ὁμιλία τις ἐγγράμματος ἀπόντος πρὸς ἀπόντα γινομένη. Vgl. z. B. Cicero, Phil. 2,7: *amicorum conloquia absentium*; Basilius von Caesarea, ep. 194 (II p. 147 Courtonne): Brief als „Gespräch" (ὁμιλία); Ambrosius, ep. 1(7),1 (CSEL 82/1, 3): *sermo absentium*; 33(49),1 (82/1, 229): *inter absentes praesentium sermo*; 48(66),1 (82/2, 48): *cum absentibus sermo*. Siehe dazu K. Thraede, *Brieftopik*, 27–38. 162–165. 182–183; P. Gemeinhardt, *Bildung*, 196–197. Diese Tradition wird später oft aufgegriffen, z. B. von Erasmus in *De conscribendis epistolis*, ASD I-2, 225.8 f.: *epistola absentium amicorum quasi mutuus sermo*; 277.5: *epistola ... colloquium est inter absentes*.

22 Vgl. z. B. Julian, ep. 11 und 30 Bidez/Cumont.

23 Pseudo-Demetrios, eloc. 234 (p. 66 Chiron): στοχαστέον ... καὶ τοῦ προσώπου ᾧ γράφεται, „zu berücksichtigen ist auch die Person des Adressaten".

24 Ebd. 223–235 (p. 63–66), mit engl. Übersetzung in: A. J. Malherbe, *Ancient Epistolary Theorists*, 16–19.

25 Ebd. 223 (p. 63: s. o. Anm. 20) bzw. 227 (p. 64): σχεδὸν γὰρ εἰκόνα ἕκαστος τῆς ἑαυτοῦ ψυχῆς γράφει τὴν ἐπιστολήν, „denn jedermann schreibt den Brief gleichsam als Bild/Spiegel seiner Seele". Zu diesem Topos siehe W. G. Müller, „Spiegel der Seele".

sagend gehalten, dass sie auf alle möglichen konkreten Situationen angewendet werden können, und bewegen sich auf recht einfachem rhetorischem Niveau.[26] Nach demselben Schema präsentiert ein ausführlicheres Werk aus der Spätantike, das in zwei Varianten überliefert ist, die in den Handschriften dem Rhetor Libanios bzw. dem Neuplatoniker Proklos zugeschrieben sind, 41 *Briefstile* (Ἐπιστολιμαῖοι χαρακτῆρες) jeweils mit Definition und Musterbrief.[27] In lateinischer Sprache ist aus dem 4. Jahrhundert n. Chr. ein Anhang *Über Briefe* (*De epistulis*) zur *Redelehre* (*Ars rhetorica*) des Julius Victor überliefert, in der die wichtigsten Grundsätze für das Abfassen von Briefen dargelegt werden: Kürze (*brevitas*), Klarheit (*lux*), ein anmutiger Stil (*gratia*), maßvoll garniert mit Sprichwörtern, Zitaten und geistreichen Witzen, und schließlich die getreue Präsentation des Absenders einerseits – der Brief als „Spiegel der Seele" – und die angemessene Beachtung des Charakters und der Stellung des Adressaten andererseits, was man unter ‚Psychologie des Briefes' subsumieren könnte.[28] Das Interesse an epistolographischen Fragen und besonders an Musterbriefen dokumentiert schließlich ein Papyrus aus dem 3./4. Jahrhundert n. Chr., auf dem – ohne theoretische Erörterungen – in zwei parallelen Kolumnen auf Latein (links) und auf Griechisch (rechts) elf Beispiele für Briefe zu verschiedenen Anlässen aufgeführt sind.[29] Alle diese Handbücher und Musterbriefsammlungen verfolgten den Zweck, Interessierten, die über rhetorische Grundkenntnisse verfügten, und besonders professionellen Briefschreibern Anleitung und Hilfestellung für das Abfassen eines Briefes zur Verfügung zu stellen. Den Bezug zur Bildung stellte Pseudo-Demetrios gezielt her, indem er solche „Kenntnisse" (ἐπιστῆμαι) ausdrücklich zu den „edelsten Wissenschaften" (τὰ κάλλιστα τῶν μαθημάτων) rechnete.[30]

Zu diesen ‚Briefstellern' kommen brieftheoretische Äußerungen bei Briefschreibern wie die von Cicero über zwei Gattungen von Briefen (neben dem Zweck der reinen Nachrichtenübermittlung), „zum einen die vertraulichen und

---

26 Pseudo-Demetrios, typ. ep. (ed. V. Weichert, Τύποι ἐπιστολικοί), mit engl. Übersetzung in: A. J. Malherbe, *Ancient Epistolary Theorists*, 30–41.
27 Pseudo-Libanios, ep. char. (IX p. 27–47 Foerster†/Richtsteig), mit engl. Übersetzung in: A. J. Malherbe, ebd., 66–81.
28 Julius Victor, rhet. 27 (p. 447–448 Halm; 105–106 Giomini/Celentano), mit engl. Übersetzung in: A. J. Malherbe, ebd., 62–65. Das vorausgehende Kapitel *Über zwanglosen Stil* (*De sermocinatione*), rhet. 26 (p. 446–447 Halm; 103–105 Giomini/Celentano), gehört zum Briefkapitel dazu, weil, wie Julius Victor, ebd. 27 (p. 447; 105), selbst sagt, viele Anweisungen über ungekünsteltes Plaudern auch auf den Brief zutreffen: *Epistolis conueniunt multa eorum, quae de sermone praecepta sunt*. Das hat auch schon Pseudo-Demetrios, eloc. 223 (p. 63 Chiron), so gesehen.
29 P.Bon. 5 (I p. 22–28 Montevecchi), mit engl. Übersetzung in: A. J. Malherbe, ebd., 44–57.
30 Pseudo-Demetrios, typ. ep. praef. (p. 30 Malherbe).

scherzhaften, zum anderen die ernsten und inhaltsschweren",[31] und von Seneca über den schlichten und ungekünstelten Stil von Briefen[32] oder etwas ausführlichere Gedanken zum Briefstil beim Rhetoriklehrer Quintilian[33] und bei Philostratos von Lemnos (wiedergegeben von seinem Onkel Flavius Philostratus), der wie die ‚Briefsteller' für den Brief eine mittlere Stilebene und Klarheit (σαφήνεια) forderte.[34] Beginnend schon mit den Briefen des Paulus, der über die Funktion seiner Briefe nachdachte und ansatzweise eine eigene Briefhermeneutik entwickelte,[35] finden sich in den christlichen Briefen der Spätantike schließlich zahllose Hinweise auf epistolographische Topoi und Regeln. Als Beispiel sei lediglich auf die Erläuterungen des Gregor von Nazianz zur dem Gegenstand angemessenen und daher variablen Länge und zum Stil eines Briefes verwiesen; ganz im Einklang mit der brieftheoretischen Tradition der Antike plädierte Gregor für Klarheit, Eleganz und einen schlichten, ungekünstelten Stil auf mittlerem Niveau zwischen Umgangssprache und gehobener Rede.[36]

Im Blick auf die für das Abfassen eines Briefes erforderlichen Kompetenzen und auf die zahlreichen Normen, denen insbesondere das Verfassen eines literarisch hochwertigen Briefes unterworfen war, ist die Gattung ‚Brief' allein schon in formaler Hinsicht in einem sehr hohen Maße Ausdruck von Bildung. Die ‚Gebildetheit' der antiken Briefschreiber ist vor allem am kunstvollen Einsatz der brieflichen Rhetorik und Topik erkennbar. Die Briefpartner waren sich dessen bewusst und setzten die Stilisierung ihrer Briefe nach den epistolographischen Regeln gezielt dazu ein, ihr Bildungsniveau zu dokumentieren und den Adressaten gleichsam als Partner auf Augenhöhe auf demselben ‚Spielfeld' gebildeter Epistolographie zu akzeptieren. Nicht selten wird die Bildung als Attribut des Gesprächspartners be-

---

31 Cicero, fam. II 4,1: *reliqua sunt epistularum genera duo …, unum familiare et iocosum, alterum seuerum et graue*; vgl. ebd. IV 13,1; VI 10,4. In Flacc. 37 unterscheidet er zwischen *litterae publicae* und *priuatae*; vgl. dazu fam. XV 20(21),4. Vgl. Julius Victor, rhet. 27 (p. 447 Halm; 105 Giomini/Celentano): *epistolarum species duplex est; sunt enim aut negotiales aut familiares*. Siehe die Texte bei A. J. Malherbe, *Ancient Epistolary Theorists*, 20–27.
32 Seneca, ep. 75,1: *Qualis sermo meus esset si una desideremus aut ambularemus, inlaboratus et facilis, tales esse epistulas meas uolo, quae nihil habent accersitum nec fictum*. Siehe auch A. J. Malherbe, ebd., 28–29.
33 Quintilian, inst. orat. IX 4,19–20.
34 Philostratos von Lemnos, separat gedruckt als Nr. I in *Flavii Philostrati Opera II* (p. 257–258 Kayser), mit engl. Übersetzung in: A. J. Malherbe, *Ancient Epistolary Theorists*, 42–43. Philostratos wird aufgegriffen von Pseudo-Libanios, ep. char. 46–48 (IX p. 33–34 Foerster†/Richtsteig).
35 Siehe dazu E.-M. Becker, *Paulinische Briefhermeneutik*.
36 Gregor von Nazianz, ep. 51 (GCS 53, 47–48), mit engl. Übersetzung in: A. J. Malherbe, *Ancient Epistolary Theorists*, 58–61. Gregors Ausführungen decken sich im Wesentlichen mit den Anweisungen bei Pseudo-Libanios, ep. char. 49–50 (IX p. 34–35 Foerster†/Richtsteig).

tont,³⁷ um die persönliche und gesellschaftliche Verbindung mit ihm hervorzuheben. Die Pflege solcher Verbindungen – die antik als ‚Freundschaft' bezeichnet wurden³⁸ – durch den Austausch von Briefen galt als Ausdruck von παιδεία, was in diesem Zusammenhang, neben der inszenierten literarischen Bildung, fast so etwas wie Versiertheit in kultivierten Umfangsformen bedeutet. Durch ihre formale Gestaltung schufen und dokumentierten solche Briefe damit die Zugehörigkeit zu einer bestimmten sozialen Schicht: der Elite der Gebildeten.³⁹

Ähnliches gilt für die Inhalte solcher Briefe und damit für Bildung im Brief. Bildung konnte unmittelbar zum Thema der brieflichen Kommunikation werden. Dies geschah besonders und in sehr umfangreicher Weise in spätantiken Briefen, in denen Christen mit ‚Heiden' kontrovers über den Wert der antiken Bildung diskutierten – und zwar auf beiden Seiten auf dem Boden der antiken Bildung. In diesen Briefen bekommen wir einen der intensivsten Bildungsdiskurse zu greifen, die in der abendländischen Geschichte je geführt worden sind. An zahlreichen christlichen Briefen dieser Epoche⁴⁰ lässt sich „the rhetoric of paradox" ablesen, wie Averil Cameron die Haltung der Christen gegenüber der antiken Bildung und ihren Umgang mit ihr treffend bezeichnet hat.⁴¹ Die gebildeten Christen setzten sich mit unterschiedlicher Verve von der antiken Bildung ab, die sie bei der hochgebildeten Formulierung dieser Absetzung aber sogleich wieder in Anspruch nahmen. Sie konnten nicht anders, denn andere Ausdrucksformen für das, was sie fühlten und dachten, als die, die sie in ihrer paganen Ausbildung gelernt hatten, standen ihnen nicht zur Verfügung. Das erinnert bisweilen durchaus an Schizophrenie, sollte aber nicht als Unaufrichtigkeit oder Inkonsequenz gewertet werden, sondern als Ausdruck des Dilemmas, in dem sich die spätantiken christlichen Autoren an der Wende vom 4. zum 5. Jahrhundert befanden. Sie

---

37 Als Beispiel vgl. etwa Paulinus von Nola, ep. 16,6 (CSEL 29, 119): ... *prudentiae tuae, quam et ingenitam et eruditam habes, litteris quoque ipsis* ..., womit Paulinus die literarische Bildung des Adressaten umschreibt. Augustinus und Hieronymus versichern sich gegenseitig ihre Gelehrsamkeit und Bildung: Augustinus, ep. 167,21 (CSEL 44, 609–610); Hieronymus, ep. 134,1 (CSEL 56, 261).
38 Zu diesem ‚weiten' Freundschaftsbegriff im Sinne von Zugehörigkeit zur selben sozialen Schicht in der antiken griechischen und römischen Welt siehe D. Konstan, *Friendship in the Classical World*, und Ch. Rollinger, *Freundschaft und soziale Netzwerke*.
39 Als Beispiele sei verwiesen auf die umfangreichen Briefcorpora des Plinius des Jüngeren, des Symmachus, des Basilius von Caesarea, des Hieronymus und des Paulinus von Nola. Siehe dazu F. Germerodt, *Amicitia in den Briefen des jüngeren Plinius*; Ph. Bruggisser, *Symmaque ou le rituel épistolaire de l'amitié littéraire*; R. Pouchet, *Basile le Grand et son univers d'amis*; St. Rebenich, *Hieronymus und sein Kreis*; S. Mratschek, *Der Briefwechsel des Paulinus von Nola*.
40 Beispiele bei P. Gemeinhardt, *Bildung*, 201–222. Zu Paulinus von Nola, ep. 16 (CSEL 29, 114–125), siehe W. Erdt, *Bildung*, 288–309.
41 A. Cameron, *Christian Discourse*, 155–188, hier im Blick auf die christliche Hagiographie.

waren im antiken paganen Sinn hochgebildete Menschen, die sich als Erwachsene dem Christentum zuwandten. In der Debatte über ihren Bildungshintergrund, die vor allem eine Auseinandersetzung dieser Christen mit sich selbst war,[42] schufen sie ein neues, christliches Bildungsideal – auf dem Boden der antiken Paideia. Als eines der wichtigsten Medien hierfür fungierten Briefe, in denen auch die Christen sämtlichen epistolographischen Regeln folgten, die in den paganen Rhetorikschulen geschaffen worden waren. Ihre Briefe sind sogar regelrechte Musterbeispiele für die Normen der antiken Epistolographie. Sie sind ein paradigmatischer Ausdruck der Bildung der Kommunikationspartner – ‚Brief als Bildung' –, und in ihnen ist Bildung das zentrale Thema der Kommunikation – ‚Bildung im Brief'.

d) Bildung durch Briefe – Briefe als Bildungsprozesse

Briefe sind auch insofern Dokumente von Bildung, als sie eine Bildungsabsicht verfolgen können. Solche Briefe fungieren als Anleitung zur Persönlichkeitsbildung durch Selbst-Bildung, und zwar *eo ipso* durch ihr Genre: Einmal abgeschickt, sind der Brief und seine Intention buchstäblich aus der Hand gegeben. Es liegt dann gänzlich am Empfänger, was er aus dem Brief und seinen Anregungen macht. In dieser Hinsicht initiieren Briefe Bildungsprozesse. Sie können ihrerseits Bildung in Form von Bildungsgütern und Bildungszielen enthalten und auf Bildung im Sinne von ‚Formung' oder ‚Gestaltung' der Adressaten zielen. Was wir im Brief zu greifen bekommen, ist daher vor allem der Prozess von Bildung, der durch einen Brief in Gang gesetzt wird. Die Briefgattung ist dafür regelrecht prädestiniert, denn als „Gespräch zwischen Abwesenden" eröffnet es in dem räumlichen und zeitlichen Abstand zwischen Absender und Empfänger den Raum, in dem ein Bildungsprozess in Gang kommen kann.

Im Fokus steht dabei Selbst-Bildung. Ein Adressat, eine Adressatin hat es ganz in seiner und ihrer Hand, auf einen Brief zu reagieren und die angebotene Einladung zu einem Bildungsprozess anzunehmen und für sich umzusetzen – oder nicht. Das ist ein ureigener persönlicher Akt, der durch keine äußere Autorität zu ersetzen ist, weshalb Briefe das geeignete Medium für eine Anleitung zur Selbst-Bildung schlechthin sind. Von den Briefen Epikurs als Einführung in die epikureische Philosophie[43] und Senecas an Lucilius, die zu einer stoischen Welt-

---

[42] Das wohl bekannteste Beispiel dürfte der berühmte Traum des Hieronymus über seine innere Zerrissenheit zwischen dem *Ciceronianus* und dem *Christianus* sein, den er in einem Brief schildert: ep. 22,30 (CSEL 54, 189–191). Siehe dazu A. Fürst, *Hieronymus*, 145–151.
[43] Siehe dazu den Beitrag von N. Strobach zum vorliegenden Band, ferner O. Poltera, „Die Briefe Epikurs".

sicht und Lebenseinstellung anleiten,[44] bis zu den spätantiken christlichen Briefen eines Hieronymus oder eines Paulinus von Nola, um nur diese beiden monastischen Autoren zu nennen,[45] lässt sich dies an zahlreichen Briefen und Briefcorpora beobachten. Der ‚Bildungsbrief' in dem doppelten Sinn, dass er sowohl Bildung enthält und vermittelt als auch auf Bildung des Adressaten zielt, ist deshalb gleichsam ein erstpersönliches Medium – und kann gar nichts anderes sein.

Da alle antiken Briefe, auf die eine solche Charakterisierung zutrifft, zugleich öffentliche Briefe waren, sich also über den namentlich genannten Adressaten hinaus an potenziell zahllose weitere Leserinnen und Leser in der Zeit des Briefes wie auch in späteren Epochen richten, sind diese Briefe zugleich ein soziales Medium. Im Medium des persönlichen Gesprächs zwischen einem Ich und einem Du partizipiert der Brief an einer öffentlichen Debatte, die er dadurch mitgestaltet. Die Kommunikation durch Briefe ist Teil des Diskurses über Bildung in der Antike. Das gilt für die vor- und außerchristliche Antike ebenso wir für die christliche (in geringerem Maße für die jüdische Antike, da antike jüdische Briefe weniger auf Bildung im antiken Sinn von ‚Paideia' zielten als vielmehr auf die Vermittlung von Normen der Lebensgestaltung auf der Basis der Tora[46]). Ihre gesellschaftliche und manchmal auch politische Wirksamkeit entfalteten diese Diskursbeiträge gerade durch die persönliche Form der Briefgattung. Jeder Leser, jede Leserin konnte sich direkt angesprochen fühlen und wurde so durch den Brief zum Teilnehmer, zur Teilnehmerin an einem Diskurs, der weit über die dem Brief zugrunde liegende persönliche Beziehung hinausging.

Nicht nur einzelne Briefe, sondern ganze Briefcorpora wurden gestaltet, um am antiken Bildungsdiskurs zu partizipieren.[47] Erneut gilt das sowohl für die von ihren Verfassern bewusst gestalteten und herausgegebenen Briefsammlungen auf paganer Seite, von Plinius dem Jüngeren bis zu Symmachus im lateinischen und Libanios im griechischen Sprachraum, als auch auf christlicher Seite für Autoren wie Hieronymus, Ambrosius von Mailand, Sidonius Apollinaris, Cassiodor oder Gregor von Nazianz, die gezielt Sammlungen ihrer Briefe edierten, um damit für

---

44 Siehe dazu N. Jaeger, „Die Briefe Senecas".
45 Siehe dazu die Aufsätze von Ch. Schmitz, G. Derhard-Lesieur und P. Gemeinhardt im vorliegenden Band, ferner die Beiträge von A. Cain, „The Letters of Jerome", und C. Cvetković, „The Letters of Paulinus of Nola", zum *Handbuch Brief: Antike*. Siehe zu Hieronymus ferner B. Conring, *Hieronymus als Briefschreiber*, und G. Derhard, *Briefform bei Hieronymus*.
46 Siehe dazu den Beitrag von L. Doering in diesem Band, ferner G. Bertram, „παιδεύω, παιδεία", 603–611 über „Erziehung im Alten Testament".
47 Für die spätantiken Briefcorpora siehe den Sammelband von C. Sogno/B. K. Storin/E. J. Watts (Hg.), *Late Antique Letter Collections*, ferner E. Watts, „Letter Collections", und P. Gemeinhardt, *Bildung*, 223–227.

die von ihnen vertretenen Bildungsideale Werbung zu machen.[48] Insbesondere in der Spätantike entstanden, ungleich mehr als in früheren Epochen der Antike, vom 4. bis 6. Jahrhundert zahlreiche, teilweise sehr umfangreiche Briefcorpora, initiiert teils – wie in den eben genannten Fällen – von den Briefautoren selbst, teils nach ihrem Tod von meist unbekannten Sammlern und Editoren.[49] Mit der Einfügung persönlich adressierter Briefe in eine Sammlung – sei es aus Briefen an ein und denselben Adressaten, seien es unterschiedliche Adressaten – überschritt das so zustande gekommene Corpus definitiv den Raum des persönlichen Austauschs und wurde zu einer Stimme im Kreis der Disputanten, in dem nunmehr der Autor deutlich wichtiger war als der Adressat. Letzterer mutierte zum ‚Widmungsempfänger', dem die Ehre zuteilwurde, als erster persönlicher Adressat auftreten zu dürfen, der aber im Corpus *pars pro toto* für das ganze avisierte Publikum steht. Im Briefcorpus stilisiert und inszeniert der Autor sich selbst (und zwar noch ungleich mehr, als er das durch einen einzelnen Brief ohnehin schon tat): seine sozialen und politischen Netzwerke, sein rhetorisches Geschick, seinen literarischen Rang, seine philosophische Bildung, seine theologischen Positionen, seine pastoralen Anliegen, seine asketischen Ideale und was man dergleichen mehr anführen könnte.[50] Die Bildung des Autors rückt in den Vordergrund – doch ohne die Bildungsabsicht im Blick auf den nunmehr räumlich und zeitlich entgrenzten Adressatenkreis zu verdrängen. Spätestens in diesem Stadium ist aus

---

48 Siehe zu den genannten Autoren die Aufsätze von B. K. Storin, „The Letter Collection of Gregory of Nazianzus", L. Van Hoof, „The Letter Collection of Libanius of Antioch", G. Nauroy, „The Letter Collection of Ambrose of Milan", C. Sogno, „The Letter Collection of Quintus Aurelius Symmachus", A. Cain, „The Letter Collections of Jerome of Stridon", S. Mratschek, „The Letter Collection of Sidonius Apollinaris", und Sh. Bjornlie, „The Letter Collection of Cassiodorus". Im Titel des Aufsatzes von A. Cain steht das Wort „collections" deshalb zu Recht im Plural, weil Hieronymus verschiedene Teilsammlungen seiner Briefe an diverse Adressatinnen und Adressaten selbst ediert hat; in vir. ill. 135,1.2 (p. 262 Barthold) zählt er u. a. auf: *Epistularum ad diuersos librum unum*, was im heutigen Corpus der Hieronymusbriefe vermutlich ep. 1–17 (CSEL 54, 1–73) ist, und *Ad Marcellam epistularum librum unum*, in dem vielleicht die 18 Briefe, die aus der Korrespondenz des Hieronymus mit Marcella erhalten sind, enthalten waren. Für die nach dem Vorbild des Plinius gestalteten Ausgaben der Briefe des Ambrosius und des Sidonius siehe K. Zelzer/M. Zelzer, „Brief und Briefgenos".
49 Zu möglichen Gründen für diese Entwicklung siehe die Überlegungen von C. Sogno/B. K. Storin/E. J. Watts, „Introduction", bes. 6–9.
50 Siehe dafür paradigmatisch die Studien von A. Cain, *The Letters of Jerome*, über die Briefe des Hieronymus, von B. K. Storin, *Gregory of Nazianzus's Epistolary Autobiography*, über Gregor von Nazianz und von B.-J. Schröder, *Bildung und Briefe*, über Ennodius von Pavia.

dem Brief als einem Dokument der alltäglichen Kommunikation ein Stück Literatur geworden, das weit über seinen ursprünglichen *Sitz im Leben* hinausreicht.[51]

Briefe als Bildungsprozesse sind dialogbasiert und ergebnisoffen – auch das bringt die Briefform mit sich. Und auch das gehört, wie oben bereits dargestellt, zur Bildung konstitutiv dazu: Sie kann nicht aufoktroyiert werden, sie kann nicht erzwungen werden, sie kann nur angeregt und begleitet werden, konstruktiv und kritisch. All das wird durch den direkten Austausch zwischen zwei Personen ermöglicht. Erneut bietet die Briefform damit ein Modell für viele Leserinnen und Leser an, die in die Rolle der Adressatin, des Adressaten schlüpfen und dadurch selbst an dem Bildungsprozess teilnehmen können, der vom Brief initiiert und gestaltet wird.

2 Streifzüge durch die Briefliteratur von der Antike bis zur Moderne

Die drei in gebotener Kürze dargelegten Verhältnisbestimmungen zwischen ‚Brief und Bildung' werden in den Beiträgen des vorliegenden Bandes auf unterschiedliche Weisen thematisiert. Um Leserinnen und Lesern das Schmökern darin schmackhaft zu machen, mag ein kleines Panorama über seine vielfältigen Inhalte hilfreich sein. Zugleich kann es der Orientierung über die zeitlich auf mehrere Jahrtausende verteilten Briefe dienen, die darin aus den Perspektiven verschiedener Fachdisziplinen besprochen werden. Die Anordnung der Beiträge folgt im Prinzip der Chronologie, allerdings mit Überschneidungen, weil in etlichen Aufsätzen mehrere Jahrhunderte überspannt oder Fallbeispiele aus verschiedenen Jahrhunderten besprochen werden.

a) Fallbeispiele aus der paganen Antike

Aus dem Alten Ägypten stellt *Alexandra von Lieven* eine Satire in Briefform vor, die ein gutes, aber auch sehr spezielles Beispiel dafür ist, wie in und durch einen Brief Bildung vermittelt wird. Die umfangreiche, weit über das übliche Briefmaß hinausgehende *Satirische Streitschrift*, wie der Titel, der sich dafür eingebürgert hat, lautet, dürfte dem höheren Schulbetrieb entstammen, da sie einerseits einen hochgebildeten Autor (der anonym auftritt) und andererseits (ebenfalls anonyme) Adressaten voraussetzt, die seine gelehrten Anspielungen zu entschlüsseln vermögen. An letzte-

---

51 Im vorliegenden Band sind Beispiele dafür in den Beiträgen von P. Sänger/K. Sänger-Böhm und Ch. Schmitz und aus der Moderne von M. Wagner-Egelhaaf zu finden.

ren brennt der Autor nämlich ein wahres Feuerwerk ab, in dem er auf satirische Weise in Ägypten wichtige Bildungsgegenstände aufleuchten lässt. Militärische Tugenden kommen ebenso zur Sprache wie ethische und gesellschaftliche Verhaltensregeln; die Wichtigkeit mathematischer Kenntnisse, insbesondere der Grundrechenarten, wird an konkreten Anwendungen im Alltag demonstriert; ohne eingehendere Kenntnisse der mythologischen Götterwelt bleiben viele Namen, die wie Chiffren verwendet werden, unverständlich (und sind auch für die heutigen Forscherinnen und Forscher nur schwer zu erklären); dazu kommt ein gehöriges Maß an Wissen über Geographie, Sprachen und Gebräuche fremder Länder (konkret: Palästinas); und schließlich wird auch noch die Kenntnis und Handhabung der epistolographischen Regeln einbezogen. Das alles wird höchst kenntnisreich und hintergründig, zugleich aber höchst unterhaltsam und oft boshaft – der Adressat wird durchweg als jemand karikiert, der nichts weiß und nichts versteht – vorgeführt. Aber vielleicht ist ja gerade dieses Stilmittel didaktisch wirkungsvoller als ein langwieriger Traktat in ernstem Tonfall? Die zahlreichen Textzeugen, nämlich 81 (davon fünf auf Papyri, der Rest auf Ostraka) sind jedenfalls ein klares Indiz für die Verbreitung dieser Bildungssatire im Alten Ägypten.

Ebenfalls im Schulbetrieb Ägyptens setzt der Beitrag von *Patrick Sänger* und *Kerstin Sänger-Böhm* an. Auf Papyri erhaltene Privatbriefe[52] gewähren lebendige Einblicke in den Schulalltag von Lehrern, Eltern und Schülern. Diese Briefe zeugen von der zu allen Zeiten verbreiteten Sorge von Eltern darum, dass es ihren Kindern, besonders wenn sie eine Schule fern von zuhause besuchen, gut geht, dass sie lernen und sich anstrengen und dass sie sich anständig benehmen. Es ist gerade dieses Kolorit des Menschlich-Allzumenschlichen, das die Attraktivität solcher Papyrusbriefe ausmacht. Meist handelt es sich um Briefe von Vätern an ihre Söhne, doch gibt es gelegentlich auch Briefe von Kindern an die Eltern (meist an den Vater), und auch etliche Briefe von Frauen sind erhalten (ca. 210 Stück). Über diese konkreten Inhalte hinaus dokumentieren diese Briefe den Wert, der der Bildung zugeschrieben wurde, und den daraus sich ergebenden Einsatz für deren Erwerb, denn aus eben diesem Grund wurden sie geschrieben. Zudem geben sie plastisch Aufschluss über verschiedene Bildungsgrade, die sich vor allem in den unterschiedlichen Sprachniveaus der Briefe spiegeln.[53] Wenn ein Brief beispielsweise in der Sprachform des attischen Griechisch abgefasst ist oder Anspielungen auf die klassische griechische Literatur enthält, kann dies als Indiz für einen hohen Bildungsgrad gewertet werden. In der Spätantike entwickelten sich solche

---

52 Zu Papyrusbriefen, bei denen es sich, bedingt durch das beschriftete Material, durchweg um Originale handelt, siehe die Beiträge von P. Arzt-Grabner über „Papyrologie" und von P. Sänger über „Ägyptische Papyrus- oder Ostrakon-Briefe" zum *Handbuch Brief: Antike*.
53 Siehe dazu auch die Beispiele bei C. Poster, „Epistolary Theory", 38.

Briefe sogar zu hoch rhetorisch stilisierten Produkten, wozu sprachliche Einflüsse aus der Bibel ebenso beitrugen wie aus der antiken Poesie, so dass der Inhalt nicht selten von einer metaphernreichen Rhetorik dominiert wurde. Etwas zugespitzt ließe sich das auf die Formel bringen: Aus Dokumenten der alltäglichen Kommunikation wurde Literatur für Gebildete.

In Briefe auf höchstem antikem Bildungsniveau führt auch der Beitrag von *Niko Strobach*. Während sich Philosophiehistoriker normalerweise nur für den Inhalt alter Texte interessieren, unabhängig von ihrer Form, vermag Strobach zu zeigen, dass bei den Briefen Epikurs gerade die formalen Seiten von philosophischer Relevanz sind. Offensichtlich hat Epikur sich die literarischen Eigenheiten von Briefen zu Nutze gemacht, um philosophische Inhalte zu transportieren. Zu diesem Zweck modifizierte er beispielsweise die Formel für die Schlussgrüße, indem er an Stelle des seit Platon üblichen εὖ πράττειν, „es möge Dir wohlergehen", χαίρειν oder σπουδαίως ζῆν schrieb: „Freude zu haben" und „ethisch klug zu leben", und zwar gerade durch die Optimierung, nicht durch die (Epikur immer wieder zu Unrecht unterstellte) Maximierung von Lust (statt Schmerz und sogar im Schmerz), waren die zentralen Ziele der Philosophie Epikurs. Um diese zu vermitteln, scheint Epikur diese Art von persönlichen Lehrschreiben erfunden zu haben, die Briefschreiber wie Paulus und Seneca auf originelle Weise nachgeahmt haben. Epikurs briefliche Anleitungen zu einem Leben voller Freude und ohne Angst sind an ein konkretes Gegenüber im Singular adressiert, in das jede Leserin und jeder Leser schlüpfen kann. Für diese Bildungsabsicht, die auf Persönlichkeitsbildung zielt, ist die Briefform hervorragend geeignet – ein Phänomen, dass sich beispielsweise in den Briefen des Origenes und generell in den spätantiken christlichen Briefen ebenfalls beobachten lässt.[54] Dass ein in diesem Sinne pädagogischer Brief Epikurs auch an ein kleines Mädchen gerichtet ist, ist eine hübsche *trouvaille* aus der *Villa dei Papiri* in Herculaneum.[55]

Ebenfalls an gebildete Leserinnen und Leser sind die poetischen Briefe gerichtet, mit denen sich *Christine Schmitz* in ihrem Beitrag beschäftigt. Zwei Gattungen verschränken sich hier: Gedicht und Brief – ein Beispiel für die hohe Flexibilität von Gattungen in der Antike. In diesem Genre sind die Briefe gleich direkt Literatur, zwar wie Briefe zwischen Absender und Adressat ausgetauscht, aber von vornherein zur Veröffentlichung bestimmt. Solche Versepisteln, wie sie für gewöhnlich genannt werden, sind weit weg von dem Alltag, in dem ein Gebrauchstext wie ein Brief eigentlich seinen *Sitz im Leben* hat. Die Versepisteln spielen vielmehr im geis-

---

54 Siehe dazu die Aufsätze von A. Fürst und P. Gemeinhardt im vorliegenden Band.
55 Dieser Brief kann als antikes Pendant zu den an Kinder und Jugendliche gerichteten Briefen Johann Heinrich Campes im Zeitalter der Aufklärung gelten. Siehe dazu den Beitrag von J. Overhoff in diesem Band.

tigen Leben der literarisch gebildeten Eliten, worin sie freilich auch einen konkreten Lebensbezug haben. Mit dieser Art von Briefen erklimmen wir gleichsam die Spitze der literarischen Bildung in der griechisch-römischen und auch in der christlichen Antike. Briefe in Versform zu verfassen, setzt auf Seiten des Autors höchste sprachliche Meisterschaft und literarische Kenntnisse voraus. Und von den Adressatinnen und Adressaten sowie allen Leserinnen und Lesern ist zu erwarten, dass sie diese hoch artifiziellen Produkte ästhetisch zu goutieren und in ihrem Zitaten- und Anspielungsreichtum nachzuvollziehen vermochten. Es braucht schon eine wirklich vertiefte Kenntnis der Werke der griechischen und römischen Literatur, insbesondere der poetischen Erzeugnisse, um die zahlreichen intertextuellen Bezüge und den nicht selten daran geknüpften Sinn dieser Texte verstehen zu können. Die Versepisteln verfolgen nicht das Ziel, diese Bildung zu vermitteln – sie setzen sie voraus und reflektieren sie. Allerdings hat Horaz[56] in seinen hexametrischen *Epistulae* auch diesen Anspruch erhoben: im Brief als kolloquialem Medium in freundschaftlich-heiterem Ton und mit persönlicher Zuwendung moralphilosophisches Bildungsgut verständlicher und effektiver zu vermitteln als in gelehrten, aber distanzierten Abhandlungen. Der Austausch von poetischen Briefen in verschiedenen Versmaßen zwischen Ausonius und Paulinus von Nola zeigt schließlich, dass die klassischen Bildungsgüter, auf denen die Versepisteln beruhen, auch Gegenstand der Auseinandersetzung werden konnten – zwischen dem paganen Lehrer und dem zum Christentum bekehrten Schüler –, die gleichwohl nach wie vor auf deren Grundlage geführt wurde. Das gelehrte literarische Spiel mit Versmaßen und intertextuellen Bezügen ging auch in solchen Kontroversen weiter, nur war es auf eine neue Weise ernster gemeint, als es dies davor in anderer Weise war.

Einen weiteren Aspekt des literarischen Spiels, das mit Briefen in der Antike ausgiebig getrieben wurde, stellt *Heinz-Günther Nesselrath* in seinem Beitrag vor. Besonders aus der römischen Kaiserzeit gibt es zahlreiche erfundene Briefe, es entstanden ganze, teilweise große Corpora von pseudepigraphischen Schreiben.[57] Den Kontext für diese Fälschungen bildete die Blüte der Schulrhetorik in den ersten nachchristlichen Jahrhunderten. Das Hauptsujet dieser Ausbildung waren zwar fiktive Reden, die historischen Persönlichkeiten in bestimmten Situationen in den Mund gelegt wurden, doch die Charakterschilderungen und Stilvariationen, die dabei eingeübt wurden, ließen sich auch im Genre von Briefen zur Anwendung bringen. Pseudepigraphische Briefe sind ein Produkt dieser Art von rhetorischer Bildung, die ein außerordentlich hohes Maß an Kompetenzen erfor-

---

56 Zu diesem G. Manuwald, „Die Briefe des Horaz".
57 Siehe dazu W. Speyer, „Pseudepigraphische und unechte Briefe bei Griechen und Römern".

derte. Es braucht sehr viel sachliches Wissen über historische Umstände und Persönlichkeiten und ungewöhnlich ausgefeiltes sprachliches und stilistisches Können, um einen Brief so schreiben zu können, dass er für das echte Produkt des fingierten Autors gehalten werden kann. Das erste, höchst erfolgreiche Beispiel sind die vierzehn Briefe Platons, die in der Antike ausnahmslos als echt galten, während sie in der gegenwärtigen Platon-Forschung durchweg für unecht gehalten werden (vielleicht mit Ausnahme des berühmten *Siebten Briefs*, was aber umstritten ist).[58] Die sieben Briefe im Corpus der insgesamt vierzehn Paulusbriefe im Neuen Testament, die erst in der Neuzeit als Produkte der Paulus-Schule gelten, sind das wahrscheinlich bekannteste Beispiel für erfolgreiche Pseudepigraphie.[59] Nesselrath führt am Fallbeispiel der Briefe des Apollonios von Tyana eindringlich die Schwierigkeiten vor Augen, in einem solchen Corpus – wenn es nicht zur Gänze erfunden ist – zwischen echten und fiktionalen Briefen zu unterscheiden. Wenn die Verfasser solcher Briefe und Briefcorpora, die in der Regel anonym sind, weil sie anonym bleiben wollten, um ihre Fiktion nicht selbst aufzudecken, ihr Handwerk beherrschten, waren ihre Fälschungen erfolgreich – zumindest solange, bis verfeinerte philologische Methoden, wie sie seit der Zeit des Humanismus entwickelt wurden, dabei halfen, den Fälschungen auf die Spur zu kommen.[60] Unabhängig von etwaigen moralischen Bewertungen solchen Treibens, die aufgrund eines fehlenden Begriffs von geistigem Eigentum in der Antike ohnehin nach eigenen Kriterien zu erörtern wären,[61] bezeugen gerade erfolgreiche, also als echt akzeptierte fingierte Briefe ein außerordentlich hohes Maß an literarischer und rhetorischer Bildung.

Ebenfalls um in den allermeisten Fällen fingierte Briefe geht es im Beitrag von *Matthias Haake* über das Verhältnis von ‚Brief und Macht'. Die briefliche Kommunikation zwischen Herrschern und Philosophen in der Antike ist fast ausschließlich in pseudepigraphischen Produkten dokumentiert. Warum ist das so? Ist das möglicherweise Ausdruck von Wunschdenken? Hat man sich in der Antike

---

58 Siehe dazu O. Poltera, „Die Briefe Platons".
59 Zum paulinischen Briefcorpus im Neuen Testament siehe O. Wischmeyer, „Die Briefe des Paulus".
60 Nur ein berühmt-berüchtigtes Beispiel: Der apokryphe Briefwechsel zwischen Seneca und Paulus aus dem 4. Jahrhundert galt als echt und war ungemein weit verbreitet, ehe Lorenzo Valla und besonders Erasmus von Rotterdam, ep. 2092 (VIII p. 40–41 Allen), die Fälschung dekuvrierten, doch wird die Echtheit dieses erbärmlichen Produkts aus der Rhetorikschule erstaunlicherweise bis in die Gegenwart von manchen Forscherinnen und Forschern zumindest in Erwägung gezogen. Siehe dazu A. Fürst u. a., *Der apokryphe Briefwechsel zwischen Seneca und Paulus*, ferner G. Reydams-Schils, „The Correspondence between Seneca and Paul".
61 Die erhellendsten Überlegungen hierzu sind zu lesen bei N. Brox, *Falsche Verfasserangaben*.

vielleicht mehr Gedankenaustausch zwischen den Monarchen und den Intellektuellen gewünscht, als es tatsächlich gegeben hat? Stillen diese erfundenen Briefwechsel von Philosophen wie Aristoteles mit Monarchen wie Alexander dem Großen ein Bedürfnis, das in der realen Welt allzu unbefriedigt blieb? Allerdings – Haake macht darauf energisch aufmerksam: Aus dem Mangel an Belegen für echte Kommunikation zwischen Herrschern und Philosophen darf nicht unmittelbar der Schluss gezogen werden, solchen Austausch habe es in der Wirklichkeit nicht oder nur selten gegeben. Oder fungierten diese fiktiven Briefe und Briefwechsel als eine Art Fürstenspiegel *sui generis*, in gleichsam direkter persönlicher Anrede? In der Forschung zu diesen Briefen und Briefsammlungen gibt es bislang mehr Fragen und Antworten sowie einen erheblichen Bedarf an Grundlagenforschung zur Sammlung und Sichtung des umfangreichen Materials – Haake macht auch darauf nachdrücklich aufmerksam. So viel kann aber beim jetzigen Stand der Forschung schon gesagt werden: Diese Briefe, ob echt oder fingiert, dokumentieren eine öffentliche Interaktion zwischen Herrschern und Philosophen, an der beide Seiten ein Interesse hatten: der Herrscher zur Steigerung seines Ansehens, der Philosoph als Vorteil im Wettstreit der Intellektuellen um Rang, Einfluss und öffentliche Aufmerksamkeit.

In ein sehr spezielles Feld führt schließlich der letzte Beitrag aus dem Bereich der paganen Antike. *Wolfgang Hübner* stellt Briefe vor, die im Rahmen der sog. Katarchenhoroskopie geschrieben wurden. Die Kunden der Horoskopsteller stellten dabei in ihren Briefen die Frage, welcher Zeitpunkt für den Beginn (griech. ἀρχή – daher die Bezeichnung für diese Art von Sterndeutung) eines bestimmten Vorhabens, etwa eines Hausbaus oder einer Seereise, günstig sei. Eine solche Anfrage konnte sich auch auf das Abfassen eines Briefes beziehen: Wann wäre dafür der günstigste Zeitpunkt, damit ein Brief seinen Zweck erreicht? Als entscheidend für den Erfolg eines Briefes galt aber offenbar nicht der Zeitpunkt seiner Abfassung, sondern der seiner Ankunft beim Empfänger und damit der Zeitpunkt, an dem er geöffnet und gelesen wurde. Doch wie sollte sich letzteres vorweg feststellen oder gar beeinflussen lassen? Gegebenenfalls wurde – wie ein ausführlich vorgestelltes Beispiel zeigt – die relevante Gestirnkonstellation retrospektiv neu (und genauer) berechnet und das anfängliche Gutachten revidiert, so dass der aus der Stellung der Sterne prognostizierte Ausgang des Geschehens zu seinem tatsächlichen Verlauf passte. Auf einen modernen, aufgeklärten Leser wirkt dies alles derart fremdartig, dass kaum noch nachvollziehbar ist, wie wichtig und verbreitet diese Art von Horoskopen in der römischen Kaiserzeit (mit einem Höhepunkt im 2. Jahrhundert n. Chr.) gewesen ist.

b) Fallbeispiele aus der jüdischen und christlichen Antike

Damit verlassen wir die Fallbeispiele aus der paganen Antike und wenden uns der antiken jüdischen und christlichen Briefliteratur zu.⁶² *Lutz Doering* erläutert in seinem Beitrag, weshalb ‚Bildung' in jüdischen Briefen präziser als ‚Wissensvermittlung' zu verstehen ist. In den aus dem antiken Judentum erhaltenen Briefen wird nämlich eine spezifische Form von Bildung greifbar, die sich von der antiken griechischen Paideia deutlich abhebt. Es geht in solchen Briefen um ein Wissen, das auf der Tora beruht, mithin als geoffenbartes Wissen gilt, das autoritativ zu vermitteln ist. Weil es dabei hauptsächlich um eine von der Tora normierte Lebensführung geht, sind die Adressaten aufgefordert, sich dieses Wissen nicht nur theoretisch anzueignen, sondern es vor allem praktisch umzusetzen. In diesen Briefen, die meist von Gruppen an Gruppen geschrieben sind, also öffentliche Dokumente waren, zum Vorlesen in Versammlungen bestimmt, wird als ‚Bildung' ein auf einem als normativ angesehenen Text, der Tora, samt ihrer Deutung basierendes Wissen vermittelt, das als Anleitung zur praktischen Lebensführung dienen soll. Das Zentrum dieser Art von Bildungstradition lag zunächst in Jerusalem, verlagerte sich aber vom 7. Jahrhundert n. Chr. an in diverse Zentren, an denen rabbinische Gelehrte in größerer Anzahl das Wissen bündelten, das sie durch Briefe – ausgelöst oft von konkreten Anfragen nach bestimmten alltäglichen Verrichtungen – vermittelten.

Den an christliche Gemeinden – also an Gruppen – gerichteten paulinischen Briefen im Neuen Testament ist ihre Herkunft aus diesem jüdischen Milieu durchaus noch anzusehen. Doch ging Paulus ganz eigene Wege, wie *Eve-Marie Becker* in ihrem Beitrag zum Philipperbrief vor Augen führt.⁶³ Paulus etabliert sich darin selbst als Autorität für die Christengemeinde in Philippi, freilich als Autorität eigener Prägung. Die Führungskompetenz, die Paulus für sich in Anspruch nimmt, zielt darauf, die Mitglieder der Gemeinde in Philippi dahingehend zu beeinflussen, dass sie sich selbst und ihr Leben im Sinne des Paulus verändern. Solche *transformational leadership*, wie der englische Fachterminus in der jüngeren Forschung dazu lautet, praktiziert Paulus in allen seinen Briefen. In den ersten drei Kapiteln des Philipperbriefs jedoch macht er sein Verständnis von „Transformation durch Führung" explizit deutlich und reflektiert darauf. Indem er sich – kurz gesagt – selbst als *role model* für die Nachahmung der Demut Christi vor Augen stellt, will er die Christinnen und Christen in Philippi dazu bringen, sich ihrerseits selbst so zu transformieren, dass sie Nachahmerinnen und Nachahmer Christi

---

62 Siehe dazu A. Wagner, „Briefe und Briefformen in der hebräischen Bibel", und L. Doering, „Jüdische Briefe in der Antike".
63 Siehe auch E.-M. Becker/H. van der Blom, „Epistolary Communication and Self-Fashioning. Cicero and Paul in Comparison".

werden. Der römische Kontext des paulinischen Konzepts von „transformativer Führung" ist dabei klar erkennbar: Vorbilder (*exempla*) und der Wettstreit im Vergleich mit anderen Nachahmern spielen eine wichtige Rolle. Ziel der ‚Bildungsstrategie', die Paulus verfolgt, ist die Selbst-Transformation seiner Anhänger, die ihrerseits zu solchen Führern und Vorbildern werden sollen. Der Brief dient als Medium der Reflexion solch „transformativer Führung" und zugleich als Aufforderung, sich diese anzueignen.

Lehrschreiben anderer Art erörtert *Holger Strutwolf* in seinem Beitrag zu gnostischen Lehrbriefen, von denen aus dem 2./3. Jahrhundert n. Chr. zwei erhalten sind.[64] Beide Briefe entstammen dem Kontext einer Schule: Ein Lehrer schreibt jeweils an seine Schüler, darunter eine Schülerin. Beide Briefe setzen, so unterschiedlich sie ansonsten nach Inhalt und Methode sind, sehr viel Wissen und ein sehr hohes Bildungsniveau bei der Adressatin Flora und beim Adressaten Rheginos voraus (beide sind ansonsten unbekannt) und bezeugen damit indirekt ein solches für die gnostischen Gruppen, denen diese Briefe entstammen. Im Brief an Flora geht es um ausgefeilte Dihäresen zur Differenzierung und unterschiedlichen Bewertung der Gesetze und Gebote des Alten Testaments. Im Hintergrund dieses Briefes steht die antike Schulphilologie, die seit ihrer Entstehung im ptolemäischen Alexandria eine reiche Tradition ausbildete und in der hohen römischen Kaiserzeit ihre Blütezeit erlebte. Der Autor Ptolemäus, der Begründer einer einflussreichen gnostischen Schulrichtung, geht offenbar von einer tiefen Vertrautheit seiner Adressatin Flora mit diesem philologischen Wissen aus, und doch geht er darüber sogar noch hinaus, indem er sein Schreiben als Propädeutik zu den eigentlichen, inhaltlichen Lehrfragen ausgibt, die er darin aber nicht mehr behandelt. Es handelt sich also um einen protreptischen Brief in der Tradition philosophischer Lehrbriefe als Hinführung zu einem tieferen Wissen. Nicht um Methoden der Bibelauslegung, sondern um Inhalte der gnostischen Lehre geht es hingegen im Brief an Rheginos, und zwar um die Auferstehung und spezifisch um die im frühen Christentum notorisch umstrittene Frage einer Auferstehung des Leibes oder gar des Fleisches. Der unbekannte Autor entfaltet dazu in gnostischen Koordinaten ein eigenes Konzept und setzt erneut höchste Kompetenzen auf Seiten seines Adressaten voraus, ohne die dieser seinen komplexen Gedankengängen nicht zu folgen vermöchte.

Ebenfalls um den Bildungsdiskurs der frühen Christen geht es in den Briefen des Origenes,[65] die *Alfons Fürst* bespricht. Ein veritabler ‚Bildungsbrief' ist das Schreiben, das Origenes wohl im Jahr 238 an seinen ehemaligen Schüler Gregor verfasste, nachdem dieser sein Studium an der christlichen Hochschule des Orige-

---

64 Siehe dazu auch J. G. Given, „Letters among the Nag Hammadi Codices".
65 Dazu A. Fürst, „Die Briefe des Origenes".

nes in Caesarea in Palästina beendet hatte. Den Kontext bilden damit erneut Schule und Ausbildung – das gleichsam natürliche Habitat von Bildung. Der kurze Brief an Gregor enthält eine Skizze der christlichen Bildung im Blick auf ihre Grundsätze, ihre Inhalte und ihre Voraussetzungen. Origenes skizziert sowohl pädagogische Grundsätze – etwa, dass ‚Leistung' auf Begabung beruht, die durch Übung entwickelt wird – als auch die Grundzüge eines christlichen Bildungskanons, in dem die Fächer der antiken Allgemeinbildung sowie die Philosophie als Grundlage und Propädeutik für exegetische Studien aufgefasst werden. Zu letzteren beschreibt Origenes die Grundhaltung des Exegeten und die hermeneutischen Voraussetzungen für das Verstehen der biblischen Texte, aber auch die Risiken, die mit der Heranziehung philosophischer Ansichten zur Erklärung der Bibel einhergehen können (wogegen Origenes als Mittel nicht weniger, sondern mehr Philosophie, ein gründliches philosophisches Studium fordert). Dieser enorm hohe Aufwand an Ausbildung und Bildung, der Origenes vorschwebte, diente allerdings einem darüber hinausgehenden Zweck, nämlich einer entsprechenden Lebensgestaltung in christlichem Sinne. Die elementarisierte Einführung in die christliche Paideia und in die biblische Hermeneutik, die Origenes in dem kleinen, aber inhaltsschweren Brief vorlegte, hatte eine ungeheure Nachwirkung in der christlichen Theologie und Exegese, die sie jahrhundertelang tiefgreifend prägte. Im zweiten von Origenes vollständig erhaltenen, deutlich längeren Brief, adressiert an den christlichen Gelehrten Julius Africanus, führt er vor, was solche exegetische Bildung im Einzelfall – es geht um die Susanna-Erzählung im Buch Daniel – zu leisten vermag.

Ein erneutes Beispiel von Intertextualität auf der Basis von Bildung bzw. von Bildung durch Intertextualität[66] – vergleichbar dem anhand des poetischen Briefwechsels zwischen Ausonius und Paulinus von Nola im Beitrag von Christine Schmitz Dargelegten – stellt *Gina Derhard-Lesieur* anhand dreier Briefe des Hieronymus vor, die alle drei an eine Römerin namens Marcella[67] gerichtet sind und in denen es jeweils um das Leben einer jüngst verstorbenen gemeinsamen Bekannten geht. Hieronymus setzt die vielfachen intertextuellen Bezüge, vor allem solche zur Bibel, aber auch zu anderen Kirchenvätern wie Tertullian, ein, um eine neue Wirklichkeit zu schaffen, nämlich ein asketischen Frauen-Ideal, das der moralischen Erbauung der Leserinnen (und Leser) dienen soll. Manchmal ist der von Hieronymus intendierte Sinn einer Aussage nur zu verstehen, wenn man die Prätexte kennt, auf die er rekurriert, um beispielsweise eine polemische oder satirische Invektive gegen die Gegner der Askese zu lancieren. Was Hieronymus hier

---

66 Siehe dazu M. Neger, „Intertextualität".
67 Zu dieser bemerkenswerten Frau siehe, neben anderen Beiträgen, S. Letsch-Brunner, *Marcella*.

epistolographisch in der dafür offenen und flexiblen Gattung des Briefes inszeniert, ist ein hochgelehrtes Spiel mit Traditionen und Textbeständen, das sich nur entsprechend hochgebildeten Personen erschließt. Bemerkenswert an diesen Briefen ist nicht zuletzt, dass die Adressaten Adressat*innen* sind. Sie sind damit ein Zeugnis für eine sehr hohe Bildung von Frauen aus dem spätantiken römischen Hochadel. Jedenfalls schreibt Hieronymus ihnen eine solche zu. Doch muss sie auch tatsächlich zumindest in einem gewissen Maße gegeben gewesen sein, sonst wäre die gelehrte Stilisierung seiner Briefe ins Leere gelaufen. Über die direkte Adressatin Marcella hinaus setzt Hieronymus diese Briefe dazu ein, Werbung für die asketische Lebensform zu machen. Mit den *exempla*, die er in gut römischer Tradition mit raffinierten Mitteln der Intertextualität schafft, betreibt er anhand der geschilderten Frauen und ihrer Viten Modellbildung für andere Asketinnen. Den Erfolg dieses Unterfangens kann man wohl auch daran ermessen, dass die Briefe des Hieronymus an und über Frauen in den mittelalterlichen Nonnenklöstern zur Standardlektüre gehörten.

Den Abschluss des Teils zum antiken Christentum bildet der Beitrag von *Peter Gemeinhardt* über Bildungsinhalte und Bildungsziele, über die in der Spätantike zwischen Christen und Nicht-Christen gerade auch im Medium von Briefen kontrovers diskutiert wurde. An den von ihm vorgeführten Briefen ist paradigmatisch zu studieren, auf welche Weise Briefe Bildungsprozesse initiieren und zur Selbst-Bildung anleiten können. Es lassen sich unterschiedliche Bildungsgüter und Bildungsziele erkennen, die in verschieden angelegte Bildungsprozesse eingebettet sind. Um theologisches Wissen in spezifischem Sinn geht es in Briefen des Basilius von Caesarea[68] in Bezug auf den christlichen Begriff eines trinitarischen Gottes, der nicht im strengen Sinn erkannt, sondern nur im Glauben erfasst werden kann. Um literarisches Können geht es bei der ‚Christianisierung' des Briefgenres, die sich in Briefen des Paulinus von Nola an der Umwertung traditioneller Brieftopik ablesen lässt. Paulinus plädierte für die Verbindung von antiker Bildung und christlichem Glauben auf dem Boden nicht der Paideia, sondern des Glaubens (und der Bibel), wodurch Bildung als solche freilich depotenziert wurde. Noch weiter gingen im 6. Jahrhundert die Asketen Barsanuphius und Johannes von Gaza, die mit ihren Briefen zu einer monastischen Bildung im Sinne einer Lebensform anleiteten, die auf radikales Nicht-Wissen zielte, um zur inneren Ruhe zu finden.[69] Alle diese Briefe zielen auf die Selbst-Bildung der Adressaten, die gerade durch die Offenheit der Briefform ermöglicht wird: Sowohl christlicher Glaube und theologisches Wissen als auch eine christliche oder monastische Lebensform, in die antike Bildung

---

68 Siehe zu diesen A. Fürst, „Die Briefe des Basilius von Caesarea".
69 Zu dieser Gattung von Briefen siehe generell P. Gemeinhardt, „Mönchsbrief".

integriert oder aus der sie ausgeschlossen wird, sind als Bildungsziele nur so zu erreichen, dass einzelne Personen sich diese Bildungsgüter und Bildungsideale persönlich aneignen. Diese Briefe initiieren also Bildungsprozesse, und heute, in einem Abstand von fast zwei Jahrtausenden gelesen, werden in ihnen diese Prozesse gerade dadurch greifbar, dass sie in die Gattung des Briefes gekleidet sind: Sie sind „Bildungsvorgänge im Vollzug".

c) Fallbeispiele aus der Neuzeit und Moderne
Die kleine Reihe an Fallbeispielen aus der Neuzeit und Moderne, die der vorliegende Band nur punktuell bieten kann, wird von einem Beitrag von *Jürgen Overhoff* eröffnet, der zunächst in die Entwicklung der Gattung des Briefes im 18. Jahrhundert einführt. Die Grundlage für den Aufschwung des Briefschreibens, der im Zeitalter der Aufklärung wie in keiner Epoche zuvor einsetzte, bildeten eine von der rasant zunehmenden Alphabetisierung breiter Schichten der Bevölkerung beförderte Bildungsexpansion und eine verbesserte Briefzustellung durch ein straff organisiertes Postwesen. In diesem Rahmen entwickelte sich die Briefform vom gelehrten Brieftraktat, der noch zu Beginn des 18. Jahrhunderts vorzugsweise auf Latein abgefasst wurde, zum Alltagsbrief im Plauderton, der allen des Schreibens und Lesens Kundigen, Männern wie Frauen, zugänglich war und sich besonders in der Form von Reiseberichten zunehmender Beliebtheit erfreute (woran man sieht, dass die zunehmende Mobilität und die damit gegebene Horizonterweiterung ebenfalls im Hintergrund dieser Entwicklung steht). Eine bemerkenswerte Besonderheit ist, dass auch Kinder und Jugendliche als Verfasserinnen und Verfasser wie als Adressatinnen und Adressaten solcher Briefe auftraten und wertgeschätzt, ja dazu ermuntert wurden. Joachim Heinrich Campes Korrespondenz mit Kindern und Jugendlichen, darunter beispielsweise Wilhelm von Humboldt, dessen Hauslehrer Campe war, und Campes Tochter Lotte, zeugt von den dazugehörigen Bildungs- und Erziehungsidealen. Der Brief wurde als pädagogisches Mittel der Bildung breiter Schichten der Bevölkerung entdeckt. In leichtem Plauderton vermittelten solche Reise- oder Kinderbriefe Bildungserlebnisse, durch deren Lektüre junge Erwachsene inspiriert werden sollten, die eigene Beobachtungsgabe und Urteilsfähigkeit zu schulen und schriftlich auf möglichst direkte und ‚natürliche' Weise mitzuteilen. Diese Entwicklung belegt zum einen die erstaunliche Wandlungsfähigkeit der Briefform; zum anderen wird die dadurch entstehende neue Art von Briefen auf ganz direkte Weise als pädagogisches Mittel zur Bildung von Kindern und Jugendlichen eingesetzt.

Mit dem Beitrag von *Albrecht Beutel* wechseln wir wieder über in die Schicht der Gelehrten der Aufklärungszeit. Auch die Briefe, die Johann Gottfried Herder und Johann Joachim Spalding austauschten, gehören mit ihrem offenen, authentischen Stil in die Entwicklung, welche die Briefgattung im 18. Jahrhundert genommen hat. Doch wie anders wirken die Briefe, mit denen die beiden sich in einem Streit, der zu ihrer Entzweiung führte, traktierten, als die eben besprochenen Briefwechsel mit Kindern und Jugendlichen! Im Vergleich zu den herzerfrischenden Kinderbriefen liest man dieses elende Theologengezänk mit wachsendem Unbehagen, um nicht zu sagen Unmut. Unweigerlich drängt sich der Gedanke an den ebenfalls brieflich und ebenso höflich wie erbittert ausgetragenen Zwist zwischen Augustinus und Hieronymus auf: hier der streitbare und leicht erregbare Mönch in Bethlehem, da der aufrichtige und auf Ausgleich bedachte Bischof in Hippo (der freilich in der Sache um keinen Deut weniger unnachgiebig war als sein Kontrahent).[70] Das könnte man direkt auf den hitzigen, wütend polemischen Herder auf der einen, den noblen, überlegt und bedacht reagierenden Spalding auf der anderen Seite übertragen. Und wie im Streit zwischen den beiden lateinischen Kirchenvätern – es ging um Bibelauslegung und Bibelübersetzung – standen auch im Konflikt zwischen den beiden protestantischen Aufklärungstheologen ernsthafte Themen im Hintergrund, nämlich unterschiedliche Auffassungen über Amt und Aufgaben des Predigers und über die Geschichtstheologie. Zu allen Zeiten dienen Briefe, namentlich unter Gebildeten, auch als Medium von Auseinandersetzung und Streit.

Zum Abschluss bespricht *Martina Wagner-Egelhaaf* mit Franz Kafkas *Brief an den Vater* von 1919 einen in der Germanistik immer wieder präsenten literarischen Brief. In diesem Brief, den Kafka nie abschickte und der erst 1952 lange nach seinem Tod erstmals publiziert wurde, sind offenbar verschiedene Gattungen oder Gattungselemente miteinander verbunden. Zunächst scheint es ein Privatbrief zu sein, aus familiärem Milieu und sehr persönlich gehalten. Schon seine enorme Länge von 103 handgeschriebenen Seiten weist aber weit über dieses private Setting hinaus, und spätestens mit seiner Nicht-Absendung und seiner postumen Publikation ist der Brief Literatur geworden, als die er aber schon von vornherein geschrieben wurde. Als solche weist er enge Bezüge zur Autobiographie auf, weil Kafka darin vieles aus seiner Kindheit und dem schwierigen Verhältnis zu seinem Vater schildert. Zugleich ist der Text mit dem Bildungsroman verwoben, jedoch *ex negativo*, weil er die Geschichte einer gescheiterten Erziehung reflektiert. Um diese geht es nämlich, und zwar konkret um die Erziehungsmethoden von Kafkas Vater und deren schädliche Wirkung auf den Sohn, mit denen Franz Kafka sich auseinandersetzt, dabei aber zugleich auch durchaus kritisch mit sich selbst umgeht. Indem der Sohn ein Gespräch fingiert, in dem er dem Vater von ihm selbst formulierte Worte in den Mund legt, benutzt er das Me-

---

70 Siehe dazu A. Fürst, *Augustins Briefwechsel mit Hieronymus*; lat. Text mit dt. Übersetzung: ders., *Augustinus – Hieronymus, Epistulae mutuae – Briefwechsel* (FC 41/1–2).

dium des Briefes, also der einen Hälfte eines Gesprächs, um ein Gespräch zwischen Vater und Sohn zu inszenieren – das eben eine literarische Fiktion ist. „Sohn- und Vater-Bildung" findet darin in der Weise statt, dass Kafka immer wieder neue Bilder von sich selbst und seinem Vater formt und wieder auflöst. Vor dem Hintergrund der Anleitung zur Selbst-Bildung, wie sie in pädagogischen und protreptischen Briefen aus Antike und Neuzeit greifbar wird, könnte man Kafkas *Brief an den Vater* vielleicht als eine ausgesprochen raffinierte Form von reflexiver Selbst-Bildung im Medium der Vater-Sohn-Bildung verstehen.

3 Ein Blick von der Antike in die Neuzeit

Den in diesem Band besprochenen Fallbeispielen zum Verhältnis zwischen ‚Brief und Bildung' ließen sich mühelos zahllose weitere hinzufügen. Nach dem Höhepunkt praktischer und theoretischer Epistolographie in der paganen wie in der christlichen Spätantike verschwand im lateinischen, westlichen Mittelalter das private Briefschreiben in der Form des gelehrten antiken Briefstils bis zur Zeit des Humanismus.[71] Das bedeutet nicht, dass es Privatbriefe nicht gegeben hätte – es sei nur auf den berühmten Briefwechsel zwischen Abaelard und Heloisa aus der ersten Hälfte des 12. Jahrhunderts hingewiesen. Theoretische epistolographische Erörterungen gab es vom Ende des 11. Jahrhunderts an nur für den Kanzleibrief (*dictamen*), an den rhetorisch-stilistische Anforderungen gestellt wurden. Bis in das 14. Jahrhundert hinein wurden zahlreiche Anleitungen zum Verfassen von amtlichen Schreiben verfasst (*Ars* oder *Summa dictaminis/dictandi*), die für Juristen, Notare und Kanzleien gedacht waren.[72] Zu einer Wiederbelebung der Epistolographie im antiken Sinne führte Francesco Petrarcas eingehende Beschäftigung mit den Briefen Ciceros, von denen er die Sammlungen an Atticus, an den Bruder Quintus und an Brutus im Jahr 1345 aus einer Veroneser Handschrift eigenhändig abschrieb. Die bewusste Erneuerung der antiken Gattung des Briefes als eigener literarischer Form, die Petrarca intendierte, mündete in das Genre der ‚Humanistenbriefe'. Die ‚Briefsteller' des 15. und 16. Jahrhunderts verbanden in ihrer neuen Brieftheorie die mittelalterlichen *Artes dictaminis* mit den

---

71 Siehe dazu K. Smolak, „Einleitung", xxii–xxxiii.
72 Einen Überblick über diese mittelalterliche Epistolographie und die zugehörigen Forschungsperspektiven gibt M. Richardson, „*Ars dictaminis*".

als Ideal geltenden Briefen eines Cicero und Plinius sowie mit griechischen brieftheoretischen Schriften.[73]

Den mit großem Abstand längsten Traktat dieser Gattung schrieb Erasmus von Rotterdam.[74] Mit seiner sehr umfangreichen *Anleitung zum Briefschreiben* (*De conscribendis epistolis*) von 1522, die nach grundlegenden Erörterungen zur Rhetorik und Topik des Briefes Definitionen von Briefsorten samt Musterbriefen enthält, führte Erasmus die Tradition der antiken und humanistischen ‚Briefsteller' auf ihren Höhepunkt.[75] Mit Verweis auf antike philosophische Lehrschreiben lehnte er die Forderung nach Kürze (*brevitas*) ab, folgte ansonsten jedoch weitgehend den Überlegungen der antiken Epistolographen. So übernahm er indirekt Ciceros Zweiteilung der Briefarten: Seine *inelaborata epistola* entspricht Ciceros Privatbrief, mit der *gravitas epistolae* nahm er Ciceros offizielle Schreiben ernsten Inhalts auf. Ferner forderte Erasmus wie die Alten sprachliche Klarheit (*perspicuitas*) und machte den Stil eines Briefes von seinem Thema, seinen Umständen und seinem Zweck sowie von der Person des Verfassers und des Adressaten abhängig.[76] Mit seinen ausführlichen Erörterungen verfolgte Erasmus ein ambitioniertes Bildungsziel: „In seiner Grundtendenz richtet sich dieses umfangreichste und erfolgreichste brieftheoretische Werk des Humanismus gegen übertriebene Reglementierung und tritt für die Freiheit des – gebildeten – Individuums ein. Oberstes Ziel des Unterrichts ist auch in der Epistolographie nicht so sehr die formale Perfektion, wie bei den mittelalterlichen *artes dictaminis*, sondern die Formung einer kultivierten Persönlichkeit."[77] Mit dreißig Drucken schon zu Lebzeiten des Erasmus und etwa achtzig Auflagen im 16. Jahrhundert (dazu Kurzfassungen für den Schulunterricht), dem im 17. Jahrhundert regelmäßig Nachdrucke folgten, übte diese Schrift des Erasmus einen enormen Einfluss auf die Briefkunst und Brieftheorie der frühen Neuzeit aus.[78] Auch in der Praxis war Erasmus einer der produktivsten humanistischen Briefschreiber. Sein Briefcorpus mit über 3000 Briefen ist eine der bedeutendsten Sammlungen dieser Epoche.[79]

---

73 Beispiele sind vorgestellt bei K. Smolak, „Einleitung", xlii–lix. Siehe dazu auch G. Burton, „Renaissance Letter-Writing Manuals".
74 Siehe zu diesem K. Smolak, ebd., xxxiii–xli.
75 Der Text ist kritisch ediert von J.-C. Margolin, *Desiderii Erasmi Roterodami De conscribendis epistolis* (ASD I–2, 153–579). Eine dt. Auswahl-Übersetzung bietet K. Smolak, *Erasmus von Rotterdam, De conscribendis epistolis – Anleitung zum Briefschreiben*.
76 So im einleitenden Teil zur allgemeinen Charakteristik des Briefes: ASD I–2, 209–227.
77 So das Resümee von K. Smolak, „Einleitung", xli.
78 Siehe dazu K. Smolak, ebd., lxxv–lxxix, ferner J. R. Henderson, „Humanism and the Humanities".
79 In zwölf voluminösen Bänden ediert von P. S. Allen, *Opus epistolarum Des. Erasmi Roterodami*.

In der Neuzeit und Moderne schließlich nahm die Produktion von Briefen vor allem vom 18. Jahrhundert an in einem bis dahin ungekannten Ausmaß zu.[80] Die unüberschaubare Vielzahl an erhaltenen Briefcorpora, Brieftypen und Brieffunktionen aus diesen Jahrhunderten zeigt die immense Bedeutung der Briefe, aus denen und in denen komplexe Bildungsdiskurse erkennbar werden. Vielleicht erweist sich der vorliegende Band als Anregung dazu, das Thema ‚Brief und Bildung' an weiteren Korrespondenzen aus allen Jahrhunderten und Kulturen zu erforschen.

Bibliographie

S. Abram, „Select Bibliography of Ancient Letter-Writing Collections and Epistolary Theory", in: C. Poster/L. C. Mitchell (Hg.), *Letter-Writing Manuals and Instruction from Antiquity to the Present. Historical and Bibliographic Studies* (Columbia SC: University of South Carolina Press, 2007), 245–283.

P. S. Allen, *Opus epistolarum Des. Erasmi Roterodami*, 12 Bde. (Oxford: Clarendon Press, 1906–1958 [Nachdruck Oxford: Oxford University Press, 1992]).

P. Arzt-Grabner, „Papyrologie", in: E.-M. Becker/U. Egelhaaf-Gaiser/A. Fürst (Hg.), *Handbuch Brief: Antike* (Berlin/Boston: De Gruyter [im Druck]).

R. S. Bagnall/R. Cribiore, *Women's Letters from Ancient Egypt, 300 BC–AD 800* (Ann Arbor MI: University of Michigan Press, 2006 [Paperback-Ausgabe 2015]).

A. A. R. Bastiaensen, *Le cérémonial épistolaire des chrétiens latins. Origine et premiers développements* (Graecitas et Latinitas Christianorum Primaeva. Supplementa 2; Nijmegen: Dekker & van de Vegt, 1964).

Th. J. Bauer, „Sekretäre, Diktier- und Kopierwesen, Schreiber", in: E.-M. Becker/U. Egelhaaf-Gaiser/A. Fürst (Hg.), *Handbuch Brief: Antike* (Berlin/Boston: De Gruyter [im Druck]).

E.-M. Becker, *Schreiben und Verstehen. Paulinische Briefhermeneutik im Zweiten Korintherbrief* (Neutestamentliche Entwürfe zur Theologie 4; Tübingen u.a.: Francke, 2002).

E.-M. Becker/U. Egelhaaf-Gaiser/A. Fürst (Hg.), *Handbuch Brief: Antike* (Berlin/Boston: De Gruyter [im Druck]).

E.-M. Becker/H. van der Blom, „Epistolary Communication and Self-Fashioning. Cicero and Paul in Comparison", in: E.-M. Becker/U. Egelhaaf-Gaiser/A. Fürst (Hg.), *Handbuch Brief: Antike* (Berlin/Boston: De Gruyter [im Druck]).

G. Bertram, „παιδεύω, παιδεία" etc., in: *ThWNT* 5 (1954), 596–624.

Sh. Bjornlie, „The Letter Collection of Cassiodorus", in: C. Sogno/B. K. Storin/E. J. Watts (Hg.), *Late Antique Letter Collections. A Critical Introduction and Reference Guide* (Oakland CA: University of California Press, 2017), 433–448.

---

[80] Eine wertvolle Fundgrube dazu ist nunmehr das zweibändige *Handbuch Brief: Von der frühen Neuzeit bis zur Gegenwart*, hg. von M. I. Matthews-Schlinzig, J. Schuster, G. Steinbrink und J. Strobel, das vor allem deutschsprachige Briefliteratur enthält, doch mit Ausblicken auf den gesamteuropäischen Kontext.

N. Brox, *Falsche Verfasserangaben. Zur Erklärung der frühchristlichen Pseudepigraphie* (Stuttgarter Bibelstudien 79; Stuttgart: Verlag Katholisches Bibelwerk, 1975).

Ph. Bruggisser, *Symmaque ou le rituel épistolaire de l'amitié littéraire. Recherches sur le premier livre de la correspondance* (Paradosis 35; Freiburg i. d.Schw.: Édition universitaire, 1993).

G. Burton, „From *Ars dictaminis* to *Ars conscribendi epistolis*. Renaissance Letter-Writing Manuals in the Context of Humanism", in: C. Poster/L. C. Mitchell (Hg.), *Letter-Writing Manuals and Instruction from Antiquity to the Present. Historical and Bibliographic Studies* (Columbia SC: University of South Carolina Press, 2007), 88–101.

A. Cain, *The Letters of Jerome. Asceticism, Biblical Exegesis, and the Construction of Christian Authority in Late Antiquity* (Oxford Early Christian Studies; Oxford: Oxford University Press, 2009 [²2010]).

A. Cain, „The Letter Collections of Jerome of Stridon", in: C. Sogno/B. K. Storin/E. J. Watts (Hg.), *Late Antique Letter Collections. A Critical Introduction and Reference Guide* (Oakland CA: University of California Press, 2017), 221–238.

A. Cain, „The Letters of Jerome", in: E.-M. Becker/U. Egelhaaf-Gaiser/A. Fürst (Hg.), *Handbuch Brief: Antike* (Berlin/Boston: De Gruyter [im Druck]).

A. Cameron, *Christianity and the Rhetoric of Empire. The Development of Christian Discourse* (Sather Classical Lectures 55; Berkeley/Los Angeles/London: University of California Press, 1991).

P. Chiron, *Démétrios, Du style* (Collection des Universités de France; Paris: Les belles lettres, 1993).

C. Cvetković, „The Letters of Paulinus of Nola", in: E.-M. Becker/U. Egelhaaf-Gaiser/A. Fürst (Hg.), *Handbuch Brief: Antike* (Berlin/Boston: De Gruyter [im Druck]).

B. Conring, *Hieronymus als Briefschreiber. Ein Beitrag zur spätantiken Epistolographie* (Studien und Texte zu Antike und Christentum 8; Tübingen: Mohr Siebeck, 2001).

G. Derhard, *Dynamiken der Briefform bei Hieronymus* (Orbis Antiquus 56; Münster: Aschendorff, 2021).

L. Doering, „Jüdische Briefe in der Antike", in: E.-M. Becker/U. Egelhaaf-Gaiser/A. Fürst (Hg.), *Handbuch Brief: Antike* (Berlin/Boston: De Gruyter [im Druck]).

A. Engelbrecht, *Das Titelwesen bei den spätlateinischen Epistolographen* (Wien: R. Brzezowsky & Söhne, 1893).

W. Erdt, *Christentum und heidnisch-antike Bildung bei Paulin von Nola mit Kommentar und Übersetzung des 16. Briefes* (Beiträge zur Klassischen Philologie 82; Meisenheim am Glan: Anton Hain, 1976).

R. Foerster†/E. Richtsteig (Hg.), *Libanii Opera IX. Libanii qui feruntur characteres epistolici* (Leipzig: Teubner, 1927 [Nachdruck Hildesheim: Georg Olms, 1963]).

U. Frost, „Bildung I. Begriffs- u. Geistesgeschichte", in: *LThK*³ 2 (1994), 451–452.

U. Frost, „Bildung II. Historisch", in: ebd., 453–454.

H. Fuchs, „Enkyklios Paideia", in: *RAC* 5 (1962), 365–398.

A. Fürst, *Augustins Briefwechsel mit Hieronymus* (Jahrbuch für Antike und Christentum. Erg.-Bd. 29; Münster: Aschendorff, 1999).

A. Fürst, *Augustinus – Hieronymus, Epistulae mutuae – Briefwechsel*, 2 Bde. (übers. und eingel.; FC 41/1–2; Turnhout: Brepols, 2002).

A. Fürst, *Hieronymus. Askese und Wissenschaft in der Spätantike* (Freiburg/Basel/Wien: Herder, 2003 [²2016]).

A. Fürst u. a., *Der apokryphe Briefwechsel zwischen Seneca und Paulus* (SAPERE 11; Mohr Siebeck: Tübingen, 2006 [UTB 3634, ²2012]).

A. Fürst, „Origenes über Individualität, Selbstbestimmung und Selbstsorge", in: ders. (Hg.), *Freedom as a Key Category in Origen and in Modern Philosophy and Theology* (Adamantiana 14; Münster: Aschendorff, 2019), 33–47.

A. Fürst, „Die Briefe des Origenes", in: E.-M. Becker/U. Egelhaaf-Gaiser/A. Fürst (Hg.), *Handbuch Brief: Antike* (Berlin/Boston: De Gruyter [im Druck]).

A. Fürst, „Die Briefe des Basilius von Caesarea", in: E.-M. Becker/U. Egelhaaf-Gaiser/A. Fürst (Hg.), *Handbuch Brief: Antike* (Berlin/Boston: De Gruyter [im Druck]).

P. Gemeinhardt, *Das lateinische Christentum und die antike pagane Bildung* (Studien und Texte zu Antike und Christentum 41; Tübingen: Mohr Siebeck, 2007).

P. Gemeinhardt, „Mönchsbrief", in: E.-M. Becker/U. Egelhaaf-Gaiser/A. Fürst (Hg.), *Handbuch Brief: Antike* (Berlin/Boston: De Gruyter [im Druck]).

F. Germerodt, *Amicitia in den Briefen des jüngeren Plinius* (Speyer: Kartoffeldruck-Verlag, 2015).

R. Giomini/M. S. Celentano (Hg.), *C. Iulii Victoris Ars rhetorica* (Leipzig: Teubner, 1980).

J. G. Given, „Letters among the Nag Hammadi Codices", in: E.-M. Becker/U. Egelhaaf-Gaiser/A. Fürst (Hg.), *Handbuch Brief: Antike* (Berlin/Boston: De Gruyter [im Druck]).

K. Halm (Hg.), *Rhetores Latini minores* (Leipzig: Teubner, 1863 [Nachdruck Frankfurt a. M.: Minerva Verlag, 1964]).

W. V. Harris, *Ancient Literacy* (Cambridge MA/London: Harvard University Press, 1989).

J. R. Henderson, „Humanism and the Humanities. Erasmus' *Opus de conscribendis epistolis* in Sixteenth-Century Schools", in: C. Poster/L. C. Mitchell (Hg.), *Letter-Writing Manuals and Instruction from Antiquity to the Present. Historical and Bibliographic Studies* (Columbia SC: University of South Carolina Press, 2007), 141–177.

N. Hömke, „Antike Privat- und Alltagsbriefe", in: E.-M. Becker/U. Egelhaaf-Gaiser/A. Fürst (Hg.), *Handbuch Brief: Antike* (Berlin/Boston: De Gruyter [im Druck]).

N. Jaeger, „Die Briefe Senecas", in: E.-M. Becker/U. Egelhaaf-Gaiser/A. Fürst (Hg.), *Handbuch Brief: Antike* (Berlin/Boston: De Gruyter [im Druck]).

W. Jaeger, *Paideia. Die Formung des griechischen Menschen*, 3 Bde. (Berlin: De Gruyter, 1933–1947 [Nachdruck 1989]).

K. L. Kayser (Hg.), *Flavii Philostrati Opera II* (Leipzig: Teubner, 1871 [Nachdruck Hildesheim: Georg Olms, 1964]).

Th. Kobusch, „Freiheit als Prinzip. Origenes und der Fortschritt im Bewusstsein der Freiheit", in: ders., *Metaphysik der Freiheit. Ausgewählte Abhandlungen von Origenes bis in die Neuzeit* (hg. v. A. Fürst; Adamantiana 28; Münster: Aschendorff, 2023), 13–34.

D. Konstan, *Friendship in the Classical World* (Cambridge: Cambridge University Press, 1997).

H. Koskenniemi, *Studien zur Idee und Phraseologie des griechischen Briefes bis 400 n.Chr.* (Annales Academiae Scientiarum Fennicae B 102/2; Helsinki: Suomalainen Tiedeakatemian, 1956).

J. Kramer, *Vulgärlateinische Alltagsdokumente auf Papyri, Ostraka, Täfelchen und Inschriften* (Berlin/New York: De Gruyter, 2007).

S. Letsch-Brunner, *Marcella – Discipula et Magistra. Auf den Spuren einer römischen Christin des 4. Jahrhunderts* (Beihefte zur Zeitschrift für die neutestamentliche Wissenschaft 91; Berlin/New York: De Gruyter, 1998).

E. Lichtenstein, „Bildung", in: *HWPh* 1 (1971), 921–937.

A. J. Malherbe, *Ancient Epistolary Theorists* (Sources for Biblical Study 19; Atlanta GA: Scholars Press, 1988).

G. Manuwald, „Die Briefe des Horaz", in: E.-M. Becker/U. Egelhaaf-Gaiser/A. Fürst (Hg.), *Handbuch Brief: Antike* (Berlin/Boston: De Gruyter [im Druck]).

J.-C. Margolin, *Desiderii Erasmi Roterodami De conscribendis epistolis* (ASD I-2; Amsterdam: North-Holland Publishing Company, 1971), 153–579.

H.-I. Marrou, *Histoire de l'éducation dans l'antiquité* (Paris: Édition du Seuil, 1948 [⁷1976]); dt.: *Geschichte der Erziehung im klassischen Altertum* (Freiburg/München: Alber, 1957 [Nachdruck München: Deutscher Taschenbuchverlag, 1977]).

H.-I. Marrou, *Saint Augustin et la fin de la culture antique* (Paris: Éditions E. de Boccard, 1938 [⁴1958]); dt.: *Augustinus und das Ende der antiken Bildung* (Paderborn u. a.: Schöningh, 1981 [²1995]).

M. I. Matthews-Schlinzig u.a. (Hg.), *Handbuch Brief: Von der frühen Neuzeit bis zur Gegenwart*, 2 Bde. (Berlin/Boston: De Gruyter, 2020).

O. Montevecchi, *Papyri Bononienses (P. Bon.) I (1–50)* (Pubblicazione dell'Università Cattolica del Sacro Cuore N.S. 42; Mailand: Vita e Pensiero, 1953).

S. Mratschek, *Der Briefwechsel des Paulinus von Nola. Kommunikation und soziale Kontakte zwischen christlichen Intellektuellen* (Hypomnemata 134; Göttingen: Vandenhoeck & Ruprecht, 2002).

S. Mratschek, „The Letter Collection of Sidonius Apollinaris", in: C. Sogno/B. K. Storin/E. J. Watts (Hg.), *Late Antique Letter Collections. A Critical Introduction and Reference Guide* (Oakland CA: University of California Press, 2017), 309–336.

W. G. Müller, „Der Brief als Spiegel der Seele. Zur Geschichte eines Topos der Epistolartheorie von der Antike bis zu Samuel Richardson", in: *Antike und Abendland* 26 (1980), 138–157.

G. Nauroy, „The Letter Collection of Ambrose of Milan", in: C. Sogno/B. K. Storin/E. J. Watts (Hg.), *Late Antique Letter Collections. A Critical Introduction and Reference Guide* (Oakland CA: University of California Press, 2017), 146–160.

M. Neger, „Intertextualität", in: E.-M. Becker/U. Egelhaaf-Gaiser/A. Fürst (Hg.), *Handbuch Brief: Antike* (Berlin/Boston: De Gruyter [im Druck]).

M. B. O'Brien, *Titles of Address in Christian Latin Epistolography to 543 A.D.* (Patristic Studies 21; Washington DC: Catholic University of America, 1930).

O. Poltera, „Die Briefe Platons", in: E.-M. Becker/U. Egelhaaf-Gaiser/A. Fürst (Hg.), *Handbuch Brief: Antike* (Berlin/Boston: De Gruyter [im Druck]).

O. Poltera, „Die Briefe Epikurs", in: E.-M. Becker/U. Egelhaaf-Gaiser/A. Fürst (Hg.), *Handbuch Brief: Antike* (Berlin/Boston: De Gruyter [im Druck]).

C. Poster, „A Conversation Halved. Epistolary Theory in Greco-Roman Antiquity", in: dies./L. C. Mitchell (Hg.), *Letter-Writing Manuals and Instruction from Antiquity to the Present. Historical and Bibliographic Studies* (Columbia SC: University of South Carolina Press, 2007), 21–51.

R. Pouchet, *Basile le Grand et son univers d'amis d'après sa correspondance. Une stratégie de communion* (Studia Ephemerides Augustinianum 36; Rom: Institutum Patristicum Augustinianum, 1992).

St. Rebenich, *Hieronymus und sein Kreis. Prosopographische und sozialgeschichtliche Untersuchungen* (Historia Einzelschriften 72; Stuttgart: Steiner, 1992).

G. Rechenauer, „Enkyklios Paideia", in: *HWPh* 2 (1994), 1160–1185.

G. Reydams-Schils, „The Correspondence between Seneca and Paul", in: E.-M. Becker/U. Egelhaaf-Gaiser/A. Fürst (Hg.), *Handbuch Brief: Antike* (Berlin/Boston: De Gruyter [im Druck]).

M. Richardson, „The *Ars dictaminis*, the Formulary, and Medieval Epistolary Practice", in: C. Poster/L. C. Mitchell (Hg.), *Letter-Writing Manuals and Instruction from Antiquity to the Present. Historical and Bibliographic Studies* (Columbia SC: University of South Carolina Press, 2007), 52–66.

Ch. Rollinger, *Amicitia sanctissime colenda. Freundschaft und soziale Netzwerke in der Späten Republik* (Studien zur Alten Geschichte 19; Heidelberg: Verlag Antike, 2014).

P. Sänger, „Ägyptische Papyrus- oder Ostrakon-Briefe", in: E.-M. Becker/U. Egelhaaf-Gaiser/A. Fürst (Hg.), *Handbuch Brief: Antike* (Berlin/Boston: De Gruyter [im Druck]).

B.-J. Schröder, *Bildung und Briefe im 6. Jahrhundert. Studien zum Mailänder Diakon Magnus Felix Ennodius* (Millennium-Studien 15; Berlin/New York: De Gruyter, 2007).
R. Schwitter, „Briefstil", in: E.-M. Becker/U. Egelhaaf-Gaiser/A. Fürst (Hg.), *Handbuch Brief: Antike* (Berlin/Boston: De Gruyter [im Druck]).
S. Seibert, „Brieftheorie", in: E.-M. Becker/U. Egelhaaf-Gaiser/A. Fürst (Hg.), *Handbuch Brief: Antike* (Berlin/Boston: De Gruyter [im Druck]).
L. Siedentop, *Inventing the Individual. The Origins of Western Liberalism* (London: Allen Lane, 2014); dt.: *Die Erfindung des Individuums. Der Liberalismus und die westliche Welt* (Stuttgart: Klett-Cotta, 2015 [²2016]).
K. Smolak, *Erasmus von Rotterdam, De conscribendis epistolis – Anleitung zum Briefschreiben* (übers., eingel. und mit Anmerkungen versehen; Darmstadt: Wissenschaftliche Buchgesellschaft, 1980 [Sonderausgabe 1995; ³2006]).
K. Smolak, „Einleitung", in: ebd., ix–lxxxvi.
C. Sogno, „The Letter Collection of Quintus Aurelius Symmachus", in: C. Sogno/B. K. Storin/E. J. Watts (Hg.), *Late Antique Letter Collections. A Critical Introduction and Reference Guide* (Oakland CA: University of California Press, 2017), 175–189.
C. Sogno/B. K. Storin/E. J. Watts (Hg.), *Late Antique Letter Collections. A Critical Introduction and Reference Guide* (Oakland CA: University of California Press, 2017).
C. Sogno/B. K. Storin/E. J. Watts, „Introduction: Greek and Latin Epistolography and Epistolary Collections in Late Antiquity", in: dies. (Hg.), *Late Antique Letter Collections. A Critical Introduction and Reference Guide* (Oakland CA: University of California Press, 2017), 1–10.
W. Speyer, „Pseudepigraphische und unechte Briefe bei Griechen und Römern", in: E.-M. Becker/U. Egelhaaf-Gaiser/A. Fürst (Hg.), *Handbuch Brief: Antike* (Berlin/Boston: De Gruyter [im Druck]).
B. K. Storin, „The Letter Collection of Gregory of Nazianzus", in: C. Sogno/B. K. Storin/E. J. Watts (Hg.), *Late Antique Letter Collections. A Critical Introduction and Reference Guide* (Oakland CA: University of California Press, 2017), 81–101.
B. K. Storin, *Self-Portrait in Three Colors. Gregory of Nazianzus's Epistolary Autobiography* (Christianity in Late Antiquity 6; Oakland CA: University of California Press, 2019).
J. Svennung, *Anredeformen. Vergleichende Forschungen zur indirekten Anrede in der dritten Person und zum Nominativ für den Vokativ* (Uppsala/Wiesbaden: Almqvist & Wiksell u.a., 1958).
K. Thraede, *Grundzüge griechisch-römischer Brieftopik* (Zetemata 48; München: C. H. Beck, 1970).
K. Thraede, „Zwischen Gebrauchstext und Poesie. Zur Spannweite der antiken Gattung ‚Brief'", in: *Didactica Classica Gandensia* 20 (1980), 179–218.
G. Tibiletti, *Le lettere private nei papiri greci del III e IV secolo d.C. tra paganesimo e cristianesimo* (Pubblicazioni della Università del Sacro Cuore. Scienze Filologiche e Letteratura 15; Mailand: Vita e Pensiero, 1979).
L. Van Hoof, „The Letter Collection of Libanius of Antioch", in: C. Sogno/B. K. Storin/E. J. Watts (Hg.), *Late Antique Letter Collections. A Critical Introduction and Reference Guide* (Oakland CA: University of California Press, 2017), 113–130.
A. Wagner, „Briefe und Briefformen in der hebräischen Bibel", in: E.-M. Becker/U. Egelhaaf-Gaiser/A. Fürst (Hg.), *Handbuch Brief: Antike* (Berlin/Boston: De Gruyter [im Druck]).
E. Watts, „Letter Collections as a Reading Tool", in: E.-M. Becker/U. Egelhaaf-Gaiser/A. Fürst (Hg.), *Handbuch Brief: Antike* (Berlin/Boston: De Gruyter [im Druck]).
V. Weichert (Hg.), *Demetrii et Libanii qui feruntur Τύποι ἐπιστολικοί et Ἐπιστολιμαῖοι χαρακτῆρες* (Leipzig: Teubner, 1910).
O. Wischmeyer, „Die Briefe des Paulus", in: E.-M. Becker/U. Egelhaaf-Gaiser/A. Fürst (Hg.), *Handbuch Brief: Antike* (Berlin/Boston: De Gruyter [im Druck]).

H. Wulfram, „Brieftopik", in: E.-M. Becker/U. Egelhaaf-Gaiser/A. Fürst (Hg.), *Handbuch Brief: Antike* (Berlin/Boston: De Gruyter [im Druck]).

K. Zelzer/M. Zelzer, „'Retractationes' zu Brief und Briefgenos bei Plinius, Ambrosius und Sidonius Apollinaris", in: *Alvarium. Festschrift für Christian Gnilka* (hg. v. W. Blümer/R. Henke/M. Mülke; Jahrbuch für Antike und Christentum. Erg.-Bd. 33; Münster: Aschendorff, 2002), 393–405.

G. Zenkert, „Bildung I. Begriffsgeschichte", in: *RGG*[4] 1 (1998), 1577–1578.

H. Zilliacus, *Untersuchungen zu den abstrakten Anredeformen und Höflichkeitstiteln im Griechischen* (Commentationes Humanarum Litterarum 15/3; Helsingfors: Akademische Buchhandlung, 1949).

H. Zilliacus, „Anredeformen" [1964], in: *RAC Suppl.* Lfg. 3/4 (1985/86), 465–497.

BRIEF UND BILDUNG IN DER PAGANEN ANTIKE

Alexandra von Lieven

Briefe und Bildung im Alten Ägypten am Beispiel der sog. *Satirischen Streitschrift*

1 Einleitung

Die Verbindung von Briefen mit Bildung, konkret dem Schulwesen,[1] ist in Ägypten sehr eng und gut nachweisbar. Dies liegt insbesondere daran, dass in Schreiberschulen Modelltexte eingesetzt wurden, die angehende Schreiber kopieren mussten. Man darf annehmen, dass sie solche Texte nicht nur abschreiben sollten, sondern dass sie diese auch memorieren mussten. Dies lässt sich natürlich erheblich weniger gut nachweisen als das reine Abschreiben, dessen Praxis sich die erhaltenen Textzeugen zum guten Teil verdanken.[2] Man darf es jedoch aus den auch in realen Briefen belegten Formeln erschließen. Das Memorieren mag auch das Phänomen der „offenen Tradition" selbst bei stärker fixierten Werken wie Lebenslehren erklären,[3] die ebenfalls eine zentrale Rolle im Schulunterricht einnahmen.

Dabei ist auch zu berücksichtigen, dass die Beschäftigung mit solchen Texten wohl eher etwas für die fortgeschrittenere Schülerschaft war, nicht für unmittelbare Schreibanfänger. Dafür spricht zumindest die visuelle Qualität der betreffenden Textzeugnisse, die offenbar von erprobten Händen stammen. Es handelt sich ganz eindeutig nicht um Kindergekrakel, auch wenn natürlich offenbleiben muss, welches Alter und welche Erfahrungsstufe die betreffenden Schreiber tatsächlich jeweils hatten. Hinzu kam dann wohl das selbstständige freie Verfassen von grundsätzlich etablierten Textschemata bzw. fallweise das geistreiche Va-

---

1 H. Brunner, *Altägyptische Erziehung*.
2 Vgl. aber die möglichen Indizien ebd., 72.
3 Dazu etwa J. F. Quack, *Die Lehren des Ani*, 14–26.

Anmerkung: Die religiös-mythologischen Hintergründe zu der Autorenfiktion der *Satirischen Streitschrift* und weitere religiöse Elemente derselben wurden im Rahmen meines DFG-Projekts „Normtransgressives Verhalten in der Götterwelt des Alten Ägypten" (LI 1846/3-1) erarbeitet, für dessen Bewilligung der DFG mein herzlicher Dank gilt. Diese Aspekte wurden bis dato nur wenig beachtet, scheinen mir aber von grundlegender Bedeutung für das Verständnis der *Satirischen Streitschrift* zu sein. Dabei gehe ich grundsätzlich vom Konzept einer „embedded religion" (J. Bremmer) aus, das für die Gesellschaft des Alten Ägypten sehr passend ist.

Alexandra von Lieven, Münster

riieren traditioneller Texte als Gipfel der Ausbildung bzw. vielleicht auch Fingerübung für eigentlich fertig ausgebildete Schreiber.[4]

Die Schwierigkeiten, den genauen Verwendungskontext der erhaltenen Texte zu bestimmen, zeigen die rezenten Beiträge von Chloé Ragazzoli zu den sog. *Late Egyptian Miscellanies*[5] im Allgemeinen (die neben Briefen auch diverse andere Textgattungen vom Königslob bis zur Schelte eines faulen und dem Lotterleben ergebenen Schülers umfassen) und Joachim Quack speziell zu den Modellbriefen.[6] Während erstere Arbeit gegen die traditionelle Deutung als „Schulbücher" den literarischen Charakter der Texte stärker betont, untersucht letztere im Detail die lehrhafte Vorbildfunktion der Texte. Gerade zu den Modellbriefen wird man sinnvollerweise aber kaum zu einer anderen Deutung kommen. In das von Ragazzoli vertretene Konzept der „littérature de scribe" passen diese Werke kaum, da sie für sich genommen in der Regel nicht übermäßig literarisch interessant sind. Nicht zufällig erwähnt Ragazzoli diese auch nur kurz als „textes de la pratique".[7] Der freilich nur einmal in P.Sallier I, 3, 4–5 belegte ägyptische Ausdruck dafür ist šbꜣy.t šꜥ.t „Brieflehre".[8]

2 Die *Satirische Streitschrift*

Es gibt jedoch Ausnahmen. Während die Brieftexte unter den *Miscellanies* wohl einfach Modelle lieferten, wie ein Schreiber höfliche Briefe verfassen sollte, so wie auch heute noch Lehrbücher Modellbriefe liefern, ist der im Folgenden vorgestellte Text keine zur Nachahmung empfohlene Vorlage für einen wirklichen Brief. Vielmehr handelt es sich um eine Satire in Briefform, die daher auch als *Satirischer Brief* oder passender *Satirische Streitschrift* bezeichnet wurde.[9] Dass dieser Text im

---

4 Etwas Derartiges könnte im Falle der Texte auf dem Ostrakon Deir el-Medine 1039 zu vermuten sein, siehe A. von Lieven, „Kreativität". Das könnte auch der Hintergrund der von H.-W. Fischer-Elfert, „Schreiberscherben", 94–96 behandelten Ostraka mit Texten „im Stile von Pap. Anastasi I" sein, die im Zusammenhang der *Satirischen Streitschrift* natürlich von besonderem Interesse sind (für den Hinweis darauf danke ich H.-W. Fischer-Elfert herzlich).
5 A. H. Gardiner, *Late-Egyptian Miscellanies*; R. A. Caminos, *Late-Egyptian Miscellanies*.
6 C. Ragazzoli, „La littérature de scribe"; J. F. Quack, „Modellbriefe".
7 C. Ragazzoli, ebd., 67.
8 Ebd., 62–63; J. F. Quack, „Modellbriefe".
9 A. H. Gardiner, *Papyrus Anastasi*; H.-W. Fischer-Elfert, *Anastasi I. Textzusammenstellung*; ders., *Anastasi I. Kommentar*. Im Folgenden wird die Edition von Fischer-Elfert zugrunde gelegt. Bei Seitenangaben wird im Regelfall auf den Kommentar verwiesen, der ägyptische Originaltext der gleichbetitelten Textsynopse ist über die Stellenangaben des P.Anastasi I ebenso auffindbar wie die jeweilige Stelle der Übersetzung, es wird nur dann explizit darauf hingewiesen, wo dies von

Schulbetrieb verwendet wurde und nicht ein realer privater Brief ist, zeigt sich nicht nur an seinem Inhalt, sondern auch an der Anzahl der Belege. Mindestens Teile davon sind nämlich auf wenigstens 81 verschiedenen Schriftträgern bezeugt, wovon fünf Papyri sind, der Rest Ostraka.[10] Dass letztere den Text abschnittsweise enthalten, belegt die Verwendung als Unterrichtsstoff eindeutig, denn es ist auch für andere Texte entsprechenden Zweckes, namentlich Weisheitslehren, ganz typisch, dass diese in gewissen Arbeitspensen aufgeteilt auf Ostraka aufgeschrieben wurden, wobei diese oft mit einem Tagesdatum versehen sind.[11] Ob es sich dabei um die beim Lehrer abzugebenden Hausaufgaben handelte oder die Mitschrift des Schülers von Unterrichtsstoff z. B. nach Diktat lässt sich leider wieder nicht entscheiden. Sachlich scheint Letzteres für das Alte Ägypten jedoch plausibler.

Diese reiche Überlieferung grundsätzlich desselben Textes verbindet die *Satirische Streitschrift* mit den Weisheitslehren oder kanonisierten Erzählungen wie der des *Sinuhe*[12] und unterscheidet sie von den *Miscellanies*, die sich gerade durch eine größere Varianz auszeichnen, auch wenn es durchaus Gemeinsamkeiten bis hin zu direkten Übereinstimmungen bei einzelnen Texten gibt. Dabei sind jedoch auch bei den Lehren zumindest manchmal kleinere Diskrepanzen zwischen einzelnen Handschriften zu benennen, die über rein textkritisch relevante Kleinigkeiten hinausgehen. Bekannt ist dies für die *Lehre des Ptahhotep*[13] oder die explizit als

---

spezieller Bedeutung ist. Die Übersetzungen hier im Text sind meine eigenen (dass sie dennoch fallweise wörtlich mit denen von Fischer-Elfert übereinstimmen, liegt in der Natur der Sache). Farbphotos des P.Anastasi I (BM EA 10247) gibt es unter https://www.britishmuseum.org/collection/object/Y_EA10247-1 etc. (letzter Zugriff am 5. Januar 2022). Leider ist es offenbar nicht möglich, sich einfach weiterzuklicken, sondern die letzte Ziffer muss jeweils von Hand neu eingegeben werden. Sie ist auch nicht mit der Kolumnenzählung des Papyrus identisch, sondern bezieht sich auf die Rahmen des Museums.

10 H.-W. Fischer-Elfert, *Anastasi I. Kommentar*, 249–260, ders., *Anastasi I. Textzusammenstellung*, 1–6. Bei den hier betroffenen Ostraka handelt es sich um Kalksteinsplitter des in Lagen brechenden thebanischen Kalksteins. Ihre vergleichsweise plane Oberfläche und helle Farbe boten eine optimale Schreibfläche, außerdem waren sie gerade in Deir el-Medineh (s. u.) jederzeit aus dem anstehenden Fels zu gewinnen bzw. lagen in der Nekropole bereits quasi gebrauchsfertig auf dem natürlichen Boden.

11 A. G. McDowell, „Student Exercises from Deir el-Medina" (ob alle dort gesammelten Daten gleich zu bewerten sind, wäre allerdings noch einmal im Detail zu überprüfen); J. Jurjens, „Dates on Literary Ostraca" (speziell zur Berufssatire des Cheti, einer ebenfalls weit rezipierten „Lehre", die alle anderen Berufe madig macht, um einzig den Schreiberberuf zu glorifizieren).

12 R. Koch, *Die Erzählung des Sinuhe*, nennt 32 Textzeugen des Mittleren und Neuen Reiches, davon sieben Papyri, der Rest Ostraka.

13 Text: Z. Žába, *Les maximes de Ptahhotep*; M. Panov, *Maxims of Ptahhotep*; R. B. Parkinson, *The Tale of Sinuhe*, 246–272. Weiteres: F. Hagen, *The Instruction of Ptahhotep*, 134–142.

„offene Überlieferung" bezeichneten Versionen der *Lehre des Ani*.[14] Es wäre einmal lohnend, zu untersuchen, warum es bei einigen Texten solche Abweichungen gibt, bei anderen hingegen nicht. Zumindest fällt ja auf, dass die Varianten bei den Lehren durchaus gerade Texte betreffen, die nicht so häufig überliefert zu sein scheinen.[15]

Bei der *Satirischen Streitschrift* ist es ebenfalls so, dass sie in zwei unterschiedlichen Versionen bezeugt ist. Fast alle bekannten Textzeugen folgen dabei einer Rezension, die man nach der Herkunft der Belege als thebanische bezeichnen kann. Lediglich der P.Anastasi I stammt aus Memphis und seine Rezension unterscheidet sich in Details ganz deutlich. Die Zahlenverhältnisse sollten dabei nicht fälschlich als Beweis für unterschiedliche Wertigkeit an den beiden Orten gedeutet werden, auch wenn man das natürlich denken könnte. Es ist hier jedoch stark die archäologische Forschungslage zu berücksichtigen, die für Theben ganz vorzüglich ist, für Memphis hingegen eher deprimierend. Dies hängt wiederum an Umweltbedingungen (hie extreme Trockenheit, da starke Feuchtigkeit). Dabei muss man sich nämlich vor Augen halten, dass das, was die Forschung heute als „aus Theben" bezeichnet, *de facto* in der überwiegenden Anzahl der Fälle eben nicht aus der ebenfalls weitgehend verlorenen Großstadt Theben oder auch nur ihren noch relativ gut erhaltenen Haupttempeln in Karnak oder Luxor aus dem Fruchtland auf der Ostseite des Nils stammt, sondern zum allergrößten Teil aus der Siedlung Deir-el Medineh auf dem Westufer, wo die Arbeiter an den Gräbern im Tal der Könige unweit ihrer Arbeitstelle lebten. Weiteres stammt direkt aus diversen weiteren Arealen der thebanischen Nekropole. Diese Orte waren durch ihre extreme Trockenheit aber optimal für eine gute Erhaltung von mit Rußtinte beschrifteten Ostraka aus Kalkstein oder gar den in feuchteren Kontexten definitiv verrottenden Papyri. Es ist bedauerlich, dass kein Material aus weiteren Herkunftsorten erhalten ist, jedoch zeigt allein das Vorhandensein einer Fassung in Ober- und einer anderen in Unterägypten, dass sich der Text wohl einer weiten Verbreitung erfreut haben dürfte.

3 Autor und Adressat

Dass der Text literarisch durchstilisiert ist, dürfte auch die Gestalt des vorgeblichen Autors betreffen. Natürlich kann man dessen Fiktionalität ebenfalls nicht

---

14 J. F. Quack, *Die Lehren des Ani*, liefert deshalb sogar mehrere Bearbeitungen der abweichenden Versionen.
15 M. Panov, *Maxims of Ptahhotep*, 7 nennt vier Papyri, eine Schreibtafel und nur drei Ostraka für Ptahhotep; J. F. Quack, ebd., 5, nennt fünf Papyri, eine Schreibtafel und mindestens neun Ostraka für Ani.

beweisen, doch anders als bei den Weisheitslehren, wo aller Wahrscheinlichkeit nach die Autorennamen realiter ernstzunehmen sind, ist das hier äußerst unwahrscheinlich. Das hat natürlich unmittelbar mit dem Textgenre zu tun. Weisheitslehren verliehen ihren Autoren einen hohen Status eben als Weise, manche von ihnen erfreuten sich dadurch sogar posthumer Verehrung bis hin zur Vergöttlichung.[16] Bereits zu Lebzeiten dürften Texte, die das passgenaue Einfügen in soziale Standards priesen, dem gesellschaftlichen Ansehen und der Karriere eines Textverfassers eher förderlich gewesen sein. Das führt dazu, dass tatsächlich gerade auch in Briefen z. B. Väter gegenüber Söhnen gerne in lehrhafte Attitüden verfallen, die aber nicht besonders originell sind, sondern die sie wohl selbst so aus dem Schulunterricht verinnerlicht hatten, wie sich teils an den Standardwendungen ablesen lässt.

Ganz anders hingegen die *Satirische Streitschrift*. Sie ist, wie der moderne Name schon sagt, eher eine ziemlich bissige Satire auf einen Brief mit Ermahnungen und boshaften Fragen. Hätte eine reale Person einem realen Kollegen so etwas geschrieben, wäre es mit der Karriere wohl eher rasch vorbei gewesen. Es muss daher nicht verwundern, dass es keinen realen Autorennamen gibt. Vielmehr enthält hier mutmaßlich schon der Name samt Filiation des fiktiven Autors eine gelehrte Anspielung.

Er heißt Hori, sein Vater sei ein gewisser Wenennefer aus Abydos (ohne weiteren Titel) und seine Mutter sei eine Sängerin der Bastet vom Gottesfeld aus Bubastis namens Tauseret. Bereits der erste Editor des Textes, Alan Gardiner, hatte hier gemutmaßt,[17] es könne sich um eine mythologische Anspielung handeln, da Wenennefer ein häufiges Epitheton des Gottes Osiris ist, dessen einer Hauptkultort Abydos war. Sein Sohn im Mythos ist der Königsgott Horus, Hori aber heißt wörtlich „Der zu Horus Gehörige". Freilich dachte Gardiner an den damals ausschließlich bekannten Standardmythos, demzufolge Horus der Sohn von Isis und Osiris ist. Das wäre im Hinblick auf die Mutter nicht so einschlägig, weshalb Hans-Werner Fischer-Elfert in seiner umfangreichen Bearbeitung des Textes 1986 eher dagegen votierte, nicht ohne den Gedanken „verlockend" zu finden.[18] Das ist nicht zuletzt deshalb äußerst verlockend, weil man sofort auch an die in Götterbedrohungen magischer Sprüche so häufige Formel „Nicht ich bin es, der es sagt, nicht ich bin es, der es wiederholt, sondern Gott N ist es, der es sagt, Gott N ist es, der es wiederholt" denken muss.[19] In der Magie ist dabei allerdings die typische

---

16 A. von Lieven, *Heiligenkult und Vergöttlichung*.
17 A. H. Gardiner, „Delta Residence", 258, Anm. 7.
18 H.-W. Fischer-Elfert, *Anastasi I. Kommentar*, 23.
19 J. Raffel, „Egal was, ich war's nicht!", 947–964.

Sprecherin Isis, nicht Horus, der in diesem Kontext eher auf die Rolle des Patienten festgelegt ist.[20]

Dank des 30 Jahre später publizierten *Mythologischen Handbuchs* des Deltas pBrooklyn 47.218.84 darf man diese Frage nun wiederaufnehmen und diesmal wohl eindeutig bejahen. Dass ein Vater seinem Sohn einen passenden Namen gibt, wäre nicht unplausibel, dass hingegen auch Name und Beruf der Mutter passen, ist etwas zu viel des perfekten Zufalls. Mittlerweile ist bekannt, dass Bastet in Bubastis als Tochter des Osiris galt, mit der er durch Missbrauch diverse Horusgötter gezeugt haben soll.[21] Tauseret „Die Starke" ist aber natürlich ein für Bastet selbst höchst passendes Epitheton, als Gottheit ist Useret „die Starke" (traditionell ohne Artikel) gut belegt. Während diese Bezeichnung selbst nicht explizit in pBrooklyn 47.218.84 vorkommt, findet sich dort x + 9,8–9 (§ 23) die interessante Aussage „Betreffs des Horus vom Gottesfeld, das in Bubastis ist, man nennt ihn Horus Hekenu. Das ist der Gottesleib des Horus. Das ist der Sohn, der geboren wurde seitens seiner Mutter Horit (eine Form der Bastet, wörtlich ‚Weiblicher Horus') für ihren Vater Osiris."[22]

Was mag der tiefere Sinn einer solchen Autorenfiktion gewesen sein? Der *Satirische Brief* operiert ja gerade damit, dem vorgeblichen Adressaten seine Unwissenheit über Kontexte und dadurch transportierten Sinn vor Augen zu führen, wenn er in 11,1–2 gefragt wird, ob er denn etwa auch die einer bestimmten, von ihm zitierten Lehrmaxime des Hardjedef[23] vorangehende und folgende zu zitieren wüsste oder wohl eher nur etwas wiedergäbe, was er mal so aufgeschnappt hat (Letzteres natürlich der insinuierte Gedanke). Vor diesem Hintergrund ist es nun interessant, sich zu fragen, ob die Gestalt des Horus Hekenu einen interpretatorischen Mehrwert oder gar Hintersinn in den Text bringen könnte. Tatsächlich tut sie das. Bereits der Name bedeutet „Horus, der Gelobte",[24] impliziert also, dass der Autor die eigentlich lobenswerte Person ist, nicht der Adressat. Das passt dazu, dass dem Namen des Hori unglaublich viele schmückende Epitheta und Ehrentitel vorangestellt sind, die seine Großartigkeit sowohl im Wissen wie im Cha-

---

20 H. Altenmüller, „Götterbedrohung", 665.
21 Zum Vergewaltigungsmythem allgemein: A. von Lieven, „Antisocial Gods?"; speziell zu Osiris und Bastet/Horit: dies., „Local Variation of a Pan-Egyptian Myth".
22 D. Meeks, *Mythes et légendes du Delta*, 21, Pl. 9, 9A.
23 In der Forschung auch Djedefhor gelesen, siehe W. Helck, *Die Lehre des Djedefhor*, 1–24.
24 Plausibler als die Annahme von D. Jankuhn, „Horhekenu", der „Horus der Salbe" vorschlägt. Die Schreibung ohne Salbendeterminativ spricht aber dagegen. Eher dürfte umgekehrt das ḥkn.w-Öl seinen Namen daher haben, dass damit Personen als Auszeichnung gesalbt wurden (B. Koura, *Die „7-Heiligen Öle"*, 173–176). Horus Hekenu ist also „Der Gesalbte" in einem quasi alttestamentlichen Sinn.

rakter herausstellen und ihn mit den Gottheiten Thot, Herrn von Hermopolis und Seschat verbinden, die die Patrone von Bildung, Wissen, Wissenschaft und Schreibertum überhaupt sind.[25] Sein eigentlicher Dienstrang als Pferdeknecht in der königlichen Streitwagentruppe geht darüber fast unter.

Doch damit keineswegs genug. Horus Hekenu wird regelhaft mit dem Gott Nefertem identifiziert,[26] der als Sohn von Ptah und der wiederum mit Bastet identifizierten Sachmet der dritte Hauptgott von Memphis war. Memphis aber war im Neuen Reich eine der zentralen Städte des Landes. Wie erwähnt, stammt gerade der wichtige Textzeuge P.Anastasi I von dort und weist eine ganz eigene Rezension auf. Kurioserweise sind es aber die thebanischen Textzeugen, die Hori auch zu einem Sachmetpriester machen. Dabei ist zu beachten, dass der Titel $w^cb\ S\underline{h}m.t$ „Reinigungspriester der Sachmet" nicht nur einfach ein Priesteramt bezeichnet, sondern durchaus auch eine klare Bildungskonnotation aufweist. Sachmet ist nämlich eine Seuchengöttin und ihr w^cb-Priester ist ein medizinisch-magischer Spezialist, der insbesondere mit der Behandlung infektiöser Krankheiten befasst war.[27] In P.Anastasi I steht stattdessen $wh^c\ nhb.t$ „Löser des Joches". Das klingt im Zusammenhang von Pferd und Wagen plausibel, allerdings ist zu fragen, ob hier nicht wieder eine Nebenbedeutung vorliegt.[28] Das „Joch" tritt nämlich gerade in weisheitlichen Texten als Bild für Anstrengung auf.[29] Andererseits wird das Verb wh^c „lösen" typischerweise im Ausdruck $wh^c\ itn.w$ „Lösen von Schwierigkeiten" verwendet.[30] Dies bezeichnet z. B. die kommentarhafte Erklärung von Texten. Versteht man das „Joch" als eine solche „Schwierigkeit", so hieße „Löser des Joches" also nicht nur, dass Hori als Pferdeknecht die Gespanne abschirrt, sondern in einer zweiten, hintersinnigeren Ebene auch, dass er intellektuell anspruchsvolle Aufgaben löst. Tatsächlich wird Hori in 1,7 sogar explizit die Fähigkeit des $wh^c\ itn.w$ der Annalen zugeschrieben, „so wie der, der sie gemacht hat" (d.h. Thot!). Angesichts der Tatsache, dass im Text später noch gesagt wird, sein Briefpartner habe ihn um Hilfe bei verschiedenen Berechnungen ersucht, wäre diese

---

25 M. A. Stadler, *Weiser und Wesir*; D. Budde, *Die Göttin Seschat*.
26 C. Leitz (Hg.), *Lexikon der ägyptischen Götter IV*, 222b. 224a–c.
27 F. von Känel, *Les prêtres-ouâb de Sekhmet*, 1–160. 235–283; H. Engelmann/J. Hallof, „Sachmetpriester"; J. F. Quack, „Priestly scholars", 76–83.
28 H.-W. Fischer-Elfert, *Anastasi I. Kommentar*, 23, Anm. ae erwägt auch „der den Streit (*nhb*) löst/schlichtet".
29 In der *Lehre des Ani* Versionen B 23,3 und G 6,11 (J. F. Quack, *Die Lehren des Ani*, 122–123. 144–145. 188–189. 334) wird das Joch, unter das das zuvor wilde Pferd getreten sei, explizit in positiven Kontrast gesetzt zu der Behauptung des Schülers, zum Lernen unfähig zu sein. Ähnlich wird das Joch beim Pflügen im Brooklyner Weisheitstext 47.218.135 6,11 (R. Jasnow, *A Late Period Hieratic Wisdom Text*, 113. 122–123, Fig. 12–13) als Bild positiver Anstrengung gebraucht.
30 A. Erman/H. Grapow, *Wörterbuch I*, 146,3; A. von Lieven, *Grundriss*, 264–265.

Bezeichnung durchaus passend und eben auf Wissensgegenstände generell, nicht nur annalistisch-historische Texte zu beziehen.

Dass man in einem die Bildung hochhaltenden Text mit vermeintlich abstrusen Nebenbedeutungen rechnen darf, legt das *Ritual zum Eintritt in die Kammer der Finsternis*[31] nahe, wo notorisch um mehrere Ecken zu denkende Assoziationen von Wörtern oder Schriftzeichen verhandelt werden, die leider für den modernen Forscher nur teilweise zu entschlüsseln sind. Wo dies aber möglich ist, haben sie es in sich.[32] Das muss nicht verwundern, da es sich bei dem Text wohl um eine ritualisierte Abschlussprüfung für Schreiber[33] handelt, was seine Relevanz für den hier in Rede stehenden Text klar zeigt, auch wenn die erhaltene Form des *Rituals zum Eintritt in die Kammer der Finsternis* sprachlich demotisch ist und folglich erst in der Spätzeit entstanden sein kann. Allerdings gibt es gewisse sprachliche und inhaltliche Argumente, die dafür sprechen, dass es sich um eine Aktualisierung eines Textes mit Wurzeln mindestens in der Ramessidenzeit handeln könnte,[34] was ihn dann auch chronologisch in unmittelbare Nähe der *Satirischen Streitschrift* rücken würde. Besonders relevant in diesem Zusammenhang ist die Beobachtung von Quack, dass die Streitschrift in P.Anastasi I 17,2–3 und bereits am Anfang in den Parallelen zu 1,3 (allerdings nicht in P.Anastasi I selbst)[35] tatsächlich an zwei Stellen eine dem *Ritual zum Eintritt in die Kammer der Finsternis* sehr ähnliche Lichtmetaphorik nutzt: so heißt es über Hori in der Einleitung der Parallelen, er sei eine „Lampe auf dem Weg der Unwissenden", später im Text wird der Adressat als eine „Fackel in der Finsternis" bezeichnet

---

31 R. Jasnow/K.-T. Zauzich, *Book of Thoth*, 610–615 (dazu J. F. Quack, „Rezension Book of Thoth"); R. Jasnow/K.-Th. Zauzich, *Conversations in the House of Life*, 215–230 (dazu J. F. Quack, „Rezension Conversations"); R. Jasnow/K.-Th. Zauzich, *Book of Thoth II* (dazu J. F. Quack, „Rezension Book of Thoth II"); J. F. Quack, „Initiation zum Schreiberberuf"; ders., „Dialog über die Schreibkunst"; ders., „Ritual zum Eintritt".

32 Einige Beispiele habe ich in A. von Lieven, „Commentaries", 34–35 näher erläutert.

33 Sicher auch nicht für alle, sondern wohl speziell für diejenigen, die die höchste Bildung erhielten.

34 J. F. Quack, „Rezension Book of Thot", 614; ders., „Initiation zum Schreiberberuf", 260 (von Jasnow und Zauzich nicht akzeptiert, allerdings ohne weitere Argumentation). Zu beachten ist auch die besondere Rolle des Nebwenenef im Text, der als Hohepriester zunächst in Dendara, dann in Theben eine wichtige historische Persönlichkeit unter Ramses II. war (A. von Lieven, „Religiöse Sukzession im Alten Ägypten", 92–93; dies., *Heiligenkult und Vergöttlichung*, s.v. Nebwenenef) und eines der größten Gräber in Theben (TT 157) besaß. Zu dessen Ausgrabung siehe https://www.gkr.uni-leipzig.de/aegyptologisches-institut/forschung/forschungsprojekte/das-grab-des-hohenpriesters-neb-wenenef (letzter Zugriff am 3. Januar 2024).

35 H.-W. Fischer-Elfert, *Anastasi I. Textzusammenstellung*, 18; ders., *Anastasi I. Kommentar*, 17.

(natürlich in dem Sinne, dass der es eben nicht ist).³⁶ Tatsächlich könnte es sich in diesen Bezeichnungen um direkte Anspielungen auf eine ältere Version dieser ritualisierten Abschlussprüfung der höchsten Schreiberausbildung handeln.

Für Horus Hekenu, spezifisch auch mit Nefertem verbunden, gab es eine eigene ikonographische Form als Löwe, der einen gefesselten Feind niederwirft. Im Tempel von Hibis finden sich dazu einige Darstellungen, die je verschiedenen Kultorten zugeordnet sind.³⁷ Spezifisch die Form in Bubastis wird als Löwe, der den Feind mit dem Maul am Kopf packt, dargestellt.³⁸ Auch wenn die erhaltenen Belege dieses Bildtypus ebenfalls erst aus der Spätzeit datieren, sollte kein Zweifel bestehen, dass diese Form bereits im Neuen Reich bekannt war. Sie entspricht jedenfalls ganz typischen Darstellungsschemata des Neuen Reiches, die heute erhaltungsbedingt vor allem noch aus königsideologischen Kontexten bekannt sind.³⁹ Mit dieser ikonographischen Form als konzeptuellem Hintergrund gewinnt aber natürlich auch die *Satirische Streitschrift* noch einmal an Schärfe. Man darf dann nämlich schon in den Namen des vorgeblichen Autors das Bild eines den Gegner überwältigenden Löwen hineinlesen. Dass er diesen in den Darstellungen just am Kopf packt, ist für einen auf Bildung insistierenden Text natürlich besonders passend.

Dem gegenüber bleibt der Adressat eigentlich als ein „Wer ist er?" (*m-pw*) anonym, wie Fischer-Elfert überzeugend ausgeführt hat.⁴⁰ Allerdings hat zumindest die thebanische Tradition daraus sekundär den typisch thebanischen Namen Amenemope konstruiert, dessen übliche Koseform Mapu tatsächlich sehr ähnlich klang.⁴¹ Dass es sich um die *lectio facilior* handelt, dürfte aus sachlichen Erwägungen klar sein, andererseits liegt ein solches Weiterspinnen gegebener Möglichkeiten natürlich ganz auf der generellen Linie des Textes. Dass die nur durch P.Anastasi I repräsentierte memphitische Tradition tatsächlich die ursprünglichere ist und es sich bei der thebanischen Version um eine mehrfach erweiterte Überarbeitung handelt, konnte Fischer-Elfert auch anhand weiterer Punkte zeigen.⁴² Wenn aber die nur einmal belegte memphitische Redaktion die ursprünglichere ist und die häufiger belegte thebanische eine sekundäre Erweiterung, dann passt natürlich gerade auch

---

36 J. F. Quack, „Dialog über die Schreibkunst", 293, vgl. insbesondere mit mehreren Stellen in ders., „Ritual zum Eintritt", 458–459. Für den Hinweis auf diese wichtige Beobachtung danke ich J. Quack herzlich.
37 Als Formen des Nefertem im Sanktuar auf der Nordwand, IV. Register links, siehe N. de Garis Davies, *Temple of Hibis III*, Pl. III. Eine der Löwenfiguren heißt explizit Nefertem Hekenu.
38 Sanktuar Südwand, VII. Register ganz rechts, siehe ebd., Pl. IV.
39 A. P. Kozloff, „Symbols of Egypt's Might".
40 H.-W. Fischer-Elfert, *Anastasi I. Kommentar*, 279–290.
41 Ders., „Kurzform zum PN Amenemope?", 23–25; ders., *Anastasi I. Kommentar*, 284–285.
42 Ebd., 24–26. 46–47.

das unterägyptische Kolorit der Autorenfiktion besonders gut (lediglich Abydos gehört natürlich nach Oberägypten, galt aber just als der Ort, an dem wiederum der Kopf des ermordeten und zerstückelten Osiris bestattet worden war).

4 Der Inhalt: Bildungsgüter im Alten Ägypten

Im eigentlichen Text der *Satirischen Streitschrift* kritisiert der Autor bzw. das literarische Ich dann die Praxis, Bildungsgüter nur ohne Sinn und Verstand und geistige Durchdringung auswendig zu lernen. Aufgrund der letztlich fiktionalisierten Kritik an einer fiktionalen Person postuliert Fischer-Elfert, dass es sich bei dem kritisierten Verhalten um eine in der zeitgenössischen Bildung offenbar prominente Tendenz gehandelt habe, und plädiert daher plausibel für die Bezeichnung als *Satirische Streitschrift* statt *Satirischer Brief*.[43]

Für den Umgang mit Lehren oder literarischen Klassikern aus dem Bereich der Erzählungen ist das unmittelbar einsichtig. Darauf wird jedoch im Text nur anhand der schon erwähnten Frage nach der Kenntnis der Lehre des Hardjedef einmal explizit eingegangen. Vielmehr geht es ganz überwiegend um erheblich praktischere, gar technische Wissensgegenstände. Namentlich gegen Ende konvergieren beide Bildungsbereiche im Text wieder, was zu erkennen allerdings bereits die Kenntnis der *Erzählung des Sinuhe* als Folie voraussetzt. Explizit genannt wird sie nämlich nie.

Zunächst wirft Hori dem Adressaten vor, eigentlich gar nicht zu wissen, wie ein korrekter Brief anständigem Prozedere entsprechend auszusehen hätte. Er geht damit auf den der Brieffiktion zufolge zuvor von jenem Kollegen erhaltenen Brief ein, den er jetzt nur beantworte. Hori selbst befleißigt sich einleitend ausgiebiger Höflichkeitsfloskeln, die tatsächlich alles in den Schatten stellen, was man in einem realen Brief erwarten würde. Aber danach geht es zur Sache. Der Erhalt des Briefes des Kollegen habe ihn zunächst erfreut, bevor er ihn gelesen habe. Dann aber habe er feststellen müssen, dass der völlig konfus gewesen sei (4,5–5,2[44]). Er selbst denkt sich dann, wie der Brief wohl entstanden sei. Der Adressat, dessen höherer Rang einleitend sogar noch betont wurde, wird dabei als Jammerlappen dargestellt, der nicht einmal fähig sei, einen Brief allein zu verfassen, sondern er habe dafür sieben andere Schreiber gebraucht: „Einer ist beim Loben, zwei beim Fluchen, der andere steht da beim Instruieren über die Vorschrift. Der Fünfte ist beim Sagen ‚Eilt euch nicht, (seid) bedacht beim es ordentlich Machen!' Der sechste eilt los, um

---

43 Ebd., 289–290.
44 Die Stellenangaben beziehen sich auf P.Anastasi I.

den Teich zu vermessen, er soll ihn in Ellen vervierfachen, um ihn ausheben zu lassen. Der siebte steht neben dem Empfang der Kornrationen für die Soldaten ..."
(5,3–6,5).

Damit ist Hori bereits mitten im Element. Die Angaben zum sechsten und siebten Schreiber legen nahe, dass auch der Brief, den Hori vorgibt zu beantworten, bereits entsprechende Inhalte gehabt habe. Später in 13,6–8 wird dann deutlich gesagt, dass der Adressat Hori verzweifelt um Hilfe bei der Berechnung der Rationen der Mannschaft zum Teichaushub angefragt habe, da er selbst dazu unfähig war. Der Vergleich mit einem Zaubertext am Hals eines Kranken in 7,3[45] zeigt, dass die oben geäußerte subtile Assoziation der Götterbedrohung in magischem Kontext zweifelsohne im Hinterkopf des Autors vorgelegen haben kann, auch wenn sich der Text weitreichend mit realweltlich-technischen Problemen befasst. Religiöse Anspielungen finden sich aber auch sonst im Text, auch an unerwarteten Stellen. So beruft Hori sich 8,3–5 auf den Weisheitsgott Thot, Ptah, Herrn der Ma'at, also der Wahrheit und rechten Weltordnung, zugleich Hauptgott von Memphis, auf seinen Vater in Abydos, womit natürlich nicht nur der vorgebliche Vater Wenennefer, sondern eigentlich der Gott Osiris (Wenennefer) gemeint ist, der im Mythos ebenfalls gegen seinen feindlichen Bruder (Seth) gerechtfertigt wurde, wie Hori es sich jetzt wünscht und schließlich auf die Göttin Ma'at, deren Sohn er sei. In P.Anastasi I wird präzisiert „in jeder Stadt", die thebanische Version hat hingegen „auf der Insel der Ma'at" bzw. „Ich bin der Sohn der Gerechten (Pl.)". Letztere wären im abydenischen Kontext natürlich die dem Osiris unterstellten Verstorbenen. In gewisser Weise kann jedoch auch Ma'at mit Bastet gleichgesetzt werden, da beide Formen der Tochter des Sonnengottes sind bzw. sein können.[46] Dass im Mythos der Sohn des Osiris, Horus, ebenfalls siegreich gegen seinen Onkel Seth bleibt, gerechtfertigt wird und die Herrschaft übernimmt, ist auch hier für jeden Ägypter natürlich subintendiert gewesen. Letzteres könnte man gar als subtile Drohung auffassen, dass Hori die berufliche Position des Briefadressaten mit erheblich mehr Recht übernehmen könnte.

Hori betont natürlich, dass er seine Antwort ganz allein zu Wege gebracht habe und sie absolut konsistent sei (7,4–7). Für die von Anfang an bestehende Intention des Textes höchst aussagekräftig ist 8,7, wo Hori sagt „Ich habe für dich

---

[45] Vgl. J. F. Quack, *Altägyptische Amulette*, 99.
[46] Im gesamten Abschnitt über Bubastis im Deltapapyrus P.Brooklyn 47.218.84 9,2–11,8 (D. Meeks, *Mythes et légendes du Delta*, 19–24. 99–117. 239–262, Pl. 9–11A) kommt sowohl die Filiation zu Re als auch zu Osiris für Formen der lokalen Göttin vor.

ein Schreiben wie ein Vergnügen angefertigt, das eine Herzenszerstreuung für jedermann werden wird". In der thebanischen Rezension heißt es stattdessen „… das zu hören man sich amüsiert[47] wie über eine Herzenszerstreuung". Eine solche spätere Publikation eines Privatbriefes zur öffentlichen Belustigung ist aus anderen, gerade auch modernen Kulturen zwar durchaus fallweise bezeugt, für die Gesellschaft des pharaonischen Ägypten aber eher unwahrscheinlich, insbesondere, dass dies auch noch gleich im Text angekündigt würde. Diese Aussage dürfte daher ein ganz klares Fiktionalitätssignal darstellen.

Der folgende Abschnitt 8,7–10,9 geht dann ausführlich auf die Beleidigung „Gebrochenarmiger, dessen Kraft es nicht gibt!" ein, die der Adressat angeblich wiederholt dem Hori zugefügt habe. Dabei geht es offenbar um Spott über eine körperliche Behinderung, was Hori mit diversen Verweisen auf andere (gewiss ebenfalls fiktionale) Personen pariert, die trotz irgendwelcher Gebrechen ihrer Funktion nachkamen. Solch spöttisches Verhalten gegenüber Behinderten wird auch sonst in Weisheitslehren und ethisch befassten Texten streng getadelt, wie bereits Fischer-Elfert ausführlich herausgearbeitet hat.[48] Es ergibt sich jedoch auch noch die Option, dass hier wiederum das göttliche Vorbild des Hori, Horus Hekenu, eine interessante Korrelation ergibt. Just dieser Sohn der Bastet fällt nämlich dadurch auf, dass er nicht etwa einfach nur behindert wäre, sondern dass er vielmehr quasi ein Unfallopfer geworden war. Der Deltapapyrus 10,3–7 lehrt, dass dieser Sohn der Bastet von einer Löwin entführt und angefressen worden sei. Gerade dieses Schicksal aber ist es, das dem göttlichen Vorbild besondere Wirkmacht zukommen lässt. Er wird dem Text zufolge nämlich in der Folge als ḥsỉ „Gepriesener", ein Terminus für heilige Personen,[49] beschützt und bestattet.

Einen Bezug zur Götterwelt enthält vielleicht auch der folgende Abschnitt 10,9–11,8. Zunächst kommt in 11,1–2 die bereits erwähnte Frage nach der Passage aus der *Lehre des Hardjedef* im Kontext, gepaart mit einer süffisanten Bemerkung über die Gewichtigkeit der Aussagen des Adressaten: Sie seien schwerer als drei ṯbn. Diese übliche Gewichtsangabe entspricht ca. 3 x 91 g, zugleich diente der Deben Kupfer oder Silber auch als geldwerte Größe zur Bezahlung. Doch dann wechselt

---

[47] ḫntš „sich freuen" wird hier mit dem Schlagenden Mann (A24) determiniert, was meines Erachtens impliziert, dass nicht eine still-vergnügte Freude, sondern eher ein schenkelklopfendes sich Lustig-machen intendiert ist.
[48] H.-W. Fischer-Elfert, *Anastasi I. Kommentar*, 84–92.
[49] Gut belegt für vergöttlichte Menschen, siehe A. von Lieven, *Heiligenkult und Vergöttlichung*.

der Bezug und Hori unterstellt, der Gegner wolle ihn mit seinen Vorwürfen erschrecken. Der anschließende Passus 11,4–8 erscheint nur[50] in P.Anastasi I. Hori sagt dann, seine Augen seien „durchbohrt(?)" wegen dessen, was der Gegner getan habe. Der Übersetzungsvorschlag des schwierigen Lexems čṯt durch Fischer-Elfert ist nicht sicher, könnte aber möglicherweise eine erneute Anspielung auf den Mythos um Horus und Seth enthalten. Diesmal wäre dann jedoch der übliche Horus, Sohn der Isis gemeint, dessen Augen von Seth beschädigt wurden, aber der steht ja auch an anderer Stelle im Hintergrund, etwa wenn es um das Amt geht. Klar ist das leider nicht. Weitreichende Gleichsetzungen, gerade von Horusformen, wären den Ägyptern aber auch kein Hindernis gewesen.

Der folgende Part ist ebenfalls mit gewissen Fragezeichen behaftet, da P.Anastasi I ausgerechnet am für die Interpretation relevantesten Ende teilzerstört ist. Dort wird in 11,8 das Senetspiel erwähnt. Gardiner schlug vor, dass die Schwierigkeiten der Schrift mit denen des Brettspiels verglichen würden,[51] Fischer-Elfert hingegen versteht die Stelle so, dass der Adressat lieber das Brettspiel als das Schreiben betreiben solle. Gardiner scheint mir zwar näher an der Lösung zu sein, aber noch zu sehr auf das reine Schreiben fokussiert. Es dürfte eher um die Inhalte gehen. Angesichts der Tatsache, dass das Senetspiel[52] keineswegs eine rein unterhaltsame Tätigkeit ohne weitere Bedeutung war, sondern durchaus einen tieferen religiösen Inhalt besaß, der mit Feindüberwindung als Mittel zum Heil insbesondere, aber wohl nicht ausschließlich im Jenseits operierte, sollte die Erwähnung dieses Spiels hellhörig machen.

Der Gegenspieler des Hori habe zu seiner Verwunderung gesagt, so zitiert dieser, er sei „tief untergetaucht als Schreiber im Hinblick auf den Himmel, im Hinblick auf die Erde, im Hinblick auf die Unterwelt". Das bringt Hori zu der boshaften Feststellung „Du kennst die Berge auf Deben und Hin?[53] Das Bücherhaus ist verborgen, es ist unsichtbar![54] Seine Neunheit[55] ist versteckt und fern von …. Sag mir, was du weißt, dann werde ich dir antworten. ‚Hüte dich davor, dass deine Finger sich den Gottes-

---

50 Bis auf die kurze Bemerkung „Das Bücherhaus ist verborgen" in oDeM 1404 vs., die immerhin eine Vertrautheit mit dieser Textversion nahelegen könnte.
51 A. H. Gardiner, *Papyrus Anastasi*, 14*, Anm. 14.
52 E. B. Pusch, *Senet-Brettspiel*; P. A. Piccione, *Game of Senet*.
53 Ebenfalls eine standardisierte Maßangabe, jedoch für Volumina.
54 Wörtlich „es gibt nicht das es Sehen".
55 Also die Gesamtheit der dazugehörigen Götter.

worten nähern!', sagt [sein] Gehilfe zu uns, [wenn er?] uns beim Wüten [hört?[56]], wie beim Sitzen [... [57]], um Senet zu spielen."[58]

Auch wenn die Zerstörungen des Papyrus die Übersetzung nicht vollständig ermöglichen, ergibt sich meines Erachtens doch ein klares Bild, dass nämlich die scharfe Debatte zwischen den beiden Opponenten mit dem Spielen des Senetspiels gegeneinander verglichen wird. In diesem geht es, wie erwähnt, ebenfalls um das Überwinden eines Gegners, und die in dem dazu mehrfach überlieferten Brettspieltext[59] gebrauchten Bilder sind nicht gerade sanft. Erst wird der Gegner als durcheinander dargestellt (wie der zu beantwortende Brief hier!), bevor er am Ende des Textes überwunden und sogar mitsamt seinen Figuren ins Wasser geworfen wird, worin er dann schwimmt.[60] Die Blamage ist also impliziert und

---

56 Aufgrund des Striches über der Zerstörung wäre ⌀ denkbar, vgl. das śčm in 1,1 https://www.britishmuseum.org/collection/object/Y_EA10247-1. Zu mȝȝ „sehen" hingegen passen die Spuren nicht. Die Lücke ist allerdings fast etwas zu groß für die darin unterzubringenden Zeichen, zumal die Abstriche von =f und m (wie in 1,1 ebenfalls gut zu sehen) problemlos unter den folgenden Zeichen liegen, ohne weiteren Platz für sich zu reservieren.

57 A. H. Gardiner, Papyrus Anastasi, 43 schlägt vor, das letzte beschädigte Zeichen als Determinativ 𓂻 zu lesen. Dann wäre vermutlich ein Bewegungsverb zu ergänzen. Allerdings scheint mir die Form nicht ganz passend, das rechte Ende geht im Vergleich zu eindeutigen „Laufenden Beinen" stärker nach unten. P. A. Piccione, Game of Senet, 142 zitiert drei Grabinschriften, die fast wörtlich identisch sind und vom „Sitzen im Pavillon, Senet spielen" sprechen (ḥmśỉ bzw. einmal sogar śnčm m sḫ ḥbꜥ m sny o. ä.). Ein Pavillon, in dem die Spieler sitzen, wird oft dargestellt. Tatsächlich würde eine Ortsangabe auch hier viel besser passen als ein weiteres Verb. Allerdings sind auch dafür die Spuren nicht wirklich passend, insbesondere für m sḫ „im Pavillon". J. F. Quack, der anhand des Photos unter https://www.britishmuseum.org/collection/object/Y_EA10247-6 die gesamte Stelle freundlicherweise mit mir diskutiert hat (E-Mail vom 5. Januar 2022), wofür ihm hier herzlich gedankt sei, schlägt mỉ śnčm [śn 2] „wie das Sitzen von zwei Gefährten" vor, bemerkt jedoch selbst, dass zwar die Spuren vorn für die Schreibung 𓀃𓏥 passend wären, hinten jedoch nicht recht für die Zahl 2. Im Brettspieltext wird der Gegner als śn.nw „der Zweite" bezeichnet, dies wäre also durchaus plausibel. Die Spuren am Ende der Lücke sehen jedoch wirklich ebenso wenig nach | | aus, wie nach 𓏪. Man muss wohl davon ausgehen, dass hier etwas ganz Anderes stand, auch wenn die generelle Richtung der Aussage den hier gemachten Vorschlägen entsprechen dürfte.

58 Vorschlagsweise rekonstruiere ich: ỉ n=n ḥr-ꜥw[=f śčm=f] n ḥr tntn mỉ śnčm ... r ḫbn (<ḫꜥb) [m] sn.t.

59 E. B. Pusch, Senet-Brettspiel, 385–400, Taf. 99–106; P. A. Piccione, Game of Senet, 96–154. 474–479 (= Pl. 2–7, die Tafeln sind nahezu unverwendbar, wie für UMI-Dissertationsdrucke leider üblich).

60 Bisherige Übersetzer haben mḥỉ als „ertrinken" übersetzt, tatsächlich heißt es jedoch nur „schwimmen" (vgl. dazu P. Vernus, „Le mythe d'un mythe"), was im Kairener Papyrus klar durch das Determinativ 𓂻 angegeben wird. Wäre der Tod und keine Bewegung gemeint, so hätte man statt der „Laufenden Beine" (D54) fraglos das Determinativ des „Sterbenden Kriegers" (A14 𓀒 oder abgekürzt Z6 𓏱) gewählt. „Schwimmen" ist zwar weit weniger schlimm als „ertrin-

genau das ist hier sicher ebenfalls gemeint. Im Brettspieltext ist das natürlich auch nicht real intendiert, sondern bezieht sich auf ein mit „Wasser" bezeichnetes Spielfeld, aber in der Welt des Spiels selbst ist das die Vorstellung. Der Bibliotheksassistent, der Zeuge der Debatte wird, würde also zu den beiden sagen, der Briefadressat solle nur bloß die Finger von den Büchern lassen, weil er sowieso zu dumm sei, was man ja daran sehe, dass Hori ihn intellektuell gerade schachmatt gesetzt habe. Die Tatsache, dass bereits der niederrangigere Gehilfe des Bücherhauses das sagt, ist dabei natürlich zusätzlich beschämend. Das passt dazu, dass auch im sonstigen Text der Briefadressat nicht nur durch Hori angegangen, sondern immer wieder auch als Versager in und vor dem weiteren sozialen Umfeld präsentiert wird.

Dass wirklich auf den Brettspieltext Bezug genommen wird, darf durchaus vermutet werden. Auch dieser ist ja mehrfach überliefert und dürfte also eine gewisse Bedeutung und Bekanntheit gehabt haben. Das Senetspiel selbst ist bereits ab dem Alten Reich belegt und dürfte das wichtigste Nationalspiel des Alten Ägypten gewesen sein. Die dreiste Behauptung des Briefpartners, nicht nur über die Erde, sondern auch über Himmel und Unterwelt bis ins Kleinste Bescheid zu wissen, provoziert die Assoziation dieses Spiels geradezu, dessen Implikation einer Jenseitsreise im Brettspieltext offenkundig ist.

Relativ am Anfang sagt dieser Brettspieltext, dass sich der Spieler Mehen, der göttlichen Umringlerschlange des Sonnengottes, nähere (*tkn*). Dieser spricht ihm am Ende auch die positive Beurteilung aus. „Sich nähern" (*tkn*) mit seinen Fingern (*čbꜥ.w*) ist aber auch genau das, was der Briefadressat der *Satirischen Streitschrift* nicht mit den heiligen Schriften tun soll. Im Brettspieltext wiederum heißt es von den Fingern (*čbꜥ.w*) des Spielpartners, sie seien verworren, sein Herz (ägyptisch für Geist) sei nicht am Platz und daher wisse er keine Antwort (*ḫm=f r wšb*). „Nichtwissen" (*ḫm*) ist das Gegenstück von „Wissen" (*rḫ*), was wiederum daran erinnert, dass Hori seinem Gegenspieler im Brief ja anempfiehlt, ihm zu sagen, was er denn überhaupt wisse (*rḫ*), dann könne er ihm antworten (*wšb*).

---

ken", peinlich ist es aber allemal, selbst wenn man anschließend völlig unbeschadet aus dem Wasser steigt – aber eben triefnass und unter der Häme aller Beobachter. In diesem Kontext denkt man unweigerlich an die mittelalterliche Ehrenstrafe der Wippe, die genau das zum Inhalt hatte (W. Wilkes/G. Köhn, *Miniaturen*, 34–37). Zu beachten ist dabei, dass das unter https://de.wiki pedia.org/wiki/Wippe_(Soest) (Zugriff am 15. Januar 2022) verlinkte YouTube-Video leider kaum eine Ahnung vermittelt, was eigentlich passieren müsste, sondern die Sache dadurch vollkommen verfälscht, dass die Wippe offenkundig rückwärtig festgehalten wird und deshalb gar nicht wippt. Im Video springt(!) der Honoratior stattdessen ins Wasser, was natürlich historisch überhaupt nicht stimmt, aber zum modernen freiwilligen Spektakelcharakter der Verwendung des Nachbaues passt. Offenbar hatte man Angst vor Verletzungsgefahr, wenn man das Gerät in der eigentlich vorgesehenen Weise verwenden würde.

Die in beiden Texten auftretenden Schlüsselbegriffe fallen auf. Hinzufügen könnte man wohl, dass im Brettspieltext insgesamt viel von korrektem Wissen die Rede ist. Die einzelnen Felder des in 30 Felder aufgeteilten Spielbrettes werden übrigens als „Haus" (*pr*) plus Namen eines Gottes bzw. einfach „Gutes Haus/ Haus des Guten" (*pr nfr*) bezeichnet. Jedem der Felder ist ein Gott zugeordnet, der Spieler selbst will zum 31. Gott werden. Er habe seinen Platz im Haus des Weisheitsgottes Thot eingenommen und werde „als Gott" gegen seinen Gegenspieler kämpfen. In der *Satirischen Streitschrift* ist hingegen vom Bücherhaus (*pr mč3.t*) und seiner versteckten Göttergesamtheit die Rede. Dass das Senetspiel eine Folie abgibt für das, was Hori im Verlauf der *Streitschrift* mit seinem Gegner tut, scheint naheliegend, auch wenn die unterschiedlichen Abschnitte nicht mit der vielleicht zu offensichtlichen Zahl 30 voneinander abgesetzt sind, sondern in 7,7–8 von 20 Themen in 14 Abschnitten die Rede ist. Dass explizite Zahlenangaben geliefert werden, spricht jedoch bereits für sich.

Im Folgenden (11,8–12,6) betont Hori zunächst seine eigene berufliche Stellung, deren positive Auswirkungen auf seine Versorgung er weiter ausführt. Dann kommt er ab 12,6 zu seinem eigentlichen Hauptthema, nämlich den Fragen zu diversen Wissensgebieten, auf denen allen er den Briefadressaten als inkompetent hinstellt. Vorher aber macht er in 13,1–4 erneut seinem Ärger über die Zurücksetzung durch den Kollegen Luft. Dieser habe Hori zum wiederholten Male sein Amt abgesprochen. Verdrossen bemerkt er „Man sollte deine[61] Briefe vor Onuris ergreifen, dass er zwischen uns entscheide, wer im Recht ist, und du nicht zürnst". Fischer-Elfert bemerkt im Kommentar, dies sei der einzige Beleg für Onuris als Orakelgott. Tatsächlich sollte man erwarten, dass ein Orakel entweder von einem spezifisch auf das Orakelgeben spezialisierten Gott ausginge oder dass es einfach vom Hauptgott des jeweiligen Ortes zu erwarten sei. Nichts davon trifft auf Onuris zu, der auch keine besondere Verbindung zu Memphis noch zu Theben aufweist.

Der Bezug auf ein Orakel scheidet also sicher aus. Vielmehr liegt auch hier die tiefere Bedeutung der Aussage einmal mehr in einem mythischen Kontext. Diesen liefert in diesem Fall die berühmte Erzählung vom Streit des Horus und Seth in der Form, wie sie in pChester Beatty I just aus der Ramessidenzeit überliefert ist. In dieser umfangreichen Erzählung geht es ebenfalls um einen Konflikt, nämlich den des als legitimen Herrschers Ägyptens betrachteten Gottes Horus, Sohn der Isis, also genau der Horusform, die sich möglicherweise hinter der For-

---

[61] So klar nach P.Anastasi I 13,4 (*n3y.w=k šꜥ.wt*). Die beiden sonst für die Stelle erhaltenen Textzeugen der thebanischen Tradition haben stattdessen beide *n3y.w=i šꜥ.wt* „meine Briefe", was natürlich unplausibel ist. H.-W. Fischer-Elfert, *Anastasi I. Kommentar*, 115 übersetzt quasi als Mittelweg „unsere Briefe", was zwar vielleicht gemeint ist, so aber nicht dasteht.

mulierung über die Augen in 11,4 verbirgt, mit seinem bösen Onkel Seth, dem Mörder seines Vaters, der eigentlich über Ägypten herrschen möchte. Während alle anderen Götter auf Seiten des jugendlichen Horus stehen, möchte der Sonnengott Re die Herrschaft lieber dem Kraftprotz Seth übergeben, da er selbst zugunsten des Seth, von dessen Hilfe er abhängig ist, stark befangen ist. Im Verlauf der Handlung setzen sich verschiedene Götter für Horus ein. Darunter findet sich auch prominent der Gott Onuris. Während eine Erwähnung seines Namens im Text in 1,8 erhaltungsbedingt nur zu ergänzen ist, sind diejenigen in 2,1 und 3,8 definitiv erhalten. Es wird dabei deutlich, dass insbesondere Onuris die Entscheidungsfindung vorantreibt und dabei auch nicht vor dem Zorn des als „Allherrn" bezeichneten Sonnengottes zurückschreckt. Angesichts der Tatsache, dass Onuris ein anderer Name für Schu, den Sohn des Sonnengottes ist, kann er sich auch viel ihm gegenüber erlauben.

Im vorliegenden Kontext besonders relevant scheint die Episode in pChester Beatty I 3,7–4,1. Nachdem (letztlich auf Intervention des Onuris) erst Banebdjedet und dann Neïth befragt worden waren und Neïth dem Horus einmal mehr die Herrschaft zugesprochen hatte, wird der Allherr äußerst wütend auf Horus. Er beleidigt ihn daraufhin „Du bist jämmerlich an deinem Leib und dieses Amt ist zu groß für dich, du Knabe, dessen Mund einen schlechten Geschmack (Mundgeruch?) hat". Daraufhin wird Onuris äußerst zornig, schweigt jedoch. Die anschließende extreme Beleidigung[62] des Allherrn überlässt er dem Gott Baba, der dafür auch prompt selbst gemaßregelt und aus der Versammlung geworfen wird, wohingegen der Allherr erst einmal einen Tag lang einsam schmollt.

Die folgenden Details spielen keine Rolle mehr. Onuris erscheint aber auch weiterhin als prominenter Fürsprecher des Horus. Im Hinblick auf die *Satirische Streitschrift* besonders einschlägig ist jedoch fraglos die Tatsache, dass der Allherr Horus aufgrund körperlicher Mängel (in pChester Beatty I natürlich schlicht seines kindlichen Alters und damit seiner Schwäche) verächtlich anspricht, Onuris hingegen klar Position für Horus bezieht, ohne jedoch den Allherrn explizit zu verärgern. Bedenkt man, was für Beleidigungen Hori sich dem Text von P.Anastasi I zufolge von dem im Rang eigentlich höherstehenden Gegenüber anhören musste, gewinnt der Verweis auf die Entscheidung des Onuris eine ganz andere

---

62 Die genaue Implikation des Vorwurfs „Dein Schrein ist leer!" zumal in Bezug auf den Sonnengott ist nicht ganz klar, allerdings wurde mit guten Gründen vermutet, dass die Aussage in etwa so viel wie „Du bist ein Hohlkopf!" bedeutet. Zu dieser Stelle ist insbesondere Lutz Popkos Verweis im *Thesaurus Linguae Aegyptiae* auf die Bezeichnung des Schädels als ḥw.t-nčr „Tempel" in der Gliedervergottung P.Leiden I 348 recto 1,5–2,9 nach mündlicher Mitteilung von Katharina Stegbauer extrem wertvoll, da sie nahelegt, dass es sich nicht nur um eine Assoziation der modernen Bearbeiter handelt.

Qualität, da er den Streitfall konzeptuell in die Götterwelt transponiert. Dabei spielt es keine Rolle, wie genau der Text des pChester Beatty I zu datieren ist,[63] denn der Mythos um Horus und Seth war nachweislich der grundlegende Mythos der altägyptischen Kultur über drei Jahrtausende hinweg.[64] Literarische Ausformungen in Erzählungen sind ebenfalls seit dem Mittleren Reich immer wieder nachweisbar, und das Vorhandensein selbst vermeintlich „burlesker" Elemente bereits in frühen, nicht einmal nur erzählenden Quellen belegt ganz eindeutig, dass man davon ausgehen darf, dass es sich auch bei solchen Details nicht nur um zufällig einmal in einer Handschrift bezeugte individuelle Einfälle eines einzelnen Autors gehandelt hat.[65]

Es spricht also nichts dagegen, dass die *Satirische Streitschrift* hier wirklich auf die Rolle des Onuris im Mythos um Horus und Seth referiert. Das wiederum impliziert dann aber, dass nicht nur erneut Hori mit einer Form des Gottes Horus assoziiert wird. Vielmehr wird sein Gegenspieler dadurch auch zu einem mit Seth zumindest alliierten Menschen, auch wenn vorderhand die Beziehung zum Sonnengott schmeichelhaft scheinen mag. Diese Gratwanderung zwischen bewusst devoter Schmeichelei und handfestem Vorwurf zeichnet aber nun die gesamte *Satirische Streitschrift* aus, passt also perfekt. Auch zu Seth selbst muss man sich klarmachen, dass er in der Ramessidenzeit zwar durchaus bereits als partiell problematische Figur galt, aber durchaus nicht ausschließlich.[66] Die spätzeitliche Dämonisierung galt definitiv noch nicht. Gleichwohl macht auch in pChester Beatty I Seth keine besonders gute Figur – der ihm nur allzu freundlich gesonnene Allherr aber auch nicht.[67] Während Letzterer aber vor allem entscheidungsschwach und voreingenommen ist, wirkt Seth schlicht tölpelhaft. Damit aber gibt er für die *Satirische Streitschrift* eine perfekte Identifikationsfigur für den ebenfalls als dumm dargestellten Adressaten ab.

Im weiteren Verlauf der *Satirischen Streitschrift* kommen nun verschiedene Sachfragen zur Sprache, an denen Hori exemplarisch aufzeigt, wie inkompetent sein Gegenüber sei. In 13,4–8 erscheint einmal mehr der bereits angesprochene See, konkret die Rationen, die für den Aushub veranschlagt werden müssen. Da

---

63 A. H. Gardiner, *Chester Beatty Papyri*, 1. 5; U. Verhoeven, „Papyrus Chester Beatty I"; J. F. Quack, „Erzählen als Preisen", 299–301.
64 Für das Mittlere Reich siehe F. Ll. Griffith, *Petrie Papyri*, 4, Pl. III; mit Neuedition M. Collier/ S. Quirke (Hg.), *UCL Lahun Papyri II*, 20–25. Für das späte Neue Reich siehe außerdem J. F. Quack, „Streit zwischen Horus und Seth". Weitere Bezeugungen bis in griechisch-römische Zeit sind ebenfalls erhalten, für die *Satirische Streitschrift* jedoch nicht mehr unmittelbar relevant.
65 J. Spiegel, *Erzählung vom Streite*, bes. 27–28; A. von Lieven, *Grundriss*, 293–294 mit Anm. 1568.
66 H. te Velde, *Seth*; P. J. Turner, *Seth*.
67 Tatsächlich übrigens auch Horus selbst nicht, zumindest in einem Augenblick des Affekts. Diese Aspekte spielen für die *Satirische Streitschrift* aber keine Rolle.

das Thema des Bauens sich so gut für Berechnungen eignet, fährt Hori in 13,8–14,8 mit Berechnungen zu einer Ziegelrampe fort. Diese können durchaus als mathematisches Wissen aufgefasst werden. In 14,8–16,5 folgen Berechnungen zu einem Obelisken und seinem Transport direkt aus dem Rosengranitsteinbruch am Gebel el-Ahmar. Bei all diesen Fragen breitet Hori genüsslich die zunehmende Panik des völlig überforderten Gegenübers aus, dem er dann Hilfsbriefe schicken könnte, damit dieser sich nicht vor der versammelten Kollegenschaft bis auf die Knochen blamieren müsse. Diese zu schreiben habe er selbst sich die Finger schon derart aufgerissen, wie ein Opfertier bei irgendeinem Fest zerlegt werde. Auf den Obelisk folgt nahtlos noch ein weiteres Monument, das aus dem Steinbruch gebracht wird, offenbar eine Kolossalstatue (16,5–17,2).

Damit ist das Bauthema in seinen verschiedenen Dimensionen abgehandelt, nicht aber die korrekte Berechnung von Proviantrationen. In 17,2–18,2 geht es folgerichtig um eine Strafexpedition gegen Rebellen ins palästinische Ausland, das in ramessidischer Zeit quasi unter ägyptischer Kolonialverwaltung stand. Wieder aber, so insinuiert Hori, ist die Rechenleistung seines Gegenübers eher schwach. Diesmal aber steht ihm niemand bei, im Gegenteil, es droht ihm nun die Degradierung.

Das Thema „Ausland" leitet über zu einem aus Ugarit gut bezeugten militärischen Titel, „Maher",[68] den sich der Adressat angemaßt habe. Dabei handelt es sich eindeutig um ein semitisches Lehnwort für einen Elitesoldat. Dies gibt Hori die Gelegenheit, in 18,3–20,6 ausführlich über Orte im palästinischen bis hethitischen Bereich zu sprechen, über die der Adressat ja sicher bestens Bescheid wisse, was natürlich ironisch gemeint ist. Gegen Ende des Abschnittes wird Hori wieder offen hämisch und malt sich aus, wie sich die einheimischen Helfer durch Diebe aufgeschreckt davonmachen und der Adressat plötzlich ganz allein und ohne seine Sachen in der Fremde steht.

Interessanterweise ist das Fremdwort „Maher" in Ägypten bis in griechisch-römische Zeit als Bezeichnung des Seth bzw. seiner Gefolgsleute belegt.[69] Dass tatsächlich nicht nur das Wissen um geographische und politisch-soziale Gegebenheiten, sondern tatsächlich auch die Religion eine Rolle spielt, wird im folgenden Abschnitt (20,7–21,2) über Byblos deutlich, wo 20,7 explizit gefragt wird „Sie ist wie was, ihre[70] Göttin?" Dass gerade im Hinblick auf Byblos nach der lokalen

---

68 Dazu ausführlich H.-W. Fischer-Elfert, *Anastasi I. Kommentar*, 244–246; J. E. Hoch, *Semitic Words*, 147–149, Nr. 190.
69 A. Erman/H. Grapow, *Wörterbuch II*, 116,5; P. Wilson, *Ptolemaic Lexikon*, 448; Ch. Leitz (Hg.), *Lexikon der ägyptischen Götter III*, 358c–359a.
70 H.-W. Fischer-Elfert, *Anastasi I. Textzusammenstellung*, 131 hat am =śn ein „sic", da er offenbar nur =ś „ihre" (f.) bezogen auf die Stadt erwartet hatte. Wenn man hingegen „ihre" (Pl.) auf die Stadtbewohner bezieht, ergibt sich kein Problem.

Hauptgöttin gefragt wird, ist aus ägyptischer Sicht höchst sinnvoll, da diese Göttin bereits seit dem Alten Reich mit der ägyptischen Hathor gleichgesetzt wurde und von dieser ihre Ikonographie übernahm.[71]

Auch in der Fortsetzung in 21,2–22,2 geht es weiter um die Geographie Palästinas, wobei wieder spezifisch das angemaßte Amt des Maher den Anknüpfungspunkt bildet. Insbesondere dieser Bereich wird ausgiebig ausgeführt, in 22,2–23,1 folgen weitere Städte auf dem Ostufer des Jordan, die in der Art eines Itinerars aneinandergereiht sind. Die Grundlage für diese Wissensgegenstände, die sicherlich Schulstoff für angehende Verwaltungsbeamte und höherrangige Militärfunktionäre waren und vermutlich in den Onomastika zu suchen sein dürften, ist lange bekannt.[72] Dass die Ägypter tatsächlich in dieser Region aktiv waren, ist nicht nur durch historische Inschriften aus Ägypten nachweisbar, etwa die Feldzugsberichte Thutmosis III. oder die Quellen zur Qadeschschlacht Ramses' II., sondern kann auch durch die Archäologie Palästinas und Israels heute sehr gut belegt werden.[73] Tatsächlich dürften diese Abschnitte des Textes am nächsten zu den damals besonders gefragten beruflichen Qualifikationen liegen, was hinlänglich erklärt, weshalb dieser Bereich so ausgedehnt ist.

Das Thema des Maher und seiner Tätigkeit steht entsprechend auch in 23,1–7 noch weiter im Fokus, dort allerdings nicht im Hinblick auf allgemeine geographische Bildung, sondern vielmehr mit Bezug zur militärischen Tapferkeit und Führungsstärke. Die, so Hori, gehe seinem Adressaten jedoch vollkommen ab, und er blamiere sich vielmehr so, wie der Fürst Qaṣra-jadi von Aser, der von einer Bärin in einer Balsamstaude aufgestöbert wurde. Der Name Qaṣra-jadi „Meine Hand ist zu kurz" ist dabei natürlich wieder ein Spottname, der auf die peinliche Situation anspielt, dem Bären nicht rasch genug durch Klettern entkommen zu sein. Ganz nebenbei offenbart Hori damit aber auch noch seine Fremdsprachenkenntnisse, wie bereits zuvor in 23,5, wo er eine ebenfalls spöttische Äußerung der Lokalfürsten über seinen Briefpartner zitiert: „Du irrst umher wie ein Schaf, lieber Maher!"[74] Außerdem dürfte es sich bei der Gestalt dieses von der Bärin erwischten Fürsten vermutlich sogar um eine historische Anekdote handeln, deren reales Opfer zwar vielleicht noch bekannt, aber hier im Kontext nicht so wichtig war. In jedem Fall

---

71 A. Diego Espinel, „Temple of Ba'alat Gebal"; S. Tower Hollis, „Hathor"; J. F. Quack, „Importing and Exporting Gods?", 258; H.-W. Fischer-Elfert, *Anastasi I. Kommentar*, 170–171, Anm. b.
72 H.-W. Fischer-Elfert, ebd., 190–195.
73 D. B. Redford, *Wars in Syria and Palestine*; A. H. Gardiner, *Ḳadesh Inscriptions*; H. Goedicke (Hg.), *Battle of Kadesh*; S. Bar/D. Kahn/J. J. Shirley (Hg.), *Egypt, Canaan and Israel*; D. Ben-Tor, *Pharaoh in Canaan*.
74 So die Deutung von H.-W. Fischer-Elfert, *Anastasi I. Kommentar*, 197–199.

darf man davon ausgehen, dass hier auf eine Episode angespielt ist, die genauso bei der Darstellung eines Feldzugs nach Syrien im Tempel von Luxor gezeigt wird.[75]

Die beängstigenden Erfahrungen im Ausland werden in 23,7–25,2 noch weiter ausgeführt, bevor in 25,2–6 ein eigentlich erfreulicheres Ereignis zur Sprache kommt, nämlich ein galantes Abenteuer im Weingarten von Joppe. Eigentlich erfreulich – aber faktisch eher peinlich, denn der verführte Liebhaber wird entdeckt und zur Erstattung des Brautpreises „Mohar" verurteilt, da er die Hüterin des Weingartens defloriert hat. Um diesen bezahlen zu können, muss er dann sein Hemd verkaufen. Wie Fischer-Elfert überzeugend darlegen konnte,[76] handelt es sich hier um einen sehr frühen Beleg einer viel später gut nachweisbaren Rechtssitte, wobei auch hier wieder der dafür verwendete Fachterminus als Fremdwort erscheint. Insgesamt dient also auch diese Episode vor allem dazu, zu zeigen, dass der Adressat der *Streitschrift* unbedacht handelt und sich nicht beherrschen kann, etwas, wovon gerade im sexuellen Bereich in Lebenslehren auch sonst massiv abgeraten wird.[77] Außerdem wird wiederum seine Kenntnis kultureller Regeln implizit in Abrede gestellt, wohingegen Hori damit natürlich so vertraut ist, dass er sogar den korrekten fremdsprachlichen Ausdruck dafür kennt.

Vermutlich schließt der folgende Abschnitt (25,6–26,3) konzeptuell direkt an. Der Verlust des Hemdes aus feinem Leinen führt dazu, dass der Adressat nun in einer Decke aus Sackleinen schlafen muss. Auch sonst geht er diverser wichtiger Teile seiner Ausrüstung verlustig. Zwar wird in 26,3–9 sein Streitwagen wieder repariert, doch führt dies lediglich dazu, dass Hori erneut die Frage nach den (natürlich nicht vorhandenen) Heldentaten stellt und zu einer neuen Tirade geographischer Befragungen, jetzt bezüglich des „Horusweges" von Unterägypten nach Palästina, ausholt (26,9–28,1).

Interessanterweise fehlt dieses „retardierende" Element der zweiten geographischen Auflistung in sämtlichen Textvertretern der thebanischen Tradition. Hier gibt es als Zeugen überhaupt nur einen Papyrus aus Turin, der aber lediglich den Schluss gleichsam als Zusammenfassung bringt, jedoch offenbar mit einer erhaltungsbedingt unklaren Variante. Natürlich mag das ein einfacher Überlieferungszufall sein, es fällt aber zumindest auf.

---

75 G. Posener, „La mésaventure"; H.-W. Fischer-Elfert, ebd., 199–200.
76 H.-W. Fischer-Elfert, ebd., 219–222.
77 Klassisch formuliert bereits in der 18. Maxime der *Lehre des Ptahhotep*, siehe G. Burkard, „Lehre des Ptahhotep", 206–207; L. Troy, „Good and Bad Women"; H. Buchberger, *Transformation*, 391. 544–545. Speziell vor fremden Frauen warnt auch die *Lehre des Ani* aus dem Neuen Reich, siehe J. F. Quack, *Die Lehren des Ani*, 92–95. 212–215. Vgl. insgesamt L. H. Lesko, „Perception of Women".

In 28,1–8 kommt P.Anastasi I dann zu einem abschließenden Fazit. Der genannte Turiner Papyrus hingegen hatte noch etwas mehr Text, der leider erhaltungsbedingt kaum verständlich ist. Erhalten sind aber noch Reste von mindestens drei Zeilen. Zumindest zeigt sich hier also eine deutliche Divergenz der memphitischen und der thebanischen Rezension.

Das Fazit spricht den Adressaten noch einmal direkt an, wiederholt seine Kernvorwürfe an den Kontrahenten bzw. seine eigene Verteidigung und fordert ihn schließlich dazu auf, das alles noch einmal im Detail zu durchdenken. Während der Gegner verlogen sei, sei er selbst höchst kompetent und aufmerksam bezüglich der Aktivitäten des Kriegsgottes Month. Dass mit dieser Bezeichnung eigentlich der Pharao selbst gemeint ist, darf angenommen werden. Auch sonst fährt der Schlußpassus noch einmal schweres Bildungsgeschütz auf. Auf mögliche Anspielungen auf zeitgenössische Lehren und dergleichen mutmaßlich bekannte Werke weist Fischer-Elfert in seinem Kommentar bereits hin. Es dürfte jedoch noch einen weiteren Text geben, auf den hier mehrfach referiert wird, der jedoch nicht neuägyptisch, sondern mittelägyptisch ist, nämlich die wichtigste klassische Erzählung des Mittleren Reiches, die *Lebensgeschichte des Sinuhe*.[78]

5 Die *Erzählung des Sinuhe*

Das ist deshalb besonders reizvoll und passend, als in dieser Erzählung der Höfling Sinuhe nach seiner Flucht von der ägyptischen Residenz genau dieselbe Route über den Horusweg nach Palästina/Syrien nimmt wie in der *Streitschrift* dargelegt. Während die dem Adressaten zumindest unterstellten Erlebnisse jedoch höchst negativ sind – Beraubung durch die Einheimischen, allgemeine Jämmerlichkeit im militärischen Kontext und dann auch noch das gründlich schiefgegangene sexuelle Abenteuer –, waren die Erlebnisse des Sinuhe das genaue Gegenteil. Er wurde freundlich von den Einheimischen aufgenommen, erwies sich im Zweikampf als siegreicher Held und bekam die Tochter eines Beduinenscheichs zur Frau. Seine schließliche Rückkehr an den ägyptischen Hof war folglich triumphal.

Dass die Erzählung des Sinuhe hier wirklich als Kontrastfolie intendiert ist, scheint durch den mehrfachen Einsatz gewisser Stichwörter sehr naheliegend. Wären dies Einzelfälle, möchte man sie für zufällig halten, doch in der Häufung ist das völlige Fehlen eines Bezugs eigentlich auszuschließen. Dies gilt umso

---

[78] R. Koch, *Erzählung des Sinuhe*, VI, nennt 32 Textzeugen des Mittleren und Neuen Reiches, davon sieben Papyri, der Rest Ostraka. Der Text dürfte also ebenfalls gut bekannt gewesen sein. Die im Folgenden verwendeten Textsiglen sind dort aufgelöst.

mehr, als, wie gesehen, Hori relativ weit vorne im Text (11,1–2) bereits ganz eindeutig auf die klassische Lehre des Hardjedef verwiesen und gefragt hatte, ob der Adressat denn überhaupt den Kontext eines Zitats kenne. Dasselbe darf *mutatis mutandis* auch für die ebenfalls klassische *Erzählung des Sinuhe* vermutet werden, nur dass hier die Anspielungen noch subtiler sind. Das Stilmittel der ausgesuchten Stichwörter war ja bereits bei der Referenz auf den Brettspieltext zu beobachten.

Analog lassen sich auch für *Sinuhe*, abgesehen von der genannten Gesamtsituation, mindestens zwei klare Verweise auf Textstichworte finden, die direkt nebeneinander im Fazit erscheinen, außerdem weitere Elemente darin, die *in toto* eigentlich zu zahlreich sind, um an Zufälle zu glauben. Zum einen fordert Hori den Adressaten in 28,4–5 dazu auf, dass sein ḥ3.tỉ-Herz verborgen und sein ỉb-Herz fest sein sollen.[79] Auf andere neuägyptische Parallelen des Gedankens verweist bereits Fischer-Elfert. In *Sinuhe* B 38–39 findet sich nun als Ursache von Sinuhes Flucht nach Vorderasien das genaue Gegenteil „Mein ỉb-Herz war matt, mein ḥ3.tỉ-Herz, es war nicht in meinem Leibe, es brachte mich auf den Weg der Flucht". Das Wort „matt", ägyptisch 3ṯ, ist konsonantengleich mit 3ṯ „wütend sein, angreifen". Unter dem Aspekt, dass klassische Texte wenigstens ansatzweise memoriert wurden, bei Textvarianten – auch bei Aktualisierungen mit jüngeren sprachlichen Erscheinungen – aber auch der Austausch von gleichbedeutenden Lexemen nachweisbar ist, muss man sich fragen, ob es nicht Absicht ist, dass Hori im nächsten Satz dem Adressaten sagt, er solle nicht verärgert sein. Das dort verwendete Wort für „ärgerlich sein" ist allerdings ḫčn. Dies ist einerseits etwas schwächer in der Bedeutung als 3ṯ (für „toben, wüten" gibt es jedoch die reduplizierende Form ḫčnčn), andererseits aber auch sprachlich jünger.

Die zweite, noch weitaus eindeutigere Stelle ist 28,6, wo die Unverständlichkeit des verworrenen Geredes des Adressaten als „Es ist wie die Rede eines Bewohners der Deltasümpfe mit einem Mann von Elephantine" bezeichnet wird. Dieser Vergleich, der offensichtlich auf stark unterschiedliche Dialekte an den beiden äußersten Enden Ägyptens im Norden und Süden abzielt, ist tatsächlich wortgleich auch in der *Erzählung des Sinuhe* (R65–66 bzw. B225–226) belegt, wo sie überdies noch um die Gegenüberstellung des ägyptischen Nildeltas mit Nubien ergänzt wird. Bei *Sinuhe* soll die Aussage, die vielleicht sogar das Zeug zum Sprichwort hatte, zeigen, wie planlos Sinuhes Flucht nach Syrien war.

---

[79] Beide Ausdrücke bedeuten „Herz". Dabei ist *ỉb* das eigentliche Lexem für „Herz", *ḥ3.tỉ* hingegen heißt wörtlich „das zur Vorderseite Gehörige". Als Paar kommen beide gerne vor, wobei es dann eine Abwechslung der konkreten Bezeichnung etwa in dem *Parallelismus membrorum* unterliegenden Teilaussagen gibt.

Weniger eindeutig, im Kontext jedoch zumindest auffällig und wohl nicht unbeabsichtigt mögen auch weitere Passagen sein, so wenn Hori direkt im Anschluss in 28,7 den Adressaten auffordert, sich nicht überall zu beklagen, er habe dessen Namen anrüchig gemacht, während Sinuhe in B40–42 die Unerklärlichkeit seiner Flucht dadurch betont, man habe nicht in sein Gesicht gespuckt, Schlechtes über ihn gehört oder seinen Namen aus dem Mund eines Herolds (d. h. per öffentlicher Ausrufung eines Übeltäters) vernommen.

In 28,2 bezeichnet Hori sich selbst als einen Helden, der unvergleichlich sei (*nn pri̯-ꜥw-ı͗b śꜣčni̯=f r ḥꜥ.wt=ı͗*) und der auf Feldzügen des Kriegsgottes Month aufmerksam sei. Month ist auch der Gott, den Sinuhe preist, nachdem er den Starken von Retjenu besiegt hat. Dieser wird in B110–111 als Einzelkämpfer beschrieben, der keinen Zweiten habe (*pry pw nn śn.nw=f*), da er das ganze Land bereits unterwarf – Sinuhe aber besiegt auch ihn mit Leichtigkeit.

Im Brief des Königs, mit dem Sinuhe an den Hof zurückbeordert wird, wird gesagt, er habe die Fremdländer durchzogen (*ṯbn ḫꜣś.wt*) und sei so schließlich von Qatna nach Syrien (Retjenu) gelangt. In der *Satirischen Streitschrift* hingegen sagt Hori von sich selbst, er habe Retjenu durchzogen (*ṯbn*) und die Fremdländer (*ḫꜣś.wt*) und ihre Städte der Reihe nach aufgeführt.

In beiden Texten stehen die Schlüsselpassagen in unmittelbarer Nähe zueinander. Auffällig ist, dass ein paar Kleinigkeiten nur in Textversionen der Erzählung des Sinuhe aus dem Mittleren Reich vorkommen, nicht jedoch im *textus receptus* des Neuen Reichs, der besonders in AOS vorliegt. Die Fülle der Ähnlichkeiten lässt es einerseits unwahrscheinlich werden, dass es sich um eine Überinterpretation durch Verf. handelt, andererseits müsste man annehmen, dass Hori sich an einer besonders alten Textversion inspiriert hat, die teils näher am Urtext des Mittleren Reiches stand. Vielleicht spielt hier aber nur wieder die Frage der memphitischen versus thebanischen Herkunft der Quellen eine Rolle, in diesem Falle also für die *Erzählung des Sinuhe*, an der sich der Autor der *Streitschrift* inspiriert hat. Soweit ersichtlich, ist nämlich kein Textbeleg des *Sinuhe* aus dem Neuen Reich aus Memphis erhalten. Selbstverständlich orientiert sich nicht der eine Text sklavisch am anderen. Dennoch drängt sich der Eindruck auf, dass hier ein die Bildung hochhaltender Text immer wieder auf ein eindeutiges Bildungsgut anspielt.

6 Fazit

Am Ende dieses Parforcerittes durch die *Satirische Streitschrift* scheint daher das Fazit angebracht, dass hier explizit oder implizit sämtliche Gegenstände, die für einen gebildeten Ägypter wichtig waren, zur Sprache gebracht werden: Werke der ägyptischen klassischen Literatur ebenso wie militärische Tugenden inklusive des Wissens um ausländische Geographie, fremde Sprache und Landessitten, praktische Anwendungsfähigkeit von Mathematik im Rahmen von Berechnungen in Architektur wie Rationenverteilung ebenso wie die Kenntnis von Mythologie und Götterwelt. Als Tüpfelchen auf dem i wird auch noch gutes Benehmen und die Vertrautheit mit den Regeln gesellschaftlicher Konvention und brieflicher Kommunikation hochgehalten.

Was der ursprüngliche Anlass und Zweck der Abfassung des Werkes war, muss natürlich im Dunkeln bleiben. Vielleicht hatte der reale Autor zumindest der Idee nach auch einen realen Adressaten vor Augen, den er satirisch durch den Kakao ziehen wollte. Das literarische Ich hingegen ist jedenfalls klar fiktionalisiert, ebenso wie der ursprünglich sogar anonyme Adressat. Vielleicht ging es auch von Anfang an nur um das Herausstellen des Bildungsideals. Die anspielungsreiche Sprache[80] und die enorme Länge des Textes, die jeden realen Brief weit übertrifft, zeigen jedenfalls, dass das das eindeutige Hauptinteresse des Textes ist.

Als Bildungsgut war er definitiv ein Erfolg, da, wie erwähnt, mindestens 81 Textzeugen, die wohl zumindest teilweise einem höheren Schulbetrieb zuzuordnen sind, aus mindestens zwei geographisch sehr weit voneinander entfernten Regionen seine reiche Verwendung und Rezeption belegen. Bedenkt man, dass davon 80 Zeugen alleine aus dem in der Forschung gut dokumentierten thebanischen Raum stammen, so mag man hochrechnen, welche Bedeutung der *Satirischen Streitschrift* während der Zeit ihrer Nutzung landesweit zugekommen sein mag.

Bibliographie

H. Altenmüller, „Götterbedrohung", in: *Lexikon der Ägyptologie II* (hg. v. W. Helck/W. Westendorf; Wiesbaden: Harrassowitz, 1977), 664–669.
S. Bar/D. Kahn/J. J. Shirley (Hg.), *Egypt, Canaan and Israel. History, Imperialism, Ideology and Literature. Proceedings of a Conference at the University of Haifa, 3–7 May 2009* (Culture and History of the Ancient Near East 52; Leiden/Boston: Brill, 2011).
D. Ben-Tor, *Pharaoh in Canaan. The Untold Story* (Jerusalem: The Israel Museum, 2015).

---

80 Wenn A. H. Gardiner, *Papyrus Anastasi*, 4*–5* meint, der Text sei zwar „one of the most attractive sides of the Egyptian temperament" entsprungen, aber „the quality of the wit is poor", wird man Ersterem sicher zustimmen. Letzteres ist eher Ansichtssache. Je tiefer man in den Text eindringt, desto klarer wird eigentlich, wo überall geistreiche Anspielungen versteckt sind. Es ist wohl eher so, dass nicht der Witz des Textes schwach ist, sondern Gardiner ihn allenfalls ansatzweise verstanden hat. Auch Verf. nimmt für sich keineswegs in Anspruch, bereits sämtliche Untiefen des Werkes ausgelotet zu haben. Genau diese Hintergründigkeit macht aber natürlich die Qualität eines literarischen Textes aus.

H. Brunner, *Altägyptische Erziehung* (Wiesbaden: Harrassowitz, 1957).
H. Buchberger, *Transformation und Transformat. Sargtextstudien I* (Ägyptologische Abhandlungen 52; Wiesbaden: Harrassowitz, 1993).
D. Budde, *Die Göttin Seschat* (Forschungen zum griechisch-römischen Ägypten, Kanobos 2; Leipzig: Wodtke und Stegbauer, 2000).
G. Burkard, „Die Lehre des Ptahhotep", in: *Texte aus der Umwelt des Alten Testaments III/2. Weisheitstexte II* (hg. v. O. Kaiser; Gütersloh: Gütersloher Verlagshaus, 1991), 195–221.
R. A. Caminos, *Late-Egyptian Miscellanies* (Brown Egyptological Studies 1; London: Oxford University Press, 1954).
M. Collier/S. Quirke (Hg.), *The UCL Lahun Papyri II. Religious, Literary, Legal, Mathematical and Medical* (BAR International Series 1209; Oxford: Archaeopress, 2004).
A. Diego Espinel, „The Role of the Temple of Ba'alat Gebal as Intermediary Between Egypt and Byblos During the Old Kingdom", in: *Studien zur Altägyptischen Kultur* 30 (2002), 103–119.
H. Engelmann/J. Hallof, „Der Sachmetpriester, ein früher Repräsentant der Hygiene und des Seuchenschutzes", in: *Studien zur Altägyptischen Kultur* 23 (1996), 103–146.
A. Erman/H. Grapow, *Wörterbuch der aegyptischen Sprache I* (Leipzig: J. C. Hinrichs, 1926).
A. Erman/H. Grapow, *Wörterbuch der aegyptischen Sprache II* (Leipzig: J. C. Hinrichs, 1928).
H.-W. Fischer-Elfert, „Eine weitere Kurzform zum PN Amenemope?", in: *Göttinger Miszellen* 43 (1981), 23–25.
H.-W. Fischer-Elfert, *Die satirische Streitschrift des Papyrus Anastasi I. Übersetzung und Kommentar* (Ägyptologische Abhandlungen 44; Wiesbaden: Harrassowitz, 1986).
H.-W. Fischer-Elfert, *Die satirische Streitschrift des Papyrus Anastasi I. Textzusammenstellung* (Kleine Ägyptische Texte 8; Wiesbaden: Harrassowitz, ²1992).
H.-W. Fischer-Elfert, „Schreiberscherben. Zu den ramessidischen Ostraka des British Museum", in: *Göttinger Miszellen* 207 (2005), 89–97.
A. H. Gardiner, *Egyptian Hieratic Texts. Series I: Literary Texts of the New Kingdom. Part I: The Papyrus Anastasi and the Papyrus Koller* (Leipzig: J. C. Hinrichs'sche Buchhandlung, 1911).
A. H. Gardiner, „The Delta Residence of the Ramessides", in: *The Journal of Egyptian Archaeology* 5 (1918), 242–271.
A. H. Gardiner, *Description of a Hieratic Papyrus with a Mythological Story, Love-Songs and other Miscellaneous Texts. The Chester Beatty Papyri, No. I* (London: Oxford University Press, 1931).
A. H. Gardiner, *Late-Egyptian Miscellanies* (Bibliotheca Aegyptiaca 7; Brüssel: Édition de la Fondation Égyptologique Reine Élisabeth, 1937).
A. H. Gardiner, *The Ḳadesh Inscriptions of Ramesses II* (Oxford: Oxford University Press, 1960).
N. de Garis Davies, *The Temple of Hibis in El Khārgeh Oasis III. The Decoration* (Publications of the Metropolitan Museum of Art Egyptian Expedition 17; New York: Metropolitan Museum of Art, 1953).
H. Goedicke (Hg.), *Perspectives on the Battle of Kadesh* (Baltimore: Halgo, 1985).
F. Ll. Griffith, *The Petrie Papyri. Hieratic Papyri from Kahun and Gurob, Principally of the Middle Kingdom* (London: Quaritch, 1898).
F. Hagen, *An Ancient Egyptian Literary Text in Context. The Instruction of Ptahhotep* (Orientalia Lovaniensia Analecta 218; Leuven: Peeters, 2012).
W. Helck, *Die Lehre des Djedefhor und die Lehre eines Vaters an seinen Sohn* (Kleine Ägyptische Texte; Wiesbaden: Harrassowitz, 1984).
J. E. Hoch, *Semitic Words in Egyptian Texts of the New Kingdom and Third Intermediate Period* (Princeton: Princeton University Press, 1994).

D. Jankuhn, „Horhekenu", in: *Lexikon der Ägyptologie III* (hg. v. W. Helck/W. Westendorf; Wiesbaden: Harrassowitz, 1980), 1.

R. Jasnow, *A Late Period Hieratic Wisdom Text (P. Brooklyn 47.218.135)* (Studies in Ancient Oriental Civilization 52; Chicago: Oriental Institute of the University of Chicago, 1992).

R. Jasnow/K.-T. Zauzich, *The Ancient Egyptian Book of Thoth. A Demotic Discourse on Knowledge and Pendant to the Classical Hermetica* (Wiesbaden: Harrassowitz, 2005).

R. Jasnow/K.-T. Zauzich, *Conversations in the House of Life. A New Translation of the Ancient Egyptian Book of Thoth* (Wiesbaden: Harrassowitz, 2014).

R. Jasnow/K.-T. Zauzich, *The Ancient Egyptian Book of Thoth II. Revised Transliteration and Translation, New Fragments, and Material for Future Study* (Wiesbaden: Harrassowitz, 2021).

J. Jurjens, „Dates on Literary Ostraca. A Case Study", in: *Zeitschrift für ägyptische Sprache und Altertumskunde* 148 (2021), 83–91.

F. von Känel, *Les prêtres-ouâb de Sekhmet et les conjurateurs de Serket* (Bibliothèque de l'École des Hautes Études 87; Paris: Presses universitaires de France, 1984).

R. Koch, *Die Erzählung des Sinuhe* (Bibliotheca Aegyptiaca 17; Brüssel: Édition de la Fondation Égyptologique Reine Elisabeth, 1990).

B. Koura, *Die „7-Heiligen Öle" und andere Öl- und Fettnamen. Eine lexikographische Untersuchung zu den Bezeichnungen von Ölen, Fetten und Salben bei den Alten Ägyptern von der Frühzeit bis zum Anfang der Ptolemäerzeit (von 3000 v. Chr. – ca. 305 v. Chr.)* (Aegyptiaca Monasteriensia 2; Aachen: Shaker, 1999).

A. P. Kozloff, „Symbols of Egypt's Might", in: *Bulletin of the Egyptological Seminar New York* 5 (1983), 61–66.

C. Leitz (Hg.), *Lexikon der ägyptischen Götter und Götterbezeichnungen III* (OLA 112; Leuven u.a.: Peeters 2002).

C. Leitz (Hg.), *Lexikon der ägyptischen Götter und Götterbezeichnungen IV* (OLA 113; Leuven u.a.: Peeters 2002).

L. H. Lesko, „The Perception of Women in Pharaonic Egyptian Wisdom Literature", in: *Ancient Egyptian and Mediterranean Studies in Memory of William A. Ward* (hg. v. L. H. Lesko; Providence: Department of Egyptology at Brown University, 1998), 163–171.

A. von Lieven, *Grundriss des Laufes der Sterne. Das sogenannte Nutbuch* (The Carlsberg Papyri 8/ Carsten Niebuhr Institute Publications 31; Kopenhagen: Museum Tusculanum Press, 2007).

A. von Lieven, *Heiligenkult und Vergöttlichung im Alten Ägypten* (Habilitationsschrift; Berlin, 2007 [in Vorbereitung für Orientalia Lovaniensia Analecta, Leuven: Peeters]).

A. von Lieven, „Antisocial Gods? On the Transgression of Norms in Ancient Egyptian Mythology", in: *Lotus and Laurel. Studies on Egyptian Language and Religion in Honour of Paul John Frandsen* (hg. v. R. Nyord/K. Ryholt; Carsten Niebuhr Institute Publications 39; Kopenhagen: Museum Tusculanum Press, 2015), 181–207.

A. von Lieven, „‚Er war mit keinem einzigen von ihnen zufrieden, außer als ich ihm deinen Namen sagte'. Religiöse Sukzession im Alten Ägypten", in: *Sukzession in Religionen. Autorisierung, Legitimierung, Wissenstransfer* (hg. v. A. B. Renger/M. Witte; Berlin/Boston: De Gruyter, 2017), 85–111.

A. von Lieven, „Commentaries and Discursive Texts in Ancient Egypt", in: *Abgadiyat* 15 (2020), 22–42.

A. von Lieven, „Local Variation of a Pan-Egyptian Myth. The Osiris-Myth in the Section on Bubastis in pBrooklyn 47.218.84", in: *Egitto e Vicino Oriente* 45 (2022), 131–146.

A. von Lieven, „Kreativität in Text und Bild. oDeM 1039 und UC14545", in: *Revue d'Égyptologie* 74 (2024) [im Druck].

A. G. McDowell, „Student Exercises from Deir el-Medina. The Dates", in: *Studies in Honor of William Kelly Simpson II* (hg. v. P. Der Manuelian; Boston: Museum of Fine Arts, 1996), 601–608.

D. Meeks, *Mythes et légendes du Delta d'après le papyrus Brooklyn 47.218.84* (Mémoires de l'Institut Français d'Archéologie Orientale 125; Kairo: Institut Français d'Archéologie Orientale, 2006).

M. Panov, *The Manuscripts of the Maxims of Ptahhotep* (Egyptian Texts 17; Novosibirsk, 2021).

R. B. Parkinson, *The Tale of Sinuhe and Other Ancient Egyptian Poems 1940–1640 BC* (Oxford World's Classics; Oxford: Clarendon Press, 1997).

P. A. Piccione, *The Historical Development of the Game of Senet and its Significance for Egyptian Religion* (Diss. Chicago 1990 [UMI-Dissertationsdruck]).

G. Posener, „La mésaventure d'un Syrien et le nom égyptien de l'ours", in: *Orientalia Nova Series* 13 (1944), 193–204.

E. B. Pusch, *Das Senet-Brettspiel im alten Ägypten. Teil 1: Das inschriftliche und archäologische Material* (Münchner Ägyptologische Studien 38; München u.a.: Deutscher Kunstverlag, 1979).

J. F. Quack, *Die Lehren des Ani. Ein neuägyptischer Weisheitstext in seinem kulturellen Umfeld* (Orbis Biblicus et Orientalis 141; Freiburg i. d.Schweiz/Göttingen: Universitätsverlag, 1994).

J. F. Quack, „Rezension zu R. Jasnow/K.-Th. Zauzich, The Ancient Egyptian Book of Thot", in: *Orientalistische Literaturzeitung* 101 (2006), 610–615.

J. F. Quack, „Die Initiation zum Schreiberberuf im Alten Ägypten", in: *Studien zur Altägyptischen Kultur* 36 (2007), 249–295.

J. F. Quack, „Ein ägyptischer Dialog über die Schreibkunst und das arkane Wissen", in: *Archiv für Religionsgeschichte* 9 (2007), 259–294.

J. F. Quack, „Erzählen als Preisen. Vom Astartepapyrus zu den koptischen Märtyrerlegenden", in: *Das Erzählen in frühen Hochkulturen I. Der Fall Ägypten* (hg. v. H. Roeder; Ägyptologie und Kulturwissenschaft 1; München: Fink, 2009), 291–312.

J. F. Quack, „Der Streit zwischen Horus und Seth in einer spätneuägyptischen Fassung", in: *Parcourir l'éternité. Hommages à Jean Yoyotte II* (hg. v. C. Zivie-Coche/I. Guermeur; Bibliothèque de l'École Pratique des Hautes Études, Sciences Religieuses 156; Turnhout: Brepols, 2012), 907–921.

J. F. Quack, „Importing and Exporting Gods? On the Flow of Deities between Egypt and its Neighboring Countries", in: *The Dynamics of Transculturality. Concepts and Institutions in Motion* (hg. v. A. Flüchter/J. Schöttli; Cham u.a.: Springer, 2015), 255–277.

J. F. Quack, „Rezension zu R. Jasnow/K.-Th. Zauzich, Conversations in the House of Life", in: *Enchoria* 35 (2016/17), 215–230.

J. F. Quack, „Das Ritual zum Eintritt in die Kammer der Finsternis", in: *Texte zur Wissenskultur* (hg. v. B. Janowski/D. Schwemer; Texte aus der Umwelt des Alten Testaments N.F. 9; Gütersloh: Gütersloher Verlagshaus, 2020), 439–467.

J. F. Quack, „Rezension zu R. Jasnow/K.-Th. Zauzich, The Ancient Egyptian Book of Thot II", in: *Enchoria* 37 (2020/23), 145–150.

J. F. Quack, „Priestly Scholars in Late Egypt. The Theoretical Side", in: *Journal of Ancient Near Eastern History* 8 (2021), 73–90.

J. F. Quack, *Altägyptische Amulette und ihre Handhabung* (Orientalische Religionen in der Antike 31; Tübingen: Mohr Siebeck, 2022).

J. F. Quack, „Modellbriefe als Mittel der Schreiberausbildung im Alten Ägypten", in: *Modelle im Alten Ägypten. Objekte des Wissens* (hg. v. S. Deicher u.a.; Berlin: Kadmos, 2023), 79–149.

J. Raffel, „‚Egal was, ich war's nicht!' Zur Nicht-Identifikationsformel in Zusammenhang mit der Götterbedrohung", in: *En détail. Philologie und Archäologie im Diskurs. Festschrift für Hans-W. Fischer-Elfert* (hg. v. M. Brose u.a.; Beihefte zur Zeitschrift für Ägyptische Sprache und Altertumskunde 7; Berlin: De Gruyter, 2019), 947–964.

C. Ragazzoli, „La littérature de scribe au Nouvel Empire ou pourquoi les miscellanées ne sont pas des textes scolaires", in: *Bulletin de la Société Française d'Égyptologie* 201 (2019), 44–78.

D. B. Redford, *The Wars in Syria and Palestine of Thutmose III* (Culture and History of the Ancient Near East 16; Leiden/Boston: Brill 2003).

J. Spiegel, *Die Erzählung vom Streite des Horus und Seth in Pap. Beatty I als Literaturwerk* (Leipziger Ägyptologische Studien 9; Glückstadt u. a.: Augustin, 1937).

M. A. Stadler, *Weiser und Wesir. Studien zu Vorkommen, Rolle und Wesen des Gottes Thot im ägyptischen Totenbuch* (Orientalische Religionen in der Antike 1; Tübingen: Mohr Siebeck, 2009).

S. Tower Hollis, „Hathor, Mistress of Byblos", in: *Proceedings of the Tenth International Congress of Egyptologists I, University of the Aegean, Rhodes, 22–29 May 2008* (hg. v. P. Kousoulis/N. Lazaridis; Orientalia Lovaniensia Analecta 241; Leuven: Peeters, 2015), 1143–1152.

L. Troy, „Good and Bad Women, Maxim 18/284–288 of the Instructions of Ptahhotep", in: *Göttinger Miszellen* 80 (1984), 77–81.

P. J. Turner, *Seth. A Misrepresented God in the Ancient Egyptian Pantheon?* (BAR International Series 2473; Oxford: Archaeopress, 2013).

H. te Velde, *Seth, God of Confusion. A Study of his Role in Egyptian Mythology and Religion* (Probleme der Ägyptologie 6; Leiden: Brill, ²1977).

U. Verhoeven, „Ein historischer ‚Sitz im Leben' für die Erzählung von Horus und Seth des Papyrus Chester Beatty I", in: *Wege öffnen. Festschrift für Rolf Gundlach zum 65. Geburtstag* (hg. v. M. Schade-Busch; Ägypten und Altes Testament 35; Wiesbaden: Harrassowitz, 1996), 347–363.

P. Vernus, „Le mythe d'un mythe. La prétendue noyade d'Osiris. De la dérive d'un corps à la dérive du sens", in: *Studi di Egittologia e di Antichità Puniche* 9 (1991), 19–34.

W. Wilkes/G. Köhn, *Die Miniaturen des Soester Nequambuches von 1315* (Darmstadt: Technische Hochschule, ²1976).

P. Wilson, *A Ptolemaic Lexikon. A Lexicographical Study of the Texts in the Temple of Edfu* (Orientalia Lovaniensia Analecta 78; Leuven: Peeters, 1997).

Z. Žába, *Les maximes de Ptahhotep* (Prag: Édition de l'Academie Tchécoslovaque des Sciences, 1956).

Thesaurus Linguae Aegyptiae: https://aaew.bbaw.de/tla/ (Zugriff am 1. Januar 2022).
https://www.britishmuseum.org/collection/object/Y_EA10247-1 (Zugriff am 5. Januar 2022).
https://www.britishmuseum.org/collection/object/Y_EA10247-6 (Zugriff am 5. Januar 2022).
https://www.gkr.uni-leipzig.de/aegyptologisches-institut/forschung/forschungsprojekte/das-grab-des-hohenpriesters-neb-wenenef (Zugriff am 3. Januar 2024).
https://de.wikipedia.org/wiki/Wippe_(Soest) (Zugriff am 15. Januar 2022).

Patrick Sänger und Kerstin Sänger-Böhm
Brief und Bildung im Lichte der Papyri

Briefe auf Papyrus vermögen auf mannigfaltige Weise das Thema Bildung zu beleuchten.[1] Allen voran sind es die Privatbriefe, die durch ihren unmittelbaren Charakter tiefe Einblicke in die alltägliche Lebenswelt der Bewohner Ägyptens gewähren. Hier ist es nicht nur der Inhalt der Briefe, der Rückschlüsse auf Bildung zulässt – etwa, wenn Bildungsfragen thematisiert oder Hinweise auf Literaturkenntnisse eingebaut werden. Vielmehr vermag bereits der Akt des Schreibens an sich näheren Aufschluss über den Bildungsgrad des Briefschreibers zu geben. Neben der Beherrschung der Schrift und dem Schriftbild erweisen sich die Sprache, epistolographische Konventionen und die Verwendung stilistischer und rhetorischer Stilmittel nicht nur als weitere Elemente der formalen Gestaltung des Artefakts Brief, sondern auch als Indikatoren für die Bildung der jeweiligen Briefschreiber. Vor diesem Hintergrund stellen die folgenden Überlegungen vor allem die Bereiche Alphabetisierung, schulische Bildung (*paideia*) und „Gebildetheit" in den Fokus. Diese Aspekte gewähren im Lichte der Papyrusbriefe nicht nur einen authentischen Blick auf den hohen Stellenwert von Bildung, sondern führen letztlich auch die große Bedeutung und sozio-kulturelle Entwicklung des Kommunikationsmittels „Brief" vor Augen.

1 Briefe und Alphabetisierung

Bereits der Akt der Abfassung der Briefe führt, wie bereits erwähnt, an ein wesentliches Element der Bildung heran, nämlich die Fähigkeit zu schreiben. An der Schrift lassen sich auf den ersten Blick rasch geübte Schreiber, Gelegenheitsschreiber (Semi-Literaten) und funktionelle Literaten (sogenannte „slow-hands"), die oftmals nur ihren Namen schreiben konnten, unterscheiden. Dennoch darf die Schrift nur mit Vorsicht als Kriterium für Bildung dienen. So waren Kenntnisse in Lesen und Schreiben nicht zwingend mit der Verwendung bzw. der Abfassung des Mediums Brief verbunden; auch abseits vom bürokratischen Schriftverkehr wandten

---

[1] Papyruscorpora werden immer abgekürzt angegeben; die Zitierweise richtet sich nach J. D. Sosin u. a., *Checklist of Greek, Latin, Demotic and Coptic Papyri, Ostraca and Tablets*: https://papyri.info/docs/checklist.

Patrick Sänger, Kerstin Sänger-Böhm, Münster

https://doi.org/10.1515/9783110742459-003

sich Schreibunkundige nämlich an Berufsschreiber oder an Verwandte und Bekannte, um diesen ihr Anliegen zu diktieren. Darüber hinaus bediente man sich auch gerade dann gerne dem Diktat, wenn man zu sozial höheren Schichten gehörte und selbst durchaus über eine gute schulische Bildung verfügte. Daher war einerseits niemand grundsätzlich vom Kommunikationsmittel Brief ausgeschlossen. Andererseits wird sich mithilfe der Briefe die Frage nach dem Alphabetisierungsgrad der Bevölkerung nicht konkret lösen lassen.[2]

Allgemein ist die Erlernung des Schreibens und Lesens anhand von Schultexten – auch in den entlegensten Landstrichen Ägyptens[3] – gut bezeugt. Die Beherrschung der Schrift scheint aber auch für Personen, die aus sozioökonomischer Sicht der „Mittelschicht" angehörten und Verwaltungsposten bekleideten, nicht selbstverständlich gewesen zu sein.[4] Das Bild ist also disparat, wobei man in Ägypten insgesamt tendenziell wohl mit einem großen Pool an Illiteraten und Semi-Illiteraten mit rudimentären Kenntnissen zu rechnen haben wird. Am anderen Ende der Skala stand eine kleine Gruppe an Experten, die ihre Schreib- und Lesekenntnisse entweder ihrer Schulbildung verdankten oder aufgrund ihres Berufs in diesen Bereichen besonders ausgewiesen sein mussten, wie etwa Berufsschreiber, Sekretäre, Notare, Gutsverwalter, Bankiers oder Personen in höheren Verwaltungsposten.[5]

Abgesehen von Bildungsfragen lässt sich immerhin festhalten, dass in den Privatbriefen ein überaus breites Spektrum an Personen zutage tritt. So stellen etwa Briefe von Frauen, Jugendlichen und sogar von Kindern keine Ausnahme dar. Was die soziale Herkunft der Briefschreiber anbelangt, reicht die Bandbreite von „gebildeten" Gruppen der städtischen Bevölkerung über Grundbesitzer, Angehörige des Militärs und des christlichen Klerus bis hin zu „einfachen Leuten" wie Bauern, Handwerkern und Lohnarbeitern.[6]

Der wohl bekannteste Brief eines Kindes ist P.Oxy. I 119 (Oxyrhynchos, 2./3. Jh. n. Chr.). Hier schreibt ein kleiner Junge namens Theon – aufgrund des auf einen Schreibanfänger weisenden Schriftbildes – wohl eigenhändig an seinen Vater. Dieser war offensichtlich nach Alexandrien verreist, ohne den Jungen mitzunehmen.

---

2 Zur Alphabetisierung in Ägypten siehe zuletzt A. Benaissa/S. Remijsen, „Sound Body and Mind", 382–384. Zur Briefkultur auf Papyrus siehe zuletzt zusammenfassend etwa B. Palme, „Papyrusbriefe".
3 Vgl. etwa die Übungstexte auf Ostraka aus der Östlichen Wüste: O.Claud. II 409–416. Zu Schultexten und Schulmaterialien siehe zusammenfassend die monographische Studie von R. Cribiore, *Writing*.
4 Vgl. die Schreibübung des Dorfschreibers (*komogrammateus*) Petaus aus Ptolemais Hormu (Arsinoites), der seine Unterschrift in P.Petaus 121 mehrmals übt.
5 Siehe die Hinweise oben in Anm. 2.
6 Siehe B. Palme, „Papyrusbriefe", 9.

Mit kindlichem Drohen und Bitten – nichts essen und trinken will er – möchte Theon erreichen, ihn nachkommen zu lassen. Dass es tatsächlich auch die eigenen Worte sind, die der Junge an seinen Vater richtet, legt die mit grammatikalischen Fehlern durchsetzte Formulierung des Textes nahe:

> Theon seinem Vater Theon Grüße.
> Schön hast Du das gemacht, nicht mitgenommen hast Du mich mit Dir in die Stadt. Wenn Du mich nicht mitnehmen willst mit Dir nach Alexandrien, schreib ich Dich nicht einen Brief und spreche nicht mit Dich und wünsche Dich dann nicht Gesundheit. Wenn Du nach Alexandrien gehst, nehm ich nicht eine Hand von Dir und grüße Dich zukünftig nicht mehr. Wenn Du mich nicht mitnehmen willst, geschieht dieses! Und meine Mutter hat zu Archelaos gesagt: ‚Er macht mich kaputt, schaff ihn fort.' Das hast Du schön gemacht. Geschenke hast Du mir geschickt, große: Schrötchen! Sie haben uns in die Irre geführt an jenem Tag, am 12, als Du abgeltest. Also, schicke zukünftig nach mir, ich bitte Dich. Wenn Du nicht schickst, so esse ich nicht und trinke ich nicht. So!
> Ich wünsche, dass Du gesund bleibst. 18. Tybi.
> *Verso:* „Gib an Theon von Theonchen dem Sohn."[7]

2 Die Schulbildung in Ägypten

Die klassische Schulbildung – *paideia* – war ein essenzieller Bestandteil der gelebten griechischen Identität im griechisch-römischen Ägypten.[8] Sie war aber keineswegs eine staatliche bzw. öffentliche, sondern eine rein private Angelegenheit, die selbst finanziert werden musste. Die Eltern waren daher – anders als heute – intensiv mit der Kontrolle der schulischen Ausbildung ihrer Kinder befasst. Es galt nicht nur, mit regem Interesse die Fortschritte der Kinder zu überwachen, sondern auch die Lehrer selbst, denn eine institutionelle Ausbildung für die Lehrer mit einer damit verbundenen anerkannten und garantierten Qualifikation existierte nicht.

Das Curriculum bzw. der Bildungskanon – *enkyklios paideia* – bestand aus drei Stufen:

---

7 Übersetzung gemäß R. Scholl/M. Homann, „Antike Briefkultur", 54.
8 Grundlegend zur griechischen Schulbildung in Ägypten siehe R. Cribiore, *Gymnastics*; dies., „Education"; A. Benaissa, „Greek Language", 528–532; B. Palme, „Schule und Unterricht" und zuletzt A. Benaissa/S. Remijsen, „Sound Body and Mind", 384–387. Zur Basisschullektüre vgl. bes. R. Cribiore, *Gymnastics*, 192–204 und dies., „Education", 329–332. Zu den Inhalten der rhetorischen Ausbildung siehe zusammenfassend ebd., 332–334.

Im Rahmen der ersten Stufe (7–11 Jahre) erlernte man beim *grammatodidaskalos* oder *grammatistes* elementare Kenntnisse in Schreiben, Lesen und Rechnen.

Die zweite Stufe (11–17 Jahre) umfasste Unterricht beim *grammatikos*, der Grammatik, Lektüre und Interpretation antiker Poeten lehrte; Homers *Ilias* gehörte zur Basislektüre, ferner Euripides, Isokrates und Menander. Diese Unterrichtsstufe ist nicht im dörflichen Milieu nachweisbar und vermutlich ausschließlich für Städte zu denken.

In der dritten und letzten Stufe (17 Jahre und älter) hatte man einen *rhetor* oder *sophistes* als Lehrer, der Rhetorik, Prosalektüre und das eigenständige Verfassen von Texten vermittelte. Die beste rhetorische Ausbildungsstätte war zweifellos in Alexandrien zu finden, wohin wohlhabende Kinder mit einem eigenen Pädagogen bzw. Erzieher geschickt wurden.

Theoretisch durchlief man also etwa im Alter zwischen sieben und 17 Jahren eine zweistufige schulische Ausbildung, an die sich höhere Studien anschlossen. Die Absolvierung aller drei Stufen war dabei nicht obligatorisch: Tatsächlich durchlief der Großteil der Schüler lediglich die erste Ausbildungsstufe. Die weiteren Stufen waren stark mit dem gesellschaftlichen Status und den finanziellen Mitteln der Familien verbunden, aus denen die Schüler stammten. Von heranwachsenden Männern wurde im Übrigen die erfolgreiche Meisterung der zweiten und dann vor allem der dritten Ausbildungsstufe erwartet, um für die Bekleidung wichtiger öffentlicher Ämter in Betracht zu kommen.

Einen einzigartigen und unmittelbaren Einblick in den Schulalltag erlauben die griechischsprachigen Papyrusfunde aus Ägypten, die sich über einen Zeitraum von tausend Jahren und somit über die hellenistische, römische und byzantinische Zeit erstrecken. Die vorhandene große Materialfülle reicht von den elementaren Schreibübungen (Syllabaren), Lehrmaterialien wie konkreten Schulaufgaben und Übungstexten bis hin zu speziellen Büchern und Kommentaren, die dem Schulgebrauch dienten.[9] Die dokumentarischen Papyri zeigen überdies, dass das oben skizzierte „Curriculum" kein starres Konzept war: Sowohl was das Alter der Schüler als auch die Lehrinhalte der einzelnen Stufen anbelangt, gab es offenbar keine klar abgesteckten Grenzen. Vor diesem Hintergrund eröffnet sich daher ein gewisses Spannungsfeld zwischen traditionellen Vorstellungen von einem festgelegten Lehrplan und freier gestalteten Lernsituationen.

Auch Privatbriefe nehmen im Kontext der Schulbildung einen überaus bedeutenden Stellenwert ein. Sie ergänzen auf besonders lebhafte Weise unser Bild

---

9 Einen kompakten Überblick zu den Lehrmaterialien bietet die Monographie von R. Cribiore, *Writing*, und dies., *Gymnastics*, 127–159.

von Schule und Bildung, da sie die unmittelbaren Erfahrungen von Eltern, Lehrern und Schülern dokumentieren.[10] So gratuliert in UPZ I 148 (Herkunft unbekannt, 2. Jh. v. Chr.) eine Frau ihrem Sohn oder Ehemann, dass er die ägyptische Sprache erlernt hat, wodurch sich offenbar neue Verdienstmöglichkeiten ergaben. Der Brief ist vor allem auch deshalb von Interesse, weil Zeugnisse über das Erlernen der ägyptischen Sprache von Seiten der griechischsprachigen Bevölkerung äußerst rar sind.[11]

> Als ich erfuhr, dass Du die ägyptische Sprache lernst, freute ich mich für Dich und mich, dass Du jetzt, in die Stadt zurückgekehrt, bei dem Klistierarzt Phaloy[-] die jungen Sklaven unterrichten und Lebensunterhalt für das Alter haben wirst.[12]

Mehrmals werden in Briefen elterliche Sorgen um Kinder thematisiert, die fern von zuhause in Begleitung eines Pädagogen ihren Studien nachgehen. So lässt etwa eine Mutter in dem Brief P.Oxy. VI 930[13] (Oxyrhynchos, 2./3. Jh. n. Chr.) ihren Sohn wissen, dass sie sich bei seinem Lehrer nach seiner Gesundheit sowie der aktuellen Lektüre im Unterricht erkundigt und darauf eine Antwort erhalten habe; mit dem Hinweis auf „das Zeta" ist wahrscheinlich das sechste Buch der *Ilias* gemeint. Besagter Lehrer scheint jedoch, wie der Mutter mitgeteilt wurde, „hinabgesegelt" zu sein, was wohl auf einen längerfristigen Ortswechsel hindeutet. Der an seinem Aufenthaltsort (wahrscheinlich in der mittelägyptischen Bezirkshauptstadt Oxyrhynchos) nunmehr allein von seinem Pädagogen betreute Sohn soll sich demnach rasch nach einem neuen Lehrer umsehen:[14]

> ... zögere nicht, mir zu schreiben auch über das, wenn Du Bedarf hast. Weiter bin ich betrübt, als ich von der Tochter unseres Lehrers Diogenes erfahren habe, dass er hinabgesegelt sei. Denn ich war ohne Sorge, da ich über ihn wusste, dass er nach Kräften auf Dich achten wollte. Es lag mir am Herzen, einen Brief an ihn zu schicken und mich nach Deiner Gesundheit zu erkundigen und zu erfahren, was Du liest. Und er sagte: das Zeta, und er stellte Deinem Pädagogen ausführlich ein gutes Zeugnis aus. Daher musst Du nun, Kind, samt deinem Pädagogen Dich darum kümmern, Dich einem passenden Lehrer anzuver-

---

10 In der Korrespondenz von Eltern und Kindern ist „Schule" vor allem dann eines der wichtigsten und zentralen Themen, wenn die Kinder fern ihres Heimatortes Schulunterricht erteilt bekommen haben; siehe R. Cribiore, *Gymnastics*, 102–123, 215–219.
11 Zum Aspekt der Mehrsprachigkeit in Ägypten siehe allgemein S. Torallas Tovar/M. Vierros, „Languages". Zum Erlernen einer Fremdsprache (Griechisch für Ägypter und *vice versa*) im Rahmen einer schulischen Ausbildung siehe bes. ebd., 491–493.
12 Zur Übersetzung siehe C.Pap.Hengstl 99, 243 mit der Abweichung, dass anders als bei J. Hengstl der Ausdruck παιδάρια nicht auf „Kinder", sondern – wie gleichfalls berechtigt und vielleicht naheliegender – auf „junge Sklaven" bezogen wird.
13 = W.Chr. 138 = Sel.Pap. I 130.
14 Zu diesem Brief siehe auch R. Scholl/M. Homann, „Antike Briefkultur", 91–93.

trauen. Es grüßen Dich vielmals Deine Schwestern, die vor bösem Blick gefeiten Kinder der Theonis und alle die Unsrigen namentlich. Grüße Deinen sehr geehrten Pädagogen Eros.
Versiculus transversus: „... Grüße (?) ... Hathyr der 2."
Verso: „... dem Sohn Ptolemaios."[15]

In P.Oxy. III 531[16] (Oxyrhynchos, 2. Jh. n. Chr.) gibt ein Vater seinem Sohn, der sich wahrscheinlich in Oxyrhynchos aufhält und dort auch studiert, klare Anweisungen hinsichtlich des Studentenlebens: so soll er anständig sein und sich strebsam nur auf das Studium konzentrieren – das werde sich als gewinnbringend erweisen:[17]

> Cornelius dem Hierax dem süßesten Sohn Grüße. Erfreut grüßen wir Dich alle im Hause und alle, die bei Dir sind. Bezüglich des Menschen, von dem Du mir oft schreibst, unternimm nichts, bis ich zum Guten zu Dir komme mit Vestinus und mit den Eseln. Denn wenn die Götter wollen, werde ich recht bald zu Dir kommen nach dem Monat Mecheir, da ich dringende Arbeiten in Händen habe. Sieh zu, dass Du keinem Menschen im Haus Anstoß gibst, sondern sei nur auf das eine bedacht, dass Du Deine Bücher liebst, und Du wirst von ihnen Nutzen haben. Empfange durch Onnophras die weißen Kleider, die können getragen werden mit den purpurfarbigen Mänteln, die anderen wirst Du mit den myrrhefarbigen tragen. Durch Anoubas werde ich Dir sowohl Geld als auch das Monatsgeld und das andere Paar Scharlachmäntel schicken. Mit den Salzfischen hast Du uns eine Freude gemacht, dafür werde ich Dir den Preis durch Anoubas schicken. Allerdings bis Anoubas zu Dir kommt, bezahle von Deinem Kupfergeld das Essen für Dich und die Deinen, bis ich schicke. Es ist Dir für den Monat Tybi, was Du willst, Phronimos 16 Drachmen, denen um Abaskantos und dem Myron 9 Drachmen, dem Secundus 12 Drachmen. Schicke Phronimos zu Asklepiades in meinem Namen und er soll von ihm eine Antwort entgegennehmen auf den Brief, den ich ihm geschrieben habe, und schicke sie mir. Teile mir mit, was Du Dir wünschst. Lebe wohl, Kind.[18]

Der nur in seinem oberen Teil erhaltene Brief SB V 7567 (Herkunft unbekannt, 3. Jh. n. Chr.) stammt offenbar ebenfalls von einem Vater, der seinem Sohn den einen oder anderen Ratschlag mit auf den Weg geben möchte: So soll er seine schulischen Ziele mit Freude verfolgen und sich keinen Ablenkungen vom Studium hingeben. Eine Besonderheit stellt die verwendete Metapher „Einweihung in die Geheimnisse der Musen" dar, die bislang ohne Parallele in den Papyri ist. Dass sich der Vater dieses Bildes bedient, dürfte nicht nur seine Bildung zeigen, sondern auch als Hinweis darauf zu verstehen sein, dass der Sohn seine Situation wertschätzen soll – nämlich auserwählt zu sein, höheren Studien nachgehen zu dürfen:

---

15 Übersetzung gemäß ebd., 92.
16 = W.Chr. 382 = C.Pap.Hengstl 83.
17 Zu diesem Brief siehe auch R. Scholl/M. Homann, „Antike Briefkultur", 94–97.
18 Übersetzung gemäß ebd., 94–95.

An Aphrodisios, ein Gruß. Zunächst einmal grüße ich Dich, und das tut jeder in unserem Haushalt. Für diejenigen, die erzogen werden wollen, ist es eine große Freude, wenn sie die ihnen anvertrauten Aufgaben zu erfüllen wissen und keine Lust haben, fremden Vergnügungen nachzugehen. Für diejenigen, die zunächst in die Geheimnisse der Musen eingeweiht werden, geschieht es später ...[19]

Einen äußerst lebendigen und bislang einzigartigen Einblick in das Studentenleben bietet der sich über zwei Kolumnen erstreckende und damit recht lange Brief SB XXII 15708[20] (Oxyrhynchos, ca. 100 n. Chr.), den ein Sohn an seinen Vater richtet.[21] Darin werden zahlreiche Themen behandelt, die den Sohn gerade beschäftigen und sich größtenteils auf seine aktuellen Probleme als Student beziehen: Neben einem wohl unangenehmen Vorfall beim Theater wird zum einen eine Problematik thematisiert, die wir bereits kennengelernt haben und daher rührt, einen geeigneten Lehrer zu finden – wobei die Lehrerschaft hier als „unnötig und zu teuer" hingestellt wird. Zum anderen ist das Geld stets knapp, sowohl für die täglichen Ausgaben als auch für das Schulgeld. Während der Briefschreiber selbst in Rhetorik unterwiesen wird, nimmt sein bei ihm verweilender jüngerer Bruder namens Diogas Unterricht in Literatur; und offenbar gibt es auch noch einen dritten und jüngsten Bruder, der nun ebenfalls vom Vater in die Stadt (vermutlich Alexandrien) geschickt werden soll. Daher erfolgt der eindringliche Hinweis, dass den Brüdern ihre aktuelle Wohnung zu klein werden wird. Im Allgemeinen zeigt die Sprache dieses Briefes bereits deutlich Züge der Bildung, die dem Briefschreiber angediehen ist: So findet sich die bewusste Verwendung von rhetorischen und pädagogischen Begriffen sowie literarischen Wörtern und Wendungen. Der briefschreibende Sohn hat sich also sichtlich bemüht, den Vater zu beeindrucken und ihm verständlich zu machen, dass trotz offen kommunizierter Probleme die Ausbildung Früchte trägt:

Von ... Grüße an seinen Herrn Vater. Du hast uns aus unserer größten Niedergeschlagenheit befreit, indem Du erklärt hast, dass Dir die Ereignisse beim Theater gleichgültig sind, aber ich hatte gehofft, durch ein rasches Hinabsegeln glänzende Vorteile zu erlangen, und was habe ich für meinen Eifer bekommen? Denn nun finde ich bei meiner Suche nach einem Lehrer, dass sowohl Chaeremon, der Lehrer, als auch Didymos, der Sohn des Aristokles, in dessen Händen die Hoffnung lag, dass auch ich etwas Erfolg haben könnte, nicht mehr in der Stadt sind, sondern (nur) Abfall, in dessen Händen die meisten Schüler den geraden Weg zum Verderben ihres Talents genommen haben. Ich habe Dir vorher geschrieben, ebenso wie ich Philoxenos und seinen Freunden geschrieben habe, um die Angelegenheit zu prüfen, und wurde von ihnen dem Mann vorgestellt, den sie favorisieren, den Du aber,

---

19 Übersetzung orientiert an R. Cribiore, *Gymnastics*, 102.
20 = P.Oxy. XVIII 2190.
21 Vgl. zu diesem Text J. Rea, „Student's Letter", 75–88.

obwohl er ‚die Nachsicht des Theon erbat', sofort ablehntest, da Du selbst ihn als völlig unzureichend ausgebildet verurteilt hattest ... In Anbetracht dessen – ich meine, dass ein Lehrer nichts bringt, es sei denn, man zahlt exorbitante Gebühren ohne Nutzen, ... – schreibe mir schnell, was Du denkst ... Indem ich weiterhin den Rhetorikern, unter denen Poseidonios sich befindet, beim Vortragen zuhöre, werde ich vielleicht, wenn die Götter wollen, gut abschneiden. Es ist die Niedergeschlagenheit über diese Dinge, die uns dazu bringt, unsere Personen zu vernachlässigen, ... und vor allem, wenn es nicht einmal die Leute gibt, die Geld einbringen. Denn einst brachte der ‚nützliche' Heraklas – wehe seiner Schlechtigkeit! – alle paar Tage ein paar Groschen ein, aber ... er lief davon und ging, wie ich vermute, zu Dir hinauf. Denk daran, dass er nie zögern würde, gegen Dich zu intrigieren. Denn er schämte sich nicht, zunächst einmal mit Vergnügen in der Stadt Geschichten über die Vorgänge im Theater zu verbreiten und Lügen zu erzählen, die nicht einmal ein Ankläger aussprechen würde, und das, obwohl er nichts von der Behandlung bekam, die er verdiente, sondern alles ohne Hemmungen und wie ein freier Mann tun konnte. Aber trotzdem kannst du ihn, wenn Du ihn nicht zurückschickst, wenigstens bei einem Schreiner arbeiten lassen. Denn ich habe gehört, dass ein Junge zwei Drachmen am Tag verdienen kann. Oder gib ihm eine andere Arbeit, von der er mehr Geld bekommt, so dass sein Lohn gesammelt und von Zeit zu Zeit an uns geschickt werden kann ... Denn Du weißt, dass auch Diogas Literatur studiert. In der Zwischenzeit, während Du den Kleinen schickst, werden wir uns nach einem geräumigeren Platz in einem Privathaus umsehen. Denn um in Dionysios' Nähe zu sein, haben wir uns in eine zu kleine Wohnung begeben ... Sei gegrüßt. 4. Choiak.

Verso: „An ... den Hohepriester des Nils."[22]

BGU II 423[23] (Karanis, 139/40 n. Chr.) stellt einen Brief eines jungen, in Misenum stationierten Flottensoldaten dar. Er schreibt seinem in Ägypten verweilenden Vater und dankt ihm für die gute Erziehung, die ihn hoffen lässt, schneller Karriere zu machen. Allein diese Bemerkung demonstriert eindrucksvoll den hohen Stellenwert von Bildung, die als Schlüssel zum Erfolg und zu sozialem Avancement angesehen wird:

Apion dem Epimachos, seinem Vater und Herrn, vielmals Grüße. Vor allem wünsche ich Dir Gesundheit, allzeit Wohlergehen und Glück samt meiner Schwester und deren Tochter und meinem Bruder. Ich danke dem Herrn Sarapis, weil er mich sofort gerettet hat, als ich auf dem Meer in Gefahr geriet. Als ich nach Misenum kam, erhielt ich als Marschgeld vom Kaiser drei Goldstücke, und es geht mir gut. Ich bitte Dich nun, mein Herr Vater, schreibe mir ein Brieflein, erstens über Dein Befinden, zweitens über das meiner Geschwister, drittens damit ich (die Schrift) Deiner Hand verehre, weil Du mich wohl erzogen hast und ich deswegen hoffen darf, rasch zu avancieren, so die Götter wollen. Grüße den Kapiton vielmals und meine Geschwister, Serenilla und meine Freunde. Ich habe Dir meine Personalbeschreibung durch Euktemon gesandt. Ich bete, dass Du gesund bleibst!

Mein Name ist (jetzt) Antonius Maximus; centuria Athenonike.

---

22 Übersetzung orientiert an ebd., 78–79.
23 = W.Chr. 480 = Sel.Pap. I 112 = C.Pap.Hengstl 84.

Versiculus transversus: „Es grüßt Dich Serenos, Sohn des Agathos Daimon, und ..., Sohn des ..., und Turbon, Sohn des Gallonios, und D...as, Sohn des ..."
Verso: (1) „Gib (den Brief) an die cohors prima Apamenorum, dem librarius Julianos An ..., von Apion, damit (er den Brief weiterleitet) an seinen Vater Epimachos."
(2) „Nach Philadelphia, an Epimachos von dem Sohn Apion."[24]

3 Bildung und Frauenbriefe

Der Zugang zur elementaren ersten Stufe der Schuldbildung und der darauffolgenden, die beim *grammatikos* absolviert wurde, war Frauen grundsätzlich nicht verwehrt; ferner gibt es sogar einige Belege für weibliche Lehrer. Prinzipiell war die Schulbildung für Mädchen bzw. Frauen aber noch viel stärker an das sozioökonomische Milieu gekoppelt, als dies bei Männern der Fall war. Die höchste Bildungsstufe, die rhetorische Ausbildung, blieb dabei vornehmlich ein männliches Privileg.[25]

Das Medium Brief berührt thematisch auch den Aspekt der Bildung von Mädchen bzw. Frauen. Etwa 60 Briefe, also ungefähr ein Drittel der 210 erhaltenen Frauenbriefe, dokumentieren nachweislich eine ungeübte, auf Schreibschüler bzw. Gelegenheitsschreiber weisende Handschrift. Etwa die Hälfte davon geben schwere Mängel in der Schrift und Grammatik zu erkennen. Gerade in dieser Gruppe dürfte daher die Wahrscheinlichkeit, auf individuelle autobiographische Briefe von Frauen zu treffen, groß sein.[26] Auch das Schriftbild des zuvor erwähnten Briefes P.Oxy. VI 930 könnte darauf hindeuten, dass die Mutter des Ptolemaios den Brief selbst verfasst hat; aufgrund ihrer Ausführungen dürften sich ihre Kenntnisse jedoch nicht auf Schreiben und Lesen beschränkt, sondern sich darüber hinaus auch über die wichtigste klassische Schullektüre, Homers *Ilias*, erstreckt haben. Die restlichen 150 Briefe weisen eine professionelle Handschrift auf, sodass man bei dieser Textgruppe leicht daran denken könnte, dass sie aus der Feder versierter Schreiber stammen, denen die Frauen ihr Anliegen diktiert haben.

---

24 Übersetzung gemäß B. Palme, „Alltagsgeschichte", 184–185.
25 Zu den Bildungsmöglichkeiten von Frauen in Ägypten siehe R. Cribiore, *Gymnastics*, 74–101; A. Benaissa, „Greek Language", 531 und zuletzt M. Schentuleit, „Gender Issues", 357–358. Eine umfassende Quellensammlung zu Frauen im griechisch-römischen Ägypten bietet J. Rowlandson (Hg.), *Women and Society*. Zu Frauenbriefen auf Papyrus siehe grundlegend R. S. Bagnall/R. Cribiore, *Women's Letters*, sowie zuletzt A. Zdiarsky, „Briefe von Frauen".
26 Vgl. R.S. Bagnall/R. Cribiore, ebd., 45.

Den großen Stellenwert von Bildung macht Aurelia Thaisous alias Lolliane in ihrer Bittschrift an den Statthalter Ägyptens deutlich (P.Oxy. XII 1467 [Oxyrhynchos, 263 n. Chr.]). Sie verbindet die Feststellung, dass das *ius trium liberorum* auf sie anzuwenden sei, mit dem konkreten Hinweis auf ihre Schreib- und Lesekenntnisse. Damit zeigt Aurelia Thaisous alias Lolliane, dass ihr Rechtsanspruch, in Geschäftsangelegenheiten ohne Geschlechtervormund zu agieren, durchaus ihrer praktischen Befähigung entspricht:

> [... es gibt seit langem Gesetze,] erhabener Statthalter, die den Frauen, wenn sie mit dem Recht auf drei Kinder geehrt worden sind, die Befugnis geben, für sich selbst zu sorgen und ohne Vormund in allen Angelegenheiten zu handeln, die sie betreiben, umso mehr, wenn sie die Schrift beherrschen. Da ich also selbst mit der Gnade vieler Kinder gesegnet bin und auch lesen und schreiben kann, wende ich mich mit dieser meiner Bitte vertrauensvoll an Ihre Erhabenheit, damit ich die Angelegenheiten, die ich von nun an betreibe, ungehindert durchführen kann. Ich bitte Sie, diese Petition unbeschadet meiner Rechte in der Kanzlei Ihrer Erhabenheit aufzubewahren, damit mir geholfen wird und ich meine Dankbarkeit Ihnen gegenüber für immer bekenne. Lebt wohl.
> Ich, Aurelia Thaisous alias Lolliane, habe dies zur Vorlage geschickt. Im Jahre 10, Epeiph x.
> Deine Petition soll in der [Kanzlei] aufbewahrt werden.[27]

4 Briefe als Ausdruck von „Gebildetheit" im griechisch-römischen Ägypten

Es ist klar, dass die Papyrusbriefe des griechisch-römischen Ägypten keineswegs ein Medium darstellen, das aufgrund von Sprache und Komposition mit Literaturprodukten wie etwa den Briefen aus der Feder des Cicero vergleichbar gewesen wäre. Dennoch boten Briefe auch in einem ganz alltäglichen Kontext eine gute, wenngleich bis zum Beginn der Spätantike nicht oft dokumentierte Gelegenheit, die Bildung der meist aus sozioökonomisch höheren Schichten stammenden Briefschreiber zu demonstrieren.[28] So sind etwa der Einsatz von archaischen Formen und literarischen Anspielungen innerhalb der alltäglichen Korrespondenz vereinzelt bezeugt. Zudem können die Briefe durchaus eine elegante Sprache aufweisen,

---
27 Übersetzung orientiert an A. Arjava, „Romanization", 186–187. Zu dem in der Petition fassbaren Bildungsaspekt siehe unlängst B. Kelly, „Proving the *ius liberorum*", bes. 130–134.
28 Zu Briefen als Projektionsfläche für griechische Bildung im alltäglichen Leben siehe etwa A. Benaissa, „Greek Language", 532 und A. Sarri, *Letter Writing*, 44–52. Einen kompakten Überblick zur antiken Briefliteratur mit besonderem Fokus auf Papyrusbriefe bieten R. Scholl/M. Homann, „Antike Briefkultur", 47–126.

womit gute Kenntnisse des attischen Griechisch – der Sprache der griechischen Literatur – zum Ausdruck gebracht werden. Die solide Beherrschung der Sprache spiegelt sich beispielsweise in der Verwendung des Imperativs oder des Optativs anstelle des Indikativs und im Einsatz rhetorischer Stilmittel wie etwa der *parechesis* (Anhäufung ähnlich klingender Wörter) wider.[29] Ein anschauliches Beispiel für einen gehobenen Schreibstil bietet der Brief P.Oxy. LV 3812 (Oxyrhynchos, Ende 3. Jh. n. Chr.), der in einer blumigen und ausgewählten Sprache die Abwesenheit eines Freundes thematisiert.

> Eunoios an Horigenes, seinen wertvollsten (Freund), sehr viele Grüße! Die Ernsthaftigkeit der Worte hast Du in der Tat außer Acht gelassen. Wir verzeihen Dir, dass Du beschäftigt bist, aber Du musst Dich an die Dinge erinnern, die Du versprochen hast, und die Dinge, von denen Du gesagt hast, dass Du sie tun würdest, ernsthaft angehen. Denn an den süßen Kalenden, als der Honig hätte geschickt werden sollen – Du bist süßer als er! –, warst Du auch in dieser Richtung nachlässig, und das, obwohl wir Dich zum Fest der Kalenden erwartet haben, und Du hast Deine Mitfeiernden ohne Festmahl zurückgelassen. Ich schreibe Dir dies während des Festes, als Scherz, und um Dich an Dein ernsthaftes Empfinden für uns zu erinnern. Betrachte den Mann, der dir den Brief überbringt, als einen von uns, denn er ist ein Nahestehender des Eunoios.
> Mögen die Götter Dich für immer mit dem ganzen Haushalt beschützen!
> Aber sieh zu, dass Du es nicht vernachlässigst, mein Herr Vater! Komm zu Eunoios zum Fest unseres höchst göttlichen Anubis.[30]

Kein konkretes Anliegen wird scheinbar mit dem Brief P.Oxy. XIV 1664 (Oxyrhynchos, ca. 200 n. Chr.) verfolgt. Allem Anschein nach wendet sich der das Priesteramt eines *hieropoios* bekleidende Philosarapis lediglich an den Gymnasiarchen Apion, um freundliche Worte auszutauschen und dem Adressaten seine hohe Wertschätzung zu zeigen. Auch in diesem Beispiel für einen philophronetischen Brief ist die hohe Bildung des Absenders an eleganten Formulierungen und sprachlichen Raffinessen – wie etwa der wiederholten Verwendung des Imperativs und des Vokativs in den Grußformeln am Beginn und Ende des Textes – deutlich zu ermessen:[31]

> Sei gegrüßt, mein Herr Apion; ich Philosarapis begrüße Dich mit dem Gebet, Du mögest mit Deinem ganzen Hause bewahrt werden und Dich wohl befinden. Dass nicht nur wir Deiner gedenken, sondern auch unsere väterlichen Götter selbst, das ist allen offenbar; trägt Dich doch unsere ganze Jugend im Herzen, weil sie sich Deiner gütigen Vorliebe [für sie] erinnert. Was Du aus der Heimat brauchst, das trage mir auf – es ist mir eine Freude – denn Deine Aufträge nehme ich mit größter Freude auf als Aufmerksamkeiten. Ich grüße den hochachtbaren Gymnasiarchen Horion.

---

29 Siehe dazu zusammenfassend A. Sarri, ebd., 45–46 mit Beispielen in den Anm. 198 und 199.
30 Übersetzung orientiert an J. Rea, P.Oxy. LV 3812, 197–198.
31 Vgl. auch A. Sarri, *Letter Writing*, 31–33.

> (2. Hd.) „Ich wünsche Dir Gesundheit, mein edler hochgeborener Herr Apion: Möge es Dir lebenslang wohlergehen in Gesellschaft der Menschen, deren Umgang Dir angenehm ist."
> *Verso:* „Apion, dem Gymnasiarchen und weiland Strategen von Antaiopolis von Philosarapis, amtstätigem Priester von Antaiopolis."[32]

Ein besonders probates Mittel, um die Belesenheit und „Gebildetheit" des Briefschreibers zu demonstrieren, sind literarische Zitate oder Anspielungen auf die klassische griechische Literatur (allen voran Homer).[33] An P.Flor. II 259 (Arsinoë, 249–268 n. Chr.) zeigt sich, dass eine literarische Ausschmückung auch im Rahmen eines Geschäftsbriefes nicht schaden kann, denn der vom Absender bedrängte Adressat soll durch das an den Rand des Papyrus geschriebene Homerzitat wohl zusätzlich dazu motiviert werden, endlich tätig zu werden:

> Timaios an seinen geliebten Heroninos, Grüße. Es ist nun an der Zeit, dass Du entweder den Weizen oder seinen Preis schickst. Und lasse Kiot wissen, dass ein Soldat zu ihm kommen wird, wenn er den anderen sakkos[34] nicht gibt oder kommt, um zu bezahlen, was er schuldet. Aber Du, schicke mir unbedingt das Getreide. Ich wünsche Dir alles Gute.[35]
> *Versiculus transversus:* „Da schliefen die anderen Götter und die pferdegerüsteten Männer die ganze Nacht. Aber den Zeus hielt nicht der süße Schlaf" (Il. II 1–2; Übers. W. Schadewaldt).

Auch in dem Privatbrief BGU IV 1080[36] (Herkunft unbekannt, 3. Jh. n. Chr. [?]), in dem ein Vater seinem Sohn zur Hochzeit gratuliert, soll wohl die Gelehrsamkeit des Briefschreibers betont werden. Der Brief enthält zum einen witzige Elemente – wie die Verwendung des Spitznamens „Spitzbart" für den Vater auf dem Verso – und zum anderen viele für dokumentarische Papyri singuläre Wörter. Darüber hinaus zeigt das in Z. 10 zitierte „schwellende Festmahl", das entweder aus Homer (Od. XI 415) oder Hesiod (frg. 274,1 MW) stammt, die Belesenheit des Vaters. Auch der Schlussgruß des Vaters, der wie im Fall des weiter oben behandelten P.Oxy. XIV 1664 ein anderes Schriftbild als der vorangehende Text aufweist, klingt sehr gewählt:

---

32 Übersetzung gemäß W. Döllstädt, *Papyrusprivatbriefe*, 13, Nr. 2.
33 Eine Anthologie zu Privatbriefen mit literarischen Elementen bzw. Anspielungen auf Literatur bietet bislang nur W. Döllstädt, *Papyrusprivatbriefe*. Zu Briefen der Römerzeit siehe auch B. Olsson, *Papyrusbriefe*. Sowohl Döllstädt als auch Olsson konzentrierten sich in ihren Untersuchungen allerdings vor allem auf die Sprache der Briefe vor dem 5. und 6. Jahrhundert n. Chr.
34 = „Sack" oder Bezeichnung für eine Maßeinheit.
35 Übersetzung orientiert an J.-L. Fournet, „Homère", 141.
36 = W.Chr. 478 = C.Pap.Hengstl 75.

Herakleides dem Heras, seinem Sohn, Grüße. Vor allem grüße ich Dich mich mitfreuend über den Dir zuteilgewordenen guten, frommen und glücklichen Ehestand gemäß unseren gemeinsamen Bitten und Gebeten, zu denen die Götter die Erfüllung, nachdem sie uns angehört haben, gewährten. Und wir sind durch die Kunde, da wir abwesend waren, ebenso erfreut über die Einrichtung, als wären wir dabei gewesen. Zugleich beten wir für die Zukunft, damit zu Euch kommend wir ein zwiefach „schwellendes Festmahl" anheben. Wie nun Dein Bruder Ammonas mir über Euch und Eure Angelegenheiten erzählt hat, wie es notwendig ist, wird es geschehen und darüber fasse Mut und mache Dir keine Sorgen und auch Du beeile Dich uns zu beehren mit ähnlichen Briefen und was Du willst, darüber gib mir Nachricht, wozu ich gerne bereit bin. Und wenn es Dir keine Mühe macht und es möglich ist, schicke mir mit an weichem Werg zehn Pfund, macht 10 Pfund, gut bearbeitet, für den Preis, der bei Dir gilt, und Du in dieser Sache keinen Nachteil erleidest. Grüße von mir vielmals Deine liebste Bettgenossin, womit *(2. Hd.)* ich bete, dass es Dir wohl ergeht und Du gedeihst mein Herr Sohn.
Verso: „Spitzbart an Heras, den Sohn."[37]

5 Der spätantike Brief als „literarisches" Artefakt

Mit dem Beginn der Spätantike im 4. Jahrhundert n. Chr. unterlag der Brief hinsichtlich Formats, Stilistik, Sprache und inhaltlicher Komposition einem großen Veränderungsprozess.[38] Während etwa epistolarische Konventionen wie Höflichkeits- und Respektsformeln zunehmend länger und elaborierter wurden,[39] wurden elementare Bestandteile des Briefes wie Präskript und Abschiedsgrüße kürzer, bis sie schließlich nach dem 5. Jahrhundert n. Chr. ganz verschwanden. Zudem spiegeln die Briefe den Einfluss der Rhetorik wider, der mitunter so weit ging, dass derartige Elemente den eigentlichen Inhalt absorbierten und den Text losgelöst von seinem konkreten Anliegen in ein Stück Beredsamkeit verwandelten. In diesem Sinne ist etwa P.Cair.Masp. III 67295 Kol. III,24–35 (Antinoopolis [?], 2. Hälfte 6. Jh. n. Chr.), ein Brief eines *notarios* an einen Amtskollegen, zu verstehen. Der Brief reflektiert auf eindrucksvolle Weise die Verherrlichung der Rhetorik im Schriftverkehr. So bedankt sich der Schreiber für den eloquenten Brief, den er erhalten hat,

---
37 Übersetzung gemäß R. Scholl/M. Homann, „Antike Briefkultur", 97–98.
38 Zum spätantiken Papyrusbrief siehe zuletzt grundlegend die Studie von J.-L. Fournet, „Esquisse", und A. Papathomas, „Privat- und Geschäftsbriefe".
39 Diese Höflichkeits- und Servilitätsformeln sollten jedoch nicht mehr unter den Begriffen „Servilität" und „Unterwürfigkeit" subsumiert werden (siehe H. Zilliacus, *Selbstgefühl und Servilität*), sondern gemäß aktuelleren Untersuchungen besonders vor dem Hintergrund der christlichen Ideologie und Werte (vgl. Mt 20,26–28; Mk 10,44–45) sowie im Kontext einer bereits langen praktizierten städtischen Höflichkeit verstanden werden. Dazu im besonderen A. Papathomas, „Höflichkeit und Servilität", und ders., „Privat- und Geschäftsbriefe".

der einem Geschenk gleiche; gleichzeitig aber beteuert er, aufgrund seiner Unkenntnis der rhetorischen Gesetze selbst nicht in der Lage zu sein, seinem Korrespondenten ein gleichwertiges Geschenk *in natura*, also in Form einer brieflichen Antwort, zurückzugeben. An diesen Gedanken fügt der Briefschreiber sogleich ein passendes Homer-Zitat an, um sein angebliches Unvermögen nochmals zu unterstreichen. Der Inhalt des Briefes gleicht insofern einem Sprachspiel, das vor allem dem Austausch schöner Phrasen dient:

> Als ich den verehrten Brief Deiner innigen Freundschaft erhielt, war ich nicht wenig erfreut über die darin enthaltene rhetorische Kunstfertigkeit, gegen die ich wegen meiner Unkenntnis der Gesetze (sc. der Rhetorik) nicht einmal eine Antwort zu geben vermag, wie es der alte Dichter sagte, ‚hätte ich zehn Zungen und hätte ich zehn Münder' (Il. II 489). Aber da ich weiß und überzeugt bin, dass die Freundschaft, die uns verbindet, sich nicht in Buchstaben und Worten erschöpft, sondern dass sie darauf beruht, dass Ihr meine Gedanken kennt, auch wenn ich sie zur Zeit nicht aussprechen kann, fühle ich keine Angst in dieser Sache. So möge Deine Freundschaft von mir gebeten – und nun auch angefleht – werden, mir immer wieder Nachrichten von Dir zu senden, mir, die ich die Erinnerung an Deine Person vor Augen habe, die mir eingeprägt ist, und die ich darum bitte, dass ich jeden Tag in den Genuss Deiner wohlwollenden Anhörung kommen möge, die allen offensteht.
> Alles Gute, Herr.[40]

Unter dem Einfluss der Rhetorik erfuhr der Brief also einen Wandel in seiner Komposition. Was seine frühere Form ausmachte – stereotype Formeln (etwa auch die *formula valetudinis* bzw. Gesundheitsformel) und inhaltliche Darlegung – wich zunehmend einer ausladenden Einleitung, die die *philia*, die *philanthropia* und die Rolle des Briefes in der Beziehung der Korrespondenten thematisiert.[41] Ein drastisches Beispiel für diese Entwicklung bietet der christliche Empfehlungsbrief, den Paulos an Sarapion richtet (P.Oxy. XXXI 2603 [Oxyrhynchos, 3./4. Jh. n. Chr.]). Das Prooemium nimmt fast zwei Drittel des Textes ein und bedient sich der rhetorischen Figur des Vergleichs (*synkrisis*). Der auf diese Weise gestaltete Prolog zielt auf das Wohlwollen, die *benevolentia*, des Adressaten ab und ist präzise auf das faktische Anliegen des Briefes – die Aufnahme von Bekannten beim Adressaten – abgestimmt.

> An meinen Bruder Sarapion (?), Paulos (wünscht Dir) gutes Gelingen.
> Wer einen Spiegel oder einen ähnlichen Gegenstand in der Hand hat, in dem sich Gesichter spiegeln, braucht niemanden, der ihm sagt oder bezeugt, was auf seiner Oberfläche erscheint: welche Züge sein Gesicht hat, welche Farbe seine Haut hat, wie er aussieht. Denn er ist ein Zeuge für sich selbst geworden und kann davon sprechen, wie er aussieht, und er

---

40 Übersetzung orientiert an J.-L. Fournet, „Esquisse", 48.
41 Vgl. ebd.

> wartet nicht darauf, dass ihm jemand von seiner Schönheit und seinem prächtigen Aussehen erzählt oder es ihm zeigt, um es zu glauben. Denn er ist nicht wie andere, die in Unwissenheit sind und weit weg von dem Spiegel stehen, der zeigt, wie jeder aussieht. So ist es auch bei Dir, lieber Freund. Denn wie in einem Spiegel hast Du die angeborene Zuneigung, die ich zu Dir habe, und meine immer wieder erneuerte Liebe gesehen. Was unsere Bekannten betrifft, die Dir diesen Brief bringen, so brauche ich Dir nichts über sie zu sagen, da ich Deine Freundschaft und Zuneigung zu allen und besonders zu meinen Brüdern kenne. Nimm sie also wohlwollend als Freunde auf, denn sie sind keine Katechumenen, sondern gehören zu den Gruppen von Ision und Nikolaos, und was Du für sie tust, wirst du für mich getan haben. Alle Brüder hier lassen Dich grüßen.
> Ich wünsche Dir alles Gute.[42]

Diese Beeinflussung seitens der Rhetorik geht manchmal so weit, dass wir im spätantik-byzantinischen Ägypten die Vermehrung von inhaltlosen, „dekonkretisierten" Briefen sehen.[43] Es wird scheinbar kein konkretes Anliegen mehr verfolgt, womit der Brief seinen ursprünglichen Zweck verliert und vielmals nur noch eine mündlich überbrachte Botschaft begleitet. Diese Art von Rhetorik begegnet nicht nur im Zusammenhang mit stark hellenisierten Schichten der Gesellschaft, sondern wird auch von anderen Bildungsmilieus aufgegriffen. Die starke Verbreitung solcher rhetorischer Stilmittel, zu der es im Verlauf der Spätantike kam, demonstriert – trotz einiger phonetischer und morphologischer Fehler – auf eindringliche Weise auch der aus einem klösterlichen Kontext stammende Brief P.Fouad. 89 (Antaiopolis, 6. Jh. n. Chr.):

> Nachdem ich die Gelegenheit des Boten ergriffen habe, dachte ich, ich sollte schreiben, um mich niederzuwerfen und die gesegnete Spur der gesegneten Füße meines guten Herrn zu grüßen, wie auch alle höchst geliebten Brüder Gottes, die bei meinem guten Herrn wohnen, und ich bitte meinen Herrn, meiner demütigen Person in den allheiligen und wirksamen Gebeten meines guten Herrn zu gedenken, bis Gott auch mich für würdig erachtet, mich persönlich zu den Füßen meines guten Herrn niederzuwerfen. Denn ich höre nicht auf, Tag und Nacht zu Christus, unserem Herrn, zu beten für das Heil und die Erhaltung meines guten Herrn und aller, die meinen Herrn im Herrn lieben.[44]

Wie dieses Textbeispiel eindrucksvoll verdeutlicht, wurde das Vokabular der Briefe neben der Rhetorik auch zunehmend von der alt- und neutestamentlichen Literatur beeinflusst. Dieser Einfluss ist zum einen auf die immer größer werdende Bedeutung des christlichen Glaubens und zum anderen auf den Umstand zurückzuführen, dass ein großer Teil der uns erhalten gebliebenen Briefe – wie

---

42 Übersetzung orientiert an ebd., 50.
43 Vgl. ebd., 50 mit Anm. 92.
44 Übersetzung orientiert an ebd., 51–52.

etwa P.Fouad. 89 – aus kirchlichen oder klösterlichen Kreisen stammt. Neben Zitaten aus den biblischen Schriften und der klassischen griechischen Literatur – allen voran Homer[45] – findet sich in der Sprache der Briefe des 4. bis 6. Jahrhunderts n. Chr. auch der Einfluss der klassischen Poetik. Die Poetisierung der Schriftsprache konnte sich sogar in der extravaganten Form des Briefs in Versform niederschlagen, obwohl ein derartiges Zeugnis in den griechischen Papyri bislang nur ein einziges Mal belegt ist: Es handelt sich dabei um einen in Trimetern verfassten Brief an einen gewissen Theodoros oder Dorotheos, der auf Dioskoros von Aphrodito – einen dörflichen Amtsträger, der sich im 6. Jahrhundert n. Chr. privat als Poet betätigte – zurückgeht.[46]

In der Spätantike bleibt der Papyrusbrief zwar eine hybride Kategorie zwischen gesprochener und geschriebener Sprache, wandelt aber – aufgrund der angezeigten, seine inhaltliche Gestaltung betreffenden Entwicklung – seinen Charakter: aus einem rein dokumentarischen Textzeugnis wird ein Schriftstück mit literarischem Anklang. Der Bereich der privaten Epistolographie bot nun dem Individuum, das (anders als Dioskoros von Aphrodito) in der Regel wohl kein Literat war, die einzigartige Möglichkeit, seine Bildung und seine Belesenheit zu demonstrieren und seine sprachlichen Fertigkeiten an den Maßstäben der literarischen Epistolographie, klassischen Literatur und der Rhetorik zu messen. Die sprachliche und stilistische Komposition des spätantiken Papyrusbriefes wird somit zu einem Spiegelbild des ästhetischen Wandels, der sich auf der Ebene der (schriftlichen) Kommunikation im Zusammenhang mit kulturellen und intellektuellen Strömungen vollzog, denen die spätantike Gesellschaft ausgesetzt war. Vor diesem Hintergrund sagt ein Brief schließlich oft mehr als sein konkreter Inhalt.

Bibliographie

A. Arjava, „The Romanization of Family Law", in: *Law and Legal Practice in Egypt from Alexander the Great to the Arab Conquest. A Selection of Papyrological Sources in Translation, with Introductions and Commentary* (hg. v. J. G. Keenan/J. G. Manning/U. Yiftach-Firanko; Cambridge: Cambridge University Press, 2014), 175–191.

R. S. Bagnall/R. Cribiore, *Women's Letters from Ancient Egypt, 300 BC–AD 800* (Ann Arbor MI: University of Michigan Press, 2006 [Paperback-Ausgabe 2015]).

A. Benaissa, „Greek Language, Education, and Literary Culture", in: *The Oxford Handbook of Roman Egypt* (hg. v. Ch. Riggs; Oxford: Oxford University Press, 2012), 526–542.

---

45 Siehe oben P.Cair. III 67295 mit einer Stelle aus der *Ilias*: Il. II 489.
46 P.Aphrod.Lit. 38 (Antaiopolis, 565/66–573 n. Chr. [?]); siehe dazu J.-L. Fournet, „Esquisse", 56. Eine Edition des Textes findet sich in ders., *Hellénisme*, 441–442, Nr. 38.

A. Benaissa/S. Remijsen, „A Sound Body and Mind", in: *A Companion to Greco-Roman and Late Antique Egypt* (hg. v. K. Vandorpe; Chichester: Wiley Blackwell, 2019), 381–393.

R. Cribiore, *Writing, Teachers, and Students in Greco-Roman Egypt* (Atlanta GA: Scholars Press, 1996).

R. Cribiore, *Gymnastics of the Mind. Greek Education in Hellenistic and Roman Egypt* (Princeton: Princeton University Press, 2001).

R. Cribiore, „Education in the Papyri", in: *The Oxford Handbook of Papyrology* (hg. v. R. S. Bagnall; Oxford: Oxford University Press, 2009), 320–337.

W. Döllstädt, *Griechische Papyrusprivatbriefe in gebildeter Sprache aus den ersten vier Jahrhunderten nach Christus* (Diss. Universität Jena; Borna-Leipzig: Robert Noske, 1934).

J.-L. Fournet, *Hellénisme dans l'Égypte du VIème siècle. La bibliothèque et l'œuvre de Dioscore d'Aphrodité* (Mémoires publiés par les membres de l'Institut Français d'Archéologie Orientale 115/1-2; Le Caire: Institut Français d'Archéologie Orientale, 1999).

J.-L. Fournet, „Esquisse d'une anatomie de la lettre antique tardive d'après les papyrus", in: *Correspondances. Documents pour l'histoire de l'Antiquité tardive. Actes du colloque international, Université Charles-de-Gaulles, Lille 3, 20–22 novembre 2003* (hg. v. R. Delmaire/J. Desmulliez/P.-L. Gatier; Lyon: Maison del l'Orient et de la Méditerranée, 2009), 23–66.

J.-L. Fournet, „Homère et les papyrus non littéraires. Le poète dans le contexte de ses lecteurs", in: *I papiri omirice. Atti del convegno internazionale di studi, Firenze, 9–10 giugno 2011* (hg. v. G. Bastianini/A. Casanova; Studi e Testi di Papirologica N.S. 14; Florenz: Istituto Papirologico „G. Vitelli", 2012), 125–157.

B. Kelly, „Proving the *ius liberorum*. P.Oxy. XII 1467 Reconsidered", in: *Greek, Roman, and Byzantine Studies* 57 (2017), 105–135.

B. Olsson, *Papyrusbriefe aus der frühesten Römerzeit* (Diss. Uppsala: Almquist & Wiksells Boktryckeri-A.-B., 1925).

B. Palme, „Alltagsgeschichte und Papyrologie", in: *Alltägliches Altertum* (hg. v. E. Specht; Frankfurt a. M. u. a.: Peter Lang, 1998), 155–205.

B. Palme, „Papyrusbriefe und antike Briefkultur", in: *Stimmen aus dem Wüstensand. Briefkultur im griechisch-römischen Ägypten* (hg. v. C. Kreuzsaler/B. Palme/A. Zdiarsky; Nilus 17; Wien: Phoibos Verlag, 2010), 1–16.

B. Palme, „Schule und Unterricht in den Papyri", in: *Hieroglyphen und Alphabete. 2500 Jahre Unterricht im Alten Ägypten* (hg. v. B. Palme; Nilus 23; Wien: Phoibos Verlag, 2016), 19–28.

A. Papathomas, „Höflichkeit und Servilität in den griechischen Papyrusbriefen der ausgehenden Antike", in: *Akten des 23. Internationalen Papyrologenkongresses, Wien, 22.–28. Juli 2001* (hg. v. B. Palme; Papyrologica Vindobonensia 1; Wien: Verlag der Österreichischen Akademie der Wissenschaften, 2007), 497–512.

A. Papathomas, „Die griechischen Privat- und Geschäftsbriefe auf Papyrus aus der Spätantike und dem frühen Mittelalter (4.–8. Jh. n. Chr.)", in: *Stimmen aus dem Wüstensand. Briefkultur im griechisch-römischen Ägypten* (hg. v. Cl. Kreuzsaler/B. Palme/A. Zdiarsky; Nilus 17; Wien: Phoibos Verlag, 2010), 27–34.

J. Rea, „A Student's Letter to His Father. P.Oxy. XVIII 2190 Revised", in: *Zeitschrift für Papyrologie und Epigraphik* 99 (1993), 75–88.

J. Rowlandson (Hg.), *Women and Society in Greek and Roman Egypt. A Sourcebook* (Cambridge: Cambridge University Press, 1998).

A. Sarri, *Material Aspects of Letter Writing in the Graeco-Roman World, 500 BC–AD 300* (Schriftenreihe des SFB 933 Bd. 12; Berlin/Boston: De Gruyter, 2018).

M. Schentuleit, „Gender Issues. Women to the Fore", in: *A Companion to Greco-Roman and Late Antique Egypt* (hg. v. K. Vandorpe; Chichester: Wiley Blackwell, 2019), 347–360.

R. Scholl/M. Homann, „Antike Briefkultur unter Familienmitgliedern", in: *Papyrologie und Exegese* (hg. v. J. Herzer; Wissenschaftliche Untersuchungen zum Neuen Testament II/341; Tübingen: Mohr Siebeck 2012), 47–126.

J. D. Sosin u. a., *Checklist of Greek, Latin, Demotic and Coptic Papyri, Ostraca and Tablets* (https://papyri.info/docs/checklist).

S. Torallas Tovar/M. Vierros, „Languages, Scripts, Literature, and Bridges Between Cultures", in: *A Companion to Greco-Roman and Late Antique Egypt* (hg. v. K. Vandorpe; Chichester: Wiley Blackwell, 2019), 485–499.

A. Zdiarsky, „Mit zarter Hand? Briefe von Frauen aus Ägypten", in: *Stimmen aus dem Wüstensand. Briefkultur im griechisch-römischen Ägypten* (hg. v. C. Kreuzsaler/B. Palme/A. Zdiarsky; Nilus 17; Wien: Phoibos Verlag, 2010), 53–59.

H. Zilliacus, *Selbstgefühl und Servilität. Studien zum unregelmäßigen Numerusgebrauch im Griechischen* (Commentationes Humanarum Litterarum 18/3; Helsingfors: Societas Scientiarum Fennica, 1953).

Niko Strobach
Asynchrone Bildung?
Epikur als Verfasser von Briefen

1 Einleitung

Die Philosophiegeschichte bietet eine reiche Auswahl bedeutender Briefe: Abaelard und Heloise, Leibniz und Clarke, Russell und Frege; Petrarca, Locke, Montesquieu, Schiller, Heidegger und viele mehr. Auch wenn man sich für die Suche auf die Antike beschränkt, herrscht an Briefen kein Mangel – im Gegenteil. Man denke nur an Platon, Cicero, Seneca und Augustinus. Für den vorliegenden Beitrag ist die Wahl auf Epikur gefallen.

Für historisch forschende Philosophen kann die Briefform ein Augenöffner sein, wenn sie denn darauf achten. Philosophen sind vor allem an Inhalt interessiert; daran, was andere Philosophen zu sagen haben. Es ist gut, wenn die Beschäftigung mit der Philosophiegeschichte systematisch motiviert ist, wenn man sich fragt: Ist es plausibel? Und: Was kann man daran für eine plausible eigene Position lernen? Philosophiehistorische Forschung ist darin anders als andere historische Forschung. Man übergeht dabei aber leicht, *wie* ein philosophischer Autor das gesagt hat, was er gesagt hat, und in welcher Form. Man hört heute schnell: „Sicher, Platon hat Dialoge geschrieben, Aristoteles Vorlesungen; aber die einzig interessante Frage ist doch: Was vertreten sie?" Im vorliegenden Beitrag soll es anders sein, versuchsweise. Man könnte – und müsste eigentlich – mehr ins Detail gehen, wie immer.

Eine zeitliche Einordnung und gewisse Parameter für eine sachliche Einordnung mögen hilfreich sein. Der zentrale Eintrag auf der Zeitleiste ist: ungefähr zwischen 300 und 270 v. Chr. Ich möchte viel auf die Überlieferung eingehen, ja sogar auf materielle Textzeugen. Deshalb muss man sich die Zeitleiste auch noch markiert vorstellen im Frühherbst 79 n. Chr., dann irgendwann im 2. und im 3. Jahrhundert, und noch einmal im 12. Jahrhundert. Da es um mehrere Texte in Briefform gehen soll, lässt sich eine sachliche Einordnung nicht eindeutig vornehmen. Aber es wird im Hinblick auf jeden der Texte etwas zu den Fragen abfallen, ob er ein Alltagstext ist oder aber literarisch hoch geformt; an eine Einzelperson oder zur Publikation bzw.

Anmerkung: Mein Dank gilt Eve-Marie Becker und Michael Grünbart für die Einladung und allen Teilnehmenden an der Diskussion über Zoom nach dem Vortrag, insbesondere Matthias Haake (auch für weitere wertvolle Hinweise).

Niko Strobach, Münster

https://doi.org/10.1515/9783110742459-004

Zirkulation bestimmt; ob er fiktiv ist; ob er stark rezipiert wurde; und: inwiefern er etwas mit Bildung zu tun hat.

Das Wort „asynchron" wurde 2021 im Zusammenhang mit Lehrveranstaltungen plötzlich sehr prominent. Asynchron rezipiert zu werden, gehörte freilich schon immer zum Wesen des Briefs. Wer ihn liest, liest ihn später, als er geschrieben wurde; bestimmt darüber, wie schnell; wo – ob etwa laut in der Runde oder leise bei verschlossener Tür; wie oft; kann ihn nach längerer Zeit wieder hervorsuchen, ihn anderen geben.

Manche Texte in Briefform sollen bilden. Sie sind asynchrone Medien der Bildung – anders als das erlebte Gespräch oder der live gehörte Vortrag. Die bei weitem längsten Texte, als deren Verfasser Epikur überliefert wird, sind solche Texte in Briefform. Sie passen leicht in ein kleines Reclamheft. Durch sie hat Epikur durch Jahrtausende gewirkt. Das ist zum Teil Zufall.

Epikur hat *viel* geschrieben, auch lange Traktate, aber sehr viel ging verloren. Ist es *reiner* Zufall? Wohl nicht. Es fällt auf: Die Briefform passt sehr gut zu seinem Anliegen, dazu, wie er wirken wollte; in ihrer Kompaktheit, in ihrer Gerichtetheit. Das sieht man den überlieferten Texten an. Und das mag wiederum die Überlieferung gerade von Briefen begünstigt haben.

Der vorliegende Beitrag soll werben für einen Blick auf Epikur als einen der großen Briefeschreiber unter den Philosophen.[1] Immer wieder wird es um Bildungsabsicht gehen, und zwar um eine solche, die auf Persönlichkeitsbildung abzielt, nicht auf Bildung zu äußeren Zwecken.

Am Anfang steht eine Annäherung an Epikur und an die Überlieferung der Briefe, die die ausführlichsten von ihm erhaltenen Texte sind (2). Danach soll (3) für diese Texte skizziert werden, warum sie trotz ihres unterschiedlichen Charakters dieselbe Bildungsabsicht verfolgen. Ich möchte dann kurz auf Briefanreden eingehen (4), sodann auf Epikur als Kult-Philosoph und auf seinen Abschiedsbrief (5). Es soll kurz um Briefe als Ausdruck von Zügellosigkeit gehen (6). Und schließlich (7) sei im Hinblick auf ein Briefdokument die Frage aufgeworfen: Junge oder Mädchen?

2 Annäherung an Epikur

Wenn man – bei Wikipedia oder auch in einem traditionellen Lexikon – den Namen eines griechischsprachigen Philosophen irgendwann zwischen dem 6. und 1. vor-

---

[1] Zur Einführung: C. Rapp (Hg.), *Epikur*; M. Hossenfelder, *Epikur*. Quellen zu Epikur und den Epikureern mit eingehendem systematischen Kommentar bei A. Long/D. Sedley, *The Hellenistic Philosophers*.

christlichen Jahrhundert nachschlägt, so bekommt man oft (in christliche Jahre umgerechnet) verblüffend genaue Lebensdaten und Informationen über Verwandtschaft, Werdegang und andere biografische Details; als feststehende Sachinformation, ohne Quellenangabe. Woher weiß man das alles so genau? In der Regel wäre die ehrliche Antwort: Man kann das gar nicht genau wissen, aber es steht bei Diogenes Laërtios, in den *Leben und Meinungen berühmter Philosophen*, einer unschätzbaren Philosophiehistorie in zehn Büchern.[2] Meist widerspricht das, was dort steht, nicht anderen Informationen. Damit hat man immerhin eine antike, auf Altgriechisch verfasste biographische Quelle. Allerdings hat Diogenes Laërtios erst ungefähr im 3. nachchristlichen Jahrhundert gelebt, also ein halbes Jahrtausend und mehr nach vielen der Philosophen, die er so lebendig porträtiert hat.

In diesem Sinne: Epikur lebte von 341 bis 271 v. Chr. (vielleicht 340 bis 270; jedenfalls hatte er im Januar Geburtstag); zwei Generationen nach Platon, eine Generation nach Aristoteles, praktisch zeitgleich mit den ältesten Stoikern, die erste hellenistische Generation. Er kommt von der Insel Samos, geht zur Ausbildung nach Athen. In den Wirren nach dem Tode Alexanders des Großen verschlägt es ihn in das Städtchen Lampsakos an den Dardanellen, wohin er wohl auch später noch wenigstens einmal gereist ist. Ab ungefähr 306 ist sein hauptsächlicher Wirkungsort ein ummauertes Gartengrundstück vor den Stadtmauern Athens, wo er eine freundschaftlich verbundene philosophische Gemeinschaft etabliert, in der auch Frauen und Sklaven willkommen sind.

Wer überhaupt irgendwie mit westlicher Philosophie in Kontakt kommt, wird aufschnappen, dass Epikur einen bedeutenden Ansatz in der praktischen Philosophie formuliert hat: Er war Hedonist, wobei man das griechische Wort ἡδονή in der Regel ins Deutsche brauchbar mit „Lust" übersetzt, also irgendwie ein lustbetonter Philosoph. Nicht, dass die ἡδονή bei Platon oder Aristoteles keine Rolle gespielt hätte. Aber Epikur steht ihnen entgegen, indem die ἡδονή bei ihm eine *fundamentale* Rolle spielt. Sie ist Richtscheit aller Präferenz und allen Handelns.[3]

Von diesem Kerngedanken ist es assoziativ nicht weit zum Image Epikurs als Propagandist des exzessiven Genusses und der Schlemmerei. Dem hat schon Horaz Vorschub geleistet mit seiner Selbsteinschätzung als „Schwein aus der Herde Epikurs" (*Epicuri de grege porcus*).[4] Von diesem Kerngedanken ist es auch nicht weit zu Verrechnungsvorschriften wie der folgenden aus Lehrmaterial zum

---

2 Im Folgenden steht für Epikurs *Brief an Menoikeus* ep. ad Men., für den *Brief an Herodot* ep. ad Hdt. Eine Stelle aus einem dieser Briefe wird wie üblich nach dem Abschnitt in Diogenes Laërtios X angegeben, in dem sie überliefert ist. Das Kürzel *LSJ* bezieht sich auf das Wörterbuch von Liddell und Scott.
3 Epikur, ep. ad Men. 129: ὡς κανόνι; zum Wort κανών: *LSJ*, 875.
4 Horaz, ep. I 4,16.

modernen Utilitarismus (in der Philosophie *kein* Schimpfwort!): „The hedonic utility of an action is the total number of hedons of pleasure the act would cause minus the total number of dolors of pain the act would cause."[5] Angenommen, eine Studentin möchte wissen, was Epikur selbst vertreten hat. Was würde ich zum Lesen empfehlen? Zuerst den Brief an einen gewissen Menoikeus, fünf Seiten deutscher Text im sehr gut gelungenen zweisprachigen Reclamheft.[6] Bei aufmerksamer Lektüre weiß sie schnell: Epikur lehnte zügelloses Schlemmen ab, weil es Suchtpotential hat. Diogenes Laërtios bestätigt:

> Er selbst sagt in seinen Briefen (ἐν ταῖς ἐπιστολαῖς), er sei mit Wasser und einfachem Brote zufrieden. ‚Schicke mir', sagt er unter anderem, ‚kythnischen Käse, damit ich, wenn ich Lust dazu habe, einmal recht schwelgen kann (ὅταν βούλωμαι πολυτελεύσασθαι δύνωμαι).'[7]

Die Studentin wird Ähnlichkeiten mit dem Utilitarismus erkennen, aber sich als aufmerksame Leserin fragen: Wie passt die offiziell rein negative Definition der ἡδονή als Abwesenheit von Schmerz dazu?[8] Und vielleicht auch: Impliziert diese Definition tatsächlich als den einzig möglichen epikureischen Kommentar auf eine Einladung ins Restaurant Spitzner im Oer'schen Hof: „Warum nicht? Macht *auch* satt."

Was für ein Text steht da in der Reclam-Ausgabe auf der linken Seite? Der Menoikeus-Brief in der Ausgabe von Graziano Arrighetti (1960), zwar neuer, aber im Prinzip noch genauso aufgebaut wie die Textsammlung *Epicurea* von Hermann Usener (1887). Useners Sammlung ist aus zwei Gründen sehr verdienstvoll: (1) Usener führt alle Epikur-Texte, Fragmente und Referate aus antiken Texten zusammen – alles sorgfältig aus dem Kontext herauspräpariert. (2) Usener stützt sich auf die ältesten und besten Handschriften; nicht etwa auf gedruckte Bücher, in denen man den Menoikeus-Brief seit 1523[9] – durch mechanische Vervielfältigung verbreitet und gerettet – finden konnte.

Die beiden wichtigsten Handschriften, in denen der Menoikeus-Brief enthalten ist, sind aus dem 12. Jahrhundert, byzantinisch, eine heute in Neapel, eine in Florenz: *Codex Laurentianus* 69.13; das heißt: früher einmal an Lesepult Nr. 69 angekettet. Die Florentiner Handschrift kann man im Home-Office einsehen.

Der Faden der Überlieferung des Menoikeus-Briefs war nie sehr dünn. Das Gleiche gilt für den langen Lehrbrief Epikurs an einen gewissen Herodot und für den sogenannten Pythokles-Brief. Der Menoikeus-Brief ist in ziemlich vielen mit-

---
5 https://spot.colorado.edu/~heathwoo/Phil220/utilitarianism.html.
6 W. Krautz (Hg.), *Epikur*.
7 Diogenes Laërtios X 11; Übersetzung: Diogenes Laertius, *Leben und Meinungen*, 228.
8 Epikur, ep. ad Men. 131.
9 C. Bailey (Hg.), *Epicurus*, 12.

telalterlichen Handschriften überliefert, wenn auch in längst nicht so vielen wie Platon oder Aristoteles. Nur: Handschriften von was? Handschriften der *Leben und Meinungen berühmter Philosophen* von Diogenes Laërtios. Man darf sagen: Diogenes Laërtios war Epikur-Fan. Und so ist eine Epikur-Biographie der krönende Abschluss seines Werks: das ganze umfangreiche Buch 10.[10] Darin zitiert Diogenes Laërtios die Briefe an Herodot, Pythokles und Menoikeus einfach komplett. Er hat diese Texte eingekapselt.

3 Zwei Methoden, eine Absicht: Die Briefe an Herodot und Menoikeus

Die Lehrbriefe an Herodot und an Menoikeus haben dasselbe Ziel, nämlich dieselbe Bildungsabsicht. Aber man muss zweimal hinschauen, um das zu bemerken.

Den Brief an Herodot, ungefähr 20 Seiten lang, würde ich der Studentin nicht zum Einstieg empfehlen. Er ist ein Unterrichtsbrief, und zwar enthält er naturwissenschaftlichen Fernunterricht in Atomtheorie. Lukrez arbeitet sie im 1. Jahrhundert v. Chr. noch stärker aus. Sein Lehrgedicht *De rerum natura* ist ein origineller und beeindruckender Kommentar zu Epikurs Herodot-Brief. Wie zu erwarten, sind die Einzelheiten oft absurd. Aber man kann dafür plädieren, dass Epikur grundsätzlich im Vergleich mit dem heute erreichten Stand der Naturwissenschaft gar nicht so weit danebenlag. Selbst, dass es zuweilen absolut zufällige Ereignisse gibt,[11] war eine gute Idee. Der Geigerzähler zeigt welche an. Man weiß nicht, wer Herodot war. Der Brief an ihn enthält nichts Persönliches. Selten kommt die zweite Person singular vor, oft ein unpersönliches „Man muss annehmen" (δεῖ νομίζειν,[12] νομιστέον[13]). Jeder kann die Adressaten-Rolle spielen. Der Brief soll zirkulieren. Obwohl er kein persönlicher Text ist, ist er dennoch ein gerichteter Text, anders als ein langer naturwissenschaftlicher Fach- und Sachtext, und zwar genau aufgrund seiner populärwissenschaftlichen Zielsetzung:

> Für die, mein lieber Herodot, die nicht in der Lage sind, jede der von uns aufgezeichneten Einzelheiten über die Natur genau durchzuarbeiten …, habe ich eine Zusammenfassung … verfasst, um ihnen die grundlegendsten Lehren hinreichend ins Gedächtnis einzuprägen, damit

---

10 Im *Codex Laurentianus* 69.13: fol. 119^v–137^v.
11 Epikur, ep. ad Hdt. 43.
12 Ebd. 55.
13 Ebd. 53–54.

sie bei jeder Gelegenheit in der Lage sind, sich selbst in den wichtigsten Dingen zu helfen, soweit sie sich mit der Betrachtung der Natur befassen.[14]

Epikur betont freilich auch: Sogar für Fachwissenschaftler ist es wichtig, sich immer wieder in das Grundsätzliche einer Weltauffassung und ihr Grundvokabular einzuüben, um dann damit im Einzelnen zu arbeiten. Er lässt ein Bewusstsein von dem erkennen, was man seit Thomas Kuhn ein wissenschaftliches Paradigma nennt:

> [A]uch für den vollendeten Experten ist dies [= die wichtigsten Umrisse gut erfassen und sich einprägen] das Wichtigste für jede Vertiefung der Einzelheiten ....[15]

Aber das übergeordnete Ziel auch des Herodot-Briefes ist nicht der Transport von Bildungsgut im Sinne naturwissenschaftlicher Sachinformation, sondern: Beglückung, die Herausbildung einer angstfreien Persönlichkeit. Hab keine Angst, du bist den Göttern egal.[16] Hab keine Angst, die Atome deines Seelenwölkchens zerstieben, wenn du stirbst;[17] dann ist kein Spüren mehr *dein* Spüren. Es geht um die ἀταραξία,[18] die Unzerrissenheit, die Seelenruhe des Briefadressaten. Erreicht werden soll dessen γαληνισμός,[19] eine „heitere Gelassenheit" (Krautz). Der Schluss des Herodot-Briefs lautet:

> [A]lle, die nicht zu den vollendeten Forschern selbst gehören, können sich aufgrund von diesen Ausführungen auch ohne mündliche Unterweisung einen gedankenschnellen Überblick über die wichtigsten für die Seelenruhe erforderlichen Prinzipien verschaffen.[20]

Im Diogenes Laërtios-Text des *Codex Laurentianus* 69.13 ist der Herodot-Brief deutlich mit einer Art Anführungsstrichen zwischen den Kolumnen markiert (123ᵛ). Der Brief an Menoikeus beginnt hingegen unauffällig, mitten in einen abbrechenden Satz eines dort korrupten Textabschnitts hinein (134ᵛ, Zeile 9). Man muss viele Abkürzungen entschlüsseln, um eine halbe Spalte später (134ʳ/135ᵛ) die wohl berühmteste und pointierteste Sentenz des Textes lesen zu können:

> ὅταν μὲν ἡμεῖς ὦμεν, ὁ θάνατος οὐ πάρεστιν,
> ὅταν δὲ ὁ θάνατος παρῇ, τόθ' ἡμεῖς οὐκ ἐσμέν.[21]

---

14 Ebd. 35; Übersetzung: C. Rapp (Hg.), *Epikur*.
15 Ebd. 36.
16 Ebd. 81.
17 Ebd. 65.
18 Ebd. 82.
19 Ebd. 83.
20 Ebd.
21 Ep. ad Men. 126.

Wenn wir sind, ist der Tod nicht da;
wenn aber der Tod da ist, dann sind wir nicht.

Im Menoikeus-Brief steht das Glück im Vordergrund. Auch wer Menoikeus war, weiß man nicht, und wieder kommt es nicht darauf an. Epikur beginnt den Brief damit, dass jeder, der glücklich sein will, sich die darin ausgedrückte Philosophie zur eigenen machen sollte. Der Übersetzer Hans-Wolfgang Krautz unterscheidet bei Epikur „offene Briefe" von der „Privatkorrespondenz" und ordnet den Herodot-Brief wie auch den Menoikeus-Brief den offenen Briefen zu.[22] Im Menoikeus-Brief ist die Ansprache, dem Thema angemessen, direkter als im Herodot-Brief: viel zweite Person Singular, viel Imperativ. Wenn du glücklich sein willst, mach es *so*. Obwohl es auch (kleine) Brieffragmente von Epikur an Personengruppen gibt, kann man sich für den Inhalt des Menoikeus-Briefs die zweite Person *Plural* schwerlich vorstellen. Dem widerspricht nicht, dass man diesen Inhalt mit einem Gleichgesinnten teilt, wie es Epikur am Ende des Menoikeus-Briefs dem Lesenden im Singular ausdrücklich empfiehlt.[23] Epikurs Ratschläge sind Ratschläge an jeweils Einzelne zum individuellen Glück, und so ist die gewählte grammatische Form kein Zufall.

Deshalb ist es angebracht, hinter die folgende, im Wesentlichen sehr treffend formulierte Beschreibung von Krautz ein kleines Fragezeichen zu setzen: „Der Brief an Menoikeus ist ein protreptisch-paränetischer Missionsbrief. Daraus erklärt sich die gegenüber dem Herodot-Brief auffällig werbende Emphase, mit der Epikur zahlreiche antithetische Merksätze einschärft und ... rhythmisch einprägsame Kola baut. Sein Formtypus ... hat formprägend bis zu den Missionsbriefen des Paulus und Senecas Lucilius-Briefen gewirkt."[24] Paulus scheint mir origineller. Epikur schreibt seinen Menoikeus-Brief selbst nüchtern, nicht begeistert. Er will ernüchtern und nicht begeistern. Vor allem aber: Er schreibt nicht an eine Gemeinde.

Zwischen Herodot- und Menoikeus-Brief steht bei Diogenes Laërtios der so genannte Brief an Pythokles. Das Thema schließt an das des Herodot-Briefs an: Himmelserscheinungen sollen naturwissenschaftlich erklärt werden, damit sie einem keine Angst vor den Göttern machen. Anders als beim Herodot- und beim Menoikeus-Brief beginnt der Text mit einer (minimalen) situativen Einordnung: Kleon hat mir geschrieben, dass du, lieber Pythokles, gerne im Anschluss an das, was ich an Herodot geschrieben habe, eine kurze Abhandlung über Himmelserscheinungen haben möchtest; sie wird hoffentlich auch noch für viele andere

---

22 W. Krautz (Hg.), *Epikur*, 134–135.
23 Epikur, ep. ad Men. 135.
24 W. Krautz (Hg.), *Epikur*, 134. Auch Bailey hebt mit Recht den „intentional rhythm" hervor: C. Bailey (Hg.), *Epicurus*, 327.

nützlich sein. Allerdings ist der dann folgende Text ziemlich wirr. Der Herausgeber Cyril Bailey vertritt die Ansicht, dass es sich dabei von Anfang an um eine Kompilation gehandelt hat.[25] Man muss hier damit rechnen, dass ausgerechnet das, was besonders authentisch wirkt, fingiert ist.

4 Innovative Anrede?

Diogenes Laërtios merkt etwas über Epikur als Briefeschreiber an, das aufhorchen lässt: Er sei in seinen Briefen von der üblichen Grußformel abgewichen. Der überlieferte Text macht es einem freilich schwer, das zu verstehen: Er lautet, Epikur habe Εὖ πράττειν und Σπουδαίως ζῆν statt Χαίρειν geschrieben.[26] Ziemlich lange haben sich Herausgeber nicht daran gestoßen. Grußformeln, wen kümmert's. Aber man sollte sich daran stoßen. Die Lehrbriefe Epikurs bei Diogenes Laërtios haben alle Χαίρειν als Grußformel, also die Grußformel, die er dem überlieferten Text zufolge gerade nicht verwendet hat. Eine solche Diskrepanz wäre Diogenes Laërtios aufgefallen. Außerdem lässt der Text der Handschriften nicht verstehen, was denn die Innovation sein soll. Auch schon alle unter dem Namens Platons überlieferten Briefe haben als Grußformel Εὖ πράττειν. Arrighetti hat eine (meiner Ansicht nach: gute) Idee von Marcello Gigante aufgegriffen.[27] Er konjiziert trotz übereinstimmender Handschriften ἐν ταῖς ἐπιστολαῖς ἀντὶ τοῦ Εὖ πράττειν Χαίρειν καὶ Σπουδαίως ζῆν: Epikur schrieb in seinen Briefen anstelle von Εὖ πράττειν gewöhnlich Χαίρειν oder Σπουδαίως ζῆν. Das ergibt viel Sinn. Denn – auch wenn Floskeln gar nicht so leicht zu übersetzen sind – Χαίρειν und Σπουδαίως ζῆν passen zur Philosophie und Bildungsabsicht Epikurs. Man merkt es, wenn man den von Arrighetti hergestellten Text, zugegebenermaßen etwas überzeichnet, so übersetzt:

> In den Briefen setzt er an die Stelle von ‚(Es möge Dir gelingen,) es gut zu treffen' (Εὖ πράττειν) die Worte ‚(Es möge dir gelingen,) Freude zu haben' (Χαίρειν) und ‚(Es möge dir gelingen,) ethisch klug zu leben' (Σπουδαίως ζῆν).

Folgt man Arrighetti, so kann man sagen: Epikur weicht philosophisch motiviert bewusst von einer Konvention des Briefeschreibens ab. Er führt eine Innovation ein, die vor dem Hintergrund der Konvention auffallen kann, dadurch die Kon-

---

25 C. Bailey (Hg.), ebd., 275.
26 Diogenes Laërtios X 14.
27 G. Arrighetti (Hg.), *Epicuro*, 11.

vention zum Thema werden lässt; und die zumindest das Potential hatte, unter seinen Anhängern zur neuen Konvention und zum Zeichen zu werden.

5 Ein Kult-Philosoph und seine Abschiedsworte

Selbst der vorsichtige Arrighetti akzeptiert einen Privatbrief als Brief, den Epikur an seine Mutter schrieb.[28] Auch dieser Brief ist nicht völlig ohne Bildungsabsicht. Sehr kurz gesagt, schreibt sein Autor seiner Mutter darin, sie müsse sich keine Sorgen machen, wenn er in beunruhigenden Träumen vorkomme, die seien naturwissenschaftlich erklärbar. Und: Er komme finanziell gut zurecht; sie brauche ihm wirklich kein Geld zu schicken, sondern solle sich doch lieber selbst etwas gönnen. Hinter der Quellenangabe „DO" in den Ausgaben verbirgt sich einer der wohl ungewöhnlichsten materiellen Textzeugen für einen antiken Brief: Der Text steht auf einem der Trümmer der Monumentalinschrift, die ein steinreicher Mann, ein gewisser Diogenes (aber höchstwahrscheinlich nicht der Biograph), in die Rückwand einer langgestreckten Stoa im kleinasiatischen Städtchen Oinoanda meißeln ließ – zur Erbauung seiner Mitbürger; auch hier darf man sagen: zu Bildungszwecken.

Epikur wusste, dass er wirkte. Seine Verehrer sollen ihn mit dem Ehrentitel σωτήρ bedacht haben:[29] Retter, Erlöser. In seinem bei Diogenes Laërtios überlieferten Testament stellt er Mittel zur Verfügung, die zur jährlichen Feier seines Geburtstags bestimmt sind und zu einem gemeinsamen Mahl zu seinem Gedächtnis (εἰς τὴν ἡμῶν ... μνήμην) am 20. jedes Monats.[30] Nach Auskunft des Diogenes Laërtios hat Epikur am letzten Tag seines Lebens einen Brief an einen gewissen Idomeneus geschrieben. Ist das ein *privater* Brief? Kann es einer sein?

> Den glückseligen Tag feiernd und zugleich als letzten meines Lebens vollendend schreibe ich euch dies: Ihn begleiten Blasen- und Darmkoliken, die keine Steigerung der ihnen innewohnenden Heftigkeit zulassen. Doch all dem widersetzt sich (ἀντιπαρετάττετο) die Freude meines Herzens (τὸ κατὰ ψυχὴν χαῖρον) über die Erinnerung an die von uns abgeschlossenen Erörterungen (τῶν γεγονότων ἡμῖν διαλογισμῶν μνήμη). Du aber erweise dich würdig deiner von Jugend an vorhandenen Zuneigung zu mir und [zur] Philosophie und sorge für die Kinder des Metrodoros![31]

---

28 Ebd., 437: frg. 72. Auch Margherita Erbì hält den Brief für echt, siehe M. Erbì (Hg.), *Epicuro*, 74–75. 160–163. Freilich ist die Zuschreibung umstritten. Für ausführliche Literaturangaben zur Diskussion siehe ebd., 160–161, Anm. 6.
29 W. Krautz (Hg.), *Epikur*, 169.
30 Diogenes Laërtios X 18.
31 Ebd. X 22 (Usener Nr. 138); Übersetzung: W. Krautz (Hg.), *Epikur*.

Jedenfalls scheint mir auch dieser Brief philosophisch relevant. Wenn die Freude der Erinnerung den Schmerzen so gegenübersteht, dass Epikur seinen letzten Tag als glücklich (μακαρίαν) einschätzen kann, dann kann es sich jedenfalls bei der Freude nicht um Abwesenheit von Schmerz handeln. Muss man sie deshalb von der ἡδονή unterscheiden? Oder ist die ἡδονή doch ein Positivum? Steht hier im Prinzip: Sogar heute mehr *hedons* als *dolors*?

6 Briefe als Ausdruck von Zügellosigkeit?

Der alphabetische Zufall will es so: In der Werkausgabe von Arrighetti[32] auf S. 427 steht nicht nur der Beginn des Abschiedsbriefs (Nr. 52), sondern auch ein kurzer Brief an eine gewisse Themista (Nr. 51) – eine verheiratete Frau, wie uns Diogenes Laërtios informiert (τὴν Λεοντέως γυναῖκα).[33] Und auf S. 437 steht nicht nur der Beginn des Briefes an die Mutter (Nr. 72), sondern auch ein Brief an eine gewisse Leontion (Nr. 71), ebenfalls bei Diogenes Laërtios überliefert. Der Kontext bei Diogenes macht klar, dass die Texte skandalös wirken sollen. Das „liebe Leontinchen" (φίλον Λεοντάριον) zum Beispiel wird per Brief informiert, mit welch „turbulentem Beifall" (κροτοθορύβου)[34] *ihr* letztes Brieflein (ἐπιστόλιον) den Leser beim Lesen erfüllt habe. Diogenes will diese Texte als Ausdruck von Zügellosigkeit gelesen wissen, nämlich als Ausdruck von Sexsucht. Das passt nun freilich schlecht zum Epikur des Menoikeus-Briefs.[35]

Hat Epikur obendrein tatsächlich in einem Brief geschrieben, man solle alle παιδεία – Bildung? – fliehen? Das steht im selben Abschnitt.[36] Diese strukturelle Beobachtung macht zwar inhaltliche Überlegungen, was παιδεία für Epikur bedeutet haben mag, nicht überflüssig. Es mag sein, dass er sich, bewusst provozierend, mit einer Absage an die παιδεία nur von einem gewissen traditionellen Kanon absetzen wollte, dessen Inhalte er für unbeachtlich, weil nicht glücksfördernd, hielt.[37] Aber die Beobachtung mag vielleicht dazu anregen, vor der Interpretation zu begründen, was der Status einer skandalträchtigen Äußerung gerade aus diesem Abschnitt von Buch X des Diogenes Laërtios ist.

---

32 G. Arrighetti (Hg.), *Epicuro*.
33 Diogenes Laërtios X 5.
34 Zum Wort siehe *LSJ*, 999.
35 Und auch schlecht zu rat. sent. 51 (bei C. Bailey [Hg.], *Epicurus*, 383, als Brieffragment eingestuft), wenn man es ganz liest.
36 Diogenes Laërtios X 6.
37 So etwa M. Erbì (Hg.), *Epicuro*, 5–6; C. Bailey (Hg.), *Epicurus*, 405.

Was ist hier los? Im Hinblick auf die skandalösen Billette scheint es mir, unabhängig von der Frage nach der παιδεία, angebracht, festzustellen: Auf den Abschnitt kommt es an. Eine Fragmentsammlung, die das reine Material bietet, gibt dazu keine Auskunft. Man muss in den Kontext der Überlieferung schauen. Dort sieht man, dass Diogenes Laërtios eine Erzählstrategie verfolgt: zuerst drastisch die üble Nachrede dokumentieren, die das Bild Epikurs verzerrt (X 3–8); dann richtigstellen (X 9): „Diese Leute sind schlicht verrückt" (Μεμήνασι δ' οὗτοι). Die zügellosen Briefe gehören für Diogenes Laërtios in die Kategorie „üble Nachrede", zusammen mit den zwar von ihm überlieferten, aber klarerweise von ihm nicht geglaubten Behauptungen, Epikur habe Unsummen für Delikatessen ausgegeben (X 7) und sich regelmäßig zweimal am Tag vom zuviel Gegessenen (ἀπὸ τρυφῆς) übergeben (X 6). Auch in der Antike hat man demnach mit einer besonderen Sorte fiktiver Briefe gerechnet, nämlich mit böswilligen Fälschungen.

7 Junge oder Mädchen?

Zum Abschluss soll ein pädagogischer Brief zur Sprache kommen.
Golf von Neapel. Spätsommer 79 n. Chr. Niemand hat den Ausbruch des Vesuvs erwartet. Während Pompeji im Ascheregen versinkt, wird das Städtchen Herculaneum unter einer Art Lava-Matsch begraben, der abkühlend versteint und für Luftabschluss sorgt. Die Hitze hat organisches Material zwar oberflächlich verkohlt, aber auch konserviert. Ich finde Ercolano noch beeindruckender als Pompeji, weil mehrstöckige Gebäude mit möblierten Innenräumen erhalten sind. 1752 treiben Ausgräber einen Stollen in die Steinschicht um eines der Gebäude und stehen in einem kleinen Raum mit Holzregalen, auf denen 1800 schwarze zylindrische Gegenstände liegen. Sie stellen sich bald als Schriftrollen heraus. Man kann genug davon aufrollen, um zu verstehen: Das war die wissenschaftliche Bibliothek des epikureischen Philosophen Philodem, den es im 1. Jahrhundert v. Chr. aus seinem Geburtsort Gadara am See Genezareth irgendwie nach Herculaneum verschlagen haben muss. Man ist mit dem Aufrollen leider nicht allzu weit gekommen. Die Hoffnungen richten sich heute auf Durchleuchtung und eine extrem leistungsfähige Software zur Texterkennung.
Ein Stück von dem, was man abrollen konnte, ein Teil von Papyrus Nr. 176, heute wohl in sehr schlechtem Zustand, wurde schon um 1800 zweimal abgezeichnet. Die in Oxford aufbewahrte Abzeichnung hat der Altphilologe Theodor Gomperz 1863 von seinem Mitarbeiter Joseph Cohen zweimal durchpausen lassen. 1867 hat er dann

den Papyrus selbst in Neapel eingesehen.[38] Man führt sich heute die Abzeichnungen (Apographen, *disegni*) schnell am eigenen Schreibtisch vor Augen. Wieder macht das Internet es möglich. Gomperz ist aufgefallen, dass dieses Fragment einen besonders interessanten Inhalt hat. Er hat dazu 1871 einen temperamentvoll geschriebenen kleinen Aufsatz veröffentlicht mit dem Titel „Ein Brief Epikurs an ein Kind". Ohne Fragezeichen. Gomperz geht interpretatorisch weit, meint, sogar recht genau sagen zu können, an wen er adressiert war. Er weist darauf hin, dass auf der Rolle, von dem das Fragment stammt, auch sonst Epikur-Briefwechsel enthalten ist, argumentiert aber vor allem inhaltlich: Es liegt nahe, dass gerade ein Brief, der so gut zum überlieferten Charakter Epikurs passt, als erhaltenswert empfunden wurde.[39] Der Herausgeber Graziano Arrighetti hält hingegen die Autorschaft Epikurs für so wenig gesichert, dass er den Text in einen Anhang seiner Werkausgabe verbannt, führt dort aber auch eine beeindruckende Anzahl von Experten auf, die ihn für eine antike Abschrift eines Briefs von Epikur gehalten haben.[40]

„Sei schön brav!", heißt es da im Prinzip. Auch hier geht es um Persönlichkeitsbildung. Dies ist das Fragment in der Lesart des Herausgebers Achille Vogliano,[41] im Wesentlichen so schon von Gomperz entziffert:

> ἀ] | φείγμεθα εἰς Λάμψακον ὑ-
> γιαίνον(τε)ς ἐγὼ καὶ Πυθο-
> κλῆς κα[ὶ Ἑρ]μαρχος καὶ Κτή-
> σιππος καὶ ἐκεῖ κατειλήφα-
> μεν ὑγ[ι]αίνοντας Θεμίσ-
> ταν καὶ τοὺς λοιποὺς φίλο[υ]ς·
> εὖ δὲ ποιεῖς καὶ εἰ σὺ ὑγι-
> αίνεις καὶ ἡ μ[ά]μμη [σ]ου
> καὶ πάπαι καὶ Μάτρω[ν]ι πάν-
> τα πείθη [ὥσπ]ερ καὶ ἔμ-
> προσθεν· εὖ γὰρ ἴσθι [.]απια,
> ὅτι καὶ ἐγὼ καὶ ο[ἱ] λοιπ(ο)ὶ
> πάντες σε μέγα φιλοῦμεν
> ὅτι τούτοις πείθη πάντα.

Mit einer ganz kleinen Auslassung steht da:

> Wir sind in Lampsakos gesund angekommen; ich und Pythokles und Hermachos und Ktesippos. Und dort haben wir Themista und die übrigen Freunde gesund vorgefunden. Gut triffst du's, wenn auch du gesund bist und deine Mama; und wenn du Papa und Matron in allem

---

38 Th. Gomperz, „Ein Brief Epikurs", 388–389.
39 Ebd., 390.
40 G. Arrighetti (Hg.), *Epicuro*, 679. M. Erbì (Hg.), *Epicuro*, folgt Arrighetti.
41 A. Vogliano (Hg.), *Epicuri et Epicureorum scripta*, 49: frg. 5, col. XXIII (O, N).

gehorsam bist wie schon zuvor. Denn wisse genau ... ich und die übrigen, wir alle haben dich so lieb, weil du ihnen in allem gehorsam bist.⁴²

Gomperz kommentiert: „[D]ass der zärtliche Ton des Briefs, das Herabsteigen in die Sprache der Kinderstube, das Scherzen ..., dass dies Alles der überschwänglich gepriesenen Herzensgüte des Mannes vollkommen entspricht ..., wer wollte dies leugnen?"⁴³ Die Genannten gehören zum Kreis um Epikur.⁴⁴ „Matron" ist ein männlicher Name.

Wenige Buchstaben entscheiden darüber, ob sich noch mehr sagen lässt: ob es ein Brief an einen Jungen oder ein Mädchen ist; und vielleicht sogar, an wen namentlich. Hier gibt es drei Möglichkeiten.

Möglichkeit (1): Usener liest hinter dem, was Krautz mit „denn wisse genau" übersetzt, HAITIA, also ἡ αἰτία, „der Grund":⁴⁵ Der Grund, warum ich und die anderen dich lieb haben, ist, dass du brav bist. Daraus sieht man nicht, ob Junge oder Mädchen, und entsprechend ist die Überschrift des Fragments bei Arrighetti: „lettera a uno fanciullo o a una fanciulla".⁴⁶ Gomperz liest N statt H und Π statt TI. So kommt er auf NAPIA. Ich finde: Es sieht alles nach Gomperz' Lesart aus. Aber zugegeben: Ganz so deutlich, wie Gomperz' Mitarbeiter es durchgepaust hat, ist die Vorlage nicht. Leicht ist der Wunsch der Vater des Gedanken (auch der Wunsch des Chefs). Vogliano merkt an: „prima littera erat fortasse N."⁴⁷ Vielleicht.

ΙCΘΙ|ΝΑΠΙΑ   Cohen (Gomperz) 1863 (1)

ΙCΘΙ|ΝΑΠΙΑ   Cohen (Gomperz) 1863 (2)

Gomperz' Lesart kann zweierlei bedeuten. In beiden Fällen ist das Ergebnis: Mädchen, nicht Junge.

Möglichkeit (2a): Die Adressatin trägt den Namen „Napia". So versteht es Wolfgang Krautz.⁴⁸ Freilich kommt in der einschlägigen Datenbank *Lexicon of Greek Personal Names* dieser Name nicht vor. Ἀπία kommt vor, aber es ist nicht

---

42 Übersetzung: W. Krautz (Hg.), *Epikur*, 61.
43 Th. Gomperz, „Ein Brief Epikurs", 390.
44 Ebd., 389.
45 H. Usener (Hg.), *Epicurea*, 154, Nr. 176 (32).
46 G. Arrighetti (Hg.), *Epicuro*, 679; ähnlich E. Bignone (Hg.), *Epicuro*, 175.
47 A. Vogliano (Hg.), *Epicuri et Epicureorum scripta*, 49.
48 W. Krautz (Hg.), *Epikur*, 61.

zu sehen, welcher Buchstabe anstelle des von Gomperz gelesenen N davor sinnvoll wäre.

Möglichkeit (2b) ist etwas komplizierter: Gomperz erwägt die Übersetzung „Närrchen",[49] kleine Närrin. Der Haken ist, dass im Athener Standard-Dialekt, in dem Epikur schreibt, dann νήπια stehen müsste, eine weibliche Form eines ziemlich üblichen Wortes für ein noch recht kleines Kind: νήπιος.[50] Für das Alpha anstelle des Eta erwägt Gomperz dorischen Dialekt, der hier für einen besonders vertraulichen Tonfall sorgen könnte.[51] Der Fall wäre demnach ungefähr so, wie wenn der Onkel aus Berlin seine Nichte in Bayern in einem ansonsten hochdeutschen Brief als die „Kloane" anredet.

Ich tendiere zur einfachen Variante (2a): Eigenname. Wie auch immer sie hieß – es fasst einiges über das Medium Brief zusammen, wenn man sich vorstellt, wie sie stolz zu ihren Eltern lief: „Mama, Papa, schaut doch mal. Ich habe einen Brief bekommen. Epikur hat mir einen Brief geschrieben."

Bibliographie

Ausgaben von Schriften Epikurs

Epicurea (hg. v. H. Usener; Leipzig: Teubner, 1887).
Epicuro, Opere, Frammenti, Testimonianze sulla sua Vita (hg. v. E. Bignone; Bari: Laterza & Figli, 1920).
Epicurus, The Extant Remains (hg. v. C. Bailey; Oxford: Clarendon Press, 1926).
Epicuri et Epicureorum scripta in Herculanensibus papyris servata (hg. v. A. Vogliano; Berlin: Weidmann, 1928).
Epicuro, Opere (hg. v. G. Arrighetti; Turin: Einaudi, ²1973).
Epikur, Briefe, Sprüche, Werkfragmente (übers. v. W. Krautz; Stuttgart: Reclam, 1997).
Epikur, Ausgewählte Schriften (übers. v. C. Rapp; Stuttgart: Kröner, 2010).
Epicuro, Lettere, frammenti e testimonianze (hg. v. M. Erbì; Pisa/Rom: Fabrizio Serra, 2020).

Weitere Literatur

Diogenes Laertius, Leben und Meinungen berühmter Philosophen (hg. v. K. Reich; übers. v. O. Apelt/ H. G. Zekl; Hamburg: Meiner, ²1998).
Diogenes Laertius, Lives of Eminent Philosophers (2 Bde.; übers. v. R. D. Hicks; Cambridge/MA: Harvard University Press, 1925 [⁶1972]).

---

49 Th. Gomperz, „Ein Brief Epikurs", 390.
50 *LSJ*, 1174.
51 Th. Gomperz, „Ein Brief Epikurs", 389.

Th. Gomperz, „Ein Brief Epikurs an ein Kind", in: *Hermes* 5 (1871), 386–395.
M. Hossenfelder, *Epikur* (München: C. H. Beck, 1991 [²1998]).
H. G. Liddell/R. Scott, *A Greek-English Lexicon* [= LSJ] (Oxford: Oxford University Press, ⁹1996).
A. Long/D. Sedley, *The Hellenistic Philosophers* (Cambridge: Cambridge University Press, 1987).

Elektronische Ressourcen

Biblioteca Medicea Laurenziana, Florenz. Von der Seite http://mss.bmlonline.it kommt man mit der Autorensuche für „Diogenes Laertius" zu Manuskript Plut. 69.13, von dem alle Seiten als Grafikdateien zur Verfügung stehen. Buch 10 erstreckt sich von 119^v bis 137^v.[52]

Biblioteca Nazionale di Napoli. Biblioteca Digitale. Unter https://dl.bnnonline.it/handle/20.500.12113/4697 findet sich die Abzeichnung des Teils von Papyrus Herculanensis 176 mit dem Brief an ein Kind von Gennaro Casanova (1806) als Grafikdatei Nr. 56.

University of Oxford, Faculty of Classics: https://portal.sds.ox.ac.uk/articles/online_resource/MS_Gr_class_c_1_172/23988675. Auf dieser Seite gelangt man über P.Herc. – papyrus nos. – volume 176 – P.Herc. 176 col. 23 zu einer Abzeichnung desselben Papyrus-Fragments von Giuseppe Casanova (1802).

University of Oxford, Faculty of Classics. Unter https://www.lgpn.ox.ac.uk/ findet sich die Datenbank *Lexicon of Greek Personal Names*.

Informationen zum Stand der Erforschung der Papyri aus Herculaneum findet man auf der Website von Kilian Fleischer: https://www.klassphil.uni-wuerzburg.de/team/dr-kilian-fleischer/

Die Epikur-Ausgaben von Usener und Bignone sind auf archive.org vorhanden.

Der Aufsatz von Gomperz mit zwei weiteren Abzeichnungen des Papyrus mit dem Brief an ein Kind steht über JSTOR zur Verfügung.

---

52 Man findet dort auch das Manuskript Plut. 69.35, das dort ebenfalls ins 12. Jahrhundert datiert wird. Es ist zwar viel besser lesbar, wird aber im Hinblick auf seine Textqualität von den Herausgebern weniger geschätzt.

Christine Schmitz
Poetische Briefe an gebildete Leser

1 Einleitung

Der poetische Brief macht sich die Brieflichkeit ebenso zunutze wie das Potential eines Gedichtes. Literarische und insbesondere poetische Briefe sind Texte, die von vornherein zur Veröffentlichung bestimmt waren, zumindest aber auf einen größeren, auch zukünftigen Leserkreis zielen. Die Präposition „an" im Titel „Poetische Briefe an gebildete Leser" könnte also auch um „für" ergänzt werden, um aus rezeptionsästhetischer Sicht den Unterschied zwischen den persönlich adressierten Briefpartnern und einem erweiterten Lesepublikum zu markieren. Oft nehmen die primären Adressaten in literarischen Briefen genauso wie in Dedikationsgedichten lediglich die Rolle von Widmungsempfängern ein;[1] bisweilen handelt es sich, wie im Fall des Lucilius, an den Seneca seine *Epistulae morales* adressiert, auch um repräsentative Empfänger.[2]

In der Versepistel wird die gebundene Form des Gedichtes mit der urbanen, lockeren Briefform kombiniert. Als charakteristisch für einen Brief erweist sich

---

[1] So eröffnet Horaz nicht nur das erste Epistelbuch mit einer prominenten Anrede an Maecenas (ep. I 1,3), sondern dem einflussreichen Förderer der Literatur der augusteischen Epoche sind auch andere Werke gewidmet, nämlich das erste Satirenbuch (sat. I 1,1), das Epodenbuch (epod. 1,4) und die ersten drei Odenbücher (carm. I 1,1); daneben sind noch einzelne Gedichte an ihn adressiert. Zur Widmungskonvention in diesen vier Eingangsgedichten zu den horazischen Sammelwerken siehe H. Wulfram, *Versepistelbuch*, 57–63.
[2] Der als Adressat literarisch konstruierte Lucilius fungiert als ein auf dem Weg zur richtigen Lebensführung fortschreitender (*proficiens*) Ansprechpartner, der aber auch individuelle Züge aufweisen kann. Zur epistolaren Selbstmodellierung auch des Verfassers in Senecas Briefcorpus als Identifikationsangebot an die Leser vgl. A. A. Long, *From Epicurus to Epictetus*, 370: „In existential terms the Senecan occurrent self could be anyone's middle-aged or elderly self, or at least the self of any mature person committed to the project of progressive and shared self-improvement. Similarly, the more shadowy self of Lucilius. Yet what gives these selves their universal interest is, in fact, their accessibility and temporality. We, as third parties to the conversation, can identify with Seneca and Lucilius because their specific experience as the particular day's readers, travellers, tourists, and so forth are place-fillers for any one of us." Darüber hinaus erhebt der Briefautor Seneca den Anspruch, mit seinem Werk Raum und Zeit zu transzendieren, da er auch spätere Leser im Blick habe, vgl. Seneca, ep. 8,2: *posterorum negotium ago. Illis aliqua quae possint prodesse conscribo* – „Ich betreibe das Geschäft der Nachwelt. Für sie schreibe ich manches auf, was ihr nutzen kann."

Christine Schmitz, Münster

https://doi.org/10.1515/9783110742459-005

vor allem die Hinwendung des Schreibers zum Adressaten in Form der direkten Du-Anrede. Inszenierungen eines Gedichtes als Gespräch unter Abwesenden, als Ausdruck der Freundschaft und/oder als Abbild der Persönlichkeit des Verfassers können darüber hinaus als epistolare Topoi[3] den Briefcharakter wesentlich konstituieren. Ein instruktives Zeugnis für die auch von einem Autor selbst vorgenommene Unterscheidung zwischen literarischen Versepisteln als Dichtung und prosaischen Gebrauchsbriefen als Kommunikationsmedium liegt in Ovids Exilpoesie vor. Im vierten Buch seiner *Epistulae ex Ponto* wird Cornelius Severus, ein Dichterkollege, mit direkter Namensnennung bedacht; an die Anrede *Severe* im Eingangsdistichon schließt der Dichter eine Rechtfertigung an, warum er den Freund erst jetzt einer namentlichen Erwähnung in einem Brief in Gedichtform würdige (Ovid, Pont. IV 2,3–8):

> *cuius adhuc nomen nostros tacuisse libellos,*
> *si modo permittis dicere vera, pudet.*
> 5 *orba tamen numeris cessavit epistula numquam*
> *ire per alternas officiosa vices.*
> *carmina sola tibi memorem testantia curam*
> *non data sunt; quid enim, quae facis ipse, darem?*

Dass meine (veröffentlichten) Verslein bis jetzt deinen Namen verschwiegen haben, erfüllt mich mit einem Gefühl der Scham, wenn du mir nur gestattest, die Wahrheit zu sagen. Dennoch haben Briefe ohne Versmaß niemals aufgehört, geschäftig zwischen uns hin und her zu gehen. Allein Gedichte, die Zeugnis von meiner andauernden liebenden Sehnsucht nach dir ablegen, wurden dir noch nicht geschenkt; warum sollte ich dir auch etwas schenken, was du selbst hervorbringst?

Explizit kennzeichnet der exilierte Dichter hier seinen regen, prosaischen Briefwechsel (*epistula*), der auf privater Ebene stattfindet und unzugänglich für die Öffentlichkeit bleibt, als kategorial verschieden von seiner poetischen Produktion (*carmina*). Zugleich kommt in dieser Passage die Funktion poetischer Briefe als ein dem Alltag enthobenes literarisches Monument[4] deutlich zum Ausdruck, er-

---

3 Zur Entwicklung einer eigenen Brieftopik ist die Untersuchung von K. Thraede, *Brieftopik*, nach wie vor einschlägig.
4 Zutreffend hebt F. K. A. Martelli, *Ovid's Revisions*, 190 in ihrem Kapitel „Books of Letters: Revision and the Letter Collection in the *Epistulae ex Ponto*" (ebd. 188–229) hervor, dass Ovids Versepisteln von Anfang an für die Veröffentlichung bestimmt waren: „With a characteristic twitch of the veil, Ovid dispels the illusion that these verse epistles are authentic, private communiqués, whose publication is an incidental afterthought. Far from serving as an index of the privacy of communication, the fact that Ovid names his addressees marks these letters out as monuments to his friends ... And a literary monument, of the kind that Ovid promises to Severus in this poem, cannot fulfil its purpose in a private context."

langen die in einer Versepistel erwähnten Adressaten doch durch die verewigende Kraft der Dichtung Unsterblichkeit.[5]

Während literarische Briefe in der Regel in Prosa abgefasst sind, also in der Form, die auch für Briefe des Alltags üblicherweise verwendet wurde, setzen sich Briefe in Versen schon allein durch ihre Form von prosaischen Alltagsbriefen ab.[6] Metrisch geformte Briefe schreiben sich in eine feste literarische Tradition ein und können die mit einer Gattung assoziierten Merkmale bei ihren Lesern evozieren. Ein Brief in Versform nutzt vor allem das mit der Wahl eines bestimmten Metrums verbundene generische Gedächtnis der Rezipienten, korrespondieren doch Versmaß und Inhalt in der Regel miteinander. So ist etwa das elegische Versmaß das geeignete Ausdrucksmittel für Klagen über einen erlittenen Verlust oder über eine unglückliche Liebe. Eine weitere Dimension des poetischen Briefes liegt in den Möglichkeiten intertextueller Anspielungen. Vor allem Zitate, die in ihrer ursprünglichen metrischen Form unverändert in den neuen Kontext integriert werden können, üben eine starke Signalfunktion aus.

In der lateinischen Literatur sind ganz in Versen gehaltene Briefe und Briefsammlungen sehr verbreitet. Daneben gibt es etwa im Briefcorpus des jüngeren Plinius auch Prosabriefe, in die eigene Verse, nicht nur Dichterzitate eingestreut sind, wie z. B. Plinius, ep. VII 9,11.[7] In einem aufschlussreichen Zeugnis entfaltet ein spätantiker Briefautor seine Auffassung zu dieser Briefform: Briefe, in die Verse integriert sind, bilden offenbar, losgelöst von einer aktuellen brieflichen Kommunikation, literarische Gesamtkunstwerke, die sich als Geschenk für einen Briefpartner eignen. In diesem Sinne argumentiert jedenfalls Sidonius Apollinaris (ca. 430–485 n. Chr.), als er eine Bitte um Zusendung neuer Gedichte aus seiner Feder ablehnt: Da er das Verfertigen spielerischer Verse nach seiner Berufung ins Bischofsamt für unvereinbar mit der Würde seines geistlichen Amtes hält (die *levitas versuum* wird der *gravitas actionum* gegenübergestellt, ep. IX 12,1), will er, so schreibt er, einen Mittelweg einschlagen, indem er seinem Adressaten in Aussicht stellt, ihm Briefe, in die früher verfasste Gedichte eingelegt seien, zu senden

---

[5] Kontrastiv zum Versprechen, den Adressaten durch die Namensnennung in bleibende Erinnerung zu erheben, versagt der Dichter im sich unmittelbar anschließenden Brief einem ehemaligen Freund, der die Bekanntschaft mit ihm leugnet, ausdrücklich die namentliche Anrede (Ovid, Pont. IV 3,3–4): *nomine non utar, ne commendere querela, / quaeraturque tibi carmine fama meo* – „Deinen Namen werde ich nicht erwähnen, damit du nicht durch meine Klage empfohlen wirst, und damit du nicht durch mein Gedicht Berühmtheit erlangst."
[6] Damit soll nicht bestritten werden, dass natürlich auch in Versform abgefasste Briefe aller Art denkbar sind, die aber als Privatbriefe nicht zur Veröffentlichung bestimmt waren. Ausgehend von den Horaz-Episteln argumentiert auch H. Wulfram, *Versepistelbuch*, 110–121 gegen eine zu pauschale Dichotomie zwischen poetischen Briefen und Gebrauchsbriefen.
[7] Zu Plinius als Dichter siehe jetzt M. Neger, *Plinius*, 269–303, bes. ebd. 294–295 zu ep. VII 9.

(ep. IX 12,3): *litteras, si quae iacebunt versu refertae, scilicet ante praesentis officii necessitatem, mittam tibi* – „Ich will dir Briefe schicken, sollten welche im Archiv liegen, die reichlich mit Versen ausgestattet sind, natürlich mit solchen, die vor den Bedrängnissen meines gegenwärtigen Amtes verfasst wurden."[8] Die fünf letzten Briefe der Sammlung (ep. IX 12–16) bilden eine Einheit, und so bieten die sich an ep. IX 12 anschließenden Briefe denn auch Beispiele für Prosabriefe, die mit eigenen Gedichten angereichert sind.[9]

Aus der großen Fülle an Versepisteln seien einige wenige Beispiele aus drei verschiedenen Epochen ausgewählt, nämlich aus dem Ende der römischen Republik (Catull, ca. 85–54 v. Chr.), aus augusteischer Zeit (Horaz, 65–8 v. Chr.) und aus der Spätantike der Briefwechsel zwischen Ausonius (ca. 310–394 n. Chr.) und Paulinus (ca. 353–431 n. Chr.). Die hier herangezogenen Fallbeispiele, die ihrerseits bereits eine reiche Forschungsgeschichte aufweisen, wurden unter dem Aspekt ausgewählt, wie sich das Verhältnis von Brief und Bildung in diesen Texten gestaltet. Unter rhetorisch-literarischer Bildung verstehe ich im Kontext poetischer Briefe vor allem die umfassende Kenntnis literarischer Werke der griechischen und lateinischen Literatur. Zur Bildung gehört insbesondere intime Vertrautheit mit mythologischen und historischen Figuren und Stoffen und deren konkreten literarischen Realisationen, auf die durch Anspielungen oder Zitate verwiesen werden kann. Gebildet zu sein bedeutet also, an einem gemeinsamen Code zu partizipieren, der zum Verständnis von Literatur, vor allem von anspielungsreicher Dichtung, erforderlich ist.

Folgende Leitfragen sind bestimmend für die ausgewählten Fallbeispiele: Wie manifestiert sich jeweils literarische Bildung in den hier herangezogenen Briefen? Warum wurde die Briefform gewählt und warum ein metrisch gebundener Brief?

---

[8] Die naheliegende Vermutung, der Kompromiss in diesem selbstauferlegten Dilemma, einerseits keine neuen Gedichte verfassen zu können, andererseits der Forderung des Briefpartners nach Gedichten aber dennoch nachkommen zu wollen, bestehe darin, alte Gedichte in neue Briefe zu übernehmen, findet zumindest im Text keine Unterstützung, da *litteras* das Objekt zu *mittam* bildet. Anders interpretiert G. Kelly, „Sidonius", 188 die Stelle: „*Ep*. 9.12 to Oresius refuses a request for new poems on the basis of Sidonius' religious commitment (while admitting that he may include old poems in future letters)."
[9] Zur Architektur des neunten und letzten Buches der Briefsammlung des Sidonius und zur zunehmenden Frequenz von eingefügten Gedichten siehe S. Mratschek, „Letter Collection", 316.

2 Catull, *Carmen* 65, ein programmatischer Begleitbrief

Catulls *Carmen* 65 gehört zu den frühesten erhaltenen lateinischen Briefen in Versform.[10] Es handelt sich um einen Begleitbrief in elegischen Distichen zum nachfolgenden Gedicht. Der Dichter schreibt an Hortalus, der ihn um ein Gedicht gebeten hatte, dass er durch den großen Schmerz aufgrund des Todes seines Bruders nicht in der Lage sei zu dichten. Daher schicke er ihm nur eine Übersetzung eines Kallimachos-Gedichtes. Und in der Tat ist das nächste Gedicht (*Carmen* 66) eine Nachdichtung von Kallimachos' *Locke der Berenike*. Catulls Briefgedicht besteht aus einem einzigen Satz von über 20 Versen, in den eine längere Parenthese eingefügt ist, welche die Klage über den Tod des Bruders enthält.[11]

Catull, *Carmen* 65:

> *Etsi me assiduo confectum cura dolore*
>   *sevocat a doctis, Ortale, virginibus,*
> *nec potis est dulcis Musarum expromere fetus*
>   *mens animi, tantis fluctuat ipsa malis –*
> 5 *namque mei nuper Lethaeo gurgite fratris*
>   *pallidulum manans alluit unda pedem,*
> *Troia Rhoeteo quem subter litore tellus*
>   *ereptum nostris obterit ex oculis.*
>   <   >[12]
> 10 *numquam ego te, vita frater amabilior,*
>   *aspiciam posthac? at certe semper amabo,*
>   *semper maesta tua carmina morte canam,*
> *qualia sub densis ramorum concinit umbris*
>   *Daulias, absumpti fata gemens Ityli –*
> 15 *sed tamen in tantis maeroribus, Ortale, mitto*
>   *haec expressa tibi carmina Battiadae,*
> *ne tua dicta vagis nequiquam credita ventis*
>   *effluxisse meo forte putes animo.*

---

10 Bereits Lucilius (2. Jh. v. Chr.), der Begründer der römischen Verssatire, dessen Satiren sich durch verschiedene Ausdrucksformen auszeichneten, hatte vermutlich auch einige Versepisteln in sein nur noch fragmentarisch überliefertes, metrisch und thematisch vielgestaltiges Werk integriert, vgl. N. Rudd, *Horace. Epistles*, 11.
11 Den abschließenden ausführlichen Vergleich (carm. 65,19–24), dessen Verbindung mit dem vorangehenden Abschnitt und dem folgenden *Carmen* 66 kontrovers diskutiert wird, lasse ich hier aus. Zur Interpretation des Vergleichs siehe etwa T. Woodman, „Poem 65", 149–151.
12 Vers 9 ist in der älteren handschriftlichen Überlieferung ausgefallen.

> Auch wenn mich, der ich von andauerndem Schmerz erschöpft bin, Kummer von den gelehrten Jungfrauen, (H)ortalus, wegruft, und meine Geisteskraft nicht in der Lage ist, süße Musensprösslinge hervorzubringen, in so großen Leidensfluten treibt sie nämlich selbst, – [5] hat doch erst vor kurzem die in der strömenden Lethe fließende Woge den armen totenbleichen Fuß meines Bruders umspült, den die trojanische Erde unten am rhoetëischen Strand unseren Augen entrissen hat und nun bedeckt; [10] werde ich dich, mein Bruder, der mir lieber als mein Leben ist, künftig niemals wiedersehen? Doch gewiss werde ich dich immer lieben, immer werde ich voll Schmerz über deinen Tod traurige Lieder singen, gleich wie sie im dichten Schatten der Zweige die daulische Vogelmutter singt, beklagend den Tod des ihr genommenen Itylus – [15] schicke ich dir, (H)ortalus, aber dennoch trotz meiner so großen Trauer dieses Gedicht des Battos-Nachkommen (sc. Kallimachos), das ich für dich übersetzt habe, damit du nicht etwa glaubst, deine Worte, vergeblich den flüchtigen Winden anvertraut, seien meinem Geist entfallen.

Obwohl der Dichter behauptet, aufgrund seines Schmerzes keine eigenständige Dichtung verfertigen zu können, sendet er dem Freund nicht nur eine hochpoetische Nachdichtung, sondern gestaltet auch die Absage selbst in einem performativen Akt als formvollendetes Gedicht.[13] Das vorliegende Gedicht straft die Behauptung, er sei nicht in der Lage, „Musensprösslinge hervorzubringen" (*Musarum expromere fetus*, V. 3), sogleich Lügen.

Nach dem narrativen Teil, der vom Tod des Bruders handelt (V. 5–8), vergegenwärtigt der Dichter seine eigene Verfassung (V. 10–12). Hier verlässt er die Briefform, wenn er sich vom Adressaten Hortalus abwendet, um sich in einer Apostrophe direkt an den in der Fremde gestorbenen Bruder zu wenden. Die Formulierung *numquam ego te* ... (V. 10–11) erzeugt durch die Juxtaposition der für immer getrennten Brüder (*ego te*) Pathos, und das als Trost gegebene Versprechen ewigdauernder Liebe (*at certe semper amabo*, V. 11) und Klage (*semper maesta ... carmina ... canam*, V. 12) kann als eingelegtes Grabepigramm *en miniature* fungieren,[14] zumal das elegische Distichon ein für Grabinschriften typisches

---

13 Bemerkenswert ist die kunstvolle Gestaltung der Verse; allein in den ersten acht Versen finden sich in jedem Vers Hyperbata. Die erlesene Wortstellung des vorangehenden Attributs, das am Versende durch ein zugehöriges Substantiv ergänzt wird, lenkt die Aufmerksamkeit auf die so hervorgehobenen Begriffe, vgl. v. a. *assiduo ... dolore* (V. 1), *doctis ... virginibus* (V. 2), *dulcis ... fetus* (V. 3), *densis ... umbris* (V. 13), *absumpti ... Ityli* (V. 14) oder *vagis ... ventis* (V. 17). Besonders wirkungsvoll ist der symmetrisch angeordnete Vers 6, ein sogenannter *Versus aureus* (zum Terminus s. u. Anm. 39), in welchem das durch Alliteration verbundene Objekt *pallidulum ... pedem* versumspannend die betonten Stellen am Anfang und Ende des Verses einnimmt, wobei das zentrale Verb *alluit* in einem zweiten konzentrischen Kreis von *manans ... unda* umgeben wird. Zusätzlich verstärkt das Deminutiv *pallidulum* noch den emotionalen Ton.
14 Eine ähnliche Funktion schreibt T. Woodman, „Poem 65", 140–141 der Apostrophe zu: „Apostrophe ... is a standard feature of funerary literature; it is as if Catullus has included a lament or *conquestio* in a parenthesis which itself is included within a concessive clause."

Versmaß ist.[15] Verschränkt mit der Trauer um den toten Bruder ist das Liebesmotiv. Als Pendant zu *numquam* (V. 10) betont *semper* (V. 11), das im folgenden Vers (V. 12) wiederholt wird, die der Endgültigkeit entgegengesetzte Kontinuität. Wenn der Dichter ankündigt, nunmehr immer traurige Lieder zu singen (*semper maesta ... carmina ... canam*, V. 12), erfüllt diese Ankündigung zugleich eine metapoetische Funktion, eröffnet doch *Carmen* 65 programmatisch die Reihe der elegischen Gedichte, die bis zum letzten Gedicht des Corpus, *Carmen* 116, beibehalten werden.[16]

Dass er aufgrund seiner Trauer nur noch traurige Lieder singen werde, vergleicht der Dichter sinnbildlich mit dem klagenden Gesang der Nachtigall (V. 13–14): *qualia sub densis ramorum concinit umbris / Daulias*. Damit ruft er den Mythos auf, wonach Tereus seine Schwägerin geschändet und ihr die Zunge abgeschnitten hatte, damit sie die Vergewaltigung nicht ihrer Schwester Prokne erzählen könne. Philomela stickte das an ihr verübte Verbrechen jedoch in ein Gewand, das sie ihrer Schwester zukommen ließ. Diese tötete daraufhin aus Rache an ihrem Mann ihren Sohn Itylos (eine alternative Namensform zu Itys) und setzte ihn dem nichtsahnenden Vater zur Speise vor. Nach Aufdeckung des ungeheuerlichen Geschehens wurden alle drei Akteure in Vögel verwandelt: Tereus in einen Wiedehopf, Philomela in eine Schwalbe und Prokne in eine Nachtigall.[17] Der Dichter setzt also seine eigene klagevolle Dichtung mit dem Gesang der Nachtigall gleich, die als Symbol für Dichtung gilt.[18] Zugleich evoziert er eine andere Klagende, nämlich Penelope, die in der Nacht von Sorgen bedrängt wird (Homer, Od. XIX 518–523). Durch den Vergleich *qualia sub densis ramorum concinit umbris / Daulias, absumpti fata gemens Ityli* (V. 13–14) wird auf die homerische Penelope – ohne Namensnennung, aber für Leser, die diese deutlich markierte Anspielung verstehen, unverkennbar – verwiesen, wird doch Penelopes Vergleich mit der Nachtigall, die um ihren Sohn Itylos wehklagt, geradezu zitiert, vgl. v. a.: δενδρέων ἐν πετάλοισι καθεζομένη πυκινοῖσιν (Od. XIX 520, „mitten im dichten Laub der Bäume sitzend")

---

15 Horaz konstatiert in seiner *Ars poetica*, dass die Verbindung von Hexameter und Pentameter, das sogenannte elegische Distichon, das für Grabinschriften ursprünglich verwendete Metrum gewesen sei (ars poet. 75): *versibus impariter iunctis querimonia primum* (sc. *inclusa est*) – „In Paaren ungleich langer Verse wurde zuerst die Totenklage eingefasst."
16 Zum programmatischen Charakter von Catulls *Carmen* 65 siehe T. J. Nelson, „Avian Aesthetics".
17 Zu den verschiedenen Versionen und literarischen Bearbeitungen des Mythos vgl. D. Bischoff/J. Freytag, „Philomela und Prokne".
18 P. Monella, *Procne e Filomela*, verfolgt im fünften Kapitel seiner Monographie, wie die Nachtigall, in welche die mythische Figur Prokne, in einigen Versionen auch Philomela, am Ende der Erzählung verwandelt wird, zu einer Metapher für den elegischen Dichter wird. Wie Dichter über die Figuren des Schwans und der Nachtigall als Metaphern für trauernde Klagen auf den Ursprung der Elegie als Klagemodus anspielen, untersucht T. J. Nelson, „Avian Aesthetics".

und παῖδ' ὀλοφυρομένη Ἴτυλον φίλον (ebd. 522, „um den Sohn wehklagend, Itylos, den lieben").

Vor dem Hintergrund des durch die mythischen Figuren Prokne und Penelope repräsentierten Klagens vollzieht Catull die Wendung auf seine Dichtung. Als Trauernder kann er einzig klagende Dichtung, nämlich Elegien, produzieren. Poetologisch lässt auch Ovid in den *Heroides*, fiktiven Briefen verlassener oder unglücklich liebender Frauen an ihre Geliebten (ca. 15–5 v. Chr.), die Lyrikerin Sappho in einem Brief an ihren Geliebten Phaon die Wahl des Versmaßes begründen (Her. 15,7–8):

> *Flendus amor meus est; elegi[19] quoque flebile carmen;*
>   *non facit ad lacrimas barbitos ulla meas.*
>
> Beklagenswert ist meine Liebe; auch elegische Verse sind ein klagendes Lied;
>   zu meinen Tränen passt die Laute (d.h. das lyrische Lied) nicht.

Aus Trauer über sein Fernbleiben singe sie nicht wie sonst lyrische Lieder, sondern bediene sich des für sie ungewohnten elegischen Distichons. In ihrem Schmerz über den Verlust ihres Geliebten vergleicht sich auch Ovids Dichterin Sappho – in Anlehnung an Catull, *carm.* 65,13–14 – direkt mit der Nachtigall[20] (Her. 15,153–155):

> *Sola virum non ulta pie maestissima mater*
>   *concinit Ismarium Daulias ales Ityn.*
> *ales Ityn, Sappho desertos cantat amores.*
>
> Einzig die tieftraurige Mutter, die sich pietätlos an ihrem Gatten rächte,
>   besingt als daulischer Vogel den ismarischen Itys.
> Der Vogel singt von Itys, Sappho von treuloser Liebe.

Ein klagender Grundton galt als Charakteristikum der Elegie. Die Wahl des elegischen Distichons ist also für Catulls Briefgedicht aussagekräftig, ist doch das elegische Distichon das adäquate Versmaß zum Ausdruck der Klage. Dieses Versmaß, das mit Klagen über den Verlust oder den Tod einer geliebten Person und mit Liebesleid verbunden ist, passt auch zum folgenden Gedicht, Catulls Übersetzung von Kallimachos' *Locke der Berenike*. Hier beklagt die Locke der Berenike ihr Los, dass sie vom Haupt ihrer Herrin abgeschnitten wurde, und schildert ihrerseits das Liebesleid der Königin, die wiederum von ihrem Gatten getrennt wurde. Zum

---

[19] Zur abweichenden Lesart *elegia* und zur Konjektur *elegiae* (Palmer) siehe P. E. Knox, *Ovid, Heroides*, 281.
[20] Sappho präsentiert sich in ihrem Brief als unglücklich Liebende, die ihrer Klage unmittelbar elegischen Ausdruck verleiht, vgl. G. Rosati, „*Epistula Sapphus*", 214–216, bes. 216: „Sappho is doubly a nightingale, as a poetess and as, here, the author of an elegiac lament."

Hintergrund: Berenike, die jungvermählte ägyptische Königin, hatte aus Liebe zu ihrem Gatten für dessen glückliche Rückkehr aus dem Krieg eine Locke ihres Haars geweiht. Ptolemaios, ihr Gatte, kehrte unversehrt aus dem Krieg zurück. Die Locke verschwand und der Hofastronom entdeckte sie als Sternbild am Himmel wieder. Wie die Locke in einem langen Monolog klagt auch der Dichter in seinem Begleitbrief über die Trennung von einem geliebten Wesen. Das Motiv der Trauer und Klage verbindet diesen Brief also eng mit dem folgenden Gedicht.

Der briefliche Charakter von Catulls Begleitgedicht wird aus brieftypischen Elementen ersichtlich: Auch wenn eine formelle Begrüßung (wie *salutem dicit* o. ä.) und eine Schlussformel (wie *vale*) hier fehlen, tritt neben der zweifachen Anrede (*Hortale*) als brieftypisches Kennzeichen hervor, dass der Schreiber auf eine – vermutlich in einem Brief geäußerte – Bitte des Adressaten Bezug nimmt und ankündigt, ihm zusammen mit diesem Schreiben als Zeichen der Freundschaft wenigstens eine Übersetzung als Geschenk zu schicken. Bei diesem Brief handelt es sich freilich um mehr als nur einen Begleitbrief, der dem folgenden Gedicht vorangestellt ist. Der Dichter drückt vielmehr trotz seiner Behauptung, dass er vor Trauer keine Gedichte schreiben könne, höchst kunstvoll und anspielungsreich seine Trauer über den Tod des Bruders aus, wie das Nachtigall-Motiv im direkten Vergleich mit Prokne und im indirekten mit Penelope zeigt. Das Versprechen, dass er voll Schmerz über den Tod seines Bruders nunmehr immer traurige Lieder (*maesta ... carmina*) singen werde, löst Catull also nicht erst durch die folgenden Gedichte ein, sondern bereits mit dem vorliegenden Gedicht.[21]

3 Horaz: zwei ganze Bücher mit Versepisteln

Innerhalb der Werke des augusteischen Dichters Horaz befinden sich zwei Bücher mit Briefen im Versmaß des Hexameters, die an verschiedene Adressaten gerichtet sind.[22] Während es vorher nur vereinzelt Gedichte in Briefform innerhalb eines Gedichtbandes gab (wie etwa *Carmen* 65 im Catull-Corpus), liegt nun eine ganze Sammlung vor, die vom Dichter nach bestimmten Kompositionskrite-

---

21 Umgekehrt erfüllt sich die Ankündigung auch im performativen Akt des Lesens, vgl. T. Woodman, „Poem 65", 152: „Poem 65, like some of the poems of Pindar, fulfils its own promise; and with every reading we reactivate *maesta ... carmina* of the kind sung by the nightingale in the dense shade of the branches."
22 H. Wulfram, *Versepistelbuch*, untersucht das römische Versepistelbuch als eigenständige literarische Gattung, die durch Horaz und Ovid dynamisch entwickelt wurde.

rien angeordnet wurde. Das erste Buch mit 20 Briefgedichten unterschiedlicher Länge behandelt moralphilosophische Fragen über die rechte Lebensführung (*recte vivere*), das zweite, das aus drei längeren Episteln besteht, handelt von der angemessenen Schreibweise, ist also literaturtheoretischen Themen gewidmet.[23] Dass Horaz in seinem ersten Epistelbuch von vornherein eine kompositorische Einheit konzipiert und auch die Reihenfolge der Briefgedichte bewusst angeordnet hat, geht besonders deutlich aus zwei Merkmalen hervor. Der erste Brief ist nämlich an Maecenas, seinen Patron, adressiert, wodurch diesem das ganze Buch gewidmet ist, und der letzte Brief (ep. I 20) ist an keine Person gerichtet, sondern an das eigene Buch, das nunmehr vom Autor in die Öffentlichkeit entlassen wird. Damit wird das erste Buch der *Episteln* als Sammlung markiert, die gewissermaßen mit einem persönlichen Stempel, einem Siegel (σφραγίς), abgeschlossen wird.

Im programmatischen ersten Brief seiner Sammlung[24] begründet der Dichter seinen Abschied von der Lyrik: zu seinem fortgeschrittenen Alter passten philosophische Fragen besser (ep. I 1,10–11):

nunc itaque et versus et cetera ludicra pono:
quid verum atque decens curo et rogo et omnis in hoc sum.

Daher lege ich jetzt meine Verse und all die übrigen Tändeleien ab;
was wahr und angemessen ist, dem gilt fortan mein Sorgen und Fragen und darin gehe ich ganz auf.

Horaz gibt vor, seine lyrische Produktion, die er als Tändelei (*ludicra*) abtut, nun aufzugeben, um sich ganz den wahren, existenziellen Fragen widmen zu können. Dies führt zur scheinbaren Paradoxie, dass die Gedichthaftigkeit innerhalb eines Gedichtes geleugnet wird. Aus poetologischen Äußerungen geht jedoch hervor, dass Horaz selbst die Verwendung eines Versmaßes nicht als hinreichendes Kriterium für Dichtung bewertet.[25] Vielmehr beurteilt er seine Schreibweise in den *Satiren* als prosa-affin (sat. I 4,39–42):

---

23 Der an die Pisonen gerichtete, letzte Brief ist besser bekannt als *Ars poetica* (dieser Titel findet sich bei Quintilian, inst. orat. VIII 3,60).
24 Zur Programmatik des einleitenden Maecenasbriefes siehe H. Wulfram, *Versepistelbuch*, 65–81.
25 Der Gedanke, dass Dichtung sich nicht über bloß formale Kriterien wie das Versmaß bestimmen lässt, geht auf das neunte Kapitel der *Poetik* des Aristoteles (poet. 1451 b 1 und 1451 b 27) zurück, in welchem die spezifische Aufgabe des Dichters formuliert wird; zu Horaz, sat. I 4,38–62 vgl. auch den ausführlichen Kommentar von E. Gowers, *Horace, Satires*, 162–169.

> *primum ego me illorum, dederim quibus esse poetis,*
> *excerpam numero. neque enim concludere versum*
> *dixeris esse satis; neque si qui scribat, uti nos,*
> *sermoni propiora, putes hunc esse poetam.*

> Zuerst möchte ich mich aus der Zahl derer, denen ich zugestehe, Dichter zu sein, ausnehmen. Denn du dürftest wohl nicht behaupten, es sei schon genug, einen abgerundeten Vers zu bauen; auch dürftest du, wenn jemand so schreibt wie wir, dem Alltagsgespräch näher, nicht glauben, er sei schon ein Dichter.

Ebenso charakterisiert Horaz den niedrigen, ungezwungenen Stil seiner *Satiren*- und *Epistel*-Dichtung im Bild der langsamen Gangart im Vergleich zum erhöhten Register der Tragödie oder des Epos, indem er seine *Satiren* und *Episteln* als *sermones ... repentis per humum* (ep. II 1,250–251, „Gespräche, die über den Boden kriechen") bezeichnet. Für den herabgestimmten Gesprächston eines Briefes oder einer Satire sei der von ihm verwendete Hexameter das Versmaß, das der Umgangssprache (*sermo*) am nächsten komme. An anderer Stelle beschreibt er den Stil seiner Satiren mit dem Bild der Muse als Fußgängerin (sat. II 6,17): *satiris musaque pedestri* („mit meiner *Satiren*-Muse, die zu Fuß geht").[26] Im Oxymoron *Musa pedestris* erklärt Horaz seine Satirendichtung gewissermaßen zur Prosa der Poesie, zur Alltagspoesie, die er von der panegyrischen und lyrischen Dichtung abgrenzt.

Unter der Fragestellung, wie das Bildungsthema in Briefen verhandelt wird, habe ich einen Passus aus der ersten *Epistel* des zweiten Buches ausgewählt, in dem die Rolle des Dichters in der Erziehung und Bildung der Jugend thematisiert wird (ep. II 1,126–131):

> *os tenerum pueri balbumque poeta figurat,*
> *torquet ab obscenis iam nunc sermonibus aurem,*
> *mox etiam pectus praeceptis format amicis,*
> *asperitatis et invidiae corrector et irae;*
> *recte facta refert, orientia tempora notis*
> *instruit exemplis, inopem solatur et aegrum.*

> Den zarten, noch stammelnden Mund eines Kindes bildet der Dichter, er wendet schon jetzt sein Ohr von obszönen Reden weg, bald formt er auch wie ein guter Freund sein Herz mit Vorschriften, ein Verbesserer von Barschheit, Neid und Zorn; er berichtet von edlen Taten, die beginnende Lebenszeit stattet er mit berühmten Vorbildern aus, er tröstet den Ratlosen und den Bekümmerten.

---

26 Zur Transformation des Hexameters in der römischen Verssatire siehe L. Morgan, *Musa Pedestris*, 284–377: „The Dactylic Hexameter and its Detractors", bes. 312–345 zum satirischen Hexameter.

Hier geht Horaz auf die bildende Rolle des Dichters in der Gesellschaft ein: Ein Dichter tauge zwar nicht zum Militärdienst, sei aber dennoch nützlich für die Gemeinschaft und vor allem für die Erziehung der Jugend. Mund (*os*) und Ohr (*auris*) rahmen die ersten zwei Verse nicht ohne Grund, basierte das Ausbildungssystem doch auf mündlicher Unterweisung.[27] Der Dichter forme die Kinder wie ein guter Freund mit Vorschriften (*praeceptis amicis*). Die Erziehung soll also nicht in Form einer Unterweisung oder systematischen Abhandlung erfolgen, sondern freundschaftlich, so wie im Gespräch oder in einem Brief. Auch Horaz selbst verfährt so, indem er in seinen *Episteln* nicht in der Pose einer philosophischen Lehrautorität auftritt. Vielmehr teilt er im scheinbar lockeren Gesprächston seine Erkenntnisse, gelegentlich auch Aufforderungen und Ratschläge mit, indem er regelmäßig seine eigene Person mit einbezieht.[28]

In der zweiten *Epistel* des ersten Buches bekennt der Briefschreiber, dass er aus Homers Epen mehr über Ethik gelernt habe als aus den Schriften berühmter Philosophen (ep. I 2,1–5).

> *Troiani belli scriptorem, Maxime Lolli,*
> *dum tu declamas Romae, Praeneste relegi;*
> *qui, quid sit pulchrum, quid turpe, quid utile, quid non,*
> *planius ac melius Chrysippo et Crantore dicit.*
> *cur ita crediderim, nisi quid te detinet, audi.*

Den Verfasser des trojanischen Krieges, Lollius Maximus, habe ich in Praeneste von neuem gelesen, während du dich in Rom im Deklamieren übst; was sittlich schön, was schändlich, was nützlich ist und was nicht, legt er (sc. Homer) anschaulicher und besser dar als Chrysipp und Krantor. Warum ich dies fest glaube, vernimm, falls dich nicht sonst etwas abhält.

Schon der höfliche Ton in der Bitte um Gehör, der die Formel *nisi quid te detinet* vorgeschaltet ist (V. 5), demonstriert die zurückhaltende Methode der Vermittlung. Im Medium der Dichtung werde die komplexe Thematik der richtigen Lebensführung anschaulicher und leichter zugänglich gemacht. Die Literatur stelle exemplarische Charaktere wie etwa Odysseus bereit, an denen sich die Leser orientieren könnten. Ebenso verfährt auch Horaz in seinen Briefen. Nicht systematisch, son-

---

[27] N. Rudd, *Horace, Epistles*, 5 erinnert in diesem Zusammenhang daran, „that the Romans had an oral educational system. They recited poetry and composed speeches instead of writing essays."
[28] Auf die verschiedenen Traditionslinien verweist M. Trapp, *Greek and Latin Letters*, 23: „This particular combination of philosophical theme, letter form and verse is warranted partly by the tradition of philosophical epistolography stemming from Epicurus, partly by the formal similarity between letters and various kinds of personal (especially elegiac) poetry."

dern wie in einem Gespräch unter Freunden vermittelt er moralphilosophische Grundsätze.

Ein gutes Beispiel für die urbane Art, wie das epistolare Ich, die *persona* des Horaz, mit den jeweiligen Adressaten in Dialog tritt, ist der Brief an seinen Dichterkollegen Tibull. Der Briefschreiber fordert den in trauriger Stimmung gefangenen Freund auf, die ihm gegebene Lebenszeit zu genießen. Nach diesen ernsthaften Ermahnungen wechselt der Ton abrupt, und der kurze Brief, der insgesamt nur 16 Verse umfasst, endet mit einer Pointe im allerletzten Wort (ep. I 4):

> *Albi, nostrorum sermonum candide iudex,*
> *...*
> 12 *Inter spem curamque, timores inter et iras,*
> *omnem crede diem tibi diluxisse supremum.*
> *grata superveniet quae non sperabitur hora.*
> 15 *me pinguem et nitidum bene curata cute vises,*
> *cum ridere voles, Epicuri de grege porcum.*

Albius (sc. Tibull), aufrichtiger Kritiker meiner Gespräche (d. h. *Satiren*), ...
Zwischen Hoffnung und Sorge, zwischen Ängsten und Zorn, halte jeden Tag, der angebrochen ist, für deinen letzten. Willkommen wird dir dann jede Stunde zufallen, die nicht mehr erhofft wird. Mich, der feist in wohlgepflegter Haut glänzt, besuche, wenn du einmal lachen willst, ein Schweinchen aus Epikurs Herde.

Charakteristisch für die *Episteln* ist das selbstironische Bild, das Horaz von sich entwirft. Horaz nimmt in scherzhafter Weise die gängige Polemik gegen die Lustphilosophie der Epikureer auf und bezeichnet sich selbst als „Schweinchen aus Epikurs Herde".[29] Durch diese urbane Selbstironie nimmt er seinen Ermahnungen jede pedantische Aufdringlichkeit und schließt den Brief im heiteren Ton mit einer freundschaftlichen Einladung an den Adressaten ab, ihn zu besuchen. Ebenso beendet der Dichter auch in anderen *Episteln* seine einem Briefpartner erteilten Ratschläge über die rechte Lebensführung mit der Wendung auf die eigene Person.[30] Die Briefform fungiert hierbei als Medium einer persönlichen Hinwendung zum jeweiligen

---

29 In Verbindung mit *porcus* entfaltet *grex* hier eine wörtliche („Herde") und übertragene Bedeutung („Philosophengemeinschaft"), vgl. R. Mayer, *Horace, Epistles*, zu *porcum*: „*grex* puns on this, since it means both ‚herd' and ‚philosophical school' (*S*. 2.3.44 *Chrysippi ... grex*)."
30 Vgl. etwa Horaz, ep. I 18,104–112: *Me quotiens reficit gelidus Digentia rivus*, ... – „Ich aber, wann immer mich der kühle Bach Digentia erfrischt, ...", womit er einleitend auf sein sabinisches Landgut als Aufenthaltsort verweist, um dann seine eigene Praxis darzulegen. Analoges gilt für Senecas didaktische Rolle in seinen Briefen, vgl. A. D. Morrison, „Didacticism and Epistolarity", 127, Anm. 85.

Adressaten, zugleich aber kann sich aufgrund des Anredecharakters des Briefgedichtes ein größerer Leserkreis angesprochen fühlen.

An einigen Stellen im ersten Buch seiner Gedichtsammlung ruft Horaz geradezu emphatisch den Briefcharakter in Erinnerung. Neben der für Briefe geforderten Kürze und den Adressaten in jedem Briefgedicht setzt er mit signifikanten Briefelementen (*epistolary markers*)[31] deutliche Akzente. In der Makrostruktur des ersten Buches etwa kommt dem zehnten Brief innerhalb einer Sammlung von 20 Gedichten eine Scharnierfunktion zu. Hier wird die Begrüßungsformel am Anfang dazu genutzt, die verschiedenen Aufenthaltsorte der räumlich getrennten Freunde zugleich als verschiedene Lebensweisen zu inszenieren, nämlich Land- versus Stadtleben (ep. I 10,1–5):

> *Urbis amatorem Fuscum salvere iubemus*
> *ruris amatores. hac in re scilicet una*
> *multum dissimiles, at cetera paene gemelli*
> *fraternis animis, quidquid negat alter, et alter,*
> *annuimus pariter ...*

> Dir, Fuscus, dem Liebhaber der Großstadt, entbiete ich, der Liebhaber des Landlebens, meinen Gruß. Freilich sind wir allein in dieser Angelegenheit ganz unterschiedlicher Meinung, doch in allem anderen nahezu Zwillinge in brüderlicher Gesinnung; was der eine ablehnt, lehnt auch der andere ab, wir nicken gleichermaßen Zustimmung...

Ebenso orientieren sich die beiden letzten Verse, in denen der Akt und Ort des Schreibens thematisiert werden, eng an die Konvention eines Briefschlusses (ep. I 10,49–50):

> *Haec tibi dictabam post fanum putre Vacunae,*
> *excepto quod non simul esses, cetera laetus.*

> Dies diktiere ich für dich hinter dem verfallenen Heiligtum der Vacuna; abgesehen davon, dass du nicht bei mir bist, im übrigen in froher Stimmung.

Darüber hinaus verwendet der Briefschreiber das aus der Perspektive des Empfängers adäquate Vergangenheitstempus (*dictabam*, V. 49), wodurch er der von Natur aus asynchronen Briefkommunikation Rechnung trägt, indem er sich in den Zeitpunkt versetzt, in dem der Empfänger seinen Brief liest.[32]

---

31 Eine nützliche Zusammenfassung bietet A. D. Morrison, ebd., 108–110.
32 Zum antiken Brieftempus siehe M. Trapp, *Greek and Latin Letters*, 36–37.

4 Versepisteln als Medium der Auseinandersetzung zwischen gebildeten Zeitgenossen in der Spätantike

Aus der Spätantike, die insgesamt reich an literarischen Briefen ist, habe ich den Briefwechsel zwischen Ausonius und Paulinus ausgewählt, in welchem der Stellenwert der Bildung unmittelbar verhandelt wird. Diese Korrespondenz ist in der Forschung nicht zuletzt deshalb auf großes Interesse gestoßen, weil die durch Ausonius repräsentierten, traditionellen Bildungsgüter von Paulinus nach seiner Konversion zu einer christlich-asketischen Existenzform zur Disposition gestellt werden.[33] Die biographische Dimension erhellt, warum die persönliche Lebenswahl eng mit der Frage nach dem rechten Umgang mit der rhetorisch-literarischen Tradition verbunden ist:[34] Paulinus, der spätere Bischof von Nola, hatte seine politische Karriere zugunsten einer asketischen Lebensform aufgegeben. Der Rhetoriklehrer Ausonius hatte seinem ehemaligen Schüler und Freund Paulinus nach dessen Konversion mehrere Briefe geschickt, in denen er ihn vergeblich bittet, aus seinem Rückzugsort, dem fernen Spanien, wieder zu ihm nach Bordeaux zurückzukehren. Er fordert ihn jedoch nicht nur zur Aufgabe seines Rückzugsortes und damit seiner asketischen Lebensform auf, sondern versucht vor allem, ihn zur Rückkehr zu ihrem gemeinsamen Bildungshorizont zu bewegen.[35] Aufgrund des Ausbleibens einer Antwort hatte sich Ausonius in immer drängenderen anspielungs- und voraussetzungsreichen Versepisteln über das hartnäckige Schweigen seines Schülers beklagt. Nachdem Paulinus vermutlich aufgrund postalischer Verzögerungen schließlich drei

---

[33] Der in diese kritische Phase zu datierende Briefwechsel besteht aus einer Gruppe von Versepisteln des Ausonius im Hexameter (Ausonius, ep. 21–24 in Greens Edition, *Ausonii opera*, vgl. auch Greens allgemeine Einleitung im Kommentar: ders., *The Works of Ausonius*, 647–649) und zwei Antwortschreiben des Paulinus in einander abwechselnden Versmaßen (Paulinus von Nola, carm. 10 und 11). Die umfangreiche Forschungsgeschichte zu diesem Briefwechsel skizziert N. Rücker, *Ausonius an Paulinus von Nola*, 24–41.

[34] Gegen eine biographische Lesart des Briefwechsels wendet sich allerdings G. R. Knight, „Friendship", 361–364.

[35] Die räumliche Entfernung symbolisiert für Paulinus zugleich die innere Loslösung von seinem einstigen Lehrer. Daher knüpft Paulinus seine Rückkehr an die Aufforderung an Ausonius, sich ebenfalls zu Christus zu bekennen, vgl. Paulinus, carm. 10,119–128: *Si tibi cura mei reditus, illum aspice et ora,* / *qui* ... – „Wenn dir meine Rückkehr am Herzen liegt, blicke auf ihn und bete zu ihm, der ...". Wie in Horaz, ep. I 10,1–5 (s. o. S. 114) hängt der jeweilige Aufenthaltsort eng mit der Lebenswahl zusammen; zu Ausonius und Paulinus vgl. M. Keul-Deutscher, „Freundschaft", 343 mit Anm. 6: „Aus den Briefen wird deutlich, daß sowohl Ausonius als auch Paulinus ihre Weltanschauung untrennbar mit ihrem Aufenthaltsort verknüpfen: *ep.* 29,45–61; 27,67 ff. 110–118; *c.* 10,109–128."

Briefe des Ausonius auf einmal erhalten hatte,[36] begegnet er den Vorwürfen und Klagen seines väterlichen Freundes mit zwei ebenso anspielungsreichen Briefgedichten.[37] Durch den in Ausonius' Briefen geäußerten Appell zur Wiederaufnahme der traditionellen Dichtung fühlt er sich herausgefordert, seine christliche Position zum Wert der Bildung darzulegen. Insbesondere in *Carmen* 10 (393 n. Chr.) stellt er die klassischen Bildungsgüter prinzipiell in Frage, freilich auf der Grundlage ebendieser Bildungsgüter. Dieses Briefgedicht von eher unbrieflicher Länge ist in drei verschiedenen Versmaßen abgefasst, nämlich in elegischen Distichen (V. 1–18), jambischen Epoden (V. 19–102) und Hexametern (V. 103–331). In diesem hochpoetischen, polymetrischen Antwortschreiben erteilt Paulinus seinem einstigen Lehrer, der ihn inständig gebeten hatte, zu den latinischen Camenen zurückzukehren,[38] eine eindeutige Absage (carm. 10,19–22):

> *Quid abdicatas in meam curam, pater,*
> *   redire Musas praecipis?*
> *negant Camenis nec patent Apollini*
> *   dicata Christo pectora.*

Warum verlangst du, Vater, dass die Musen, von denen ich mich losgesagt habe, sich wieder in meine liebevolle Sorge begeben? Es verweigern sich den Camenen und sind für Apollo nicht zugänglich die Herzen, die sich Christus geweiht haben.

Die konventionelle Praxis der Dichter, die Musen und Apollo, den Gott der Musen, als Inspirationsquelle herbeizurufen, wird von Paulinus aus vermutlich strategischen Gründen zunächst ernst genommen und mit religiöser Bedeutung aufgeladen, um dann umso dezidierter dagegen zu polemisieren. Die Musen und Apollo seien überhaupt keine göttlichen Mächte, könnten folglich auch nicht auf Anrufun-

---

36 Vgl. Paulinus, carm. 10,7–8: *Trina etenim vario florebat epistola textu, / sed numerosa triplex pagina carmen erat* – „Denn der Brief, drei Briefe in einem, war reich in unterschiedlicher Komposition ausgestattet, aber die rhythmischen Seiten waren ein dreifaches Gedicht." Zu den Details der Briefreihenfolge vgl. N. Rücker, *Ausonius an Paulinus*, 204–206 mit Anm. 495 zu den drei von Paulinus erwähnten Briefen. Ebd. 235 legt Rücker dar, „dass Paulinus die Briefgedichte des Ausonius als literarische Einheit auffasst. Er versteht sie als dreifachen Brief und rhythmenreiches dreifaches Gedicht."
37 Einschlägig für die beiden Versepisteln (carm. 10 und 11) des Paulinus sind insbesondere K. Kohlwes, *Christliche Dichtung*, 34–47; M. Skeb, *Christo vivere*, 76–84. 110–130; D. E. Trout, *Paulinus of Nola*, 78–89. P. Hardie, *Classicism and Christianity*, 6–38 geht vor allem auf die dichte Intertextualität in Paulinus' Antworten auf Ausonius' Briefe ein.
38 Ausonius, ep. 21[Green p. 252],73–74: *haec precor, hanc vocem, Boeotia numina, Musae, / accipite et Latiis vatem revocate Camenis* – „Dieses erbitte ich, diesen Ruf, böotische Gottheiten, ihr Musen, vernehmt, und ruft euren Dichter zu den latinischen Camenen zurück!" *Latiis ... Camenis* gibt hier eher das Ziel als das Mittel an.

gen reagieren – Phoebus Apollo sei taub (*surdum ... Phoebum*, V. 25; vgl. auch V. 114: *surda vocas*). Sehr wahrscheinlich wurden die Musen von Ausonius ohnehin nur als metonymischer Ausdruck, als bloßes Synonym für Dichtung verwendet. Paulinus aber unterstellt seinem Lehrer, die Musen als Gottheiten anzurufen (*vocare Musas numina*, V. 26) und verweigert sich daher der Aufforderung seines Lehrers, wieder zu der früher gemeinsam gepflegten Dichtung zurückzukehren. Stattdessen bekennt er sich zum einzig wahren christlichen Gott. Einhergehend mit seiner Abkehr von der paganen Dichtung stellt er seine nun erfolgte Hinwendung zur asketischen Lebensweise und alleinige Ausrichtung auf Christus als unvereinbar mit seiner früheren literarischen Beschäftigung dar (carm. 10,29–40):

> *Nunc alia mentem vis agit, maior deus,*
> 30   *aliosque mores postulat,*
>   ...
> 33 *vacare vanis, otio aut negotio,*
>   *et fabulosis litteris*
> 35 *vetat, suis ut pareamus legibus*
>   *lucemque cernamus suam,*
> *quam vis sophorum callida arsque rhetorum et*
>   *figmenta vatum nubilant,*
> *qui corda falsis atque vanis imbuunt*
> 40   *tantumque linguas instruunt.*

Jetzt treibt eine andere Kraft meinen Sinn, ein größerer Gott, und fordert eine andere Lebensweise, ...
Zeit zu haben für Nichtiges, ob in Muße oder Tätigkeit, und für Literatur, die voll von Mythen ist, verbietet er, damit wir seinen Gesetzen gehorchen und sein Licht erkennen, das die spitzfindige Macht der Weisen, die Kunstgriffe der Rhetoren und die Erfindungen der Dichter vernebeln, die mit falschen und nichtigen Vorstellungen die Herzen tränken und nur die Zungen ausbilden.

Paulinus distanziert sich hier von den üblichen Bildungsgütern, nämlich von der Philosophie (*vis sophorum callida*), der Rhetorik (*ars rhetorum*) und der Dichtung (*figmenta vatum*), die mit erfundenen Mythen angefüllt sei. Seine Absage an die pagane Tradition begründet er damit, dass diese der heilbringenden Erkenntnis der christlichen Wahrheit entgegenstehe. Der traditionellen philosophischen, rhetorischen und dichterischen Ausbildung billigt er einzig einen rein formalen Wert, nämlich sprachliche Schulung, zu (vgl. *tantum ... linguas instruunt*, V. 40). Seine reserviert-kritische Haltung insbesondere gegenüber den „Erfindungen der Dichter" hindert den gebildeten Dichter Paulinus aber nicht daran, die Weigerung, seinem Lehrer Folge zu leisten und zu ihm und in seine Heimat zurückzukehren, höchst anspielungsreich zu formulieren (carm. 10,113–117):

Non his numinibus tibi me patriaeque reducis.
surda vocas et nulla rogas (levis hoc feret aura
quod datur in nihilum), sine numine nomina Musas.
inrita ventosae rapiunt haec vota procellae,
quae non missa deo vacuis in nubibus haerent.

Nicht mit diesen Gottheiten (sc. den Musen) führst du mich zu dir und in die Heimat zurück. Taubes rufst du an und du bittest keine wirklichen Wesen (ein leichter Lufthauch wird das davontragen, was nicht Vorhandenem gewidmet ist), vielmehr (bittest du) Namen ohne göttliche Macht, die Musen. Unerfüllt reißen windreiche Wirbelstürme diese Gebete fort, die, da sie nicht an Gott gerichtet sind, im leeren Wolkenraum hängenbleiben.

Paulinus wirft Ausonius vor, sich an falsche, da nur erfundene Götter der paganen Poesie zu wenden. Die Musen werden als mythisches Konstrukt, als bloße Erfindungen der Dichter dekonstruiert. Mit dem paronomastischen Wortspiel *numine nomina* (V. 115) beraubt er die Musen ihres göttlichen Charakters und reduziert sie auf leere Namen. Daher können Ausonius' fehlgeleitete Bitten um Rückkehr nur ins Leere zielen. Emphatisch unterstreicht Paulinus seine Argumentation mit einem fast wörtlichen Zitat eines Verses, der durch seine besonders elegante Wortordnung[39] hervorsticht: *inrita ventosae rapiunt haec vota procellae* (V. 116) greift nämlich auf Statius, Ach. I 960 zurück: *inrita ventosae rapiebant verba procellae* – „unerfüllt rissen windreiche Wirbelstürme die Worte fort". In diesem das erste Buch der *Achilleis* abschließenden Vers kommentiert der auktoriale Erzähler, dass Achills Versprechungen an seine Gattin Deïdameia wirkungslos blieben, da der Held nicht aus dem Trojanischen Krieg zurückkehren wird. Diesem Vers liegt wiederum ein Intertext aus Catulls Epyllion zugrunde (Catull, carm. 64,59): *irrita ventosae linquens promissa procellae* – „unerfüllt die Versprechungen einem windreichen Wirbelsturm überlassend". Hier wird aus der Perspektive der verlassenen Ariadne erzählt, dass Theseus seine einstige Helferin treulos zurückgelassen habe. Paulinus nun macht sich diese Formulierung zu eigen, deutet aber den gegen ihn erhobenen Vorwurf um: Nicht er, der nicht zurückkehren will, ist der Treulose. Vielmehr ist der um ihn Werbende von vornherein zum Scheitern verurteilt, da er seine Bitten um Rückkehr an nichtige Mächte und nicht an den einzig wahren Gott gerichtet hat. Paulinus erteilt Ausonius' Bitten um Rückkehr zur paganen Poesie also ausgerechnet mit einem Vers eine Absage, der auf zwei klassische Prätexte, nämlich die Dichter Catull und Statius, verweist. In diesem intertextuellen

---

[39] Diese Wortstellung, bei der zwei am Versanfang nebeneinander gestellte Adjektive nach dem in der Versmitte stehenden Verb um zwei in paralleler oder chiastischer Folge angeordnete Substantive ergänzt werden, wird als Goldener Vers bezeichnet. Zu diesem nichtantiken Begriff vgl. Ch. Schmitz, *Juvenal*, 193–194 mit Anm. 54.

Dreieck eignet sich der Hexameter als Versmaß, um einen solch anspielungsreichen Vers geschmeidig in die eigene Dichtung zu integrieren. Allein anhand dieses Beispiels lässt sich zeigen, dass Paulinus die Gedichtform nicht lediglich als Zugeständnis oder gar Hommage seinem gebildeten Adressaten gegenüber verwendet;[40] vielmehr setzt er sich mit Ausonius auf Augenhöhe auseinander, indem er ihm mit den allen Gebildeten zur Verfügung stehenden Literaturkenntnissen entgegentritt.[41]

Diese Tendenz in Paulinus' Reaktion auf Ausonius' Vorwürfe und damit auch ein bedeutender Grund, warum Paulinus mit einem Brief in Versform antwortet, zeigt sich auch in der weiteren Auseinandersetzung mit den Vorwürfen seines ehemaligen Lehrers (carm. 10,189–192):

ne me igitur, venerande parens, his ut male versum
increpitas studiis neque me vel coniuge carpas
vel mentis vitio; non anxia Bellerophontis
mens est nec Tanaquil mihi, sed Lucretia coniunx.

Nicht sollst du mich folglich, verehrungswürdiger Vater, wie jemanden, der durch diese seine Bestrebungen in schlimmer Weise verwandelt worden ist, schelten und mich nicht wegen meiner Gattin bekritteln oder wegen einer Geistesstörung:[42] Nicht habe ich Bellerophons ängstliche Gesinnung, und keine Tanaquil, sondern eine Lucretia ist meine Gattin!

---

40 Als „Hommage an den der paganen Tradition verpflichtet gebliebenen Lehrer und Freund Ausonius" deutet etwa M. Keul-Deutscher, „Freundschaft", 362 die zahlreichen Allusionen in *Carmen* 11, vgl. auch ebd. 363 und 368. P. Dräger, *Ausonius*, 636 wiederum bewertet die Polymetrie in *Carmen* 10 als „Hommage gegenüber dem alten Lehrer und Freund"; ebenso P. Hardie, *Classicism and Christianity*, 16: „This metrical variation may in itself be seen as homage to Ausonius' own practice of using a variety of meters."
41 H. Kaufmann, „Intertextuality in Late Latin Poetry", die verschiedene Modi der Intertextualität zu unterscheiden versucht, unterschätzt die dynamische Mehrdimensionalität von Anspielungen, wenn sie ausgerechnet Paulinus' Briefgedicht an Ausonius (carm. 10) als Beispiel für ihre oft zu schematische Unterscheidung zwischen Inhalt („allusions as essential part of the content") und Form („allusions as formal features") nimmt: „On the level of form the poem expresses the values of classical education, which links the writer to the addressee, the poet's former teacher, while in content it conveys a Christian aversion against traditional poetry" (ebd. 163). Die Kategorie „Christian aversion against traditional poetry", die auf die von Paulinus direkt geäußerten Werturteile über klassische und christliche Dichtung zutrifft, ist viel zu pauschal und subjektiv, um etwas über Paulins konkreten Umgang mit seinen poetischen Vorgängern in seinen Texten aussagen zu können. Die Übertragung und Integrierung eines von klassischen Vorgängern übernommenen Verses in einen neuen Kontext ist jedenfalls Ausdruck der fortdauernden Strahlkraft, die nun in den Dienst der eigenen Aussage genommen wird. Die intertextuelle Auseinandersetzung geschieht also gerade auf literarischer Ebene.
42 Ebenso verneint er schon vorher in einem gesuchten Wortspiel (carm. 10,156: *Non etenim mihi mens demens* ... – „denn meine Gesinnung ist nicht wahnsinnig ...") den versteckten Vorwurf

Mit dieser scharfen Replik reagiert Paulinus auf folgende Passage in Ausonius' Brief (ep. 22[Green p. 253],28–31):

> innumeras possum celandi ostendere formas
> et clandestinas veterum reserare loquellas,
> si prodi, Pauline, times nostraeque vereris
> crimen amicitiae; Tanaquil tua nesciat istud.

> Unzählige Formen des Verbergens kann ich dir aufzeigen und von den Alten erprobte Möglichkeiten geheimer Mitteilungen enthüllen, wenn du, Paulinus, verraten zu werden fürchtest und die Anschuldigung der Freundschaft zu mir scheust; deine Tanaquil soll das nicht wissen!

Ausonius hatte das Schweigen des Paulinus auf seine Briefe so interpretiert, dass er von irgendeinem Verräter, aber vor allem von seiner Frau davon abgehalten werde, dem alten Freund zu antworten. Deshalb schlägt er seinem säumigen Briefpartner katalogartig zahlreiche Methoden vor, wie er ihm eine geheime Botschaft übermitteln könne. Pointiert beendet er seine weit ausholenden Ratschläge mit einem Seitenhieb gegen die Gattin des Paulinus. Therasia, eine spanische Aristokratin, wird hier mit einem in appellativer Bedeutung verwendeten Namen als eine „Tanaquil" bezeichnet. Tanaquil wiederum stammte aus einem vornehmen Geschlecht in Etrurien, war die ehrgeizige Gattin des fünften römischen Königs Tarquinius Priscus und verstand sich auf die Erforschung der Zukunft.[43] Die Anknüpfungspunkte für eine Parallelisierung Therasias mit Tanaquil liegen darin, dass es sich jeweils um eine Gattin von höchster Abkunft aus dem Ausland handelt; vor allem aber suggeriert Ausonius, dass sich Paulinus von seiner Frau in seinen Entscheidungen und Beziehungen zu Freunden beeinflussen lasse. Hierzu greift er auf eine Passage aus der sechsten Satire Juvenals zurück, wo die Wendung *tua Tanaquil* an identischer Stelle im Hexameter, nämlich nach der Penthemimeres, begegnet (sat. 6,565–568):

> consulit ictericae lento de funere matris,
> ante tamen de te Tanaquil tua, quando sororem
> efferat et patruos, an sit victurus adulter
> post ipsam: quid enim maius dare numina possunt?

---

des Wahnsinns, indem er Ausonius' Anspielungen auf Bellerophon, den Paulinus hier gelehrt mit „Pegasus-Reiter" (*Pegaseus eques*, V. 158) umschreibt, direkt auf sich selbst bezieht, vgl. carm. 10,156–159.

43 Die Bewertung dieser Frauenfigur ist äußerst ambivalent. So verwendet Ausonius selbst Tanaquil an anderer Stelle (*Parentalia* 30,5) als Musterbeispiel einer tugendhaften Ehefrau, siehe R. P. H. Green, The Works of Ausonius, 328 und 654 zu Ausonius, ep. 22,31 zu den Kontexten, in denen Tanaquil erwähnt wird; vgl. auch P. Amann, „Tanaquil".

Auskunft über das allzu langsame Sterben ihrer an Gelbsucht leidenden Mutter, zuvor jedoch über dich selbst holt deine Tanaquil ein, wann sie ihre Schwester bestatten werde und ihre Onkel, ob ihr Liebhaber sie selbst überleben werde: Was nämlich könnten die Götter Größeres schenken?

Juvenals sechste Satire als Intertext verweist auf Tanaquil als Inbegriff einer herrschsüchtigen, verschlagenen Ehefrau.[44] In scharfer Antithese setzt Paulinus in seinem Antwortschreiben der hier negativ konnotierten Tanaquil eine andere, vor allem aus dem Werk des Historiographen Livius bekannte Frauenfigur entgegen, nämlich Lucretia als Inbegriff einer ergebenen, vorbildlichen Ehefrau. Mit ebenso hohem rhetorischem und gelehrtem Aufwand weist Paulinus den indirekten, von ihm aber als persönliche Kränkung aufgefassten Vorwurf des Ausonius zurück, er verhalte sich durch seinen Rückzug in die Einsamkeit wie der seines Verstandes beraubte Bellerophon, der den falschen Weg eingeschlagen habe.[45]

In einem polymetrischen Gedicht kommt der Wahl eines Versmaßes besonderes Gewicht zu, bringen unterschiedliche Metren doch jeweils wechselnde Tonlagen zum Ausdruck. In seinem ersten Antwortschreiben auf Ausonius' Briefe beklagt sich Paulinus im elegischen Distichon (*elegi*, V. 17), dass der Briefschreiber süße Worte unter bittere Anklagen gemischt habe (carm. 10,9–10 [ed. von Hartel, CSEL 30, ²1999]):

> *dulcia multimodis quaedam sub amara querellis*
>   *anxia censurae miscuerat pietas.*[46]

Deine besorgte väterliche Liebe hatte in vielfältigen (d. h. polymetrischen) Klagen einiges Süße unter die Bitterkeit des Tadels (d. h. unter die bittere Kritik) gemischt.

Ausonius selbst hatte seine in Briefform gekleideten Bitten und Vorwürfe um Rückkehr als schmeichelnden Tadel bezeichnet (*blanda obiurgatio*, Ausonius, ep. 22[Green p. 252],3), und genau diese Mischung gegenläufiger Signale wird von seinem Briefempfänger immer wieder kritisiert. Entsprechend begründet Paulinus selbstreflexiv die drei verschiedenen Versmaße, die er in seinem Briefgedicht *Carmen* 10 einsetzt, mit der Möglichkeit, in verschiedenen Tonhöhen auf Ausonius'

---

44 Es ist also vor allem Juvenals Tanaquil, die herbeizitiert wird; auf die Darstellung der Tanaquil im ersten Buch des Livius (I 34,4–35,6 und I 39,1–41,7) geht N. Rücker, *Ausonius an Paulinus von Nola*, 117–119 ausführlich ein.
45 Zu den zahlreichen Implikationen des Vergleichs mit dem mythischen Bellerophon(tes) siehe R. P. H. Green, *The Works of Ausonius*, zu Ausonius, ep. 21,70–72; K. Kohlwes, *Christliche Dichtung*, 43–44; ferner ausführlich N. Rücker, *Ausonius an Paulinus von Nola*, 111–114 und P. Dräger, *Ausonius*, 633–634.
46 Auf die verschiedenen Übersetzungsvorschläge und abweichenden Lesarten des Distichons 9–10, v. a. auf *subamara* in V. 9, geht P. Dräger, ebd., 639–641 detailliert ein.

mahnende Werbung um Wiederaufnahme der gemeinsamen literarischen Studien adäquat zu reagieren. So appelliert er gleich zu Beginn seines ersten Briefgedichtes an die Milde des deutlich älteren Freundes, welche er der Schärfe des Kritikers chiastisch gegenüberstellt (carm. 10,11–15):

> *sed mihi mite patris plus quam censoris acerbum*
>   *sedit et e blandis aspera penso animo.*
> *ista suo regerenda loco tamen et graviore*
>   *vindicis heroi sunt agitanda sono.*
> *interea levior paucis praecurret iambus.*

Aber bei mir hat sich eher die Milde des Vaters als des Kritikers Bitterkeit festgesetzt und aufgrund der Schmeichelworte wäge ich das hart Kränkende in meinem Herzen ab. Diese Vorwürfe müssen dennoch am gegebenen Ort widerlegt und im gewichtigeren Ton des strafenden heroischen Metrums behandelt werden. Einstweilen wird der jambische Versfuß in leichterer Gangart mit wenigen Versen die Vorhut bilden.

Mit dem heroischen Versmaß (V. 14) kündigt Paulinus nicht nur die umfangreiche Hexameter-Partie in *Carmen* 10 (V. 103–331) an; vielmehr weist die Charakterisierung des Metrums als *vindex* (V. 14) auf die besondere Ausrichtung seiner Widerlegung voraus, ist doch der Hexameter nicht nur das Versmaß des Epos, sondern auch der Verssatire. So bedient sich Paulinus in der hexametrischen Partie seines Briefes des einschlägigen Vokabulars und Metrums genau dieser Gattung, wenn er seinem väterlichen Freund vorwirft, einen verletzenden Ton in seinen Versepisteln angeschlagen zu haben (carm. 10,260–264):

> *Multa iocis pateant; liceat quoque ludere fictis.*
> *sed lingua mulcente gravem interlidere dentem,*
> *ludere blanditiis urentibus et male dulces*
> *fermentare iocos satirae mordacis aceto*
> *saepe poetarum, numquam decet esse parentum.*

Vieles mag Scherzen freistehen; auch mag es erlaubt sein, mit Erfundenem zu spielen. Aber mit sanft leckender Zunge einen massiven Zahn mitten hineinzustoßen, zu spielen mit ätzenden Schmeicheleien und auf üble Weise süße Scherze mit dem Essig der beißenden Satire sauer zu machen, passt oft zu Dichtern, niemals jedoch zu Vätern.

Paulinus verweist hier auf den beißenden Charakter der Satire, indem er gleich zwei satirische Bilder aufgreift, nämlich das des eindringenden Zahnes[47] und das

---

[47] Das Hexameterende *interlidere dentem* (V. 261) klingt wie ein Echo auf einen Vers aus Horaz, sat. II 1,77, wo *fragili ... inlidere dentem* („in Gebrechliches den Zahn hineinstoßen") ebenfalls am Versende steht. Anders versteht H. G. Evelyn White, *Ausonius*, 143 *gravem interlidere dentem*: „to strike against an aching tooth".

des scharf und verletzend wirkenden Essigs.⁴⁸ Seinen Vorwurf gegenüber seinem Kritiker Ausonius untermalt er also mit zwei Zitaten aus römischen Verssatirikern. Auf diese Weise tadelt er seinen väterlichen Freund, der in seinen Briefen nicht davor zurückgeschreckt sei, verletzende Äußerungen zu verwenden. Paulinus denkt hier wohl vor allem an den unverhohlenen Angriff des Ausonius auf seine Frau Therasia. Durch die einschlägigen Zitate aus den Satirikern erinnert Paulinus seinen Lehrer daran, dass schmähende Worte zu Dichtern, und zwar zu satirischen Dichtern wie Horaz, Persius und Juvenal passten, nicht aber zu einem Vater. So redet er seinen Briefpartner immer wieder als Vater an, über den er freilich den noch größeren Gott-Vater stellt.⁴⁹

Wenn Paulinus seinen väterlichen Freund im nächsten Briefgedicht um der gemeinsamen Freundschaft willen bittet, von seinen Anschuldigungen abzulassen, geht er nochmals auf dessen Vorwürfe ein und insbesondere auf die für ihn so bittere Beleidigung seiner Gattin (carm. 11,4–7):

> ... *formidatamque iugalem*
> *obicis et durum iacis in mea viscera versum*
> *parce precor, lacerare tuum nec amara paternis*
> *admiscere velis ceu melle absinthia verbis.*

> ... und wirfst mir Furcht vor meiner Ehepartnerin vor und schleuderst mir einen harten Vers mitten ins Herz. Hör auf, bitte ich, den Deinen zu zerreißen, und mische nicht, wie in Honig Wermut, Bitteres in die Worte eines Vaters.

Die Wendung *durus versus* (V. 5) lässt sich zweifach verstehen: zum einen bezeichnet Paulinus damit Ausonius' harsche Gleichsetzung seiner Frau Therasia mit Tanaquil; zum anderen verweist das Adjektiv *durus* aber auch auf das Versmaß, bezeichnet *durus* doch im Gegensatz zu *mollis* das Versmaß des Hexameters, von dem das ‚weiche' Metrum, das elegische Distichon, jeweils abgegrenzt zu

---

48 Das Hexameterende *mordacis aceto* (V. 263) knüpft an Persius 5,86 an: *aurem mordaci lotus aceto* – „das Ohr mit beißendem Essig gespült".
49 Vgl. etwa Paulinus, carm. 10,11.19.96: *pater*; 10,189: *venerande parens* – im Gegensatz zum *vitae pater* (10,32) und *pater aeternus* (10,298). Ausonius seinerseits hatte öfter an die gegenseitige Verpflichtung aufgrund ihres durch *pietas* (im Sinne von „Liebe des Vaters zum Sohn und umgekehrt Liebe des Sohnes zum Vater") bestimmten Verhältnisses appelliert, vgl. etwa seine wiederholte Klage über eine ausbleibende Antwort (ep. 21,3): *officium sed nulla pium mihi pagina reddit* – „Aber keine Seite (eines Briefes von dir) vergilt mir meinen von väterlicher Liebe geleiteten Freundschaftsdienst", oder *pietas* (V. 49). Paulinus pariert, indem auch er als Begründung für seine Zurechtweisung in carm. 10,260–264 den *pietas*-Begriff ins Feld führt (carm. 10,265–268a): *namque fides pietasque petunt, ut ...*

werden pflegt.⁵⁰ In knapper Zuspitzung rekapituliert Paulinus, dass er insbesondere die satirische Gleichsetzung seiner Gattin mit Tanaquil als verletzenden Angriff verstanden hatte, den er im vorangegangenen Briefgedicht mit gleicher Münze, nämlich im satirischen Versmaß und Vokabular zurückgewiesen hatte. Das Verb *lacerare* (V. 6) nimmt die bildhafte Vorstellung des bissigen Kritikers auf (vgl. *mordax*, V. 263). Vor allem aber zeigt die Charakterisierung des Verses als *durus*, dass er den Hexameter als Versmaß versteht, das zur Schmähung eingesetzt werden kann. In seinem Antwortschreiben begegnet er entsprechend auch selbst der Schärfe des Angriffs mit ‚harten' Versen, d. h. mit satirischen Hexametern. Im späteren Gedicht nimmt Paulinus also nochmals den Bildbereich vom Süßen und Bitteren der Redeweise auf, um sein vorangegangenes Gedicht als adäquate Entgegnung auf die mit Lob und Anerkennung versüßten bitteren Vorwürfe des Ausonius zu rechtfertigen.

Der Briefwechsel zwischen Ausonius und Paulinus ist nicht frei von Spannungen und wurde in der Forschung oft als Dokument einer prinzipiellen Konfrontation zweier unterschiedlicher Positionen interpretiert, und zwar in dem Sinne, dass hier pagan-antike Bildung gegen christlichen Glauben in Frontstellung gebracht werde.⁵¹ Paulinus' Antwort in *Carmen* 10 lässt sich aber auch anders lesen: Der zur Rückkehr zur gemeinsamen, vom Christentum unberührten Bildungstradition ermahnte Freund rechtfertigt seine Position, schreckt auch nicht vor satirischer Polemik zurück, möchte aber letztlich im Gespräch und damit auch in Gemeinschaft mit seinem alten Lehrer bleiben.⁵² Unter dem Aspekt der brieflichen Kommunikation handelt es sich insbesondere bei Ausonius' wiederholten Klagen über das Schweigen auf seine Briefe und über die physische Abwesenheit des Briefpartners um topische epistolare Klagen, keineswegs jedoch um einen Bruch der Freundschaft aufgrund unterschiedlicher religiöser Orientierungen.⁵³

---

50 Vgl. z. B. Properz II 1,41 und I 7,19 mit dem Kommentar von M. Rothstein, *Propertius Sextus*, 219 und 104.
51 Zu diesen Positionen vgl. N. Rücker, *Ausonius an Paulinus von Nola*, 28–29.
52 Diesen Wunsch bekräftigt er im folgenden Briefgedicht (*Carmen* 11), in welchem er einen weit konzilianteren Ton gegenüber dem väterlichen Freund anschlägt, siehe M. Keul-Deutscher, „Freundschaft".
53 In diesem Sinne beurteilt auch J. Ebbeler, „Mixed Messages", die in diesem Briefwechsel erkennbare Spannung als genuin briefliches Merkmal, zumindest aus Sicht des Ausonius, vgl. ebd. 312–313: „It emerges from these letters that the source of tension between Ausonius and Paulinus is not especially religious; ... The aged Ausonius simply wants Paulinus to return to him in Bordeaux, so that the two might again enjoy a face-to-face relationship." Vgl. auch ebd. 314: „If Paulinus in fact felt that his life had become incompatible with his muse-loving mentor, why did he bother to send off even one letter, much less two or three, between 393 and 395?" Ebenso bewertet D. E. Trout, *Paulinus of Nola*, 83 Paulinus' kunstvolle Versepistel: „Carmen 10 is more an invi-

Die ebenbürtige Antwort des rhetorisch geschulten Paulinus in anspielungsreichen Versepisteln wiederum dient als Mittel, um trotz aller unterschiedlicher Ausrichtung in Glaubensfragen weiterhin in Kontakt und Austausch mit seinem nicht nur räumlich entfernten väterlichen Freund, einem gebildeten Literaten, zu bleiben.[54]

5 Fazit: Poetischer Brief und literarische Bildung

Für die hier ausgewählten poetischen Briefe lassen sich folgende Charakteristika festhalten:

1. Die Gedichtform stellt ein Distinktionsmerkmal gegenüber der gewöhnlichen Funktion von Briefen als Medium alltäglicher Kommunikation zwischen räumlich getrennten Personen dar, wie sich anhand von Ovid, Pont. IV 2,3–8 zeigen lässt. Über den primären Adressaten hinaus stellen poetische Briefe als Literatur gewordene Dichtung exemplarische Lebensentwürfe für künftige Leser, wenn nicht sogar für die Nachwelt bereit.

2. Entsprechend sind poetische Briefe kein bloßer Ersatz für fehlende direkte Kommunikation. Vielmehr sind die uns überlieferten Briefe in Versform von vornherein als Literatur konzipiert. Für die Aufnahme in eine (Brief-)Sammlung oder in einen Gedichtband bedarf es daher in der Regel keiner weiteren Transformation.[55] Das hindert Dichter wie Catull und Horaz freilich nicht daran, die Tatsache, dass es sich um kunstvoll gestaltete Gedichte handelt, zu überspielen oder gar zu leugnen und stattdessen eine Briefsituation zu simulieren, indem sie ihr Gedicht als Gespräch unter Abwesenden inszenieren. Es handelt sich freilich um ein stilisiertes Gespräch, das in der Gedichtform verewigt wird und somit eine andere Qualität hat als ein flüchtiges Gespräch bei einer persönlichen Begegnung. Das gilt auch für die mit literarischen Allusionen stark aufgeladene Korrespon-

---

tation for a rejoinder than a notice of foreclosure; both medium and message offer ample room for understanding and reconciliation."

54 Bezeichnenderweise gibt der verbannte Dichter Ovid in seinem an die Leser gerichteten Eröffnungsgedicht des letzten Buches der *Tristia* als Grund, warum er Briefgedichte vom Schwarzen Meer nach Rom sende, an, dass er mit seinen Freunden unter allen Umständen in Verbindung bleiben möchte (trist. V 1,80): *vobiscum cupio quolibet esse modo* – „Ich wünsche auf jede erdenkliche Art bei euch zu sein."

55 Etwas anders liegt der Fall beim Briefwechsel zwischen Ausonius und Paulinus von Nola, der das Dokument einer persönlichen Auseinandersetzung darstellt. H. Wulfram, *Versepistelbuch*, 114–115 klassifiziert die „kunstvollen Schriftstücke als Gebrauchsbriefe". Bei der in Ausonius' Spätphase fallenden Korrespondenz mit Paulinus ist von einer postum bearbeiteten Veröffentlichung auszugehen, vgl. W. L. Liebermann/P. L. Schmidt, „Ausonius", 270–273. 288–289.

denz zwischen Paulinus und Ausonius, deren ‚Sitz im Leben' die in ihrem Briefwechsel dynamisch vorangetriebene Auseinandersetzung ist.

3. Die hier herangezogenen poetischen Briefe dienen nicht der Vermittlung von Bildung. Sie setzen vielmehr Primär- und Sekundäradressaten voraus, die über den gleichen Bildungs- und Lektürehorizont wie die Schreiber verfügen, die also die Anspielungen registrieren und in ihrem literarischen Gedächtnis verorten können. Der Wert literarischer Bildung wird nicht eigens thematisiert, sondern manifestiert sich unmittelbar im Vollzug selbst. Auch im Briefwechsel zwischen Paulinus und Ausonius wimmelt es von gelehrten Anspielungen, was den christlichen Autor Paulinus aber nicht davon abhält, die einst von ihm erworbene und für seine weltliche Karriere eingesetzte standesgemäße Bildung angesichts seiner endgültig erfolgten Hinwendung zum asketischen Lebensideal zu verleugnen und abzuwerten.

4. Briefe in Versform erweisen sich gegenüber Prosa-Briefen als geeignete Gefäße für bestimmte Situationen, Themen und Gesprächspartner. So kann ein Autor mit einem Brief in verschiedenen Tonlagen in adäquater Form auf einen vorausgegangenen poetischen Brief reagieren, wie der Briefwechsel zwischen Paulinus und Ausonius zeigt.

5. Der poetische Brief erlaubt die Wahl eines bestimmten Versmaßes, womit die mit diesem Metrum verbundenen Assoziationen evoziert werden, wie im Fall des Catull-Gedichtes, in welchem die Klage um den verstorbenen Bruder im elegischen Distichon adäquaten Ausdruck findet oder – wie in Passagen des Briefwechsels zwischen Ausonius und Paulinus – im Hexameter, der an die literarische Tradition der Verssatire anknüpft.

6. Horaz verweist in seinen Episteln auf die Bedeutung des Dichters: Ihre Werke bieten exemplarische Modelle von Verhaltensweisen etwa in Form vorbildlicher Charaktere, wodurch künftige Generationen geformt werden. In analoger Weise kann die poetische Briefform – wie Horaz in seinen Versepisteln vorführt – die eigene Person in unaufdringlicher Weise, ganz wie in einem Gespräch unter Freunden, mit einbeziehen und vor Augen stellen, wie fragmentiert und stilisiert diese autobiographischen Momente auch immer sein mögen.

7. Bei den Verfassern von Versepisteln, insbesondere bei Horaz, lässt sich ein betonter Gestus beobachten, die Tatsache, dass es sich bei ihren Gedichten um Briefe in Versform oder überhaupt um Dichtung handelt, zu verbergen oder gar zu verneinen. Dies dürfte mit der Vorstellung vom Brief als Gespräch zusammenhängen, entzieht sich doch ein Gespräch einer allzu kunstvollen Ästhetisierung. Offenbar soll auch bei poetischen Briefen die Illusion vermittelt werden, es handle sich um persönliche Briefe im schlichten Gesprächston.

Bibliographie

P. Amann, „Tanaquil", in: *Der Neue Pauly* 12 (2002), 8.
D. Bischoff/J. Freytag, „Philomela und Prokne", in: *Mythenrezeption. Die antike Mythologie in Literatur, Musik und Kunst von den Anfängen bis zur Gegenwart* (hg. v. M. Moog-Grünewald; Der Neue Pauly Suppl. 5; Stuttgart/Weimar: J. B. Metzler Verlag, 2008), 590–595.
P. Dräger, *Decimus Magnus Ausonius. Sämtliche Werke III. Spätwerke aus Bordeaux* (hg., übers. und kommentiert; Trier: Kliomedia, 2015).
J. Ebbeler, „Mixed Messages. The Play of Epistolary Codes in Two Late Antique Latin Correspondences", in: *Ancient Letters. Classical and Late Antique Epistolography* (hg. v. R. Morello/A. D. Morrison; Oxford: Oxford University Press, 2007), 301–323.
H. G. Evelyn White, *Ausonius II* (The Loeb Classical Library 115; Cambridge MA/London: Harvard University Press, 1921).
E. Gowers, *Horace. Satires, Book I* (Cambridge: Cambridge University Press, 2012).
R. P. H. Green (Hg.), *The Works of Ausonius. Edited with Introduction and Commentary* (Oxford: Clarendon Press, 1991).
R. P. H. Green (Hg.), *Decimi Magni Ausonii opera* (Oxford: Oxford University Press, 1999).
P. Hardie, *Classicism and Christianity in Late Antique Latin Poetry* (Oakland CA: University of California Press, 2019).
H. Kaufmann, „Intertextuality in Late Latin Poetry", in: *The Poetics of Late Latin Literature* (hg. v. J. Elsner/J. Hernández Lobato; Oxford: Oxford University Press, 2017), 149–175.
G. Kelly, „Dating the Works of Sidonius", in: *The Edinburgh Companion to Sidonius Apollinaris* (hg. v. G. Kelly/J. van Waarden; Edinburgh: Edinburgh University Press, 2020), 166–194.
M. Keul-Deutscher, „Die Rettung einer gefährdeten Freundschaft. Zu Lukrez-Reminiszenzen im *Carmen* 11 des Paulinus von Nola", in: *Hermes* 126 (1998), 341–369.
G. R. Knight, „Friendship and Erotics in the Late Antique Verse-Epistle. Ausonius to Paulinus Revisited", in: *Rheinisches Museum für Philologie* 148 (2005), 361–403.
P. E. Knox (Hg.), *Ovid, Heroides, Select Epistles* (Cambridge: Cambridge University Press, 1995).
K. Kohlwes, *Christliche Dichtung und stilistische Form bei Paulinus von Nola* (Bonn: Rudolf Habelt Verlag, 1979).
W. L. Liebermann/P. L. Schmidt, „D. Magnus Ausonius", in: *Restauration und Erneuerung. Die lateinische Literatur von 284 bis 374 n.Chr.* (hg. v. R. Herzog; Handbuch der lateinischen Literatur der Antike 5; München: C. H. Beck, 1989), 268–308.
A. A. Long, *From Epicurus to Epictetus. Studies in Hellenistic and Roman Philosophy* (Oxford: Clarendon Press, 2006).
F. K. A. Martelli, *Ovid's Revisions. The Editor as Author* (Cambridge: Cambridge University Press, 2013).
R. Mayer (Hg.), *Horace, Epistles. Book I* (Cambridge: Cambridge University Press, 1994).
P. Monella, *Procne e Filomela. Dal mito al simbolo letterario* (Bologna: Pàtron, 2005).
L. Morgan, *Musa Pedestris. Metre and Meaning in Roman Verse* (Oxford: Oxford University Press, 2010).
A. D. Morrison, „Didacticism and Epistolarity in Horace's *Epistles* 1", in: *Ancient Letters. Classical and Late Antique Epistolography* (hg. v. R. Morello/A. D. Morrison; Oxford: Oxford University Press, 2007), 107–131.
S. Mratschek, „The Letter Collection of Sidonius Apollinaris", in: *Late Antique Letter Collections. A Critical Introduction and Reference Guide* (hg. v. C. Sogno/B. K. Storin/E. J. Watts; Oakland CA: University of California Press, 2017), 309–336.

M. Neger, *Epistolare Narrationen. Studien zur Erzähltechnik des jüngeren Plinius* (Classica Monacensia 56; Tübingen: Narr Francke Attempto, 2021).

T. J. Nelson, „'Most Musicall, Most Melancholy'. Avian Aesthetics of Lament in Greek and Roman Elegy", in: *Dictynna* 16 (2019), doi: https://doi.org/10.4000/dictynna.1914.

G. Rosati, „Sabinus, the *Heroides* and the Poet-Nightingale. Some Observations on the Authenticity of the *Epistula Sapphus*", in: *Classical Quarterly* 46 (1996), 207–216.

M. Rothstein, *Propertius Sextus, Elegien. Erklärt von M. Rothstein mit einem Nachwort von R. Stark. Erster Teil* (Dublin/Zürich: Weidmann, Nachdruck 1966).

N. Rudd, *Horace, Epistles. Book II and Epistle to the Pisones* (Cambridge: Cambridge University Press, 1989).

N. Rücker, *Ausonius an Paulinus von Nola. Textgeschichte und literarische Form der Briefgedichte 21 und 22 des Decimus Magnus Ausonius* (Hypomnemata 190; Göttingen: Vandenhoeck & Ruprecht, 2012).

Ch. Schmitz, *Juvenal* (Olms Studienbücher Antike 16; Hildesheim: Georg Olms Verlag, 2019).

M. Skeb, *Christo vivere. Studien zum literarischen Christusbild des Paulinus von Nola* (Hereditas 11; Bonn: Borengässer, 1997).

K. Thraede, *Grundzüge griechisch-römischer Brieftopik* (Zetemata 48; München: C. H. Beck, 1970).

M. Trapp, *Greek and Latin Letters. An Anthology with Translation* (Cambridge: Cambridge University Press, 2003).

D. E. Trout, *Paulinus of Nola. Life, Letters, and Poems* (Berkeley/Los Angeles/London: University of California Press, 1999).

T. Woodman, „A Covering Letter. Poem 65", in: *Catullus. Poems, Books, Readers* (hg. v. I. Du Quesnay/T. Woodman; Cambridge: Cambridge University Press, 2012), 130–152.

H. Wulfram, *Das römische Versepistelbuch. Eine Gattungsanalyse* (Berlin: Verlag Antike, 2008).

Heinz-Günther Nesselrath
Dichtung und Wahrheit in der antiken Briefliteratur
Der Fall des Apollonios von Tyana

Ein Punkt, der uns bei der Erforschung der antiken Briefliteratur sicher stets interessieren muss, ist die Frage: Welchen Bezug haben die auf uns gekommenen Briefe zu den für sie genannten Verfassern, oder einfacher ausgedrückt: sind sie echt? In diesem Beitrag möchte ich zunächst mit einem einleitenden Überblick zeigen, dass die antike Briefliteratur schon seit den frühesten Nachrichten über ihre ersten Specimina in einem Spannungsfeld zwischen Dichtung und Wahrheit steht, und anschließend an dem uns erhaltenen Briefcorpus des Apollonios von Tyana etwas genauer vorführen, dass wir hier im Einzelnen mit recht komplexen Fragen konfrontiert sind, die sich freilich nicht nur bei Apollonios von Tyana stellen.

1 Einleitung: Der Brief als Kommunikationsmittel und als Literatur – eine Übersicht

a) Der Brief von Homer bis in die klassische Zeit
Der erste in der antiken griechischen Literatur erwähnte Brief ist wichtiger Bestandteil eines Mythos und hat einen sehr sinistren Inhalt: In ihm – so erfahren wir im sechsten Buch der homerischen *Ilias* (V. 168–178) – weist sein Absender, der König Proitos von Argos, den Empfänger, den lykischen König Iobates, an, den Überbringer des Briefes, den edlen Helden Bellerophontes, zu töten.

Die nächsten Belege für Briefe führen uns – vielleicht etwas überraschend – auf die attische Bühne: In seinem zweiten *Hippolytos*-Stück stellt Euripides dar, wie die unglücklich in ihren Stiefsohn Hippolytos verliebte Phaidra nach ihrer Abweisung durch diesen an Hippolytos Rache nehmen will, indem sie kurz vor ihrem Selbstmord einen Brief schreibt, in dem sie den Spieß umdreht und nun ihrerseits Hippolytos beschuldigt, sich ihr in unzüchtiger Absicht genähert zu haben.[1] Diesen Brief findet Phaidras Ehemann Theseus am Leichnam seiner toten

---
[1] Euripides, Hipp. 856–880; P. A. Rosenmeyer, *Letters*, 13.

Heinz-Günther Nesselrath, Göttingen

Frau – sie hat ihn sich dazu eigens ans Handgelenk gebunden –, und damit steht für ihn die Schuld seines Sohnes fest: Er verflucht ihn und schickt ihn in den Tod. In unserem Zusammenhang ist wichtig, dass ein solcher Brief vor diesem Stück offenbar noch nicht Teil der Phaidra-Geschichte war (in einer anderen, nicht erhaltenen Version des Stücks gab es ihn nicht); d. h. Euripides hat ihn wohl eigens für dieses Stück erfunden[2] – der erste uns belegte Fall dieser Art (in der bei Homer erzählten Bellerophontes-Geschichte war der verhängnisvolle Brief dagegen wohl bereits Bestandteil der Geschichte und wurde nicht vom *Ilias*-Dichter neu eingefügt). Phaidras Brief ist also beides: eine geniale literarische Erfindung und ein essentielles und überzeugendes Kommunikationsmittel, denn ohne ihn hätte Theseus nicht von Phaidras Beschuldigung erfahren und ihr wohl auch keinen Glauben geschenkt.

Euripides hat das Mittel des Briefes auch noch in anderen Stücken effektvoll eingesetzt;[3] und ungefähr gleichzeitig tauchen Briefe auch in den ersten großen erhaltenen Werken der griechischen Geschichtsschreibung auf: Sowohl bei Herodot[4] als auch bei Thukydides[5] spielen Briefe in manchen Kontexten eine nicht unwichtige Rolle. Dabei stellt sich freilich fast stets die Frage, ob hier von authentischen Dokumenten die Rede ist oder ob wir hier auch mit einem – vielleicht nicht unerheblichen – Anteil an Erfindung durch die betreffenden Autoren zu rechnen haben (vergleichbar mit der Erscheinung, dass griechische Geschichtsschreiber seit Herodot sich die Freiheit genommen haben, Reden in ihren Werken mehr oder weniger frei zu komponieren): Selbst wenn der in wörtlicher Rede bei Herodot wiedergegebene Brief des ägyptischen Pharao Amasis an den Tyrannen Polykrates von Samos schon ein Bestandteil der auf Herodot gekommenen Tradition der Polykrates-Geschichte war, dürfte die Formulierung des Briefes doch wesentlich auf Herodot selbst zurückgehen; und der lange Brief, den im ersten Teil des siebten Buches des Thukydides (VII 11–15) der athenische Feldherr Nikias aus dem Feldlager vor Syrakus an seine Landsleute in Athen schickt und dringend um Verstärkung bittet, ist

---

2 Vgl. P. A. Rosenmeyer, ebd., 3–4.
3 Vgl. ebd., 5.11–13 (*Iphigenie bei den Tauern* 727–787, *Iphigenie in Aulis* 34–123). Zu Briefen in der attischen Komödie des 4. und 3. Jahrhunderts v. Chr. (es gab hier auch mehrere Stücke mit dem Titel *Epistole/Epistolai*) vgl. ebd., 23.
4 Herodot I 123,4–124,3 (Harpagos an Kyros; der Brief ist im Bauch eines erlegten Hasen versteckt); III 40,1–4 (Amasis an Polykrates; in III 42,3 wird kurz von einem Antwortbrief berichtet); V 35,2–3 (Histiaios an Aristagoras; der Brief ist auf die Kopfhaut eines Sklaven tätowiert); VII 239,3–4 (Demaratos warnt die Spartaner vor dem Feldzug des Xerxes); P. A. Rosenmeyer, ebd., 13–14.
5 Thukydides I 128–132 (Briefwechsel zwischen dem Spartanerkönig Pausanias und dem Perserkönig Xerxes); P. A. Rosenmeyer, ebd., 14. Vgl. auch den in Thukydides I 137,4 zitierten Brief des Themistokles an den Perserkönig Artaxerxes (dazu P. A. Rosenmeyer, ebd., 49).

ganz wie die Reden in diesem Werk im Stil des Autors gehalten. So zeigen auch die Briefe in diesen beiden Begründern der griechischen Historiographie ein echtes Janus-Gesicht: Sie mögen zum einen ein *fundamentum in re* haben, zum anderen sind sie aber auch literarische Ausgestaltungen durch ihre Autoren.

b) Antike Briefcorpora, echte und fiktive
Bei einem jüngeren athenischen Zeitgenossen des Thukydides stoßen wir nun erstmals auf das Phänomen eines überlieferten Briefcorpus und werden dabei in noch erheblich verschärfter Weise mit der bis heute noch nicht abschließend beantworteten Frage nach Echtheit oder Fiktion konfrontiert: Unter dem Namen Platons ist ein Corpus von insgesamt 13 Briefen überliefert, deren Mehrheit seit langem einhellig als pseudepigraphische Fälschungen beurteilt wird; doch werden einige wenige und vor allem der berühmte *Siebte Brief* wenigstens von einigen Forschern für echt gehalten. Längere Zeit war dies im Fall des *Siebten Briefs* sogar die vorherrschende Meinung; inzwischen aber hat sich das ziemlich geändert, und gerade in den letzten Jahren haben sich gewichtige Stimmen zu Wort gemeldet, die auch den *Siebten Brief* für unecht halten.[6] Eindeutige Bezugnahmen auf ihn – als echt platonisch (eine Meinung, die übrigens durch die gesamte Antike hindurch vertreten wurde) – gibt es seit dem 1. Jahrhundert v. Chr.[7] (und damit immerhin deutlich *vor* der Zeit der sogenannten Zweiten Sophistik, auf die wohl die meisten der hier noch zu nennenden Brief-Corpora zurückgehen).

Wenn also tatsächlich alle unter Platons Namen überlieferten Briefe nicht authentisch sind, dürfte diese Sammlung die früheste fiktive sein, die wir aus der Antike noch erhalten haben. Die früheste *echte* Briefsammlung einer bedeutenden historischen Persönlichkeit stammt aus dem mittleren 1. Jahrhundert v. Chr.; ich meine die umfangreiche Korrespondenz Ciceros (über 900 Briefe), die sein Sekretär Tiro in Ciceros letzten Lebensjahren bzw. bald nach seinem Tod in mehrere Corpora (*Ad familiares, Ad Atticum, Ad M. Brutum, Ad Quintum fratrem*) gefasst hat. Noch ältere authentische Individualbriefe sind uns auf in Ägypten gefundenen griechischen Papyri erhalten; als bedeutendes Corpus ist hier das Archiv des Zenon von Kaunos zu nennen, der in den mittleren Jahrzehnten des 3. Jahrhunderts v. Chr. als Verwalter und Sekretär für den hohen ptolemäischen Beamten Apollonios tätig war. Auch aus der weiteren Antike sind noch bedeutende authentische Briefcorpora erhalten, und dies vor allem aus der Spätantike –

---

6 Siehe M. Burnyeat/M. Frede, *Seventh Letter* (dazu aber auch die kritischen Bemerkungen von T. A. Szlezák, „Besprechung"); M. Trapp, „Review-Discussion"; K. Lennartz, „Seventh Letter".
7 In Cicero, Tusc. V 100; fin. II 92; fam. I 9,18 findet sich die Paraphrase einer Passage des 5. Briefes (322a–b).

hier seien nur kurz aus dem 4. Jahrhundert n. Chr. die Briefe des Libanios genannt (mit etwa 1600 Briefen das bedeutendste antike Corpus überhaupt), ferner die Briefe des Kaisers Julian (87, wenn auch nicht alle echt), aus dem frühen 5. Jahrhundert 156 des neuplatonischen Philosophen und späteren christlichen Bischofs Synesios und noch aus dem 6. mehr als 160 des Rhetors Prokop von Gaza. Synesios ist im übrigen nicht der erste christliche Bischof, von dem Briefe erhalten sind; chronologisch vor ihm wären Basileios von Caesarea, Gregor von Nyssa und Gregor von Nazianz zu nennen, und in lateinischer Sprache entstehen im späteren 4. (und frühen 5.) Jahrhundert die Briefe etwa des Hieronymus und des Augustinus.

Wir haben also sichere Beispiele für authentische Briefcorpora sowohl im römischen als auch im griechischen Bereich seit hellenistischer Zeit; aber die große Mehrzahl der von Rudolf Hercher bereits 1873 in den *Epistolographi Graeci* gesammelten und unter dem Namen berühmter Männer (Dichter, Philosophen und Herrscher/Feldherren/Politiker) stehenden Corpora sind spätere Erfindungen, von denen hier nur wenige kurz charakterisiert werden sollen, um die Spannweite dieses Genres anzudeuten. Die Blütezeit dieser Erfindungen liegt in der hohen (aber auch noch der späteren) römischen Kaiserzeit und hängt mit der gleichzeitigen Blüte der griechisch-römischen Schulrhetorik zusammen: In dieser war der wohl wichtigste Übungsgegenstand, um sich Fertigkeiten in der Redekunst anzueignen, der Entwurf von Übungsreden (μελέται), in denen der Sprecher den Part des Anklägers oder Verteidigers in einem bestimmten Gerichtsfall übernehmen musste oder sich in die Rolle einer bekannten mythischen oder historischen Figur zu versetzen hatte, die sich mit einer bestimmten Situation konfrontiert sah (etwa „Was hätte Agamemnon gesagt, als ihm mitgeteilt wurde, dass er seine Tochter opfern müsse, damit die griechische Flotte gegen Troja aufbrechen könne?" oder „Wie konnte Themistokles, als das Heer des Perserkönigs Xerxes im Anmarsch war, seine athenischen Landsleute dazu überreden, ihre Stadt aufzugeben und sich auf die Flotte zurückzuziehen?"). Bei solchen fiktiven Reden kam viel darauf an, dass der Sprecher sich überzeugend in die betreffende Persönlichkeit – soweit diese aus geschichtlicher oder literarischer Überlieferung bekannt war – hineinversetzte und so argumentierte, wie man es von dieser Persönlichkeit erwarten konnte; es ging also um die regelrechte „Erschaffung eines Charakters" (griech. ἠθοποιΐα). Genau um das Gleiche geht es, wenn man unter dem Namen einer solchen Persönlichkeit Briefe schreibt (nur mit dem quantitativen Unterschied, dass die entsprechenden Texte in der Regel kürzer ausfallen als die skizzierten Übungsreden). Wie fließend die Übergänge sind, lässt sich gut an der ersten *Phalaris-Rede* des vielseitigen Redekünstlers und Satirikers Lukian von Samosata (aus dem mittleren 2. Jahrhundert n. Chr.) zeigen: Diese Rede ist als Begleitschreiben – also als Brief – für das bemerkenswerte Weihgeschenk konzipiert, das der Tyrann Phalaris von Akragas / Agrigent (er soll im früheren 6. Jahrhundert v. Chr. sein Unwesen getrieben haben) der berühmten Orakelstätte von Delphi zukommen lassen möchte, nämlich ausgerechnet den berüchtigten lebensgroßen Bronzestier, in dem er zuvor seine Gegner zu Tode geröstet haben soll! Um dieses Weihgeschenk den Delphern akzeptabel zu machen, bietet das Schreiben eine ingeniöse Apologie des Tyrannen, die alle Vorwürfe seiner Gegner gegen ihn *ad absurdum* führen soll.

Vielleicht führte diese literarische Rehabilitation des Phalaris dann auch zu einem der bedeutendsten fiktiven Briefcorpora, die wir aus der Antike noch haben (auch wenn die Chronologie hier sehr unsicher ist): Just unter dem Namen des Phalaris sind insgesamt 148 Briefe an sehr verschiedene Adressaten (darunter auch so berühmte wie den Philosophen Pythagoras) überliefert, die zusammengenommen ein bemerkenswertes Bild dieses Herrschers formen, der seit seiner ältesten Erwähnung bei Pindar[8] immer als der Prototyp des grausamen Gewaltherrschers gegolten hat. Sowohl die Entstehungszeit als auch die Entstehungsart dieses Briefcorpus sind noch längst nicht völlig geklärt; doch mag es – da sich in ihm verschiedene Handlungssequenzen identifizieren lassen[9] – vielleicht auf einen während der Zeit der Zweiten Sophistik entstandenen Briefroman zurückgehen,[10] an den sich dann in den folgenden Zeiten noch weitere Briefe anlagerten.

Einen solchen Briefroman – der in der chronologisch angeordneten Abfolge der insgesamt fünf Briefe einen wichtigen Abschnitt im Leben ihres angeblichen Schreibers erkennen lässt – stellen jedenfalls auch die Briefe des Euripides dar, indem sie die Entwicklung seiner Beziehungen zum König Archelaos I. von Makedonien (in Euripides' letzten Lebensjahren) nachzeichnen; im zweiten Brief kommt auch Euripides' Verhältnis zu seinem großen Konkurrenten Sophokles in den Blick. Offenbar ging es dem Autor dieser Briefe darum, zwei wichtigen „Negativposten" in der biographischen Überlieferung über Euripides – sein angespanntes Verhältnis zu Sophokles (das bereits eine Rolle in Aristophanes' Stück *Die Frösche* spielt) und sein als problematisch empfundenes Sich-Einlassen auf eine Beziehung zu dem als Gewaltherrscher verschrienen König Archelaos, bei dem er sogar sein Lebensende verbrachte – ein deutlich zum Positiven hin korrigiertes Bild gegenüberzustellen; und wie konnte dies überzeugender geschehen als durch angebliche Briefzeugnisse des Betroffenen selbst? Ob damit freilich eine seriöse Korrektur des überlieferten Euripides-Bildes beabsichtigt war (um dieses Bild dauerhaft zu verändern),[11] ist

---

8 Pindar, Pyth. 1,92–98.
9 Siehe S. Merkle/A. Beschorner, „Handlungssequenzen".
10 Vgl. N. Holzberg (Hg.), *Briefroman*, 5–6.
11 Vgl. dazu R. Knöbl, *Representations of Euripides*, 249. 258.

fraglich; plausibler ist, dass der Autor mit seinem durchaus ingeniös gestalteten neuen Euripides-Bild, vor allem unterhalten wollte,[12] so wie dies wohl auch Lukians Absicht mit seinem paradox-positiven Phalaris war.

Schließlich ist auffallend, dass sich unter diesen pseudepigraphischen Briefcorpora eine ganze Reihe findet, in deren Mittelpunkt Philosophen stehen; so gibt es ein Corpus mit Pythagoreer-Briefen (unter deren Absendern bemerkenswert viele Frauen sind), eines mit Kyniker-Briefen sowie auch eines mit Sokrates- und Sokratiker-Briefen – was nicht zuletzt deswegen besonders bemerkenswert ist, weil nach übereinstimmender biographischer Überlieferung Sokrates ja keine einzige Zeile (mithin auch keine Briefe) geschrieben haben soll, während ihm in diesem Corpus von insgesamt 35 Briefen immerhin sieben zugeordnet werden. Dies mag an Beispielen für die vielen fiktiven Briefcorpora in Herchers Sammlung genügen.

Nur einer kurzen Erwähnung bedürfen an dieser Stelle literarische Briefsammlungen, die schon dadurch, dass sie unter dem Namen bestimmter Autoren laufen, die nicht mit den Namen der Briefschreiber identisch sind, gar nicht erst den Anspruch erheben, echte Briefzeugnisse bedeutender früherer Persönlichkeiten zu sein; zu nennen sind die *Bauernbriefe* des Aelian, die *Fischer-, Bauern-, Parasiten- und Hetärenbriefe* des Alkiphron,[13] die mehrheitlich *Erotischen Briefe* des Philostrat, die *Erotischen Briefe* des Aristainetos[14] und – aus dem frühen 7. Jahrhundert – die *Moral-, Bauern- und Hetärenbriefe* des Theophylaktos Simokattes. Oft wollen diese Briefsammlungen keine bestimmten (historischen) Individuen, sondern bestimmte Typen (eben Bauern, Fischer, Parasiten, Hetären) zum Leben erwecken und zeigen damit ihre besonders enge Verbindung zur rhetorischen Ethopoiie.

Unter den uns erhaltenen Briefsammlungen gibt es aber nicht nur authentisch-historische auf der einen und fiktional-literarische auf der anderen Seite, sondern offenbar auch so etwas wie „Mischformen", bei denen ein authentischer Kern um fiktionale Stücke erweitert wurde. Dies ist z. B. der Fall bei dem umfangreichen Briefcorpus des Neilos von Ankyra (frühes 5. Jahrhundert n. Chr.); von den mehr als 1000 Stücken dieses Corpus ist ein beachtlicher Teil nicht echt. Ein bemerkenswerter Fall dieser Art ist auch der angebliche Briefwechsel zwischen dem christli-

---

12 Vgl. O. Poltera, „Letters of Euripides", 164.
13 Namentlich unter den *Hetärenbriefen* gibt es zwar einige (wenige) unter dem Namen historischer Personen (z. B. Nr. 1 unter dem Namen der berühmten Hetäre Phryne, Nr. 18 unter dem des Komödiendichters Menander), aber da als Autor auch bei ihnen Alkiphron feststeht, ist klar, dass es sich um Fiktionen handelt.
14 Wobei der Autorname sicher falsch ist; der Name des ersten Briefschreibers hat offenbar den des Autors in der Überlieferung verdrängt.

chen Bischof Basileios von Caesarea und dem heidnischen Rhetor Libanios:[15] Im großen Briefcorpus des Libanios gibt es zwei Briefe an einen Basileios, der der Bischof sein könnte (ep. 501 und 647 Foerster); daneben aber gibt es noch ein Corpus von insgesamt 26 Briefen, die die beiden miteinander ausgetauscht haben sollen. Bezeugt ist dieses Corpus erstmals bereits im 6. Jahrhundert, und ganz oder wenigstens teilweise ist es in insgesamt 124 Handschriften (die älteste stammt aus dem späteren 11. Jahrhundert) überliefert; es wurde schon 1499 zum ersten Mal gedruckt, aber erst 231 Jahre später wurde erstmals an seiner Echtheit gezweifelt, und ich glaube, vor einigen Jahren erwiesen zu haben, dass 24 der 26 Briefe aus der Hand eines christlichen Schreibers wahrscheinlich des 5. Jahrhunderts stammen, der zeigen wollte, dass auch der große heidnische Rhetor Libanios die rhetorische Überlegenheit des christlichen Bischofs Basileios anerkannte.[16] Und last not least darf man in dieser Misch-Kategorie auch das „Corpus Paulinum" im Neuen Testament erwähnen, das ja nicht nur aus echten Paulus-Briefen besteht.

2 Die Briefe des Apollonios von Tyana

Wo sind nun – innerhalb des gerade skizzierten weiten Spektrums antiker (sowohl heidnischer als auch christlicher) Briefliteratur und in dem weiten Feld zwischen authentischen Zeugnissen und späteren Erfindungen – die unter dem Namen des Apollonios von Tyana überlieferten Briefe zu verorten? Es wird sich rasch zeigen, dass es auf diese Frage keine einfache Antwort gibt; und warum das so ist, dazu können einige knappe einführende Bemerkungen zur Person des Apollonios und seiner Wirkungsgeschichte im späteren Altertum vielleicht schon eine erste Begründung liefern.

a) Apollonios von Tyana: Seine Person und seine Bedeutung in der späteren Antike

Das Leben des pythagoreischen Philosophen und Wanderpredigers Apollonios von Tyana deckt sich zum größten Teil mit dem 1. Jahrhundert n. Chr. – früh in diesem Jahrhundert geboren, soll er mehr oder weniger bis an dessen Ende gelebt haben (in Philostrats Lebensbeschreibung erlebt er noch das Ende des Kaisers Domitian 96 n. Chr.). Seine erste Erwähnung findet sich – jedenfalls in uns erhaltenen Quellen –

---

15 Dazu H.-G. Nesselrath, „Libanio e Basilio". Die Nr. 24 und 25 dieser Briefe sind mit ep. 501 und 647 Foerster identisch.
16 Vgl. ebd., 351.

aber erst mehr als ein halbes Jahrhundert später, und sie ist alles andere als positiv: Der hier bereits genannte Satiriker Lukian von Samosata weist zu Beginn seiner Lebensbeschreibung des Alexander von Abonuteichos – den er als gefährlichen religiösen Scharlatan herausstellen will – darauf hin, dass der Lehrer dieses Alexander einer von denen war, „die mit dem berühmt-berüchtigten Apollonios zusammengewesen waren und dessen ganzen Hokuspokus kannten".[17] Das klingt so, als skizziere Lukian hier eine Genealogie von ihm sehr suspekten religiös-philosophischen Lehrergestalten, deren Archeget Apollonios gewesen sei; die Bezeichnung „der berühmt-berüchtigte" lässt immerhin darauf schließen, dass über Apollonios zu Lukians Zeit schon Einiges erzählt wurde.

Wieder ein halbes Jahrhundert (oder etwas mehr) nach Lukian entsteht dann der Text, in dem Apollonios richtig groß herauskommt: Philostrats Beschreibung seines Lebens in acht Büchern (wahrscheinlich zwischen 217 und 238 n. Chr. veröffentlicht[18]). In Kapitel 2 und 3 des ersten Buches nennt Philostrat die Quellen für seine Darstellung, und unter diesen spielen auch Apollonios' Briefe eine nicht ganz unwichtige Rolle: „Gesammelt wurden von mir Nachrichten ... auch aus seinen Briefen; diese schrieb er an Herrscher, Sophisten, Philosophen, an die Eleer, Delpher, Inder, Ägypter zu den Themen Götter, Sitten, moralische Lehren, Gesetze ..."[19] Danach nennt er auch einige Autoren, die ihm in der Darstellung von Apollonios' Leben vorangegangen seien; unter diesen wird ein Werk in vier Büchern eines Mannes namens Moiragenes sehr negativ charakterisiert: „Moiragenes nämlich darf man keine Aufmerksamkeit schenken: Er verfasste zwar vier Bücher über Apollonios, wusste aber Vieles über den Mann nicht."[20]

Bezeichnenderweise ist aber gerade Moiragenes diejenige Quelle über Apollonios, die vielleicht zwei Jahrzehnte nach Philostrat kein Geringerer als der große christliche Gelehrte und Theologe Origenes als *seine* Hauptquelle zu Apollonios nennt, als er in seinem Spätwerk *Contra Celsum* einmal (in Cels. VI 41) kurz auf ihn zu sprechen kommt. Ist das Zufall, oder hat Origenes gerade deshalb Moiragenes konsultiert, weil er ihn bei Philostrat kritisiert fand? Dank Origenes kennen wir wahrscheinlich auch den Titel von Moiragenes' Werk: *Erinnerungen an Apollonios von Tyana, den Magier und Philosophen* (Ἀπολλωνίου τοῦ Τυανέως μάγου

---

17 Lukian, Alex. 5: τῶν Ἀπολλωνίῳ τῷ [Τυανεῖ] πάνυ συγγενομένων καὶ τὴν πᾶσαν αὐτοῦ τραγῳδίαν εἰδότων.
18 Für Einzelheiten vgl. H.-G. Nesselrath, „Philostrats Vita Apollonii", 258.
19 Philostrat, vit. Apoll. I 2,3: ξυνείλεκται δέ μοι ... *τὰ δὲ ἐκ τῶν ἐκείνου ἐπιστολῶν. ἐπέστελλε δὲ βασιλεῦσι σοφισταῖς φιλοσόφοις Ἠλείοις Δελφοῖς Ἰνδοῖς Αἰγυπτίοις ὑπὲρ θεῶν ὑπὲρ ἐθῶν ὑπὲρ ἠθῶν ὑπὲρ νόμων* ...
20 Ebd. I 3,2: οὐ γὰρ Μοιραγένει γε προσεκτέον βιβλία μὲν ξυνθέντι ἐς Ἀπολλώνιον τέτταρα, πολλὰ δὲ τῶν περὶ τὸν ἄνδρα ἀγνοήσαντι.

καὶ φιλοσόφου ἀπομνημονεύματα). Es war diese (zumindest ambivalente, wahrscheinlich aber eindeutig negative) Bezeichnung als „Magier", die Philostrat ein Dorn im Auge war (weil sie Apollonios zu sehr als Scharlatan erscheinen ließ), die aber für Origenes vielleicht gerade ein Grund war, Moiragenes zu lesen: Hier konnte er offenbar eine – gerade für Christen wertvolle – Apollonios-kritische Darstellung finden, während die panegyrische des Philostrat ganz andere Töne anschlug.[21]

So deutet sich vielleicht schon bei diesen unterschiedlichen Quellen-Beurteilungen durch Philostrat und Origenes die große Kontroverse um Apollonios an, die dann ein halbes Jahrhundert nach Origenes voll zum Ausbruch kam: Zu Beginn des 4. Jahrhunderts widmete sich der kaiserliche Statthalter von Bithynien/Ägypten und prominente Christengegner Sossianus Hierokles von Nikomedia in seiner Schrift *Der Wahrheitsfreund* (Φιλαλήθης) dem Leben und Wirken des Apollonios von Tyana und stellte ihn neben bzw. noch über Christus; dabei berief er sich ausdrücklich auf Philostrats umfangreiche Lebensbeschreibung des Apollonios und erklärte dieses Werk sogar zu einem mehr als nur genügenden Ersatz für die Evangelien. Auf Hierokles' Schrift wiederum reagierte kein Geringerer als Eusebios von Caesarea mit seinem Traktat *Erwiderung auf Philostrats Werk über Apollonios von Tyana wegen des von Hierokles angestrengten Vergleichs zwischen ihm und Christus* (Πρὸς τὰ ὑπὸ Φιλοστράτου εἰς Ἀπολλώνιον τὸν Τυανέα διὰ τὴν Ἱεροκλεῖ παραληφθεῖσαν αὐτοῦ τε καὶ τοῦ Χρίστου σύγκρισιν).

Etwa zur gleichen Zeit verfasste der epische Dichter Soterichos von Oasis eine dichterische Lebensbeschreibung des Apollonios, die sehr wahrscheinlich ihren Stoff ebenfalls aus Philostrats Werk bezog. Noch gegen Ende des 4. Jahrhunderts wird in der Lebensbeschreibung des Kaisers Aurelian innerhalb der *Historia Augusta* von einer Epiphanie des Apollonios berichtet, in der dieser den Kaiser davon abbrachte, Tyana (Apollonios' Heimatstadt) zu zerstören; und im Anschluss an die recht eindrucksvoll geschilderte Begebenheit bemerkt der Verfasser: „Was nämlich gab es Heiligeres, Verehrungswürdigeres, Hervorragenderes und Göttlicheres unter den Menschen als diesen Mann? Er gab Toten das Leben zurück, er tat und sagte Dinge, die über Menschenmaß hinausgehen. Wer diese Dinge kennenlernen will, der möge die griechischen Bücher lesen, die über sein Leben verfasst wurden."[22] Der letzte Satz dürfte erneut ein klarer Hinweis auf die

---

21 Vgl. hierzu H.-G. Nesselrath, „Philostrats Apollonios", 162–168.
22 SHA Aurel. 24,8: *Quid enim illo viro sanctius, venerabilius, antiquius diviniusque inter homines fuit? Ille mortuis reddidit vitam, ille multa ultra homines et fecit et dixit. Quae qui velit nosse, Graecos legat libros, qui de eius vita conscripti sunt.*

Lebensbeschreibung Philostrats sein, die in der Tat all das enthält, was in dieser *Historia-Augusta*-Stelle nur kurz angedeutet ist.[23]

b) Zur Überlieferung der Apollonios-Briefe

Vor dem Hintergrund der großen Bedeutung, die die Gestalt des Apollonios vor allem dank Philostrats Lebensbeschreibung in der Auseinandersetzung zwischen den Vertretern der alten Religion und den Christen erhielt, ist nun die Frage umso interessanter, in welchem Zusammenhang damit die unter dem Namen des Apollonios überlieferten Briefe stehen: Haben sie zu dieser Bedeutung beigetragen, oder sind sie – zumindest teilweise – vielleicht auch erst im Zusammenhang mit dem bemerkenswerten postmortalen Aufstieg des Apollonios entstanden, also als spätere Brieffiktionen?

Um auf diese Frage genauer eingehen zu können, muss zunächst etwas über die Überlieferung dieser Briefe gesagt werden.[24] Die ersten Nachrichten über sie verdanken wir – erneut – Philostrats Lebensbeschreibung: In vit. Apoll. VIII 20 heißt es, dem Kaiser Hadrian seien – zusammen mit einem Buch des Apollonios über Lehren des Pythagoras – „einige von den Briefen des Apollonios" übermittelt worden,[25] was – wenn die Nachricht zuverlässig ist – zum einen impliziert, dass etwa dreißig bis vierzig Jahre nach dem Ende von Apollonios' irdischem Dasein der erwähnte Kaiser ein dezidiertes Interesse an der Gestalt des Apollonios hatte, und zum anderen, dass es damals bereits eine Sammlung seiner Briefe gab. Schon zu Beginn seiner Lebensbeschreibung nennt auch Philostrat – wie bereits erwähnt – die Briefe des Apollonios unter seinen Quellen für dessen Leben, und an einer späteren Stelle weist er darauf hin, dass er selber „die meisten" oder „sehr viele" davon zusammengetragen habe.[26] An der gleichen Stelle bespricht er aber auch einen Brief, den er für eine Fälschung hält: In ihm habe Apollonios angeblich den Kaiser Domitian um seine Freilassung aus dem Gefängnis gebeten, aber der Brief, so Philostrat, könne nicht echt sein, weil er zum einen im ionischen Dialekt geschrieben sei – wofür er, Philostrat, kein weiteres Beispiel unter den Briefen kenne –, und zum anderen sei er im Vergleich zu den

---

[23] Die ebd. 24,3–6 geschilderte Epiphanie des Apollonios vor Aurelian ist sicher von der Epiphanie des bereits aus dem irdischen Leben geschiedenen Apollonios inspiriert, die sich am Ende von Philostrats Lebensbeschreibung findet (vit. Apoll. VIII 31,2–3).
[24] Vgl. hierzu R. Penella, *Letters of Apollonius*, 1–4.
[25] Philostrat, vit. Apoll. VIII 20: περὶ δὲ τοῦ βιβλίου τούτου γνώμη ἀποπεφάνθω μοι, διακομισθῆναι μὲν αὐτὸ βασιλεῖ Ἀδριανῷ ὕστερον, ὅτε δὴ καί τινας τῶν τοῦ Ἀπολλωνίου ἐπιστολῶν, οὐ γὰρ δὴ πάσας γε ...
[26] Ebd. VII 35: ξυνειλοχὼς αὐτοῦ πλείστας.

übrigen Briefen des Apollonios viel zu lang und weitschweifig.[27] Seinerseits könnte aber auch Philostrat Fälschungen aufgesessen sein: Der amerikanische Philologe Robert Penella, der 1979 die erste verlässliche kritische Edition der Apollonios-Briefe mit Kommentar veröffentlicht hat, ist mit guten Gründen der Ansicht, dass ein in vit. Apoll. I 23–24 referierter Brief des Apollonios an den kleinasiatischen Sophisten Skopelianos eine frühere Fälschung sein müsse, weil (u. a.) die Chronologie gegen einen solchen Briefwechsel spreche (zum angeblichen Zeitpunkt dieses Briefes wäre Skopelianos viel zu jung gewesen, um einen solchen Brief zu erhalten).[28]

Aus solchen Beobachtungen ergibt sich: Es gab zu Philostrats Zeit (frühes 3. Jahrhundert n. Chr.) schon eine Sammlung von Apollonios-Briefen, und zumindest einige darunter waren nicht authentisch. Die uns noch bekannten Apollonios-Briefe speisen sich aus drei Quellen:[29]

1. Die Apollonios-Briefe in Philostrats *Vita Apollonii*: Philostrats Lebensbeschreibung zitiert insgesamt 14 Briefe im Wortlaut (ep. 42a–h, 77a–f) und referiert (zum Teil nur sehr kurz) aus weiteren 16.[30] Die wörtlich zitierten Briefe finden sich auch in der separaten handschriftlichen Überlieferung (s. u.). Gerade die Authentizität dieser 14 Briefe aber ist großenteils stark umstritten – nicht zuletzt deshalb, weil sie oft sehr prominente Adressaten haben: So bieten ep. 42b–e einen Briefwechsel mit dem bekannten stoischen Philosophen Musonios; weil Musonios hier letztlich als der bessere dasteht (Apollonios bietet Musonios seine Hilfe für einen Prozess an, aber Musonios lehnt dankend und souverän ab), glaubt Penella,[31] dass Philostrat hier eine frühere Fälschung inkorporierte, ohne sie anzuzweifeln, weil sie Apollonios immerhin im Austausch mit einem berühmten (und sehr positiv konnotierten) Stoiker zeigt. In den Briefen 42f–h hat Apollonios einen noch prominenteren Adressaten, nämlich den römischen Kaiser Vespasian, dem er hier sehr knapp formulierte, zugleich aber massive Vorwürfe deswegen macht, weil Vespasian Griechenland – dem immerhin Kaiser Nero die „Freiheit" geschenkt hatte – wieder in eine (abgabenpflichtige) römische Provinz verwandelte. Penella glaubt,

---

27 Ebd.: καί τινα *ἐπιστολὴν ἀνέπλασαν* ξυγκειμένην μὲν ἰωνικῶς, τὸ δὲ μῆκος ἄχαρι, ἐν ᾗ βούλονται τὸν Ἀπολλώνιον ἱκέτην τοῦ Δομετιανοῦ γίγνεσθαι παραιτούμενον ἑαυτὸν τῶν δεσμῶν. Ἀπολλώνιος δὲ τὰς μὲν διαθήκας τὰς ἑαυτοῦ τὸν Ἰώνιον ἑρμηνεύει τρόπον, *ἐπιστολῇ δὲ ἰαστὶ* ξυγκειμένῃ οὔπω Ἀπολλωνίου προσέτυχον, καίτοι ξυνειλοχὼς αὐτοῦ πλείστας, οὐδὲ μακρηγορίαν πω τοῦ ἀνδρὸς ἐν ἐπιστολῇ εὗρον, βραχεῖαι γὰρ καὶ ἀπὸ σκυτάλης πᾶσαι.
28 R. Penella, *Letters of Apollonius*, 26; dazu bereits ders., „Scopelianus", 297–298.
29 Die im Folgenden verwendete Nummerierung der Briefe gibt die von Penella, *Letters of Apollonius*, wieder, die in großen Teilen auch schon auf die Philostrat-Edition von Kayser 1844 zurückgeht.
30 Diese sind ebd., 137–142 in einer Appendix zusammengestellt.
31 Ebd., 26.

dass diese Briefe von Philostrat selbst stammen;[32] in der Tat würden sie gut zu dem Bild von Apollonios als großem Vorkämpfer der Griechen passen, das Philostrat zu vermitteln sucht. Auch von den Briefen 77a–f glaubt Penella, dass sie erst aus Philostrats Werk in die separat überlieferten Briefsammlungen gelangt sind: ep. 77a–c stehen mit der ausführlich bei Philostrat (aber nirgends sonst) beschriebenen Indienreise des Apollonios in Zusammenhang (wobei nur ep. 77c ein Brief des Apollonios selbst ist, gerichtet an die indischen Weisen), während ep. 77d–f in Zusammenhang mit den flavischen Kaisern Vespasian und Titus stehen (deren angeblich enge Verbindungen zu Apollonios ebenfalls nur bei Philostrat zu lesen sind[33]).

2. Die Apollonios-Briefe in den Handschriften-Sammlungen: Das größte Corpus an noch erhaltenen Apollonios-Briefen findet sich in separat überlieferten Handschriften-Kollektionen. Penella hat die betreffenden Handschriften sorgfältig untersucht und zwei Familien unterschieden: Gruppe 1 umfasst acht Handschriften (wobei die ältesten davon dem 10. [F] und 11. Jahrhundert [Vd] angehören, aber – wie viele andere Handschriften auch – nur einen Teil der Apollonios-Briefe enthalten). Gruppe 2 umfasst 23 Handschriften, von denen aber keine älter als 1400 ist; zu dieser Gruppe gehört auch die Vorlage der *Editio princeps* von 1498 (die bereits ein Jahr später, 1499, in einer großen Briefsammlungsedition des Aldus Manutius nachgedruckt wurde), und die in dieser Vorlage vorhandene Anordnung der Briefe (unter denen sich auch die von Philostrat zitierten 14 Briefe finden) ist dann auch die, die man in den gedruckten Editionen bis heute findet (Nummern 1–77[34]); die Anordnung ist (mit wenigen kleinen Abweichungen) übrigens die der gesamten Handschriftengruppe 2 (abgesehen von einer Minderheit von Handschriften dieser Gruppe, die nur eine kleinere Auswahl der Briefe enthalten).

3. Die Apollonios-Briefe/Briefauszüge in der Anthologie des Johannes Stobaios: Die Nummern 78–100 sind ausschließlich in der großen Exzerpten-Sammlung enthalten, die wahrscheinlich im frühen 5. Jahrhundert Johannes Stobaios angelegt hat; davon ist Nr. 78 nur ein Zitat innerhalb eines Exzerpts aus der Schrift *De Styge* des neuplatonischen Philosophen Porphyrios (frg. 376F, Z. 91–95 Smith); die übrigen 22 scheinen von Stobaios selbst ausgesucht worden zu sein – offenbar aus einer Briefsammlung (oder mehreren?), die erheblich umfangreicher war(en) als die uns handschriftlich überlieferten, denn keine der Nummern 78–100 taucht in den uns erhaltenen Handschriften auf. Nur sieben der Stobaios-Stücke haben Adressaten, die sich auch in den handschriftlich überlieferten finden,[35] alle anderen nennen

---

32 Ebd. gegen G. Petzke, *Traditionen über Apollonius*, 122.
33 Vgl. dazu Nesselrath, „Philostrats Vita Apollonii", 240–247.
34 Die bei Philostrat zitierten Briefe haben, wie schon erwähnt, die Nummern 42a–h und 77a–f.
35 Übersicht bei R. Penella, *Letters of Apollonius*, 3.

Empfänger, die wir sonst nicht kennen. Ein weiteres Charakteristikum der Stobaios-Stücke ist, dass sie alle sehr kurz sind. Das hat Penella zu der Frage geführt, ob einige von ihnen nur Zitate aus Briefen sind.[36] Ich würde hier noch etwas weiter gehen und die Vermutung wagen, dass mehr oder weniger alle nur solche Zitate sind, denn abgesehen von der Adressaten-Nennung bestehen alle diese kurzen Texte nur aus allgemeingültigen und – mit ganz wenigen Ausnahmen[37] – unpersönlich formulierten Maximen (z. B. Nr. 81: „Nur bei wenigen Leuten bringt eine Gefälligkeit eine andere hervor"; Nr. 83: „Lüge ist sklavisch, Wahrheit ist edel"; Nr. 86: „Des Jähzorns Blüte ist Wahnsinn"; Nr. 89: „Die meisten Menschen verteidigen ihre eigenen Fehler und klagen die der anderen an"; Nr. 93: „Geschwätzigkeit führt zu vielen Misserfolgen; Schweigen ist sicher"; Nr. 98: „Kurz ist das Leben für einen Menschen, dem es gut geht, lang dagegen für den, der im Unglück steckt"). Immerhin zeigen diese Auszüge jedenfalls, dass zur Zeit ihrer Exzerpierung noch erheblich mehr Briefe unter Apollonios' Namen im Umlauf waren, als uns in den Handschriftensammlungen überliefert sind.

c) Der Apollonios der nur handschriftlich überlieferten Briefe und der Apollonios Philostrats

Im abschließenden Teil dieser Ausführungen soll es nun vor allem um diejenigen Briefe gehen, die nur in den Handschriften (und nicht bei Philostrat oder Stobaios) zu finden sind. Was lässt sich über ihre Echtheit sagen, und was für ein Bild vermitteln sie uns von Apollonios, wenn man es mit dem von Philostrat geschaffenen vergleicht?

In seiner kommentierten Edition hat Penella dazu bereits einige Untersuchungen vorgenommen[38] und ist zu dem Ergebnis gekommen, dass im Großen und Ganzen die Apollonios-Bilder, die sich aus diesen Briefen und der Lebensbeschreibung Philostrats ergeben, recht gut zueinander passen: „For the most part, the Apollonius of the letters and the Philostratean Apollonius are concordant personalities."[39] Penella stellt aber auch einige kleine Unterschiede bzw. Widersprüche heraus:

Der Anfang von Brief 8 sowie Brief 43 weisen darauf hin, dass Apollonios niemals ein Bad genommen habe, was er dagegen bei Philostrat durchaus tut[40] – hier könnte Philostrat das Bild vom ungewaschenen pythagoreischen Asketen be-

---
36 Ebd.
37 Solche Ausnahmen sind Nr. 84 und 85.
38 R. Penella, *Letters of Apollonius*, 26–28.
39 Ebd., 28.
40 R. Penella, ebd., 95 weist auf Philostrat, vit. Apoll. I 16,4 und II 27,2 hin.

wusst etwas geschönt haben, um seinen Apollonios der „high society" des severischen Kaiserhofs etwas schmackhafter zu machen.

In den Briefen 10 und 34 betont Apollonios, dass er damit aufgehört habe, Vorträge vor größerem Publikum zu halten, weil ihm das nicht mehr sinnvoll erscheine – von einer solchen Abneigung ist in Philostrats Lebensbeschreibung nichts zu spüren;[41] möglicherweise wollte Philostrat in diesem Punkt das Bild seines Apollonios dem der große Publikumserfolge erzielenden Sophisten seiner eigenen Zeit angleichen.

Von größerem Belang sind vielleicht die nicht (oder zumindest nicht ganz) miteinander in Einklang zu bringenden Einstellungen, die Apollonios zum Thema „Opfer für die Götter" in Brief 26 und 27 sowie in Philostrats Lebensbeschreibung zeigt: In Brief 26 teilt Apollonios dem Personal des Heiligtums in Olympia klar und unmissverständlich mit, dass die Götter seiner Meinung nach keiner Opfer bedürften; in Brief 27 schreibt er den Priestern in Delphi genauso klar, dass Priester mit Blut (d. h. mit Schlachtopfern) Altäre besudeln würden – dies würde der Haltung entsprechen, die Apollonios als Pythagoreer immer wieder in Philostrats Lebensbeschreibung[42] vertritt: dass unblutige Opfer in Ordnung sind, blutige aber nicht. Penella hat nun zwischen den Aussagen von Brief 26 und 27 einen unvereinbaren Gegensatz erkennen wollen; dies scheint mir jedoch nicht zwingend, denn Apollonios sagt in Brief 26 nicht, dass man überhaupt keine Opfer darbringen soll, sondern dass die Götter keiner Opfer bedürfen (was m. E. ein Darbringen unblutiger Opfer als Zeichen der Ehrerbietung nicht ausschließt). Man kann übrigens wohl annehmen, dass Apollonios, wenn er in Brief 26 an das Heiligtumspersonal in Olympia schreibt, ebenfalls vor allem die dort für Zeus üblichen Schlachtopfer im Auge hat (der aus der Asche dieser Schlachtopfer angehäufte Altar hatte schon zu Pausanias' Zeit eine Höhe von über sieben Metern[43]), womit die inhaltliche Diskrepanz zu Brief 27 noch kleiner wird.

Abgesehen von solchen Unstimmigkeiten vermitteln aber die in den Handschriften überlieferten Briefe, soweit sie nicht aus Philostrats Lebensbeschreibung übernommen sind, immerhin doch ein etwas anderes Bild von Apollonios, als es sich aus Philostrats Darstellung ergibt. Philostrat nennt, wie wir bereits gesehen haben, als Teil seines Quellenmaterials Briefe „an Herrscher, Sophisten, Philosophen, an die Eleer, Delpher, Inder, Ägypter". Wie weit sind diese Kategorien in den nur in den Handschriften erhaltenen Briefen zu finden?

---

41 R. Penella, ebd., 97 weist in diesem Zusammenhang auf Philostrat, vit. Apoll. I 16,4; IV 41 und VIII 26 hin.
42 Vgl. die bei R. Penella, ebd., 105 angegebenen Stellen (z. B. vit. Apoll. VIII 7,29.30.39).
43 Vgl. Pausanias V 13,8–9.

Bei der Kategorie „Herrscher" ist bemerkenswert, dass die Sammlung zwei Briefe an Kaiser Domitian enthält (ep. 20 und 21), von denen man den zweiten geradezu als eine Schmeichelei auffassen könnte (Apollonios sagt hier, Domitian solle nicht über Barbaren herrschen, denn diese hätten kein Recht darauf, dass es ihnen gut gehe[44]). Bei Philostrat gibt es keine solche Kommunikation des Apollonios mit Domitian; wie wir schon gesehen haben, weist Philostrat ja sogar einen angeblichen Brief, in dem Apollonios diesen Kaiser um seine Freilassung bittet, als Fälschung zurück. Sonst gibt es noch einen Brief an einen Skythenkönig (ep. 28), dessen Echtheit Penella jedenfalls nicht ausschließen will; Philostrat dagegen lehnt in vit. Apoll. I 13 jede Verbindung des Apollonios mit Skythien ab, weil sie in ihm bekannten Quellen offenbar mit einer angeblichen Liebesaffäre (!) des Apollonios in Verbindung stand, die er – als zum Bild „seines" Apollonios" nicht passend – ebenfalls leugnete.[45]

Bei der Adressatenkategorie „Sophisten" (im Sinn von „öffentlich auftretende Redner") ist an Briefe an Dion von Prusa (ep. 9 und 10) und an Skopelianos (ep. 19) zu denken. In Philostrats Lebensbeschreibung haben beide ebenfalls Beziehungen zu Apollonios, so dass sich hier keine Diskrepanz zeigt.

Ähnliches gilt für die Adressatenkategorie „Philosophen". Hier gibt es vor allem *einen* Philosophen, der in der Sammlung eine sehr große Zahl von Briefen – insgesamt 17 und damit die höchste Zahl, deren sich ein individueller Adressat in der Sammlung überhaupt erfreuen kann – erhält: An diesen Mann – den Stoiker Euphrates von Tyros, der von Plinius dem Jüngeren (ep. I 10) eine ausgesprochen positive Charakteristik erhalten hat – sind die Briefe 1–8, 14–18, 50–52 und 60 gerichtet, und sie lassen allesamt kein gutes Haar an Euphrates (in ep. 60 wird er sogar beschuldigt, gegen Apollonios einen Mordanschlag angestiftet zu haben). Dieses Bild deckt sich völlig mit dem, das Philostrat in der Lebensbeschreibung von Euphrates zeichnet,[46] nämlich das eines geldgierigen Intriganten, der alles tut, um Apollonios in der Gunst der Reichen und Mächtigen auszustechen. Über die Briefe an Euphrates hinaus gibt es in dieser Kategorie noch einen „an die Stoiker" allgemein (ep. 74), aber auch er besteht im Wesentlichen aus einer Invektive gegen Euphrates und dessen jungen Adlatus Bassos (von dem Apollonios insinuiert, dass Euphrates sich seiner nur wegen seiner homoerotischen Attraktivität angenommen habe). Es gibt auch noch einen Brief an „die Platoniker" (ep. 42), in

---

[44] R. Penella, *Letters of Apollonius*, 103 erwägt, ob hier eine subtile Kritik an Domitians Tributzahlungen an nichtrömische Mächte intendiert gewesen sein könnte. Der Inhalt scheint mir das kaum nahezulegen.
[45] Vgl. hierzu ebd., 105–106.
[46] Dazu ebd., 89.

dem Apollonios spezifiziert, unter welchen Umständen er bereit ist, von jemandem Geld anzunehmen.

Schließlich die geographisch gekennzeichneten Adressaten („Eleer, Delpher, Inder, Ägypter"): Zur Rubrik „Eleer" könnte man Brief 24 rechnen, in dem sich Apollonios an die „Hellanodiken und Eleer" wendet, um ihnen seine Ablehnung, zu den Olympischen Spielen zu kommen, mitzuteilen – was seinem Verhalten in Philostrats Lebensbeschreibung klar widerspricht.[47] Nicht an die „Delpher" allgemein, aber an ihre Priester wendet sich Apollonios in Brief 27, um seine (bereits oben behandelte) Ablehnung blutiger Schlachtopfer kundzutun. An „Inder" dagegen gibt es in den nur in den Handschriften überlieferten Briefen keinen einzigen, während sich an „Ägypter" Brief 70, allerdings speziell an die Bürger von Saïs, richtet, in dem Apollonios scharf die Bürger von Saïs' Mutterstadt, Athen, kritisiert.

In dieser Kategorie gibt es also nur partielle Übereinstimmungen; zugleich machen die (nur) in den Handschriftensammlungen überlieferten Briefe des Apollonios deutlich, dass der gesamte geographische Wirkungsbereich des Briefschreibers Apollonios ein anderer ist als der des Helden in Philostrats Lebensbeschreibung: In der Briefsammlung schreibt Apollonios – neben den gerade genannten geographischen Adressaten – an die Bürger/Einwohner von Caesarea Maritima in Palästina (ep. 11), die Ratsherren von Seleukeia[48] (ep. 12 und 13), an „Peloponnesier" (ep. 25), an die „Schreiber der Ephesier" (ep. 32) sowie an die „Ephesier" insgesamt (ep. 65–68), an die Einwohner von Milet (ep. 33), an die Einwohner von Sardes (ep. 38–41 sowie 56 und 75–76), an Rat und Volk seiner Heimatstadt Tyana (ep. 47), an die Spartaner (ep. 63 und 64) und an die Einwohner von Tralleis (ep. 69). Die hier erkennbaren geographischen Dimensionen zeigen, dass sich der Wirkungsbereich des Briefschreibers Apollonios vor allem auf Kleinasien und angrenzende Gebiete (Muttergriechenland, Syrien) erstreckt und damit deutlich enger ist als der des Apollonios in Philostrats Lebensbeschreibung, dessen Wirken von Indien im Osten über Äthiopien im Süden bis zum äußersten Spanien im Westen reicht.

Aber es gibt noch etwas anderes, das den Apollonios der Briefe von dem Philostrats deutlich unterscheidet: sein viel stärkerer Bezug zu seiner Heimatstadt Tyana und zu seiner dort lebenden Familie. Die Briefsammlung enthält mehrere Briefe an seinen Bruder Hestiaios (der bei Philostrat überhaupt nicht vorkommt): ep. 35 (worin er seinen Bruder bittet, bei den Einwohner von Tyana den Eindruck zu bekämpfen, er, Apollonios, sei nur auf Reisen gegangen, um Geld zu machen),

---

[47] Dazu ebd., 104.
[48] Es ist unklar, welches Seleukeia hier gemeint ist (in Pamphylien? Kilikien? Pierien?); vgl. ebd., 98.

44–45 (worin Apollonios seine Liebe zu Tyana beteuert und ankündigt, bald zurückzukehren) und 72–73 (hier tadelt er Hestiaios' Wunsch, einen römischen Namen zu führen, d. h. wohl das römische Bürgerrecht zu erwerben, und macht sich Gedanken über die Zukunft von Tyana). Ein weiterer Brief ist an einen „Bruder" gerichtet (ep. 55), der Hestiaios sein kann, aber nicht muss. Daneben schreibt er auch an weitere Tyanenser (in ep. 46 an einen Gordios, den er wegen seines Verhaltens gegenüber seinem Bruder Hestiaios tadelt; in ep. 48 an einen Diotimos, dessen Dank für eine Wohltat er ablehnt; in ep. 49 an einen Ferokianos, den er bald besuchen möchte) und auch „offiziell" an „Rat und Volk von Tyana" (ep. 47, worin er seine Rückkehr „auf Geheiß" seiner Vaterstadt ankündigt). So starke Bezüge zu seiner Heimat und seiner Familie wie in diesen Briefen sind bei Philostrat nicht erkennbar.[49]

Insgesamt ist der Apollonios dieser Briefe noch nicht die überragende, geradezu weltweit agierende Predigerfigur wie bei Philostrat. Es gibt zwar in ihnen Hinweise, dass er schon eine über Tyana relativ weit hinausgehende Bedeutung hat: In ep. 11 dankt er den Ratsherren von Caesarea Maritima für eine Ehrung (möglicherweise für die Verleihung des Bürgerrechts[50]); in ep. 12–13 dankt er auch den Ratsherren von Seleukeia für eine erwiesene Wohltat und verspricht, sich um den Sohn eines verstorbenen Seleukeers zu kümmern; in ep. 47 teilt er seinen Mitbürgern in Tyana mit, er habe der Stadt durch sein Auftreten auswärts Ansehen erworben. Der hier Schreibende hat – nach eigenem Zeugnis – bereits deutlich über seine engere Heimat hinausgehende Anerkennung erfahren, aber er ist noch nicht die im ganzen Mittelmeerraum wirkende Figur, die uns Philostrat präsentiert.

Diese Hinweise können uns vielleicht auch etwas über die chronologische Einordnung der hier betrachteten Briefe sagen. Wenn sie uns wirklich – wie ich glaube – einen Apollonios vor Augen stellen, dessen Wirken sich über Kleinasien und vielleicht auch etwas darüber hinaus, aber noch nicht jenseits von Griechenland und Syrien erstreckt, dann spricht Einiges dafür, dass diese Briefe auf jeden Fall noch *vor* der *Vita Apollonii* Philostrats entstanden sind, denn in ihnen tritt eben noch nicht der Apollonios hervor, dessen Fama und Bedeutung sich wie bei Philostrat auch im römischen Westen bemerkbar macht und der dann im 4. Jahrhundert als Konkurrenzfigur für Jesus Christus den Christen so sehr zu schaffen machte. Damit bleibt noch durchaus offen, wie viele von diesen Briefen wirklich auf Apollonios selber zurückgehen – immerhin könnte dies für diejenigen gelten, in denen es um Tyana und Apollonios' Familie geht – und wie viele vielleicht

---

49 Vgl. ebd., 118.
50 Vgl. ebd., 97–98.

schon Apollonios' wachsender Bedeutung den Generationen nach seinem Tod geschuldet, also Brieffiktionen sind.

3 Fazit: Apollonios' Briefe – authentisch oder erfunden?

Die vorangehend zusammengetragenen Beobachtungen lassen, so scheint mir, kein eindeutiges oder apodiktisches Urteil über die uns außerhalb von Philostrats *Vita Apollonii* überlieferten Briefe des Apollonios zu: Zumindest bei vielen von ihnen sind keine klaren Indizien für Unechtheit zu finden; vielmehr zeigen gerade die ambivalenten bis negativen Äußerungen über Apollonios bei Lukian und bei Origenes (s. o.), dass es schon recht früh Nachrichten über ein Wirken des Apollonios in einem bestimmten geographischen Raum gab, mit dem die besagten Briefe sich durchaus vereinbaren lassen. Bezeichnenderweise treten ernstzunehmende Hinweise auf Brief-Fälschungen erst im Werk Philostrats auf, und auch dieser selbst könnte seiner Darstellung eines nunmehr ökumeneweit agierenden Apollonios mit „neuen" Briefzeugnissen nachgeholfen haben. Es ist aber noch einmal zu betonen, dass sich in den außerhalb von Philostrats *Vita Apollonii* überlieferten Briefen keine (sicheren) Parallelen zu diesem bei Philostrat so gewaltig gesteigerten Wirken des Apollonios finden lassen – vielleicht war nach Philostrats Lebensbeschreibung die „Auffindung" (oder Schaffung) solcher Briefzeugnisse nicht mehr notwendig.

Abschließend sei die Hoffnung ausgedrückt, dass die in diesem Beitrag vorgetragenen Beobachtungen und Überlegungen sich auch für die Erforschung anderer antiker Briefcorpora – heidnischer wie christlicher – als nicht ganz unnütz erweisen mögen.

Bibliographie

M. Burnyeat/M. Frede, *The Pseudo-Platonic Seventh Letter* (Oxford: Oxford University Press, 2015).

N. Holzberg (Hg.), *Der griechische Briefroman. Gattungstypologie und Textanalyse* (Tübingen: Narr Francke Attempto, 1994).

R. Knöbl, *Biographical Representations of Euripides. Some Examples of their Development from Classical Antiquity to Byzantium* (Diss. Durham University 2008 [Durham E-Theses Online: http://etheses.dur.ac.uk/2190/]).

K. Lennartz, „,To Sound Like Plato'. Profiling the Seventh Letter", in: *Animo decipiendi? Rethinking Fakes and Authorship in Classical, Late Antique and Early Christian Works* (hg. v. A. Guzmán/J. Martínez; Groningen: Barkhuis, 2018), 65–88.

S. Merkle/A. Beschorner, „Der Tyrann und der Dichter. Handlungssequenzen in den Phalaris-Briefen", in: *Der griechische Briefroman. Gattungstypologie und Textanalyse* (hg. v. N. Holzberg; Tübingen: Narr Francke Attempto, 1994), 116–168.

H.-G. Nesselrath, „Libanio e Basilio di Cesarea. Un dialogo interreligioso?", in: *Adamantius* 16 (2010), 338–352.

H.-G. Nesselrath, „Eine religiös-philosophische Leitfigur zwischen Vergangenheit und Zukunft. Philostrats Apollonios", in: *Das dritte Jahrhundert. Kontinuitäten, Brüche, Übergänge* (hg. v. A. Eich u.a.; Palingenesia 108; Stuttgart: Franz Steiner Verlag, 2017), 155–169.

H.-G. Nesselrath, „Das Bild der flavischen Kaiser in Philostrats Vita Apollonii", in: *Das neue alte Rom. Die Flavier und ihre Zeit* (hg. v. G. Bitto/A. Ginestí Rosell/K. Hamacher; Bonn: Rudolf Habelt Verlag, 2018), 239–263.

R. Penella, „Scopelianus and the Eretrians in Cissia", in: *Athenaeum* 52 (1974), 295–300.

R. Penella, *The Letters of Apollonius of Tyana. A Critical Text with Translation and Commentary* (Mnemosyne Supplement 56; Leiden: Brill, 1979).

G. Petzke, *Die Traditionen über Apollonius von Tyana und das Neue Testament* (Leiden: Brill, 1970).

O. Poltera, „The Letters of Euripides", in: *Epistolary Narratives in Ancient Greek Literature* (hg. v. O. Hodkinson/P. A. Rosenmeyer/E. M. J. Bracke; Leiden: Brill, 2013), 152–165.

P. A. Rosenmeyer, *Ancient Greek Literary Letters. Selections in Translation* (London/New York: Routledge, 2006).

T. A. Szlezák, „Besprechung von Burnyeat/Frede 2015", in: *Gnomon* 89 (2017), 311–323.

M. Trapp, „Review-Discussion. Against the authenticity of the Seventh Letter", in: *Histos* 10 (2016), lxxvi–lxxxvii.

Matthias Haake

Die briefliche Kommunikation zwischen Herrschern und Philosophen in der Antike
Texte – Inhalte – Semantik – Intentionen

> *Hätte Voltaire die Korrespondenz mit der*
> *Schlachterseele abbrechen sollen?*
> H. J. Schädlich, *Sire, ich eile. Voltaire bei Friedrich II.*
> *Eine Novelle* (Reinbek bei Hamburg: Rowohlt, 2012), 56.

1 Einführung: Herrscher und Philosophen

Friedrich II. von Preußen war ein frühneuzeitlicher Herrscher, für dessen Handeln das Streben nach Ruhm ein zentrales Motiv war – und dies auch schon in seinen Jahren als Kronprinz.[1] Neben dem Ruhm als Feldherr war es die Welt der Dichter und Denker, die er bereits in jungem Alter zu einem Feld des Ruhmerwerbs auserkoren hatte: So unterzeichnete der erst fünfzehnjährige einen Brief an seine Schwester Wilhelmine mit „philosophe".[2] Mag man dies als jugendliche Schwärmerei abzutun gewillt sein, so lässt sich anhand von Friedrichs Korrespon-

---

1 Vgl. J. Luh, *Friedrich II.*, 9–111.
2 Zum Brief Friedrichs an Wilhelmine vom 28. Januar 1728 siehe A. Pečar, *Masken des Königs*, 21 mit Anm. 8.

Anmerkung: Mein herzlicher Dank gilt Eve-Marie Becker für ihre Einladung, zum vorliegenden Band einen Beitrag beizusteuern; Alfons Fürst danke ich für wichtige Hinweise. Bei den vorliegenden Ausführungen handelt es sich um skizzenhafte Überlegungen, die die Grundkonstellation der brieflichen Kommunikation zwischen Alleinherrschern und Philosophen von der Archaik bis in die Spätantike sowie deren semantische Bedeutung in den Blick nehmen. Die vorgelegten Überlegungen sind nur ein erster Schritt; sie bedürfen der konzeptuellen Ausarbeitung sowie insbesondere der umfassenden Erschließung und Analyse der materiellen Evidenz – dies kann hoffentlich eines Tages in einem größeren Forschungsprojekt nachgeholt werden. Die Annotation ist aus diesem Grund bewusst knapp gehalten. Auf den noch nicht erschienenen Tagungsband É. Marquis/P. von Möllendorff (Hg.), *Brief & Macht*, in dem in verschiedenen Beiträgen Aspekte diskutiert werden, die auch im vorliegenden Kontext von Interesse sind, sei an dieser Stelle hingewiesen. Um die Bibliographie nicht unnötig aufzublähen, sei für biographische Details zu den verschiedenen im Text genannten antiken Philosophen auf die entsprechenden Einträge in R. Goulet, *Dictionnaire* verwiesen.

Matthias Haake, Tübingen/Bonn

https://doi.org/10.1515/9783110742459-007

denz aufzeigen, dass er gegen Ende des Jahres 1735, zu Beginn des Jahres 1736 – in seinen frühen zwanziger Jahren mithin – begann, die Rolle von „Fréderic le philosophe" anzustreben,[3] die insbesondere mit seinem im Jahr seiner Thronbesteigung veröffentlichten *Antimacchiavell* verbunden ist.[4]

Neben der Inszenierung philosophischer Autorschaft gehörte für Friedrich auch die Korrespondenz mit philosophischen Größen seiner Zeit zu seinem Projekt des *self-fashioning* als preußischer Philosophenkönig,[5] wobei man besonders natürlich an den skandalumrankten französischen Starphilosophen Voltaire denken wird.[6] Dieser parallelisierte sein wechselhaftes Verhältnis zum preußischen König mit keinem geringerem als demjenigen zwischen Platon und dem syrakusanischen Herrscher Dionysios I.,[7] dem in seiner Bedeutung als Referenzgröße kaum zu überschätzendem antiken, allerdings ambivalenten Modell der Beziehung zwischen Philosoph und Herrscher.

Neben Voltaire war es unter anderem der hochbetagte französische Frühaufklärer Bernard le Bovier de Fontenelle, mit dem Friedrich einen Gedankenaustausch anstrebte[8] – der allerdings nicht über einige Briefe in den Jahren 1737 bis 1740 hinaus gedieh.[9] Besonders aufschlussreich ist hinsichtlich dieses gescheiterten Korrespondenzversuchs eine Aussage Fontenelles in seinem ersten erhaltenen Schreiben an den preußischen Kronprinzen vom 20. März 1737, mit der er auf dessen Kontaktaufnahme reagierte. Hatte Friedrich das hochangesehene Mitglied mehrerer französischer Akademien in einem Brief aufgefordert, in seinem Antwortschreiben „das Papier nicht zu schonen",[10] so tat Fontenelle dies nicht in Form eines langen Briefes, sondern auf eine andere Weise, als sie sich der Kronprinz erhofft haben wird – nämlich eher kurz und brüsk und nicht unbedingt auf

---

3 Vgl. J. Luh, *Friedrich II.*, 32–33; siehe auch A. Pečar, „Friedrich der Große".
4 Zu Friedrichs aufsehenerregendem und viel diskutiertem *Antimacchiavell* siehe insbesondere ders., *Masken des Königs*, 25–32. A. Lifschitz (Hg.), *Philosophical Writings*, bietet jetzt eine Zusammenstellung der philosophischen Texte Friedrichs in englischer Übersetzung.
5 Zu Friedrich als „roi philosophe" siehe A. Pečar, ebd., 145–170; zu einem gänzlich anderen Ansatz sei verwiesen auf A. Lifschitz, „Philosophy and Political Agency".
6 Vgl. dazu J. Luh, *Friedrich II.*, 39–48; siehe auch, insbesondere zum späteren Verhältnis zwischen Voltaire und Friedrich, J. Kunisch, *Friedrich der Große*, bes. 91–99. 306–311. 316–328; V. Reinhardt, *Voltaire*, 303–354.
7 Vgl. A. Coppola, *Dionisio il Grande*, 188 mit 243 Anm. 11.
8 Zu Fontenelle siehe etwa W. Krauss, *Fontenelle*, 7–69.
9 J. Luh, *Friedrich II.*, 38.
10 Friedrich II., *Hinterlassene Werke XII*, 57–58, hier 58; für das französische Original siehe ders., *Œuvres posthumes IX*, 363–364, hier 364.

Fortführung der Korrespondenz bedacht.[11] Dennoch beinhaltet diese Antwort eine höchst instruktive Einlassung des von Friedrich bewunderten französischen Philosophen – Fontenelle formulierte nämlich, dass diejenigen Herrscher, die Philosophen viel Ehre erwiesen, umso größere Herrscher seien.[12]

Auch wenn Fontenelle in der *Querelle des Anciens et des Modernes* mit seiner 1688 publizierten Schrift *Digression sur les Anciens et les Modernes* eindeutig der Position der ‚Modernen' das Wort gesprochen hatte,[13] so rekurrierte er in seinem Brief an Friedrich mit der Aussage über das Verhältnis von Herrschern und Philosophen doch mittelbar auf eine der denkbar klassischsten Referenzen aus der Antike, Platons berühmtes Diktum, dass entweder die Philosophen Könige oder aber die Könige Philosophen werden müssten:[14] Der französische Aufklärer griff nämlich auf die an Platons Konzept des Philosophenherrschers zuerst durch dessen Schüler Aristoteles geäußerte Kritik zurück, der zufolge nicht Herrscher und Philosoph in einer Person vereint sein, sondern vielmehr Herrscher Philosophen als Ratgeber um sich versammeln sollen[15] – eine in der frühen Neuzeit weit verbreitete Position unter Philosophen.[16] Allerdings folgt Fontenelles sich anschließende Feststellung in Bezug auf die Konsequenzen für die von Herrschern in Ehren gehaltenen Philosophen – nämlich dass die Philosophen dadurch weniger Philosophen werden würden –, nicht platonischen Pfaden, auf denen sich etwa auch der von Friedrich zeitweise sehr geschätzte, seinerzeit hochangesehene und einflussreiche Philosoph Christian Wolf bewegte,[17] sondern fußt auf einem anderen, ebenfalls in der antiken Tradition verwurzelten Modell, das die Nähe des Philosophen zum Herrscher als negativ für ersteren ansah respektive die Distanz von ersterem zu letzterem präferierte.

Fontenelle hatte einleitend in seinem Brief an den preußischen Kronprinzen auf eben dieses Modell verwiesen und damit eine deutliche Leseanleitung für

---

11 Ders., *Hinterlassene Werke XII*, 73; für das französische Original siehe ders., *Œuvres posthumes IX*, 365.
12 Ders., *Hinterlassene Werke IX*, 73: „Denn wenn die Fürsten, die den Philosophen so viel Ehre erweisen, eben deswegen desto größere Fürsten sind ..."; für das französische Original siehe ders., *Œuvres posthumes IX*, 365: „... que les princes qui font tant d'honneur aux philosophes en sont de plus grands princes ...".
13 Zentrale Texte dieser Auseinandersetzungsind zusammengestellt in A.-M. Lecoq, *Querelle*, darunter auch Fontenelles Beitrag (ebd. 294–313).
14 Platon, polit. 473 c–d. Zum Konzept von Platons Philosophenherrscher sei verwiesen auf K. Trampedach, *Platon*, 206–215.
15 Nach M. Haake, „*Peri basileias*", 95 mit Anm. 166–168. Aristoteles' Aussage ist in Themistios, orat. 8,107 c–d überliefert; siehe Aristoteles, frg. 982 Gigon.
16 Vgl. in diesem Zusammenhang O. Höffe, „Wirkungsgeschichte der *Politeia*", bes. 265–275.
17 Vgl. C. Böhr, „Erkenntnisgewissheit".

sein Antwortschreiben mitgeliefert: die berühmte, seit der Antike in Literatur und Kunst unzählige Male aufgegriffene Anekdote über die Begegnung zwischen Alexander dem Großen und Diogenes von Sinope, eine der berühmtesten Gegenüberstellungen von allmächtigem Herrscher und bedürfnislosem Philosophen in der europäischen Tradition.[18] So wie sich der kynische Philosoph dem Gespräch mit dem ihn auf-, besser gesagt: heimsuchenden Alexander versagte, so verweigerte sich auch der französische Philosoph der Korrespondenz mit dem ihn kontaktierenden Friedrich.[19]

Die gescheiterte Kommunikation zwischen Friedrich und Fontenelle sowie Alexander und Diogenes einerseits steht ebenso wie die Interaktion zwischen Friedrich und Voltaire sowie Dionysios I. und Platon andererseits paradigmatisch für eine kommunikative Konstellation von fundamentaler Bedeutung in der politischen Kultur von Alleinherrschaft: nämlich der Gegenüberstellung von Geist und Macht, konkretisiert in der Rolle von Herrscher und Intellektuellem. Diese Gegenüberstellung konnte sich zwischen Konfrontation und Interaktion bewegen.[20] Dabei ist für die Konstituierung der Figur des Intellektuellen grundsätzlich die Antithese von ‚Geist und Macht' als wesentlich anzusehen, eine Antithese, die insbesondere in der Antike, aber grundsätzlich auch überhaupt in vormodernen Gesellschaften in der Gegenüberstellung von dem konzeptionell die Macht verkörpernden Herrscher und dem idealtypisch machtlosen, den Geist repräsentierenden Philosophen konzeptionell und narrativ immer wieder konkretisiert worden ist.[21]

Dass es sich bei dieser zwischen Interaktion und Konfrontation bewegenden, aus dem Philosophen und dem Herrscher gebildeten Konstellation tatsächlich um eine global wie transepochal überaus präsente Kommunikationssituation handelt, lässt sich anhand eines literarischen Beispiels auf instruktive Weise illustrieren: nämlich unter Verweis auf die Figuren des Philosophen Syntipas / Sindbad und des Monarchen Kyros im *Buch von Syntipas dem Philosophen*, einem Werk didaktisch-fiktionaler Volksliteratur mittelpersischen Ursprungs, das in variierenden

---

18 Vgl. dazu etwa M. Buora, „L'incontro"; P. Bosman, „Meeting".
19 Friedrich II., *Hinterlassene Werke IX*, 73: „Es ist nun schon eine ganze Reihe von Jahren her, daß Alexander den Diogenes in seiner Tonne besuchte …"; für das französische Original siehe ders., *Œuvres posthumes IX*, 365: „Il y a présentement bien des années qu'Alexandre alla visiter Diogène dans son tonneau …".
20 Exemplarisch sei in Bezug auf das Mittelalter verwiesen auf M. Schwarzbach-Dobson, „Tyrann und Weiser".
21 Vgl. etwa M. Haake, „*Peri basileias*", 94. 97–100.

Versionen in zahlreichen Sprachen im Orient, in Byzanz und in Europa seit dem Mittelalter äußerst weit verbreitet gewesen ist.[22]

2 Fingierte Briefe und Briefsammlungen

Betrachtet man die Interaktionsformen zwischen Herrschern und Philosophen, so ist auf den ersten Blick evident, dass diese grundsätzlich und epochenunabhängig sowohl in persönlicher Präsenz als auch auf dem Wege brieflicher Kommunikation stattfinden konnte.

Für letztere Form findet sich ein überaus instruktives, wenn auch in gewisser Weise nur indirektes Zeugnis in den Tagebuchaufzeichnungen des Kaufmanns und Humanisten Cyriacus von Ancona. Unter dem Datum des 23. November 1444 berichtet der ‚Protoaltertumswissenschaftler' beglückt vom Erwerb einer prachtvollen Handschrift im Kloster Iviron auf dem Athos. Diese aus dem 14. oder 15. Jahrhundert stammende Handschrift ist heute als *Codex Vaticanus graecus* 1309 bekannt und enthält unter anderem über 250 Briefe[23] – nach Aussage des glücklichen Käufers 138 Briefe von Phalaris, dem Tyrannen des sizilischen Akragas, an die Megarer, an Pythagoras und an andere; einen Brief des Abaris an Phalaris; einen Brief des Pythagoras an Hieron; neun Briefe des Anacharsis an die Athener, an Solon, an Hipparchos, an Thrasylochos, an Kroisos und andere machtvolle Herrscher; einen Brief des Mithridates an seinen Neffen; 70 Briefe, die sich aus Schreiben des Brutus an die Pergamener, Kyzikener und Rhodier sowie an andere Städte und Herrscher und den entsprechenden Antworten zusammensetzen; 17 Briefe des Chion an Matris, Bion, Klearchos und Platon; fünf Briefe des Euripides an Archelaos, an Sophokles und Kephisophon; den Briefwechsel des Hippokrates, des berühmten koischen Arztes, mit Artaxerxes, dem persischen Großkönig; und schließlich zwölf Briefe des Hippokrates an Hystanes, den hellespontischen Satrapen, an den Rat der Abderiten, an Dionysios und an andere Herrscher.[24]

---

22 Vgl. dazu B. Krönung, „Sindbad"; I. Toth, „Syntipas"; K. Malette, „Seven Sages".
23 Cyriacus of Ancona, *Later Travels*, 124–125 § 64 Bodnar/Foss. Laut einer autographischen Notiz des Cyriacus auf dem letzten Folio des Codex (318ʳ) erwarb er diesen am 25. November 1444; siehe E. W. Bodnar/C. Foss (Hg.), *Cyriacus*, 421, Anm. 19. Zu Cyriacus' Reise durch die griechische Inselwelt siehe A. Esch, *Landschaften der Frührenaissance*, 96–101. Vgl. in diesem Zusammenhang auch L. Quaquarelli, „Ciriaco d'Ancona", 111. 113, Nr. 1; A. Pontani, „Ciriaco d'Ancona", 106. 115–118. 120. 122–123. Für eine kurze Beschreibung und zum Inhalt des *Codex Vaticanus graecus* 1309 siehe H. Wegehaupt, *Plutarchstudien*, 25; M. Manfredini, „Codici plutarchei", 1042.
24 Cyriacus of Ancona, *Later Travels*, 124–125 § 65 Bodnar/Foss: *Phalaridis tyranni Agrigentinorum epistolas CXXXVIII ad Megarenses, ad Pythagoram et alios, Abaris ad Phalaridem I; Pythagorae ad Hie-*

Der vom Athos stammende Codex, der zum Corpus griechischer ‚Epistolographenhandschriften' zu rechnen ist,[25] hat als Textzeuge aufgrund seines späten Entstehungsdatums und seiner eher gering zu veranschlagenden Qualität kaum eine Rolle in textkritischer Hinsicht gespielt. Auch – in dieser Hinsicht vielen vergleichbaren Textzeugnissen ähnlich – hat er keine größere Aufmerksamkeit als Zeugnis im Zusammenhang mit der epistolographischen Praxis in der Antike sowie vor allem deren späterer Rezeption erhalten.

Es kann kein Zweifel daran bestehen, dass es sich abgesehen von einigen Ausnahmen – wie wohl den allerdings etwa von Erasmus von Rotterdam in einem Brief an Beatus Rhenanus in ihrer Echtheit angezweifelten *Brutusbriefen*[26] – bei den in diesem Codex zusammengestellten Brief(sammlung)en nicht um authentische Zeugnisse handelt. Vielmehr hat man es in den meisten Fällen mit fingierten Briefen zu tun,[27] die dem weiten Feld des antiken pseudepigraphischen Schrifttums zuzurechnen sind.[28] Exemplarisch sei für derartige (fiktionale) Texte auf diejenigen Briefe verwiesen, die vorgeblich aus den Federn von Phalaris, dessen Autorschaft bereits 1697 in einer einflussreichen Abhandlung von Richard Bentley in Frage gestellt wurde,[29] und Chion von Herakleia stammen.[30] Doch gerade

---

ronem I; Anacharsei ad Athenienses, ad Solonem, ad Hipparchum, ad Trasilocum (sic), *ad Croesum et alios potentes principes epistolas* IX; *Mithridatis ad nepotem epistolam* I; *Bruti Romani ad Pergamenos, Cyzicenos Rhodiosque et alias urbes et principes et ab iisdem responsivas epistolas* LXX; *Chionis ad Matridem, Bionem, Clearchum et Platonem epistolas* XVII; *Euripidis poetae ad Archelaum principem, ad Sophoclem poetam, ad Cephisophontem epistolas* V, *Hippocratis Coi medici insignis ad Artaxersem magnum Persarum regem, et Artaxersis ad eum; item eiusdem Hippocratis ad praesidem Hellesponti Hystanen et Abderitorum consilium, ad Dionysium et alios principes epistolas* XII.

25 Vgl. in diesem Zusammenhang M. Sicherl, „Aldina".

26 Erasmus hat Zweifel an der Echtheit der *Brutusbriefe* in seinem Brief an Beatus Rhenanus vom 27. Mai 1521 geäußert, ohne diese allerdings zu begründen: ep. 1206 (IV p. 501.93–96 Allen). Siehe T. O. Achelis, „Erasmus". Für die Authentizität der *Brutusbriefe*, nicht aber der Antwortschreiben, hat u. a. C. P. Jones, „Greek Letters", argumentiert.

27 Zum Begriff ‚fingierter Brief' vgl. J. Sykutris, „Epistolographie", 208: „Mit diesem Namen bezeichnen wir diejenigen Briefe, deren angeblicher Schreiber bzw. Adressat entweder nicht existiert oder aber die ihnen beigelegten Briefe, mindestens in dieser Form, nicht geschrieben bzw. erhalten haben."

28 Vgl. dazu W. Speyer, *Fälschung*, 79–81.

29 R. Bentley, *Dissertation*, 11–78. Vgl. zu Bentleys Arbeit, die in einer Kontroverse im nachrevolutionären England des späten 17. Jahrhunderts zu verorten ist, V. Hinz, *Phalaris*, 344–358. Zu den unter dem Namen des akragantinischen Tyrannen Phalaris überlieferten Briefen siehe jüngst etwa É. Marquis, „Lettres de Phalaris"; vgl. ferner auch S. Merkle/A. Beschorner, „Tyrann und Dichter".

30 Zu dem unter dem Namen Chions von Herakleia firmierenden ‚philosophischen Roman in Briefen' siehe zuletzt etwa P.-L. Malosse, *Lettres de Chion*, 75–105; J. L. Penwill, „Evolution of an Assassin"; J. P. Christy, „Chion of Heraclea".

der ganz überwiegend pseudepigraphische Charakter der im von Cyriacus erworbenen Codex zusammengestellten Brief(sammlung)en,[31] von denen zahlreiche eine vermeintliche epistolographische Interaktion zwischen Herrschern und Gelehrten vorgeben, zeigt auf instruktive Weise, dass die Korrespondenz zwischen Alleinherrschern und ‚hommes de lettres' – und insbesondere Philosophen – in der Antike eine etablierte Kommunikationsform gewesen sein muss: Andernfalls hätten die fingierten Briefe keinen plausiblen Ort in der Welt der antiken Gegenwart für das adressierte Lesepublikum besessen.[32]

3 Probleme und Perspektiven der Forschung

Was aber lässt sich über den materiellen Befund in Bezug auf die Briefkommunikation zwischen Alleinherrschern und Philosophen in der griechisch-römischen Mittelmeerwelt aussagen? Dazu ist zuallererst festzustellen, dass es bislang kaum ‚partielle' (herrscherbezogene) oder ‚sektorale' (herrschaftstypologische[33]) Überblicke und keinen auch nur ansatzweise vollständigen, ‚holistischen' (die antiken Alleinherrschaften insgesamt umfassenden) Überblick in dieser Hinsicht gibt. Dies hat neben der Tatsache, dass man in systematisch-analytischer Hinsicht der brieflichen Interaktion zwischen Monokraten und Philosophen, von Einzelfällen abgesehen, bislang keine größere Aufmerksamkeit gewidmet hat,[34] mit einer Reihe von Faktoren zu tun, die einerseits durch Forschungsperspektiven und -pragmatik sowie andererseits durch die Natur der Überlieferung des epistolographischen Materials bedingt sind.

In Bezug auf die Forschungsperspektiven und -pragmatik ist zuvörderst festzuhalten, dass es eine sehr rezente Entwicklung ist, griechische Tyrannis, hellenistische Monarchie und römisches Kaisertum als Ausprägung einer spezifischen Form von Alleinherrschaft zu betrachten, die für die griechisch-römische Mittelmeerwelt charakteristisch gewesen ist und diese zugleich von anderen monarchischen Ordnungen in der mediterran-eufrasischen Welt einer ‚langen Antike' (vom 3. Jahrtau-

---

31 Vgl. zu derartigen Briefsammlungen P. A. Rosenmeyer, *Ancient Epistolary Fictions*, 193–252; M. Trapp, *Greek and Latin Letters*, 27.
32 Für einen knappen Überblick über fingierte Philosophenbriefe siehe C. D. N. Costa, *Greek Fictional Letters*, xiv–xv. xvi–xix.
33 Gemeint sind Tyrannis, hellenistische Monarchie und römisches Kaisertum als Ausprägungen der antiken Alleinherrschaft.
34 So bleibt das Thema etwa im Beitrag von S. Lewis, „Tyrants", unberücksichtigt; vgl. allerdings F. Junqua, „Tyrans et philosophes".

send v. Chr. bis in das 7. Jahrhundert n. Chr.) deutlich unterscheidet.³⁵ Des Weiteren ist zu berücksichtigen, dass in der philologisch-epistolographischen Forschung bis in die jüngste Zeit eine separate Betrachtung von griechischen und lateinischen Briefzeugnissen dominierte.³⁶ Und noch ein Aspekt ist von Relevanz, wenn es um die Frage geht, warum es bislang keinen wirklichen Überblick über die materiellen Grundlagen der brieflichen Kommunikation zwischen Philosophen und Herrschern gibt: Dies hat seine Ursache darin, dass man es auf der einen Seite mit authentischen Briefzeugnissen zu tun hat und auf der anderen mit fingierten Texten – beide gemeinsam als Zeugnis für ein historisches Phänomen zu analysieren, ist kein selbstverständlicher Forschungsansatz. Dies gilt umso mehr, als die hier interessierenden epistolographischen Texte bislang nicht als Zeugnisgruppe für eine Kommunikationskonstellation zwischen den sozialen Typen Philosoph und Herrscher analysiert worden sind, sondern eigentlich immer vorrangig der Kontext ihrer Überlieferung als Produkt einer literarischen Praxis mit Fokus auf dem realen oder fiktiven Autor respektive dem entsprechenden Briefcorpus.³⁷ Schließlich spielt hinsichtlich des materiellen Befundes eine Rolle, dass neben der Unterscheidung in authentisch und fingiert zwischen zwei weiteren Zeugnistypen zu unterscheiden ist: den in verschiedenen literarischen Quellen und Manuskriptkontexten überlieferten authentischen wie fingierten vollständigen Brieftexten einerseits und den literarischen Zeugnissen für die tatsächliche oder vorgebliche briefliche Kommunikation andererseits, die entweder auf die Aussage beschränkt bleibt, dass es eine entsprechende Interaktion zwischen einem Herrscher und einem Philosophen gegeben hat oder aber auch auf Inhalte verweist.

Während letzteres Material zu erfassen einer noch zu leistenden Mammutaufgabe gleichkommt – der Fall des syrakusanischen Tyrannen Dionysios II. ist in dieser Hinsicht ein instruktives Beispiel³⁸ –, ist mit Blick auf die erste Materialgruppe zu

---

35 Vgl. dazu mit weiteren Hinweisen M. Haake, „Across all Boundaries", 307–308 sowie ders., „Writing Tyrant". Zum Begriff ‚eufrasisch' siehe M. Borgolte, *Welten des Mittelalters*, 31 mit Anm. 69. Gemeint ist mit diesem Begriff die aus Europa, Afrika und Asien bestehende, miteinander verflochtene ‚trikontinentale' Welt.
36 Siehe nun allerdings etwa R. Morello/A. D. Morrison (Hg.), *Ancient Letters*; P. Ceccarelli u. a. (Hg.), *Letters & Communities*; G. M. Müller/S. Retsch/J. Schenk (Hg.), *Adressat und Adressant*; vgl. auch R. Gibson/A. D. Morrison, „Patterns of Arrangement".
37 Vgl. den knappen Überblick von C. P. Jones, „Greek Letter Collections", 39–42. 44–46 zu griechischen Briefen (meist in Form von Briefsammlungen) ‚weiser Männer' und Philosophen.
38 Dass unter dem Namen des Dionysios II. eine Sammlung von Briefen in byzantinischer Zeit bekannt war, bezeugt das entsprechende Lemma in der *Suda s.v.* Διονύσιος (δ 1179). Darüber hinaus sind neben einem fingierten Brief an Speusipp im *Corpus der Briefe des Sokrates und der Sokratiker* (L. Köhler, *Briefe*, 34 mit J. Sykutris, *Briefe*, 97–101) Zitate aus einem Brief des syraku-

konstatieren, dass zumindest für die in griechischer Sprache verfassten, authentischen wie fingierten vollständigen Briefe eine Erfassung dank eines entsprechenden Überblickwerkes einfach möglich ist.³⁹ Diese Brieftexte reichen, wenn man von der alphabetischen Anordnung ausgeht, von Alexander dem Großen und einem Brief an Aristoteles bis zu Zenon von Kition und seiner Antwort an den makedonischen König Antigonos II. Gonatas, wobei es sich in beiden Fällen um fingierte Briefe handelt, die die thematische Bandbreite der philosophisch-monarchischen Korrespondenz widerspiegeln: Während man es im ersten Fall mit einem Brief Alexanders an Aristoteles hinsichtlich der Frage der Veröffentlichung esoterischer Schriften zu tun hat,⁴⁰ liegt im zweiten Fall eine freundliche Ablehnung Zenons einer Einladung von Antigonos Gonatas an den makedonischen Königshof vor.⁴¹

Eine vergleichbare nach Vollständigkeit strebende Zusammenstellung in lateinischer Sprache verfasster, authentischer wie fingierter Brieftexte, der sich briefliche Interaktion zwischen Kaisern und Philosophen entnehmen ließe, existiert, zweifelsohne auch aufgrund der zu erschließenden Materialfülle, bislang nicht. Hinzu kommt aber noch ein weiterer Aspekt, nämlich die allem Anschein nach nur in äußerst geringem Maße bezeugte Anzahl an Briefwechseln zwischen römischen Kaisern und Philosophen in lateinischen und in nur beschränktem Umfang greifbare epistolographische Interaktion zwischen ersteren und letzteren in griechischen Quellen.⁴²

---

sanischen Tyrannen an den athenischen Philosophen bekannt: Athenaios VII 279 e–f mit XII 546 d; Diogenes Laërtios IV 2; vgl. dazu M. Haake, „Writing Tyrant".
39 M. Grünbart, *Epistularum Graecarum Initia*, xii–lxix.
40 Aulus Gellius XX 5,1–13. Alexanders Brief an Aristoteles wird von Gellius auf Griechisch (ebd. XX 5,11; siehe auch Simplikios, in Aristot. phys. [CAG IX p. 8,21–25 Diels]) sowie zuvor in lateinischer Übersetzung (Aulus Gellius XX 5,8) zitiert; Aristoteles' Antworten: Aulus Gellius XX 5,9 (lateinisch) und XX 5,12 (griechisch; siehe auch Simplikios, ebd. [CAG IX p. 8,26–29 Diels]). Als Quelle gibt Gellius den im ersten vorchristlichen Jahrhundert wirkenden peripatetischen Philosophen Andronikos von Rhodos an, der zwar eine zentrale Rolle in der Überlieferung der aristotelischen Schriften gespielt hat, dessen Werk, darunter eine Schrift ‚biobibliographischen' Charakters über Aristoteles, aber nahezu vollkommen verloren ist. Zur Frage der heute zu Recht verneinten Authentizität der beiden Briefe siehe zuletzt G. Dietze-Mager, „Aristoteles-Viten", 151 mit Anm. 283. Zu Briefen Alexanders siehe auch unten S. 162–163.
41 Diogenes Laërtios VII 8–9; das Schreiben des Antigonos wird von Diogenes Laërtios zuvor zitiert: ebd. VII 7. Als Quelle nennt Diogenes Laërtios den stoischen Autor Apollonios von Tyros, der im späten zweiten und frühen ersten vorchristlichen Jahrhundert lebte. Grundlegend zum Briefwechsel zwischen Zenon und Antigonos ist W. Lapini, „Carteggio"; verwiesen sei auch auf A. Grilli, „Zenone"; M. Wolny, „Korespondencja".
42 Ein Aspekt brieflicher Kommunikation, der hier unberücksichtigt bleibt, sind Schreiben von Philosophen an Kaiser, in denen es um die Gewährung von Privilegien bzw. Gunsterweisen geht (vgl. etwa Philostrat, vit. Apoll. V 38) und diesbezügliche kaiserliche Antworten (Plinius der Jün-

In besonderer Weise verdeutlichen lässt sich diese Feststellung mit Verweis auf Mark Aurel, dem vermeintlichen Philosophen auf dem ‚römischen Kaiserthron', der – gemeinsam mit seinem Sohn Commodus – in Athenagoras' *Bittschrift für die Christen* als Philosoph adressiert wird:[43] Nirgends hat sich nämlich die Spur einer Korrespondenz zwischen dem ‚Briefeschreiber' Mark Aurel und einem Philosophen, etwa einem seiner in den *Selbstbetrachtungen* von ihm selbst erwähnten philosophischen Lehrer wie Bakchios, Tandasidos, Marcianus, Quintus Iunius Rusticus, Apollonios, Sextus von Chaironeia, Alexander dem Platoniker, Cinna Catulus, Claudius Severus oder Claudius Maximus[44] erhalten,[45] auch wenn man sicherlich anzunehmen berechtigt ist, dass Mark Aurel – wie auch andere römische Kaiser – mit Philosophen in brieflichem Kontakt stand:[46] So mag man sich allenfalls schwerlich vorstellen, dass es etwa zwischen Nero und Seneca keinen Briefwechsel gegeben hat, auch wenn ein solcher nirgends in den Quellen seinen Niederschlag gefunden hat.[47] Als instruktiv kann in diesem Zusammenhang ein Passus in Philostrats *Leben des Apollonios von Tyana* angesehen werden, in dem es heißt, dass der pythagoreische θεῖος ἀνήρ Apollonios unter anderem mit Kaisern in brieflichem Austausch stand,[48] eine Aussage, die durch von Philostrat verfasste Briefe des Apollonios an Vespasian, Titus und Nerva im Text ‚unterlegt' wird.[49]

Diese Überlegung führt zu einer grundsätzlichen Bemerkung, die nicht allein für Mark Aurel und die römischen Kaiser hinsichtlich von Zeugnissen zur Korrespondenz zwischen Kaisern und Philosophen in lateinischer Sprache ebenso wie für entsprechende Belege in griechischen Quellen gilt, sondern auch auf hellenistische

---

gere, ep. X 58); siehe in diesem Zusammenhang F. Millar, *Emperor*, 473–477; M. Haake, „Institutionelle Rahmenbedingungen", 26–28.
43 Athenagoras, legat. Christ., *inscriptio* (‚Adresse') (PTS 31, 21).
44 Marcus Aurelius I 8–15.
45 Vgl. in diesem Zusammenhang M. Haake, „Marcus Aurelius".
46 Zu Julians an Philosophen adressierten Briefen siehe unten S. 164–165.
47 Zum viel behandelten Verhältnis zwischen Nero und Seneca vgl. nur V. Rimell, „Seneca and Neronian Rome", sowie jetzt M. Meier, „*Apokolokyntosis* und *De clementia*".
48 Philostrat, vit. Apoll. I 2,3.
49 Ebd. V 41 (an Vespasian; vgl. auch Apollonios von Tyana, ep. 42 f–h Penella mit R. J. Penella, *Letters of Apollonius*, 112); VI 29 (Briefwechsel mit Titus; zu Apollonios's Brief vgl. auch Apollonios von Tyana, ep. 77 d mit R. J. Penella, ebd., 132); VIII 27–28 (Briefwechsel mit Nerva). Einen Brief Vespasians an Apollonios findet sich in Philostrat, ebd. VIII 7,3; vgl. auch Apollonios von Tyana, ep. 77 f mit R. J. Penella, ebd., 133. Zwei Briefe an Domitian wiederum finden sich im Corpus der Briefe des Apollonios; vgl. Apollonios von Tyana, ep. 20–21 mit R. J. Penella, ebd., 102–103; einen Brief des Apollonios an Domitian diskutiert Philostrat hinsichtlich dessen Authentizität (Philostrat, ebd. VII 35). Zu den Briefen und Briefsammlungen des Apollonios von Tyana vgl. etwa R. J. Penella, ebd., 1–4. 18–21. 23–29.

Herrscher und Tyrannen zutrifft: Die (weitestgehende) Absenz von Evidenz ist nicht mit der Evidenz der Absenz gleichzusetzen. Das heißt, dass die Quantität des Befundes in Bezug auf brieflichen Verkehr zwischen antiken Alleinherrschern und Philosophen nichts unmittelbar über die tatsächliche Kommunikationspraxis und deren Intensität aussagt[50] – und selbstredend erst recht nichts über die Intentionen der beteiligten Akteure sowie die Semantik des Briefverkehrs, des Briefeschreibens wie auch des -empfangens.

4 Die ‚Brieftraktate' des Isokrates an Alleinherrscher

Es ist die griechische Welt des vierten vorchristlichen Jahrhunderts, die von zentraler Bedeutung für das Aufkommen wie auch das Verständnis der kommunikativen Praxis der brieflichen Kommunikation zwischen Alleinherrschern und Philosophen ist. Diese ist im Kontext der beginnenden (öffentlichen) Zirkulation von Briefen zu sehen, die von ‚hommes de lettres' verfasst wurden.[51] Es sind zwei Aspekte, die in diesem Zusammenhang besonders zu betonen sind und die zu neuen, gänzlich ver-

---

50 Ein ganz wesentlicher Grund für diese Feststellung liegt nicht zuletzt darin, dass hinsichtlich der authentischen brieflichen Kommunikation zwischen Monokraten und Philosophen zwischen zwei Formen unterschieden werden muss: einerseits nämlich ‚offenen Briefen', worunter Texte zu verstehen sind, bei denen es sich dem Genre nach um von Philosophen verfasste Abhandlungen handelt, die an Alleinherrscher adressiert, zugleich aber auch für einen weiteren, ‚öffentlichen' Adressatenkreis bestimmt waren; und andererseits ‚nicht-öffentlichen Briefen', die eine Korrespondenz zwischen Herrscher und Philosoph darstellen und inhaltlich nicht primär für eine Rezeption in der Öffentlichkeit bestimmt waren. Während die erste Gruppe unter die kommunikative Interaktion zwischen Philosophen und Alleinherrschern in Form eines nicht auf eine Korrespondenzanbahnung oder einen Informationsaustausch hin ausgerichteten epistolographischen Sprechakts fällt, gehört die zweite Gruppe zur korrespondenzbasierten Interaktion zwischen Herrschern und Philosophen. Mit dieser Scheidung zweier unterschiedlicher Formen der brieflichen Kommunikation (authentischer wie fingierter Natur) zwischen Herrschern und Philosophen geht auch eine in der Regel unterschiedliche Art und Weise der Überlieferung einher, die im ersten Fall im Kontext der Schriften des entsprechenden ‚brieftraktatschreibenden' Philosophen zu sehen ist, im zweiten Fall aber zunächst einer (Form von) Archivierung und sodann einer textlichen oder inhaltlichen Integration in bio-, doxo- oder historiographische Werke oder gar einer bewussten Zusammenstellung sowie ‚Publikation' der Korrespondenz eines Herrschers oder Philosophen bedarf. Gerade letztere Praxis stellt eine Entwicklung dar, deren Anfänge im späten Hellenismus zu suchen sind – als früher Protagonist zu nennen ist hier der Grammatiker Dionysodoros von Troizen, der eine Sammlung von Briefen von Ptolemaios I. verantwortete. Sie ist bezeugt in Lukian, *Pro lapsu inter salutandum* 10; zu Dionysodoros siehe L. Pagani, „Dionysodorus".
51 Vgl. P. Ceccarelli, *Letter Writing*, 160.

änderten (öffentlichen) Kommunikationsbedingungen führten. Einerseits sah sich die griechische Welt in jener Zeit stärker als im Jahrhundert zuvor mit der Präsenz von Alleinherrschern, vom sizilischen Tyrannen Dionysios I. von Syrakus im Westen bis zum karischen Dynasten Maussolos im Osten, vom zypriotischen Stadtkönig Euagoras von Salamis im Süden bis zum makedonischen König Philipp II. im Norden, konfrontiert – und zwar sowohl im Handlungsfeld der Politik als auch im Diskursraum theoretischer Textproduktion von Autoren wie Isokrates, Platon oder Xenophon.[52] Andererseits etablierte sich das Feld der Philosophie im Rahmen eines mit harten literarischen Bandagen geführten Konkurrenzkampfes zwischen einer Reihe von Protagonisten,[53] in dessen Kontext auch die Figur des Philosophen als Emblem der Hellenizität und der Polis-Kultur entstand,[54] wobei der Philosophie eine zentrale, führende Rolle im Feld der παιδεία, der Bildung *à la grecque*, zukam.

Es war allem Anschein nach zuerst Isokrates, der ‚Brieftraktate' an zeitgenössische Alleinherrscher adressierte. Zu denken ist dabei etwa an seine Briefe an Dionysios I. von Syrakus, den thessalischen Tyrannen Jason von Pherai, den spartanischen König Archidamos III. sowie den kleinasiatischen Tyrannen Timotheos von Herakleia Pontike.[55] Dieses Tun ist ebenso traditionellen Motiven verhaftet, wie es eine innovative Idee darstellt: Schon machtvolle Tyrannen der archaischen und makedonische Könige der klassischen Zeit hatten ‚Dichter und Denker' an ihren Höfen versammelt, um sich mit diesen zu schmücken und ein positives Image von sich in der griechischen Welt zu produzieren.[56] Diese Konstellation machte sich Isokrates zunutze: Er wandte sich mit seinen Texten an zeitgenössische Alleinherrscher in dem Wissen, dass das Empfangen von an sie adressierten ‚Brieftraktaten' eines in der griechischen Welt bekannten ‚homme de lettres' ihren grundsätzlichen Intentionen in Sachen *self-fashioning* vor der panhellenischen Öffentlichkeit keineswegs zuwiderlaufen würde. Zugleich ist Isokrates' offensive Kontaktaufnahme als (ungefragter) politischer Ratgeber, in gewisser Weise anknüpfend an die Redeauftritte eines Gorgias von Leontinoi in Delphi und Olympia oder eines Lysias in Olympia[57] und einhergehend mit anderen programmatischen schriftlichen Äußerungen von Isokrates selbst als Zeichen dafür zu werten, dass er sich durch die Adressierung seiner

---

52 Vgl. mit Hinweisen auf weitere Literatur M. Haake, „Peri basileias", 85–88; N. Luraghi, „One-Man Government", 139–144.
53 Siehe in diesem Zusammenhang etwa M. Haake, „Academy", 70–73; vgl. auch – mit einem Fokus auf Isokrates – T. Wareh, *Theory and Practice*.
54 Vgl. M. Haake, „Communicative Function", 182.
55 Isokrates, ep. 1, 6, 7 und 9; vgl. mit weiteren Literaturhinweisen M. Haake, ebd., 171–172. T. Hirsch (Heidelberg) bereitet gegenwärtig eine Dissertation zum Thema unter dem Titel *Politisches Consulting im vierten Jahrhundert v. Chr. – die Briefe des Isokrates* vor.
56 Vgl. dazu G. Weber, „Poesie"; M. Haake, „Writing Tyrant".
57 Vgl. dazu mit entsprechenden Belegen und weiteren Literaturhinweisen ders., „Feiern", 3.

epistolographischen Texte und deren zugleich öffentlichen Charakter auch eine ‚Nobilitierung' seiner Ideen sowie eine positive Auswirkung auf sein eigenes Standing im überaus agonalen, sich etablierenden philosophischen Feld erhoffte. Isokrates nimmt somit die Rolle eines ‚Anti-Fontenelle' (avant la lettre) ein.

5 Alexander der Große und andere griechische Herrscher als Briefpartner

Der Erfolg von Isokrates' Intentionen lässt sich nur schwer bemessen – aber das Aufgreifen seiner Praxis des Verfassens von Briefen an griechische Alleinherrscher in der Welt des 4. Jahrhunderts v. Chr. durch andere ‚hommes de lettres' indiziert, dass der von ihm beschrittene Kommunikationspfad auch anderen gangbar und gewinnbringend im Wettstreit um das eigene Prestige erschien sowie als Möglichkeit angesehen wurde, Einfluss bei einem adressierten Herrscher zu nehmen – und zwar nicht nur in dem Sinne, dass man politische Themen brieflich erörterte, sondern auch, wie etwa im Falle von Speusipps ‚Empfehlungsschreiben' an den von vorgeblich mehreren Philosophen mit Briefschreiben unterschiedlichen Charakters bedachten makedonischen König Philipp II.,[58] für protegierte Personen verfasste,[59] für den seinerseits ein Brief an Aristoteles überliefert ist.[60] Damit dies allerdings möglich war, ist davon auszugehen, dass entsprechende Texte seitens der adressierten Herrscher zumindest mit wohlwollendem Interesse aufgenommen wurden, auch wenn es für diese Annahme keine direkten Belege gibt, sondern nur von einer plausiblen Annahme gesprochen werden kann.[61]

---

58 Neben zwei Briefen des Isokrates (ep. 2 und 3) und Briefen des Aristoteles (Diogenes Laërtios V 27 [zu den Fragmenten und Briefen siehe Aristoteles, priv. script. frg. p. 15,1–5; 29,1–30,5; 31,7–33,7 Plezia]) ist hier auch ein unter dem Namen Platons firmierender Brief zu nennen, der im *Corpus der Briefe des Sokrates und der Sokratiker* überliefert ist: ep. 29 Köhler; zu letzterem vgl. A. F. Natoli, *Letter of Speusippos*, 161–174. Zu Philipp II. und griechischen ‚Intellektuellen' siehe grundsätzlich nun G. Squillace, „Un ‚nuovo centro narrativo'?"
59 Zu Speusipps Brief an Philipp II., überliefert im *Corpus der Briefe des Sokrates und der Sokratiker* (ep. 28 Köhler = Speusipp, frg. 156 Isnardi Parente), siehe umfassend A. F. Natoli, *Letter of Speusippos*, 17–160 sowie auch M. Isnardi Parente, *Speusippo*, 391–402; vgl. auch L. Bertelli, „L'epistola di Speusippo a Filippo: un problema di cronologia"; ders., „La lettera di Speusippo a Filippo: il problema dell'autenticità"; M. Haake, „Communicative Function", 173 mit Anm. 56.
60 Der Brief Philipps ist überliefert in einer Florentiner Handschrift aus dem 15. Jahrhundert, dem *Codex Laurentianus Acquisti e Doni* 4 (fol. 93ᵛ–94); siehe R. Hercher, *Epistolographi Graeci*, 466.
61 Anzuführen ist in diesem Zusammenhang auch ein Papyrus, der das Brieffragment eines anonymen philosophischen Autors an einen unbekannten Herrscher beinhaltet, für den als Identifi-

Der Erfolg der isokrateischen ‚Selbstvermarktung' äußerst sich nicht zuletzt auch darin, dass die pseudepigraphische epistolographische Produktion von Briefen von Philosophen an Herrschern im Laufe des 4. Jahrhunderts v. Chr. einsetzte und sich bis weit in die Kaiserzeit und Spätantike fortsetzte. Als ein besonders instruktives Beispiel sei an dieser Stelle neben den vieldiskutierten Briefen Platons an Dionysios II. von Syrakus, den makedonischen König Perdikkas III. und den Tyrannen Hermias von Atarneus[62] auf entsprechende Schriften verwiesen, die unter dem Namen des Aristoteles zirkulieren, darunter insbesondere der auf Arabisch überlieferte *Brief an Alexander*.[63]

Anhand des am Beginn des Hellenismus stehenden Namenspaares Aristoteles und Alexander, dem in Rezeption und Forschung vielfach inhaltlich aufgeladenen und überladenen Lehrer-Schüler-Paar,[64] lassen sich weitere Aspekte in der brieflichen Kommunikation zwischen Herrschern und Philosophen exemplifizieren: Zum einen liegt in dieser Konstellation eine (zumindest fiktive) wirkliche Korrespondenzsituation vor, da es von beiden Kommunikationspartnern epistolographische Zeugnisse gibt;[65] zum anderen, sich daraus ergebend, liegen somit auch (fingierte) briefliche Äußerungen an einen Philosophen seitens eines Alleinherrschers vor, wofür auf *Alexanders Brief an Aristoteles über Indien* als ‚transkulturelles Dokument' verwiesen sei;[66] des Weiteren gibt es (wiederum fiktive) Briefe eines Philosophen, nämlich des Kynikers Diogenes an Alexander[67] und schließlich ist die (erneut fiktive) briefliche Korrespondenz Alexanders mit nicht-griechischen weisen Männern, die

---

kation verschiedene Monarchen zwischen Philipp II. von Makedonien und den Diadochen vorgeschlagen worden sind; siehe P.Oxy. II 217 mit C. Biagetti, „Ossequio e teoria politica".
62 Platon, ep. 1–3 und 13 (an Dionysios II.); 5 (an Perdikkas III.); 6 (an Hermias sowie Erastos und Koriskos); vgl. zu diesen Briefen M. Erler, *Platon*, 310–314. 321–322. Im *Corpus der Briefe des Sokrates und der Sokratiker* ist der unter dem Namen Platons firmierende ep. 24 Köhler entweder an Dionysios II. oder Dion adressiert; siehe J. Sykutris, *Briefe*, 78.
63 Zum Text mit Kommentar siehe J. Bielawski/M. Plezia, *Lettre d'Aristote*; vgl. zu diesem Text zuletzt etwa M. Mazza, „Lettera di Aristotele"; vgl. auch M. Haake, „Communicative Function", 172–173 mit Anm. 53.
64 Siehe dazu ders., ebd., 172; vgl. auch C. T. Djurslev, „Educating Alexander".
65 Vgl. dazu das oben S. 157 mit Anm. 40 angeführte Beispiel. Für eine Zusammenstellung der Zeugnisse zu den vorgeblich von Aristoteles an Alexander gesandten Briefen siehe Aristoteles, priv. script. frg. p. 13,9–14,19; 28,1–20; 30,6–31,5 Plezia.
66 Zur *Epistola Alexandri ad Aristotelem* siehe F. Doufikar-Aerts, „Epistola Alexandri". Zu den Alexander zugeschriebenen Briefen siehe allgemein G. Monti, „Lettere di Alessandro"; für eine Sammlung der Alexanderbriefe sei verwiesen auf dies., *Alexander the Great*.
67 Diogenes, ep. 24 und 40 Müseler; daneben sind unter dem Namen des Diogenes auch Briefe an andere zeitgenössische Machthaber überliefert: Antipater (ep. 4, 14, 15), Dionysios (ep. 29) und Perdikkas (ep. 5, 45) sowie auch Olympias (ep. 34) – einer der wenigen Philosophenbriefe an ein weibliches Mitglied eines Herrscherhauses. Ein Buch an Olympias adressierter Brief ist auch im

durchaus als Philosophen zu denken sind, zu erwähnen, nämlich der Briefwechsel zwischen dem makedonischen Welteroberer und dem indischen König der Brahmanen Dindimus (Dandamis/Mandanis),[68] wofür es (allein auf der fiktiven Ebene) nur einige wenige weitere Beispiele gibt. Diese Beispiele, wie etwa der Briefwechsel zwischen dem Perserkönig Dareios und dem vorsokratischen Philosophen Heraklit von Ephesos, ein Schreiben des ägyptischen Pharaoh Amasis an Bias von Priene[69] oder Apollonios von Tyanas Brief an einen König der Skythen,[70] stehen zugleich für einen weiteren Aspekt der pseudepigraphischen Epistolographie, für die etwa auch der bereits erwähnte, aus hellenistischer Zeit stammende Brief des Pythagoras an den syrakusanischen Tyrannen Hieron I. als eines der zahlreichen ‚innergriechischen' Exempel anzuführen wäre:[71] nämlich die Produktion von Texten, die die briefliche Kommunikation zwischen Philosophen und Herrschern auch in der Zeit vor 400 v. Chr. stattfinden lassen, in einer Zeit mithin, für die dies auf der realen Ebene nicht bezeugt ist.[72] Dies gilt auch für einen wohl an den makedonischen König Archelaos I. adressierten Brief des Sokrates.[73]

Schriftenverzeichnis des Aristoteles bezeugt; vgl. Diogenes Laërtios V 27. Vgl. in diesem Zusammenhang jetzt auch K. Panegyres, „Fragment".

68 Zu Text, Hintergrund, Geschichte, Überlieferung und Verbreitung der *Alexandri Magni, regis Macedonum, et Dindimi, regis Bragmanorum, de philosophia per litteras facta collatio* siehe M. Steinmann, *Alexander der Große*; C. Fregosi, „Collatio Alexandri et Dindimi"; R. Stoneman, *Experience of India*, 360–361.

69 Zum Briefwechsel zwischen dem Perserkönig Dareios und dem vorsokratischen Philosophen Heraklit von Ephesos vgl. Heraklit, ep. 1–2 Malherbe mit A. J. Malherbe, *Cynic Epistles*, 22–26; zur brieflichen Kommunikation zwischen dem ägyptischen Pharaoh Amasis und Bias von Priene, „den weisesten aller Hellenen", vgl. Plutarch, symp. 151 B-C. Für den skythischen Weisen Anacharsis sind zwei pseudepigraphische Briefe an den Lyderkönig Kroisos bezeugt; vgl. Anacharsis, ep. 9–10 Malherbe mit A. J. Malherbe, ebd., 6–9; zu diesen beiden Briefen siehe auch F. H. Reuters, *De Anacharsidis*, 101–120.

70 Apollonios von Tyana, ep. 28 Penella mit R. J. Penella, *Letters of Apollonius*, 105–107.

71 Pythagoras, ep. ad Hieron. Städele mit A. Städele, *Briefe des Pythagoras*, 70–76. 186–203.

72 Vgl. in diesem Zusammenhang auch C. P. Jones, „Greek Letter Collections", 39–40 mit Verweis auf zahlreiche Beispiele im ersten Buch von Diogenes Laërtios: Peisistratos an Solon (I 53–54), Solon an Periander (I 64), Solon an Peisistratos (I 66–67), Solon an Kroisos (I 67), Chilon an Periander (I 73), Pittakos an Kroisos (I 81), Periander an die Weisen (I 94), Periander an Prokles (I 100) und Anacharsis an Kroisos (I 105; siehe oben Anm. 69). N. C. Dührsen, „Briefe der Sieben Weisen", hat nachzuweisen versucht, dass die im Werk des Diogenes Laërtios vorliegenden Briefe aus den Federn der Sieben Weisen auf den Briefroman eines unbekannten „‚alexandrinischen' Autor[s]" zurückzuführen sind.

73 Sokrates, ep. 1 Borkowski mit J.-F. Borkowski, *Socratis epistolae*, 70–88.

6 Die Philosophenbriefe des Kaisers Julian

Es sollte nach der Etablierung der Praxis der brieflichen Kommunikation zwischen Herrschern und Philosophen in ihren unterschiedlichen Ausformungen im frühen vierten vorchristlichen Jahrhundert bis in die frühe zweite Hälfte des vierten nachchristlichen Jahrhunderts dauern, bis es einen Alleinherrscher gab, von dem eine Briefsammlung existiert, die in nennenswertem Umfang authentische Schreiben an Philosophen beinhaltet. Diese stammt von einem römischen Kaiser der frühen Spätantike, über den es in einer kleinasiatischen Inschrift heißt, dass er in Übereinstimmung mit der Philosophie geherrscht habe:[74] Julian.[75]

Dieser adressierte Briefe an die Philosophen Aristoxenos, Elpidius, Eugenius, Eukleides, Eusthatios, von dem ein fiktiver Brief an Julian überliefert ist,[76] Maximus, Plutarchos (?) und Priskos;[77] unzweifelhaft um fiktive epistolographische Texte handelt es sich bei den an Iamblich gerichteten Schreiben.[78] Anzuführen ist in diesem Zusammenhang auch Julians authentischer *Brief an Themistios*, der, obschon eigentlich als Sophist anzusehen, in diesem epistolographischen Text, in dem es um philosophische Themen geht, von Julian als Philosoph angesprochen wird.[79]

Julians Briefcorpus ist zwar ein singuläres Zeugnis als Sammlung von Briefen eines römischen Kaisers. Aber in Bezug auf seine brieflichen Kontakte zu Philosophen dürfte Julian wohl weniger untypisch für römische Kaiser gewesen sein, als man es aufgrund seiner spezifischen herrschaftslegitimatorischen Strategien in Sachen Philosophie vielleicht vermuten möchte – zumal die Zahl der julianischen Philosophenbriefe im Briefcorpus dieses sich auch als ‚Philosophenherrscher' inszenierenden römischen Kaisers aufs Ganze betrachtet in quantitativer Hinsicht keineswegs eine dominierende Stellung einnimmt.[80]

Vielmehr lässt sich an den julianischen ‚Philosophenbriefen' exemplarisch aufzeigen, dass römische Kaiser den brieflichen Kontakt mit Philosophen strukturell als eine Ressource zum herrscherlichen *self-fashioning* nutzen konnten. Dass etwa Hadrian eine Sammlung von Briefen des Apollonios von Tyana besessen haben

---

74 SEG XXXVII 863; vgl. dazu M. Haake, „Dogmata", 410.
75 Zum Corpus der julianischen Briefe, authentischen wie fiktiven, siehe etwa K. Luchner, „Netzwerk"; S. Elm, „Letter Collection"; A. Fürst, „Die Briefe Julians".
76 Julian, ep. 83 Bidez/Cumont.
77 Ebd. 35, 43–44, 8, 12, 59, 1–2, 5(?), 60, 62, 65, 72(?) – die Aufzählung folgt der alphabetischen Auflistung der adressierten Personen.
78 Ebd. 74–79.
79 Julian, ep. ad Themistium; siehe zu diesem Brief R. Chiaradonna, „Lettera a Temistio"; H.-G. Nesselrath, „Julian's Philosophical Writings", 39–42.
80 Vgl. dazu mit weiteren Hinweisen M. Haake, „Dogmata", 410–411.

soll,[81] verweist ebenso in diese Richtung wie der Umstand, dass für diesen Kaiser ein in der gesamten mediterranen Welt in vielen Sprachen über Jahrhunderte hinweg überaus populärer philosophischer Dialog von Angesicht zu Angesicht mit dem schweigenden Philosophen Secundus in Form von kaiserlichen mündlichen Fragen und brieflichen Antworten des Philosophen in einer romanhaften Biographie überliefert ist.[82]

7 Der Öffentlichkeitscharakter der Kommunikation zwischen Herrschern und Philosophen

Jacob Burckhardt schrieb einst – basierend auf einer bereits in der Antike sowohl Sophokles als auch Euripides zugeschriebenen Aussage – in seiner *Griechischen Culturgeschichte* „von einem Tyrannenbedürfniß nach Philosophenumgang". Diese Ansicht, so der Baseler Kulturhistoriker, sei in klassischer (und nachklassischer) Zeit über die archaischen Tyrannen verbreitet gewesen.[83] Man kann diese Feststellung Burckhardts dahingehend modifizieren, dass man von einem grundsätzlichen Monokratenbedürfnis nach Philosophenumgang in der Antike spricht, und sie um die Aussage ergänzen, dass es ebenso ein Philosopheninteresse nach Monokratenumgang gab.

Dieses beiderseitige Interesse an einer wechselseitigen Interaktion manifestierte sich in der griechisch-römischen Antike auf vielfältige Weise, sowohl unter Anwesenden *face-to-face* wie auch unter Abwesenden über epistolographische Texte. Auch wenn dies in den literarischen Zeugnissen zum Ausdruck gebracht wird und wesentlich für ein Verständnis des Diskurses über das Verhältnis von Philosophen und Herrschern ist: Primär ging es bei dieser Interaktion in der Regel weder den Alleinherrschern noch den Philosophen um philosophische Unterweisungen mit dem Ziel, diese praktisch umsetzen und *in politicis* zu realisieren. Vielmehr bestand das Interesse der Philosophen darin, ihre eigene Position im agonalen Feld der Intellektuellen durch ihre Verbindungen mit und Ratschläge an Tyrannen, Könige oder

---

81 Philostrat, vit. Apoll. VIII 20.
82 *Das (griechische) Leben von Secundus dem Philosophen* p. 74.12–90.15 Perry. Zu nennen ist in diesem Zusammenhang auch ein verwandter Text, der *Dialog zwischen Hadrian und Epiktet*; siehe L. W. Daly/W. Suchier, *Altercatio*, p. 104–107.
83 J. Burckhardt, *Culturgeschichte* I, 148: „Außerdem lebte in der späteren Zeit eine constante Meinung von einem Tyrannenbedürfniß nach Philosophenumgang …". Zu der Sophokles wie auch Euripides zugeschriebenen Passage vgl. TrGF IV frg. 14; siehe J. Burckhardt, ebd. I, 422.

Kaiser zu profilieren; den Alleinherrschern wiederum ging es um die Produktion eines spezifischen Images durch ein inszeniertes ‚offenes Ohr' gegenüber Philosophen. Die epistolographische Interaktion zwischen Philosophen und Alleinherrschern in der griechisch-römischen Antike ist somit publikumsbezogen, und ihr eignet deswegen eine spezifische Semantik, die im Kontext des antiken Tyrannisdiskurses zu verorten ist: Es ist die Figur des ‚guten Herrschers', zu dessen zentralen Charakteristika es gehört, auf willkommene ebenso wie unwillkommene Ratschläge insbesondere von Philosophen zu hören – es ist der ‚schlechte Herrscher', der Tyrann (nicht herrschaftstypologisch, sondern normativ gesprochen), der die freie Rede des Philosophen nicht zu ertragen vermag und diesen deswegen schlimmstenfalls der Folter unterzieht.[84]

Diese Bemerkungen verweisen auf den, wenn auch auf unterschiedlichen Ebenen, öffentlichen Charakter der brieflichen Kommunikation zwischen Herrschern und Philosophen. Dies gilt nicht nur in Bezug auf die ohnehin strukturell ‚offenen Brieftraktate', die Philosophen an Herrscher adressierten, sondern auch für die in gewisser Weise primär ‚nicht-öffentliche Korrespondenz', für die aber trotz ihrer Inhalte davon auszugehen ist, dass sie als bewusster und inszenierter Kommunikationsakt in der qualifizierten Öffentlichkeit bekannt waren, die keineswegs als stabile Konstante, sondern sich im Laufe der Zeit zwischen Archaik und Spätantike wandelnde Größe anzusehen ist. Während es sich bis in hellenistische Zeit zunächst um eine rein panhellenische Polis-Öffentlichkeit handelte, die als Adressat der epistolographischen Interaktion zwischen Herrschern und Philosophen anzusehen ist, erweiterte sich diese mit der Etablierung der Monarchie im Imperium Romanum unter Augustus um die Reichselite als relevante Bezugsgröße.

Die hier skizzierte Kommunikation zwischen Herrschern und Philosophen in brieflicher Form ist als Teil von deren Interaktion in verschiedenen sozialen Kontexten wie auf unterschiedlichen Handlungsebenen zu verstehen. Sie ist zu sehen vor dem antiken Alleinherrschaften strukturell inhärenten Problem, sich in einer Umwelt legitimieren zu müssen, in der antimonarchische Tendenzen überaus präsent gewesen sind[85] – dies gilt auf der diskursiven Ebene insbesondere für die griechische Polis-Welt und die römische Reichselite.

Die hier angesprochenen epistolographischen Texte sind unter die antiken monokratologischen Texte zu rechnen, also dem Corpus all jener griechisch-römischen Texte zuzuordnen, in denen Alleinherrscher und Alleinherrschaft ver-

---

[84] Diese knappen Ausführungen basieren auf Überlegungen, die in M. Haake, „Communicative Function", 178–184 (siehe auch ders., „Alexander", 73–79) entwickelt und ausführlich dargelegt worden sind.
[85] Vgl. in diesem Zusammenhang mit Verweisen auf weitere Literatur ders., „Across all Boundaries", 307–308.

handelt werden[86] – und in dieser Hinsicht sind inhaltlich ‚Brieftraktate' und fiktive Briefe von herausragender Bedeutung.

8 Ausblick

Wie wirkmächtig und langlebig die Idee des allgemein gebildeten und philosophisch bewanderten Herrschers gewesen ist, der mit Philosophen in brieflichem Austausch stand, illustriert auf exemplarische Weise ein Brief, der schon nicht mehr nur der antiken, griechisch-römischen, sondern auch bereits der post-antiken eufrasischen Welt zuzurechnen ist, sich jedoch gerade in Bezug auf das Konzept des briefeschreibenden ‚Philosophenherrschers' innovativ in sehr traditionellen Bahnen bewegt – auch wenn sich die kommunikativen Kontexte in einem langwierigen Transformationsprozess befanden. Gemeint ist ein Brief, der im Jahre 507 im Namen Theoderichs von Cassiodor verfasst wurde und an Boethius adressiert ist: der mehr oder weniger illiterate Ostgotenkönig wird von dem „äußerst gelehrten Cassiodor"[87] als „purpurtragender Philosoph"[88] epistolographisch in Szene gesetzt, der sich in Briefform an Boethius, einen der letzten ‚antiken' Philosophen in der westlichen Mittelmeerwelt, wendet.[89]

Bibliographie

T. O. Achelis, „Erasmus über die griechischen Briefe des Brutus", in: *Rheinisches Museum für Philologie* 72 (1917/18), 633–638.

P. S. Allen/H. M. Allen (Hg.), *Opus Epistolarum Des. Erasmi Roterodami IV: 1519–1521* (Oxford: Clarendon Pres, 1922).

R. Bentley, *A Dissertation upon the Epistles of Phalaris, Themistocles, Socrates, Euripides, and Others; And the Fables of Aesop* (London: J. Leake, 1697).

L. Bertelli, „L'epistola di Speusippo a Filippo: un problema di cronologia", in: *Atti dell'Accademia delle Scienze di Torino. Classe di Scienze morali, storiche, e filologiche* 110 (1976), 275–300.

L. Bertelli, „La lettera di Speusippo a Filippo. Il problema dell'autenticità", in: *Atti dell'Accademia delle Scienze di Torino. Classe di Scienze morali, storiche, e filologiche* 111 (1977), 75–111.

---

86 Zum Begriff ‚monokratologisch' siehe ders., „Thoughts on ‚Monocratological' Texts", 69–73, bes. 73.
87 So die Charakterisierung Cassiodors im *Anecdoton Holderi* 14–15 Gallonier.
88 Nach Cassiodor, var. IX 24,8 mit M. Vitiello, *Principe*, 28–35.
89 Cassiodor, ebd. II 40. Vgl. dazu etwa U. Pizzani, „Lettere di Teoderico"; zum senatorischen Kontext dieses Kommunikationsaktes siehe H.-U. Wiemer, *Theoderich der Große*, 232–252.

C. Biagetti, „Ossequio e teoria politica in POxy II 217", in: *Papyrologica Lupiensia* N.S. 24 (2015), 45–58.

J. Bielawski/M. Plezia, *Lettre d'Aristote à Alexandre. Sur la politique envers les cités* (Texte arabe établi et traduit par J. Bielawski, commentaire de M. Plezia; Breslau/Warschau/Krakau: Zakład Narodowy im. Ossolińskich, Wydawn. Polskiej Akademii Nauk, 1970).

E. W. Bodnar/C. Foss (Hg.), *Cyriacus of Ancona, Later Travels* (Cambridge MA/London: Harvard University Press, 2003).

C. Böhr, „Erkenntnisgewissheit und politische Philosophie. Zu Christian Wolffs Postulat des *philosophus regnans*", in: *Zeitschrift für philosophische Forschung* 36 (1982), 579–598.

M. Borgolte, *Die Welten des Mittelalters. Globalgeschichte eines Jahrtausends* (München: C.H. Beck, 2022).

J.-F. Borkowski, *Socratis quae feruntur epistolae. Edition, Übersetzung, Kommentar* (Stuttgart/Leipzig: Teubner, 1997).

P. Bosman, „King Meets Dog. The Origin of the Meeting between Alexander and Diogenes", in: *Acta Classica* 50 (2017), 51–63.

M. Buora, „L'incontro tra Alessandro e Diogenes. Tradizione e significato", in: *Atti dell'Istituto Veneto di Scienze, Lettere ed Arti* 132 (1973/74), 243–264.

J. Burckhardt, *Griechische Culturgeschichte I. Die Griechen und ihr Mythus – Die Polis* (hg. v. L. Burckhardt/B. v. Reibnitz/J. v. Ungern-Sternberg; München/Basel: C. H. Beck/Schwabe, 2002).

P. Ceccarelli, *Ancient Greek Letter Writing. A Cultural History (600 BC–150 BC)* (Oxford: Oxford University Press, 2013).

P. Ceccarelli u.a. (Hg.), *Letters & Communities. Studies in the Socio-Political Dimensions of Ancient Epistolography* (Cambridge: Cambridge University Press, 2018).

R. Chiaradonna, „La *Lettera a Temistio* di Giuliano Imperatore e il dibattito filosofico nel IV secolo", in: *L'imperatore Giuliano. Realtà storica e rappresentazione* (hg. v. A. Marcone; Florenz: Le Monnier, 2015), 149–171.

J. P. Christy, „Chion of Heraclea. Letters and the Life of a Tyrannicide", in: *Writing Biography in Greece and Rome. Narrative Technique and Fictionalization* (hg. v. K. De Temmerman/K. Demoen; Cambridge: Cambridge University Press, 2016), 259–277.

A. Coppola, *Dionisio il Grande. Tiranno conquistadore e ammirato indiscusso protagonista della sua epoca* (Rom: Salerno, 2022).

C. D. N. Costa, *Greek Fictional Letters. A Selection with Introduction, Translation and Commentary* (Oxford: Oxford University Press, 2001).

L. W. Daly/W. Suchier, *Altercatio Hadriani Augusti et Epicteti Philosophi* (Urbana IL: University of Illinois Press, 1939).

G. Dietze-Mager, „Aristoteles-Viten und -Schriftenkataloge. Die Aristoteles-Schrift des Ptolemaios im Licht der Überlieferung", in: *Studi Classici e Orientali* 61 (2015), 97–166.

C. T. Djurslev, „Educating Alexander. High Culture in the Argead Court through Ancient Texts", in: *The Courts of Philip II and Alexander the Great. Monarchy and Power in Ancient Macedonia* (hg. v. F. Pownall/S. R. Asirvatham/S. Müller; Berlin/Boston: De Gruyter, 2022), 233–251.

F. Doufikar-Aerts, „A Letter in Bits and Pieces. The *Epistola Alexandri ad Aristotelem Arabica*. A First Edition with Translation Based on Four 16th–18th-century Manuscripts", in: *Writings and Writing from Another World and Another Era in Honour of J. J. Witkam* (hg. v. R. M. Kerr/T. Milo; Cambridge: Archetype, 2010), 91–115.

N. C. Dührsen, „Die Briefe der Sieben Weisen bei Diogenes Laërtios. Möglichkeiten und Grenzen der Rekonstruktion eines verlorenen griechischen Briefromans", in: *Der griechische Briefroman. Gattungstypologie und Textanalyse* (hg. v. N. Holzberg; Tübingen: Narr Francke Attempto, 1994), 84–115.

S. Elm, „The Letter Collection of the Emperor Julian", in: *Late Antique Letter Collections. A Critical Introduction and Reference Guide* (hg. v. C. Sogno/B. K. Storin/E. J. Watts; Oakland CA: University of California Press, 2017), 54–68.

M. Erler, *Platon* (Basel: Schwabe, 2007).

A. Esch, *Landschaften der Frührenaissance. Auf Ausflug mit Pius II.* (München: C. H. Beck, 2008).

C. Fregosi, „La *Collatio Alexandri et Dindimi*. Trasformazione e rovesciamento dell'utopia indiana", in: *Chaos e Kosmos* 20 (2019), 1–63 (http://www.chaosekosmos.it/pdf/2019_05.pdf).

Friedrich II., *Hinterlassene Werke Friedrichs II., Königs von Preussen XII* (Berlin: Voß und Sohn & Decker und Sohn, 1788).

Friedrich II., *Œuvres posthumes de Frederic II, roi de Prusse IX* (Berlin/London: G. G. J. & J. Robinson, 1789).

Friedrich II., *Hinterlassene Werke Friedrichs II., Königs von Preussen IX* (Kempten: Zeitungskomptoir, 1789).

A. Fürst, „Die Briefe Julians", in: *Handbuch Brief: Antike* (hg. v. E.-M. Becker/U. Egelhaaf-Gaiser/A. Fürst; Berlin/Boston: De Gruyter [im Druck]).

A. Gallonier, „*Anecdoton Holderi* ou *Ordo generis Cassiodororum*. Introduction, édition, traduction et commentaire", in: *Antiquité Tardive* 4 (1997), 299–312.

B. Gibson/A. D. Morrison, „Patterns of Arrangement in Greco-Roman Letter Collections: 400 BCE–400 CE", in: *Concatenantur sibi epistulae nostrae. Reading Ancient Latin Letter Collections* (hg. v. S. Fascione; Foggia: Il Castello, 2022), 11–57.

R. Goulet (Hg.), *Dictionnaire des philosophes antiques* (Paris: CNRS Éditions, 1989–2018).

A. Grilli, „Zenone e Antigono II", in: *Rivista di Filologia e di Istruzione Classica* 91 (1969), 287–301.

M. Grünbart, *Epistularum Graecarum Initia usque ad annum MD* (Hildesheim/Zürich/New York: Olms-Weidmann, 2020).

M. Haake, „Warum und zu welchem Ende schreibt man *peri basileias*? Überlegungen zum historischen Kontext einer literarischen Gattung im Hellenismus", in: *Philosophie und Lebenswelt in der Antike* (hg. v. K. Piepenbrink; Darmstadt: Wissenschaftliche Buchgesellschaft, 2003), 83–138.

M. Haake, „Zwischen Alexander dem Großen und Arcadius, von Anaxarchos von Abdera zu Synesios von Kyrene. Die Gattung *Über das Königtum* im Kontext antiker Alleinherrschaften – eine Skizze", in: *Il libro filosofico. Dall'antichità al XXI secolo – Philosophy and the Books. From Antiquity to the XXIth Century* (hg. v. L. Del Corso/P. Pecere; Turnhout/Bari: Brepols/Pagina, 2012), 65–82.

M. Haake, „Writing down the King. The Communicative Function of Treatises *On Kingship* in the Hellenistic Period", in: *The Splendors and Miseries of Ruling Alone. Encounters with Monarchy from Archaic Greece to the Hellenistic Mediterranean* (hg. v. N. Luraghi; Stuttgart: Franz Steiner, 2013), 165–206.

M. Haake, „Writing to a Ruler, Speaking to a Ruler, Negotiating the Figure of the Ruler. Thoughts on ‚Monocratological' Texts and their Contexts in Greco-Roman Antiquity", in: *Global Medieval. Mirrors for Princes Reconsidered* (hg. v. R. Forster/N. Yavari; Cambridge MA/London: Harvard University Press, 2015), 58–82.

M. Haake, „*Dogmata – Praxeis – Doxa*. Philosophes et philosophie au miroir des inscriptions impériales. Quelques considérations", in: *Philosophari. Usages romains des savoirs grecs sous la République et sous l'Empire* (hg. v. P. Vesperini; Paris: Classiques Garnier, 2017), 371–414.

M. Haake, „Across all Boundaries of Genre? On the Uses and Disadvantages of the Term *Mirror for Princes* in Graeco-Roman Antiquity – Critical Remarks and Unorthodox Reflections", in: *Concepts of Ideal Rulership from Antiquity to the Renaissance* (hg. v. G. Roskam/S. Schorn; Leuven: Brepols, 2018), 293–327.

M. Haake, „Institutionelle Rahmenbedingungen", in: *Philosophie der Kaiserzeit und Spätantike I* (hg. v. Ch. Riedweg/Ch. Horn/D. Wyrwa; Basel: Schwabe, 2018), 18–60. 106–126.

M. Haake, „Feiern, opfern, schänden, handeln, inszenieren ... Supralokale Heiligtümer in der griechischen Welt als Handlungsorte – ein Aufriss", in: *Griechische Heiligtümer als Handlungsorte. Zur Multifunktionalität supralokaler Heiligtümer von der frühen Archaik bis in die römische Kaiserzeit* (hg. v. K. Freitag/M. Haake; Stuttgart: Franz Steiner, 2019), 1–30.

M. Haake, „The Academy in Athenian Politics and Society – between Disintegration and Integration. The First Eighty Years (387/6–306/5)", in: *Plato's Academy. Its Workings and its History* (hg. v. P. Kalligas u.a.; Cambridge: Cambridge University Press, 2020), 65–88.

M. Haake, „Marcus Aurelius", in: *Handbuch Brief: Antike* (hg. v. E.-M. Becker/U. Egelhaaf-Gaiser/A. Fürst; Berlin/Boston: De Gruyter [im Druck]).

M. Haake, „The Writing Tyrant in Ancient Greece from the Archaic to the Hellenistic Period. Some First Thoughts on Autocratic Authorship in Antiquity", in: *Autocratic Rule in Antiquity* (hg. v. E. Dąbrowa; Münster: Zaphon [im Druck]).

R. Hercher (Hg.), *Epistolographi Graeci* (Paris: François Ambroise Didot, 1873).

V. Hinz, *Nunc Phalaris doctum protulit ecce caput. Antike Phalarislegende und Nachleben der Phalarisbriefe* (München/Leipzig: K.G. Saur, 2001).

O. Höffe, „Vier Kapitel einer Wirkungsgeschichte der *Politeia*", in: ders., *Platon, Politeia* (Berlin: Akademie Verlag, ³2011), 259–280.

M. Isnardi Parente, *Speusippo, Frammenti. Edizione, traduzione e commento. Precedono testimonianze sull'Academia scelte e ordinate da M. Gigante* (Neapel: Bibliopolis, 1980).

C. P. Jones, „The Greek Letters Ascribed to Brutus", in: *Harvard Studies in Classical Philology* 108 (2015), 195–244.

C. P. Jones, „Greek Letter Collections before Late Antiquity", in: *Late Antique Letter Collections. A Critical Introduction and Reference Guide* (hg. v. C. Sogno/B. K. Storin/E. J. Watts; Oakland CA: University of California Press, 2017), 38–53.

F. Junqua, „Tyrans et philosophes. Rôle de la correspondance dans les relations entre sagesse et pouvoir", in: *Epistulae antiquae IV. Actes du IVe Colloque international „L'épistolaire antiques et ses prologements européens", Université François-Rabelais, Tours, 1er-2–3 décembre 2004* (hg. v. P. Laurence/F. Guillaumont; Louvain/Paris/Dudley MA: Peeters, 2006) 27–50.

L. Köhler, *Die Briefe des Sokrates und der Sokratiker* (Leipzig: Dieterich'sche Verlagsbuchhandlung, 1928).

W. Krauss, *Fontenelle und die Aufklärung. Textauswahl und einleitende Abhandlung* (München: Wilhelm Fink, 1969).

B. Krönung, „Fighting with Tales 1. The Arabic Book of Sindbad the Philosopher", in: *Fictional Storytelling in the Medieval Eastern Mediterranean and Beyond* (hg. v. C. Cupane/B. Krönung; Leiden/Boston: Brill, 2016), 365–379.

J. Kunisch, *Friedrich der Große und seine Zeit* (München: C. H. Beck, 2004).

W. Lapini, „Il carteggio tra Zenone stoico e Antigono Gonata", in: *ΟΔΟΙ ΔΙΖΗΣΙΟΣ. Le vie della ricerca. Studi in onore di Francesco Adorno* (hg. v. M. S. Funghi; Florenz: Leo S. Olschki, 1996) 277–286.

A.-M. Lecoq, *La Querelle des Anciens et des Modernes. XVIIe–XVIIIe siècles. Édition établi et annotée* (Paris: Gallimard, 2001).

S. Lewis, „Tyrants, Letters, and Legitimacy", in: *Letters and Communities. Studies in the Socio-Political Dimensions of Ancient Epistolography* (hg. v. P. Ceccarelli u.a.; Oxford: Oxford University Press, 2018), 103–119.

A. Lifschitz (Hg.), *Frederick the Great's Philosophical Writings* (Princeton: Princeton University Press, 2020).

A. Lifschitz, „Philosophy and Political Agency in the Writings of Frederick of Prussia", in: *Historical Journal* 64 (2021), 533–566.
K. Luchner, „'Grund, Fundament, Mauerwerk, Dach'? Julians φιλοσοφία im Netzwerk seiner Briefe", in: *Kaiser Julian ‚Apostata' und die philosophische Reaktion gegen das Christentum* (hg. v. Ch. Schäfer; Berlin/New York: De Gruyter, 2008), 212–252.
J. Luh, *Der Große. Friedrich II. von Preußen* (München: Siedler, 2011).
N. Luraghi, „One-Man Government. The Greeks and Monarchy", in: *A Companion to Ancient Greek Government* (hg. v. H. Beck; Malden MA/Oxford: Wiley-Blackwell, 2013), 131–145.
K. Malette, „The Seven Sages of Rome", in: *D'orient en occident. Les recueils de fables enchâssées avant les Mille et une Nuits de Galland (Barlaam et Josaphat, Calila et Dimna, Disciplina clericalis Roman des Sept Sages)* (hg. v. M. Uhlig/Y. Foehr-Janssens; Turnhout: Brepols, 2014), 129–146.
A. J. Malherbe, *The Cynic Epistles. A Study Edition* (Missoula MO: Scholars Press, 1977).
P.-L. Malosse, *Lettres de Chion d'Héraclée. Texte révisé, traduit et commenté* (Salerno: Helios, 2004).
M. Manfredini, „Codici plutarchei di umanisti italiani", in: *Annali della Scuola Normale Superiore di Pisa. Classe di Lettere e Filosofia* III/17 (1987), 1001–1043.
É. Marquis, „Les *Lettres de Phalaris* ou les bons conseils du tyran", in: *Conseiller, diriger par lettre* (hg. v. É. Gavoille/F. Guillaumont; Tours: Presses Universitaire François-Rabelais, 2017), 105–119.
É. Marquis/P. von Möllendorff (Hg.), *Brief & Macht. Pseudonyme Briefsammlungen der Antike. Internationale Tagung, 5.–7. September 2019, Schloss Rauischholzhausen* (Berlin/New York: De Gruyter, 2023).
M. Mazza, „'L'atto di nascita dell'Ellenismo'? Qualche considerazione sulla c.d. *Lettera di Aristotele ad Alessandro sulla politica verso le città*", in: *Parole in movimento. Linguaggio politico e lessico storiografico nel mondo ellenistico. Atti del convegno internazionale, Roma, 21–23 febbraio 2011* (hg. v. M. Mari/J. Thornton; Pisa/Rom: Fabrizio Serra, 2013), 29–43.
M. Meier, „*Apokolokyntosis* und *De clementia*: Neros Prinzipat und Senecas Kommentar", in: *Klio* 105 (2023), 258–288.
S. Merkle/A. Beschorner, „Der Tyrann und der Dichter. Handlungssequenzen in den Phalaris-Briefen", in: *Der griechische Briefroman. Gattungstypologie und Textanalyse* (hg. v. N. Holzberg; Tübingen: Narr Francke Attempto, 1994), 116–168.
F. Millar, *The Emperor in the Roman World (31 BC–AD 337)* (Ithaca NY: Cornell University Press, ²1992).
G. Monti, „Le lettere di Alessandro. Storia degli studi", in: *Histos* 10 (2016), 17–33.
G. Monti, *Alexander the Great, Letters. A Selection* (Liverpool: Liverpool University Press, 2023).
R. Morello/A. D. Morrison (Hg.), *Ancient Letters. Classical and Late Antique Epistolography* (Oxford: Oxford University Press, 2007.)
G. M. Müller/S. Retsch/J. Schenk (Hg.), *Adressat und Adressant in antiken Briefen. Rollenkonfigurationen und kommunikative Strategien in griechischer und römischer Epistolographie* (Berlin/Boston: De Gruyter, 2020).
E. Müseler, *Die Kynikerbriefe* (Paderborn: Ferdinand Schöningh, 1994).
A. F. Natoli, *The Letter of Speusippus to Philipp II. Introduction, Text, Translation and Commentary* (Stuttgart: Franz Steiner, 2004).
H.-G. Nesselrath, „Julian's Philosophical Writings", in: *A Companion to Julian the Apostate* (hg. v. H.-U. Wiemer/St. Rebenich; Leiden/Boston: Brill, 2020), 38–63.
L. Pagani, „Dionysodorus", in: *Lexicon of Greek Grammarians of Antiquity* (http://dx.doi.org/10.1163/2451-9278_Dionysodorus).
K. Panegyres, „A New Fragment from the Letters of Aristotle", in: *Lexis* N.S. 38 (2020), 225–228.
A. Pečar, „Friedrich der Große als Roi Philosophe. Rom und Paris als Bezugspunkte für das königliche Herrscherbild", in: *Friedrich der Große. Politik und Kulturtransfer im europäischen Kontext. Beiträge*

des vierten Colloquiums in der Reihe „Friedrich300" vom 24./25.9.2010 (hg. v. M. Kaiser/J. Luh) (http://www.perspectivia.net/content/publikationen/friedrich300-colloquien/friedrich-kulturtransfer/pecar_roi-philosophe; Zugriff: 21.11.2022).
A. Pečar, *Die Masken des Königs. Friedrich II von Preußen als Schriftsteller* (Frankfurt a. M./New York: Campus, 2016).
R. J. Penella, *The Letters of Apollonius of Tyana. A Critical Text with Prolegomena, Translation and Commentary* (Leiden: Brill, 1979).
J. L. Penwill, „Evolution of an Assassin: The Letters of Chion of Heraclea", in: *Ramus* 39 (2010), 24–52.
B. E. Perry, *Secundus the Silent Philosopher. The Greek Life of Secundus. Critically Edited and Restored so Far as Possible Together with Translations of the Greek and Oriental Versions, the Latin and Oriental Texts, and a Study of the Tradition* (Ithaca NY: Cornell University Press, 1964).
U. Pizzani, „Le lettere di Teoderico a Boezio e la mediazione culturale di Cassiodoro", in: *Cassiodorus* 4 (1998), 141–161.
A. Pontani, „I *Graeca* di Ciriaco d'Ancona (con due disegni autografi inediti e una notizia su Cristoforo da Rieti)", in: *Thesaurismata* 24 (1994), 37–148.
L. Quaquarelli, „Ciriaco d'Ancona (Ciriaco de Pizzicolli) (Ancona 1391 – Cremona 1452)", in: *Autografi dei letterati italiani. Il Quatrocento I* (hg. v. F. Bausi u.a.; Rom: Salerno, 2013), 111–122.
V. Reinhardt, *Voltaire. Die Abenteuer der Freiheit. Eine Biographie* (München: C. H. Beck, 2022).
F. H. Reuters, *De Anacharsidis epistulis* (Bonn: Rheinische Friedrich Wilhelms-Universität, 1957).
V. Rimell, „Seneca and Neronian Rome. In the Mirror of Time", in: *The Cambridge Companion to Seneca* (hg.v. S. Bartsch/A. Schiesaro; Cambridge: Cambridge University Press, 2015), 122–134.
P. A. Rosenmeyer, *Ancient Epistolary Fictions. The Letter in Greek Literature* (Cambridge: Cambridge University Press, 2001).
M. Schwarzbach-Dobson, „Tyrann und Weiser. Verhandlungen über die Relation von Macht und Weisheit in historischen Exempeln des Mittelalters", in: *Tyrannenbilder. Zur Polyvalenz des Erzählens von Tyrannis in Mittelalter und Früher Neuzeit* (hg. v. J. Gold/C. Schanze/S. Tebruck; Berlin/Boston: De Gruyter, 2022), 237–253.
M. Sicherl, „Die Aldina der griechischen Epistolographen (1499)", in: *Aldus Manutius and Renaissance Culture. Essays in Memory of Franklin D. Murphy. Acts of an International Conference, Venice and Florence, 14–17 June 1994* (hg. v. D. S. Zeidberg; Florenz: Leo S. Olschki, 1998), 81–93.
W. Speyer, *Die literarische Fälschung im heidnischen und christlichen Altertum. Ein Versuch ihrer Deutung* (München: C. H. Beck'sche Verlagsbuchhandlung, 1971).
G. Squillace, „Un ,nuovo centro narrativo'? Filippo II e gli intellettuali dopo il successo nella Terza Guerra Sacra", in: *Orbis Terrarum* 20 (2022 [2023]), 241–261.
A. Städele, *Die Briefe des Pythagoras und der Pythagoreer* (Meisenheim am Glan: Anton Hain, 1980).
M. Steinmann, *Alexander der Große und die „nackten Weisen" Indiens. Der fiktive Briefwechsel zwischen Alexander und dem Brahmanenkönig Dindimus. Einleitung, lateinischer Text, Übersetzung und Kommentar* (Berlin: Frank & Timme, 2012).
R. Stoneman, *The Greek Experience of India. From Alexander to the Indo-Greeks* (Princeton/Oxford: Princeton University Press, 2019).
J. Sykutris, „Epistolographie", in: *RE* 5 (1931), 185–220.
J. Sykutris, *Die Briefe des Sokrates und der Sokratiker* (Paderborn: Ferdinand Schöningh, 1933).
I. Toth, „Fighting with Tales 2. The Byzantine Book of Syntipas the Philosopher", in: *Fictional Storytelling in the Medieval Eastern Mediterranean and Beyond* (hg. v. C. Cupane/B. Krönung; Leiden/Boston: Brill, 2016), 380–400.
K. Trampedach, *Platon, die Akademie und die zeitgenössische Politik* (Stuttgart: Franz Steiner, 1994).

M. Trapp, *Greek and Latin Letters. An Anthology with Translation* (Cambridge: Cambridge University Press, 2003).
M. Vitiello, *Il principe, il filosofo, il guerriero. Lineamenti di pensiero politico nell'Italia ostrogota* (Stuttgart: Franz Steiner, 2006).
T. Wareh, *The Theory and Practice of Life. Isocrates and the Philosophers* (Cambridge MA/London: Harvard University Press, 2012).
G. Weber, „Poesie und Poeten an den Höfen vorhellenistischer Monarchen. Συνῆσαν δὲ ἄρα καὶ τότε βασιλεῦσι ποιηταί (Paus. 1, 2, 3)", in: *Klio* 74 (1992), 25–77.
H. Wegehaupt, *Plutarchstudien in italienischen Bibliotheken* (Cuxhaven: G. Rauschenplat & Sohn, 1906).
H.-U. Wiemer, *Theoderich der Große. König der Goten – Herrscher der Römer. Eine Biographie* (München: C. H. Beck, 2018).
M. Wolny, „Korespondencja pomiędzy Antygonem II Gonatasem a Zenononem z Kition – przyczynek do rozważań nad tworzeniem kręgu intelektualnego na dworze Antygonidów", in: *Echa Przeszłości* 22/2 (2021), 23–44 [*non vidi*].

Wolfgang Hübner
Der Brief in der antiken Katarchenhoroskopie

Die hier vorgetragenen Untersuchungen zur antiken Epistolographie betreffen einen besonderen Ausschnitt aus der antiken Alltagswelt: die Bedeutung des Briefes in astrologischen Texten, die eine nicht zu vernachlässigende Quelle darstellen. Dabei geht es sowohl um das Schreiben und Empfangen als auch um den Inhalt von Briefen. Die Astrologie wird heutzutage immer noch als ‚Afterwissenschaft' belächelt oder umgangen, dabei spielte sie in der Antike ebenso wie in der frühen Neuzeit eine beträchtliche Rolle, gleichsam als eine Art ‚Ersatzreligion', und damit ist ihre Wirkung mit der des Christentums durchaus vergleichbar. Einen Höhepunkt erreichte sie bei den Römern im 2. Jahrhundert n. Chr. und in der Neuzeit vom Ende des 15. bis zum Anfang des 16. Jahrhunderts einschließlich der eifrigen Diskussion um die Willensfreiheit in den Wirren der Reformation. Die betreffenden Texte haben also für die Interpretation der antiken und neuzeitlichen Kulturgeschichte eine gewisse Bedeutung.

Nachdem die Astrologie im Zuge der Aufklärung fast völlig aus dem Geistesleben verschwunden war, wurde ihre Geschichte in der Antike seit dem Ende des 19. Jahrhunderts recht gut erforscht, allerdings eher von kulturhistorischer Seite aus, während die astronomischen und astrologischen Voraussetzungen infolge der Abkehr des modernen (‚geozentrischen') Durchschnittsgebildeten vom Sternhimmel weitgehend unbeachtet geblieben sind. Die zweite Blütezeit fällt in die Zeit des beginnenden Buchdrucks. Die Texte, die der Wiederentdeckung und besonders der Interpretation harren, sind uferlos, wie die jüngst erschienene Monographie von Stephan Heilen über die Konjunktionsprognostik allein für den kurzen Zeitraum zwischen den sogenannten Großen Konjunktionen von 1484 und 1504 gezeigt hat.[1] Ich beschränke mich hier im Wesentlichen auf zwei antike Texte, die griechisch geschrieben sind, denn die Sprache der Naturwissenschaft blieb auch in der frühen Spätantike vornehmlich das Griechische, wie sich das zum Beispiel noch heute in der medizinischen Terminologie fortsetzt.

---

1 S. Heilen, *Konjunktionsprognostik in der frühen Neuzeit*. Für das 2. Jahrhundert n. Chr. siehe dens., *Hadriani genitura*.

Wolfgang Hübner, Münster

1 Die Katarchenhoroskopie

Der Brief spielt in der astrologischen Praxis der Antike in einer besonderen Unterart der Horoskopie eine Rolle, den Handlungshoroskopen, genannt Καταρχαί („Anfänge"), lateinisch *electiones* („Wahlmöglichkeiten").² Dabei fragten die Klienten, zu welchem Zeitpunkt sie am besten eine bestimmte Handlung beginnen würden, etwa einen Hausbau, eine Hochzeit oder auch so banale Dinge wie ein Bad zu nehmen oder sich die Haare zu schneiden.³ Beim Schreiben oder Lesen eines Briefes kommt es dabei auf verschiedene Perspektiven an: zum einen auf den Zeitpunkt des Schreibens oder Abschickens sowie den Zeitpunkt des Eintreffens oder des Öffnens eines Briefes, zum anderen auf den Inhalt des Schreibens: Ist er günstig oder ungünstig, ist er wahr oder falsch?

2 Der Schreibergott Merkur

Von großer Bedeutung war dabei der antike Schreibergott: babylonisch Nabu, ägyptisch Thot (der zugleich dem ersten Monat mit dem Beginn der Nilschwellen im Sommer seinen Namen gegeben hat), griechisch Hermes, lateinisch Merkur.⁴ Dieser Gott bezeichnet in der hellenistischen Astrologie einen der fünf echten Planeten, die im Gegensatz zu den beiden Luminaren (Sonne und Mond) rückläufig werden. In diesem Gott paaren sich Mythologie und Naturwissenschaft.⁵ Er ist eines der zahlreichen Beispiele dafür, wie die griechische Mythologie die Astrologie befruchtet und durchdrungen hat, begründet in der Adaptabilität, der Lebendigkeit des griechischen Mythos. Es ist daher ratsam, zunächst zu klären, welche mythischen Eigenschaften den Gott Merkur außer seiner Vereinnahmung als Schreibergott denn sonst noch für seine Rolle als ‚Briefboten' prädestinieren.

Hermes gilt als der jüngste Sohn des Zeus, soweit er von einer Göttin (Maia) geboren ist.⁶ Seine Jugend spielt sogleich im homerischen Hermeshymnus eine

---

2 Stellen zum *cursus publicus* in der Astrologie bei F. Cumont, *L'Égypte des astrologes*, 50–51 mit Anm. 2.
3 W. Hübner, *Katarchenhoroskopie*.
4 Anonymus, *De planetis* (CCAG II [1900], p. 178.15 = Valens. app. 1,205): ὁ δὲ Ἑρμῆς τῆς γραμμάτων παιδείας αἴτιος, λόγου, … ἐπιστολῶν. Vgl. A. Pérez Jiménez, „Hermes", 109–110; S. Heilen, *Hadriani genitura*, 520, Anm. 707, ferner F. Cumont, *L'Égypte des astrologes*, 151–154 über die Schreiber religiöser Texte.
5 Wie das Hermann Usener in seiner Mythologie-Vorlesung in Bonn 1886/87 betont hat, vgl. M. Ghelardi, „Aby Warburg", 149–151. Speziell über die *Tetrabiblos* des Ptolemaios W. Hübner, „Astrologie et mythologie".
6 Der jüngere Herakles wurde von Alkmene, einer Sterblichen, geboren.

entscheidende Rolle. Kaum geboren, stielt er seinem älteren Halbbruder Apollon zwei Rinder und macht aus deren Gedärmen die Saiten einer Leier, deren Klangkörper der Panzer einer Schildkröte bildet.[7] Als er danach von dem wütenden Apollo vor den Vater Zeus gezerrt wird, verteidigt er sich mit seinem Zustand als Säugling: Er sei doch gerade erst am Vortag geboren, seine Füße seien so zart (ἁπαλοὶ ... πόδες).[8] Damit hebt er letztlich die mythologische Fiktion überhaupt aus den Angeln. Aus diesem Grund datiere ich diesen Hymnus auch spät in die Zeit der beginnenden Sophistik. Seine Schutzbehauptung „Ich verstehe nicht zu lügen" (οὐκ οἶδα ψεύδεσθαι)[9] ist ein logischer Trugschluss: Dadurch, dass er falsch ist, wird er gerade wahr, oder anders gesagt: Er ist zugleich wahr und falsch im Sinne Behauptung des Kreters Epimenides: „Alle Kreter lügen".[10] So kommt zu der Jugend des Hermes schon früh auch sein delikates Verhältnis zur Wahrheit. Im übrigen hängt hiermit auch sein Verhältnis zur Dichtkunst zusammen, worauf ich hier nicht weiter eingehe.[11]

Seine Jugendlichkeit führt auch zu seiner Rolle als Diener, wenn man bedenkt, dass im Griechischen der Sklave auch als παῖς und im Lateinischen als *puer* bezeichnet wurde.[12] Auf der Bühne ist er auch seinem Vater Zeus zu Diensten, wenn dieser die Alkmene erobert, wie in der verlorenen euripideischen *Alkmene*, und dieses Drama war wahrscheinlich das Vorbild für den plautinischen *Amphitruo*,[13] wo Merkur in die Rolle des Sklaven Sosias schlüpft. Diese Komplizenschaft ist in dem homerischen Hymnus insofern schon vorbereitet, als Zeus die Anklage des Apollon mit einem Lachen aus vollem Halse quittiert (ἐξεγέλασσε),[14] der Vater weiß sich also seinem Sprössling verwandt.

---

7 Dass Götter gleich nach ihrer Geburt voll handlungsfähig sind, ist zwar in der Mythologie normal, spielt aber im homerischen Hermeshymnos dennoch eine besondere Rolle, vgl. W. Hübner, „Hermes", 167–168.
8 Hom. hymn. Merc. 273.
9 Ebd. 369.
10 A. Koyré, *Épiménide le Menteur*; O. Becker, *Untersuchungen zur antiken Logik*, 50–54.
11 Vgl. W. Hübner, „Trimalchio Mercurialis", 78–84.
12 Nach Hephaistion II 20,1–4 wird die Qualität eines Sklaven durch die Distanz zwischen den beiden untersten ‚Planeten', Merkur und Mond, oder zwischen Merkur und dem Glückslos bestimmt. Vgl. auch W. Hübner, „Manilius als Astrologe", 215. 265–266 sowie dens., *Manilius*, 285 zu Manilius V 472–473 und den merkurialischen Sklaven der Komödie als Spielmacher. Sklaven spielten in den Καταρχαί eine große Rolle: W. Hübner, *Katarchenhoroskopie*, 291–213 und ders., *Dorotheos von Sidon*, 72 Nr. [2] u. ö. Die Sklavenforschung ist einer der wenigen Fälle, in denen die Geschichtswissenschaft auch astrologische Quellentexte würdigt: F. Kudlien, „Soziale Situation"; ders., *Sklaven-Mentalität*.
13 E. Lefèvre, *Amphitruo*.
14 Hom. hymn. Merc. 389.

Hinzu kommt die Rolle des Hermes als Geleiter. Die Römer leiteten seinen Namen *Mercurius* von *medius currens* ab,[15] „in der Mitte laufend", und so war er – auch mit seinen Flügelschuhen – zum Corriere, zum Kurier, eben zum Briefboten prädestiniert. Sein Name wird ja auch noch heute in diesem Sinne vielfach in Anspruch genommen. Diese Etymologie entspricht auch der Schnelligkeit des homonymen Planeten,[16] denn Merkur braucht für eine Umrundung der Sonne nur 88 Erd-Tage. Auch hier kommen also Mythos und Naturwissenschaft zusammen. Wegen seiner Sonnennähe ist er oft von ihr überdeckt und infolgedessen nur schwer zu beobachten, und das stimmt mythologisch mit seiner Neigung zum Verborgenen, Okkulten überein.

Seine Position an unterster Stelle der fünf echten Planeten und seine Abstammung als jüngster Sohn des Zeus versetzten ihn immer wieder in eine Schlussfunktion,[17] sei sie final als Totengeleiter (Psychopompos) wie zu Anfang des letzten Buches der *Odyssee*, der „zweiten Nekyia", wo er die besiegten Freier in die Unterwelt führt,[18] oder im letzten Buch der *Ilias*, wo er (neben Iris) bei der Auslösung der Leiche Hektors durch Priamos eine vermittelnde Rolle spielt.[19] Schon vorher hat sich dieser ausgesprochen unkriegerische Gott in der Theomachie durch ein entkrampfendes und erheiterndes Bonmot an letzter Stelle dem Kampf entzogen, wenn er den Konflikt mit seiner Tante Leto (Partnerin seines Vaters Zeus und Mutter seines konkurrierenden Bruders Apollon) durch einen Witz entschärft: Sie möge sich gern kräftig damit brüsten, ihn mit ihren Kräften besiegt zu haben.[20]

---

15 Varro, ant. div. 16 frg. 250 Cardauns bei Augustinus, civ. VII 14 (p. 292.2 Dombart/Kalb): *ideo Mercurius quasi medius currens dicitur appellatus, quod sermo currat inter homines medius ... ; ideo et mercibus praeesse, quia inter vendentes et ementes semo fit medius.* Vgl. R. Maltby, Lexicon, s.v. Mercurius; C. Marangoni, „Mercurio", zu Apuleius, met. VI 8.
16 Ptolemaios, apotel. I 4,7 (Wirkung): ὀξυκινησίαν u. ö.; Lydos, mens. 2,9: ὑπὸ τῆς περὶ τὸν ἥλιον ὀξυκινησίας.
17 Vgl. Manilius V 473 (vgl. Anm. 12) und W. Hübner, „Trimalchio Mercurialis", 76 über Horaz, und 88: Merkur bildet zusammen mit Ceres das letzte Paar des Lectisterniums von 217 v. Chr. (Livius XXII 10,9), regiert die letzte Erdzone, die südliche Polarzone (Achilleus Tatios, isag. 29 [p. 65.13 Maas]), das fünfte und letzte Zeitalter (Firmicus Maternus, math. III 1,13). Zum fünften Finger in der Chiromantie s. u. Abb. 3. Mehr über Merkur und die Fünfzahl, auch im Hinblick auf das fünfte und letzte Buch des Manilius, bei W. Hübner, „Manilius als Astrologe", 262–266.
18 Homer, Od. XXIV 1–14.
19 Il. XXIV 353–357. 677–691.
20 Ebd. XXI 497–501: Λητοῖ, ἐγὼ δέ τοι οὔ τι μαχήσομαι κτλ.; zu diesem – auch bei Horaz (carm. II 7,13: *Mercurius celer*) fassbaren – unheroischen Charakter siehe W. Hübner, „Trimalchio Mercurialis", 79.

Diese Schlussfunktion hat auch in der Astronomie ihre Bedeutung. Die Folge der sieben ‚Planeten' wurde zwar immer wieder anders definiert.[21] Nach dem gängigen System steht er unter den fünf echten Planeten (also mit Ausnahme der beiden Luminare Sonne und Mond) an unterster und letzter Stelle. Die Astrologie gliederte alle sieben Planeten (also einschließlich der Luminare) in drei Tagplaneten (Sonne, Jupiter, Saturn) und drei Nachtplaneten (Mond, Mars, Venus). Merkur blieb übrig, wieder an letzter Stelle, als schwer zu beobachtendes ambivalentes Wesen (κοινός), dessen ‚Haus' und ‚Erhöhung' in dasselbe Tierkreiszeichen (die Jungfrau) fallen (Tab. 1):[22]

Tab. 1: Tag- und Nachtplaneten.

Tag	ambivalent	Nacht
Sonne		Mond
Saturn		Mars
Jupiter		Venus
	Merkur	

Zieht man die beiden Luminare ab, dann teilen sich die fünf echten Planeten in zwei günstige (Jupiter und Venus) und zwei ungünstige (Mars und Venus). Am Schluss bleibt auch hier wieder der ambivalente Merkur übrig, denn er gilt auch hier als ἐπίκοινος.[23] In zweidimensionaler Darstellung ergibt dies eine auch sonst in den Handschriften anzutreffende Quincunx-Figur,[24] d. h. wie die Fünf auf einem Würfel (Abb. 1):

Nach den vier Planeten mit bestimmter Qualität bleibt der ambivalente Merkur am Schluss übrig.[25] Ähnliche Figuren begegnen in den Handschriften, wobei

---

21 ‚Planeten' hier im antiken Sinne verstanden. Weil sich Venus und Merkur stets in der Nähe der Sonne aufhalten, erfand man auch ein heliosatellitisches System: W. G. Saltzer, „Problem"; O. Neugebauer, *Astronomy II*, 690–693.
22 Porphyrios, introd. 6 p. 196–197. Bei den Tagesplaneten sind bei abnehmender Lichtstärke Häuser und Erhöhung trigonal entfernt, bei den Nachtplaneten hexagonal und bei Merkur schließlich identisch, vgl. S. Denningmann, *Doryphorie*, 164–182; S. Heilen, *Hadriani genitura*, 702.
23 Ptolemaios, apotel. I 21,25. So auch in anderen Zusammenhängen: ebd. I 5,2: διὰ τὸ κοινὸν τῶν φύσεων u. ö.; vgl. ebd. I 7 u. ö.: ἐπίκοινος, dazu A. Bouché-Leclercq, *L'astrologie grecque*, 100–101: „nature protéiforme, instable"; W. Hübner, „Reise", 29. Dieses Wesen ist schon für die Babylonier zu erschließen: D. G. Greenbaum/M. T. Ross, „Role of Egypt", 152.
24 Vgl. W. Hübner, *Dodecatropos*, 15 sowie ders., *Manilius*, 99 Abb. 50b zu den Himmelsrichtungen bei Ptolemaios, ebd. II 3, mit fig. 12.
25 Zur Androgynie Merkurs und zum „Hermaphroditen" A. Bouché-Leclercq, *L'astrologie grecque*, 103–104.

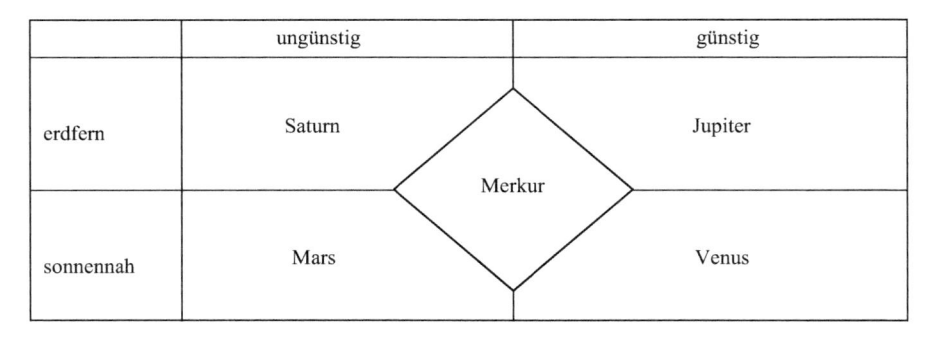

	ungünstig		günstig
erdfern	Saturn	Merkur	Jupiter
sonnennah	Mars		Venus

Abb. 1: Quincunx: günstige und ungünstige Planeten, nach W. Hübner, *Dodecatropos* 15.

Jupiter		Mars
	Venus	
Merkur		Saturn

Abb. 2: Codex Parisinus lat. 12957 fol. 71ᵛ: Planeten-Quincunx mit Venus in der Mitte.

die Besetzung ständig wechselt. Hier ein Beispiel aus einem Pariser Codex, in dem allerdings nicht Merkur, sondern Venus die Mitte besetzt (Abb. 2):[26]

Die Verbindung von wirkungsvoller Kleinheit trotz der Endposition reicht bis in die Moderne. Neuzeitliche Vertreter der Handlesekunst weisen den Merkur nicht selten dem kleinen Finger zu, ὁ δὲ μικρὸς (sc. δάκτυλος) Ἑρμοῦ (Abb. 3):[27]

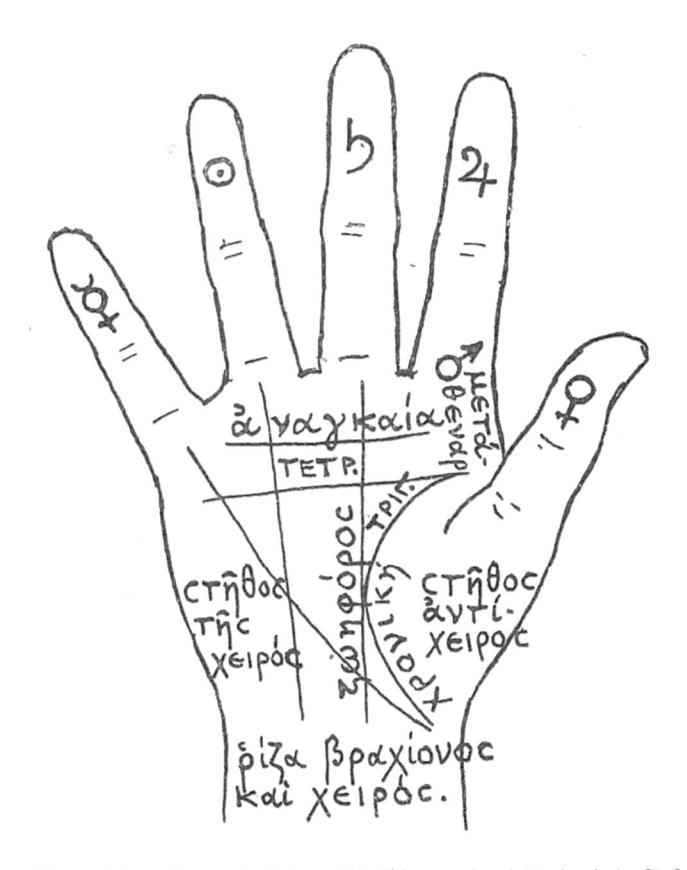

Abb. 3: Codex Erlangensis 89 (saec. XV): Chiromantie mit Merkur beim fünften Finger.

---

26 Codex Parisinus lat. 12957 fol. 71ᵛ, unter etlichen anderen Beispielen abgebildet bei G. Jasbar, *Darstellungen antiker Götter*, vgl. ferner U. Bauer, *Liber introductorius*, 79 mit Abb. 17. Das älteste und schönste Beispiel stammt aus dem Codex Leidensis Vossianus 79 (saec. IX), fol. 80ᵛ, dazu W. Hübner, *Manilius I*, Taf. 8 und *II*, 282–285 zu Manilius V 472–473 mit Abb. 50a.
27 *CCAG* VII (1908), p. 239.5 (an letzter Stelle); vgl. S. 237: „Doctrinae autem mysteriis ut facilius initieris, praecipuam manus linearum imaginem infra p. 244 inseruimus.", Beschreibung der Handschrift S. 73–76. Ein ähnliches Beispiel bei B. Vickers, „Kritische Reaktionen", 200, sonst bei Johannes de Indagine und Agrippa von Nettesheim.

3 Der geflügelte Pegasus

Neben den Planeten spielten auch die Fixsternbilder für die Prognosen eine Rolle, und hier ragt der geflügelt durch die Luft fliegende Pegasus heraus. Ptolemaios verleiht diesem Bild die Eigenschaften von Mars und Merkur.[28] Entsprechend erwähnt Firmicus Maternus für Native des Mars und Merkur in den Zeichen oder Graden des Mars Kuriere:[29] *nuntios vel veredarios regum*. Der Astrologe Teukros von Babylon (spätestens 1. Jahrhundert v. Chr.) lässt den Pegasus zusammen mit dem Ende des Widders (Aries 28°–30°) aufgehen, er transkribiert den lateinischen Terminus: βερεδαρίους.[30] Mit dem Widder verbindet den Pegasus seine Schnelligkeit: So wie das geflügelte Ross schnell durch die Lüfte fliegt, so schnell scheint sich der Widder als äquatoriales Zeichen am Himmel zu bewegen,[31] außerdem geht er extrem schnell auf.[32]

Mit dem Widder konkurrieren am Äquator die vorangehenden Fische. Nach dem Dichter Manilius (in augusteisch-tiberianischer Zeit) geht Pegasus schon mit dem dritten Dekan der Fische (mit Aries 21°) auf. Über die Schnelligkeit hinaus verbinden ihn mit diesem Tierkreiszeichen die gemeinsamen Flügel.[33] Zusammen mit den Fischen bringt Pegasus denn auch zunächst einmal Menschen hervor, die sich schnell bewegen.[34] Es kommt aber noch eine weitere Eigenschaft der Fische dazu, denn diese sind in antiker Spekulation einander entgegengesetzt schwimmend (ἀντικείμενον ἑαυτῷ) verstirnt.[35] Hier ein Beispiel aus dem Codex Leidensis Vossianus, der uns die antike Ikonographie herübergerettet hat (Abb. 4):

Im Hinblick auf diese ‚Enantiodromie' der Fische bringen Pegasus und die Fische zusammen Kurierreiter des *cursus publicus* hervor, die von dem einen Ende der bewohnten Welt zum anderen eilen und dann ‚postwendend' wieder umkehren:[36]

> *nam quis ab extremo citius revolaverit orbe*
> *nuntius extremumve levis penetraverit orbem?*

---

28 Ptolemaios, apotel. I 9,19: οἱ δὲ κατὰ τὸν Ἵππον λαμπροὶ τῷ τε τοῦ Ἄρεως καὶ τῷ τοῦ Ἑρμοῦ (sc. τὴν ὁμοίαν ἔχουσι ποιότητα).
29 Firmicus Maternus, math. III 11,18.
30 Teukros bei F. Boll, *Sphaera*, 42.11–16, vgl. jetzt Teukros I 1,12 bei W. Hübner, *Grade*, I, 111.2 (in der lateinischen Übersetzung ausgefallen) mit Kommentar II, 8–9.
31 Vgl. W. Hübner, *Manilius II*, 19–20.
32 Seit Aratos 225: θοώταταί εἰσι κέλευθοι; ders., *Eigenschaften*, 58 unter Nr. 1.212.213.
33 Zum Quadrat der geflügelten Tierkreiszeichen und besonders zum babylonischen Schwalbenfisch vgl. ebd., 125–126 unter Nr. 2.33.2; ders., „Manilius als Astrologe", 264 mit Anm. 458.
34 Manilius V 634: *velocis partus*, dazu W. Hübner, *Manilius II*, 363 f.
35 Ders., *Eigenschaften*, 102 unter Nr. 2.133.2; ders., *Manilius II*, 316–318 u. ö.
36 Manilius V 640–641, dazu ders., *Manilius II*, 366–367.

Abb. 4: Codex Leidensis Vossianus lat. 79 (saec. IX), fol. 38ᵛ: Enantiodromie der zodiakalen Fische.

Der Paralleltext des Firmicus Maternus verwendet hier das auch von Teukros für Pegasus unter dem Widder gebrauchte Fachwort *veredarii:*[37] *erunt ... equites veredarii speculatores.* Außerdem ist die Metapher *revolaverit* einmal mehr von dem Flügelcharakter der zodiakalen Fische abgeleitet.

4 Die Zeugnisse zur Katarchenhoroskopie

Es seien nun drei Zeugnisse vorgestellt, die etwas über die Epistolographie in der Katarchenhoroskopie aussagen: zwei theoretische Anweisungen aus dem verlorenen Lehrgedicht des Dorotheos von Sidon aus neronischer Zeit und ein ausgeklügeltes praktisches Beispiel aus dem 5. Jahrhundert n. Chr.

---

37 Firmicus Maternus, math. VIII 7,3.

a) Vom Absender und Empfänger aus betrachtet

Der Dichter Dorotheos hat ein langes astrologisches Lehrgedicht geschrieben, das Hephaistion von Theben im 5. Jahrhundert in griechische Prosa umgesetzt hat und von dem wir noch eine ziemlich freie arabische Paraphrase besitzen.[38] Das dortige Kapitel περὶ ἐπιστολῶν geht sogleich von dem Planeten Merkur aus:[39]

> πέμπων ἐπιστολὰς ἐπιτήρει τὴν Σελήνην συνοῦσαν τῷ Ἑρμῇ ἢ ἐφοροῦσαν <αὐτὸν> ἄνευ τῆς <τῶν> κακῶν θεωρίας. ἔστω δὲ <ὁ Ἑρμῆς> ἐλεύθερος ἀπὸ τῶν αὐγῶν τοῦ Ἡλίου καὶ προσ<τιθεὶς> τοῖς ἀριθμοῖς· οὕτω γὰρ ἐὰν ἐπιστείλῃς, οὐκ ἀποτεύξει τοῦ σκοποῦ.

Wenn du Briefe schickst, beobachte den Mond, ob er in Konjunktion mit Merkur steht oder ihn aspektiert ohne den Einfluss der ungünstigen Planeten. Es sei aber <Merkur> frei von den Strahlen der Sonne und an Zahlen zunehmend: Wenn du die Sendung unter diesen Bedingungen aufgibst, wird sie ihr Ziel nicht verfehlen.

Hier geht es also zunächst um die Chancen eines Absenders. Der Planet Merkur sollte nicht mehr von der Sonne überstrahlt werden. Er entfernt sich maximal nur 27,5° von ihr (die Antike rechnete allgemein mit 22°).[40] Προσ<τιθεὶς> τοῖς ἀριθμοῖς bedeutet, dass er sich an Graden (und – in der Antike bei Merkur nicht thematisiert – an Leuchtkraft) immer weiter von der Sonne entfernt: entweder rückläufig von Osten nach Westen im Sinne der scheinbaren Tagesrotation oder rechtläufig (so stets nur der Mond) von Westen nach Osten in Planetenrichtung. Die arabische Übersetzung ist hier genauer, denn sie fordert, dass er östlich und nicht retrograd zu sein hat,[41] sie legt sich also auf eine rechtläufige Bewegung von Westen nach Osten fest. Der wachsenden Entfernung von der Sonne, die mit der Zunahme an Licht verbunden ist, wurde von den Astrologen eine günstige Bedeutung beigemessen.

---

38 Ausgabe von D. Pingree (1976), dazu W. Hübner, „Dorothée de Sidon", und jetzt ders., *Dorotheos von Sidon*.
39 Dorotheos bei Hephaistion III 27 (§ 1 = Dorotheos arabus V 15), vgl. die Epitomai: epit. II 2,97.4–7; II 3,9; IV 104. Hephaistion sagt abschließend καὶ ταῦτα καθὼς γέγραπται παρὰ τοῖς ἀρχαίοις ἐκτιθέσθω. Es wird nicht klar, ob er damit Dorotheos meint, den er sonst durchaus beim Namen nennt, oder eine andere Quelle. Es folgt die Anweisung, περὶ δὲ φήμης καὶ ἀγγελίας sei entsprechend zu verfahren. Hierüber handelt ein ausführlicher Abschnitt in epit. II 4,87.1–3. Zu dieser Stelle A. Pérez Jiménez, „Hermes", 109–110.
40 W. Gundel/H. G. Gundel, „Planeten", 2133; O. Neugebauer, *Astronomy II*, 804–805; S. Heilen, *Hadriani genitura*, 646–647. In der Nähe der Sonne wird er gleichsam ‚verbrannt', je weiter er sich von ihr entfernt, umso mehr gewinnt er an Kraft (und an Licht). Die maximale Elongation kann aber auch den Tod bedeuten: S. Heilen, *Hadriani genitura*, 647, Anm. 1271.
41 Dorotheos arabus V 15 p. 271: „… while Mercury is eastern and is not under the [Sun's] rays or retrograde." Etwas anders epit. II 3,9: καὶ μὴ ἀναποδίζων ἢ στηρίζων, „und nicht rückläufig oder stationär werdend".

Danach geht der Text vom Akt des Schreibens zum Moment des Empfangens über.[42] Der Inhalt eines Briefes wird nicht mehr von den Planeten bestimmt, sondern von den zwölf Tierkreiszeichen, von denen elf aufgezählt werden (die abschließenden Fische fehlen). Der Autor beginnt mit der negativen Alternative eines falschen Inhalts (ψευδὲς εἶναι) und zählt in unregelmäßiger Reihenfolge fünf Zeichen auf, die sich wieder zu einer Quincunx ordnen lassen (Tab. 2):

Tab. 2: Abū Maʿšar: Tierkreiszeichen, die einen falschen Inhalt anzeigen.

Schütze		Steinbock	Nachbarn
	Zwillinge		Nachthaus Merkurs
Stier		Waage	Häuser der Venus

Schütze und Steinbock[43] sind Nachbarn, die nach babylonischer Tradition aus je zwei verschiedenen Teilen zusammengesetzt sind.[44] Sie unterstehen den beiden äußersten Planeten, Jupiter und Saturn.[45] Die Zwillinge sind das Nachthaus Merkurs, Stier und Waage unterstehen dem anderen inneren Planeten, der Venus.

Nachdem auch die Position des Mondes und der ungünstigen Planeten in diesen Zeichen für wichtig erachtet wird, folgen sechs Tierkreiszeichen, die Wahrheit und Sicherheit (ἀληθῆ καὶ βέβαια) anzeigen (Tab. 3):

Tab. 3: Zeichen, die Wahrheit und Gesichertes anzeigen.

Widder	Krebs	tropische Zeichen
Löwe	Jungfrau	Nachbarn
Skorpion	Wassermann	a) trigonal zum Krebs b) diametral zum Löwen

Auch hier folgt der Text nicht der üblichen Reihe. Den Anfang machen zwei tropische Zeichen, Widder und Krebs, es folgt ein zusammenhängendes Quartal des

---

42 Hephaistion III 27,2: ἐπιστολῆς δὲ λεγομένης ἐνηνέχθαι γνωσόμεθα ψευδὲς εἶναι ..., „Dass (der Inhalt) des besagten Briefes falsch ist, werden wir erkennen ...".
43 Speziell zum lügnerischen Steinbock vgl. Dorotheos p. 387 Pingree bei Hephaistion III 16,5 sowie W. Hübner, *Manilius II*, 246 zu Manilius V 412: *fraude*.
44 Der Schützenkentaur besteht aus Mensch und Pferd, der Steinbock, auch „Ziegenfisch" genannt, aus Ziege und Fischschwanz. Zu dieser vierteiligen Antiklimax vgl. W. Hübner, ebd., 201.
45 Zur planetaren Häuserlehre A. Bouché-Leclercq, *L'astrologie grecque*, 182–192.

Spätsommers, Krebs, Löwe und Jungfrau, danach der Skorpion trigonal zum Krebs und schließlich der Wassermann dem Löwen diametral gegenüber.

Wir besitzen nur wenige Quellen über Tierkreiszeichen, die Zuverlässigkeit anzeigen, Dorotheos und Hephaistion sind die beiden einzigen relativ frühen Texte, der die beiden Seiten, Falsch und Wahr, berücksichtigen. Sonst gibt es nur wenige vereinzelte Hinweise. Hier eine pauschale Übersicht (Tab. 4):[46]

Tab. 4: Wahrheit und Falschheit im Tierkreis.

Zodion	Dor. 3,16,5	Heph. 3,27	Abū M.	Alc.	Anon. q	Anon. t	Pruckner	Einzelne
Aries		+			+		+	+
Taurus		–					<->	
Gemini		–		+	+	+	<+>	
Cancer	–	+					–	–
Leo	+	–	–	+	–		+	–
Virgo	+	+			+		–	
Libra		–		+	+		+	–
Scorpius	–	+		+			–	–
Sagittarius	–	–	–		+		+	–
Capricornus	–	–	–	-+		+	–	–
Aquarius		+			+		+	
Pisces	–	–					<->	–

Nach der allgemeinen Regel, dass das Gute eher die Privation des Bösen ist als umgekehrt, finden sich fast keine Erwähnungen ‚redlicher' Tierkreiszeichen.[47] Dagegen zählt der Astrologe Abū Maʿšar (Mitte 9. Jahrhundert) in seiner *Großen Einleitung*[48] vier Zeichen für Falschheit auf, zunächst zwei männliche Zeichen und Partner des Feuerdreiecks (Löwe und Schütze),[49] dann zwei weibliche Zeichen[50] im Sextilschein (Steinbock und Fische). Diese Klassifizierung stimmt mit

---

46 Ders., *Eigenschaften*, 220–222 unter Nr. 4,511, die Auflösung der Siglen ebd. 14–21.
47 Daher etwa die privative Formulierung bei Manilius II 614: *nec fraudibus ullis*.
48 Abū Maʿšar, *Great Introduction*, 6,21; der griechische Übersetzer (Apom. myst. 3,33) wählt das Wort ἀπατηλά. L. Thorndike, „Albumasar", 26 teilt mit, dass Abū Maʿšar in seiner Schrift „in Sādān" den Skorpion als „sign of mendacity" bezeichnet habe. Bei den Trigonalpartnern, Krebs und Skorpion, differieren Dorotheos und Hephaistion, siehe Tab. 4.
49 Zu den vier Dreiecken der Elemente A. Bouché-Leclercq, *L'astrologie grecque*, 169 f.; W. Hübner, *Eigenschaften* 238–241 unter Nr. 7.111.
50 Zu dem Geschlechtsgegensatz A. Bouché-Leclerq, ebd., 166–169; W. Hübner, ebd. 152–155 unter Nr. 3.31. Vgl. unten Abb. 9.

den obigen nur im Falle von Schütze und Steinbock überein, der Löwe gilt dagegen bei Hephaistion als redlich und die Fische bleiben bei ihm ungenannt.

Das Dorotheos-Kapitel über Briefe gehört in eine Reihe mannigfaltiger Anfragen, die bei Hephaistion vom Städtebau bis zu der sehr ausführlich behandelten Sklavenflucht reicht.[51] Das Briefkapitel fällt jedoch insofern aus dem Rahmen, als es hier nicht auf die kardinalen Orte der Dodekatropos ankommt (einer zweidimensionalen Reduktion der sphärischen Koordinaten),[52] also auf Aufgang und Untergang sowie die obere oder untere Kulmination. Es sind diese vier Punkte der scheinbaren täglichen Rotation des Himmels, die sonst fast immer die soziale Interaktion bestimmen. So vertritt etwa bei dem Abschluss von Verträgen der Aszendent im Osten den Partner des Anfragenden, der gegenüberliegende Deszendent im Westen den Klienten selbst, die obere Kulmination im Süden das Verhandlungsobjekt und die (unsichtbare) untere Kulmination im Norden das zum Zeitpunkt der Konsultation noch ungewisse Ergebnis (τὸ τέλος, vgl. Abb. 5 in der üblichen Südperspektive):[53]

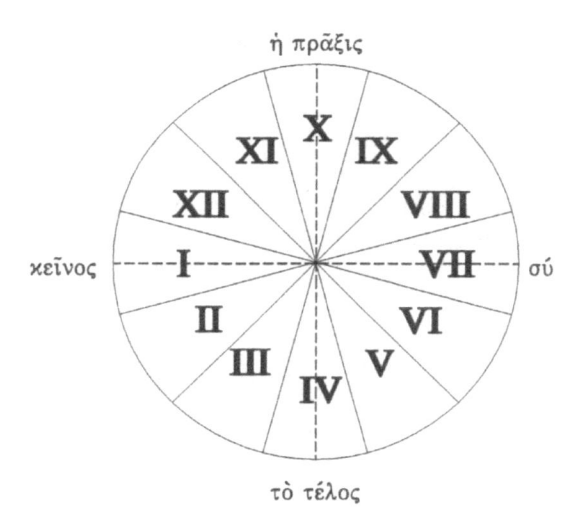

Abb. 5: Rollen der Kardinalpunkte bei Entscheidungen, Verträgen: W. Hübner, *Katarchenhoroskopie* 312.

---

51 Hephaistion III 7–47, dazu W. Hübner, *Katarchenhoroskopie*.
52 A. Bouché-Leclercq, *L'astrologie grecque*, 280–288, speziell über Manilius: W. Hübner, *Dodecatropos*.
53 Hephaistion III 26: Περὶ αἱρέσεως καὶ συνθηκῶν, teilweise stark abweichend epit. I 39, II 2,25 und IV 103,1, nicht in der arabischen Paraphrase. Vgl. W. Hübner, *Katarchenhoroskopie*, 163–165, Nr. 23a mit Schema ebd. 312.

Beschränkt man dieses Schema nur auf die sichtbare Himmelshälfte, dann ergibt sich die Figur des heute verbreiteten Kommunikationsdreiecks, das auch hermeneutisches, semiotisches, pädagogisches oder gar metaphysisches Dreieck genannt wird (Abb. 6):

```
          Brief
           /\
          /  \
         /    \
        /      \
   Sender    Empfänger
```

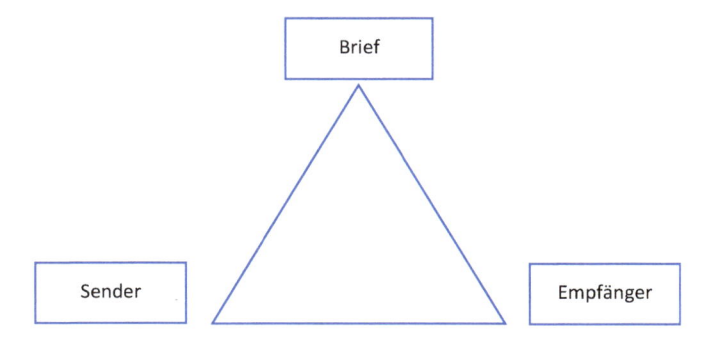

Abb. 6: Reduktion des Kreises auf die sichtbare Hälfte als Dreieck.

Überträgt man dieses Generalschema auf die Epistolographie, dann vertritt die horizontale Achse das Gegenüber von Schreiber und Empfänger, die obere Kulmination den Brief oder dessen Inhalt. Doch dieses Standardschema kam in der Antike beim Briefverkehr explizit nicht zur Anwendung, vermutlich weil die speziellen Fragen nicht eindeutig das Verhältnis Schreiber–Empfänger betreffen, sondern vielmehr auf der einen Seite den Zeitpunkt des Schreibens, Abschickens, Empfangens oder Öffnens, auf der anderen Seite den Inhalt eines Schreibens.

b) Nur vom Empfänger aus betrachtet
Ein zweites für den Dichter Dorotheos bezeugtes Kapitel fehlt in der Prosafassung des Hephaistion und existiert nur in der arabischen Paraphrase.[54] Ob es wirklich dem Dorotheos gehört, muss fraglich bleiben. Hier bezieht sich die Prognose eindeutig auf die Empfängerseite:[55]

> If a book or a message or a letter comes to a man, then consider Mercury in the base of his nativity as, whenever the benefics aspect it, or Mercury with the two luminaries aspects the benefics, or Mercury is in a sign in which there is no malefic with it: then, if the situation of these stars is in this way, it indicates what there is of good in the book or letter.

---

54 Das Kapitel hat keine spezielle Überschrift, D. Pingree nennt es in seiner Dorotheos-Ausgabe (1976), xi: „De rumoribus".
55 Dorotheos arabus V 26, ed. D. Pingree (1976), 286–287. Von diesem Kapitel geht A. Pérez Jiménez, „Hermes", 95 aus.

Wieder ist Merkur der maßgebende Planet. Entscheidend ist nun aber nicht etwa der Zeitpunkt des Briefempfangs, sondern das Geburtshoroskop des Empfängers. Merkur sollte darin eine günstige Position einnehmen, zu den wohlwollenden Planeten und/oder den beiden Luminaren in einem günstigen Winkel stehen,[56] ohne dass ein schädlicher Planet den Sternstand trübt. In der Fortsetzung des Textes geht es dann um den Inhalt des Briefes (§ 2):

> Concerning the report which arrives in the book or letter, look at the Sun and the Moon in their motion as, if they are both free from the malefics while the Moon is with Mercury in one of those signs of which I wrote that [it is good if] they are free from malefics and the benefics are in them or aspect them, then there are happiness and joy in the book or message or letter which reaches the master of that nativity at that hour.

Für den Inhalt sind hier also primär die Luminare Sonne und Mond zuständig, die von schädlichen Einflüssen der ungünstigen Planeten frei sein sollten, besonders der für solche Anfragen grundsätzlich maßgebende Mond,[57] der den Merkur begleiten soll. Schließlich kommen die Tierkreiszeichen ins Spiel, die frei von den ungünstigen Planeten oder von den guten aspektiert werden sollten.

Hatte der Autor in diesem günstigen Fall zunächst noch nicht deutlich gesagt, dass der Zeitpunkt der Briefankunft entscheidet, so holt er dies bei der ungünstigen Prognose nach: „at that hour when the book or message or letter arrives".[58] Bei der folgenden ungünstigen Prognose hat man zunächst die günstigen Planten durch die ungünstigen zu ersetzen. Dann aber geht es anders weiter (§ 3): „If Mercury is in some one of the places of the benefics from among those signs and is eastern while the benefics and the malefics aspect it together, then the message is good." Hier wird die östliche Position Merkurs betont (sei er nun rechtläufig oder rückläufig). Das erinnert an ein Detail des ersten Textes: ἐλεύθερος ἀπὸ τῶν αὐγῶν τοῦ Ἡλίου. Zwischen beiden Texten besteht also ein sachlicher Zusammenhang. Ist diese günstige Position Merkurs gegeben, bedeutet der gemeinsame Aspekt von günstigen und ungünstigen Planeten ein gutes Ergebnis.[59]

---

56 Zu den Winkeln der Aspektlehre A. Bouché-Leclercq, *L'astrologie grecque* 165–179.
57 Der Mond ist in der Chronokratorie der wichtigste Himmelskörper: Firmicus Maternus, math. IV 19,2. Später wird die zusätzliche Bedeutung der Tierkreiszeichen durch die 28 Mondstationen abgelöst: W. Hübner, *Dorotheos von Sidon*, 63–107.
58 Fortsetzung in § 3: „the book or message or letter which arrives at that hour." Und noch einmal abschließend in § 8 „the book or message or letter which at that hour reaches the master of this nativity."
59 Der arabische Text (Dorotheos arabus V 26,5–8) nennt dann noch eine etwas abweichende Methode nach einer ungenannten Quelle. Dort werden die günstigen und ungünstigen Planeten, die den Merkur beeinflussen, nach dem oben dargestellten Quincunx-Schema (Abb. 1, 2 und 4) genauer mit Namen genannt, jedoch ohne dass sich für Merkur und den Briefverkehr etwas Neues ergäbe.

Im Unterschied zu dem ersten Text spielt der Charakter der Tierkreiszeichen selbst keine Rolle, denn es kommt nur darauf an, ob sie von guten oder schlechten Planeten besetzt oder aspektiert werden. Hier zeigt sich eine Tendenz, der die arabische Paraphrase auch sonst folgt, nämlich die Tendenz zur Aufwertung der Planeten auf Kosten der Tierkreiszeichen: Hat der arabische Text doch die wichtige und grundlegende Einführung in das Wesen der zwölf Tierkreiszeichen, die Hephaistion in seinem ersten Kapitel für Dorotheos gesichert und wenigstens in einigen Fragmenten gerettet hat, gänzlich weggelassen.[60]

c) Eine revidierte Brief-Katarche: Hor. gr. 487.IX.5

Die bisher behandelten theoretischen Anweisungen finden eine ausführliche Anwendung in einem Handlungshoroskop aus dem Jahre 487 n. Chr. Sie kann auf einen Samstag (= Saturntag) des ägyptischen Monats Thot und die erste Tagesstunde datiert werden.[61] Es wurde bisher noch nicht beachtet, dass dieses Datum nicht nur den ersten Monat des ägyptischen Kalenders, sondern auch die erste Tagesstunde einer Woche betrifft, denn die Planetenwoche, die die Reihenfolge der Tagesplaneten nach der Regel διὰ τεσσάρων von den Stundenplaneten ableitet, beginnt ursprünglich mit dem äußersten Planeten Saturn,[62] der in diesem Fall die erste Tagesstunde und damit zugleich den ersten Tag regiert.

Der Text entstammt einer Horoskopsammlung, die auf einen ungenannten Astrologen des byzantinischen Kaisers Zeno zurückgeführt wird. Er ist zweifach überliefert: Zunächst edierte ihn F. Cumont aus dem Florentiner Codex Laurentianus XXVIII 34 (F),[63] kurz danach W. Kroll aus dem Codex Vindobonensis gr. 108 (V).[64] Die

---

60 Zu dem von der arabischen Paraphrase übergangenen einleitenden Zodiakalkapitel siehe W. Hübner, „Dorothée de Sidon", 117–127 und jetzt ders., *Dorotheos von Sidon*, 15–62.
61 Cod. V: ἔτους Διοκλητιανοῦ σδ´, μηνὶ Θώθ ιζ´ [ζ´ F], ἡμέρα Κρόνου, ὥρα ἡμερινῇ πρώτῃ [ὥρᾳ α´ F], berechnet von O. Neugebauer/H. B. van Hoesen, *Greek Horoscopes*, 149. Vgl. jetzt S. Heilen, *Hadriani genitura*, 101–102. 303–309: Die Sammlung umfasst Horoskope zwischen 474 und 486 n. Chr., dazu die Appendix IV, 1383–1385.
62 Cassius Dio XXXVII 18,2–19,3, § 2: τὴν ἁρμονίαν τὴν διὰ τεσσάρων καλουμένην; § 3: ἀρξάμενος ἀπὸ τῆς ἔξω περιφορᾶς τοῦ Κρόνου δεδομένης. Dazu A. Bouché-Leclercq, *L'astrologie grecque*, 476–482; F. Boll, „Hebdomas", 2556.25–2561.6 und 2570.49–2578.67; F. H. Colson, *Week*, 35–50, bes. 41 „the Sabbath or Saturn's day is the pivot of the week."
63 F. Cumont, CCAG I (1898), 106–107 in einer Sammlung von Stellen des „Palchos" (= Abū Maʿšar). Zu korrigieren: fol. 126ʳ (statt fol. 125): S. Heilen, *Hadriani genitura*, 101.
64 W. Kroll, CCAG VI (1903), 63–64; der Editor verzeichnet nicht alle Abweichungen von F. Englische Übersetzung bei O. Neugebauer/H. B. van Hoesen, *Greek Horoscopes*, 149 als Horosc. L 287, Korrekturen im Antigonos-Zitat (T4) bei S. Heilen, ebd., 189, nach seiner neuen Numerierung zu zitieren als Hor. gr. 487.IX.5.

Wiener Fassung gilt allgemein als verlässlicher,[65] doch wird sich herausstellen, dass der Codex Laurentianus in einigen Einzelheiten den besseren Text hat. Eine endgültige Ausgabe ist dringend geboten.

Es handelt sich um eine zunächst prospektiv vor dem Eintreffen des Schreibens positiv ausgelegte Brief-Katarche, die sich aber als trügerisch erwies. Eine genaue retrospektive Nachberechnung *post eventum*[66] ergab dann für den Astrologen das passende negative Ergebnis. Ich gebe zunächst die astronomischen Daten ohne den Text, weil die Darstellung in den beiden Texten sehr verschiedenen und zudem durch Siglen verschlüsselt und schwer lesbar ist (Tab. 5):

Tab. 5: Die astronomischen Daten der Katarche.

Parameter	Position	Bemerkung
Sonne	Virgo 10°	
Mond	Libra 4°	
Saturn	Sagittarius < 1 > 5° 56'	corr. O. Neugebauer,[67] vgl. S. Heilen, *Hadriani genitura*, 516 Anm. 690.
Jupiter	Libra 7° 55'	
Mars	Capricornus 8°	
Venus	Leo 8°	
Merkur	Virgo 25°	
Aszendent	Libra 0° 41'	So V, aber Libra 1° F
Medium Caelum	Cancer 0° 41'	So V, aber Cancer 1° F
κλῆρος τῆς τύχης	Libra 25°	
καταβιβάζων	Scorpius 2° 24'	So das Siglum in F („misprint?" O. Neugebauer – H.B. van Hoesen), ἀναβιβάζων V

---

65 W. Kroll, ebd., 63: „formam deteriorem". O. Neugebauer/H. B. van Hoesen, ebd., 149 Anm. 1 über V: „the better version". Doch dies bezieht sich hauptsächlich auf die Zahlenangaben (s. Tab. 5).
66 Zu diesem Verfahren in der Individualhoroskopie vgl. S. Heilen, *Konjunktionsprognostik in der frühen Neuzeit*, 172: „retrospektive Rektifizierung".
67 S. Heilen, *Hadriani genitura*, 515, Anm. 691, vermutet eine Fehldeutung von μα' als μ < οἴρα > α = „Grad 1", möglich ist aber auch eine schlichte Aufrundung von 0° 41' zu 1°. Im Gegensatz zu einer verbreiteten Meinung wurde die Null nicht erst auf dem Weg über die indische Mathematik im Westen eingeführt, sondern es gab Ausdrücke für ihren Wert schon in der Antike: ebd., 595 mit Anm. 1068 (Bibl.).

Hier das Diagramm von S. Heilen (Abb. 7):⁶⁸

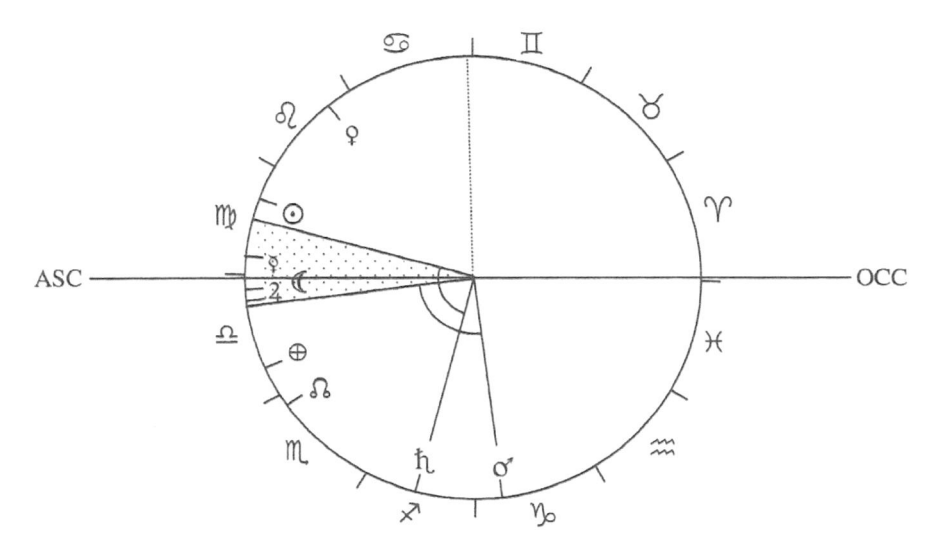

Abb. 7: Diagramm der Katarche nach S. Heilen, *Hadriani genitura*, 517.

Der Codex Laurentianus bietet die Überschrift Καταρχὴ ἀναγκαία εἰς ἣν ἀπέτυχον πλανηθείς, καὶ μετὰ ταῦτα εἰρηκὼς τὴν αἰτίαν ἐθαύμασα τὴν ἐνέργειαν· περὶ γραμμάτων ἀναχθέντων. „Zwingende Handlungsanfrage, die ich irrtümlich falsch auslegte, und nachdem ich danach die Ursache (des Irrtums) erklärt hatte, fiel ich ins Staunen über die Wirkungsmächtigkeit: Über ein überbrachtes Schriftstück."

Bei dem Wort γραμμάτων handelt es sich wohl um den kollektiven Plural für ein einziges Schriftstück.⁶⁹ So auch in der Einleitung von V, die aber den Fall von der ersten Person auf eine ungenannte dritte Person überträgt: ἠνέχθησάν τινι γράμματα λυπηρὰ ἔχοντα πάντα παρὰ πρόθεσιν τοῦ δεξαμένου: „... wurde einer gewissen Person ein Schriftstück überbracht, das alle Dinge entgegen der Erwartung des Empfängers enthielt."

---

68 Ebd., 517.
69 Dagegen D. G. Greenbaum, „Calculating the Lots", 183: „distressing letters".

Die anfängliche positive Bewertung lautet in den beiden Versionen so:

cod. Laurentianus (F) p. 106,8–13	cod. Vindobonensis (V) p. 64,1–6
εὖρον μὲν τὸν Δία μοιρικῶς[70] ὡρονομοῦντα καὶ τὴν Ἀφροδίτην κατὰ τοῦ ὡροσκόπου καὶ τῆς Σελήνης καὶ τοῦ Διὸς καὶ τοῦ κλήρου τῆς τύχης ἀγαθοδαιμονοῦσαν καὶ ἑῴαν ἀνατολικὴν καὶ τοῖς ἀριθμοῖς προσθετικὴν καὶ δεκατεύουσαν τὴν τριταίαν τῆς Σελήνης καὶ τὸ δωδεκατημόριον αὐτῆς Σκορπίον τετυχηκότα καὶ τὸν διέποντα τοῦ ὡροσκόπου τὸν Δία κατὰ κάθετον ὡρονομοῦντα.	καὶ εὕρομεν τὸν μὲν Δία μοιρικῶς ὡρονομοῦντα καὶ τὴν Ἀφροδίτην κυρίαν τουτέστιν τοῦ ὡροσκόπου, τὴν Σελήνην καὶ τὸν Δία καὶ τὸν κλῆρον τῆς Τύχης ἀγαθοδαιμονοῦντας καὶ τοῖς ἀριθμοῖς προστεθέντας καὶ δεκατεύουσαν τὴν τριταίαν Σελήνην καὶ τὸ δωδεκατημόριον αὐτοῦ Σκορπίῳ τετυχηκός· καὶ τὸν διέποντα τῆς ὥρας τὸν Δία [ἤτοι] προσθετικῶς ὡρονομοῦντα.

Ich übersetze primär nach dem Codex Laurentianus (F):

> Ich fand den Jupiter <fast> gradgenau im Aszendenten, und die Venus im (günstigen) Verhältnis zu dem Aszendenten und zu dem Mond und zu dem Jupiter und zu dem Glückslos im elften Ort (ἀγαθὸς Δαίμων) und östlich im Aufgang begriffen und nach den (Grad)zahlen zunehmend und in linker Quadratur zum dritten Tag des Mondes, und dessen (des Mondes) Zwölftel in den Skorpion fallend und den Stundenplaneten des Aszendenten, den Jupiter, perpendikular aszendierend.

Es sei nur kurz das Wichtigste erläutert. Der Interpret beginnt mit den beiden günstigen Planeten, Jupiter und Venus. Von Jupiter (Waage 7° 55') wird nur kurz gesagt, dass er sich im Aszendenten befindet (Waage 0° 41'),[71] was am Ende ringförmig wiederholt wird. Das Hauptgewicht liegt auf der Venus (Löwe 8°). Diese steht im günstigen Verhältnis (Sextilschein) zum Aszendenten (Waage 0° 41')[72]

---

70 O. Neugebauer/H. B. van Hoesen, *Greek Horoscopes*, 149, Anm. 6: „Since Jupiter is about 6° distant from H [= Aszendent] the meaning of this term is not clear", daher < σχεδὸν > μοιρικῶς; S. Heilen, *Hadriani genitura*, 515, Anm. 687.

71 Der Codex Laurentianus (F) rundet auf: Waage 1°. Das Verbum ὡρονομεῖν, das später noch einmal wiederholt wird, steht anstelle von ὡροσκοπεῖν besonders in poetischen Texten, weil nur dieses in den Hexameter passt: W. Hübner, „Verwendung", 229–231.

72 O. Neugebauer/H. B. van Hoesen bevorzugen die Variante in V: κυρίαν τουτέστιν τοῦ ὡροσκόπου, „(Venus) Herrin des Aszendenten", weil sie das Tag-Haus der Waage ist. Dies macht zwar zunächst Sinn, passt aber nicht zum Folgenden; sie übersetzen (ohne Fußnoten): „We found Jupiter in the Horoscopos by degree and Venus in Leone {as ruler – namely} of the Horoscopos {and of the moon and of Jupiter and of the Lot of Fortune in Agathos Daimon}." Die Genetive καὶ τῆς Σελήνης καὶ τοῦ Διὸς καὶ τοῦ κλήρου τῆς τύχης (statt der Akkusative in V parallel zu τὴν Ἀφροδίτην) geben keinen Sinn. Daher dürfte das von den Übersetzern als „meaningless" bezeichnete κατὰ (F) anstelle von κυρίαν τουτέστιν (V) die richtige Lesart sein. Konsequenterweise folgen die Übersetzer denn auch der Grammatik in F (Siglen aufgelöst): „We are following here *CCAG* 1 [= F] which states correctly that H[oroscopos], Moon and Jupiter, and the Lot of Fortune

sowie zu Mond (Waage 4°), Jupiter (Waage 7° 55′) und dem Glückslos (Waage 25°).⁷³ Außerdem steht sie im neunten Ort der Dodekatropos (Abb. 8).⁷⁴ Aszendent, Mond, Jupiter und das Glückslos befinden sich also allesamt im Sektor der aszendierenden Waage und somit im günstigen Sextilschein zu Venus (Löwe 8°), und zwar im elften Haus der Dodekatropos mit dem Namen ἀγαθὸς Δαίμων. Hier zum Vergleich das Generalschema der Dodekatropos (Abb. 8):⁷⁵

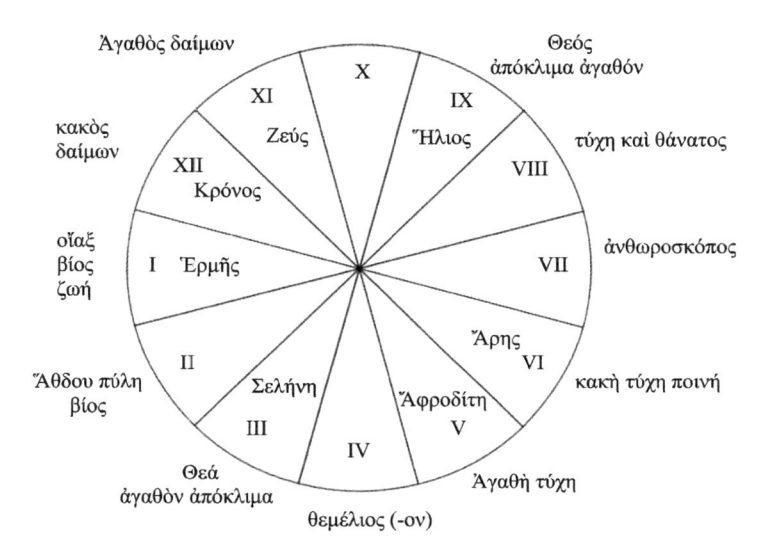

```
                    Ἀγαθὸς δαίμων                   Θεός
                                    X               ἀπόκλιμα ἀγαθόν
                            XI           IX
      κακὸς
      δαίμων          Ζεύς        Ἥλιος
                XII                          VIII   τύχη καὶ θάνατος
                Κρόνος

      οἴαξ
      βίος      I  Ἑρμῆς                      VII   ἀνθωροσκόπος
      ζωή

                                            Ἄρης
                      II                      VI    κακὴ τύχη ποινή
      Ἄθδου πύλη       Σελήνη
      βίος                    Ἀφροδίτη
                        III       V
                            IV
                    Θεά                      Ἀγαθὴ τύχη
                ἀγαθὸν ἀπόκλιμα
                          θεμέλιος (-ον)
```

Abb. 8: Die Dodecatropos nach W. Hübner, *Dodekatropos* 10.

---

are in Libra, and thus ruled by Venus, which is in Leo, the 11th locus or Agathos Daimon. According to *CCAG* 6 [= V] the moon, Jupiter, and the Lot of Fortune would be in the 11th locus." Demnach sind auch die Lesarten ἀγαθοδαιμονοῦντας und προστεθέντας in V falsch.
73 Das Glückslos (κλῆρος τῆς τύχης) berechnet sich bei einer Taggeburt (wie hier) folgendermaßen (vgl. O. Neugebauer/H. B. Van Hoesen, *Greek Horoscopes*, 149, Anm. 4a; S. Heilen, *Hadriani genitura*, 899): Länge des Aszendenten (Waage 0° 41′ bzw. Waage 1°) + Differenz zwischen Mond (Waage 4°) – Sonne (Jungfrau 10°), also 24°, das ergibt Waage 24° 41′, hier aufgerundet zu Waage 25°. Dieser Fall trägt die Nr. 91 unter den 93 Beispielen bei D. G. Greenbaum, „Calculating the Lots", 183.
74 Nur Venus erfüllt diese Bedingung, daher ist nur die Lesart ἀγαθοδαιμονοῦσαν in cod. F richtig und der Plural ἀγαθοδαιμονοῦντας falsch, s. o.
75 Vgl. Iulianos, CCAG V 1 (1904), 184.1: ἀγαθοδαιμονικὸς (sc. τόπος), dazu W. Hübner, *Dodecatropos*, 10. Der elfte Ort wird sonst auch ἐπαναφορά der oberen Kulmination genannt, Manilius übersetzt II 888: *Felix* und II 890 *Fortunae*. Die Formulierung mit dem Partizip ἀγαθοδαιμονοῦσαν ist selten und steht parallel zu ὡρονομοῦντα. Antonym ist das ebenso seltene κακοδαιμονέω: Bardesanes bei Eusebius von Caesarea, praep. ev. VI 10,20: κακοδαιμονοῦσαν τὴν Κύπριν. Der mit dem Aszendenten keinen Aspekt bildende XII. Ort wird von dem ungünstigen Saturn regiert (s. u.).

Der elfte Ort gilt deswegen als günstig (ἀγαθὸς Δαίμων), weil er zum Aszendenten einen vorteilhaften Sextilschein bildet. Daher wird er auch ganz allgemein von dem günstigen Planeten Jupiter regiert,[76] der zudem in diesem Horoskop im Aszendenten steht.

Von Venus wird ferner ausgesagt, dass sie im Osten aufgeht (ἑῴαν ἀνατολικὴν), sie eilt also als Morgenstern der Sonne voraus. Ihre Elongation beträgt 32°, also mehr als ein ganzes Tierkreiszwölftel (maximale Elongation 46°). Sie nimmt „an Zahlen", d. h. an Graden und an Licht[77] zu (τοῖς ἀριθμοῖς προσθετική), d. h. sie entfernt sich von der Sonne. Terminus für die Entfernung eines ‚Planeten' (besonders des Mondes nach Osten) ist sonst das Verbum ἀπορρέω / *defluere* = „abfließen".[78] Im Gegensatz zum Mond wird Venus aber auch rückläufig. Wenn aber ihr Licht im Osten zunimmt, muss sie rechtläufig sein, sich also nach Osten bewegen.[79] In der Tat waren an jenem Datum alle Planeten rechtläufig. So wie der zunehmende Mond als günstig und der abnehmende als ungünstig angesehen wurde, ist das auch bei Venus der Fall, wenn sie sich von der Sonne entfernt.

Das folgende ist weniger leicht zu verstehen. Venus steht im rechten Quadrat (δεκατεύουσαν) zu dem drei Tage alten Mond (τὴν τριταίαν τῆς Σελήνης / τὴν τριταίαν Σελήνην). Der Terminus δεκατεύω[80] bedeutet, dass ein Himmelskörper (bei Inklusivzählung) zehn Zeichen (also 270°) entfernt steht, das ergibt, vom Löwen an gerechnet, den hier genannten Skorpion. Bei der Bezeichnung des Mondes ergibt die Formulierung im Codex Vindobonensis (τὴν τριταίαν Σελήνην) den besseren Sinn: „den drei Tage alten Mond". Der Autor rechnet den aktuellen Stand des Mondes bei Waage 4° auf seinen Stand bei Neumond (dem ‚Geburtsmond') zurück. Die durchschnittliche Mondbewegung beträgt 12° 51′ 26″ pro Tag, die Astrologen rechneten aufgerundet mit 13° pro Tag,[81] das ergibt an drei Tagen 39°. Der

---

76 Manilius II 890: *Iuppiter hac habitat*, dazu W. Hübner, ebd., 11.
77 Vgl. Hephaistion III 25,1: τὴν Σελήνην ... προστιθεῖσαν τοῖς φωσὶ καὶ τοῖς ἀριθμοῖς, sowie oben von Merkur: ebd. III 27,1 (über Briefe): ὁ Ἑρμῆς ἐλεύθερος ἀπὸ τῶν αὐγῶν τοῦ Ἡλίου καὶ προσ-<τιθεὶς> τοῖς ἀριθμοῖς, vgl. S. Heilen, *Hadriani genitura*, 1124–1128. – Die Alten beobachteten bereits die Phasen der Venus, vgl. etwa Castor bei Varro, pop. Rom. 1 frg. 5 Fraccaro (bei Augustinus, civ. XXI 8): *Castor scribit tantum portentum extitisse, ut mutaret colorem, magnitudinem, figuram, cursum.*
78 Zu dieser Metapher vgl. S. Heilen, ebd., 750.
79 Vgl. O. Neugebauer/H. B. van Hoesen, *Greek Horoscopes*, 149, Anm. 10: „morning star and in direct motion".
80 Vgl. S. Heilen, *Hadriani genitura*, 1212, Anm. 3952: Vom Aszendenten aus ist das X. Haus (gegen den Uhrzeigersinn) die obere Kulmination: siehe Abb. 8.
81 Vgl. ebd., 899 nach der Lehre des Valens. Diese Stelle in Heilens Tabelle ebd., 904–905. Über die spätere Harmonisierung von Tierkreis und Mondstationen siehe W. Hübner, *Dorotheos von Sidon*, 63–66.

Wert Waage 4°, vermehrt um 39° ergibt Skorpion 13°. Die Position des ‚Geburtsmondes' bildet also grob gerechnet einen Geviertschein nach rechts (270°) zu der Position der Venus bei Löwe 8°. Der Astrologe setzt somit bei dem sich schnell bewegenden Mond grob Tierkreiszeichen und Orte der Dodekatropos gleich.[82]

Nun kommt aber noch die Feinteilung der δωδεκατημόρια (= Tierkreiszeichenzwölftel) hinzu. Diese besetzen nach einer selten angewandten Lehre[83] in einer Art „Micro-Zodiacus" (A. Sachs) jeweils einen 2½°-Abschnitt innerhalb eines Tierkreiszeichens (30°), und zwar beginnend mit dem übergeordneten Zodion selbst. In der folgenden Tabelle werden aus Platzgründen je zwei Bezirke, die sich paarweise zu fünf Grad ergänzen, zusammengenommen (Tab. 6):[84]

Tab. 6: Schema der zodiakalen Dodecatemoria.

	0°–5°	5°–10°	10°–15°	15°–20°	20°–25°	25°–30°
Aries	Ar – Ta	Ge – Can	Le – Vi	Li – Sc	Sa – Cap	Aq – Pi
Taurus	Ta – Ge	Can – Le	Vi – Li	Sc – Sa	Cap – Aq	Pi – Ar
Gemini	Ge – Can	Le – Vi	Li – Sc	Sa – Cap	Aq – Pi	Ar – Ta
Cancer	Can – Le	Vi – Li	Sc – Sa	Cap – Aq	Pi – Ar	Ta – Ge
Leo	Le – Vi	Li – **Sc**	Sa – Cap	Aq – Pi	Ar – Ta	Ge – Can
Virgo	Vi – Li	Sc – Sa	Cap – Aq	Pi – Ar	Ta – Ge	Can – Le
Libra	Li – **Sc**	Sa – **Cap**	Aq – Pi	Ar – Ta	Ge – Can	Le – Vi
Scorpius	Sc – Sa	Cap – Aq	Pi – Ar	Ta – Ge	Can – Le	Vi – Li
Sagittarius	Sa – Cap	Aq – Pi	Ar – Ta	Ge – Can	Le – Vi	Li – Sc
Capricornus	Cap – Aq	Pi – Ar	Ta – Ge	Can – Le	Vi – Li	Sc – Sa
Aquarius	Aq – Pi	Ar – Ta	Ge – Can	Le – Vi	Li – Sc	Sa – Cap
Pisces	Pi – Ar	Ta – Ge	Can – Le	Vi – Li	Sc – Sa	Cap – Aq

Zur Illustration ein Beispiel aus einer Pariser Handschrift (Abb. 9).[85]

Da die Antike ihre Schwierigkeiten mit der Bruchrechnung hatte, gab es fünf verschiedene Arten der Division durch 2½. Das für die Position der Venus (Löwe 8°) angegebene Zwölftel, der Skorpion, stimmt grob nach allen drei gängigen Rechenarten.[86] Methode A: 8° x 12 = 96°, abgetragen von Löwe 8° an, ergibt den Wert

---

82 Vgl. S. Heilen, ebd., 734 über Antigonos und den Verfasser des Hor. gr. 484.VII.18.
83 Vgl. W. Hübner, „Δωδεκατημόριον", 198–217, bes. 199: Die Übersetzung „Twelve Degrees" ist falsch, denn das Wort leitet sich nicht von der Kardinalzahl δώδεκα ab, sondern von der Ordinalzahl δωδέκατος: „zwölfte Teile" = „Zwölftel".
84 Nach Manilius II 693–721, bes. II 713–717.
85 Paris, Bibliothèque Nationale fr. 19994 (saec. XV), fol. 29ʳ nach Tagen (vertikal) und Monaten horizontal), nach den alten römischen Kalender beginnend mit dem März.
86 Vgl. O. Neugebauer/H. B. van Hoesen, *Greek Horoscopes*, 149, Anm. 12.

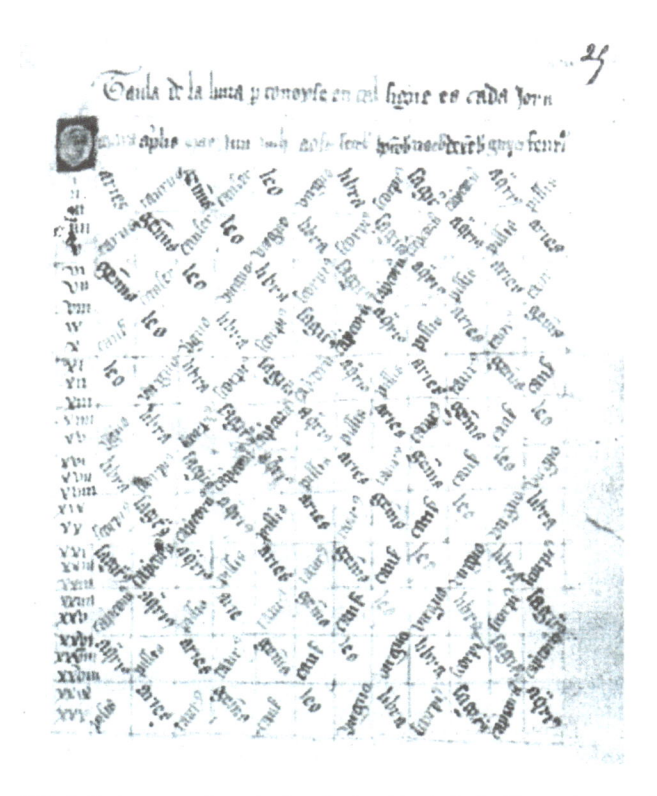

Abb. 9: Dodecatemoria nach einer Pariser Handschrift: Diagonale von links oben nach rechts unten = männliche Zeichen, von links unten nach rechts oben = weibliche Zeichen.

Skorpion 14°; Methode B: 8° x 13 = 104°, abgetragen von Löwe 0° an, ergibt ebenfalls den Wert Skorpion 14° (Methode A und B sind äquivalent). Genauer passt jedoch die auch in der Praxis der Papyri bevorzugte Methode C: 8° x 12 = 96°, abgetragen von Löwe 0° an, nämlich drei ganze Zeichen (90°) + 6°, ergibt den Wert Skorpion 6°. Zu erwarten war der benachbarte Bezirk Skorpion 7½°–10° (in Tab. 6 rot markiert).

Was nun den aktuellen „dreitägigen" Mond betrifft, so ergibt sich nach Methode A: 4° x 12 = 48°, abgetragen von Waage 4° an, der Wert Skorpion 22°, nach Methode B: 4° x 13 = 52°, abgetragen von Waage 0°, ebenfalls der Wert Skorpion 22°, nach Methode C: 4° x 12 = 48°, abgetragen von Waage 0°, der wiederum etwas genauere Wert Skorpion 18°. Hier muss allerdings der Bezug von αὐτῆς geklärt werden. Die obige Rechnung basiert auf einem Bezug zu τῆς Σελήνης. Wie gezeigt, passt die Rechnung noch besser bei einem Bezug zu Venus, so dass sich eine Korrektur von αὐτῆς in das Reflexivpronomen αὑτῆς anbietet. Für die Variante im

Codex Vindobonensis (V) αὐτοῦ erwägen O. Neugebauer/H. B. van Hoesen einen Bezug zu Jupiter, lehnen ihn aber ab, weil dessen Zwölftel in den Steinbock fällt: nach der Methode C: Waage 8° x 12° = 96°, abgetragen von Libra 0°, nämlich drei ganze Zeichen (90°), + 6°, ergibt den Wert Steinbock 6° (in Tab. 6 grün markiert).[87] Außerdem ist dies auch grammatisch kaum zu konstruieren. Demnach bietet der Codex F auch hier wieder den besseren Text.

Der letzte Satz über die Chronokratoren[88] ist noch schwerer zu verstehen, und hier unterscheiden sich die beiden Versionen denn auch beträchtlich. Der Terminus ὁ διέπων (LSJ: „managing, conducting")[89] bezeichnet den Stundenplaneten im Gegensatz zum Tagesplaneten (πολεύων).[90] Als Tagesplanet wird zu Beginn des Textes ausdrücklich Saturn angegeben (ἡμέρᾳ Κρόνου). Da zudem die erste Tagesstunde maßgeblich ist (ὥρᾳ α' F / ὥρᾳ ἡμερινῇ πρώτῃ V), müssten nach der Regel des Paulus Alexandrinus Tages- und Stundenplanet identisch sein.[91] Der Text nennt jedoch als διέπων (Stundenplaneten) den Jupiter. Dies lässt sich nur so erklären, dass Saturn der Tagesplanet sein soll, die erste Stunde jedoch von dem nach dem *descensus*-Prinzip[92] absteigend folgenden Planeten regiert wird.

O. Neugebauer/H. B. van Hoesen übernehmen dann das im Codex Laurentianus (F) folgende τοῦ ὡροσκόπου:[93] „We follow here *CCAG* 1. Jupiter is ‚associate ruler' of the Horoscopos because it is in the same sign (Libra), the H[oroscopus], the ‚ruler' being Venus." Venus ist zwar die Tagregentin der Waage,[94] doch widerspricht diese Lösung der sonstigen Bedeutung von διέπων, denn der Stundenplanet regiert nicht den Aszendenten. Daher ist in diesem Fall die Lesung des auch im Folgenden von den Übersetzern gewählten Codex Vindobonensis (V) vorzuziehen: τὸν διέποντα τῆς ὥρας, und zwar im Sinne eines Interpretaments: „den re-

---

87 Ebd.
88 Zur Chronokratorie A. Bouché-Leclercq, *L'astrologie grecque*, 483–506.
89 Das Simplex ἕπω bedeutet „to be about, busy oneself with". Die etymologischen Wörterbücher versagen hier, ein Bezug zum Deponens ἕπομαι „folgen" wird ausgeschlossen.
90 *LSJ*: „to turn about". Paulus Alexandrinus 21 p. 43.18 Boer: αὐτὸς ὁ ἀστὴρ (sc. τοῦ Κρόνου) κύριος τῆς ἡμέρας γίνεται καὶ πολεύει ὅλην τὴν ἡμέραν, τὴν πρώτην ὥραν αὐτὸς πολεύων καὶ διέπων· τὴν δευτέραν παραδίδωσι τῷ Διί, καὶ λέγουσιν τὴν δευτέραν ὥραν Κρόνου πολεύοντος, Διὸς διέποντος, vgl. Zenarios, CCAG I (1898), p. 128,10: τὴν πρώτην ὥραν τῷ πολεύοντι διδόασιν. Dazu A. Bouché-Leclercq, *L'astrologie grecque*, 476, Anm. 2 nach dem gerade ein Jahr vorher (1898) veröffentlichten Text des Zenarios, mit Schema der Stundenplaneten 480.
91 Denselben Fall nimmt A. Bouché-Leclercq, ebd., 515 bei dem Horoskop Hor. gr. 484.VII.18 (für den Usurpator Leontios) an: Tages- und Stundenplanet ist gleichermaßen Merkur; vgl. S. Heilen, *Hadriani genitura*, 98, Anm. 413. 307–308 mit reicher Literatur.
92 Zur absteigenden Folge der Stundenplaneten A. Bouché-Leclercq, ebd., 476, Anm. 2, zum *descensus*-Schema überhaupt W. Hübner, „*descensus*".
93 O. Neugebauer/H.B. van Hoesen, *Greek Horoscopes*, 149, Anm. 12a.
94 A. Bouché-Leclercq, *L'astrologie grecque*, 187–192 und das Schema ebd. 195.

gierenden, nämlich den der Stunde". Eben dieser Sinn ergibt sich auch, wenn man das von W. Kroll getilgte [ἤτοι] hinter διέποντα stellt und ἤτοι τῆς ὥρας einen (vielleicht später eingefügten) erklärenden Zusatz zu dem Fachterminus διέποντα versteht: τὸν διέποντα (ἤτοι τῆς ὥρας) τὸν Δία, „den regierenden Planeten (beziehungsweise den der Stunde [des Aszendenten][95]), den Jupiter." Die Entstellung im Codex Laurentianus (F) τοῦ ὡροσκόπου ließe sich dann leicht mit einer falsch aufgelösten Sigle erklären: ὡροσκόπου statt richtig ὥρας.

Der im Codex Laurentianus (F) folgende Ausdruck κατὰ κάθετον bedeutet „perpendikular", „senkrecht darauf stehend", und kommt in der astrologischen Literatur meines Wissens sonst nicht vor. Er gibt auch hier keinen Sinn. Der Abstand von 90° wird sonst mit dem tetragonalen Aspekt („Geviertschein" oder δεκατεύειν, s. o.), ausgedrückt. Daher folgen O. Neugebauer/H. B. van Hoesen zu Recht der Version im Codex Vindobonensis, προσθετικῶς: „Jupiter, in the Horoscopos, was also moving forward." Sie fügen ein „also" ein, weil es schon vorher von Venus geheißen hatte: τοῖς ἀριθμοῖς προσθετικήν. Wie oben bereits gesagt, waren an jenem Datum alle Planeten rechtläufig.

Der Interpret kommt also abschließend noch einmal auf den eingangs nur kurz abgemachten günstigen Planeten Jupiter zu sprechen. Insgesamt betrachtet er ja nur die beiden günstigen Planeten Jupiter und Venus. Weder Saturn noch Mars und nicht einmal der für Briefe zuständige Merkur werden genannt. Das Gutachten zielt also auf eine extrem günstige Prognose.

Die nun folgende Revision der zunächst positiven Beurteilung berücksichtigt jetzt die drei übergangenen Planeten: die Übeltäter Saturn und Mars sowie den ‚Briefboten' Merkur. War schon der ursprüngliche positive Befund selbst für Fachastrologen schwer zu verstehen, so setzt die Revision noch tiefer gehende Kenntnisse voraus. Die Planeten Mars und Saturn „umschließen" den Merkur (der sich in der Jungfrau befindet) und zugleich auch Aszendenten, Mond und Jupiter, die sich ja allesamt in der Waage befinden (Abb. 7):

εὗρον δὲ τὸν Ἄρεα καὶ τὸν Κρόνον ἐμπεριέχοντας τὸν Ἑρμῆν καὶ τὸν ὡροσκόπον καὶ τὴν Σελήνην καὶ τὸν Δία.

Ich fand aber, dass der Mars und der Saturn den Merkur umschlossen und auch den Aszendenten und den Mond und den Jupiter.

Der Interpret beruft sich bei dieser Finesse auf den Astrologen Antigonos von Nikaia (von dem auch das Horoskop des Kaisers Hadrian stammt, des ausführlichs-

---

[95] Das Wort ὥρα bezeichnet (besonders als metrisch bequemerer poetischer Ersatz) den ὡροσκόπος: W. Hübner, „Verwendung", 231–234.

ten antiken Horoskops, das wir kennen). Es handelt sich um das Testimonium Nr. 4 aus dem dritten Buch seines Werkes. Der komplizierte Passus samt der Lehre von den „Umschließungen" wurde von S. Heilen gründlich erklärt, was hier nicht im Einzelnen wiederholt werden soll.[96] Das Ergebnis lautet, dass in diesem Beispielhoroskop die beiden ungünstigen Planeten, Mars (Steinbock 8°) und Saturn (Schütze 15° 56') alle anderen fünf ‚Planeten' einschließen (Abb. 7, gegen den Uhrzeigersinn zu lesen), und zwar durch körperliche Anwesenheit, was stärker gewertet wurde als ein bloßer ‚Aspektwurf' (ἀκτινοβολία).[97]

Nach dem Antigonos-Zitat kommt der Text abschließend auf den Schreibergott Hermes zu sprechen. Hier der etwas leichter verständliche Text des Codex Vindobonensis:[98]

εἰ δὲ καὶ τὸ κατ' εἶδος ζητεῖς, ὅρα τὸν Ἑρμῆν βλαπτόμενον ὑπὸ Κρόνου καὶ ἐν τῷ ιβ' τόπῳ κείμενον.

S. Heilen hat die englische Übersetzung von O. Neugebauer/H. B. van Hoesen leicht korrigiert:[99]

Und wenn du auch noch die spezifische Ausprägung suchst, schaue auf Merkur, der von Saturn geschädigt wird und sich (obendrein) im 12. Ort befindet.

Merkur (Jungfrau 25°) wird von Saturn (Schütze fast 16°) „geschädigt", weil Saturn ca. 81° entfernt, also in einem knappen Geviertschein (90°) zu ihm steht.[100] Außerdem besetzt er in der Dodecatropos den zwölften Ort, das sogenannte ἀπόκλιμα des Aszendenten (Abb. 8), der keinen Aspekt mit diesem bildet und daher als ungünstig gilt,[101] Κακὸς Δαίμων heißt und unter der Regentschaft des zuvor als schä-

---

96 S. Heilen, *Hadriani genitura* I, 189–190 (Testimonium 4) und II, 807–809. Die wichtigste Quelle ist Porphyrios, isag. 16. Zum Terminus μεσεμβολεῖσθαι ist zu bemerken, dass der in der Katarche auch genannte Lehrdichter Dorotheos (bei Hephaistion I 1, 22 usw.) das zugehörige Substantiv μεσεμβόλημα ganz anders verwendet, nämlich für den sternlosen Raum zwischen zwei Tierkreiszeichen.
97 Vgl. A. Bouché-Leclercq, *L'astrologie grecque*, 177–178.
98 Codex Vindobonensis, CCAG VI (1903), p. 64.24, nur wenig abweichend der Codex Laurentianus, CCAG I (1898), p. 107.14: εἰ δὲ καὶ τὸ κατ' εἶδος ζητῇ, ὅρα τὸν Ἑρμῆν βλαπτόμενον ὑπὸ Κρόνου καὶ ἐν τῷ δωδεκάτῳ.
99 S. Heilen, *Hadriani genitura*, 519–520, „obendrein" (nach O. Neugebauer/H. B. van Hoesen, *Greek Horoscopes*, „also") von mir in Klammern gesetzt.
100 Zum ungünstigen Geviertschein (Abstand von 90°) vgl. A. Bouché-Leclercq, *L'astrologie grecque*, 170–171.
101 Manilius II 864–880, bes. 865 über Haus XII: *Infelix regio*, dagegen II 888 über Haus XI: *Felix* (s. o.), dazu W. Hübner, *Dodecatropos*, 12–14. 34–42: Als ungünstig gelten die aspektlosen ‚Häuser'

digend eingeführten Saturn steht.[102] Hier kommt es auf die genaue Grenze zwischen dem zwölften Ort und dem Aszendenten an, in dem sich der Mond bei Waage 4°, Jupiter bei Waage 7° 55′ und das Glückslos bei Waage 25° befinden. Sie liegt laut Angabe fast genau an der Zeichengrenze zwischen Jungfrau und Waage: bei Waage 0° 41′ nach dem Codex Vindobonensis, aufgerundet bei Waage 1° nach dem Codex Laurentianus, die Wiener Handschrift ist hier also genauer. Dass Merkur bei Jungfrau 25° gradgenau um ein Zeichen vom Glückslos bei Waage 25° entfernt ist, erwähnen beide Fassungen ebenso wenig wie die Tatsache, dass sich das Ganze im Monat des Schreibergottes Thot abspielt.

So läuft die Revision des Gutachtens auf den unscheinbaren fünften Planeten Merkur zu, der generell nicht nur das erste Haus, den Aszendenten, regiert (Abb. 7),[103] sondern auch als Astrologengott κατ' ἐξοχήν gilt.[104] In der anfänglichen falschen Interpretation blieb er zwar außer Betracht, war aber dennoch im Sinne des ψεῦδος indirekt präsent. In der Nachberechnung erwies sich seine Position schlussendlich zwar in zweifacher Weise als ungünstig, trug aber damit gerade zur richtigen Interpretation der Katarche bei – ganz im Sinne seines logischen Widerspruchs im homerischen Hymnus: οὐκ οἶδα ψεύδεσθαι.

Bibliographie

Ausgaben

Abū Maʿšar, *The Great Introduction to Astrology by Abū Maʿšar I. The Arabic Original with English Translation* (hg. v. K. Yamamoto†/Ch. Burnett: Islamic Philosophy, Theology and Science 106; Leiden/Boston: Brill, 2019).
Dorothei Sidonii carmen astrologicum, interpretationem arabicam in linguam anglicam versam una cum Dorothei fragmentis et Graecis et Latinis (hg. v. D. Pingree; Leipzig: Teubner, 1976).

II und XII vor und nach dem Aszendenten sowie VIII und VI vor und nach dem Deszendenten; ders., *Katarchenhoroskopie*, 16. 254–255. Vgl. S. Heilen, *Hadriani genitura*, 520, Anm. 706: „der am negativsten konnotierte (sc. Ort) der gesamten Dodekatropos" mit Verweis auf ebd. 815–816 über Antigonos F1 § 35 (Bibl.). Für die negative Bedeutung von Haus XII gibt Ptolemaios, apotel. III 11,4 eine physikalische Begründung: Der Dunst in Horizontnähe erschwere die Beobachtung.
102 A. Bouché-Leclercq, *L'astrologie grecque*, 285. 454; W. Hübner, *Dodecatropos*, 10–11 mit Schema 2 und ebd. 33–34 mit Schema 5.
103 Manilius II 943: *haec tua templa ferunt, Maia Cyllenie nate*; Paulus Alexandrinus 24 p. 54.5 Boer, von A. Bouché-Leclercq, ebd., 281–282 nicht eigens hervorgehoben.
104 Ders., „Trimalchio Mercurialis", 77–78. Die auch sonst belegte Verbindung mit ἑρμηνεία wird speziell auf die Astrologie bezogen von Vettius Valens I 1,37; Ptolemaios, apotel. IV 4,3; Paulus Alexandrinus 24 p. 72.15 Boer.

Dorotheus of Sidon, Carmen Astrologicum. The ʿUmar al-Tabrī Translation (übers. und hg. v. B. N. Dykes; Minneapolis: The Cazimi Press, 2017).
Hephaestionis Thebani apotelesmaticorum libri tres, 2 Bde. (hg. v. D. Pingree; Leipzig: Teubner, 1973–1974).
Manilius, Astronomica Buch V, ed. W. Hübner, *Band I: Einführung, Text und Übersetzung, Band II: Kommentar* (Sammlung wissenschaftlicher Commentare; Berlin/New York: De Gruyter, 2020).

Literatur

U. Bauer, *Der Liber introductorius des Michael Scotus in der Abschrift Clm 10268 der Bayerischen Staatsbibliothek München. Ein illustrierter astronomisch-astrologischer Codex aus Padua, 14. Jahrhundert* (Tuduv-Studien. Reihe Kunstgeschichte 7; München: tuduv-Verlagsgesellschaft, 1983).

O. Becker, *Zwei Untersuchungen zur antiken Logik* (Klassisch Philologische Studien 17; Wiesbaden: Harrassowitz, 1957).

F. Boll, „Hebdomas", in: *RE* VII/2 (1912), 2547–2578.

F. Boll, *Sphaera. Neue griechische Texte und Untersuchungen zur Geschichte der Sternbilder* (Leipzig: Teubner 1903; Nachdruck Hildesheim: Olms, 1967).

A. Bouché-Leclercq, *L'astrologie grecque* (Paris: É. Leroux, 1899 [Nachdruck Brüssel 1973 u.ö.]).

F. H. Colson, *The Week. An Essay on the Origin and Development of the Seven-day Cycle* (Cambridge: Cambridge University Press, 1926).

F. Cumont/F. Boll u.a. (Hg.), *Catalogus Codicum Astrologorum Graecorum (CCAG) I. Codices Florentini* (Brüssel: Lamertin, 1898). (https://de.wikisource.org/wiki/Catalogus_Codicum_Astrologorum_Graecorum).

F. Cumont/F. Boll u.a. (Hg.), *Catalogus Codicum Astrologorum Graecorum (CCAG) VI. Codices Vindobonenses* (Brüssel: Lamertin, 1903).

F. Cumont, *L'Égypte des astrologues* (Brüssel: Édition de la Fondation Égyptologique Reine Élisabeth, 1937; Nachdruck 1982).

S. Denningmann, *Die astrologische Lehre der Doryphorie. Eine soziomorphe Metapher in der antiken Planetenastrologie* (Beiträge zur Altertumskunde 214; München/Leipzig: K. G. Saur, 2005).

M. Ghelardi, „Aby Warburg e Franz Boll", in: *Aby Warburg e le metamorfosi degli antichi die* (hg. v. Marco Bertozzi; Modena: Panini, 2002),141–152.

D. G. Greenbaum, „Calculating the Lots of Fortune and Daemon in Hellenistic Astrology", in: *Culture and Cosmos* 11 (2007), 163–187.

D. G. Greenbaum/M. T. Ross, „The Role of Egypt in the Development of the Horoscope", in: *Egypt in Transition. Social and Religious Development of Egypt in the First Millennium CE. Proceedings of an International Conference, Prague, September 1–4, 2009* (hg. v. L. Bareš/F. Coppens/K. Smoláriková; Prag: Faculty of Arts Charles University, 2010), 146–182.

W. Gundel/H. G. Gundel, „Planeten", in: *RE* XX/2 (1950), 2017–2185.

S. Heilen, *Hadriani genitura. Die astrologischen Fragmente des Antigonos von Nikaia*, 2 Bde.: *Edition, Übersetzung und Kommentar* (Berlin/Boston: De Gruyter, 2015).

S. Heilen, *Konjunktionsprognostik in der frühen Neuzeit I. Die Antichrist-Prognose des Johannes von Lübeck (1474) zur Saturn-Jupiter-Konjunktion von 1504 und ihre frühneuzeitliche Rezeption* (Baden-Baden: Verlag Valentin Koerner, 2020).

W. Hübner, *Die Eigenschaften der Tierkreiszeichen in der Antike. Ihre Darstellung und Verwendung unter besonderer Berücksichtigung des Manilius* (Sudhoffs Archiv, Beihefte 22; Wiesbaden: Steiner, 1981).

W. Hübner, „Manilius als Astrologe und Dichter", in: *ANRW* II/32.1 (1984), 126–320.

W. Hübner, „Hermes als musischer Gott. Das Problem der dichterischen Wahrheit in seinem homerischen Hymnos", in: *Philologus* 130 (1986), 153–174.

W. Hübner, *Die Dodecatropos des Manilius (Manil. 2,856–970)* (Abhandlungen der Akademie der Wissenschaften Mainz 1995; Stuttgart: Steiner, 1995).

W. Hübner (Hg.), *Grade und Gradbezirke der Tierkreiszeichen. Der anonyme Traktat De stellis fixis, in quibus gradibus oriuntur signorum* (Sammlung wissenschaftlicher Commentare; Stuttgart/Leipzig: Teubner, 1995).

W. Hübner, „Astrologie et mythologie dans la Tétrabible de Ptolémée d'Alexandrie", in: *Sciences exactes et sciences appliquées à Alexandrie (IIème s. av. J.-C. – Ier s. ap. J.-C.). Actes du Colloque international de Saint-Étienne, 6–8 juin 1996* (hg. v. G. Argoud/J.-Y. Guillaumin; Saint Étienne: Publication de l'Université de Saint-Etienne, 1998), 325–345.

W. Hübner, „Zur Verwendung und Umschreibung des Terminus ὡροσκόπος in der astrologischen Lehrdichtung der Antike", in: *Mene* 1 (2001), 219–238.

W. Hübner, „Das Thema der Reise in der antiken Astrologie", in: *Palladio magistro. Mélanges Jean Soubiran: Pallas* 59 (2002), 27–54.

W. Hübner, „Der *descensus* als ordnendes Prinzip in der *Naturalis historia* des Plinius", in: *Die Enzyklopädie im Wandel vom Hochmittelalter bis zur frühen Neuzeit. Akten des Kolloquiums des Projekts D im Sonderforschungsbereich 231, 29.11.–1.12. 1996* (hg. v. Ch. Meier; Münstersche Mittelalter-Schriften 78; München: Fink, 2002), 25–41.

W. Hübner, *Raum, Zeit und soziales Rollenspiel der vier Kardinalpunkte in der antiken Katarchenhoroskopie* (Beiträge zur Altertumskunde 194; München: K. G. Saur, 2003).

W. Hübner, „Trimalchio Mercurialis",in: *Des Géants à Dionysos. Mélanges de mythologie et de poésie grecques offerts à Francis Vian* (hg. v. D. Accorinti/P. Chuvin; Hellenica. Testi e strumenti di letteratura greca antica, medievale e umanistica 10; Alessandria: Edizioni dell'Orso, 2003), 75–94.

W. Hübner, „Δωδεκατημόριον", in: *Corona Coronaria. Festschrift für Hans-Otto Kröner zum 75. Geburtstag* (hg. v. S. Herwardt/J. Schwind; Hildesheim u.a.: Olms, 2005), 189–217.

W. Hübner, „Dorothée de Sidon. L'édition de David Pingree", in: *La poésie astrologique dans l'Antiquité. Actes du colloque organisé les 7 et 8 décembre 2007* (hg. v. I. Boehm/W. Hübner; Collection Centre d'Études et de Recherches sur l'Occident Romain 38; Paris: Centre d'Études et de Recherches sur l'Occident Romain, 2011), 115–133.

W. Hübner, *Disiecti membra poetae. Neue Spuren des astrologischen Lehrdichters Dorotheos von Sidon* (Palingenesia 127; Stuttgart: Steiner, 2021).

G. Jasbar, *Darstellungen antiker Götter im Ms. A. 10 (Augustinus, De civitate Dei) der Bibliothek der Oberschule Schulpforte (DDR)* (Diss. München 1980).

A. Koyré, *Épiménide le Menteur* (Actualités scientifiques et industrielles 1021; Paris: Hermann, 1947).

F. Kudlien, „Zur sozialen Situation des flüchtigen Sklaven in der Antike", in: *Hermes* 116 (1988), 232–252.

F. Kudlien, *Sklaven-Mentalität im Spiegel antiker Wahrsagerei* (Stuttgart: Steiner, 1991).

E. Lefèvre, *Maccus Vortit Barbare. Vom tragischen Amphitryon zum tragikomischen Amphitruo* (Abhandlungen der Akademie der Wissenschaften Mainz 1982/5; Mainz: Akademie der Wissenschaften und der Literatur, 1982).

R. Maltby, *A Lexicon of Ancient Latin Etymologies* (Leeds: Cairns, 1991).

C. Marangoni, „Un *lusus* etimologico sul nome di Mercurio (Apul. *met.* 6,8)", in: *Atene e Roma* N.S. 30 (1985), 52–60.
O. Neugebauer, *A History of Ancient Mathematical Astronomy*, 3 Bde. (Berlin u. a.: Springer, 1975).
O. Neugebauer/A. Sachs, „The ‚Dodecatemoria' in Babylonian Astrology", in: *Archiv für Orientforschung* 16 (1952/53), 65–66.
O. Neugebauer/H. B. van Hoesen, *Greek Horoscopes* (Memoirs of the American Philosophical Society, 48; Philadelphia: American Philosophical Society, 1959; Nachdruck 1987).
A. Pérez Jiménez, „El mensajero Hermes y las propriedades astrológicas de su planeta Mercurio", in: *Aladas Palabras. Correos y Communicaciones en el Mediterráneo* (hg. v. A. Pérez Jiménez/G. Cruz Andreotti; Madrid: Ediciones Clásicas, 1999), 95–122.
A. Sachs, „Babylonian Horoscopes", in: *Journal of Cuneiform Studies* 6 (1952), 49–75.
W. G. Saltzer, „Zum Problem der inneren Planeten in der vorptolemäischen Theorie", in: *Sudhoffs Archiv* 54 (1970), 141–172.
L. Thorndike, „Albumasar in Sadan", in: *Isis* 45 (1954), 22–32.
B. Vickers, „Kritische Reaktionen auf die okkulten Wissenschaften in der Renaissance", in: *Zwischen Wahn, Glaube und Wissenschaft. Magie, Astrologie, Alchemie und Wissenschaftsgeschichte* (hg. v. F. Bergier; Zürich: Verlag der Fachvereine Zürich, 1988), 167–239.

Abbildungen

Abb. 1 Quincunx der günstigen und ungünstigen Planeten: nach W. Hübner, *Dodecatropos* 15
Abb. 2 Planeten-Quincunx mit Venus in der Mitte: Codex Parisinus lat. 12957 fol. 71^v
Abb. 3 Chiromantie mit Merkur beim fünften Finger: Codex Erlangensis 89 (saec. XV), *CCAG* VII (1908), 244
Abb. 4 Enantiodromie der zodiakalen Fische: Codex Leidensis Vossianus lat. 79 (saec. IX), fol. 38^v
Abb. 5 Rollen der Kardinalpunkte bei Entscheidungen, Verträgen: W. Hübner, *Katarchenhoroskopie* 312
Abb. 6 Reduktion des Kreises auf die sichtbare Hälfte als Dreieck: eigene Figur
Abb. 7 Diagramm der Katarche nach S. Heilen, *Hadriani genitura*, 517
Abb. 8 Die Dodecatropos nach W. Hübner, *Dodecatropos* 10
Abb. 9 Dodecatemoria: Paris, Bibliothèque Nationale fr. 19994 (saec. XV), fol. 29^r

Tabellen

Tab. 1 Tag- und Nachtplaneten
Tab. 2 Abū Ma'šar: Tierkreiszeichen, die einen falschen Inhalt anzeigen
Tab. 3 Zeichen, die Wahrheit und Gesichertes anzeigen
Tab. 4 Wahrheit und Falschheit im Tierkreis
Tab. 5 Die astronomischen Daten der Katarche
Tab. 6 Schema der zodiakalen Dodecatemoria

BRIEF UND BILDUNG IN DER JÜDISCHEN UND CHRISTLICHEN ANTIKE

Lutz Doering
Wissensvermittlung in antiken jüdischen Briefen

1 Einführung

Dieser Beitrag ist „Wissensvermittlung in antiken jüdischen Briefen" gewidmet. Sowohl der Ausdruck „Wissensvermittlung" als auch die Wendung „antike jüdische Briefe" sind dabei erläuterungsbedürftig. Beginnen wir mit Letzterem. Zunächst ist zu sagen, dass die Bezeichnung „jüdisch" hier aus Gründen der Sagbarkeit auch solche Texte umfasst, die historiographisch vielleicht genauer als „judäisch" zu bezeichnen sind. Bekanntlich hat es in den letzten zwanzig Jahren eine lebhafte Diskussion darüber gegeben, ab wann und unter welchen Bedingungen man von „Juden" und „jüdisch" sprechen kann. Für manche Forschende wie Shaye Cohen markiert die formale Möglichkeit der Konversion, die seit der mittleren Hasmonäerzeit (ab Johannes Hyrkanos I.) belegt ist, „the beginnings of Jewishness".[1] Für andere wie Daniel Boyarin oder Steve Mason kann hingegen bis in die Spätantike nicht von einem „Judentum" gesprochen werden.[2] Für wieder andere wie Daniel Schwartz ist zwischen einer judäischen Perspektive im Mutterland und einer jüdischen in der Diaspora zu unterscheiden.[3] Meines Erachtens besteht gegen Mason und Boyarin kein Anlass zu grundsätzlicher Skepsis gegen den Religionsbegriff für die Antike, sofern die besonderen Konturen antiker Religion sorgfältig beachtet werden.[4] Wenn wir mit Seth Schwartz (antike) Religion verstehen als „the practices (including the cognitive ones) which constitute people's relations to their god(s)", wird man für das antike „Judentum", mindestens seit Beginn der hellenistischen Zeit und vielleicht schon früher, Religion ebenso wie Ethnizität (und gegebenenfalls auch geographischen Bezug) für konstitutiv halten – diese Aspekte sind nicht scharf zu trennen, und selbst die angeblich ein „religiöses" Verständnis annoncierenden Bezeichnungen „Jude, Jew, juif" enthalten auch über die Antike hi-

---

[1] S. J. D. Cohen, *Beginnings of Jewishness*, v. a. 109–174.
[2] D. Boyarin, *Borderlines*; S. Mason, „Jews".
[3] D. R. Schwartz, *Judeans and Jews*.
[4] Dass ein v. a. im Protestantismus entstandenes Konzept von „Religion" nicht für die Antike vorausgesetzt werden darf, zeigt mit Recht B. Nongbri, *Before Religion*. Selbstverständlich kennt die Antike nicht „Religion" als einen von Politik oder Wirtschaft getrennten Lebensbereich.

Lutz Doering, Münster

naus einen ethnischen Aspekt.⁵ Insofern kann durchaus für die Antike *auch* von „Juden" und „jüdisch" gesprochen werden: Es ist für Ἰουδαῖος etc. jeweils im Einzelfall zu prüfen, ob dabei der Aspekt des „Judäischen" oder eben des „Jüdischen" überwiegt. Insofern schärft die Debatte über „Judaean and Jew" unseren Blick,⁶ ist aber aus meiner Sicht fruchtlos, wenn mit ihr strenge Alternativen eingefordert werden. Ausgehend von diesen Überlegungen erlaube ich mir zur Vereinfachung, für den gesamten hier verhandelten Befund von „antiken jüdischen Briefen" zu sprechen.

Wenn wir uns also „antiken jüdischen Briefen" in diesem Sinn nähern, ist als zweites vorauszuschicken, dass diese Wendung nicht essentialistisch missverstanden werden darf. „Jüdische Briefe" sind keine fest abgrenzbare, einheitliche Briefgruppe. Vielmehr haben sie zunächst an den epistolaren Kulturen der jeweiligen Sprachen teil, in denen sie geschrieben sind, also etwa der reichsaramäischen oder der hellenistisch-griechischen Briefkultur.⁷ Allerdings lassen sich drei Tendenzen in jüdischen Briefen feststellen:⁸

1. Die erhaltenen jüdischen Briefe sind überwiegend Briefe von und/oder an Gruppen und gehören zum großen Teil zur Untergruppe der offiziellen oder quasi-offiziellen Briefe (d. h. im Rahmen der Gemeinde- oder Vereinsstruktur operierenden Briefe).⁹ Das liegt zum Teil an zufälligen Fund- oder Überlieferungskonstellationen. So haben sich im günstigen Klima der Höhlen in der Judäischen Wüste vor allem die Archive von Militärkommandeuren und Administratoren der Bar-Kochba-Verwaltung erhalten, die dorthin geflüchtet waren und dabei aufbewahrungswürdige Briefe mit sich führten, also v. a. solche offiziellen oder quasi-offiziellen Charakters.¹⁰ Umgekehrt war der Anteil an Juden in den ägyptischen Städten wie Oxyrhynchos so gering, dass sich eben nur wenige als jüdisch

---

5 Vgl. S. Schwartz, „How Many Judaisms Were There?", 230. In diesem Sinn lassen sich für das antike Judentum etwa Lebensstil und Gesetzespraxis, Gebet und Opfer, Lektüre autoritativer bzw. heiliger Schriften oder Glaubensvorstellungen benennen, die jeweils beschreibungssprachlich durchaus dem Phänomen „Religion" zugeordnet werden können.
6 Vgl. auch das Forum von Meinungen zum Thema: [T. M. Law (Hg.),] „Jew and Judean: A Forum on Politics and Historiography in the Translation of Ancient Texts", in: *Marginalia*, online: https://themarginaliareview.com/jew-judean-forum/ (zuletzt besucht am 19.08.2022).
7 Vgl. zum reichsaramäischen Briefformular D. Schwiderski, *Handbuch*. Zur griechisch-römischen Briefpraxis und -theorie im Allgemeinen vgl. H.-J. Klauck, *Ancient Letters*, v. a. 1-227.
8 Das Folgende basiert auf meiner detaillierten Untersuchung: L. Doering, *Ancient Jewish Letters*.
9 Zur Klassifizierung nichtliterarischer und diplomatischer Korrespondenz vgl. H.-J. Klauck, *Ancient Letters*, 67–71, zu offiziellen Briefen: ebd. 69.
10 Vgl. die Übersicht in L. Doering, *Ancient Jewish Letters*, 59–60, mit Angabe der Publikationsorte.

identifizierbare Privatbriefe auf den Abfallhalden solcher Städte fanden.[11] Andernorts hingegen war das Klima der Erhaltung solcher Briefe nicht zuträglich. Und auch unter den literarischen oder literarisch überlieferten Briefen sind offizielle oder quasi-offizielle Briefe bei Weitem in der Mehrzahl. Im Ergebnis findet sich unter den jüdischen Briefen ein überproportionaler Anteil offizieller oder quasi-offizieller Briefe, häufig an eine Gruppe gerichtet und manchmal auch von einer Gruppe stammend. Dies ist ein Phänomen, das auch für das frühchristliche Briefschreiben prägend geworden ist.[12]

2. Jüdinnen und Juden haben Briefe in mehreren Sprachen geschrieben. Insbesondere die Judäer (hier verstanden als die Juden in Judäa) benutzten mehrere Sprachen, nicht zuletzt für offizielle Briefe und Rechtsdokumente.[13] Teilweise wurden Briefe auch von einer in die andere Sprache übersetzt. Wir können das im Bereich der literarischen Briefe nachweisen, die heute in der Hebräischen Bibel und der Griechischen Bibel, der sogenannten Septuaginta, und deren Revisionen, einschließlich sogenannter apokrypher Texte, zu finden sind. Dabei kam es durch unidiomatische Übersetzungen zu Sinnstiftungen über die Sprachgrenzen hinweg. Ein Beispiel: Im griechischen Brief grüßt man nie mit „Frieden",[14] wohl aber im aramäischen (und hebräischen). Übersetzungen literarisch überlieferter, aus dem Aramäischen übersetzter Briefe zeigen nun z. T. den Gruß εἰρήνη.[15] Über die Aufnahme einer solchen Übersetzung kam der „Friedens"-Gruß

---

11 Vgl. die Übersicht über die Briefe aus CPJ I–III ebd., 83–92. Hier sind auch Petitionen, Enteuxeis und Cheirographa eingeschlossen (zu den besprochenen hinzuzufügen sind noch CPJ I 128 [Enteuxis/Beschwerde der Helladote über Entzug ihres Eigentums durch ihren Mann, den Juden Jonathas; vermutlich ist Helladote selbst Jüdin] und I 133 [Petition des Sabbataios, seine Frau Joanna festsetzen zu lassen]). Der einzige jüdische Privatbrief auf Griechisch aus diesem Material ist CPJ II 424 (Joanne an Epagathos). Eine weitere Gruppe sind die Papyri des jüdischen Politeuma von Herakleopolis, weitgehend in Briefform, nun in CPJ publiziert als IV 557–577. Vgl. zur historischen Einordnung des Phänomens Politeuma: P. Sänger, *Politeuma*. Vgl. zur Analyse der Petitionen jetzt R. A. Kugler, *Resolving Disputes*; Kugler argumentiert stärker als andere Forscher, dass sich die jüdischen Petenten häufig auf jüdische Normen und Sitten stützten.
12 Vgl. L. Doering, ebd., 383–393. 430–477. Zum Thema der Briefe an und von Gruppen vgl. P. Ceccarelli u. a., „Introduction".
13 Vgl. H. M. Cotton, „Languages". Griechisch scheint dabei ohne ideologische Implikationen (etwa „Hellenisierung") gebraucht zu sein (ebd., 228). Hebräisch wurde v.a. in national gestimmten Phasen, während des Bar-Kochba-Aufstands und vielleicht schon während des Ersten Aufstands, für derartige Dokumente verwendet. Vgl. für die Komplexität der Sprachensituation, bei der Gebrauch des Aramäischen überwog, auch M. O. Wise, *Language and Literacy*, v. a. 279–355.
14 Sondern bekanntermaßen mit χαίρειν „freu dich" (o. ä.) bzw. entsprechenden *salutationes*.
15 Siehe 2 Esdr 4,17: καὶ ἀπέστειλεν ὁ βασιλεὺς πρὸς Ραουμ βααλταμ καὶ Σαμσαι γραμματέα ... εἰρήνην καί φησιν – „und es sandte der König zu Raoum, Baaltam und Samsai den Schreiber ... Frieden und sprach"; 5,7: Δαρείῳ τῷ βασιλεῖ εἰρήνη πᾶσα – „an Dareios den König, Friede alle-

auch in den christlichen, von Paulus geprägten Brief, und noch Tertullian stellte verwundert fest, Paulus grüße *Iudaico more*.[16]

Damit können zugleich weitere Antworten auf Vorfragen zu diesem Beitrag gegeben werden: Zum einen auf die Frage nach dem Alter solcher Briefe, für die sich – wenn wir einmal die älteren hebräischen Briefe der Königreiche Israel und Juda als Vorgeschichte antiker „jüdischer" Briefe ausklammern – die Spanne zwischen der persischen Zeit und der Redaktion des babylonischen Talmuds im 6. bis 7. Jahrhundert n. Chr. ergibt, d. h. 1200–1300 Jahre. Innerhalb dieses langen Zeitraums hat jüdisches Briefschreiben bedeutende Entwicklungen mit- und durchgemacht – wie z. B. eben Wechselwirkungen zwischen griechischem und aramäischem Briefformular[17] oder die Neubelebung hebräischer Epistolographie.[18] Zugleich gibt es, wie im Folgenden gezeigt wird, wiederkehrende Phänomene und Themen. Ferner kann an dieser Stelle etwas zur Überlieferung solcher Briefe gesagt werden. Antike jüdische Briefe sind entweder als dokumentarische Briefe oder als literarische Briefe überliefert: Dokumentarisch überliefert sind die (wenigen) Privatbriefe und die genannten offiziellen oder quasi-offiziellen Briefe – vornehmlich in Archiv-Kontexten. Daneben gibt es literarische Briefe, von denen einige von vornherein literarisch entworfen sind, andere hingegen – als offizielle oder quasi-offizielle Briefe – ursprünglich einmal „dokumentarisch" gewesen sein dürften, bevor sie aufgrund eines besonderen Überlieferungsinteresses in ein uns vorliegendes literarisches Werk aufgenommen wurden.

3. Es gibt bestimmte Themen und Formen, die sich verstärkt in jüdischen Briefen finden. So zeigt sich in vielen jüdischen Briefen – die unten diskutierten Beispiele werden das im Einzelnen belegen – ein Interesse am Zusammenhalt des

---

wege"; Dan 3,98 θ'; 4,34c LXX: εἰρήνη ὑμῖν πληθυνθείη – „euer Friede mehre sich". Zu 2 Makk 1,1 siehe unten S. 214.

16 Tertullian, adv. Marc. V 5,1 (534 Evans): *Quod non utique salutem praescribit eis quibus scribit, sed gratiam et pacem, non dico. Quid illi cum Iudaico adhuc more, destructori Iudaismi?* – „Ich übergehe, dass er denen, denen er schreibt, am Anfang durchaus nicht ‚Wohlergehen' wünscht, sondern ‚Gnade und Friede'. Was hatte er, der Zerstörer des Judentums, noch mit jüdischer Sitte zu tun?"

17 So ist es wahrscheinlich, dass die Kondensierung der aramäischen *salutatio* auf den Ein-Wort-Gruß שלם, „Friede", unter Einfluss des griechischen Ein-Wort-Grußes χαίρειν erfolgt ist (vgl. D. Schwiderski, *Handbuch*, 313–322, allerdings mit der problematischen und m. E. unnötigen These einer *Neu*-Begründung aramäischen Briefschreibens in hellenistischer Zeit; vgl. L. Doering, *Ancient Jewish Letters*, 207–208), auch wenn beide Grüße ein unterschiedliches semantisches Spektrum abdecken (s. o.).

18 Sicher belegt sind hebräische Briefe (nach den althebräischen Briefen der Königszeit) erst wieder im Bar-Kochba-Aufstand (132–135 n. Chr.), allerdings gibt es Überlegungen, ob einzelne Briefe aus dem Wadi Murrabaʿat nicht vom Ersten Jüdischen Krieg stammen (H. M. Cotton, „Languages", 222–223; vgl. oben Anm. 13), und dem hebräischen Text 4QMMT aus dem 2. oder 1. Jahrhundert v. Chr. sind epistolare Züge m. E. nicht abzusprechen (L. Doering, ebd., 194–214).

Volkes an seinen verschiedenen Orten oder am heilsgeschichtlichen Handeln Gottes gegenüber seinem Volk. Mit Blick auf einzelne Formen und Formeln des Briefs lässt sich sagen, dass die *formula valetudinis* des hellenistischen dokumentarischen Briefs[19] in einigen Exemplaren, wie wir ebenfalls noch sehen werden, durch ein Proömium ersetzt wird, in dem Gott für sein Handeln, insbesondere an seinem Volk, gedankt und Gott gelegentlich auch in einer Eulogie gepriesen wird.

In diesem Zusammenhang ist nun auch auf die zweite Wendung des Titels einzugehen, „Wissensvermittlung". Sie ist nicht programmatisch als Gegenbegriff zu „Bildung" gedacht, macht aber darauf aufmerksam, dass jüdische Briefe aufgrund der dargestellten Besonderheiten eine eigenständige Position in der Frage nach der „Bildung" einnehmen. Zum einen ist das Moment des Individuellen, das ja zum Bildungsdiskurs der Moderne konstitutiv hinzugehört,[20] stark eingeschränkt: Der oder die Einzelne erscheint in diesen Briefen von oder an Gruppen meist im Zusammenhang mit anderen, wobei er oder sie durchaus direkt mitgemeint sein kann. Zum andern zeigt der Bildungskanon, von dem in diesen Briefen ausgegangen und der gegebenenfalls bei den Adressaten angestrebt wird, spezifische und im Vergleich mit allgemeiner hellenistischer Bildung andere Akzente. Zwar hatten auch Juden grundsätzlich, wenn auch in verschiedenem Maß, Zugang zu griechischer rhetorischer Bildung, und manche Juden der Elite waren auch mit Homer vertraut.[21] Aber das wichtigste Bildungsgut war doch die Tora, die in verschiedener Weise im antiken Judentum mit Weisheit, Naturrecht und der Normierung eines toragemäßen Lebens – kurz: der Halacha – in Verbindung gebracht wurde und die somit im Zentrum antiker jüdischer Bemühungen um Bildung stand.[22] Insofern nehmen die Tora im weiteren Sinn (einschließlich weiterer „biblisch" gewordener

---

19 Vgl. F. X. J. Exler, *Form*, 102–111; R. Buzón, *Briefe*, 9–19. 51–53. 102–108. 163–166.
20 Vgl. R. Koselleck, „Struktur der Bildung".
21 Vgl. die Anspielungen auf Homer, Od. VI 182–185 in Ps.-Phokylides 195–197 oder auf Homer, Il. IX 312–313 in Ps.-Phokylides 48; vgl. J. M. G. Barclay, *Jews*, 340. Vgl. ferner die echten oder angeblichen Zitate von Homer und Hesiod in Aristobulos, frg. 5 (Eusebius, praep. ev. XIII 12,9–16; vgl. zu Aristobulos J. M. G. Barclay, ebd., 150–158), ferner die sog. epischen Poeten Theodotos (Eusebius, ebd. IX 22,1–12) und Philon (ebd. IX 20,1: Gott als „Donnerer"; vgl. Ares in Homer, Il. XIII 521; Eusebius, ebd. IX 24,1; 37,1–3); beide schrieben in Hexametern und mit homerischer Diktion. Vgl. dagegen die Homer-Kritik in orac. Sib. III 419–420: „ein alter Mann mit erlogener Heimat, Lügen erzählend". Umfassende „hellenische" Bildung wird auch dem anonymen Verfasser des 4. Makkabäerbuchs bescheinigt; vgl. z. B. J. M. G. Barclay, ebd., 370–371, der allerdings auch stark die Anwendung dieser Bildung zur Fokussierung auf und Verteidigung von jüdischen Vorstellungen und Werten betont.
22 Vgl. D. Michel, „Bildung II", zur Rolle von Weisheit; N. Oswald, „Bildung III", 584–587, zur Rolle der Tora in der Bildung des frühen und rabbinischen Judentums. Vgl. auch die Beiträge in J. M. Zurawski/G. Boccaccini (Hg.), *Second Temple Jewish „Paideia"*. Zur Verbindung von Tora und

Schriften) und ihre Konkretionen – Auslegung, Ergänzung, Rechtsfragen, Festpraxis und anderes – auch eine große Rolle in jüdischen Briefen ein.

Zwar hat es Autoren gegeben, die – wie angedeutet – mit griechisch-römischer Bildung vertraut waren und dies auch durchscheinen ließen. Aber Philon von Alexandrien, der darunter zu rechnen ist, hat wenig Briefliches hinterlassen, im Wesentlichen einen langen Brief an Caligula, der in seine *Legatio ad Gaium* (legat. 276–329) eingelegt ist und aus der Feder Agrippas II. stammen soll, jedoch – als literarisch entworfener Brief – wohl von Philon selbst ausgestaltet ist. Dieser lässt hier Caligula bescheinigen, dass Agrippa in diesem Brief nichts von seinem wirklichen Wesen (τὸ μηδὲν ἐν ἑαυτῷ) verdunkelt oder verborgen habe (legat. 332). Ohne Präskript oder Grußformeln überliefert, ist der Brief lose gemäß der vier Redeteile *exordium, narratio, argumentatio* und *peroratio* strukturiert. In der *argumentatio* stellt Agrippa = Philon die Bedeutung Jerusalems und des Tempels heraus, insbesondere das Fehlen eines Kultbilds, und weist Caligula auf den Respekt hin, den dessen Vorfahren und Vorgänger für diesen Tempel gezeigt haben, wobei er etwa für Augustus dessen fortgesetztes Schwelgen in der Philosophie hervorhebt[23] oder für Julia Augusta ihr reines Lernen in Verbindung mit ihrer Natur und Übung,[24] die sie in ihrem Urteil hinsichtlich des Tempels weit über das weibliche Geschlecht erhoben habe. Bildung führt hier, wenn man so will, zur Achtung und Förderung des kultbildlosen Tempels in Jerusalem. Auch Flavius Josephus kennt wohl seinen Homer, hat sich aber in jedem Fall Kenntnisse der griechischen Historiographie angeeignet – und zeigt das seinen Leserinnen und Lesern. Briefe sind davon auch betroffen. So lässt Josephus vielleicht in seiner Neuschreibung der Davidgeschichte bei dem Brief, den David durch die Hand des Uria an Joav schickte, das Bellerophon-Narrativ aus der Ilias mitklingen (ant. VII 135–137; vgl. Homer, Il. VI 168–170). Josephus weiß um die Rolle von Briefeinlagen, etwa um den Plot voranzubringen oder dramatische Effekte zu erzielen.[25] In seiner Darstellung der Frühphase des Ersten Jüdischen Kriegs in Galiläa präsentiert er sich selbst als Meister trickreichen Briefschreibens, was wiederum Motive in griechischer Literatur spiegelt, etwa Herodots

---

Naturrecht vgl. C. Hayes, *Divine Law?* Vgl. auch die Beiträge von C. Hempel, „Bildung", sowie R. Deines, „Bildung".
23 Philon, legat. 310: φιλοσοφίας οὐκ ἄκροις χείλεσι γευσάμενος ἀλλ' ἐπὶ πλέον ἑστιαθεὶς καὶ σχεδόν τι καθ' ἑκάστην ἡμέραν ἑστιώμενος – „Er hat die Philosophie nicht bloß mit spitzen Lippen geschmeckt, sondern über die Maßen in ihr geschwelgt, und schwelgt in ihr fast täglich weiter."
24 Ebd. 320: διήνεγκεν ὑπὸ παιδείας ἀκράτου φύσει καὶ μελέτῃ περιγεγενημένη – „Sie war überlegen aufgrund des unvermischten Lernens, das ihr durch Natur und Übung gegeben war."
25 Vgl. R. Olson, *Embedded Letters*, 80–140.

Herausstellung der brieflichen Meisterschaft der Griechen im Vergleich zu den Persern.²⁶ Insofern lässt Josephus hier seine eigene Bildung durchblicken, wenngleich er seine griechisch-römische Paideia auch deutlich relativieren und ins Verhältnis zur Kenntnis jüdischer Rechtsbräuche und der Auslegung heiliger Schriften – also der „nationalen Bildung" – setzen kann.²⁷

Aufs Ganze gesehen, stellen die eingelegten Briefe bei Philon und Josephus somit Einzelfälle dar. Wenn etwas *breit* an „Bildung" in jüdischen Briefen zu finden ist, handelt es sich um durch die Tora veranlasste und sie praktisch aktualisierende Bildung, also „biblische" Bildung im weiten Sinn. Nur vereinzelt und eher in späteren Zeiten (in der Spätantike) wird diese dabei so eingeflochten, dass es zu einem Spiel von Andeutung und Erkennen zwischen Adressanten und Adressaten kommt. Viel häufiger handelt es sich darum, dass die eine Seite der anderen biblisches, geoffenbartes oder halachisch konkretisiertes Wissen mitteilt. Deshalb spreche ich in diesem Zusammenhang von „Wissensvermittlung" als einer speziellen Form von Bildung. Ich möchte das im Folgenden an drei Hauptbeispielen aus unterschiedlichen Zeiten und literarischen Zusammenhängen zeigen, denen weitere Texte knapp zur Seite gestellt werden sollen: 1. den Einleitungsbriefen des 2. Makkabäerbuchs, 2. dem Brief Baruchs aus der syrischen Baruchapokalypse und 3. den Briefen Rn. Gamaliels an die Diaspora und entlegene Gebiete des Landes Israel.

2 Die Einleitungsbriefe des 2. Makkabäerbuchs

Das 2. Makkabäerbuch gilt im Grundbestand als Epitome des ursprünglich fünfbändigen Werks eines Jason von Kyrene (2 Makk 2,23). Nach den Analysen von Daniel Schwartz fügte der literarisch durchaus kreative Epitomator neue Materialien ein, v. a. die Heliodor-Episode Kapitel 3, die Märtyrer-Erzählungen in Kapiteln 6–7, Briefeinlagen über das Ende Antiochos' IV. in Kapitel 11 sowie die Rahmung der Erzählung in Kapiteln 2 und 15.²⁸ In 2 Makk 15,36 läuft die Erzählung auf die Einsetzung des Nikanor-Tages zum Gedenken an den Sieg über diesen seleukidischen Feldherrn hinaus, und zwar am 13. Adar, dem Tag vor dem Mardochaios-Tag, der

---

26 Vgl. ebd., 100–104.
27 Vgl. Flavius Josephus, ant. XX 263–265. Demnach hat Josephus sich bemüht, an griechischer Literatur teilzuhaben (τῶν Ἑλληνικῶν δὲ γραμμάτων ἐσπούδασα μετασχεῖν) und Erfahrung mit der (griechischen) Grammatik aufzunehmen (τὴν γραμματικὴν ἐμπειρίαν ἀναλαβών), spricht Griechisch jedoch als aramäischer Muttersprachler mit einem Akzent und weist auf die Bedeutung „nationaler Bildung" (vgl. κατὰ τὴν ἐπιχώριον παιδείαν) im Urteil seiner Stammesverwandten hin – worin er selbst diese natürlich übertraf.
28 Vgl. D. R. Schwartz, *2 Maccabees*, 16–37.

dem Purim-Fest entspricht. Dieser Erzählung sind nun später zwei Einleitungsbriefe vorangestellt worden. Diese haben freilich einen anderen Gegenstand: Sie sind an die Juden in Ägypten adressiert, berichten in verschiedener Weise von der „Reinigung" des Tempels unter den Makkabäern und fordern die ägyptischen Juden zur Feier des Chanukka-Fests auf, das als „Laubhüttenfest des Monats Kislev" eingeführt wird. Die „Reinigung" und Wiedereinweihung des Tempels wird auch in 2 Makk 10,1–8 berichtet; hier wird das neue Fest ebenfalls wegen seiner achttägigen Feier und der gewissen zeitlichen Nähe mit dem „Laubhüttenfest" in Verbindung gebracht und seine beständige Feier vom Volk beschlossen. Schwartz zufolge wurden die beiden Einleitungsbriefe zusammen mit 2 Makk 10,1–8 eingefügt und damit der übergeordnete Zweck des ganzen Buches umorientiert: von der Hervorhebung des Nikanor-Tages zur Feier des Chanukka-Fests.[29] Wann immer auch die Briefe vorgeschaltet worden sind (siehe im Folgenden), durch diesen Vorgang erhielt das ganze 2. Makkabäerbuch den Charakter eines Briefs – oder eines Doppelbriefs mit ausführlicher Anlage –, wie dies auch in der *subscriptio* des Buchs im Codex Alexandrinus (5. Jh.) zum Ausdruck kommt: ΙΟΥΔΑ ΤΟΥ ΜΑΚΚΑΙΟΥ (sic) ΠΡΑΞΕΩΝ ΕΠΙΣΤΟΛΗ. Das Buch, dem das Werk eines vermutlich in der jüdischen Diaspora beheimateten Autors zugrunde liegt,[30] ist offenbar in dieser Form von Jerusalem aus an die Juden in Ägypten verschickt worden.

Wenden wir uns den einzelnen Briefen zu, so fallen zugleich gewichtige Unterschiede ins Auge. Der erste Brief (2 Makk 1,1–10a) ist viel kürzer als der zweite und sehr deutlich in Übersetzungsgriechisch gehalten. Das ergibt sich schon aus dem Präskript: „1 (Ihren) Brüdern, den Juden in Ägypten, senden ihren Gruß (χαίρειν) die Brüder, die Juden in Jerusalem und die im Land Judäa, (und) guten Frieden (εἰρήνην ἀγαθήν)." Hier sehen wir, wie ein Übersetzer offenbar das idiomatische χαίρειν („Wohlergehen!") mit dem Friedensgruß des ursprünglich wohl aramäischen Originals dieses Briefs verbindet. Spezifisch geprägt ist auch das Proömium dieses Briefs, das explizit um Gottes Handeln an den Adressaten im Rahmen des Bundes bittet.[31] Es folgt dann vermutlich ein Zitat eines älteren Briefs aus dem Jahr 143/42 v. Chr. an die ägyptischen Juden, in dem bereits von der Drangsal und der nachfolgenden Wiederaufnahme des Opferdienstes und dem Anzünden der Lampen die Rede war. Schließlich fordern die Juden in Jerusalem

---

29 Vgl. ebd., 8–10. 371–379. Kritisch zu diesem Vorschlag und für 2 Makk 10,1–8 als originären Beitrag des Epitomators/Verfassers: J. R. Trotter, „2 Maccabees 10:1–8".
30 Simon „von Kyrene" scheint in die Diaspora zu weisen, aber wir wissen zu wenig über den angeblichen Verfasser der Langform. Dass der Epitomator/Verfasser des 2. Makkabäerbuchs (ohne Briefe und ggfs. 10,1–8) aus der Diaspora stammt, wird häufig angenommen; vgl. D. R. Schwartz, ebd., 45–51; J. R. Trotter, ebd., 130 mit Anm. 33 (und die dort angegebene Lit.).
31 Vgl. L. Doering, *Ancient Jewish Letters*, 136. 160–162.

und Judäa die ägyptischen Juden auf, das „Laubhüttenfest im Monat Kislev" zu begehen.

Als Datum wird von den meisten Handschriften 188 SÄ (Seleukidische Ära) angegeben, also 125/24 v. Chr.; es ist nur noch das Jahr erhalten. Schwartz will jedoch mit zwei Handschriften (Hs. 55 und 62) 148 SÄ lesen, also 165/64 v. Chr.; er vertritt des Weiteren die These, dass γεγράφαμεν V. 7 als Brief-Perfekt zu verstehen, also auf das gegenwärtige Schreiben zu beziehen sei; nach Schwartz handelt es sich um einen Brief aus dem Jahr 143/42 v. Chr., der auf „die Tage des Laubhüttenfestes im Monat Chaseleu" des Jahres 165/64 v. Chr. verweise.[32] Ich halte eine solche Lesung aus mehreren Gründen für problematisch: Textkritisch ist die Überlegenheit der Lesung „148" keineswegs ausgemacht.[33] Ferner wäre die Aussage „wir schreiben euch hiermit" in Verbindung mit der Nennung des Demetrios und der Angabe der Jahreszahl reichlich ungewöhnlich. Und ebenso seltsam, wenn nicht seltsamer, wäre eine Aufforderung, „die Tage des Laubhüttenfestes im Monat Chaseleu *des Jahres 165/64 v. Chr.*" zu begehen: Die ägyptischen Juden sind doch wohl nicht aufgefordert worden, bestimmte Tage im Kislev des Jahres des ursprünglichen Ereignisses der Tempelreinigung zu feiern, sondern je und je die angezeigten Tage im entsprechenden Monat.[34] Ich halte daher Schwartz' Erklärung für nicht überzeugend. Unklar bleibt, ob der Brief erwartet, dass die ägyptischen Juden das Chanukka-Fest in Ägypten feiern oder dafür nach Jerusalem kommen sollen.[35] In jedem Fall schreibt hier die wissende Jerusalemer bzw. judäische Seite der ägyptischen die rechte Kultpraxis vor. Zur Unterstützung wird lediglich auf das Geschehen in Jerusalem verwiesen.

Der wesentlich ausführlichere zweite Einleitungsbrief (2 Makk 1,10b–2,18) geht hier weiter. Zunächst ist anzumerken, dass er in passablem Griechisch geschrieben ist. Indem als Absender – neben denen in Jerusalem und Judäa – die Gerusie und Judas, offenbar Judas Makkabaios, erwähnt werden, als Empfänger –

---

32 Vgl. D. R. Schwartz, *2 Maccabees*, 519–529.
33 Zwar zählt nach Robert Hanhart Hs. 55 zur Gruppe der Hss., in der „der ursprüngliche Text ... am reinsten dargeboten" wird, während Hs. 62 zu einer Untergruppe der lukianischen Rezension (*l*) gehört. Doch ist mit Abschreibfehlern in allen Hss. zu rechnen, und Hanhart selbst hat die Lesung von 55 und 62 hier nicht in seiner eigenen Textausgabe präferiert: R. Hanhart, *Text des 2. und 3. Makkabäerbuches*, 6–7 (Zitat: ebd. 6).
34 *Pace* D. R. Schwartz, *2 Maccabees*, 525: „Just as we can well imagine American posters, even today, inviting citizens to events celebrating 'July 4, 1776' ...". Es geht nicht um „events", die den historischen Tag feiern, sondern um die jeweilige Feier des Fests im (immerwährenden) Festkalender.
35 Letzteres für wahrscheinlicher hält C. Leonhard, „Tempelfeste", 147–150. Allerdings ist nur von „feiern, begehen" (ἄγητε [1,9]; ἄγοντες [2,16]) die Rede, nicht davon, dass man nach Jerusalem reisen müsse.

neben den Juden in Ägypten – der Priester Aristobulos, der Lehrer des Ptolemaios VI. Philometor,[36] erhält der Brief ein offizielles Gepräge. Die Erwähnung des Judas und des Aristobulos deuten auf die späteren 160er Jahre, aber ist der Brief wirklich echt?[37] Im Vergleich mit dem ersten Brief gibt schon das idiomatische Griechisch zu denken. Bickermanns frühere Einschätzung, der Brief könne wegen der *salutatio* χαίρειν καὶ ὑγιαίνειν ("Wohlergehen und Gesundheit") nicht älter als 60 v. Chr. sein, da sie erst dann belegt sei, hat man zwar inzwischen mit Hinweis auf Briefe außerhalb Ägyptens entkräftet, darunter etwa den alten Bleibrief des Mnesiergos aus Athen (Ende 5./Anfang 4. Jh. v. Chr.).[38] Manche Forscher nehmen einen authentischen Kern an, etwa 2 Makk 1,10b–18a; 2,16–18,[39] der später um weitere Ausführungen (s. u.) erweitert wurde. Andere wie Jonathan Goldstein gehen von einem grundsätzlich pseudepigraphischen Brief aus der Zeit 103/2 v. Chr. aus.[40]

Wie dem auch sei, der Brief in seiner vorliegenden Gestalt beginnt nach dem Präskript (2 Makk 1,10b) mit einem Proömium, das Gott sowohl Dank als auch Lobpreis ausspricht für die Befreiung von großen Gefahren, als die eine eigenwillige Version vom Tod Antiochos' IV. dargestellt wird (1,11–17). In 1,18a folgt die Mitteilung, dass die Jerusalemer am 25. Kislew die „Reinigung" des Tempels feiern, „damit Ihr auch selbst (die Tage des) Laubhüttenfestes und des Feuers begeht". Erst in 2,16–18 wird der Brief wieder auf diese Aufforderung zurückkommen. Dazwischen finden sich mehrere informationsgesättigte Stücke: 1,18b–36 bietet ein Stück Nehemia-Legende, die nicht in der Hebräischen Bibel zu finden ist. Ihr zufolge habe Nehemia beim Tempelbau Priester ausgesandt, um das zum Zeitpunkt der Wegführung ins Exil verborgene Altarfeuer zu suchen; die Priester fanden eine Flüssigkeit, die – auf Hölzer und Opfer gesprengt – durch die Sonne entzündet wurde, wobei ein längeres Gebet gesprochen wurde, das der Brief auch mitteilt. Daraufhin „umzäunte" der Perserkönig die Tempelstätte und machte „(sie) so heilig ..., nachdem er die Sache geprüft hatte" (1,34). Deutlich handelt es sich bei dieser angeblichen Inter-

---

36 Vgl. zu dieser Information C. R. Holladay, *Fragments*, 45–46. Es handelt sich um den Tora-Ausleger Aristobulos, dessen Fragmente bei Clemens von Alexandrien und Eusebius von Caesarea überliefert sind. Seine priesterliche Herkunft ist sonst nicht belegt. Er muss nicht der „Tutor" Ptolemaios' VI. gewesen sein; vielmehr genügt für die Wahrnehmung als „Lehrer" des Ptolemäers, dass sein Werk an Philometor adressiert war (Clemens, strom. I 150,1).
37 So u. a. B. Z. Wacholder, „Letter"; I. Taatz, *Frühjüdische Briefe*, 29–43.
38 Text und engl. Übers.: M. Trapp, *Greek and Latin Letters*, 50–51. Einordnung in die Geschichte des griechischen Briefs: P. Ceccarelli, *Ancient Greek Letter Writing*, v. a. 45.
39 So etwa J. G. Bunge, *Untersuchungen*, 32–152. D. R. Schwartz, *2 Maccabees*, 144 will einen authentischen Kern ("kernel") nicht ausschließen.
40 Vgl. J. A. Goldstein, *II Maccabees*, 157–166. Goldstein zufolge soll der Brief wegen des Griechisch ursprünglich in Ägypten verfasst gewesen sein.

vention des persischen Königs um eine den Jerusalemer Tempel legitimierende Erzählung.⁴¹ Aber damit nicht genug; zur Erklärung des Namens der Flüssigkeit „Nephthar" wird verlautbart, dieser bedeute „Reinigung", was eine Verbindung zur „Reinigung" unter den Makkabäern schafft. Die Etymologie ist problematisch; denkbar ist vielleicht die Annahme eines hebr. נפטר, was „befreit" bedeuten kann.⁴² Die Künstlichkeit der Etymologie wird auch daran deutlich, dass es heißt, der Stoff werde „bei den meisten aber Nephthai" genannt; vermutlich steht dahinter einfach νάφθα, von pers. naft „Bitumen, Erdöl".⁴³

In einem zweiten Darstellungsgang (2,1–8) werden sodann Jeremia-Traditionen ausgebreitet, die sich „in den Urkunden" (2,1: ἐν ταῖς ἀπογραφαῖς) finden. Dabei muss es sich um „apokryphe" Traditionen handeln, wie sie – im Detail freilich in anderer Weise – etwa in der *Epistula Jeremiae* der Septuaginta oder dem *Jeremia-Apokryphon* aus Qumran bezeugt sind.⁴⁴ Jeremia habe die Exilierten angewiesen, etwas vom Feuer mitzunehmen, und habe das Festhalten an Gottes Gesetz und Gebot eingeschärft. Er habe ferner die Stiftshütte, die Bundeslade und den Räucheraltar am Berg, auf den Mose gestiegen war, verborgen, „bis Gott das Volk wieder versammelt hat und Gnade walten lässt" (2,7). Sodann wird an die Zeit Moses angeknüpft, als sich die Herrlichkeit des Herrn und die Wolke zeigte, und wird eine Verbindung zu Salomo geschlagen: Dieser habe nach der Art des Mose geopfert, den Tempel erneuert und vollendet und dies acht Tage gefeiert (2,9–12). Schließlich wird gesagt, „dasselbe" sei „auch in den Aufzeichnungen und in den Denkschriften Nehemias erklärt, und auch, wie er eine Bibliothek gründete": Er habe „Bücher über die Könige und über die Propheten, die Bücher Davids und Briefe der Könige über Weihegeschenke" gesammelt (2,13). Damit ist nicht – wie oft behauptet – ein Grundstock des Kanons der Hebräischen Bibel bezeichnet, sondern eher eine Tempelbibliothek.⁴⁵ Die Wiederherstellung dieser Tempelbibliothek wird nun für Judas Makkabaios behauptet: Er habe alle wegen des Krieges zerstreuten Schriften gesammelt – offenbar auch apokryphe, wie oben dargelegt –, „und sie sind bei uns" (2,14). Den ägyptischen Juden wird sogar angeboten, dass sie Leute nach Jerusalem schicken können, um diese Schriften zu holen, falls sie Bedarf haben (2,15). Daran schließt sich die bereits erwähnte erneute Aufforderung zum Mitfeiern des Chanukka-Fests an (2,16–18). Der Schlussakkord dieses umfangreichen Briefs lautet:

---

41 Vgl. z. B. D. R. Schwartz, *2 Maccabees*, 158.
42 Vgl. J. A. Goldstein, *II Maccabees*, 181. Doch vgl. D. R. Schwartz, ebd., 160: „just as likely as anything else".
43 Dazu vgl. u. a. Strabon, geogr. XVI 1,5; Plutarch, Alex. 35.
44 Vgl. L. Doering, „Jeremia", 61–62.
45 Zur Diskussion und Verteidigung der These, es gehe um die Tempelbibliothek, vgl. A. Lange, „Library or Canon?"

„Aus großen Übeln nämlich hat er (sc. Gott) uns herausgerissen und den Ort gereinigt" (2,18).

Hier bieten sich die Jerusalemer und judäischen Juden als die Besitzer von Traditionen, Büchern, Wissen und des rechten Tempels an. Man kann geradezu von einem „Bildungsangebot" der Jerusalemer an die ägyptischen Juden sprechen. Möglicherweise ist dies auch gegen den Tempel der Oniaden in Leontopolis gerichtet; es will jedenfalls die Ausrichtung der ägyptischen Juden auf Jerusalem und die Angleichung der Festpraxis an die Jerusalemer erreichen, wenngleich mit den ‚weichen' Mitteln der brieflichen Aufforderung.[46] Aus der Verbindung der Einleitungsbriefe mit dem Narrativ des 2. Makkabäerbuchs ergibt sich, dass diese so erweiterte, brieflich ausgerichtete Schrift sowohl Jerusalem als auch den in Jerusalem befindlichen Tempel anhand älterer Traditionen und Erzählungen vom tempelreinigenden Wirken der Makkabäer promulgiert. Dass dabei auch die Vorstellung aufgenommen wird, dass Gott im Himmel wohnt (3,39; vgl. 14,34–36) und aus dem Himmel mit Erscheinungen handelt (2,21; 10,29), tut dem keinen Abbruch, sondern nimmt eine Tradition der Entsprechung von irdischem und himmlischem Heiligtum auf, die im Diasporajudentum wohlbekannt war.[47]

Eine ähnliche Form und Struktur der Wissensvermittlung finden sich in der griechischen Version – genauer der als Old Greek bezeichneten Version – des Buchs Ester. Dieses Buch ist vermutlich in einer anderen griechischen Version („Proto-A-Text" bzw. „Proto-Alpha-Text") in der Diaspora einschließlich Ägypten bekannt geworden, wo offenbar der Festname „Mardochaios-Tag" im 2. Jahrhundert v. Chr. bekannt war, wie 2 Makk 15,36 zeigt. Hingegen wurde das Buch im Land Israel nur zögerlich rezipiert und ist etwa in den Höhlen von Qumran nicht belegt. In einer umfänglicheren Gestalt als derjenigen, die im Masoretischen Text erhalten ist, wurde das Buch dann in Palästina ins Griechische übersetzt – eben als Old Greek Ester.[48] Erhalten ist noch der Kolophon dieser Version, demzufolge das ganze Ester-Buch ein „Purim-Brief" sei (ἐπιστολὴν τῶν Φρουραι), den ein gewisser Lysimachos, ein Bewohner Jerusalems, wo sich eine Kopie befinde, übersetzt habe und der im 4. Jahr der Regierung von Ptolemaios und Kleopatra von drei namentlich genannten Boten nach Ägypten gebracht worden sei (Add Est F 11). Je nachdem, welcher Ptolemaios und welche Kleopatra gemeint sind, ergäben

---

46 Vgl. L. Doering, *Ancient Jewish Letters*, 164–165, in Auseinandersetzung mit Stimmen, die auf das Fehlen von Polemik gegen den Oniaden-Tempel (E. Gruen, P. Schäfer) und die mangelnde Autoritätsausübung der Jerusalemer gegenüber den Alexandrinern (J. Magliano-Tromp) hinweisen.
47 Vgl. B. Ego, „Tempel". Gegen D. R. Schwartz, „Temple or City", demzufolge es im 2 Makk vor allem um Jerusalem, nicht den Tempel gehe.
48 Vgl. I. Kottsieper, „Zusätze", 121–128, dem ich in Grundzügen folge.

sich die Jahre 114, 78 oder 48 v. Chr.[49] Wir finden somit die Superimponierung älterer Kenntnis des Mardochaios-Tags mit dem Purim-Fest samt der von Jerusalem autorisierten Fest-Ätiologie.

Die zentrale Stellung Jerusalems in diesen brieflichen oder als brieflich präsentierten Kommunikationen ist wesentlich und unangefochten. Sie wird grundlegend für die Briefe, die wir als „Diaspora-Briefe" bezeichnen können.[50] Dieses Bewusstsein für die besondere Stellung Jerusalems kommt griffig in einer Tradition zum Ausdruck, die zwar erst wesentlich später literarisch belegt ist, aber vielleicht eine nicht völlig verfehlte Imagination früherer Machtrelationen – wie auch der begrenzten Mittel des Briefs, Einfluss zu nehmen – darstellt. Im Talmud Yerushalmi findet sich in yHag 2,2, 77d ein Brief, der die Rückkehr des nach Alexandria geflohenen Juda ben Tabbai erbittet: „Und die Einwohner Jerusalems schrieben: ‚Von Jerusalem der Großen an Alexandria die Kleine: Wie lange sitzt mein Verlobter bei euch und ich sitze trauernd über ihn?'"[51]

3 Der Brief Baruchs (2 Bar 78–86)

Wenden wir uns nun einem Brief zu, der wahrscheinlich aus der Zeit nach der Tempelzerstörung im Jahr 70 n. Chr. stammt.[52] Am Ende der syrischen Baruch-Apokalypse (2 Bar), die ursprünglich vermutlich auf Hebräisch geschrieben war, aber basierend auf einer griechischen Übersetzung heute im Ganzen auf Syrisch (und davon abhängig auf Arabisch) erhalten ist,[53] findet sich ein längerer Brief. Es handelt sich um einen Brief Baruchs an die neuneinhalb bzw. zehn Nord-Stämme Israels[54] im assyrischen Exil. Baruch, eigentlich der Schreiber des Propheten Jeremia zur Zeit der ersten Tempelzerstörung durch die Babylonier, wird

---

49 Vgl. E. J. Bickerman, „Colophon", der für Ptolemaios XII. und Kleopatra V. = 78/77 v. Chr. plädiert, während Martin Goodman auch Ptolemaios IX. / Kleopatra III. = 114 v. Chr. und Ptolemaios XIII. / Kleopatra VII. = 48 v. Chr. für möglich hält: so in E. Schürer, *History*, 505–506.
50 Vgl. K.-W. Niebuhr, „Diasporabriefe"; L. Doering, „Jeremiah"; ders., *Ancient Jewish Letters*, 430–434. I. Taatz, *Frühjüdische Briefe*, 9 spricht von einer Tradition „gemeindeleitender Briefe".
51 Vgl. zu den in diesem und verwandten Briefen ausgedrückten Machtrelationen: P. S. Alexander, „Power Relations".
52 Vgl. die Übersicht bei M. Henze, *Jewish Apoclaypticism*, 25–34; Henze geht selbst aus von einem Autor „living a generation or two after the Jewish War of 68–73 CE" (ebd. 32).
53 Vgl. L. Doering, „Textual History of *2 Baruch*".
54 Die Zählung schwankt in 2 Bar und anderen pseudepigraphischen Werken wie 4 Esr, z. T. auch in der Textüberlieferung: „zehn" – 2 Bar 1,2; 4Esr 13,40 Latein[A*S] (die „besten" Hss.); „neuneinhalb" – 2 Bar 62,6; 77,19; 78,1; 4 Esr 13,40 Syrisch Arabisch[1.3korr] Sahidisch; „neun" – 4 Esr 13,40 Latein[A**CVA] Äthiopisch (überwiegend) Arabisch[2]. Zum Hintergrund und zur Frage, welcher Halb-

in der syrischen Baruch-Apokalypse zur Hauptfigur. Erzählerisch wird diese Tempelzerstörung transparent für die Tempelzerstörung unter den Römern, weshalb sich Baruch nun als Gewährsmann anbietet. Diesem Buch zufolge bleibt er – anders als Jeremia – in der Nähe der zerstörten Stadt. Er begreift alle Stämme, einschließlich der verbliebenen Juden in der Gegend von Jerusalem, als im Exil befindlich. Vor dem Brief an die Stämme im assyrischen Exil, der wegen der großen Entfernung durch einen Adler überbracht werden muss, schreibt er einen Brief offenbar im Wesentlichen gleichen Inhalts (vgl. 2 Bar 77,12.17.19; 85,6) an die Stämme im babylonischen Exil, der durch drei Männer geschickt wird, aber textlich in der syrischen Baruch-Apokalypse nicht ausgeführt wird.

Mit großer Wahrscheinlichkeit ist der Brief an die Nordstämme als Teil der Gesamtkomposition entworfen worden,[55] auch wenn in der syrischen Textüberlieferung ein Brief Baruchs, der mit dem integral in der syrischen Baruch-Apokalypse begegnenden eng verwandt ist, ein Eigenleben geführt hat (entsprechend werden im Codex Ambrosianus aus dem 6. Jahrhundert beide Briefe gebracht, der Brief in der integralen wie der Brief in der unverbundenen Gestalt).[56] Am Ende der syrischen Baruch-Apokalypse stehend, führt er die letzte von drei Reden Baruchs (2 Bar 31–34; 44–46; 77,1–17) weiter, die jeweils auf eine Vision Baruchs und deren Deutung, für die erste auf einen visionsgestützten Dialog über Eschatologie, folgen. Dabei fällt für die letzte der drei Reden Baruchs auf, dass sie recht schmal ausfällt; in ihrem Zusammenhang äußern die Zuhörenden die Bitte, dass Baruch auch an die Brüder im babylonischen Exil schreibe (77,12). Insofern kann man sagen, dass Baruchs letzte Rede strukturell unvollständig ist ohne diese beiden Briefe, von denen der letzte an die assyrischen Exulanten wörtlich ausgeführt wird. Wenn man so will, erreichen die beiden Briefe die größtmögliche jüdische Adressatengruppe (abgesehen von den sich „bei Baruch" Befindlichen). Interessant ist nun, dass dieser Brief nur in eingeschränkter, summarischer Weise Inhalte der durch Baruch erfahrenen Visionen und ihrer Deutung enthält. Vielmehr liest er sich wie eine exoterische Zusammenfassung und Zuspitzung der esoterischen Erfahrungen Baruchs.[57]

Der Brief besitzt ein Präskript, das aufschlussreich für den Vergleich mit neutestamentlichen Briefen ist: „So spricht Baruch, der Sohn des Neria, zu den Brüdern, die gefangen weggeführt worden sind: Erbarmen und Frieden sei euch" (2

---

stamm unterschiedlich zugeordnet wurde (Manasse oder der halbe Stamm Levi), vgl. M. E. Stone, *Fourth Ezra*, 404.
55 Vgl. L. Doering, „Epistle of Baruch".
56 Letzterer in einer „Die Briefe Jeremias und Baruchs" überschriebenen und auch Ep Jer sowie Bar umfassenden Sammlung. Vgl. L. I. Lied, *Invisible Manuscripts*, 189–220, mit Überlegungen zur editorischen Praxis hinsichtlich der beiden Briefe.
57 Vgl. P. Bogaert, *Apocalypse de Baruch*, 76; L. Doering, „Epistle of Baruch", 168. 172–173.

Bar 78,2). In 78,3–7 folgt ein Proömium, in dem Baruch Gottes Liebe gedenkt, die Verbindung der zwölf Stämme in *einer* Gefangenschaft hervorhebt (wiederum: alle Stämme sind in der Zerstreuung), die testamentarische Situation beschreibt, die durch den Brief geschaffen wird, und die Adressaten auffordert, Gottes Urteil anzuerkennen und den Irrtum abzutun, sowie ihnen verheißt, dass Gott sie, wenn sie dies tun, wieder sammeln werde. Im Briefkorpus, eingeleitet durch die *disclosure formula* „so wisset", bietet Baruch zunächst eine Erzählung der Katastrophe (79–80). Darauf folgen, wieder von einer solchen Formel eingeleitet, Worte des Trostes (81,1). Hier berichtet Baruch nun gleichsam von dem Trost, den er im Verlauf der Apokalypse erhalten hat (81,2; vgl. 10,5b–19; 35,1–5), und von seiner Frage an Gott, wie lange die Unheile uns treffen werden (81,3; vgl. 21,9). Er berichtet, dass Gott ihm „Visionen", die „Geheimnisse der Zeiten" und das „Kommen der Perioden" (81,4) gezeigt habe, womit klar auf die beiden Visionen von der Zeder und dem Weinstock (36–37) sowie von der Wolke (53) angespielt ist, vielleicht auch auf den visionsgestützten Dialog über Eschatologie (22–30). Vermutlich genügen dem Verfasser des Werks diese Rückbezüge hier; Leser oder Leserin des Werks wissen ja, was in diesen Abschnitten gesagt worden ist. Der nächste Abschnitt, ebenfalls eingeleitet durch eine *disclosure formula*, ist, wie in der Forschung herausgestellt worden ist, in „Kunstprosa" gehalten[58] und stellt – unter Rückbezug auf die Erfahrungen der Visionen – die Vergänglichkeit der Völker (82,2–9), die Beschleunigung der Zeiten (83,1–8) und die Flüchtigkeit der Gegenwart (83,10–22) dar. Es folgt ein Abschnitt über das Erbe des Baruch, in dem er an die Mahnungen des Mose anknüpft und den Brief als ein fassbares Zeugnis für Israels Verpflichtung der Tora-Observanz bestimmt; dieser solle mit den Überlieferungen des Gesetzes an die Nachkommen weitergegeben werden (84). Da alle im Exil sind und auch die im Land Israel Lebenden „unser Land verlassen haben", haben Juden überall „jetzt niemanden als den Allmächtigen und sein Gesetz" (85,3). Der Briefschluss hält noch einmal die pragmatische Verwendung des Briefs fest: Er soll „in euren Versammlungen" gelesen werden und „vor allem an euren Fasttagen" bedacht werden; schließlich soll beim Lesen des Briefs auch Baruchs gedacht werden (86,1–3).

Der Brief bietet somit einen auf die Tora bezogenen paränetischen Entwurf, in dem nach der Tempelzerstörung ein Angebot für ganz Israel gemacht wird, das sich an den esoterischen Visions-Erfahrungen Baruchs orientiert, diese aber zur Orientierung des Volks und seines Verhaltens exoterisch umbricht.

---

58 Vgl. M. F. Whitters, *Epistle of Second Baruch*, 57–65.

4 Die Briefe Rn. Gamaliels an die Diaspora und entfernte Gebiete im Land Israel

Betrachten wir abschließend einen letzten Textbereich: rabbinische Literatur. Hier finden sich Briefe im Zusammenhang der beiden Fragen nach dem Abschluss der Entrichtung von Zehntem und der Interkalation. Beides sind Fragen, die rechtliche Kenntnisse und Kompetenzen ebenso wie die Beobachtung des Kalenders sowie Einsichten in seine Wirkweise voraussetzen. Nach frührabbinischer (tannaitischer) Auffassung liegen diese Kenntnisse und Kompetenzen bei herausragenden Rabbinen mit einer Verbindung zu Jerusalem. Dies wird in Tosefta Sanhedrin 2,6[59] mit einem *Ma'ase*, einer Präzedenzerzählung, gestützt:[60]

> *Ma'ase* über Rn. Gamaliel und die Ältesten, die auf den Stufen des Tempelbergs saßen und jener Schreiber Jochanan war vor ihnen. Er sagte ihm: Schreib: (1) An unsere Brüder, die Bewohner Obergaliläas und die Bewohner Untergaliläas, euer Friede mehre sich! Wir lassen euch wissen, dass die Zeit der Entfernung gekommen ist, abzusondern die Zehnten von den Oliven-Haufen. Und: (2) An unsere Brüder, die Bewohner des Oberen Südens und die Bewohner des Unteren Südens, euer Friede mehre sich! Wir lassen euch wissen, dass die Zeit der Entfernung gekommen ist, abzusondern die Zehnten von den Weizen-Garben. Und: (3) An unsere Brüder, die Bewohner der Babylonischen Diaspora und die Bewohner der Medischen Diaspora und den Rest aller Diasporen Israels, euer Friede mehre sich! Wir lassen euch wissen, dass, weil die Taubenjungen dünn und die Lämmer zart sind und der Frühling noch nicht gekommen ist, es mir und meinen Kollegen gut erschienen ist, dass wir dreißig Tage zu diesem Jahr hinzugefügt haben.

Während der narrative Rahmen hebräisch gehalten ist, erscheinen die drei Briefe in aramäischer Sprache.[61] Das ist bemerkenswert, insofern frühe halachische Traditionen, wie sowohl die Qumrantexte als auch Mischna und Tosefta zeigen, in der Regel auf Hebräisch waren. Aber bedenkt man, dass es sich um Adressaten in der Diaspora und in Randgebieten des Landes Israel handelt, die nichts mit rabbinischer Gelehrsamkeit zu tun haben, bietet sich das Aramäische als die sonst durchaus auch vorherrschende Briefsprache judäischer Juden an.[62] Die *salutationes* dieser Briefe verraten autorseitig eine gewisse biblische Bildung, bei der es denk-

---

[59] Die Tosefta (wörtl. „Hinzufügung, Ergänzung") ist im späten 3. oder frühen 4. Jahrhundert nach der Mischna redigiert worden, nimmt aber auch ältere Traditionen auf und bietet z. T. Überlieferungen in ursprünglicherer Form als die Mischna. Vgl. G. Stemberger, *Einleitung*, 167–177.
[60] Die Übersetzung folgt der Hs. Erfurt (12. Jh.).
[61] Siehe aber unten zu den beiden weiteren Briefen auf Hebräisch, die Rn. Simeon ben Gamaliel und R. Jochanan ben Zakkai zugeschrieben werden.
[62] Siehe auch oben S. 209 mit Anm. 13.

bar ist, dass sie auch von den Adressaten wahrgenommen werden sollte: „Euer Friede mehre sich" (שלמכון יסגא) ist eine spezielle aramäische Grußformel, die biblisch in Rundbriefen der Könige Nebukadnezzar und Darius im Buch Daniel (Dan 3,31; 6,26 MT) zu finden ist und in griechischer Übersetzung und Erweiterung als „Gnade euch und Friede mehre sich" (χάρις ὑμῖν καὶ εἰρήνη πληθυνθείη) auch in frühchristlichen Rundbriefen wie dem 1. Petrusbrief und dem 2. Petrusbrief sowie in Gemeindebriefen wie dem 1. Clemensbrief aufgenommen wird.[63]

Die Briefkorpora dieser drei Briefe beginnen jeweils mit einer *disclosure formula*: מהודענא לכון „wir lassen euch wissen". Damit ist die Wissensvermittlung auch begrifflich und prozedural angezeigt. Für die Gebiete am Rand des Landes Israel ist der Gegenstand der Mitteilung der Zeitpunkt für die Beseitigung (hebr. בעור, aram. ביעורא) des Zehnten von Oliven und Weizen (der nur von Bewohnern des Landes Israel entrichtet wurde) im vierten und siebten Jahr eines Schemiṭṭa-Zyklus.[64] Das setzt voraus, dass die Angeschriebenen entweder nicht genau Bescheid wissen, wann diese Zehnten beseitigt werden, oder zumindest eine Erinnerung an diesen Zeitpunkt benötigen. Noch deutlicher ist das Macht- und Kompetenzgefälle im dritten Brief an die verschiedenen Diaspora-Regionen. Hier dreht sich die Frage darum, ob es aufgrund der Bobachtung, dass junge Tauben und Lämmer im Frühjahr noch nicht richtig entwickelt sind, angezeigt ist, in den jüdischen Lunisolar-Kalender einen Schaltmonat zu interkalieren. Vor dem 4. Jahrhundert n. Chr. wurde der jüdische Kalender nicht berechnet, sondern hing von der Beobachtung des Neumonds, genauer der Neulicht-Sichel, am Neujahrstag ab. In gewissen Abständen wurde ein Schaltmonat eingefügt, um den Lauf der Mondmonate wieder in Einklang mit dem Sonnenjahr zu bringen. Dafür orientierte man sich an einem aus der babylonischen Astronomie entwickelten Rhythmus, wobei die Interkalation aber autoritativ vollzogen werden musste.[65] Nach dem vorliegenden Brief führt die Beobachtung der mangelnden Entwicklung der jungen Tauben und Lämmer dazu, dass es Rn. Gamaliel und seinen „Kollegen" „gut erschienen" ist,[66] den Schaltmonat zu interkalieren.

---

63 Vgl. ferner auch die *salutationes* in Jud; Polykarp, Phil.; mart. Pol. Vgl. L. Doering, *Ancient Jewish Letters*, 447–449. 471–472. 477–486.
64 Die rabbinische Halacha versteht Dtn 26,12–13 so, dass der Zehnte – der zunächst gesammelt und zurückgelegt werden darf – spätestens am Vorabend des Pesach im vierten und siebten Jahr eines (siebenjährigen) Schemiṭṭa-Zyklus abgegeben sein oder vernichtet werden muss. Am letzten Feiertag der Pesach-Mazzot-Woche wird dann ein Bekenntnis abgelegt, dass keine heiligen Anteile übriggelassen worden sind. Vgl. mMSh 5,6–11.
65 Vgl. H. Lichtenberger, „Jüdischer Kalender".
66 Ob hier Aram. שפר באנפי „gut vor mir erscheinen" im Sinn von griech. ἔδοξεν + Dat. (vgl. Apg 15,28!) verstanden wird, was eine typische Wendung von Dekreten ist?

Die Interkalation war traditionell das Vorrecht der Jerusalemer, speziell der den Tempel leitenden Autoritäten.[67] Welcher Gamaliel ist gemeint? Wenn man an die Verwendung von Tauben und Lämmern als Opfertiere denkt und sich das Sitzen der Autoritäten auf der Treppe des *intakten* Tempels vorstellt, kommt nur Gamaliel I. infrage, der angebliche Lehrer des Paulus, der ein Mitglied des Synhedrions war.[68] Aber ob das Synhedrion *als solches* die Autorität hatte, den Kalender zu schalten, ist fraglich. Vermutlich hätte der Hohepriester befragt werden müssen, ähnlich wie sich der Verfasser der Apostelgeschichte die Ausgabe von Briefen an den Christenverfolger Saulus nach Damaskus vorstellt: Nach Apg 9,1 erbittet Saulus diese Briefe vom Hohepriester (gemäß 26,12 von *den* Hohepriestern), nach 22,5 erhielt er sie vom Hohepriester und dem Ältestenrat. Wenn Gamaliel I. gemeint wäre, könnte es sein, dass die Rabbinen hier die Kompetenz des Hohepriesters für sich und ihre Vorfahren, die Pharisäer im Rat, reservieren. Denkbar wäre aber auch, dass von Gamaliel II., dem Enkel des Pharisäers Gamaliel und Anführer der Rabbinengruppe während eines Teils der Javne-Zeit (d. h. ca. 90–110), die Rede ist.[69] Von ihm werden auch sonst Traditionen mit Bezug zum Kalender überliefert.[70] Dann könnte es sich um einen Anspruch der Rabbinen (und hier ihrer Anführer) als legitime Nachfolger der Tempel-Autoritäten gegenüber der breiteren Bevölkerung um 100 handeln.[71]

Ähnliche Briefe, nun auf Hebräisch, werden auch Rn. Simeon b. Gamaliel und R. Jochanan b. Zakkai[72] zugeschrieben (MTann Dtn 26,13 [175–176 Hoffmann]). Beide Briefe, wiederum an Randgebiete des Landes Israel gerichtet, beziehen sich

---

67 So A. I. Baumgarten, „Akiban Opposition", 182–183: „Intercalating the year ... had been the responsibility of the temple authorities in Jerusalem prior to 70."
68 Apg 5,34; 22,3. So u. a. I. Taatz, *Frühjüdische Briefe*, 85–86: „... handelt es sich ... unzweifelhaft um Gamaliel I."; C. Hezser, *Jewish Literacy*, 268.
69 Vgl. die Diskussion bei L. Doering, *Ancient Jewish Letters*, 358–364. Die Stufen des Tempels wären dann die des *zerstörten* Tempels, die in der Zeit vor Hadrian noch von Juden betreten werden konnten.
70 Interkalation: mEd 7,7; Bestimmung des Monatsbeginns: mRH 2,8–9.
71 Der Anspruch auf das Recht der Interkalation wurde auch später seitens des Nasi als des Anführers des palästinischen Judentums erhoben. So soll nach dem Talmud Yerushalmi „Rabbi" (üblicherweise bezogen auf R. Juda ha-Nasi) den in Babylonien eigenmächtig interkalierenden Chananja, den Neffen des R. Jehoschua, *brieflich* mit drei sich im Ton verschärfenden Schreiben zurechtgewiesen haben; vgl. ySan 1,2, 19a par. yNed 6,13, 40a; im Talmud Bavli (bBer 63a–b) allerdings ohne Erwähnung von Briefen. Vgl. L. Doering, *Ancient Jewish Letters*, 371–372 (mit weiterführender Lit., auch zu den chronologischen Problemen).
72 Wenn es sich um synchron auftretende Rabbinen handelt, kann nur Rn. Simeon b. Gamaliel I. gemeint sein, der Zeitgenosse des Josephus (vit. 191). Rn. Simeon b. Gamaliel I. und R. Jochanan b. Zakkai gehören zur „ersten Generation" der Tannaiten, der Zeit, die die Zerstörung Jerusalems umschloss.

auf die Entfernung des Zehnten im vierten Jahr des Schemiṭṭa-Zyklus und erwähnen, „dass nicht wir begonnen haben, euch zu schreiben, sondern unsere Vorfahren pflegten euren Vorfahren zu schreiben", stellen also ihre Kompetenz der Wissensvermittlung in eine bestehende Tradition – möglicherweise, um sich damit selbst als legitime Nachkommen der Tempel-Autoritäten zu präsentieren.

Trotz dieser Beispiele bleibt die Zahl von Briefen in der tannaitischen Literatur sehr überschaubar.[73] Es ist erst in der amoräischen Literatur, dass wir mehr über rabbinisches Briefschreiben erfahren. In beiden Talmuden finden wir vermehrt Hinweise auf Briefe zwischen Rabbinen zu halachischen Fragen.[74] Ein Beispiel, das relativ frühe Rabbinen erwähnt, ist yNid 3,2, 50c: R. Ba zufolge ging R. Chijja der Ältere in den Süden und wurde dort von zwei Kollegen nach dem Status eines abgetriebenen Fötus befragt. Er wusste die Antwort nicht und ging zurück, um Rabbi (= R. Juda ha-Nasi) zu konsultieren, der ihm riet: „Geh hin und schreib ihnen" (צא וכתוב להן), nämlich: dass die abgetriebene Leibesfrucht kein lebensfähiger Fötus ist. Halachische Fragen wurden auch in Form von Briefen zwischen den Gelehrten in Palästina und in Babylonien ausgetauscht. So „hängte" Rav (in Babylonien) eine Frage zur möglichen Pfändung von hypothekarisch belastetem Eigentum zugunsten der Mitgift der Töchter „zwischen die Zeilen" eines Briefes an Rabbi (in Galiläa), der sie dann mit R. Chijja, der vor ihm saß, diskutierte (bKet 69a). Es scheint, dass die spätere Gattung der Responsen, die ab der gaonischen Zeit (vom 7. Jahrhundert an) belegt ist, in diesen Briefwechseln einen veritablen Vorläufer hat. Manchmal hören wir davon, dass „die Leute (בני) von So-und-So" an einen Weisen „senden" und ihn nach seiner Sicht zu halachischen oder praktischen Problemen befragen. So sandten „die Leute von Baschkar an Levi" hinsichtlich des Aufstellens eines Baldachins (sc. am Sabbat, an dem „Werksarbeit" verboten ist), hinsichtlich *cuscuta* (Hopfen) in einem Weinberg (d. h., ob es *kila'im* darstellt, „zweierlei Art", nach Lev 19,19; Dtn 22,9 verboten) und hinsichtlich (sc. der Beerdigung) einer Person, die an einem Feiertag starb (bShab 139a). In diesen Briefen und den auf sie logisch folgenden Antworten ist am Ende nichts mehr von der beherrschenden Stellung Jerusalems geblieben. Vielmehr vermittelt der einzelne Gelehrte, insbesondere in Babylonien, sein halachisches Wissen von seinem jeweiligen Ort, ohne dass einer dieser Orte ein neues, beständiges Zentrum würde.[75] So kam es

---

73 Vgl. M. Hezser, *Jewish Literacy*, 267–268, doch ist die Aussage, in tannitischer Literatur „letters are almost never mentioned" (ebd. 267) etwas zu stark formuliert.
74 Vgl. J. Müller, „Brief", 8–10 mit Endnoten; M. Hezser, ebd., 271–272.
75 Auch die rabbinischen „Akademien" in Sura, Nehardea und Pumbedita waren zur Zeit der Entstehung des Talmud Bavli „wohl nichts anderes als die in diesen Städten besonders zahlreichen und bedeutenden Lehrer mit ihren Jüngerkreisen, die erst eine spätere Tradition zu einzelnen großen Akademien zusammengefasst hat": G. Stemberger, *Einleitung*, 22.

in der Folge in Verbindung mit der Promulgation des Babylonischen Talmuds zur Herausbildung eines multifokalen „mittelalterlichen" Judentums, in dem Orte der Gelehrsamkeit und epistolarer Kommunikation in mehreren Regionen jüdischer Ansiedlung bestanden.

5 Schlussbemerkung

Die vorgestellten Beispiele vermitteln ein in verschiedener Weise auf die Tora bezogenes Wissen bzw. Orientierung an eine als Gruppe präsentierte Adressatenschaft. Einige der Texte, wie der Brief Baruchs, wurden literarisch entworfen und spielen von vornherein eine Rolle im Zusammenhang der Pragmatik des jeweiligen Gesamtwerks. Bei anderen begründen die Orientierung der Adressaten und die im Brief angesprochenen Machtrelationen zwischen Adressanten und Adressaten das Überlieferungsinteresse. Zehnt- und Kalenderbriefe wie diejenigen Rn. Gamaliels wären durchaus als konkret versandt vorstellbar, auch wenn es schwerfällt, die in der Tosefta literarisch überlieferten Briefe historisch genau einzuordnen. Mindestens der erste Einleitungsbrief des 2. Makkabäerbuchs mag ursprünglich eine konkrete Einladung an die ägyptischen Juden zum Mitfeiern des Chanukka-Fests gewesen sein. In Verbindung mit dem (gegebenenfalls erweiterten) zweiten Brief und dem 2. Makkabäerbuch ist er aber zu einem „literarischen Brief" geworden, der Wissensvermittlung im Kontext einer Werkrezeption des 2. Makkabäerbuchs betreibt – dabei weisen beide Briefe aber weiterhin auf den Vorsprung der Jerusalemer mit ihren Traditionen und Ressourcen, kurz: mit ihrem „Bildungsangebot", hin. Insofern es vielen jüdischen Briefen um den Zusammenhalt des Volks an den verschiedenen Orten geht, sind Briefe für die Wissensvermittlung schließlich auch deshalb besonders gut geeignet, da sie – wie insbesondere die „Einleitungsbriefe" und der Brief Baruchs gezeigt haben – häufig ein brieftypisches, z. T. wechselseitiges Gedenken aufweisen, das man als gruppenbezogene Form der φιλοφρόνησις betrachten kann.

Bibliographie

P. S. Alexander, „‚From Me, Jerusalem, the Holy City, to You Alexandria in Egypt, my Sister ...' (Bavli Sanhedrin 107b). The Role of Letters in Power Relations between ‚Centre' and ‚Periphery' in Judaism in the Hellenistic, Roman, and Early Islamic Periods", in: *Letters and Communities. Studies in the Socio-Political Dimensions of Epistolography* (hg. v. P. Ceccarelli u. a.; Oxford: Oxford University Press, 2018), 253–270.

J. M. G. Barclay, *Jews in the Mediterranean Diaspora. From Alexander to Trajan (323 BCE – 117 CE)* (Edinburgh: T&T Clark, 1996).

A. I. Baumgarten, „The Akiban Opposition", in: *Hebrew Union College Annual* 50 (1979), 179–197.

E. J. Bickerman, „The Colophon of the Greek Book of Esther", wiederabgedruckt in ders., *Studies in Jewish and Christian History. A New Edition in English, including* The God of the Maccabees (2 Bde.; Ancient Judaism and Early Christianity 68; Leiden: Brill, 2007), I 218–237.

P. Bogaert, *Apocalypse de Baruch. Introduction, traduction du syriaque et commentaire I* (2 Bde.; Sources Chrétiennes 144–145; Paris: Cerf, 1969).

D. Boyarin, *Borderlines. The Partition of Judaeo-Christianity* (Philadelphia PA: University of Pennsylvania Press, 2004).

J. G. Bunge, *Untersuchungen zum zweiten Makkabäerbuch. Quellenkritische, literarische, chronologische und historische Untersuchungen zum zweiten Makkabäerbuch als Quelle syrisch-palästinensischer Geschichte im 2. Jh. v.Chr.* (Diss. Bonn, 1971).

R. Buzón, *Die Briefe der Ptolemäerzeit. Ihre Struktur und ihre Formeln* (Diss. Heidelberg, 1984).

P. Ceccarelli, *Ancient Greek Letter Writing. A Cultural History (600 BC – 150 BC)* (Oxford: Oxford University Press, 2013).

P. Ceccarelli u. a., „Introduction", in: *Letters and Communities. Studies in the Socio-Political Dimensions of Epistolography* (hg. v. P. Ceccarelli u.a.; Oxford: Oxford University Press, 2018), 1–39.

S. J. D. Cohen, *The Beginnings of Jewishness. Boundaries, Varieties, Uncertainties* (Berkeley CA: University of California Press, 1999).

H. M. Cotton, „The Languages of the Legal and Administrative Documents from the Judaean Desert", in: *Zeitschrift für Papyrologie und Epigraphik* 125 (1999), 219–231.

R. Deines, „Bildung im hellenistischen Judentum", in: *Was ist Bildung in der Vormoderne?* (hg. v. P. Gemeinhardt; SERAPHIM 4; Tübingen: Mohr Siebeck, 2019), 245–267.

L. Doering, „Jeremia in Babylonien und Ägypten: Mündliche und schriftliche Toraparänese für Exil und Diaspora nach 4QApocryphon of Jeremiah C", in: *Frühjudentum und Neues Testament im Horizont Biblischer Theologie. Mit einem Anhang zum Corpus Judaeo-Hellenisticum Novi Testamenti* (hg. v. W. Kraus/K.-W. Niebuhr unter Mitarb. v. L. Doering; Wissenschaftliche Untersuchungen zum Neuen Testament I/162; Tübingen: Mohr Siebeck, 2003), 50–79.

L. Doering, „Jeremiah and the ‚Diaspora Letters' in Ancient Judaism. Epistolary Communication with the Golah as Medium for Dealing with the Present", in: *Reading the Present in the Qumran Library. The Perception of the Contemporary by Means of Scriptural Interpretation* (hg. v. K. De Troyer/A. Lange; Society of Biblical Literatur. Symposium Series 30; Atlanta GA: Society of Biblical Literature, 2005), 43–72.

L. Doering, *Ancient Jewish Letters and the Beginnings of Christian Epistolography* (Wissenschaftliche Untersuchungen zum Neuen Testament I/298; Tübingen: Mohr Siebeck, 2012).

L. Doering, „The Epistle of Baruch and Its Role in *2 Baruch*", in: Fourth Ezra *and* Second Baruch. *Reconstruction after the Fall* (hg. v. M. Henze/G. Boccaccini in Zusammenarbeit mit J. M. Zurawski; Journal for the Study of Judaism. Supplements 164; Leiden: Brill, 2013), 151–173.

L. Doering, „Textual History of *2 Baruch*", in: *Textual History of the Bible*, vol. 2B (hg. v. F. Feder/M. Henze; Leiden: Brill, 2019), 39–44.

B. Ego, „Der Tempel im 2. Makkabäerbuch im Kontext der Jerusalemer Kultkonzeption", in: *Die Makkabäer* (hg. v. F. Avemarie u.a.; Wissenschaftliche Untersuchungen zum Neuen Testament I/382; Tübingen: Mohr Siebeck, 2017), 107–121.

F. X. L. Exler, *The Form of the Ancient Greek Letter. A Study in Greek Epistolography* (Washington DC: Catholic University of America, 1923).

J. A. Goldstein, *II Maccabees. A New Translation with Introduction and Commentary* (Anchor Bible 41A; New York: Doubleday, 1983).

R. Hanhart, *Zum Text des 2. und 3. Makkabäerbuches. Probleme der Überlieferung, der Auslegung und der Ausgabe* (Mitteilungen des Septuaginta-Unternehmens 7; Göttingen: Vandenhoeck & Ruprecht, 1961).

C. Hayes, *What's Divine about Divine Law? Early Perspectives* (Princeton: Princeton University Press, 2015).

C. Hempel, „Bildung und Wissenswirtschaft im Judentum zur Zeit des Zweiten Tempels", in: *Was ist Bildung in der Vormoderne?* (hg. v. P. Gemeinhardt; SERAPHIM 4; Tübingen: Mohr Siebeck, 2019), 229–244.

M. Henze, *Jewish Apocalypticism in Late First Century Israel. Reading Second Baruch in Context* (Texte und Studien zum antiken Judentum 142; Tübingen: Mohr Siebeck, 2011).

C. Hezser, *Jewish Literacy in Roman Palestine* (Texte und Studien zum antiken Judentum 81; Tübingen: Mohr Siebeck, 2001).

C. R. Holladay, *Fragments from Hellenistic Jewish Authors III. Aristobulus* (Society of Biblical Literature. Texts and Translations 39; Atlanta GA: Scholars Press, 1995).

H.-J. Klauck, *Ancient Letters and the New Testament. A Guide to Content and Exegesis* (Waco TX: Baylor University Press, 2006; dt. 1998).

R. Koselleck, „Zur anthropologischen und semantischen Struktur der Bildung" [1990], in: ders., *Begriffsgeschichten. Studien zur Semantik und Pragmatik der politischen und sozialen Sprache* (Frankfurt a. M.: Suhrkamp, 2006), 105–154.

I. Kottsieper, „Zusätze zu Ester. Zusätze zu Daniel", in: *Das Buch Baruch. Der Brief des Jeremia. Zusätze zu Ester und Daniel* (hg. v. O. H. Steck/R. G. Kratz/I. Kottsieper; Das Alte Testament Deutsch. Apokryphen 5; Göttingen: Vandenhoeck & Ruprecht, 1998), 111–328.

R. A. Kugler, *Resolving Disputes in Second Century BCE Herakleopolis. A Study in Jewish Legal Reasoning in Hellenistic Egypt* (Journal for the Study of Judaism. Supplements 201; Leiden: Brill, 2022).

A. Lange, „2 Maccabees 2:13–15. Library or Canon?", in: *The Books of the Maccabees. History, Theology, Ideology. Papers of the Second International Conference on the Deuterocanonical Books, Papa, Hungary, 9–11 June, 2005* (hg. v. G. G. Xeravits/J. Zsengellér; Journal for the Study of Judaism. Supplements 118; Leiden: Brill, 2007), 155–167.

[T. M. Law (Hg.),] „Jew and Judean: A Forum on Politics and Historiography in the Translation of Ancient Texts", in: *Marginalia* (online: https://themarginaliareview.com/jew-judean-forum/).

C. Leonhard, „Tempelfeste außerhalb des Jerusalemer Tempels in der Diaspora", in: *Die Makkabäer* (hg. v. F. Avemarie u. a.; Wissenschaftliche Untersuchungen zum Neuen Testament I/382; Tübingen: Mohr Siebeck, 2017), 123–155.

H. Lichtenberger, „Kalender II. Jüdischer Kalender", in: *RGG*[4] 4 (2001), 749–750.

L. I. Lied, *Invisible Manuscripts, Textual Scholarship and the Survival of 2 Baruch* (Studien und Texte zu Antike und Christentum 128; Tübingen: Mohr Siebeck, 2021).

S. Mason, „Jews, Judaeans, Judaizing, Judaism. Problems of Categorization in Ancient History", in: *Journal for the Study of Judaism* 38 (2007), 457–512.

D. Michel, „Bildung II", in: *TRE* 6 (1980), 582–584.

J. Müller, „Brief und Responsen in der vorgeonäischen jüdischen Literatur", in: *Berichte über die Lehranstalt für die Wissenschaft des Judenthums in Berlin* 4 (1886), 3–36.

K.-W. Niebuhr, „Der Jakobusbrief im Licht frühjüdischer Diasporabriefe", in: *New Testament Studies* 44 (1998), 420–443.

B. Nongbri, *Before Religion. A History of a Modern Concept* (New Haven CT: Yale University Press, 2013).

R. Olson, *Tragedy, Authority, and Trickery. The Poetics of Embedded Letters in Josephus* (Hellenic Studies Series; Cambridge MA: Harvard University Press, 2010), 80–140.

N. Oswald, „Bildung III", in: *TRE* 6 (1980), 584–595.

P. Sänger, *Die ptolemäische Organisationsform politeuma. Ein Herrschaftsinstrument zugunsten jüdischer und anderer hellenischer Gemeinschaften* (Texte und Studien zum antiken Judentum 178; Tübingen: Mohr Siebeck, 2019).

E. Schürer, *The History of the Jewish People in the Age of Jesus Christ (175 B.C – A.D. 135)* (bearb. und hg. v. G. Vermes u. a.; 3 Bde.; Edinburgh: T&T Clark, 1973–1987).

D. R. Schwartz, „Temple or City. What Did Hellenistic Jews See in Jerusalem?", in: *The Centrality of Jerusalem. Historical Perspecticves* (hg. v. M. Poorthuis; Kampen: Kok, 1996), 114–127.

D. R. Schwartz, *2 Maccabees* (Commentaries on Early Jewish Literature; Berlin: De Gruyter, 2008).

D. R. Schwartz, *Judeans and Jews. Four Faces of Dichotomy in Ancient Jewish History* (Toronto: University of Toronto Press, 2014).

S. Schwartz, „How Many Judaisms Were There? A Critique of Neusner and Smith on Definition and Mason and Boyarin on Categorization", in: *Journal of Ancient Judaism* 2 (2011), 208–238.

D. Schwiderski, *Handbuch des nordwestsemitischen Briefformulars. Ein Beitrag zur Echtheitsfrage der aramäischen Briefe des Esrabuches* (Beihefte zur Zeitschrift für die alttestamentliche Wissenschaft 295; Berlin: De Gruyter, 2000).

G. Stemberger, *Einleitung in Talmud und Midrasch* (München: C. H. Beck, ^{9}2011).

M. E. Stone, *Fourth Ezra. A Commentary on the Book of Fourth Ezra* (Hermeneia; Minneapolis: Fortress, 1990).

I. Taatz, *Frühjüdische Briefe. Die paulinischen Briefe im Rahmen der offiziellen religiösen Briefe des Frühjudentums* (Novum Testamentum et Orbis Antiquus 16; Fribourg: Universitätsverlag; Göttingen: Vandenhoeck & Ruprecht, 1991).

M. Trapp, *Greek and Latin Letters. An Anthology with Translation* (Cambridge: Cambridge University Press, 2003).

J. R. Trotter, „2 Maccabees 10:1–8. Who Wrote It and Where Does It Belong?", in: *Journal of Biblical Literature* 136 (2017), 117–130.

B. Z. Wacholder, „The Letter from Judah Maccabee to Aristobulus. Is 2 Maccabees 1:10b–2:18 Authentic?", in: *Hebrew Union College Annual* 49 (1978), 89–133.

M. F. Whitters, *The Epistle of Second Baruch. A Study in Form and Message* (Journal for the Study of the Pseudepigrapha. Supplement Series 42; London: Sheffield Academic Press, 2003).

M. O. Wise, *Language and Literacy in Roman Judaea. A Study of the Bar Kokhba Documents* (Anchor Yale Bible Reference Library; New Haven CT: Yale University Press, 2015).

J. M. Zurawski/G. Boccaccini (Hg.), *Second Temple Jewish „Paideia" in Context* (Beihefte zur Zeitschrift für die neutestamentliche Wissenschaft 228; Berlin: De Gruyter, 2017).

Eve-Marie Becker
Transformational Leadership in Phil 1–3
How Paul Educates his Followers through Idealised Influence

1 Paul as transformational leader in and through his letters

In his letter to the Philippian community, Paul acts as a leader addressing his followers in Macedonia. They are members of a church community that the apostle himself had founded more than a decade ago: around 49 CE.[1] The founding of the Philippian community of Christ-believers is in fact the first one on the European continent. 13 years after his first visit in Philippi, Paul sends a (last) letter to the Philippians: probably around 62 CE, he writes from Rome – now as a Roman prisoner,[2] who is, as he says, "in chains" (Phil 1,7).[3] Despite the external circumstances and his internal mental situation, which some researchers consider suicidal at the time,[4] Paul persists in his task of working for the "progress of the gospel message" (1,12–13: προκοπὴ τοῦ εὐαγγελίου). Paul makes himself an example of someone who, whether through life or death (1,21–22), remains a slave to Christ and the gospel message (1,1).

In this letter to the Philippian community, Paul basically continues the leadership and letter writing style that he had practiced before with all of his congregations: Paul writes letters to communities. In many ways, Philippians thus is a typical "community letter" (*Gemeindebrief*).[5] In all of such community letters

---

[1] See, e.g., U. Schnelle, *Die ersten 100 Jahre*, 240–253, esp. 241. On the Macedonian community setting(s) see: R. S. Ascough, *Paul's Macedonian Associations*. On questions related to the interpretation of 1 Thess that was soon written after the founding of the Macedonian communities: U. Mell/M. Tilly (eds.), *1. Thessalonicherbrief*.
[2] The question of dating Paul's letter to the Philippians is controversial in research; see, e.g., L. Bormann, "Philipperbrief"; H. Löhr, "Philipperbrief". I follow among others P. A. Holloway, according to whom Phil 1–4 was sent around 62/63 CE from Paul's imprisonment, either in Caesarea or ultimately in Rome: P. A. Holloway, *Philippians*, 19–24. On the following interpretation see more comprehensively: E.-M. Becker, "3.2 Paul".
[3] See comprehensively: C. S. Wansink, *Chained in Christ*; see lately: R. S. Schellenberg, "Beatings and Imprisonment". On the concept of enslaved leadership: K. Shaner, *Enslaved Leadership*.
[4] See A. J. Droge, "Mori Lucrum".
[5] See, e.g., F. W. Horn, "Gemeindebrief".

Eve-Marie Becker, Münster

that were sent before – addressed, for instance, to the churches in Thessalonica or Corinth –, Paul exercised leadership by consoling and motivating his followers or stimulating them intellectually. As a community leader, he always did more with his followers "than set up simple exchanges or agreements"[6] and – by doing so – revealed himself specifically as, what modern theory calls, a "transformational leader".[7]

Transformational leaders want more than an exchange, agreement, work flow, or efficiency: they help "followers grow and develop into leaders by responding to individual followers' needs by empowering them and by aligning the objectives and goals of the individual followers, the leader, the group, and the large organization".[8] In modern management theory, transformational leadership is regarded as an ambitious leadership concept that is primarily aimed at the development of the organisation or group and the capacities of the followers working in it. The managzment theorists Bernard M. Bass and Ronald E. Riggio define transformational leadership – especially in distinction to other leadership types such as charismatic, transactional, or humble leadership – as follows: "Transformational leaders ... are those who stimulate and inspire followers to both achieve extraordinary outcomes and, in the process, develop their own leadership capacity."[9] According to Bass and Riggio, four core components of transformational leadership can be identified: the leader acts with "idealized influence", he spreads "inspirational motivation", he evokes "intellectual stimulation", and he practices "individual consideration".[10] The various aspects that make up the four core components are defined by a list of scale items.[11]

In his letter to the Philippians – possibly written shortly before the apostle's violent death in Rome – Paul continues his work as a transformational leader in line with earlier letter writing. At the same time, he seems to be aware that he is now at the height and conclusion of his epistolary career. Accidentally or not, he brings his transformational leadership to completion by leading it back to its actual foundations: Paul does not only intend to console or motivate, stimulate, inspire, or coach his followers as he usually does and as he did before in various other letter writing, but he seeks to share with his followers in Philippi his actual *understanding* of transformational leadership. The first three chapters of Philip-

---

6 B. M. Bass/R. E. Riggio, *Transformational Leadership*, 3.
7 See comprehensively E.-M. Becker et al., *Cicero, Paul, and Seneca*.
8 B. M. Bass/R. E. Riggio, *Transformational Leadership*, 3.
9 Ibid.
10 Ibid., 6–7.
11 The scale items are collected by means of the so-called MLQ (Multifactor Leadership Questionnaire) and are available in: B. M. Bass/B. J. Avolio, *MLQ*.

pians¹² are especially relevant where Paul makes his personal situation in prison – his 'hovering' between life and death – a focal point of his writing. By using his own person as an example of how the transformation of the whole person into the destiny of Christ can take place, Paul – in other words – illustrates, visualises, exemplifies, yet performs transformation as such.

The line of argument in Phil 1–3 is complex but linear. Paul informs his readers about his situation in prison (1,1–26) – including his 'inner state of mind' between life and death (1,21–26) – and calls them to communitarian action (1,27–2,5); he derives from the Christ-*exemplum* (2,6–11) the demand for obedience (2,12–18); using the *exempla* of Timothy and Epaphroditus (2,19–24.25–30) and his own life course, he shows how imitation and emulation – as demarcated from the enemies of Christ's cross – are accomplished by striving for full Christ conformity (3,1–21). As a prisoner and an old man, Paul himself is in a process of somatic transformation. Through his letter writing, he wants the Philippians to imitate him in striving for such transformation process themselves. In Phil 3 Paul formulates the following key statements:

> to know him (= Christ) and the power of his resurrection and fellowship in his sufferings, being *transformed together* in his death (συμμορφιζόμενος τῷ θανάτῳ αὐτοῦ), 11 if somehow I may attain into the resurrection that is out of the dead ... Brothers, become imitators of me and look to those who walk in this way, just as you have us as a paradigm (3,10–11.17).¹³

The verbum συμμορφίζομαι (see also: σύμμορφον τῷ σώματι τῆς δόξης αὐτοῦ in 3,21)¹⁴ is a Pauline neologism; the commentary literature on Philippians usually struggle to grasp its meaning.¹⁵ The verbum marks a climax in Paul's epistolary lexicon, and it reflects a maximum claim of transformational leadership: Paul expects of himself and envisions for his followers to be completely, somatically, yet bodily transformed into the destiny of Jesus Christ in order to reach full conformity with Christ. Paul uses hyperbolic language here, and expresses himself as a religious enthusiast.¹⁶ Even though, the question is: is the check Paul writes out in

---

12 Since the literary unity of Paul's letter to the Philippians is disputed (see, e.g., latest, A. Standhartinger, *Philipperbrief*, 14–22), I shall limit myself here to the interpretation of Phil 1–3. These three chapters build – to my understanding – a cohesive line of argumentation: see below; see also E.-M. Becker, "Das introspektive Ich".
13 Translation according to E.-M. Becker/E. B. Pracht, "2.2 Paul".
14 *LSJ* 1680: "to be conformed to".
15 A. Standhartinger, *Philipperbrief*, 238: "Man kann in V. 10c eine Anspielung an (sic!) die Tauftheologie entdecken"; P. A. Holloway, *Philippians*, 170: "The language ... is metaphorical and hyperbolic, but the hyperbole is that of religious enthusiasm, and for Paul, at least, the superlative experience it seeks to describe was real, as the language of metamorphosis ... makes clear."
16 See P. A. Holloway, ibid.

the currency of epistolary language of religious enthusiasm covered? Can Paul successfully involve his followers in such a transformation process? The answer to these questions heavily depends on how convincingly Paul – as a leader – is able to be consistent with the goals, interests, and values that he himself espouses towards the group of his followers. This is where the transformational leadership theory as an analytical tool comes into play again.

When we examine Phil 1–3 for the four core components of transformational leadership mentioned above ("idealized influence", "inspirational motivation", "intellectual stimulation", and "individual consideration"),[17] it turns out that the component of "idealized influence" is dominant in Philippians. "Idealized influence – wanting to emulate the leader or identify with the leader emotionally – leads to identification with the goals, interests, and values of the leader. A leader who is a role model for followers, and one who behaves consistently with the values she or he espouses, can more easily build commitment to a group's or an organization's values, goals, or standards of behavior."[18] The exercise of transformational leadership by means of idealised influence is carried out through the teaching of ideals and goals, which are illustrated, concretised, and exemplified in role modeling. Through idealised influence the transformational leader seeks to make followers becoming imitators – for the sake of the group and its further development.

The theory of transformational leadership thus defines the component of "idealized influence" more in detail as follows: "Transformational leaders behave in ways that allow them to serve as role models for their followers. The leaders are admired, respected, and trusted. Followers identify with the leaders and want to emulate them; leaders are endowed by their followers as having extraordinary capabilities, persistence, and determination."[19] In Phil 1–3, Paul explicitly urges his readers to follow him by imitation (3,17); such imitation Paul proposes, transcends life, bodily suffering, and death. Paul sets before the Philippians the possibility of imitating him on the path of somatic transformation into the suffering, death, and resurrection destiny of Christ. Paul makes himself an *exemplum* of the Christ-seeker par excellence who – even under the conditions of imprisonment and a pending brutal death – lays a maximum claim to transformational leadership.

---

17 An interdisciplinary research group did such research in a collective project frame: "Epistolary Visions of Transformational Leadership. Cicero – Paul – Seneca (EVTL)", funded by the Independent Research Fund (DFF) 2018–2023: see comprehensively E.-M. Becker et al., *Cicero, Paul, and Seneca*.
18 B. M. Bass/R. E. Riggio, *Transformational Leadership*, 36.
19 Ibid., 6.

In the comparative research project on Cicero, Paul, and Seneca as transformational leaders,[20] Phil 1–3 serves as a *comparandum* to Cicero (fam. XI 5 and XI 7) and Seneca (ep. 108). Cicero writes his letters in late Republican time, Seneca is a contemporary of Paul towards the end of the Neronian Age. We examine how the three letter writers – each one and in comparison with each other – exert idealised influence, and how they use the letter form to act as transformational leaders among their respective addressees. Cicero's two letters to D. Iunius Brutus Albinus in December 44 BCE show how „Cicero displays, and imposes on his correspondent, some of the behaviours associated with idealised influence, such as role modelling, going beyond self-interest for the sake of the group and displaying a sense of power and confidence, as well as some of the associated attributes, such as talking about values and beliefs most important to him."[21] „With its role modelling, ep. 108 follows the conventions of Roman exemplary culture while at the same time setting itself apart from the usual practice in its philosophical use of *exempla* … ancient *exempla* can traditionally be traced back to a concrete individual act or utterance, which then serves to demonstrate a particular virtue. Seneca, by contrast, does not regard a singular performance, however brilliant, as the highest achievement, but rather the consistent congruence of word, person, and deed. By definition, such consistency needs to be observed over a long period of time and in different fields and circumstances (ep. 120,6–11). Whereas normal *exempla* propagate this virtue and that virtue, depending on their context of origin and interpretation, Seneca elevates consistency to the one, ultimate, and all-embracing ideal."[22] In this presentation, I will focus on Paul and offer a close interpretation of how he implements idealised influence in Phil 1–3.

2 Idealised influence in Paul's transformational leadership in Phil 1–3

The management theorists Bass & Riggio define "idealized influence" as a core component of transformational leadership: transformational leaders act as role models, and "followers seek to identify with the leader and emulate him or her".[23] Transformational leadership theory thus illustrates *how* a leader employs

---

20 See note 17 above.
21 See H. van der Blom, "3.1 Cicero".
22 See U. Egelhaaf-Gaiser, "3.3 Seneca".
23 B. M. Bass/R. E. Riggio, *Transformational Leadership*, 5.

idealised influence:[24] transformational leaders provide compelling paradigms/ examples that followers want to imitate. Paradigmatic action and role modeling as leadership strategies, however, are not an invention of modern management theory. They have their roots in Greco-Roman philosophical, political, and moral discourse about *exempla*/παραδείγματα. Exemplary or paradigmatic teaching matches the genre of letter writing and the exercise of leadership[25] exceptionally well. This applies, for instance, to Cicero's, Paul's, and Seneca's letter writing. In Phil 1–3, Paul offers more extensively than in any other letter, paradigms and role modeling. He does so in a twofold way.

First: in Phil 2, Paul presents three personal *exempla* from the more recent past or present times to his readers – the *exempla* of Christ (2,6–11), Timothy (2,19–24), and Epaphroditus (2,25–30). The *exempla* teach a basic principle of communitarian ethics which Paul promotes in his letter: how to wield "humility" (2,3: ταπεινοφροσύνη):[26]

> 6 He, although existing in the form of God, did not consider being equal with God to be a grasp, 7 but he emptied himself, taking the form of a slave, having become in the likeness of humans and being in appearance as a human. 8 **He humbled himself, becoming obedient to the point of death, even death on a cross**. 9 Therefore, God also exalted him, and gave him the name that is above every name, 10 so that in the name of Jesus every knee should bend, in heaven and on earth and under the earth, 11 and every tongue should confess that Lord is Jesus Christ, to the glory of God the Father.

> 19 Now I hope in the Lord Jesus to send Timothy to you soon, so that also I could be cheered up, after knowing the things about you. 20 For I have no one else who is equal-minded who will sincerely care for the things about you. 21 For everybody seeks after their own things, not the things of Jesus Christ. 22 But you know his tested value, how like a child with his father **he has been a slave with me for the gospel**. 23 Therefore, I hope to send him as soon as I foresee how the things go with me. 24 And I am confident in the Lord that I myself will also come soon.

> 25 But I have regarded it necessary to send Epaphroditus to you – for me a brother and fellow-worker, and fellow-soldier, but for you an apostle and attendant of my needs. 26 For he has been longing for you all and has been restless, because you have heard that he was sick. 27 And indeed, he was sick, close to death. But God was merciful to him, and not only to him but also to me, so that I would not have sorrow after sorrow. 28 Therefore, I am all the more eager to send him, so that when you see him again, you will rejoice and I will also be free from worry. 29 Therefore, welcome him in the Lord with all joy, and hold those kind

---

24 Ibid., 6.
25 See, in general, J. Petitfils, *Mos Christianorum*.
26 See extensively on Paul's concept of humility in his letter to the Philippian community: E.-M. Becker, *Paul on Humility*, 51 ff. and 103 ff. - Translation according to E.-M. Becker/E. B. Pracht, "2.2 Paul" (bold markings in the text are added).

of people in honour, 30 because he came to the point of death, **having risked his life for the work of Christ**, so that he would complete the deficiencies in your service to me.

The three *exempla* in Phil 2 present a shared story: they illustrate how ταπεινοφροσύνη is practiced by Christ and how two of Paul's closest collaborators who are specifically important to the Philippian community, follow up the Christ-mission. In Phil 2, Paul offers to his readers a concept of progressive learning about communitarian ethics via *exempla* – a concept that shall equal Paul's own commitment to the gospel proclamation as outlined in Phil 1 and 3 (e.g., 1,12.25: προκοπή; 3,12 ff.: διώκειν).

Second: In Phil 1 and 3, Paul makes himself to be a role model that can be imitated by his followers. But how would a leader successfully provide himself and his personal role as a paradigm? In particular, how would Paul in his current situation and under the present circumstances – he is, as he says, "in chains", i. e. in prison, awaiting a pending death sentence (1,7–26) – present himself as a convincing role model to the Philippians from which they *want* to learn? How does the letter writer make his readers learn?

In Greco-Roman tradition, there are many examples of famous men, such as Regulus and Socrates, who showed constancy even in incarceration.[27] Also for Cicero, *constantia* is a core attribute.[28] However, in Phil 1–3 Paul goes a step further in that he not only advertises insistence, but proactively promotes a new ethos that prepares for Christ-conformity. Paul does not defend a larger institutional concept as Cicero does (*res publica*), and he does not promote a philosophical virtue to endure oppression and suffering, but he makes a proposal for transformation that is based in his vision of the gospel (Phil 1,5ff.): he wants his followers to think from Christ and live the ethos of humility as a self-chosen service to the community on the shared path of somatic transformation into the destiny of Christ. This they can learn by imitating Paul.

Modern transformational leadership theory informs us that transformational leaders – when implementing themselves as role models – operate through "idealized influence". According to Bass and Riggio, there are "two aspects to idealized influence: the leader's behaviors and the elements that are attributed to the leader by followers and other associates".[29] In Phil 1–3, Paul acts as a transformational leader who closely connects behaviour and attributes when he makes himself a role model and shows in exemplary narratives how attributes can be derived from behaviour and how attributes become manifest in behaviour. Even as a pri-

---

27 On Socrates and Paul see E.-M. Becker, *Philipperbrief*, 223 ff.
28 See Cicero's letters to D. Brutus: fam. XI 5 and XI 7.
29 B. M. Bass/R. E. Riggio, *Transformational Leadership*, 6.

soner, Paul can show idealised behaviour: in Phil 1–3 Paul "emphasizes the importance of having a collective sense of mission", which represents the apostle's core element of leadership behaviour.[30] How does he do so? As a prisoner, Paul shares his confidence with his readers that close conformity with Christ, which might even include severe sufferings until death (2,8.30: μέχρι θανάτου), will pave the way for participating in Christ's resurrection (3,11) and for finally being transformed into Christ's resurrection body (3,21). For reasons of illustrating that path of Christ-conformity, Paul brings in three exemplary narratives which define idealized attributes: the Christ-*exemplum* shows Jesus as someone who practices a radical renunciation of status and a maximum of self-emptying when he voluntarily accepts a shameful death on the cross (2,6–11); Timothy, who is Paul's closest collaborator,[31] resembles Paul's mindedness: in that he is "like-minded" (2,20: ἰσόψυχος) and cares about the service for Christ in a paradigmatic way (2,21), he can be an *exemplum* for a proper Christ-oriented life (2,19–24); Epaphroditus, who became deathly ill on his journey to Paul, shows the willingness to give one's life in service to the Christ-mission (2,25–30).

In his imprisonment, Paul promotes ideals of dedication towards Christ, Christ-followers, and the Christ-mission: Paul "reassures others that obstacles will be overcome".[32] Paul promotes "humility" as the respective mindset for acting as a *Christ*-believing community (2,1–5) now and in times to come. He explicitly exhorts his readers to build up a mindset of mutual deference and esteem which takes its orientation from Christ's paradigm of humble action (2,6–11) which is imitated by Timothy and Epaphroditus, and ultimately by Paul himself as a leader and letter writer who completely subordinates his personal interests to the striving for Christ and the service for the community (1,21–26).

3 Idealised influence in light of Roman exemplary culture

Transformational leadership theory shows that transformational leaders operate through "idealized influence" represented by idealised behaviour and idealised attributes. What transformational leadership theory conceives is again prefigured in Greco-Roman discourse – more precisely: ideologically elaborated in the Augustan

---

30 Ibid.
31 See M. Öhler, "Mitarbeiter und Mitarbeiterinnen des Paulus", 250.
32 B. M. Bass/R. E. Riggio, *Transformational Leadership*, 6.

period as Paul Zanker once showed in his study *Augustus und die Macht der Bilder*.³³ Incidentally, role modeling becomes an ideological issue especially in Augustan iconography and beyond: the image that Emperor Augustus gives of himself is defined by statue types and the attributes attached to them, e.g. equestrian statues, heroic statues, deifying statues, toga statues, or armored statues.³⁴ The emperor forms an image of himself, which is reflected in the type of statue and the attributes attached to it. Does the Roman emperor hereby act as a transformational leader who espouses idealised influence? That is not the subject of my present contribution.

I refer here to Augustus and the power of images for methodological considerations. Similar to the way Roman archaeology seeks to systematise the images of Augustus' rulership and power – most recently accomplished in a groundbreaking exhibition in Hamburg³⁵ –, transformational leadership theory classifies idealised behaviour and idealised attributes. Transformational leadership theory lists various behaviours and attributes by which the exercise of idealised influence by the transformational leader can be identified. However, the transformational leadership theory does not offer an interpretive framework that could identify the rhetorical realisation of behaviours and attributes in the medium of a literary prose text, such as a letter, to be dated in Hellenistic-Roman times. Here, modern transformational leadership theory, if it is to generate fresh readings of Phil 1–3, must be supplemented and extended by Greco-Roman literary studies.

Rebecca Langlands published a groundbreaking study of exemplary teaching in Roman literature in 2018. She shows *how* and *in what ways* Romans were willing to learn and to espouse to idealised influence, namely by means of storytelling and exemplary ethics. The Roman concept of exemplary teaching and learning lends itself to the interpretation of Philippians nicely, since Dietrich-Alex Koch and other scholars have pointed out how Philippi – despite its ethnic and religious plurality – was a 'Roman' city.³⁶ Philippi – transformed into a Roman colony after 42 BCE – was ever since inhabited by a large number of Roman settlers and *veterani*. In fact, no other city in Macedonia or Achaia was as Roman as Philippi was.³⁷ The intellectual and mental milieu of the city and its inhabitants was likewise Roman. Is it a coincidence then that idealised influence as a dominant core attribute of Paul's

---

33 See P. Zanker, *Augustus*.
34 G. Spinola, "Ikonografie".
35 See A. Haug/A. Hoffmann (eds.), *Die neuen Bilder des Augustus*.
36 See D.-A. Koch, "Die Städte des Paulus", 222–225.
37 On Roman Philippi also see J. R. Harrison/L. L. Welborn (eds.), *The First Urban Churches IV. Roman Philippi*; J. A. Marchal (ed.), *The People beside Paul*; S. J. Friesen/M. Lychounas/D. N. Schowalter (eds.), *Philippi*.

transformational leadership in Phil 1–3 is based on example-telling and role-modeling and hereby invokes, as Langlands shows, Roman concepts? Such concepts play "a central role in a typical, Greco-Roman society of estates, in which the members of the ruling class serve as role models and trend setters in addition to the all-important authority of the emperor".[38]

Let us look at the interpretative framework Langlands offers in more detail and apply it to Phil 1–3. According to Langlands, the Roman concept of learning by example consists of five patterns, which she identifies as a "schema of ... key aspects". The key aspects Langlands lists as such are "1) Admiration and wonder ..., 2) Comparison ..., 3) *Aemulatio* ..., 4) Modeling ..., 5) Cognition".[39] Can we recognise (all of) those key aspects in Phil 1–3 – and if so, how?

(a) Admiration and wonder. According to the Roman culture of exemplary teaching and learning, an exemplary person "evokes admiration, awe and amazement in the learner".[40] The *exemplum* of Christ in Phil 2,6–11, which I have analyzed comprehensively in a monograph,[41] most evidently does so: it evokes "admiration, awe and amazement in the learner".[42] The one, who was formerly in God's shape (2,6), practices humility to the extent that he remains obedient towards God until his brutal and shameful death on the cross (2,8). In emotional terms, the *exemplum* thus provokes horror, awe, and disgust among its readers. In rational terms, the exemplary narrative illustrates the divine logic of assigning honor to humble persons:[43] the one who has practiced humility voluntarily and ultimately is honored (δόξα) by God, the father, through universal, yet cosmic, acclamation. In overcoming the emotional effect of that story, by means of a rational perception of its underlying divine 'logic', the reader can experience the transformative power of Paul's exemplary narrative.[44] The ultimate practice of humility will be honored by God – not as retribution or compensation, but because of its precedence, voluntariness, and absoluteness.

(b) Comparison. According to the Roman culture of exemplary teaching and learning, an "exemplum calls for one to measure oneself against other people".[45]

---
38 See U. Egelhaaf-Gaiser/J. P. B. Mortensen, "1.3.3 From Theory to Methodology".
39 R. Langlands, *Exemplary Ethics*, 86–87.
40 Ibid., 86.
41 E.-M. Becker, *Paul on Humility*, 66–72.
42 R. Langlands, *Exemplary Ethics*, 86.
43 See, in general, the approach in J. A. Hellerman, *Reconstructing Honor in Roman Philippi*.
44 On the distinction between rational and emotional and the transformative character of an exemplary narrative see R. Langlands, *Exemplary Ethics*, 88.
45 Ibid., 92.

While the Philippian readers will be hesitant to compare themselves to Christ as their 'hero', they can measure themselves against Timothy (2,19–24) or Epaphroditus (2,25–30). By listening to the exemplary narratives Paul presents in Phil 2, they are encouraged to ask themselves: are they in their care for the Jesus-Christ-mission (2,21: τὰ Ἰησοῦ Χριστοῦ; 2,30: διὰ τὸ ἔργον Χριστοῦ) as like-minded (ἰσόψυχος) with Paul (2,20) as Timothy is?[46] Are they as willing to go "to the point of death" (2,30: μέχρι θανάτου) as Epaphroditus did who thereby imitated the crucified Jesus (2,8b)? It is important that all three 'heroes' that Paul brings in are not mythical, but historical figures, so that they can offer "real precedents for heroic behavior",[47] that can be imitated by Jesus-Christ-followers.

Paul turns the exemplary narrative about Jesus' practice of humility into a myth-historical story, in that he opens the Jesus-Christ-*exemplum* with a pre-historical statement on Christ (2,6a: ὃς ἐν μορφῇ θεοῦ ὑπάρχων).[48] Accordingly, Paul's readers can only measure themselves against that part of the narrative that has 'really happened' – Jesus' renunciation of status, his obedience, and his death on the cross (2,8) –, but not with its *pre*-historic conditions (2,6–7) and its *post*-historic effects (2,9–11). Since the Philippians can thus only compare themselves with Christ to a limited degree – namely regarding the *willingness* to practice humility (2,8: ἐταπείνωσεν ἑαυτὸν, γενόμενος ὑπήκοος) –, Paul adds the Timothy- and Epaphroditus-*exempla* to stimulate his readers towards a measurement against comparable heroes. However, in that Paul brings in the Christ-*exemplum*, he nevertheless visualises the absolute value of humility and inspires his followers to think in extraordinary categories.[49]

(c) Aemulatio. According to the Roman culture of exemplary ethics, exemplary learning includes zeal: it "integrates feeling of discomfort and anxiety about one's own relative status, feelings of rivalry with exemplary figures, and a positive motivation to achieve the same success as the models, or even outstrip them".[50] The way in which Paul brings in Timothy and Epaphroditus as *exempla*, might evoke envy and jealousy among his readers. At the same time, Paul inspires his followers to compete with those he commends: do the Philippians not want to be as like-minded (ἰσόψυχος) with Paul as Timothy is, who is able to care for Paul's well-being (2,19: εὐψυχεῖν)?[51] Do they not want to receive the titles with which Paul assigns and honors Epaphroditus – as a brother, fellow worker, fellow sol-

---

46 Ἰσόψυχος is a *hapax legomenon* in the New Testament.
47 R. Langlands, *Exemplary Ethics*, 92.
48 See E.-M. Becker, *Paul on Humility*, 47.
49 R. Langlands, *Exemplary Ethics*, 92 refers to the "extraordinary capacity of virtue" and emphasises the "historicity of exempla".
50 Ibid., 93.
51 Εὐψυχεῖν is another *hapax legomenon* in the New Testament.

dier (2,25: τὸν ἀδελφὸν καὶ συνεργὸν καὶ συστρατιώτην μου)? In Phil 3, Paul encourages his readers to "follow" him (3,17: συμμιμηταί μου γίνεσθε), and to take him and his striving for Christ as a "paradigm" (3,17: καθὼς ἔχετε τύπον ἡμᾶς). In that context, Paul does not depreciate his previous "zeal" as a Pharisee (3,6: ζῆλος and διώκω) – on the contrary: he encourages his readers to take him as a paradigm of constantly racing on and straining forward (3,12–14) in order to receive the "prize of upward calling" (3,14: τὸ βραβεῖον τῆς ἄνω κλήσεως).[52]

Much of what comprises the "inspirational motivation" of a transformational leader[53] – one of the other three core components mentioned above – can thus also be found in Phil 1–3. Predominantly, though, Paul exerts "idealized influence" in Phil 1–3. By enforcing the *competitive* aspect of learning from *exempla*, Paul leans evidently towards the *Roman* concept of imitation: *aemulatio* is constitutive for how the Romans understand *imitatio*, while the Greek concept of μίμησις rather focuses on the striving for the good and/or the truth.[54] Paul in Philippian 1–3, on the other hand, is not striving – in the sense of possible moral-philosophical progress – for the good or the truth. He is striving for maximum closeness to Christ, which will finally lead him to Christ-conformity.

(d) Modeling. The Roman culture of exemplary teaching and learning implies an "imitate and avoid pattern". As the "exemplary persons and their actions offer templates for imitation for those who would reach the same level", positive *exempla* are framed by "the language of imitation" and the "'imitate and avoid' pattern".[55] From what was said before (see under *aemulatio*), it becomes evident how Paul in Phil 1–3 provides all of these patterns. By interconnecting the *exempla* in Phil 2 with his own role modeling in Phil 1 and 3, the apostle gives his readers three kinds of epistemic orientation: from the Christ-*exemplum* they can learn about the ultimate value and outreach of humility; from Timothy, Epaphroditus, and Paul himself the Philippians can learn how to work, to run, and to fight, and to compete on a comparable basis; from Paul's demarcation of enemies in Phil 3 the Philippians can learn how their competitive race also entails distinction and to fight against those who are the enemies of Christ – in other words: they learn about what shall be imitated *and* what shall be avoided.

(e) Cognition. According to the Roman culture of exemplary ethics, learning from *exempla* "can be understood as a fairly basic epistemological process whereby from specific individual exempla a learner attains an understanding of what a

---

52 Translation according to P. A. Holloway, *Philippians*, 171.
53 See, esp., B. M. Bass/R. E. Riggio, *Transformational Leadership*, 6.
54 On the Greek concept, see G. Figal, "Mimesis"; on the Roman concept, esp. Quintilian, see T. Baier, "Quintilian's approach". See also E.-M. Becker, *Philipperbrief*, 245–246.
55 R. Langlands, *Exemplary Ethics*, 87 and 95.

particular virtue is, or what 'virtue' in general is, or attains some other kind of knowledge about ethics".⁵⁶ The exemplary narratives in Phil 2 illustrate what humility (ταπεινοφροσύνη) is. In Phil 2,3 Paul proposes humility as a core principle of achieving the community's entity, unity, and oneness. So, how can Paul's exhortation work: to consider "others more important than yourselves" (2,3: ἀλλήλους ἡγούμενοι ὑπερέχοντας ἑαυτῶν)?⁵⁷ In Phil 2, Paul illustrates via three *exempla* how humility can steer action that is rooted in 'Christ-mindedness' and, at the same time, takes its orientation from Christ's exemplary practice of humility (2,5). The relevant phrase through which Paul interconnects his exhortation to humility (2,1–4) and the exemplary narrative about Christ in 2,5 is elliptic and thus remains deliberately ambiguous:⁵⁸ "Have this mindset among you, which was/is also in Christ Jesus" (Τοῦτο φρονεῖτε ἐν ὑμῖν ὃ καὶ ἐν Χριστῷ Ἰησοῦ). The "mindedness" (φρονεῖν) that Paul proposes to the Philippians – the *'henophronesis'* of all followers (2,2: τὸ ἓν φρονοῦντες) – should be based *in* Christ (ἐν Χριστῷ) and should look, at the same time, for orientation *according to* Christ (φρονεῖτε ἐν ὑμῖν ὃ ...).

4 Prospect: Exploring *Bildung* through the lenses of Paul's leadership in Phil 1–3

By focusing on the component of "idealized influence" in Phil 1–3, I have in this contribution explored and presented how Paul *forms* (in the sense of *bilden*) his followers by *educating* them (in the sense of *erziehen*) to become emulators and imitators. More than in any other letter, Paul exercises idealised influence in Phil 1–3. In the process of this letter writing, he *transforms* followers into leaders. In this sense, transformational leadership functions like an educational strategy of (self-)formation. How does the Pauline instruction on self-formation fit with modern educational discourse? Does it in any way come into contact with the notion and concept of *Bildung*?

It is true that the concept of *Bildung* first originated in the second half of the 18ᵗʰ century, where it became the ideal of "geistiger Individualität, freier Geselligkeit und ideennormativer Selbstbestimmung einer bürgerlichen Oberschicht".⁵⁹ *Bildung* is a modern term and a modern concept based only in part on the ancient

---

56 Ibid., 101.
57 Translation according to P. A. Holloway, *Philippians*, 110.
58 See also ibid., 116.
59 E. Lichtenstein, "Bildung", 921. See also comprehensively: R. Vierhaus, "Bildung".

concept of παιδεία.⁶⁰ "Bildung ist als neuzeitlicher Grundbegriff Ergebnis der Aufklärung und zugleich Antwort auf sie."⁶¹ According to Reinhart Koselleck *Bildung* "is a specific German expression of a word"⁶² – equivalents in other languages hardly exist. In English, the term "'self-formation' ... is perhaps closest to our meaning".⁶³ In which way, thus, can Phil 1–3 be read in light of *Brief und Bildung*? This article has presented two perspectives.

First, education through letters and education in letters already existed in antiquity – such as in Paul: letters emerged in socio-culturally shaped contexts; they followed, discussed, and defined norms and values; they presented and represented the educated ethos of their author; they influenced, shaped, and molded the socio-cultural reality of their first addressees and/or readers. In particular, the Pauline letters reflect and shape the early Christian discourse on education.⁶⁴ As the founder and leader of Christ-believing communities, Paul seeks in his letters not only to establish personal παρουσία in periods of physical absence,⁶⁵ but also to teach and instruct his audience and to convince his addressees rhetorically of "his gospel" (e.g., Gal 1; Rom 1,16–17). Paul wants to provide them with decision-making criteria in reaching ethical judgments through "intellectual stimulation" (e.g., 1 Cor 7). A central aspect of his leadership in his letter to Philippians lies in exercising "idealized influence". In Phil 1–3 Paul implements sustainable and long-lasting leadership behaviour and attributes in that he encourages his readers to a progressive learning from *exempla*.

Second, by understanding and addressing his audience in Philippi as followers and imitators (Phil 3,17), Paul's 'education' exceeds the framework of a teaching and learning situation. As a transformational leader, Paul ultimately seeks to address and influence his followers in such a way that they – as imitators – become part of a transformation process in which they themselves are empowered for future leadership tasks and roles. In the sense that Paul allows his followers to participate in a process of (self-)formation and transformation, his 'educational program' in Phil 1–3 comes in some ways surprisingly close to *Bildung* in its late 18th/19th century's sense. Koselleck pointed out that the concept of *Bildung* meant more than 'education':

---

60 See D. Bremer, "Paideia", esp. 38–39; R. Koselleck, "Struktur der Bildung", 116. However, I cannot specifically address the complexity of the ancient παιδεία concept here.
61 R. Koselleck, ibid.
62 Ibid., 109: "Bildung ist eine spezifisch deutsche Wortprägung."
63 Ibid.: "... 'self-formation' ... kommt unserem Bedeutungsgehalt vielleicht am nächsten" ('self-formation' ... perhaps comes closest to our understanding of the meaning).
64 See, e.g., 1 Thess 4,9 where Paul calls the Thessalonians as follows: αὐτοὶ γὰρ ὑμεῖς θεοδίδακτοί ἐστε.
65 See E.-M. Becker, "Distanz oder Nähe?"

"Es kennzeichnet den deutschen Bildungsbegriff, daß er den Sinn einer von außen angetragenen Erziehung, der dem Begriff im 18. Jahrhundert noch innewohnt, umgießt in den Autonomieanspruch, die Welt sich selbst einzuverwandeln: Insofern unterscheidet sich Bildung grundsätzlich von 'education'."[66]

Paul's claim to the *Einverwandlung* of the world in Phil 1–3 includes all conditions that affect the human being[67] – including suffering and death. Reading Phil 1–3 through the lens of *Bildung* shows how Paul's educational program is formative and transformative, and how it is ultimately aimed at the formation of himself and his readers' personhood: Paul seeks a somatic, yet bodily transformation for himself and his followers. In this person-centeredness that is typical of the concept of *Bildung* in its modern sense, at least, Paul's educational ambition in Phil 1–3 is not dissimilar. Even though, the claim Paul makes is not based on personal autonomy, but it is Christologically grounded. Paul does not write his letters under the aftermath of the European Enlightenment and/or as a reaction to it. The target point towards which the self-formation of the individual is directed in Paul is conformity with Christ in death and resurrection. According to Paul, the self-formation of the human being happens through humility and is continuously oriented to the example of Christ. Self-formation, thus, ultimately can involve the possibility of self-emptying (Phil 2,7: κένωσις). The process of self-unfolding (*Selbstentfaltung*),[68] according to Paul, aims at attaining Christ-conformity through transformation into his death and resurrection destiny (Phil 3,10–11.20–21). In adaption and modification of how Koselleck interpreted the concept of *Bildung* one could say: Paul's pre-modern notion of *Bildung* as self-formation leads to *handlungsleitenden Verhaltensweisen* and forms a personalised lifestyle with huge impact on cultural history up to Enlightenment time – in Paul's case, in fact, an eschatological lifestyle.[69]

---

66 R. Koselleck, "Struktur der Bildung", 110 (The German concept of education is characterised by the fact that it transforms the idea of an externally imposed education, which was still inherent in the term in the 18th century, into the claim to autonomy to transform the world for oneself: in this respect, 'Bildung' differs fundamentally from 'education').
67 See ibid., 118: The individual human being "muß sich bilden, wie immer die Umstände auf ihn einwirken, ohne deren Verarbeitung er sich nicht bilden kann" (The individual human being must 'bilden' himself, however the circumstances affect him; without those processing, he cannot 'bilden' himself).
68 "Selbstentfaltung" is mentioned ibid., 119 as a key aspect of "Bildung als personale Selbstbestimmung" (ibid., 118).
69 Ibid., 119: "Bildung prägt einen Lebensstil ..." ('Bildung' shapes a lifestyle). – I would like to thank colleagues and students at Candler School of Theology, Emory University in Atlanta GA, for a stimulating discussion of this paper on February 22, 2023.

Bibliography

R. S. Ascough, *Paul's Macedonian Associations. The Social Context of Philippians and 1 Thessalonians* (Wissenschaftliche Untersuchungen zum Neuen Testament II/161; Tübingen: Mohr Siebeck, 2003).

T. Baier, "Quintilian's Approach to Literary History via *imitatio* and *utilitas*", in: *The Literary Genres in the Flavian Age. Canons, Transformations, Reception* (ed. by F. Bessone/M. Fucecchi; Trends in Classics Supplements 51; Berlin/Boston: De Gruyter, 2019), 47–61.

B. M. Bass/B. J. Avolio, *MLQ Multifactor Leadership Questionnaire* (Redwood City: Mind Garden, 2000).

B. M. Bass/R. E. Riggio, *Transformational Leadership* (New York: Taylor & Francis, ²2006).

E.-M. Becker, "Das introspektive Ich des Paulus nach Phil 1–3. Ein Entwurf", in: *New Testament Studies* 65 (2019), 310–331.

E.-M. Becker, *Der Philipperbrief des Paulus. Vorarbeiten zu einem Kommentar* (Neutestamentliche Entwürfe zur Theologie 29; Tübingen/Basel: Francke Verlag, 2020).

E.-M. Becker, *Paul on Humility* (trans. by W. Coppins; Baylor Mohr Siebeck Studies in Early Christianity; Baylor: Baylor University Press, 2020).

E.-M. Becker, "Distanz oder Nähe? Das *parousia*-Motiv bei Paulus und Seneca im Vergleich", in: *Die Geschichtlichkeit des Briefs. Kontinuität und Wandel einer Kommunikationsform* (ed. by N. Kasper et al.; Berlin/Boston: De Gruyter, 2021), 83–99.

E.-M. Becker et al., *Cicero, Paul, and Seneca as Transformational Leaders in Their Letter Writing* (Berlin/Boston: De Gruyter [forthcoming]).

E.-M. Becker, "3.2 Paul", in: E.-M. Becker et al., *Cicero, Paul, and Seneca as Transformational Leaders in Their Letter Writing* (Berlin/Boston: De Gruyter [forthcoming]).

E.-M. Becker/E. B. Pracht, "2.2 Paul", in: E.-M. Becker et al., *Cicero, Paul, and Seneca as Transformational Leaders in Their Letter Writing* (Berlin/Boston: De Gruyter [forthcoming]).

H. van der Blom, "3.1 Cicero", in: E.-M. Becker et al., *Cicero, Paul, and Seneca as Transformational Leaders in Their Letter Writing* (Berlin/Boston: De Gruyter [forthcoming]).

L. Bormann, "Philipperbrief", in: *Paulus. Leben – Umwelt – Werk – Briefe* (ed. by O. Wischmeyer/E.-M. Becker; UTB 2767; Tübingen/Basel: Francke Verlag, ³2021), 397–416.

D. Bremer, "Paideia", in: *HWPh* 7 (1989), 35–39.

A. J. Droge, "Mori Lucrum. Paul and Ancient Theories of Suicide", in: *Novum Testamentum* 30 (1988), 263–286.

U. Egelhaaf-Gaiser, "3.3 Seneca", in: E.-M. Becker et al., *Cicero, Paul, and Seneca as Transformational Leaders in Their Letter Writing* (Berlin/Boston: De Gruyter [forthcoming]).

U. Egelhaaf-Gaiser/J. P. B. Mortensen, "1.3.3 From Theory to Methodology", in: E.-M. Becker et al., *Cicero, Paul, and Seneca as Transformational Leaders in Their Letter Writing* (Berlin/Boston: De Gruyter [forthcoming]).

G. Figal, "Mimesis", in: *RGG*⁴ 5 (2002), 1240–1242.

S. J. Friesen/M. Lychounas/D. N. Schowalter (eds.), *Philippi, from Colonia Augusta to Communitas Christiana* (Novum Testamentum Supplements 186; Leiden etc.: Brill 2022).

J. R. Harrison/L. L. Welborn (eds.), *The First Urban Churches IV. Roman Philippi* (Writings from the Greco-Roman World. Supplement Series 13; Atlanta: Society of Biblical Literature Press, 2018).

A. Haug/A. Hoffmann (eds.), *Die neuen Bilder des Augustus. Macht und Medien im antiken Rom. Ausstellung und Katalog* (München: Hirmer Verlag, 2022).

J. A. Hellerman, *Reconstructing Honor in Roman Philippi. Carmen Christi as Cursus Pudorum* (Society for New Testament Studies. Monograph Series 132; Cambridge: Cambridge University Press, 2005).

P. A. Holloway, *Philippians. A Commentary* (Hermeneia; Minneapolis: Fortress, 2017).
F. W. Horn, "Gemeindebrief", in: *Handbuch Brief. Antike* (ed. by E.-M. Becker/U. Egelhaaf-Gaiser/A. Fürst; Berlin/Boston: De Gruyter [forthcoming]).
D.-A. Koch, "Die Städte des Paulus", in: *Paulus. Leben – Umwelt – Werk – Briefe* (ed. by O. Wischmeyer/ E.-M. Becker; UTB 2767; Tübingen/Basel: Francke Verlag, ³2021), 205–246.
R. Koselleck, "Zur anthropologischen und semantischen Struktur der Bildung", in: *Begriffsgeschichten. Studien zur Semantik und Pragmatik der politischen und sozialen Sprache* (ed. by R. Koselleck; Frankfurt: Suhrkamp, 2006), 105–158.
R. Langlands, *Exemplary Ethics in Ancient Rome* (Cambridge: Cambridge University Press, 2018).
E. Lichtenstein, "Bildung", in: *HWPh* 1 (1971), 921–937.
H. Löhr, "Philipperbrief", in: *Paulus Handbuch* (ed. by F. W. Horn; Tübingen: Mohr Siebeck, 2013), 203–210.
J. A. Marchal (ed.), *The People Beside Paul. The Philippian Assembly and History from Below* (Atlanta GA: Society of Biblical Literature Press, 2015).
U. Mell/M. Tilly (eds.), *Der 1. Thessalonicherbrief und die frühe Völkermission des Paulus* (Wissenschaftliche Untersuchungen zum Neuen Testament II/469; Tübingen: Mohr Siebeck, 2022).
M. Öhler, "Mitarbeiter und Mitarbeiterinnen des Paulus", in: *Paulus Handbuch* (ed. by F. W. Horn; Tübingen: Mohr Siebeck, 2013), 243–256.
J. Petitfils, *Mos Christianorum. The Roman Discourse of Exemplarity and the Jewish and Christian Language of Leadership* (Studien und Texte zu Antike und Christentum 99; Tübingen: Mohr Siebeck, 2016).
R. S. Schellenberg, "Beatings and Imprisonment", in: *T & T Handbook to the Historical Paul* (ed. by R. S. Schellenberg/H. Wendt; London etc.: T & T Clark, 2022), 123–139.
U. Schnelle, *Die ersten 100 Jahre des Christentums. 30–130 n.Chr.* (UTB 4411; Göttingen: Vandenhoeck & Ruprecht, ³2019).
K. Shaner, *Enslaved Leadership in Early Christianity* (Oxford: Oxford University Press, 2018).
G. Spinola, "Zur Ikonografie der neuen Bilder des Augustus. Statuentypen, Attribute und ihre Bedeutung", in: *Die neuen Bilder des Augustus. Macht und Medien im antiken Rom. Ausstellung und Katalog* (ed. by A. Haug/A. Hoffmann; München: Hirmer Verlag, 2022), 48–57.
A. Standhartinger, *Der Philipperbrief* (Handbuch zum Neuen Testament 11/1; Tübingen: Mohr Siebeck, 2021).
R. Vierhaus, "Bildung", in: *Geschichtliche Grundbegriffe. Historisches Lexikon zur politisch-sozialen Sprache in Deutschland* 1 (2004), 508–551.
C. S. Wansink, *Chained in Christ. The Experience and Rhetoric of Paul's Imprisonments* (Journal for the Study of the New Testament. Supplement Series 130; Sheffield: Sheffield Academic Press, 1996).
P. Zanker, *Augustus und die Macht der Bilder* (München: C. H. Beck, ³1997).

Holger Strutwolf
„Fernunterricht"
Die gnostischen Lehrschreiben an Flora und Rheginos

1 Gnostische Lehrbriefe und Schulen

Echte Briefe von gnostischen Lehrern an ihre Schülerinnen und Schüler sind kaum auf uns gekommen. Das ist besonders deshalb ein bedauerliches Phänomen, weil gerade die christliche Gnosis, wie wir noch sehen werden, ihren Sitz im Leben in der Wirklichkeit von freien, nur lose mit den christlichen Gemeinden verbundenen Schulen hatte. Es ist daher zu erwarten, dass gerade die Erhellung dieses Schulhintergrundes der gnostischen Systembildung für das Verstehen dieser Gedankengebäude von großer Bedeutung sein könnte. So gibt es zwar den sogenannten Eugnostosbrief, der später zur *Sophia Jesu Christi* umgearbeitet worden ist,[1] und einen anonymen valentinianischen Lehrbrief, den Epiphanius von Salamis wörtlich mitteilt,[2] bei beiden handelt es sich aber aller Wahrscheinlichkeit nach eher um gnostische Offenbarungsschriften denn um echte Briefe.[3]

Das gnostische Schulhaupt Valentin hat offenbar einige wirkliche Lehrbriefe an reale Adressaten aus seinem Schülerkreis geschrieben, von denen wir aber nur noch kleine Fragmente besitzen. Aber immerhin hat Clemens von Alexandrien wohl eine solche Sammlung von Briefen des Valentin gekannt und in seinen *Stromateis* benutzt. Und dass diese Briefe Lehrschreiben an seine Schüler waren, das machen die erhaltenen Fragmente durchaus deutlich, denn hier werden wichtige theologische Lehrpunkte vorgestellt und erörtert.

---

1 Vgl. D. M. Parrott (Hg.), *Nag Hammadi Codices*, 3–5.
2 Epiphanius von Salamis, pan. 31,5–6 (GCS Epiph. 1², 390–395). Vgl. A. J. Visser, „Lehrbrief der Valentinianer".
3 Im Falle des Eugnostosbriefes geht A. Khosroyev, „Frage nach Eugnostos", 28 allerdings davon aus, dass es sich bei Eugnostos tatsächlich um eine reale Lehrergestalt gehandelt habe. Dies ist durchaus möglich, wenn auch Eugnostos als Namen in der antiken Literatur nicht belegt ist. Der valentinianische Lehrbrief ist, wie A. J. Visser, ebd., 28 zu Recht unterstreicht, ein „regelrechter Himmelsbrief", beansprucht also eine Offenbarung des göttlichen νοῦς zu sein.

Holger Strutwolf, Münster

https://doi.org/10.1515/9783110742459-011

In einem Brief, dessen Adressaten Clemens nicht nennt,[4] hat Valentin die gnostische Lehre vom Erschrecken der Engel über den gerade geschaffenen Adam beschrieben, weil er Dinge äußerte, die über die seiner Schöpfung entsprechende Erkenntnis weit hinausgehen. Und Valentin erklärte dieses Erschrecken der Schöpferengel vor ihrem Geschöpf mit Hilfe der Analogie von Götterbildern, die von Menschen geschaffen worden sind und dennoch dieselben Menschen in Ehrfurcht versetzen können, weil jene den Namen von Göttern tragen, die den Menschen in Schrecken versetzen. Diese Bild kann nach Valentin erklären, warum die Schöpferengel über Adam, der tiefe Geheimnisse äußerte, erschrecken, weil sich nämlich in ihm – über den in ihn gelegten Samen der oberen Welt – das Urbild des irdischen Menschen, der präexistente Äon mit Namen Mensch, zur Sprache bringt.

In einem zweiten Brieffragment[5] äußert sich Valentin über die Befreiung des menschlichen Herzens von allen bösen Geistern. Diese kann seiner Ansicht nach nur geschehen, wenn der eine gute Gott durch seinen Sohn das Herz der Menschen ansieht und so die Dämonen vertreibt. Das verheerende Wirken der Dämonen im Menschen wird dann von Valentin im Vergleich mit einer Herberge geschildert, die „oft angebohrt, aufgegraben und oft mit Schmutz angefüllt" wird, weil die Menschen, die sie bewohnen, diesen Ort nicht achten und hüten, und zwar eben deshalb, weil er ihnen nicht gehört. Auch hier erklärt Valentin einen theologischen Sachverhalt, das Wirken der Dämonen in den noch unerlösten Menschen, durch ein Bild aus der Alltagswelt seiner Leser.

Das dritte erhaltene Stück eines Briefes Valentins betrifft sozusagen die Christologie: In einem Brief an einen ansonsten unbekannten Agathopus lehrt Valentin, Jesus habe in seiner Inkarnation ein Beispiel vollkommener Enthaltsamkeit gegeben, indem er zwar Speise zu sich genommen, aber diese nicht wieder ausgeschieden habe. Als Begründung für diese Jesus von allen anderen Menschen unterscheidende Fähigkeit, ohne Verdauung und Ausscheidung zu essen, führt Valentin dann an, dass Jesus das φθείρεσθαι, das „Verzehren", nicht an sich hatte.[6] Hiermit will Valentin offenbar jene Bibelstellen auslegen, in denen der irdische Jesus mit seinen Jün-

---

[4] Clemens von Alexandria, strom. II 36,2–4 (GCS Clem. Al. 2⁴, 132): Ἔοικε δὲ καὶ Οὐαλεντῖνος ἔν τινι ἐπιστολῇ τοιαῦτά τινα ἐν νῷ λαβὼν αὐταῖς γράφειν ταῖς λέξεσι · „καὶ ὡσπερεὶ φόβος ἐπ' ἐκείνου τοῦ πλάσματος ὑπῆρξε τοῖς ἀγγέλοις, ὅτε μείζονα ἐφθέγξατο τῆς πλάσεως διὰ τὸν ἀοράτως ἐν αὐτῷ σπέρμα δεδωκότα τῆς ἄνωθεν οὐσίας καὶ παρρησιαζόμενον ..." Vgl. die unterschiedlichen Interpretationen dieses Fragments durch Ch. Markschies, *Valentinus Gnosticus*, 11–53 und E. Thomassen, *Spiritual Seed*, 430–451.

[5] Ebd. II 114,3–6 (2⁴, 174–175). Vgl. Ch. Markschies, ebd., 54–82; E. Thomassen, ebd., 451–457.

[6] Ebd. III 59,3 (2⁴, 223): Οὐαλεντῖνος δὲ ἐν τῇ πρὸς Ἀγαθόποδα ἐπιστολῇ „πάντα" φησὶν „ὑπομείνας ἐγκρατὴς ἦν · θεότητα Ἰησοῦς εἰργάζετο, ἤσθιεν καὶ ἔπινεν ἰδίως οὐκ ἀποδιδοὺς τὰ βρώματα. Τοσαύτη ἦν αὐτῷ ἐγκρατείας δύναμις, ὥστε καὶ μὴ φθαρῆναι τὴν τροφὴν ἐν αὐτῷ, ἐπεὶ τὸ φθείρεσθαι αὐτὸς οὐκ εἶχεν." Vgl. Ch. Markschies, ebd., 83–117; E. Thomassen, ebd., 457–460.

gern speist, obwohl er eigentlich als göttliches Wesen keine Nahrung nötig hätte. Der Briefschreiber vertritt in diesem Brief offenbar eine doketische Christologie,[7] die davon ausgeht, dass es für Christus eigentlich nicht möglich war, wie ein ganz normaler Mensch zu essen und zu trinken. Auch in diesem kurzen Brieffragment wird also ein theologischer Sachverhalt gelehrt.

Wir können aus diesen kleinen Fragmenten entnehmen, dass Valentin seine Lehre u. a. in Lehrbriefen vertreten hat. Wenn wir bedenken, dass von den erhaltenen Fragmenten Valentins drei aus drei verschiedenen Briefen stammen, während zwei Fragmente aus Predigten stammen dürften (Fragment 4 und 5 entstammen aller Wahrscheinlichkeit nach derselben Homilie) und zwei weitere Fragmente keine Herkunftsangaben haben, so macht diese Überlieferungslage es sehr wahrscheinlich, dass Briefe für die Lehre des Valentin eine große Rolle gespielt haben dürften. Um aber die Frage zu beantworten, wie der große gnostische Lehrer und Schulgründer in seinen Briefen argumentiert und pädagogisch vorgegangen ist, dafür ist die Überlieferungslage dieser Briefe zu fragmentarisch.

Nun haben wir aber das Glück, dass wir aus der Schule des Valentin, aus der zweiten und der dritten Generation des Valentinianismus, zwei vollständige Briefe überliefert haben, in denen jeweils ein gnostischer Lehrer eine Schülerin bzw. einen Schüler in zentrale Lehren seiner Schule einführt. Und besonders interessant dürfte die Tatsache sein, dass in beiden Fällen die Lernenden in diesen Lehrbriefen dazu angeleitet werden sollen, einen geistigen Fortschritt zu machen, ein gegenüber ihrem bisherigen Verstehen neues Erkenntnisstadium zu erreichen. Die beiden Briefe sind zum einen der Brief des Gnostikers und Valentinschülers Ptolemäus an die Flora, eine uns ansonsten leider unbekannte Frau, die offenbar eine Schülerin des Ptolemäus gewesen ist, zum anderen der Brief eines anonymen valentinianischen Lehrers der dritten oder vielleicht auch vierten Generation an einen seiner Schüler namens Rheginos, der deshalb so genannte Rhe-

---

[7] Dagegen spricht Ch. Markschies, ebd., 104–105 von einem „antidoketischen Impuls des Fragments", den ich in ihm keineswegs zu entdecken vermag. Denn wenn Valentin hier auch nicht leugnen will, dass Christus gegessen hat, so ist doch die Leiblichkeit Christi bei ihm von einer Art, die nicht zulässt, dass diese in irgendeiner Weise an der Vergänglichkeit teilhat. Sie ist also keineswegs von der gleichen Natur wie die der anderen Menschen. Doketismus bedeutet ja nicht, dass Christi Leiblichkeit überhaupt geleugnet wird, sondern dass sie der unseren wesensverschieden ist. Vgl. hierzu W. A. Löhr, „Variety of Docetisms", der lieber von einer „enkratistischen" Christologie sprechen will. Nun zeigt m. E. aber gerade die Beobachtung, dass Valentin und mit ihm viele Gnostiker Probleme mit der Tatsache hatten, dass der göttliche Christus realiter Nahrung verdaut haben könnte, dass für sie die Leiblichkeit Christi nicht von der Art sein konnte wie die der anderen Menschen. Es gibt ja keinen Hinweis in Texten des Valentin und der Valentinianer, dass sie die Möglichkeit vertreten hätten, die Gnostiker könnten in Nachahmung Christi dazu gelangen, keine Nahrung mehr zu verdauen. Vgl. hierzu auch E. Thomassen, ebd., 459.

ginosbrief aus Nag Hammadi. Beide Briefe sind Schreiben eines gnostischen Lehrers aus der Valentin-Schule, die sich an jeweils eine Person aus dem Kreis der Schule wenden, um bestimmte Fragen zu klären, bei denen der Lehrende davon ausgeht, dass sie für die jeweiligen Adressaten ein Problem darstellen, das der Lösung oder zumindest der Bearbeitung durch den Lehrer bedarf.

Der soziologische Hintergrund beider Briefe ist somit der der freien christlichen Schulen, die sich im Umfeld der christlichen Gemeinden spätestens Anfang des 2. Jahrhunderts n. Chr. gebildet haben.[8] Wir kennen solche christlichen Schulen aus Rom, wo u. a. Justin der Märtyrer um die Mitte des 2. Jahrhunderts gewirkt hat, oder aus Alexandrien, wo ein gewisser Pantänus lehrte, dessen Schüler Clemens von Alexandrien ebenfalls in der ägyptischen Metropole eine freie christliche Schule leitete. Gemeinsames Kennzeichen dieser frühchristlichen Schulen war es, dass sie nicht in die kirchlichen oder besser gemeindlichen Strukturen eingebunden waren, also noch nicht unter der Aufsicht der Kirche, etwa des Ortsbischofs, standen, sondern Gruppen von lernbegierigen Christen waren, die sich jeweils um die Person eines charismatischen Lehrers scharten, um von ihm in die christliche Theologie eingeführt zu werden. Diese Schulen waren nur lose mit den christlichen Gemeinden verbunden, und zwar primär dadurch, dass sie ihre Schüler aus Gliedern der in ihrem Umkreis liegenden Kirchengemeinden rekrutierten. Erst mit Origenes, der zunächst auch als freier theologischer Lehrer wirkte, dann aber von dem ersten in Alexandrien greifbaren Vertreter des monarchischen Bischofsamts, Demetrios, zum Leiter der Katechetenschule berufen wurde,[9] vollzog sich in Alexandrien der Übergang vom freien Schulbetrieb zur kirchlich eingebundenen katechetischen Unterweisung. Zu diesen frühchristlichen, noch nicht ins kirchliche Amt eingebundenen Lehrern gehören nun auch viele gnostische Theologen des 2. Jahrhunderts.

Die frühen Kirchenschriftsteller, die sich gegen die Gnosis gewandt haben, die so genannten Kirchenväter und besonders die so genannten Häresiologen unter ihnen, beschreiben die Organisationsform, der sich die Valentinianer für ihre Gruppenbildung bedient haben sollen, denn auch recht einmütig als eine Schulwirklichkeit. So spricht Irenäus von Lyon von der Schule des Valentin, aus der die des Ptolemäus stamme.[10] Die großen Häresiarchen werden als Lehrer bezeichnet, die

---

[8] Vgl. zum Folgenden bes. U. Neymeyr, *Die christlichen Lehrer*; A. Fürst, Intellektuellen-Religion, 19–69.
[9] Eusebius von Caesarea, hist. eccl. VI 3,1–3 (GCS Eus. 2, 524.5–15); VI 3,8 (2, 526.13–15).
[10] Irenäus von Lyon, adv. haer. I praef. 2 (FC 8/1, 124). Hier sagt Irenäus, er wolle, soweit seine Fähigkeit reicht, „auch die Lehrmeinung jener, die jetzt als Lehrer wirkten, nämlich die der Leute um Ptolemäus" (τήν τε γνώμην αὐτῶν τῶν νῦν παραδιδασκόντων, λέγω δὴ τῶν περὶ Πτολεμαῖον), die ein „Ableger der Schule Valentins" (ἀνάνθισμα ... τῆς Οὐαλεντίνου σχολῆς) sei, seinen Lesern bekannt machen.

eine christliche Lehrtradition entwickeln, die über ihre Schüler, die selbst nach Ende ihrer Ausbildung wieder Schulen um sich sammeln, über den engeren Kreis ihrer eigenen Privatschule hinaus weiterwirken. Kennzeichen dieser Schulen ist nach den Kirchenvätern ebenfalls ihre bunte Vielfalt in der Lehrentwicklung. Irenäus karikiert dieses Schulbildungen mit dem Bild einer vielköpfigen Hydra.[11] Die Ketzerbekämpfer der Alten Kirche haben immer wieder ein großes Vergnügen daran, die Vielstimmigkeit und Uneinheitlichkeit der Lehrmeinungen nicht nur zwischen verschiedenen Schulen, sondern auch innerhalb ein und derselben Schultradition herauszustellen, der sie dann den vermeintlichen Konsens innerhalb der großkirchlichen Tradition gegenüberstellen.

Die Stellung der valentinianischen Schulen zu den großkirchlichen Gemeinden lässt sich nun in der frühen Zeit so beschreiben, dass sie sich den Gemeinden der einfachen Christen verbunden fühlen: So sagt der von Eusebius von Caesarea als Valentinianer bezeichnete Florinus von sich, dass er Mitglied der römischen Gemeinde sei (*se unum esse a vobis*)[12] und als Presbyter des römischen Bischofs Viktor arbeite.[13] Erst das Eingreifen des Irenäus, der häretische Schriften des Florinus gelesen haben will, von außen bringt den römischen Bischof dazu, sich von seinem Presbyter zu trennen.[14] Es liegt den Valentinianern von sich aus durchaus fern, sich als eigene, von der Bischofskirche abgetrennte Gemeinde zu verstehen.[15] Sie bilden vielmehr nach ihrem eigenen Selbstverständnis so etwas wie den inneren Kreis, eine christliche Elite innerhalb der Kirche. Sie sehen ihre Aufgabe offenbar darin, in dieser Kirche diejenigen anzusprechen, die zu tieferer Erkenntnis fähig sind, um ihnen diese höhere Form des Christentums nahe zu bringen. Tertullian von Karthago wirft ihnen deshalb auch vor, dass sie keine Mission außerhalb der Kirche betreiben, sondern nur schon zum Christentum Bekehrte für ihre Lehre zu gewinnen suchen.[16] Die Valentinianer, aber auch wohl andere später als Häretiker bekämpfte Gnostiker fühlten sich als Mitglieder der Kirche und konnten auch

---

11 Ebd. I 30,15 (8/1, 350). Vgl. Ch. Markschies, „Nochmals Valentinus", 180–181.
12 Irenäus, frg. syr. 28 (II p. 457 Harvey). Auch nach Eusebius, hist. eccl. V 15 (GCS Eus. 2, 458), ist er einer, der πρεσβυτερίου τῆς ἐκκλησίας ἀποπεσών.
13 Irenäus nach Eusebius, ebd. V 20,4 (2, 482).
14 Vgl. hierzu P. Lampe, *Die stadtrömischen Christen*, 327.
15 Dagegen meint E. Thomassen, *Spiritual Seed*, 419–421. 491, dass die Gemeinschaft, die Valentin in Rom gegründet habe, eine „Kirche und keine Schule" gewesen sei, weil in ihr „Taufe als Initiation" wesentlich gewesen sei. Allerdings lässt sich gerade dies aus den Quellen nicht nachweisen. Die valentinianischen Texte, die eigene sakramentale Feiern innerhalb der gnostischen Zirkel erkennen lassen, sind eindeutig späteren Datums und weisen auf eine Zeit, in der die Valentinianer aus den Bischofsgemeinden ausgeschlossen waren und eigene Wege gehen mussten.
16 Tertullian, praescr. 42,1 (CCSL 1, 222): *De uerbi autem administratione quid dicam cum hoc sit negotium illis, non ethnicos conuertendi sed nostros euertendi?*

lange Zeit als solche gelten und wollten daher auch keine von der Kirche getrennte Gegenkirche gründen, sondern – solange es ihnen möglich war – innerhalb der Strukturen der sich herausbildenden Bischofskirche wirken.[17]

Wenn selbst das vermeintliche Sektenhaupt Valentin nach Tertullian darauf hoffen konnte, „Bischof" von Rom zu werden,[18] dann kann das zweierlei bedeuten: entweder, dass er damals noch keine Lehren vertreten hat, die später als häretisch verurteilt worden sind, oder aber, dass an diesen Lehren zur damaligen Zeit noch kein Anstoß genommen wurde. Dies wiederum kann entweder den Grund haben, dass damals Lehren, die später als häretisch galten, noch toleriert werden konnten, oder darauf zurückzuführen sein, dass schon Valentin seine Lehren wie später seine Schüler nicht ungeschützt und offen verkündigte. Dafür scheint zu sprechen, dass es die Struktur der freien theologischen Schulen, die ihre Klientel in den christlichen Gemeinden suchten, aber ihre Geheimlehren nur denen anvertrauten, die sie für diese Lehren als aufnahmefähig ansahen,[19] mit sich brachte, dass die einfachen Christen und ihre Gemeindeleiter den Inhalt der valentinianischen Lehren, an denen sie hätten Anstoß nehmen können, gar nicht zur Kenntnis bekamen. Irenäus schreibt ja um 180 n. Chr. sein Werk gegen die Häresien genau aus dem Grunde, um diese verborgenen Lehren einem breiteren kirchlichem Publikum und ganz besonders seinen Bischofskollegen bekannt zu

---

17 Vgl. P. Lampe, *Die stadtrömischen Christen*, 326–327.
18 Tertullian, adv. Val. 4,1 (CCSL 2, 755). E. Thomassen, *Spiritual Seed*, 420 hält diese Nachricht allerdings für eine Legende, weil es zu der Zeit, in der Valentin in Rom aufgetreten sei, noch gar kein monarchisches Bischofsamt gegeben habe. Allerdings muss man auch nicht annehmen, dass das Bischofsamt zwangsläufig monarchisch verstanden werden muss. Vgl. hierzu A. Handl, „Viktor I.", 54, der zeigt, dass sich ein Monepiskopat erst mit dem Episkopat Viktors I. belegen lässt, und auch hier keinesfalls schon als kirchliche Monarchie im Sinne einer ‚Monopolisierung' bischöflicher Disziplinargewalt. Bischöfe gab es in Rom schon vorher, allerdings noch keinen Monepiskopat. Valentin kann also durchaus die Möglichkeit gehabt haben, zum Bischof einer der Gemeinden Roms gewählt zu werden, aber zugunsten eines Konfessors nicht zum Zuge gekommen sein. So meint G. May, *Schöpfung aus dem Nichts*, 43 Anm. 8, dass die Mitteilung, dass „ein Konfessor Valentin vorgezogen worden sei", „so glaubhaft" klinge, dass sie „historisch sein könnte". Nur dürfe man eben „noch nicht an ein monarchisches Bischofsamt denken, wie Tertullian es selbstverständlich voraussetzt".
19 So wirft Tertullian ihnen vor, ebd. 1,1 (2, 753): *Valentiniani, frequentissimum plane collegium inter haereticos, quia plurimum ex apostatis veritatis et ad fabulas facile est et disciplina non terretur, nihil magis currant quam occultare quod praedicant, si tamen praedicant qui occultant. Custodiae officium conscientiae officium est.* Dass dieser Vorwurf nicht nur antignostische Polemik darstellt, sondern Anhalt an den gnostischen Quellen selbst hat, kann z. B. das *Apokryphon des Johannes* zeigen, das mit folgender Anweisung schließt (NHC II/1, 31.28–34): „Und ich habe dir alles gesagt, damit du es niederschreibst und es im Geheimen deinen Mitpneumatikern gibst, denn dies ist das Geheimnis des nichtwankenden Geschlechts."

machen, um sie zum Vorgehen gegen die gnostischen Lehrer in ihren Gemeinden zu bewegen. In diesem geistigen Milieu freier christlicher Schulen valentinianischer Prägung haben wir uns also die beiden Briefe vorzustellen, die ich im vorliegenden Beitrag behandeln möchte.

2 Der Brief des Ptolemäus an die Flora

Der Autor der *Epistula ad Floram*,[20] Ptolemäus, ist uns kein völlig Unbekannter.[21] Er wird als Schüler des Valentin sichtbar, der eine eigene Schule in Rom um sich versammelt hat. Seine Schule gilt als Ableger der Schule Valentins, der selbst wiederum wahrscheinlich mindestens zwischen 140 und 160 n. Chr. in Rom unterrichtete.[22] Wir wissen nicht, ob Ptolemäus schon vor dem Weggang Valentins aus Rom – dieser soll, aus welchen Gründen auch immer, irgendwann nach Zypern ausgewandert sein und hier weiter als Lehrer gewirkt haben[23] – neben und in Konkurrenz zu seinem Lehrer gelehrt oder erst nach dessen Wegzug aus Rom begonnen hat, eigenständig seine Ansichten im Schülerkreis vorzutragen. Man kann aber davon ausgehen, dass Ptolemäus wahrscheinlich um das Jahr 180 n. Chr. nicht mehr am Leben war,[24] weil Irenäus zu dieser Zeit als seine Zeitgenossen nur noch die Schüler des Ptolemäus nennt, also Ptolemäus selbst nicht mehr als solchen ansieht.[25] Der Brief an Flora ist

---

20 Ich zitiere den Brief nach Epiphanius, pan. 33,3,1–7,10 (GCS Epiph. 1², 450–457).
21 Die Informationen zu Ptolemäus sind bequem zugänglich in E. Thomassen, *Spiritual Seed*, 494. Die Studie von Ch. Markschies, *Ptolemäus gnosticus?* war zur Zeit des Abschlusses dieses Artikels noch nicht zugänglich.
22 Vgl. E. Thomassen, ebd., 491; Ch. Markschies, *Valentinus Gnosticus*, 335–336.
23 Epiphanius, pan. 31,7,2 (GCS Epiph. 1², 396.1–6).
24 Das wäre besonders dann unbestreitbar, wenn die ansprechende Vermutung von A. von Harnack, *Analecta*, 3–5 richtig sein sollte, unser gnostischer Lehrer wäre mit jenem christlichen Lehrer und Märtyrer gleichen Namens identisch, von dessen Schicksal uns Justin in apol. II 2 (SC 507, 320–326) berichtet.
25 Dagegen meint O. Zwierlein, *Petrus und Paulus*, 22, dass hier eine „inclusive Verwendung des Ausdrucks οἱ περί τινα" vorliege (vgl. auch ders., „Briefwechsel", 88, Anm. 84), so dass Ptolemäus nach Ansicht des Irenäus selbst noch zu den Lebenden gehört habe. Mir scheint dies allerdings eher nicht wahrscheinlich zu sein. Zwar *kann* οἱ περί + *Accusativus nominis proprii* im inclusiven Sinne gebraucht werden, muss es aber nicht (vgl. u. a. R. Gorman, „οἱ περί τινα in Strabo"). Da Irenäus, ob nun zurecht oder nicht, das von ihm in adv. haer. I 1,1–8,4 (FC 8/1, 128–182) vorgestellte valentinianische System ebd. I 8,5 (8/1, 186) dem Ptolemäus zuschreibt: *et Ptolemaeus quidem ita*, dann aber ebd. I 12,1 (8/1, 212) Sonderlehren derer περὶ Πτολεμαῖον vorstellt, die von diesem System deutlich abweichen, ist m. E. deutlich, dass Irenäus zwischen Ptolemäern und Ptolemäus selbst unterschieden hat. Vgl. dagegen Ch. Markschies, „New Research", 250; ders. „Grande Notice", 66–68.

das einzige Originaldokument aus der Feder dieses bedeutenden gnostischen Lehrers, das wir noch besitzen. Wahrscheinlich geht aber die valentinianische Lehre, die uns Irenäus in seiner großen antihäretischen Hauptschrift *Aufdeckung und Widerlegung der fälschlicher Weise so genannten Gnosis* bietet, in seinen Grundzügen auf Ptolemäus selbst zurück.[26]

Kommen wir kurz zur Gattungsfrage: Die *Epistula ad Floram* ist kein reiner Privatbrief im engeren Sinne, wie Markschies zurecht betont, er ist eher vergleichbar mit philosophischen Lehrbriefen. Das Schreiben ist nur noch durch seine Zitierung bei Ephiphanius von Salamis erhalten,[27] der es – wie es seine Art war – als Ganzes seinem eigenen Werk einverleibt hat. Im Rahmen dieser Zitierung des Briefes sind wahrscheinlich nahezu alle stilistischen Eigenarten eines Privatbriefs beseitigt worden: Das Dokument hat kein Präskript, kein Prooemium und auch keinen expliziten Briefschluss mit Grüßen und ähnlichen kommunikativen Elementen, die es in eine reale kommunikative Situation hineinsprechen lassen.[28] Es ist aber keineswegs ausgeschlossen, dass dieser Brief ursprünglich diese kommunikativen Elemente aufwies, doch ist das auch nicht wirklich zu beweisen und vorauszusetzen.

Allerdings wird am Anfang des Briefes Flora als „Schwester" direkt angeredet (3,1), und auch am Ende desselben wird sie wieder als solche angesprochen (7,10). Zwischen diesen beiden Anreden in der zweiten Person Singular entfaltet sich ein pädagogisch-argumentativer Diskurs über das Wesen, die Bedeutung und den Urheber des alttestamentlichen Gesetzes. Dieser Diskurs ist nun nicht nur von der philosophischen Methode der Dihairesis geprägt, sondern weist darüber hinaus Kennzeichen einer umsichtigen Unterrichtung der Schülerin durch ihren Lehrer auf, ist also klar als ein Bildungsprozess strukturiert.

Ptolemäus beginnt seinen Brief mit einer Anrede an Flora, die zugleich das Thema des Briefes umreißt:

---

26 Mir scheint die lateinische Irenäus-Übersetzung in vielen Punkten zuverlässiger zu sein als der notorisch unzuverlässige Epiphanius: Während Epiphanius liest: Οὗτος τοίνυν ὁ Πτολεμαῖος καὶ οἱ σὺν αὐτῷ ..., bietet die lateinische Fassung: *Hi vero qui sunt circa Ptolemaeum* ..., was durch die von Irenäus abhängige Stelle bei Hippolyt von Rom, haer. VI 38 (GCS Hippol. 2), bestätigt wird, der Οἱ δὲ περὶ Πτολεμαῖον δύο συζύγους αὐτὸν ἔχειν λέγουσιν bietet. Wenn dem so ist, dann meint Irenäus, mit seiner „großen Notiz" die Lehre des Valentinschülers Ptolemäus darzustellen, von der er dann die seiner Schüler, der Ptolemäer, noch einmal abgrenzen möchte. Epiphanius dagegen will den Eindruck erwecken, dass sich die von Irenäus übernommene große Notiz auf die Lehre des Valentin selbst bezieht, und fasst daher Ptolemäus und seine Schüler zusammen.
27 Siehe oben Anm. 20.
28 Vgl. Ch. Markschies, „New Research", 229.

> Dass viele das durch Mose gegebene Gesetz, meine liebe Schwester Flora, nicht verstanden haben, weil sie weder denjenigen, der es gegeben hat, noch seine Vorschriften genau erkannt haben, wird Dir, glaube ich, leicht einsehbar sein, wenn Du die einander widersprechenden Meinungen darüber kennen gelernt hast.[29]

Das Thema des Briefes ist gleich in den ersten Worten desselben angegeben, durch Prolepse aus dem Nebensatz werden die Worte „das durch Mose gegebene Gesetz" noch besonders hervorgehoben. Die Adressatin, die ebenfalls gleich zu Anfang genannt ist, soll also schon mit den ersten Worten des Briefes auf das Thema hingewiesen werden. Es geht um das Gesetz, seine Grundlage und seine Gebote. Jedenfalls sagen das die Handschriften so, die den Brief überliefern. Alle bisherigen Herausgeber hingegen folgen in ihre Textkonstitution einer Konjektur, die m.W. zuerst von Hilgenfeld vorgeschlagen wurde und die das θεμέλιον αὐτοῦ („seine Grundlage") durch θέμενον αὐτόν („der es gegeben hat") ersetzt. Dies mag nun eine sehr ansprechende Konjektur sein, sie ist aber m. E. nicht wirklich nötig und daher wohl auch nicht berechtigt. Zwar geht es im Anschluss tatsächlich um die Frage nach dem Urheber des Gesetzes und der Gebote, die er gegeben hat, aber diese lässt sich durchaus auch mit der Formulierung von der Grundlage und den Geboten des Gesetzes zusammenfassen. Wie dem auch sei: Der Lehrer betont seiner Schülerin gegenüber, dass das Thema, das er behandelt, kontrovers diskutiert werde und es Irrtümer zu beseitigen gelte, denen viele erlegen seien.

An diese Einführung schließt sich eine kleine doxographische Passage an, die die unangemessenen Lehrmeinungen kurz vorstellt. Es ist dies zum einen die Vorstellung, dass das Gesetz vom Teufel stammt, zum anderen die entgegengesetzte These, dass das mosaische Gesetz vom höchsten und wahren Gott gegeben worden ist (3,2–7). Der Gegensatz beider Ansichten wird allerdings von Ptolemäus aus didaktischen Gründen, wie Markschies zurecht festgestellt hat, vereinfacht und idealtypisch so zugespitzt, dass ihre Absurdität der Leserin des Briefes sogleich einleuchten wird.[30] Zwar ist die Meinung, der Gott, der das alttestamentliche Gesetz gegeben habe, sei auch der Schöpfer dieser Welt, die von den meisten Christen geteilte Ansicht, aber die Gegenposition, die dazu aufgestellt wird, lässt sich in dieser Radikalität bei Theologen des 2. Jahrhunderts nicht belegen. Der Theologe, den Ptolemäus in seiner zuspitzenden Polemik vor Augen haben könnte, nämlich Markion, führt das alttestamentliche Gesetz zwar auf den Schöpfergott zurück, den er von dem guten

---

[29] Epiphanius, pan. 33,3,1 (GCS Epiph. 1², 450.17–451.1): Τὸν διὰ Μωσέως τεθέντα νόμον, ἀδελφή μου καλὴ Φλώρα, ὅτι μὴ πολλοὶ προκατελάβοντο, μήτε τὸν θέμενον αὐτὸν ἐγνωκότες μήτε τὰς προστάξεις αὐτοῦ ἀκριβῶς, ἡγοῦμαι καὶ σοὶ εὐσύνοπτον ἔσεσθαι μαθούσης τὰς διαφωνούσας γνώμας περὶ αὐτοῦ.
[30] Ch. Markschies, „New Research", 234.

Gott des Neuen Testaments deutlich unterschieden wissen möchte, aber er bezeichnet ihn nirgends als das böse Prinzip, sondern als einen gerechten, aber unwissenden und letztlich scheiternden Gott.[31] Allerdings konnte Markion seinen gerechten Gott wahrscheinlich auch manchmal als πονηρός bezeichnen, will ihn damit aber keineswegs mit dem Bösen, dem Teufel, gleichgesetzt wissen.[32] Aber in einem polemischen Kontext konnte Ptolemäus diese markionitische Ansicht in seinem Sinne pädagogisch zugespitzt haben.[33] Beide vorgestellten Extrempositionen hält Ptolemäus für absurd: Einerseits kann der gute und höchste Gott nicht Urheber eines unvollkommenen Gesetzes sein, andererseits kann ein Gesetz, das immerhin das Böse verbietet und bekämpft, nicht vom bösen Prinzip hervorgebracht worden sein (3,4).

Am Ende diese doxographischen Passus spricht der Lehrer seine Schülerin wieder direkt an, indem er zusammenfasst, dass ihr nun aus dem Gesagten klar sein dürfte (δῆλον σοί ἐστιν ἐκ τῶν εἰρημένων), dass diese Lehrmeinungen die Wahrheit verfehlt hätten, und verspricht ihr, ihr im weiteren Verlauf der Erörterung genau deutlich zu machen, „welcher Art das Gesetz und der Gesetzgeber" sind. Als Argumentationsgrundlage seiner Überlegungen gibt er an, nur die „Worte unseres Heilands" gebrauchen zu wollen, weil allein sie die unfehlbare Basis für theologische Erkenntnis seien (3,8). Diese Worte des Heilands gewinnt Ptolemäus dann ausnahmslos aus den Evangelien, die für ihn schon eine gewisse Autorität zu besitzen scheinen.[34]

Die eigentliche Untersuchung beginnt dann mit der Feststellung, dass das mosaische Gesetz nicht nur einen Urheber habe, sondern gleich drei: Einmal Gott selbst, dann Mose, durch den Gott nicht nur das Gesetz gegeben, sondern der auch selbst eigene Gesetze hinzugefügt habe, und zuletzt auch die Ältesten des Volkes (4,1–2). Diese Teilung des mosaischen Gesetzes mit Worten des Erlösers zu beweisen ist nun nach Ptolemäus die Aufgabe des Hauptteils seines Briefes. Hier wird Flora noch einmal in der zweiten Person Singular (μάθοις δ' ἂν ἤδη) angeredet (4,3), um dann für längere Zeit aus dem Blick des Briefschreibers zu geraten. Es folgt ein längerer exegetischer Traktat über die verschiedenen Urheber des Gesetzes.

---

31 Vgl. A. von Harnack, *Marcion*, 97–99 mit 276*–277*.
32 Vgl. ebd., 271*.
33 Auch W. A. Löhr, „Ptolemäus", 699 spricht davon, dass Ptolemäus die Lehre Markions „verzeichnet" habe.
34 B. Aland, „Kanonisierung", 526 meint zwar durchaus zurecht, bei Ptolemäus seien die Evangelien „als kanonischer Text als Quelle der Wahrheit noch nicht im Blick", das bedeutet aber nicht, dass sie für Ptolemäus nicht doch als bedeutende neben, ja sogar teilweise über dem Alten Testament stehende Zeugnisse gelten.

In diesem Traktat erfährt die Leserin, dass Jesus in den Evangelien nicht nur den von Gott selbst gegebenen Teil des Gesetzes von den von Mose oder auch von den Presbytern des Volkes Israel gegebenen Zusätzen unterschieden haben soll (4,4–14), sondern es wird ihr auch mitgeteilt, dass auch das von Gott selbst gegebene Gesetz in sich dreigeteilt sei: Es enthält einerseits nämlich das Gesetz, das rein und nicht mit dem Bösen verbunden ist, wie etwa den Dekalog. Dieses hat Jesus nicht angetastet, sondern hat es, da auch es nicht vollkommen war, erfüllt, d. h. zur Vollkommenheit gebracht (5,1–3). Einen anderen Teil des von Gott gegebenen Gesetzes aber hat der Erlöser später aufgehoben, weil er mit dem Schlechten und dem Unrecht verflochten war, wie etwa die Gebote „Auge um Auge, Zahn um Zahn", die in der Abwehr des Bösen selbst zu schlechten Mittel greifen. Diese Gesetzgebung ist daher dem guten Gott, dem Vater des Alls (5,5), aber auch seinem Sohn, dem Erlöser, wesensfremd (5,1: ἀνοίκειον τῇ ἑαυτοῦ φύσει). Der dritte Teil des von Gott gegebenen Gesetzes ist für Ptolemäus schließlich derjenige, der die rituellen Gebote und Vorschriften enthält, die für ihn allesamt einen tieferen symbolischen Sinn enthalten: Opfer, Sabbat, Fasten usw. sind für Ptolemäus nach dem Bild des „Geistigen" erlassen und bedürfen der geistigen Interpretation wie etwa der, dass mit dem Fasten im eigentlichen Sinne nicht der Verzicht auf bestimmte Speisen, sondern die Enthaltung von allem Schlechten gefordert sei (5,8–15).

Nach diesem exegetischen Traktat, dessen Ende Ptolemäus mit einer erneuten direkten Anrede seiner Adressatin markiert (7,1), kommt er zu der bisher noch nicht beantworteten Frage nach dem göttlichen Urheber dieses mosaischen Gesetzes, den er bisher nur einfach als „Gott" bezeichnet hat. Aber er versichert seiner Schülerin sogleich, sie wisse eigentlich aus dem bisher Behandelten schon, wer dieser Gott sei:

> Aber auch das habe ich Dir, glaube ich, mit dem vorher Gesagten gezeigt, wenn du sorgfältig zugehört hast.[35]

Er kann ja nach dem bisher Geschriebenen weder der höchste, allein gute Gott noch der wesenhaft böse Teufel sein, muss also ein Wesen sein, das in der Mitte zwischen beiden steht.[36] Ganz am Ende des Briefes lüftet also Ptolemäus das Inkognito jenes Gottes, der als der Geber des Gesetzes zu gelten hat: Es ist der Schöpfergott (δημιουργὸς καὶ ποιητής), der diese Welt geschaffen hat und ein gerechter Gott ist und daher sowohl von anderer Wesenheit ist als der gute und höchste Gott (ἕτερος ὢν παρὰ τὰς

---

35 Epiphanius, pan. 33,7,2 (GCS Epiph. 1², 456.15–16): Ἀλλὰ καὶ τοῦτο ἡγοῦμαί σοι δεδεῖχθαι ἐπὶ ὧν προειρημένων, εἰ ἐπιμελῶς ἀκήκοας.
36 Ebd. 33,7,3–5 (1², 456.19–27): Εἰ γὰρ μήτε ὑπ' αὐτοῦ τοῦ τελείου θεοῦ τέθειται οὗτος, ὡς ἐδιδάξαμεν, μήτε μὴν ὑπὸ τοῦ διαβόλου, ὃ μηδὲ θεμιτόν ἐστιν εἰπεῖν, ἕτερός τίς ἐστι παρὰ τούτους οὗτος ὁ θέμενος τὸν νόμον.

τούτων οὐσίας), aber auch dem bösen Teufel gegenüber wesensfremd. Er ist nicht böse, aber eben auch nicht vollkommen und gut, sondern nur das Bild des Besseren. Mit dem Geber des Gesetzes und dem Schöpfer dieser Welt ist also im Brief des Ptolemäus an die Flora, anders als Christoph Markschies es vorgeschlagen hat,[37] nicht Christus als Mittler zwischen dem höchsten Gott und der Welt gemeint, sondern der gnostische, unwissende und unvollkommene Demiurg.

Ptolemäus hat seiner Schülerin in seinem Brief also die für sie wohl neue Erkenntnis vermittelt, dass das mosaische Gesetz wie auch die materielle Welt Schöpfungen eines anderen Gottes seien als dessen, der der Vater Jesu Christi ist. Was er ihr aber noch nicht vermittelt hat und in diesem Brief auch noch nicht vermitteln will, sondern auf spätere Unterrichtung verschieben muss und will, deutet er am Schluss seines Briefes an:

> Aber es soll Dich dies im Augenblick nicht verwirren, die Du lernen willst, wie von einem Anfang von allem, der ungeworden und unvergänglich und gut ist und den wir als solchen bekennen und glauben, auch diese Naturen zustande gekommen sind, nämlich die des Verderbens und die der Mitte, die verschiedenen Wesens sind, wo doch das Gute die Natur hat, das, was ihm ähnlich und gleichen Wesens mit ihm ist, zu zeugen und hervorzubringen. Du sollst nämlich, wenn Gott es gewährt, in der Folge auch den Ursprung und das Entstehen dieser Wesen kennen lernen, wenn Du der apostolischen Überlieferung für würdig gehalten wirst, die auch wir aus der Nachfolge empfangen haben, indem wir alle Worte an der Lehre unseres Heilandes prüfen.[38]

Die Antwort auf diese Fragen gibt nun interessanter Weise der valentinianische Mythos, der m. E. dazu dient, zu erklären, wie aus dem höchsten guten Prinzip nicht nur die Welt, sondern auch jene Wesen entstehen konnten, die für die Entstehung dieser Welt verantwortlich sind. Diesen Mythos, der um den Fall der Sophia und der daraus resultierenden Hervorbringung des unwissenden Demiurgen und die durch diesen hervorgebrachte niedere Schöpfung kreist,[39] kann und will der Lehrer seiner Schülerin hier noch nicht mitteilen, wahrscheinlich, weil er sie für dazu noch nicht reif hält. Sie ist aber durch seine briefliche Belehrung genau dahin

---

37 Ch. Markschies, „New Research", 241–243. Dagegen überzeugend H. Schmid, „Soter", 267. Vgl. dagegen aber Ch. Markschies, „Individuality", 427–430.
38 Epiphanius, pan. 33,7,7 (GCS Epiph. 1², 457.8–16): Μηδέ σε τὰ νῦν τοῦτο θορυβείτω θέλουσαν μαθεῖν πῶς ἀπὸ μιᾶς ἀρχῆς τῶν ὅλων ἁπλῆς οὔσης τε καὶ ὁμολογουμένης ἡμῖν καὶ πεπιστευμένης, τῆς ἀγεννήτου καὶ ἀφθάρτου καὶ ἀγαθῆς, συνέστησαν καὶ αὗται αἱ φύσεις, ἥ τε τῆς φθορᾶς καὶ ἡ τῆς μεσότητος, ἀνομοούσιοι αὗται καθεστῶσαι, τοῦ ἀγαθοῦ φύσιν ἔχοντος τὰ ὅμοια ἑαυτῷ καὶ ὁμοούσια γεννᾶν τε καὶ προφέρειν. Μαθήσῃ γάρ, θεοῦ διδόντος, ἑξῆς καὶ τὴν τούτων ἀρχήν τε καὶ γέννησιν, ἀξιουμένη τῆς ἀποστολικῆς παραδόσεως, ἣν ἐκ διαδοχῆς καὶ ἡμεῖς παρειλήφαμεν, μετὰ καὶ τοῦ κανονίσαι πάντας τοὺς λόγους τῇ τοῦ σωτῆρος ἡμῶν διδασκαλίᾳ.
39 Zu diesem Mythos vgl. u. a. H. Strutwolf, *Gnosis als System*, 59–103; E. Thomassen, *Spiritual Seed*, 248–314.

gebracht worden, die Fragen zu stellen, die auch den gnostischen Mythos umtreiben. Sie ist also schon gut vorbereitet für die nächsten Schritte von der großkirchlichen Normaltheologie zur gnostischen Erkenntnis.[40]

3 Der Brief an Rheginos

Kommen wir nun zum Rheginosbrief aus Nag Hammadi, ein nur noch in koptischer Sprache überliefertes Lehrschreiben eines uns unbekannten valentinianischen Lehrers an seinen uns nur noch dem Namen nach bekannten Schüler namens Rheginos. Dieser Brief hat in der Theologie- und Literaturgeschichte keinerlei sichtbare Spuren hinterlassen, sondern wurde erst im Zusammenhang mit der Entdeckung einer ganzen Bibliothek gnostischer Schriften im oberägyptischen Nag Hammadi Ende der vierziger Jahre des letzten Jahrhunderts wieder ans Licht gebracht.[41] Ursprünglich wohl griechisch geschrieben, muss er immerhin solche Bedeutung in gnosisnahen Kreisen gehabt haben, dass man ihn ins Koptische übersetzte, so dass er uns erhalten ist, während sein griechisches Original wohl unrettbar verloren gegangen ist. Ort und Zeit seiner Abfassung sind nicht bekannt. Man könnte aber Alexandria als Sitz der Schule vermuten, zumal der im Brief vorausgesetzte Kontakt des Rheginos mit einem Philosophen eher in der Metropole als anderswo denkbar ist. Er liegt uns in einer einzigen koptischen Handschrift vor, die wohl Mitte des 4. Jahrhunderts mit anderen Schriften aus einem Kloster verbannt und in Tonkrügen in einer Höhle verborgen wurde, um sie vor der Vernichtung durch die kirchlichen Institutionen zu bewahren.[42]

Auch der Rheginosbrief weist keine Praescriptio mehr auf, sondern beginnt gleich mit einer Anrede des Adressaten und einer polemischen Abgrenzung. Allerdings werden im Prooemium des Briefes nicht gegnerische Lehrmeinungen

---

40 Diese Charakterisierung der Vorgehensweise des Ptolemäus muss man nun nicht als die Karikatur eines „untrustworthy Gnostic teacher trying to tempt a naïve women into heresy" verstehen, wie I. Dunderberg, *Beyond Gnosticism*, 94 unterstellt, sondern kann mit ihm sagen, dass die Ausführungen des gnostischen Lehrers ihn eher als „witness to the educational approach common to all ancient schools" erscheinen lassen.
41 Die erste Edition des Rheginosbriefs wurde 1963 von M. Malinine, H. Ch. Puech, G. Quispel, W. Till, R. McL. Wilson und J. Zandee vorgelegt und seitdem vielfach kommentiert: M. L. Peel, *Brief an Rheginos*; B. Layton, *Treatise on Resurrection*; J.-É. Ménard, *Traité sur la resurrection*. Zur Auferstehungslehre in diesem Brief vgl. H. E. Lona, *Auferstehung des Fleisches*, 217–233 und N. Kiel, *Ps-Athenagoras*, 486–531. Ich habe mich schon in meiner Magisterarbeit intensiv mit dem Rheginosbrief beschäftigt und die darin gewonnen Ergebnisse in H. Strutwolf, *Gnosis als System*, 80–81 und 167–171 zusammengefasst.
42 Zur Fundgeschichte vgl. u. a. K. Rudolph, *Die Gnosis*, 40–58.

abgelehnt, sondern die falsche Art und Weise, sich mit theologischen Lehrfragen zu beschäftigen: Der Verfasser lehnt gleich zu Beginn seines Briefes die Haltung ab, die gerade eine ständige Versuchung von Mitgliedern einer elitären Schule zu sein scheint: Vielwisserei und der daraus resultierende Hochmut. Diesen Versuchungen setzt er die Suche nach dem wahren Ziel allen Wissens entgegen: die Suche nach dem Heil in Jesus Christus, das er mit dem in der valentinianischen Gnosis beliebten Begriffs der „Ruhe" (ἀνάπαυσις) ausgedrückt findet und das er und sein Schüler in Christus schon erlangt haben sollen.[43] Hiermit verhält sich unser gnostischer Lehrer auffälliger Weise zu einem Vorwurf, der von Kirchenväterseite immer wieder den gnostischen Schulhäuptern und ihren Anhängern gemacht wird, nämlich die ungebändigte Neugier und Überheblichkeit, der sie die Bescheidung auf das zum Heil notwendige Wissen und den Glauben entgegensetzen.[44] Hier weiß sich der gnostische Lehrer also schon mit der Tradition der Großkirche einig und greift positiv einen Topos antignostischer Polemik auf.

Erst nach dieser Abgrenzung wendet sich der Autor dem Thema seines Schreibens zu, der Frage nach der Auferstehung, die ihm sein Schüler Rheginos gestellt hatte:

> Aber da du uns freundlich danach fragst, was sich ziemt hinsichtlich der Auferstehung, schreibe ich dir: Sie ist eine Notwendigkeit (ογαΝαΓκαιοΝ).[45]

Die Art und Weise, wie er gefragt wurde, und die Notwendigkeit der Auferstehung für das Heil der Menschen sind es also, die den Lehrer veranlassen, diese Frage seines Schülers ausführlich zu behandeln. Zugleich ist der Autor sich bewusst und teilt es seinem Schüler auch mit, dass gerade diese Frage eine höchst umstrittene ist, nicht nur zwischen Christen und Nichtchristen, sondern auch innerhalb der christlichen Gemeinschaften:

> Auch gibt es viele, die ungläubig sind in Bezug auf sie, aber wenige sind es, die sie finden. Deshalb möge uns die Untersuchung (λόγος) ihretwegen erlaubt sein.[46]

---

[43] NHC I/4, 43.25–44.3: „Es gibt einige, mein Sohn Rheginos, die wollen viele Dinge lernen. Sie haben dabei dieses Ziel, wenn sie Fragen in Angriff nehmen, die ihrer Antwort ermangeln. Und wenn sie in Bezug auf diese Erfolg haben, pflegen sie hohe Größen in sich zu denken. Ich denke aber nicht, dass sie innerhalb des Wortes der Wahrheit stehen, weil sie mehr suchen als ihre Ruhe. Diese, die wir erlangt haben durch unseren Erlöser, unseren Herrn, den Christus. Die wir erlangt haben, und wir haben uns auf ihr zur Ruhe begeben." Eigene Übersetzung.
[44] Exemplarisch steht hierfür Tertullian, der in praescr. 7,12 (CCSL 1, 193) deutlich ausspricht: „Wir haben Neugier nicht nötig, nachdem Christus erschienen ist, und wir brauchen keine Untersuchung, nachdem wir das Evangelium haben."
[45] NHC I/4, 44.4–7.
[46] Ebd. 44.8–12.

Hat der Verfasser schon in der Einleitung seines Briefes eine christologisch und soteriologisch orientierte Konzentration auf das Wesentliche betont, so folgt nun in einem längeren Absatz die christologische Grundlegung seiner gesamten Argumentation.

Mit der Frage: „Wie hat der Herr die Dinge benutzt, als er im Fleisch wandelte und nachdem er sich als Sohn Gottes offenbart hatte?"[47] leitet er diesen christologischen Passus ein, in dem er eine regelrechte Zwei-Naturen-Lehre skizziert. In seiner irdischen Wirksamkeit, bei der er über das Gesetz der Natur, den Tod, geredet haben soll, war er sowohl Menschensohn als auch Gottessohn, d. h. hatte sowohl eine göttliche als auch eine menschliche Natur (Gottheit und Menschheit). Als Gottessohn überwand er den Tod, als Menschensohn zeigte er den Menschen den Rückweg in die göttliche Welt, aus der sie stammen, und ermöglichte so die „Apokatastasis in das Pleroma".[48] Mit diesen Worten greift der Lehrer Grundbegriffe und Vorstellungen des valentinianischen Systems auf,[49] die er nicht näher erklärt, sondern deren Verständnis durch Rheginos er offenbar voraussetzt.

Er betont innerhalb dieser Erörterungen denn auch ausdrücklich, dass Rheginos nicht als unwissend betrachtet wird.[50] Der Autor streift kurz die Vorstellungen von der Präexistenz des Erlösers wie auch von der Entstehung von Herrschaften und Gottheiten in dieser Welt und ist sich bewusst, dass er damit die „Lösung von schwierigen Problemen" ankündigt.[51] Er betont aber sogleich, dass es nichts Schwierigen im Wort der Wahrheit gebe, da durch die Offenbarung in Christus alle Geheimnisse enthüllt seien.[52] Gut gnostisch beschreibt er dabei diese Offenbarung als die Auflösung des Bösen und die Offenbarung des Auserwählten, die eine Emanation (προβολή, ebenfalls ein valentinianischer Terminus technicus)[53] von Wahrheit und Geist sei.[54] Er erwähnt auch, dass der Erlöser das Sichtbare, den Tod, verschlungen habe, indem er diesen Kosmos wieder abgelegt und sich in ein unvergängliches Wesen verwandelt und sich selber auferweckt und das Sichtbare durch das Unsichtbare verschlungen habe.[55] Durch diese seine eigene Auferstehung soll

---

47 Ebd. 44.13–17.
48 Ebd. 44.17–34.
49 Die „Apokatastasis in das Pleroma" ist ein typisch valentinianischer Begriff: So wird die gefallene Sophia nach Irenäus, adv. haer. I 8,4 (FC 8/1, 180–182), durch den Erlöser wieder ins Pleroma zurückgebracht (ἀποκαθίστασθαι ... ἐντὸς πληρώματος), und im *Tractatus tripartitus* (NHC I/5, 123.21–22) wird als das Endziel der Erlösung der Pneumatiker die ⲁⲡⲟⲕⲁⲧⲁⲥⲧⲁⲥⲓⲥ ⲁϩⲟⲩⲛ ⲁⲡⲓⲡⲗⲏⲣⲱⲙⲁ angegeben.
50 NHC I/4, 45.15.
51 Ebd. 44.33–45.2.
52 Ebd. 45.2–9.
53 Vgl. M. Malinine/H. Ch. Puech/G. Quispel, *De resurrectione*, 26.
54 NHC I/4, 45.9–13.
55 Ebd. 45.14–21.

Christus auch uns den Weg zu unserer Unsterblichkeit geebnet haben, weil wir nicht nur mit Christus gelitten haben, sondern schon mit ihm auferstanden und in den Himmel aufgestiegen sein sollen.[56] Hiermit vertritt der Rheginosbrief eindeutig die gnostische Vorstellung von der präsentischen Auferstehung und beruft sich dafür ausdrücklich auf den Apostel Paulus:

> Dann aber wie der Apostel gesagt hat: ‚Wir haben mit ihm gelitten und wir sind mit ihm auferstanden und wir sind mit ihm in den Himmel aufgestiegen'.[57]

Diese präsentische Auferstehung, die im Aufstieg der Pneumatiker in die geistige Welt gipfelt, bezeichnet unser Autor dann auch als „pneumatische Auferstehung" (ⲧⲁⲛⲁⲥⲧⲁⲥⲓⲥ ⲛⲡⲛⲉⲩⲙⲁⲧⲓⲕⲏ), die die seelische und die fleischliche Auferstehung verschlingt.[58] Sie entspricht im Wesentlichen dem, was wir aus anderen Quellen als valentinianische Auferstehungsvorstellung kennen, die die Auferstehung des Fleisches am Jüngsten Tag leugnet und stattdessen den Aufstieg des reinen Pneuma ins Pleroma lehrt.[59]

Nun ist sich der Verfasser unseres Briefes deutlich bewusst, dass der Glaube an die Auferstehung nicht jedermanns Sache ist. Deshalb macht er eine erkenntistheoretische Zwischenbemerkung:

> Wenn es jedoch jemanden gibt, der nicht glaubt, so kann er nicht überzeugt werden. Es ist nämlich der Ort des Glaubens und nicht der Überzeugung: Wer tot ist, wird auferstehen.[60]

---

56 Ebd. 45.22–23.
57 Ebd. 45.23–28. Mit dem Apostel ist offenbar der Apostel Paulus gemeint. Es handelt sich hier allerdings nicht um ein wörtliches Bibelzitat, sondern um eine Zusammenraffung verschiedener paulinischer Aussagen: Das Mitgelittenhaben der Gläubigen mit Christus findet sich etwa in Röm 8,17. Formulierungen über das Mitauferstandensein sind in den Deuteropaulinen in Kol 2,12 und Eph 2,6 zu finden. Die Aussage, dass die Gläubigen mit Christus in den Himmel gefahren sind, lässt sich in Eph 2,4–6 und Kol 3,1–3 nachweisen.
58 NHC I/4, 45.39–46.2. ⲱⲙⲛⲕ bedeutet „verschlingen, schlucken", meint also die Vernichtung von etwas. Vgl. W. Westendorf, *Koptisches Handwörterbuch*, 292. Es könnte hier durchaus eine Anspielung an 2 Kor 5,4 vorliegen, wo es heißt, das Sterbliche werde vom Leben „verschlungen" (καταποθῇ), und an 1 Kor 15,54, wo davon die Rede ist, der Tod sei „verschlungen in den Sieg".
59 So wird die pneumatische Auferstehung von dem Valentinianer Theodotus bei Clemens von Alexandria, exc. ex Theod. 7,5 (GCS Clem. Al. 3², 108), von der leiblichen Auferstehung abgegrenzt. Ps.-Justin, res. (III p. 594 C 6 Otto), stellt polemisch die von ihm abgelehnte bloß pneumatische Auferstehung (πνευματικὴ μόνη ἡ ἀνάστασις) der von ihm behaupteten fleischlichen Auferstehung gegenüber. Tertullian, res. mort. 24,4–6 (CCSL 2, 951), polemisiert gegen die Valentinianer, die die *resurrectio spiritualis* mit der gegenwärtigen, im irdischen Leben gemachten Erfahrung der geistigen Erneuerung gleichsetzen und dadurch die fleischliche Auferstehung obsolet machen wollen.
60 NHC I/4, 46.3–8.

Zwar hat der Verfasser von Rheginos erfahren, dass es einen gläubigen Philosophen im Umkreis der Schule gibt. Aber er soll diesen Philosophen keinesfalls in dem Glauben lassen, dass er „ein Mensch sei, der von sich aus zurückkehren kann", und dies soll er „wegen unseres Glaubens" vermeiden.[61]

Anders als etwa platonische Philosophen hält unser Verfasser nämlich dafür, dass es allein der Glaube an Jesus Christus ist, der es dem Menschen ermöglicht, diese Welt zu überwinden und in die geistige Wirklichkeit aufzusteigen. Gnosis ist eben eine Erlösungsreligion, ihr ist jede Vorstellung von einer Selbsterlösung des Menschen fremd, und sei er auch noch so gebildet. Ohne die Offenbarung durch den Erlöser und den Glauben an ihn können die Gnostiker ihren überweltlichen Ursprung nicht erkennen und dadurch dieser Welt entkommen.

Dieser Glaube wird dann allerdings mit genuin gnostischen Vorstellungen beschrieben: Christus „ist zur Auflösung des Todes geworden", allerdings nur für die, die an ihn glauben und sich damit eng mit ihm verbunden haben. Es ist dabei ihr „Verstand" (ⲙⲉⲩⲉ) oder ihr „Denken" (νοῦς), das mit dem Erlöser gleichen Wesens ist und daher unsterblich geworden ist.[62] Zu dieser Erlösung sind sie von Anfang an vorherbestimmt, und zwar dadurch, dass sie aus der göttlichen Welt stammen und dorthin zurückkehren müssen. Um dies nicht näher erklären zu müssen, zitiert der Autor einen Passus aus einem valentinianischen Hymnus, der dem Rheginos bekannt gewesen sein dürfte:

> Stark ist das System des Pleroma, klein ist das, was sich löste und zum Kosmos wurde. Das All aber ist dasjenige, was umfasst wird. Es ist nicht entstanden, es war.[63]

Da der Verfasser kurz darauf erklärt, dass das „All" (ⲡⲧⲏⲣϥ) die Gesamtheit der Gnostiker ist,[64] ist deutlich, dass hier auf den valentinianischen Mythos vom Fall der Geistwesen aus dem Pleroma und der dadurch bedingten Entstehung des materiellen Kosmos angespielt wird. Die zum Heil prädestinierten Gnostiker stammen aus dem Pleroma, sie sind – anders als die Welt – nicht entstanden, sondern ewig und bleiben auch in der Welt untrennbar mit der geistigen Welt verbunden, in die sie zurückkehren müssen.

---

61 Ebd. 46.8–13. H. E. Lona, *Auferstehung des Fleisches*, 211 geht davon aus, dass zwischen zwei Philosophen unterschieden werde: auf der einen Seite der „gläubige Philosoph" (46.8–9), auf der anderen der „Philosoph dieser Welt" (46.10–13), der meint, er könne von sich aus gerettet werden. Das ist aber m. E. nicht der Fall, sondern es ist ein und derselbe Philosoph, der glaubt und nicht von Rheginos in der falschen Annahme bestärkt werden soll, er könne von sich aus, ohne Erlösung, in die geistige Welt aufsteigen.
62 NHC I/4, 46.19–24.
63 Ebd. 46.35–47.1.
64 Ebd. 47.26–27.

Hat der Verfasser bis zu dieser Stelle letztlich valentinianisches Lehrgut reproduziert, das auch seinem Schüler im Wesentlichen bekannt gewesen sein dürfte, so geht er nun nach dieser Vorbereitung zum eigentlichen Thema seines Briefes über, das offenbar Rheginos große Probleme bereitet hat: die Auferstehung des Fleisches. Von hier ab wird Rheginos nicht mehr als Wissender, sondern als Zweifelnder und noch nicht zur Erkenntnis Gekommener angeredet, zugleich wird der Ton der Darlegungen lebhafter, dialogischer und adhortativer:

> Deshalb zweifle nicht wegen der Auferstehung, mein Sohn Rheginos! Wenn Du nämlich nicht im Fleisch warst, hast Du Fleisch angenommen, als Du in diesen Kosmos gekommen bist. Weshalb wirst Du dann nicht Fleisch annehmen, wenn Du hinaufgehst zum Äon? Das, was besser ist als das Fleisch, ist für es die Ursache des Lebens. Das, was Deinetwegen entsteht, ist es denn nicht etwa Dein? Dasjenige, was Dein ist, ist es etwa nicht mit Dir?[65]

Es ist also das zwischen Gnostikern und Vertretern der Mehrheitskirche hoch umstrittene Problem der Auferstehung des Fleisches, das Rheginos umgetrieben und auf das er von seinem Lehrer Aufschluss erhofft hat. Der Lehrer betont nun in seinen rhetorischen Fragen die Zugehörigkeit des Fleisches zum Menschen. Wenn die Gnostiker beim Abstieg in diese Welt Fleisch angenommen haben, so ist es prinzipiell nicht ausgeschlossen, dass sie auch beim Aufstieg wieder Fleisch annehmen werden, eine im gnostischen Kontext sehr ungewöhnliche Aussage.

Wird auch das Fleisch in dieser Aussage als Teil der menschlichen Konstitution erstaunlich positiv gewertet, stellt sich doch die Frage, was dann die Ursache für den mangelhaften und erlösungsbedürftigen Zustand des Menschen in der Welt ist. Diese Frage hat Rheginos offenbar seinem Meister gestellt, offenbar wissend, dass dieser eine positivere Stellung der menschlichen Leiblichkeit gegenüber einnahm, als es traditionelle valentinianische Überzeugung war.[66] Daher verweist der Lehrer seinen Schüler auf Alterung und Tod, die Nachgeburt des Körpers sind. Der materielle Leib gehört zwar prinzipiell zum Menschen, in seinem jetzigen Zustand allerdings ist er eine Last und „Du hast Abwesenheit als Gewinn". Zugleich aber betont der Meister, dass es Gnade für das Fleisch geben soll.[67] Genau um diese Gnade, die es auch für das menschliche Fleisch geben wird, geht es im Folgenden im Rheginosbrief. „Gnade für das Fleisch" ist eine recht ungnostische Vorstellung, wird doch gerade die Auferstehung des Fleisches in den meisten gnostischen Schriften abgelehnt. Aber gerade diese Gnade, die es für das Fleisch in der Auferstehung geben soll, scheint das Thema zu sein, dass der Lehrer seinem Schüler nahebringen will.

---

65 Ebd. 47.2–13.
66 Ebd. 47.14–16.
67 Ebd. 47.17–24.

Auf die Frage, ob die Erlösten in dem Moment, in dem sie den Leib verlassen, gerettet sind oder ob sie bis zum jüngsten Tag auf Erlösung warten müssen, antwortet der Verfasser mit einem eindeutigen Ja: „Keiner möge wegen dieser Sache zweifeln."[68] Die Auferstehung wird also nicht erst am Jüngsten Tage geschehen, sondern unmittelbar nach dem Tod der einzelnen Glaubenden. Mit dieser Vorstellung bleibt er noch einmal ganz innerhalb der gnostischen Vorstellungswelt, nach der die Auferstehung im Leben des Gnostikers, d. h. der Moment der Erkenntnis seiner Herkunft aus der oberen Welt, durch die der Gnostiker seine eigene Weltüberlegenheit erkennt, in der postmortalen Auferstehung als Aufstieg in die geistige Welt zu ihrem Ziel kommt.

Danach nun entfaltet er aber seine eigene Auferstehungsvorstellung näher, die eine Synthese aus der traditionellen kirchlichen Lehre und der valentinianisch-gnostischen Vorstellung ist, die die präsentische, schon zu Lebzeiten durch die Erkenntnis der Wahrheit geschehende Auferstehung mit der futurischen, nach dem Tode geschehenden Auferstehung im Aufstieg ins Jenseits verbindet. Zwar wird der menschliche Leib auferstehen, aber in verwandelter und neuer Weise:

> Auf die alte Weise aber werden die Glieder, die sichtbar und tot sind, nicht gerettet werden, denn die Glieder, die in ihnen sind, werden auferstehen.[69]

Damit greift der Verfasser eine valentinianische Vorstellung auf, nach der ein innerer, geistiger Leib, der die äußeren Glieder belebt, nach dem Tod des Gnostikers auferstehen wird, während der äußere, irdische Leib vergehen muss. Dieser innere, geistige Leib ist es offenbar, der dem angenommenen Fleisch das Leben gegeben hat und der sich dann beim Aufstieg des Gnostikers in die Welt des Pleroma wieder mit einem neuen, geistigen Fleisch bekleiden wird. Diese futurische Auferstehung wird nun auf interessante Weise zirkulär definiert:

> Was aber ist die Auferstehung? Sie ist stets die Enthüllung dessen, der auferstanden ist.[70]

Man kann diesen Satz nur verstehen, wenn man sich klar macht, dass hier ein zweifacher Auferstehungsbegriff vorausgesetzt wird. Die futurische Auferstehung ist nichts anderes als die Enthüllung dessen, was in der präsentischen Auferstehung im Leben der Gnostiker schon geschehen ist. Durch ihre Verbindung mit Christus sind sie schon geistig und innerlich auferstanden, haben Tod und Verderben überwunden und werden daher am Ende ihres irdischen Lebens, wenn

---

[68] Ebd. 47.24–36.
[69] Ebd. 47.38–48.3.
[70] Ebd. 48.4–6.

sie ihre materiellen Leiber verlassen, als das sichtbar, was sie schon längst sind: erlöste und unsterbliche Wesen.

Der Briefschreiber macht die Realität der Auferstehung dann am Beispiel von Mose und Elia deutlich, die bei der Verklärung Jesu (Mt 17,3; Mk 9,14; Lk 9,30–31) in leibhaftiger, sichtbarer Gestalt erschienen sind. Diese ihre leibliche Erscheinung war nun keine Illusion oder Täuschung, sondern Realität, während die materielle und geschichtliche Welt ein leerer Pomp ist.[71] Im Folgenden erklärt der Verfasser seinem Schüler, warum dies der Fall ist: Alles, was in dieser Welt existiert, ist dem Wandel, dem Vergehen unterworfen. Auch wenn die Menschen in dieser Welt noch leben, so zeigt doch ihr bevorstehender und unausweichlicher Tod, dass sie nicht wirklich existieren. Dagegen sind die Gnostiker dadurch, dass sie in Zukunft auferstehen und ewig leben werden, dass sie in ihrem Wesen schon jetzt unsterblich und damit auferstanden sind.[72]

Die Auferstehung ist aber beides: einmal das Sichtbarwerden dessen, was schon innerlich geschehen ist und durch die Präexistenz der zum Heil vorherbestimmten Gnostiker schon immer war, zum anderen eine neue Existenzform, eine Verwandlung der körperlichen Gestalt der Erlösten in eine neue geistige Leiblichkeit. Während die Wirklichkeit des Kosmos durch Veränderung und Vergänglichkeit bestimmt ist und daher keine feste Realität besitzt, ist die Existenz der Gnostiker durch wahres Sein und bleibenden Bestand geprägt, das nur noch sichtbar und erkennbar werden muss:

> Eine Illusion ist der Kosmos ..., aber die Auferstehung hat nun nicht eine solche Gestalt, denn sie ist die Wahrheit und das Feststehende, und sie ist die Offenbarung des Seienden und die Veränderung der Dinge und ein Wechsel in eine Erneuerung, denn die Unzerstörbarkeit fließt herab auf die Zerstörung und das Licht strömt herab auf die Finsternis, indem es sie verschlingt, und das Pleroma erfüllt den Mangel. Dieses sind die Symbole und Gleichnisse der Auferstehung.[73]

Die zukünftige postmortale Auferstehung ist somit Enthüllung dessen, der schon im Leben auferstanden ist, und zugleich seine Vollendung und Verwandlung in eine höhere Seinsform.

Am Ende seiner Darlegung ermahnt der Lehrer seinen Schüler dann, dass er diese Erkenntnis auch in seinem Leben bewahrheiten und bewähren muss:

> Daher denke nicht stückweise, oh Rheginos, und lebe nicht nach diesem Fleisch wegen der Einheit, sondern gehe heraus aus den Spaltungen und Fesseln, und schon hast Du die Auferstehung. Wenn nämlich der, der sterben wird, sich selbst erkennt als einer, der sterben

---

71 Ebd. 48.6–16.
72 Ebd. 48.21–30.
73 Ebd. 48.27–49.7.

wird – auch wenn er viele Jahre in diesem Leben verbringt, wird er dorthin gebracht –, weswegen siehst Du Dich dann nicht selbst als einen an, der auferstanden ist, und wirst ebenfalls dorthin gebracht? Wenn Du die Auferstehung hast, aber verharrst, als ob Du noch sterben würdest – und doch weiß dieser, dass er gestorben ist, weswegen aber verzeihe ich Dir, außer wegen deiner Ungeübtheit? Es ziemt sich für jeden, sich auf vielfältige Weise zu üben, und er soll erlöst werden von diesem Element, damit er nicht verwirrt wird, sondern damit er selbst wieder dasjenige erhält, was zuerst war.[74]

Auch wenn der Gnostiker durch seine Herkunft aus dem Pleroma vorherbestimmt ist, zur Erkenntnis und zur Auferstehung zu gelangen, muss er sich dennoch üben und sich einer Lebensweise befleißigen, die der Auferstehung in diesem Leben entspricht. Die gnostische Naturen- und Erwählungslehre führt also keineswegs zu moralischer Lässigkeit oder gar zu Immoralismus, wie die Ketzerbestreiter ihr vorwerfen, sondern verlangt eher nach einer asketisch-moralischen Lebensweise.[75] Während Rheginos die gnostische Lehre schon verinnerlicht hat, entspricht seine existentielle Haltung noch nicht der vom Verfasser entfalteten Lehre von der Auferstehung.

Mit seinem Modell einer zweifachen Auferstehung gelingt es dem Verfasser m. E., die allgemein christliche Lehre von der Auferstehung des Fleisches in modifizierter Form in seine valentinianische Vorstellungswelt zu integrieren. Anders als der klassische Valentinianismus leugnet er das leibliche Element in der Auferstehung nicht, sondern kann mit seiner Vorstellung vom inneren Leib, der ein neues Fleisch höherer Ordnung annehmen wird, auch die leibliche Identität der Erlösten in der Erlösung des Menschen bewahren, ohne gezwungen zu sein, allzu materialistische Vorstellung vom Endheil, wie sie vielfach von Vertretern der Großkirche vertreten wurden, zu übernehmen.

In seinem Brief an Rheginos war er dabei bemüht, seinen Schüler, der in die gnostischen Spekulationen der Schule voll eingeführt war, von der rein gnostischen, rein immateriellen zu einer mehr leiblichen Auferstehungsvorstellung zu führen. Ob ihm das gelungen ist, wissen wir natürlich ebensowenig wie im Falle der Flora, denn wir besitzen kein Dokument, das eine Reaktion der Belehrten auf diesen Unterricht

---

74 Ebd. 49.9–36.
75 Der Vorwurf des gnostischen Amoralismus wird seit Irenäus, adv. haer. I 6,2–3 (FC 8/1, 164–166), erhoben und soll eine Folge ihrer falschen Lehre sein. Bei Irenäus lässt sich noch deutlich erkennen, dass dieser Vorwurf zum großen Teil auf polemischem Rückschluss aus ihrer Lehre beruht: Da sich die Gnostiker von Natur aus zur Erlösung prädestiniert ansähen, wären sie nicht darauf angewiesen, durch moralisch gute Handlungen das Heil zu erlangen, und könnten daher tun und lassen, was sie wollten. In den meisten gnostischen Originalschriften zeigt sich dagegen eher ein asketischer Zug. Daher kann man mit S. Vollenweider, *Freiheit*, 117 davon sprechen, der „Libertinismus" sei „innerhalb der Gnosis durchwegs ein *Randphänomen*".

erkennbar werden lässt. Der Verfasser schließt seinen Brief jedenfalls mit der Bemerkung an Rheginos und seine Mitschüler, sie möchten, wenn sie etwas nicht verstanden haben sollten, nachfragen, dann würde der Lehrer versuchen, ihre Fragen zu beantworten.

Hier wird deutlich, dass der Brief zwar an einen einzelnen Schüler gerichtet ist, aber mit einer Vielzahl von Lesern rechnet, die ebenfalls als Schüler des Meisters zu gelten haben. Aber nicht nur die Mitschüler werden am Ende des Briefes gegrüßt, sondern auch diejenigen, die nicht zur Schule gehören, sondern ihnen (nur) in Bruderliebe verbunden sind.[76] Hier spiegelt sich eine christliche Gemeinde, deren Mitglieder nicht zur Schule gehören, aber denen sich diese Schule verbunden fühlt. Sie sind nicht Adressaten des Briefes, den allein die Schüler lesen sollen. Der Brief ist also in einer Zeit geschrieben worden, als sich gnostische Schulen noch im Umfeld christlicher Gemeinden halten konnten, also wahrscheinlich noch Ende des 2., spätestens Anfang des 3. Jahrhunderts.[77]

4 Fazit

Wir haben also das Glück, zwei Lehrbriefe aus der Valentinschule zu besitzen, in denen jeweils ein gnostischer Lehrer seine Schülerin bzw. seinen Schüler über ein bestimmtes Problem unterrichtet und dabei bestrebt ist, bei ihnen einen Erkenntnisfortschritt zu erreichen. Ptolemäus führt seine Schülerin Flora in das Problem des alttestamentlichen Gesetzes ein, um sie stufenweise vom einfachen Glauben der Gemeindemitglieder zu einer gnostischen Sicht der Dinge zu führen. Er geht dabei sehr behutsam vor und hütet sich, Dinge auszusprechen, die die noch nicht im gnostischen Denken gefestigte Schülerin abschrecken oder verwirren könnten. Einige Unklarheiten in seiner Darstellung, die etwa Christoph Markschies dazu ver-

---

76 NHC I/4, 50.11–16: „Viele sehen auf dieses, auf dieses, was ich geschrieben habe. Diesen sage ich: Der Friede sei mit ihnen und die Gnade. Ich grüße dich und die, die euch in Bruderliebe lieben."
77 Waren die Valentinianer bis zum Auftreten des Irenäus noch in den christlichen Gemeinden geduldet, so beginnt mit seinem antignostischen Feldzug der Umschwung: Sie wurden aufgrund seines Eingreifens aus der Gemeinde ausgeschlossen, was für sie selbst zunächst völlig unerwartet geschah: Irenäus, adv. haer. III 15,2 (FC 8/3, 180). Seit der Zeit Viktors I. (ca. 189–199 n. Chr.) hört in Rom die Tolerierung der Gnostiker offenbar auf. Vgl. P. Lampe, *Die stadtrömischen Christen*, 328–329. Selbst im synkretistischen Alexandrien gelten Valentin und die Valentinianer spätestens seit den Zeiten des Clemens von Alexandria, strom. VII 108,1 (GCS Clem. Al. 3², 76), und des Origenes, Cels. V 61 (GCS Orig. 2, 64–65), als notorische Ketzer, mit denen keine Kirchengemeinschaft mehr besteht.

anlasst haben, den gnostischen Charakter des Briefes an Flora überhaupt in Frage zu stellen, könnten genau darin ihre Ursache haben, dass der Lehrer gegenüber seiner noch nicht weit fortgeschrittenen Schülerin gewisse Lehrpunkte bewusst in der Schwebe gelassen hat. Der Brief eines anonymen Valentinianers an Rheginos dagegen schlägt offenbar die umgekehrte Richtung ein und versucht, einem in der valentinianischen Lehre ausgebildeten Schüler in der Frage der Auferstehungslehre einen Erkenntnisfortschritt zu ermöglichen, der einer teilweisen Wiederannäherung an die kirchliche Vorstellungswelt entspricht. Behutsam führt er ihn von der rein spiritualistischen gnostischen Auferstehungsvorstellung zu einer Konzeption, die auch das Fleisch und den menschlichen Leib mit in das Endheil der Gnostiker einbezieht.

Beide Briefe sind damit beeindruckende Zeugnisse gnostischer Lehrtätigkeit, die einen seltenen Einblick in die uns sonst verschlossene Welt gnostischer Schulen ermöglichen. Wahrscheinlich jeweils in einer kirchlichen Metropole situiert (Rom und Alexandrien), waren die gnostischen Schulen, aus denen die beiden Briefe hervorgegangen sind, vielfältig mit ihrer kirchlichen aber auch heidnischen Umwelt verbunden, weil Lehrende wie auch Lernende Mitglieder der christlichen Gemeinden vor Ort waren und ihre Schulen zugleich als höhere Bildungsinstitute im Gespräch mit und in Konkurrenz zu nichtchristlichen Schulen standen.[78] Rheginos hat Kontakt mit einem Philosophen, der Christ war und dessen wahrscheinlich platonische Ansichten ihn irritiert zu haben scheinen. Flora dagegen scheint von Ansichten beeinflusst gewesen zu sein, die sie an Wert und Bedeutung des alttestamentlichen Gesetzes zweifeln ließen. In beiden Fällen reagiert ein christlicher Lehrer auf diese von außen kommenden Anstöße, um seine Schulmitglieder in ihrem Glauben zu stabilisieren und sie zugleich auf eine neue Ebene des Verstehens zu führen. Während es bei dem Rheginosbrief evident ist, dass er sich zwar an eine einzelne, dem Lehrer bekannte Person richtet, aber zugleich damit rechnet, auch von den anderen Mitgliedern der Schule gelesen zu werden,[79] lässt der Brief an die Flora keine solche Funktion für eine größere Gemeinschaft erkennen. Man muss aber damit rechnen, dass auch dieser Brief nicht

---

[78] Es ist sicher kein Zufall, dass der freie christliche Lehrer Justin sozusagen von einem Konkurrenten angezeigt wurde. Der kynische Philosoph Crescens wird von Justin, apol. II 8(3),1 (SC 507, 342), als Gegner genannt und als möglicher zukünftiger Denunziant verdächtigt. Tatian, orat. 19,3–4 (SAPERE 28, 74), bestätigt später, dass es genau dieser Konkurrent war, auf dessen Anzeige hin die Verfolgung des Justin und seiner Schüler erfolgte.

[79] Der Autor scheint dabei mit individueller Lektüre seines Briefes durch die Schulmitglieder zu rechnen, wenn er davon spricht, „viele schauten" auf das Geschriebene (NHC I/4, 50.11–13). Er hat also nicht die öffentliche Verlesung seines Schreibens vor seinem geistigen Auge, sondern die Weitergabe des Schriftstückes innerhalb der Schule.

im rein privaten Bereich seiner Adressatin verblieben ist, da wir sonst keine Kenntnis von ihm hätten. Epiphanius muss dieses Schreiben ja unter seinen gnostischen Originalquellen vorgefunden haben, so dass es im Umkreis gnostischer Zirkel umgelaufen sein muss. Wir wissen zwar nicht, woher genau Epiphanius, der ja selbst in seiner Jugend engeren Kontakt mit einer gnostischen Gruppe gehabt haben will,[80] diesen Fundus von ihm als häretisch angesehener Schriften hatte, aber er wird sie kaum aus dem Privatarchiv der Familie der Flora, sondern aus gnostischen Kreisen empfangen haben.

Der ursprünglich griechische Rheginosbrief wurde irgendwann von Menschen, die Interesse an gnostischer Literatur hatten, also selbst der Gnosis positiv gegenüberstanden, ins Koptische übersetzt und landete schließlich mit dem Codex Jung von Nag Hammadi in einer kleinen Sammlung gnostischer Schriften valentinianischer Ausrichtung.[81] Es spricht also viel dafür, dass dieser Brief eine primär ‚innervalentinianische' Überlieferungsgeschichte hatte. Beide Briefe sind somit wohl hauptsächlich in gnostischen Kreisen umgelaufen und werden dabei in sekundärem Gebrauch als gnostische Lehrschriften benutzt worden sein. Daher dürften beide Briefe nicht nur ihren Ursprung, sondern auch ihre Wirkungsgeschichte innerhalb der valentinianischen Schulwirklichkeit gehabt haben, bevor sie entweder aus der Überlieferung verschwanden, wie der Rheginosbrief, oder als Quelle in ein antignostisches Werk inkorporiert wurden, wie der Brief an die Flora. Mit dem Untergang der valentinianischen Schulen verloren beide Schriften auch ihre primären Tradentenkreise und waren auf den archäologischen Zufall oder die polemische Nutzung durch ihre Gegner angewiesen, um nicht völlig in Vergessenheit zu geraten.

Bibliographie

B. Aland, „Was heißt Kanonisierung des Neuen Testaments?", in: *Kanon in Konstruktion und Dekonstruktion. Kanonisierungsprozesse religiöser Texte von der Antike bis zur Gegenwart* (hg. v. E.-M. Becker/S. Scholz; Berlin/Boston: De Gruyter, 2012), 519–545.

I. Dunderberg, *Beyond Gnosticism. Myth, Lifestyle, and Society in the School of Valentinus* (New York: Columbia University Press, 2008).

---

80 Epiphanius, pan. 40,1,6 (GCS Epiph. 2, 81.18–23).
81 Mit dem *Gebet des Apostels Paulus*, dem *Evangelium der Wahrheit*, dem Rheginosbrief und dem *Tractatus Tripartitus* enthält der Codex Jung vier eindeutig als valentinianisch zu charakterisierende Schriften, während die einzige nicht eindeutig valentinianische Schrift, das *Apokryphon des Jakobus*, als allgemein gnostisches Werk durchaus mit der valentinianischen Lehre kompatibel ist.

A. Fürst, *Christentum als Intellektuellen-Religion. Die Anfänge des Christentums in Alexandria* (Stuttgarter Bibelstudien 213; Stuttgart: Verlag Katholisches Bibelwerk, 2007).

R. Gorman, „οἱ περί τινα in Strabo", in: *Zeitschrift für Papyrologie und Epigraphik* 136 (2001), 201–213.

A. Handl, „Viktor I. (189?–199?) von Rom und die Entstehung des ‚monarchischen' Episkopats in Rom", in: *Sacris Eruditi* 55 (2016), 7–56.

A. von Harnack, *Analecta zur ältesten Geschichte des Christentums in Rom* (Texte und Untersuchungen 28/2; Berlin: Akademie-Verlag, 1905).

A. von Harnack, *Marcion. Das Evangelium vom fremden Gott. Eine Monographie zur Geschichte und Grundlegung der katholischen Kirche. Neue Studien zu Marcion* (Darmstadt: Wissenschaftliche Buchgesellschaft, ^{2}1960).

A. L. Khosroyev, „Zur Frage nach Eugnostos im Codex III von Nag Hammadi", in: *The Nag Hammadi Texts in the History of Religions. Procedings of the International Conference at the Royal Academie of Sciences and Letters in Copenhagen, September 19–24, 1995* (hg. v. S. Giversen/T. Petersen/J. P. Sørensen; Copenhagen: Reitzel, 2002), 24–34.

N. Kiel, *Ps-Athenagoras De Resurrectione. Datierung und Kontextualisierung der dem Apologeten Athenagoras zugeschriebenen Auferstehungsschrift* (Supplements to Vigiliae Christianae 133; Leiden/Boston: Brill, 2016).

P. Lampe, *Die stadtrömischen Christen in den ersten beiden Jahrhunderten. Untersuchungen zur Sozialgeschichte* (Wissenschaftliche Untersuchungen zum Neuen Testament II/18; Tübingen: Mohr Siebeck, ^{2}1989).

B. Layton, *The Gnostic Treatise on Resurrection from Nag Hammadi. Edited with Translation and Commentary* (Harvard Dissertations in Religion 12, Missoula MT: Scholars Press, 1979).

W. A. Löhr, „Ptolemäus, Gnostiker", in: *TRE* 27 (1997), 699–702.

W. A. Löhr, „A Variety of Docetisms. Valentinus, Basilides and their Disciples", in: *Docetism in the Early Church* (hg. v. J. Verheyden u. a.; Wissenschaftliche Untersuchungen zum Neuen Testament 402; Tübingen: Mohr Siebeck, 2018), 231–260.

H. E. Lona, *Über die Auferstehung des Fleisches. Studien zur frühchristlichen Eschatologie* (Beihefte zur Zeitschrift für die Neutestamentliche Wissenschaft 66; Berlin/New York: De Gruyter, 1993).

M. Malinine/H. Ch. Puech/G. Quispel, *De Resurrectione (Epistula ad Rheginum). Codex Jung F. XXII^r–F. XXV^v (p. 43–50)* (Zürich/Stuttgart: Rascher, 1963).

Ch. Markschies, *Valentinus Gnosticus? Untersuchungen zur valentinianischen Gnosis, mit einem Kommentar zu den Fragmenten Valentins* (Wissenschaftliche Untersuchungen zum Neuen Testament 65; Tübingen: Mohr Siebeck, 1992).

Ch. Markschies, „Nochmals Valentinus und die Gnostikoi. Beobachtungen zu Irenaeus, Haer. I 30,15 und Tertullian, Val. 4,2", in: *Vigiliae Christianae* 51 (1997), 179–187.

Ch. Markschies, „New Research on Ptolemaeus Gnosticus", in: *Zeitschrift für antikes Christentum* 4 (2000), 225–254.

Ch. Markschies, „Individuality in Some Gnostic Authors. With a Few Remarks on the Interpretation of Ptolemaeus, Epistula ad Floram", in: *ZAC* 15 (2011), 411–430.

Ch. Markschies, „‚Grande Notice'. Einige einleitende Bemerkungen zur Überlieferung des sogenannten Systems der Schüler des Ptolemaeus Gnosticus", in: *Valentinianism. New Studies* (hg. v. Ch. Markschies/E. Thomassen; Nag Hammadi and Manichaean Studies 96, Leiden/Bosten: Brill 2020), 29–87.

G. May, *Schöpfung aus dem Nichts. Die Entstehung der Lehre von der Creatio ex nihilo* (Arbeiten zur Kirchengeschichte 48; Berlin/New York: De Gruyter, 1978).

J.-É. Ménard, *Le traité sur la resurrection (NH I,4). Texte établi et présenté* (Bibliothèque Copte de Nag Hammadi. Section Textes 12; Quebec: Presse de l'Université Laval, 1983).

U. Neymeyr, *Die christlichen Lehrer im zweiten Jahrhundert. Ihre Lehrtätigkeit, ihr Selbstverständnis und ihre Geschichte* (Supplements to Vigiliae Christianae 4; Leiden/Bosten: Brill, 1989).

D. M. Parrott (Hg.), *Nag Hammadi Codices III,3-4 and V,1. Papyrus Berolinensis 8502,3 and Oxyrhynchus Papyrus 1081. Eugnostos and the Sophia of Jesus Christ* (Nag Hammadi Studies 27; Leiden/Boston: Brill, 1991).

M. L. Peel, *Gnosis und Auferstehung. Der Brief an Rheginus von Nag Hammadi. Mit einem Anhang: Der koptische Text des Briefes an Rheginus* (Neukirchen-Vluyn: Neukirchener Verlag, 1974).

H. Schmid, „Ist der Soter in Ptolemaeus' *Epistula ad Floram* der Demiurg? Zu einer These von Christoph Markschies", in: *Zeitschrift für antikes Christentum* 15 (2011), 249–271.

H. Strutwolf, *Die Auferstehungslehre in der „Epistula ad Rheginum" und die Eschatologie des Johannesevangeliums* (Magisterschrift Heidelberg 1987).

H. Strutwolf, *Gnosis als System. Zur Rezeption der valentinianischen Gnosis bei Origenes* (Forschungen zur Kirchen- und Dogmengeschichte 56; Göttingen: Vandenhoeck & Ruprecht, 1993).

E. Thomassen, *The Spiritual Seed. The Church of the „Valentinians"* (Nag Hammadi and Manichaen Studies 60; Leiden/Boston: Brill, 2006).

K. Rudolph, *Die Gnosis. Wesen und Geschichte einer spätantiken Religion* (Göttingen: Vandenhoeck & Ruprecht, [3]1990).

S. Vollenweider, *Freiheit als neue Schöpfung. Eine Untersuchung zur Eleutheria bei Paulus und in seiner Umwelt* (Forschungen zur Religion und Literatur des Alten und Neuen Testaments 147; Göttingen: Vandenhoeck & Ruprecht, 1989).

A. J. Visser, „Der Lehrbrief der Valentinianer", in: *Vigiliae Christianae* 12 (1958), 27–36.

W. Westendorf, *Koptisches Handwörterbuch* (Heidelberg: Winter, 1965 [[2]2008]).

O. Zwierlein, „Der Briefwechsel der Korinther mit dem Apostel Paulus (3 Kor) im Papyrus Bodmer X und die apokryphen Paulusakten", in: *Zeitschrift für Papyrologie und Epigraphik* 175 (2010), 73–97.

O. Zwierlein, *Petrus und Paulus in Jerusalem und Rom. Vom Neuen Testament zu den apokryphen Apostelakten* (Berlin/Boston: De Gruyter, 2013).

Alfons Fürst
Die Briefe des Origenes als Bildungsliteratur

1 Das antike Christentum als Briefgemeinschaft

Aus dem antiken Christentum hat sich eine riesige Fülle an Briefen erhalten. Von den Kirchenvätern aus der Blütezeit der patristischen Literatur, also dem 4./5. Jahrhundert, gibt es Briefcorpora, die nicht selten mehrere hundert Briefe umfassen, in seltenen Fällen sogar tausende (wie die mehr als 2000 Briefe des Isidor von Pelusium).[1] Meines Wissens hat sich bisher niemand die Mühe gemacht, die aus der christlichen Spätantike erhaltenen Briefe zu zählen – was aufgrund der oft komplizierten Überlieferungslage ohnehin ausgesprochen mühsam wäre. Und nimmt man die Briefe hinzu, die bezeugt, aber nicht erhalten sind, wird ein solches Unterfangen endgültig aussichtslos. Verschafft man sich allerdings einen auch nur groben Überblick über die in verschiedenen Gattungen und Corpora erhaltenen Briefe christlicher Schreiber (und in wenigen Fällen Schreiberinnen), wird man nicht falsch liegen, wenn man eine fünfstellige Zahl, wenn auch nicht eine ganz hohe, veranschlagt.

Diese enorme Produktion von Briefen hängt mit den Kommunikationsstrukturen der antiken christlichen Gemeinden zusammen. Diese zeichneten sich von Anfang an dadurch aus, dass sie auch über große räumliche Entfernungen hinweg ständig in Kontakt miteinander standen. Das wichtigste Medium hierfür war, neben persönlichen Kontakten, das Schreiben von Briefen. Die ersten erhaltenen christlichen Texte, die Briefe des Paulus, sind solche Briefe, und ein guter Teil der weiteren literarischen Produktion des ältesten Christentums sind Briefe. Die weitere Ausbreitung und der innere Aufbau der frühchristlichen Gemeinden war begleitet von einem überaus regen Briefverkehr, der zwischen den Gemeinden

---

1 Die umfangreichste Zusammenstellung, die mir bekannt ist, ist diejenige von H. Leclercq, „Lettres chrétiennes". Sie umfasst auf über 200 Spalten eine unfassbar große Zahl von Briefen und ist doch noch nicht vollständig; erstaunlicherweise fehlen nämlich wichtige Briefcorpora, so die von Gregor von Nyssa, Gregor von Nazianz und Johannes Chrysostomus. Ein bibliographisches Repertorium bis 1990 bieten die von G. A. Pentiti/M. C. Spadoni Cerroni bzw. von F. Sillitti herausgegebenen beiden Bände der *Epistolari cristiani (secc. I–V). Parte seconda* bzw. *Parte terza*. Zum ersten Band dieses Repertoriums siehe unten Anm. 3.

Alfons Fürst, Münster

bzw., nach der Etablierung des Bischofsamtes im Laufe des 2. Jahrhunderts, in der Regel zwischen deren Bischöfen stattfand.²

Von den sehr zahlreichen Briefen aus der vorkonstantinischen Zeit, von denen wir wissen, hat sich lediglich ein nennenswertes Corpus erhalten, das des Cyprian von Karthago mit 81 Briefen, während wir ansonsten nur einzelne Briefe oder mehr oder weniger umfangreiche Fragmente von Briefen und Briefcorpora haben.³ Dieser trümmerhafte Erhaltungszustand ist auf dieselben Gründe zurückzuführen, aus denen die gesamte christliche Literatur der vorkonstantinischen Zeit nur zu einem geringen Teil erhalten ist. Zum einen spielten dafür die Fährnisse handschriftlicher Überlieferung eine Rolle – was für die Literatur der Antike insgesamt gilt und wovon Briefe, von denen es oft nur das eine an den Adressaten geschickte Exemplar gab, in besonders hohem Maße betroffen waren. Zum anderen waren die christlichen Schriften der ersten drei Jahrhunderte für die theologischen Bedürfnisse der byzantinischen Reichskirche nicht mehr relevant genug, um sie zu tradieren, weshalb auch die Schriften vieler nach wie vor als rechtgläubig geltender vorkonstantinischer Theologen wie Justin der Märtyrer oder Irenäus von Lyon nicht oder nur teilweise und oft zufällig in einer einzigen Handschrift erhalten sind. Kam dazu noch die Verurteilung eines kirchlichen Autors als Häretiker, sei es schon zu dessen Lebzeiten wie im Falle Markions, sei es postum wie im Falle des Origenes, wirkte sich dies auf die Erhaltung seiner Schriften natürlich verheerend aus.⁴ Die Mönche in den frühbyzantinischen und frühmittelalterlichen Klöstern hatten schlicht wenig Neigung, die Werke eines Ketzers abzuschreiben, wo es doch Schriften der rechtgläubigen ‚Väter' in Hülle und Fülle gab, die zu kopieren (und dabei zu lesen) sich sozusagen mehr lohnte. Die umfangreiche Briefproduktion der vorkonstantinischen Zeit war davon genauso betroffen wie alle anderen Arten von Schriften. Die Briefe des Origenes sind ein besonders eindrückliches Beispiel für diese überlieferungsgeschichtliche Entwicklung.

2 Christliche Briefe als Medium von Bildung

Bevor ich auf diese eingehe, noch eine Vorbemerkung zum Thema „Brief und Bildung". In der christlichen Briefliteratur finden sich sämtliche Formen und Gattungen von Briefen, die aus der antiken Literatur bekannt sind. Neben in der

---

2 Ich verweise dazu als Fallstudie auf S. Klug, *Alexandria und Rom*, 51–103.
3 Eine Clavis dazu ist zu finden in C. Burini (Hg.), *Epistolari cristiani (secc. I–V). Parte prima*. Für Cyprian siehe E. Baumkamp, *Kommunikation in der Kirche*, bes. 105–326.
4 Siehe dazu die erhellenden Ausführungen von H.-G. Beck, „Überlieferungsgeschichte", 494–496.

Regel kurzen Briefen zur privaten Alltagskommunikation, belegt etwa im Brief des Paulus an Philemon oder in den ältesten christlichen Briefen auf Papyri aus dem 3. und vielleicht auch schon aus dem 2. Jahrhundert,[5] die den diversen Zwecken solcher Briefe dienten (etwa Einladungs- oder Empfehlungsschreiben), gibt es vom späten 2. Jahrhundert an die offiziellen Schreiben in Form zum Beispiel von Synodalbriefen oder Papstbriefen, in denen im hoch formalisierten Kanzleistil Entscheidungen mitgeteilt oder Anordnungen getroffen werden. Neben Briefen, die eher auf Fragen des praktischen Lebens ausgerichtet sind, vor allem in monastischen Kontexten, gibt es Briefe, in denen komplexe philosophische, dogmatische und exegetische Fragen erörtert werden – von den zahlreichen Mischformen ganz zu schweigen.

Ein Unterschied der christlichen Briefliteratur von der paganen scheint darin zu bestehen, dass die christlichen Autoren nicht selten dazu neigten, lange bis sehr lange Briefe zu schreiben. Natürlich wurden auch in der paganen Antike zuweilen lange Briefe geschrieben. Die drei von Epikur erhaltenen Briefe sind ein Beispiel dafür.[6] Doch in der Regel wurde die Aufforderung der antiken Briefsteller zur *brevitas epistolaris* beachtet. Ein Blick in die Briefcorpora Ciceros und Plinius' des Jüngeren oder, um ein Beispiel aus der Spätantike zu nennen, des Symmachus zeigt dies ganz deutlich, desgleichen etwa pseudepigraphische Produkte wie die Briefe des Sokrates[7] oder von Pythagoreern.[8] Auch die literarischen Briefe Senecas an Lucilius, die ein philosophischer Kurs zur Einführung und Einübung in die stoische Lebensweise sind, sind meist kurz. Länger werden diese Briefe in der Regel dann, wenn sie zu Lehrschreiben werden, wie im Falle der Briefe Epikurs oder längerer Briefe Senecas: Die Erläuterung von Lehrinhalten erfordert mehr Platz, weil mehr Erklärungen nötig und mehrere Aspekte zu berücksichtigen sind.

Letzteres bildet die Brücke zu den christlichen Briefen. Diese tendierten, soweit wir sehen können, von Anfang an dazu, länger zu werden, als die *brevitas epistolaris* dies eigentlich zuließ, und zwar eben deshalb, weil in ihnen oft christliche Lehrinhalte, seien es rein theoretische, sei es verknüpft mit praktischen Fragen des Christseins, erörtert wurden. Das beginnt bereits mit den längeren Briefen des Paulus, denen an die Römer und an die Korinther, setzt sich fort in einem umfangreichen Schreiben wie dem *Ersten Clemensbrief* vom Ende des 1. Jahrhunderts, der in modernen Druckformaten ca. 40 Seiten umfasst, und mündet in die Briefe der spät-

---

5 Ediert von M. Naldini, *Il Cristianesimo in Egitto*, 64 (P.Mich. 482). 68 (BGU 27). 70–71 (BGU 246); mit dt. Übersetzung in A. Fürst, *Christentum als Intellektuellen-Religion*, 112–117.
6 Mit dt. Übersetzung in R. Nickel, *Epikur*, 150–235.
7 Ediert von J.-F. Borkowski, *Socratis epistulae*.
8 Siehe A. Städele, *Briefe des Pythagoras*.

antiken Bischöfe, die nicht selten ein ganzes Buch (im antiken Maßstab des Umfangs einer Schriftrolle) füllen. Die Unterscheidung von Brief und Traktat ist dadurch undeutlich geworden; derselbe Text kann schon von den Autoren selbst als *epistula* oder als *liber* bezeichnet werden. Natürlich gibt es auch noch kurze Briefe von christlichen Autoren, so etwa von Basilius von Caesarea, der in seinen über dreihundert Briefen dem klassischen Format folgte. Gregor von Nazianz schärfte die Regel der *brevitas*, an die er sich in seinen über zweihundert erhaltenen Briefen durchweg hielt, in zwei Briefen programmatisch ein.[9] Doch andere fleißige Briefeschreiber wie Ambrosius von Mailand, Paulinus von Nola, Hieronymus oder Augustinus, um nur diese zu nennen, hatten keinerlei Hemmungen, lange Brieftraktate zu verfassen. Die meist gleichzeitige Entschuldigung für die Überlänge mittels des Rekurses auf die eigentlich geforderte Kürze wurde zur reinen Topik.

Der sachliche Hintergrund für diese formale Entwicklung liegt an den Inhalten, mit denen die christlichen Autoren die antike Gattung des Briefes füllten. Sie übernahmen die antike Form des Briefes und nutzten sie, um unter räumlich Getrennten gemeinsame oder kontroverse Anliegen und Fragen zu erörtern. Im Kommunikationsnetzwerk der Gemeinden und Bischöfe erwies sich die Briefform aufgrund der flexiblen Möglichkeiten ihrer Handhabung als ideales Instrument, um über unterschiedliche Fragen und Ansichten zugleich sowohl persönlich, im Stil des Gesprächs zwischen Ich und Du, als auch in unbegrenzt großer Öffentlichkeit zu diskutieren und gerade dadurch eine große Reichweite und Wirkung zu erzielen. Als Merkformel: Bibel und Bekenntnis wurden Briefinhalt.[10] Indem die christlichen Autoren theologisch-philosophische, exegetische, dogmatische oder auch asketische und spirituelle Themen in Briefen erörterten, wurden diese gleichsam immer länger und unterschieden sich von Traktaten oft nur noch durch den explizit brieflichen Rahmen.

Diese Beobachtung führt zum Konnex von Brief und Bildung. Indem in diesen Briefen grundlegende Fragen der christlichen Denk- und Lebensform behandelt wurden, wurden sie zu einem beliebten Medium der Diskussion im Grunde sämtlicher Aspekte, die zur christlichen Bildung im umfassenden Sinn des antiken Begriffs ‚Paideia' gehörten. In diesen Briefen ist also, salopp formuliert, jede Menge Bildung enthalten. Hätten wir von Hieronymus nur seine ca. 150 (oft sehr langen) Briefe, würden wir vollständig über seine asketischen Ideale und seine exegetischen Ideen Bescheid wissen. Hätten wir von Augustinus nur seine ca. 300 Briefe, würden wir doch nahezu vollständig über sein Leben und seine Denkentwicklung informiert werden und könnten ihnen sämtliche Grundgedanken seiner Theolo-

---

9 Gregor von Nazianz, ep. 51,1–3 (GCS 53, 47) und ep. 54 (53, 50).
10 Siehe zu dieser Entwicklung K. Thraede, *Brieftopik*, 187–191.

gie entnehmen. Ein berühmter Brief im Corpus des Basilius (ep. 38), der länger als seine sonstigen Briefe ist und ziemlich sicher von Gregor von Nyssa stammt, entwickelt den Grundgedanken der Trinitätslehre der Kappadokier in allen zentralen Aspekten[11] – und so könnte man fortfahren. Diese Briefe bzw. Brieftraktate können problemlos als Quelle von Bildung fungieren, da sie ein breites Arsenal an Bildungswissen enthalten. Eher selten, aber doch manchmal kommt es auch vor, dass Bildung als solche im Brief thematisiert wird, ein Brief also nicht Bildungsinhalte direkt oder indirekt vermittelt (Bildung im Brief), sondern dadurch zur Bildung beitragen will, dass in ihm explizit über Bildungskonzepte nachgedacht wird (Brief als Bildung). Statt hierfür Beispiele zu sammeln – ich nenne lediglich den Brief des Hieronymus an Laeta über christliche Kindererziehung (ep. 107)[12] –, demonstriere ich diese Zusammenhänge an dem Autor, um den es in diesem Beitrag gehen soll.

3 Die Briefe des Origenes

Die geschilderten Zusammenhänge, insbesondere diejenigen zur vorkonstantinischen christlichen Briefliteratur, lassen sich alle am Briefcorpus des Origenes paradigmatisch studieren. Das gilt zunächst für den Erhaltungszustand. Eusebius von Caesarea berichtet in seiner *Kirchengeschichte*, er habe über hundert Briefe des Origenes bei den Adressatinnen und Adressaten ausfindig gemacht – Origenes hatte demnach keine Kopien in seinem Archiv – und in eigenen Büchern gesammelt, um ihrer Zerstreuung zu wehren; darunter befänden sich Briefe an den Kaiser Philippus Arabs (244–249) und an dessen Frau Severa (gest. wohl 248) sowie an den römischen Bischof Fabianus (236–250) und viele andere Bischöfe:

> Von ihm ist ein Brief an Kaiser Philippus überliefert und ein anderer an dessen Gemahlin Severa sowie verschiedene andere an verschiedene Adressaten. Soviel wir davon, da und dort bei verschiedenen Leuten aufbewahrt, sammeln konnten, haben wir in eigenen Büchern zusammengetragen, damit sie nicht mehr zerstreut würden, und zwar mehr als hundert. Er schrieb aber auch an Fabianus, den Bischof von Rom, und an sehr viele andere Kirchenvorsteher über seine Rechtgläubigkeit.[13]

---

11 In dt. Übersetzung bei W.-D. Hauschild, *Basilius*, 83–91. Für die Zuschreibung an Gregor von Nyssa siehe A. M. Silvas, *Gregory of Nyssa*, 247–259 (hier als Gregor, ep. 35 gezählt); J. Zachhuber, „38. Brief' des Basilius"; G. Maspero u. a., „Basil's *Epistula 38*".
12 In dt. Übersetzung bei L. Schade/J. B. Bauer, *Hieronymus*, 113–133.
13 Eusebius von Caesarea, hist. eccl. VI 36,3–4 (GCS Eus. 2, 590–592): Φέρεται δὲ αὐτοῦ καὶ πρὸς αὐτὸν βασιλέα Φίλιππον ἐπιστολὴ καὶ ἄλλη πρὸς τὴν τούτου γαμετὴν Σευῆραν διάφοροί τε ἄλλαι

Hieronymus wiederholte diese Angaben in seinem Verzeichnis christlicher Schriftsteller, *De viris illustribus*,[14] und im Katalog der Werke des Origenes in einem Brief an Paula (ep. 33) präzisierte er Zahl und Inhalt der von Eusebius zusammengestellten Bücher mit Briefen des Origenes:

> Von Origenes, Firmi<li>anus und Gregor, ... und verschiedene Briefe an ihn – 2 Bücher (die Briefe der Synoden über den Fall des Origenes im 2. Buch), Briefe von ihm an verschiedene Adressaten – 9 Bücher, weitere Briefe – 2 Bücher (der Brief zur Verteidigung seiner Werke im 2. Buch).[15]

Er notierte zwei Bücher von Briefen anderer Autoren, darunter Firmilianus von Caesarea[16] und Gregor der Wundertäter,[17] an Origenes (darin „im 2. Buch die

---

πρὸς διαφόρους· ὧν ὁπόσας σποράδην παρὰ διαφόροις σωθείσας συναγαγεῖν δεδυνήμεθα, ἐν ἰδίαις τόμων περιγραφαῖς, ὡς ἂν μηκέτι διαρρίπτοιντο, κατελέξαμεν, τὸν ἑκατὸν ἀριθμὸν ὑπερβαινούσας. Γράφει δὲ καὶ Φαβιανῷ τῷ κατὰ Ῥώμην ἐπισκόπῳ ἑτέροις τε πλείστοις ἄρχουσιν ἐκκλησιῶν περὶ τῆς κατ' αὐτὸν ὀρθοδοξίας. Übersetzung: Ph. Haeuser/H. A. Gärtner, *Eusebius*, 304–305 (modifiziert). Ebd. VI 39,5 (2, 596), erwähnt Eusebius „die so zahlreichen Briefe dieses Mannes" im Zusammenhang mit der decischen Christenverfolgung; Übersetzung: ebd., 306. Zu letzterer Notiz vgl. Photius von Konstantinopel, bibl. 118 (II p. 90–91 Henry).

14 Hieronymus, vir. ill. 54,5 (p. 210 Barthold): ... *et ad Philippum imperatorem, qui primus de regibus Romanis christianus fuit, et ad matrem eius litteras fecit, quae usque hodie extant* ... *Et si quis super Origenis statu scire uelit, quid actum sit, primum quidem de epistulis suis, quae post persecutionem ad diuersos missae sunt, deinde et de sexto Eusebii Caesariensis Ecclesiasticae historiae libro et pro eodem Origene sex uoluminibus possit liquido cognoscere.*

15 Ep. 33,4,9 (CSEL 54, 258–259): *Origenis, Firmi<li>ani et Gregorii, ... et diuersarum ad eum epistularum libri II (epistulae sinodorum super causa Origenis in libro II°), epistularum eius ad diuersos libri VIIII, aliarum epistularum libri II (epistula pro apologia operum suorum in libro II°).* Meine Wiedergabe folgt im Wesentlichen der Rekonstruktion von P. Nautin, *Lettres*, 233–240. Vgl. auch ders., *Origène*, 229.

16 Das überlieferte *Firmiani* (*Frumani* ist eine in einer Handschrift überlieferte Verschreibung, mit der nichts anzufangen ist) in *Firmiliani* zu ändern, ist eine weithin akzeptierte Konjektur, die deshalb sinnvoll ist, weil es laut Eusebius, hist. eccl. VI 27 (GCS Eus. 2, 580), enge Kontakte zwischen Origenes und Firmilianus gab: Der Bischof von Caesarea in Kappadokien (ca. 230–268) war mit Origenes befreundet und hielt sich laut Eusebius „einige Zeit bei ihm zur besseren theologischen Ausbildung", also an der christlichen Schule des Origenes in Caesarea auf. Zudem überliefert Victor von Capua (541–554) ein Fragment aus einem Brief des Origenes an Firmilianus, das bei Johannes Diaconus (nach 554 in Rom) zitiert und auf diese Weise erhalten ist: frg. VI bei J. B. Pitra, *Spicilegium Solesmense I*, 268.

17 Wie im Fall Firmilians deutet der Eintrag zu Gregor dem Wundertäter (gest. 270/75) wohl nicht nur auf einen Brief Gregors an Origenes hin – auf Briefe Gregors allgemein (*aliae epistulae*) verweist Hieronymus, vir. ill. 65,4 (p. 222 Barthold), von denen nur die sog. *Epistula canonica* erhalten ist (CPG 1765) –, sondern vielleicht auf einen Briefwechsel zwischen ihnen.

Briefe der Synoden[18] über den Fall des Origenes"[19]), ferner neun Bücher mit Briefen des Origenes „an verschiedene Adressaten" und weitere zwei Bücher mit solchen Briefen (darin im 2. Buch „der Brief zur Verteidigung seiner Werke"[20]). An diesen Angaben ist manches unsicher, weil der überlieferte Text an dieser Stelle stark verderbt ist. Doch in der Summe kann man auf der Basis dieser Angaben des Eusebius und des Hieronymus sagen, dass im 4. Jahrhundert unter dem Namen des Origenes ein Briefcorpus mit insgesamt 13 Büchern bekannt war: zwei Bücher mit Briefen an oder über Origenes, elf Bücher mit mehr als hundert Briefen von Origenes.

Von dieser umfangreichen Sammlung hat sich nahezu nichts erhalten. Keines dieser Bücher ist überliefert, und nur von einem haben wir eine geringe Spur: Rufinus und Hieronymus zitieren in lateinischer Übersetzung einen längeren Passus aus einem Brief des Origenes „an Freunde in Alexandria", und zwar „aus dem vierten Buch der Briefe des Origenes", also vermutlich aus der von Hieronymus notierten neun Bücher umfassenden Sammlung.[21] Immerhin umfasst das Stück

---

18 Klostermanns Konjektur *epistulae sinodorum* statt des überlieferten, aber offenbar korrupten *epistula esifodorum* ist weithin übernommen worden: E. Klostermann, „Schriften des Origenes", 869.
19 Es dürfte sich um die Synodalbriefe handeln, die im Zuge der Verurteilung des Origenes durch Bischof Demetrius von Alexandria und andere Bischöfe Ägyptens geschrieben wurden, um die Bischöfe in anderen Gebieten der damaligen kirchlichen Welt über dieses Urteil zu informieren. Sie sind nicht erhalten, ihr Inhalt, nämlich Origenes den Aufenthalt und die Lehrtätigkeit in der alexandrinischen Christengemeinde zu untersagen und die Priesterweihe, die ihm in Caesarea erteilt wurde, nicht anzuerkennen, wird aber von Photius knapp wiedergegeben: bibl. 118 (II p. 91–92 Henry). Vielleicht befand sich darunter auch der Brief der Bischöfe Alexander von Jerusalem und Theoctistus von Caesarea, den diese „wegen des Demetrius" schrieben und aus dem Eusebius zitiert: hist. eccl. VI 19,16–19 (GCS Eus. 2, 564–566).
20 Überliefert ist folgender Text: *in epistula pro apologia operum suorum libri II*. Aufgrund der fehlerhaften Grammatik ist hier mit Nautin (s. o. Anm. 15) zu erwägen, *in* zu streichen bzw. das von Pitra konjizierte und von allen folgenden Editoren akzeptierte *item* nicht zu übernehmen (zudem müsste es, um *item epistula* mit *libri* zu verbinden, *epistulae* heißen) und *in libro II°* statt *libri II* zu schreiben. Analog zu den „2 Büchern verschiedener Briefe an ihn", von denen die Synodalbriefe im 2. Buch eigens hervorgehoben werden (*epistulae sinodorum ... in libro II°*), wäre dann hier aus den „2 Büchern weiterer Briefe" der „Brief zur Verteidigung seiner Werke im 2. Buch" eigens genannt. Damit könnte der Brief „an den römischen Bischof Fabianus und an sehr viele andere Kirchenvorsteher über seine Rechtgläubigkeit" gemeint sein, den Eusebius, hist. eccl. VI 36,4 (GCS Eus. 2, 590–592), erwähnt. Hieronymus, ep. 84,10,2 (CSEL 55, 132), gibt zu diesem Brief an, Origenes bekunde darin Reue über manche Dinge, die er geschrieben habe (*paenitentiam agit, cur talia scripserit*), und schiebe die Verantwortung auf seinen Mäzen Ambrosius, der veröffentlicht habe, was nur für privaten Gebrauch gedacht gewesen sei (*causas temeritatis in Ambrosium refert, quod secreto edita in publicum protulerit*).
21 Rufinus, adult. libr. Orig. 7 (CCSL 20, 11–12); Hieronymus, apol. c. Rufin. II 18 (CCSL 79, 53–54).

drei bis vier Druckseiten und gibt einen Einblick in eine spannende Szene im Leben des Origenes, in der es um die Erlösung des Teufels und um die Verfälschung seiner Schriften schon zu seinen Lebzeiten geht.[22] Ansonsten haben wir auf Griechisch neben einem Fragment in der *Suda* und bei Kedrenos, auf das ich am Ende dieses Beitrags zurückkommen werde, nur einige Zeilen aus Briefen von, an oder über Origenes, die Eusebius in der Vita des Origenes im sechsten Buch seiner *Kirchengeschichte* wiedergab (insgesamt vier Fragmente). Und auf Lateinisch gibt es neben dem erwähnten Fragment bei Rufinus und Hieronymus drei kurze exegetische Stücke (über Gen 2,25; 3,1; 3,12) aus einem Brief an einen ansonsten unbekannten Gobar und ein Stück (über Ex 14,14) aus einem Brief an Firmilianus von Caesarea, die Johannes Diaconus, der nach 554 in Rom lebte, in seinem *Florilegium zum Heptateuch* aus den Scholien des Victor von Capua (Bischof 541–554) zitierte:

Griechische Fragmente:
(1) Brief des Origenes an seinen Vater Leonides (Eusebius);[23]
(2) Brief des Alexander von Jerusalem an Origenes (Eusebius);[24]
(3) Brief des Origenes gegen Kritiker seiner paganen Bildung (Eusebius);[25]
(4) Brief des Alexander und Theoctistus „wegen des Demetrius" (Eusebius);[26]
(5) Brief an einen Unbekannten (*Suda*, Kedrenos).[27]

Lateinische Fragmente:
(6) Brief des Origenes „an Freunde in Alexandria" (Rufinus und Hieronymus);[28]
(7) Brief des Origenes an Gobar (Victor von Capua bei Johannes Diaconus);[29]
(8) Brief des Origenes an Firmilianus von Caesarea (Victor von Capua bei Johannes Diaconus).[30]

Abgesehen von diesen Fragmenten liegen lediglich zwei Briefe des Origenes vollständig vor. In beiden Fällen dokumentiert ihre Erhaltung die Zufälligkeit der

---

22 Siehe dazu H. Crouzel, „A Letter from Origen".
23 Eusebius von Caesarea, hist. eccl. VI 2,6 (GCS Eus. 2, 520), mit nur einem Satz aus diesem Brief des jungen Origenes: „Gib acht, dass Du nicht unseretwegen Deine Gesinnung änderst!"
24 Ebd. VI 14,8–9 (2, 550–552).
25 Ebd. VI 19,11–14 (2, 562).
26 Ebd. VI 19,16–19 (2, 564–566).
27 *Suda* s.v. Ὠριγένης (III p. 621 Adler); Kedrenos (I p. 444 Bekker = PG 121, 485 B–C).
28 Siehe oben Anm. 21.
29 Text bei J. B. Pitra, *Spicilegium Solesmense I*, 267 (frg. I–III), und P. Nautin, *Lettres*, 248–249. Laut der Zitatüberschrift zitierte Victor von Capua jeweils „aus dem elften <Buch>", also vermutlich aus dem letzten der von Hieronymus aufgezählten elf Bücher Briefe von Origenes: P. Nautin, ebd., 249.
30 Text bei J. B. Pitra, ebd., 268 (frg. VI), und P. Nautin, ebd., 250.

Überlieferungswege. Keiner von beiden ist selbstständig oder im Zusammenhang mit dem ursprünglichen Briefcorpus überliefert, sondern in jeweils anderen Kontexten, die beide für die Überlieferung etlicher Werke des Origenes nicht untypisch sind.

So ist der kurze, ca. drei Seiten umfassende Brief des Origenes an Gregor den Wundertäter deshalb erhalten, weil er in die *Philokalie* aufgenommen worden ist, eine Anthologie aus den Schriften des Origenes, die nach traditioneller Zuschreibung von Basilius von Caesarea und Gregor von Nazianz in ihren jüngeren Jahren um 360 erstellt worden ist.[31] In diesem Brief geht es um eine grundlegende Frage der christlichen Exegese, nämlich „wann und für wen die Kenntnisse aus der Philosophie für die Erklärung der heiligen Schriften nützlich sind", wie die Kompilatoren als Einleitung schrieben. Deshalb fand der Brief Eingang in den ersten Teil der *Philokalie*, in dem Ausführungen zur exegetischen Hermeneutik und Methodik aus diversen Werken des Origenes zusammengestellt sind. Basilius und Gregor von Nazianz dürfte der Brief zugänglich gewesen sein, weil Gregor der Wundertäter postum zum legendarisch verklärten Ahnherrn der Kirche in Pontus und Kappadokien geworden war und insbesondere zu der Familie, aus der Basilius kam, eine sehr enge Verbindung bestand: Seine Großmutter Makrina die Ältere war vom Thaumaturgen zum Christentum bekehrt worden. In den modernen kritischen Ausgaben ist dieser Brief nur als Anhang zu der Dankrede abgedruckt, die Gregor am Ende seines Studiums (wohl im Jahre 238) auf seinen Lehrer Origenes hielt.[32]

Noch versteckter ist der lange Brief des Origenes an Julius Africanus über die Susanna-Erzählung überliefert, in diesem Fall zusammen mit dem sehr kurzen Brief des Africanus, auf den Origenes antwortete. Schon Eusebius erwähnte diesen Brief nicht unter den Werken des Origenes, sondern unter denen des Africanus:

> Noch ist ein Brief vorhanden, den Africanus an Origenes geschrieben hat und in dem er die bei Daniel berichtete Geschichte der Susanna als unecht und erdichtet in Zweifel zieht. Origenes antwortete darauf sehr ausführlich.[33]

---

31 Origenes, ep. Greg. = philoc. 13 (p. 64–67 Robinson). Der Text ist nicht aufgenommen in die kritische Edition der *Philokalie* in SC 302, 399–404, sondern dort nur kurz erörtert.
32 Eine separate Ausgabe bot im Jahr 1881 lediglich J. Dräseke, „Brief des Origenes" (zeitgleich erschienen im Anhang zu ders., *Brief an Diognetos*, 142–166). Der heute benutzte kritische Text stammt aus P. Koetschau, *Gregorios Thaumaturgos*, 40–44. Dieser Text ist abgedruckt in H. Crouzel, *Grégoire le Thaumaturge* (SC 148), 185–195 (mit frz. Übersetzung), dieser wiederum in P. Guyot/R. Klein, *Gregor der Wundertäter* (FC 24), 214–221. Die dt. Übersetzung darin erschien erstmals in dies., *Das frühe Christentum*, 86–93.
33 Eusebius, hist. eccl. VI 31,1 (GCS Eus. 2, 584–586); Übersetzung: Ph. Haeuser/H. A. Gärtner, *Eusebius*, 302. Rufinus bietet in seiner Übersetzung der *Kirchengeschichte* des Eusebius eine wesentlich ausführlichere Wiedergabe, die auf eigene Lektüre dieser Briefe schließen lässt (GCS Eus. 2, 585–587).

Hieronymus folgte Eusebius mit dieser Einordnung, denn in seinem Schriftstellerkatalog notierte er diesen Briefwechsel ebenfalls unter den Werken des Julius Africanus:

> Von ihm stammt der Brief *An Origenes über die Frage der Susanna*, weil er behauptet, dass diese Geschichte im hebräischen Text fehlt und die Aussage ἀπὸ τοῦ πρίνου πρῖσαι καὶ ἀπὸ τοῦ σχίνου σχίσαι („von ‚Eiche' kommt ‚zersägen' und von ‚Pistazienbaum' kommt ‚zerspalten'") mit der hebräischen Etymologie nicht übereinstimmt. Gegen ihn schrieb Origenes einen wissenschaftlich fundierten Brief.[34]

Das könnte erklären, weshalb ausgerechnet dieser Brief des Origenes – der einzige längere, den wir von ihm haben – im Werkverzeichnis im Brief des Hieronymus an Paula (ep. 33) nicht auftaucht. Schon in der Bibliothek in Caesarea befand er sich offenbar nicht unter der Korrespondenz des Origenes, sondern unter den Werken des Africanus. In der Erinnerung dieser spätantiken Autoren, die doch eigentlich das Erbe der Origenes hochhielten, lief er daher nicht unter dem Namen des Alexandriners, sondern unter dem des Julius Africanus. Die byzantinischen Autoren sind ihnen darin gefolgt.[35]

In der handschriftlichen Überlieferung ist dieser Brief ebenfalls versteckt, und zwar in der Katene zum Buch Daniel (wahrscheinlich 6. Jahrhundert). In diesem Brief bzw. Briefwechsel geht es um die Erzählung von Susanna, die in der Septuaginta und in der griechischen Version des Theodotion gleichsam als Einleitung vor dem Buch Daniel steht (in der Vulgata hingegen steht sie am Ende des Buches Daniel und wird, auch in heute gängigen Bibelausgaben, als dessen 13. Kapitel gezählt, worauf als 14. Kapitel die Geschichte von Bel und dem Drachen folgt, die in der Septuaginta und bei Theodotion als eigenständige Erzählung an das Danielbuch angehängt ist). Weil Origenes in seinem Brief viele exegetische Erklärungen zur Susanna-Erzählung gibt, es zu diesem Schriftchen aber kaum anderweitige Kommentare gab,[36] fügte – so ist zu vermuten – der Katenist den Brief des Origenes dankbar in seinen Kettenkommentar zum Buch Daniel ein, um diese Perikope nicht unkommentiert zu lassen. Die Erhaltung dieses langen Briefes von ca. 20 Druckseiten verdankt sich also auch in diesem Fall nicht einem Interesse an den Briefen des Origenes als solchen, sondern dem exegetischen Bedürfnis einer Erklärung der Susanna-Geschichte im Kontext des Buches Daniel. Genauso

---

34 Hieronymus, vir. ill. 63,2 (p. 220 Barthold); Übersetzung: C. Barthold, *Hieronymus*, 221 (modifiziert).
35 Vgl. Photius, bibl. 34 (I p. 20 Henry); *Suda* s.v. Ἀφρικανός (I p. 434 Adler) und s.v. Σωσάννα (IV p. 408 Adler); Nikephoros Kallistos, hist. eccl. V 21 (PG 145, 1109).
36 Solche gibt es lediglich im Rahmen von Danielkommentaren, so gleich im ersten, der von Hippolyt stammt: in Dan. I 13–34 (GCS N.F. 7, 28–69).

versteckt ist dieser Brief bzw. dieser Briefwechsel übrigens heutzutage ediert, nämlich als Anhang zum exegetischen Teil der *Philokalie*.[37]

Die Überlieferungs- wie die Editionslage spiegeln den desaströsen Erhaltungszustand der Briefe des Origenes. Keiner der beiden einzigen vollständigen Briefe ist eigenständig überliefert, sondern jeweils nur in anderweitigen Zusammenhängen, in denen man sie nicht unbedingt vermuten würde. Man muss sich in der komplizierten Überlieferungsgeschichte der Werke des Origenes schon ziemlich gut auskennen, um überhaupt auf diese Briefe zu stoßen, und auch in den modernen Ausgaben findet man sie nur, wenn man schon weiß, wo man suchen muss.

4 Christliche Paideia

a) Christlicher Bildungskanon

Der Brief des Origenes an Gregor den Wundertäter führt uns in das Milieu der höheren und höchsten Bildung in der römischen Kaiserzeit. Gregor hat fünf Jahre lang, nach der allgemein angenommenen Datierung von 233 bis 238, an der christlichen Schule des Origenes in Caesarea studiert. Den uns vorliegenden Brief an ihn schrieb Origenes vermutlich, nachdem Gregor wieder in seine Heimat nach Pontus im nördlichen Kleinasien zurückgekehrt war.[38] Den Einleitungsteil kann man so auffassen, dass Gregor zu diesem Zeitpunkt noch nicht entschieden war, welchen weiteren Lebensweg er einschlagen sollte. Jedenfalls schrieb der Lehrer seinem ehemaligen Studenten, was er sich für ihn wünschte: „Sei gegrüßt in Gott, mein sehr verehrter Herr und höchst ehrwürdiger Sohn Gregor, von Origenes", begann er sein Schreiben mit dem für diese Zeit üblich werdenden Präskript, in dem aus Höflichkeitsgründen und unter Christen auch als Bescheidenheits- oder Demutsgestus der Adressat vor dem Absender genannt ist.[39] Seine Überlegungen zur beruflichen Zukunft Gregors leitet er dann mit einem grundlegenden Gedanken zur Bildung ein:

---

37 N. de Lange, *Origène* (SC 302), 469–578. Der Brief des Africanus an Origenes wurde zum ersten Mal 1909 ediert von W. Reichardt, *Briefe des Sextus Julius Africanus*, 78–80.
38 Zur Diskussion über die Datierung siehe die Zusammenfassung der in der Forschung vertretenen Positionen bei P. Guyot/R. Klein, *Gregor der Wundertäter* (FC 24), 79–82.
39 Im Brief an Africanus hingegen, der seinerseits dieser ‚modernen' Form folgte, hielt sich Origenes an die traditionelle Form, in der der Absender vor dem Adressaten genannt ist, ep. Afric. 1 (SC 302, 522): „Origenes grüßt den geliebten Bruder Africanus …".

> Die natürliche Begabung mit Intelligenz kann, wie Du weißt, wenn eine ausreichende Übung dazukommt, eine Leistung hervorbringen, die, soweit das möglich ist, zur vollkommenen Erreichung – um mich so auszudrücken – des Zieles führt, das jemand durch eine solche Übung erreichen will.[40]

Der Satz enthält Grundelemente einer erfolgreichen Ausbildung und Karriere: Voraussetzung ist eine natürliche Veranlagung zu dem, wonach man strebt, griechisch εὐφυΐα, was wörtlich „guter" oder „schöner Wuchs" heißt. Bezieht sich die εὐφυΐα auf die Natur, ist die „Güte" oder „Fruchtbarkeit des Bodens" gemeint, im übertragenen Sinne das „günstige Terrain"; in Bezug auf die Natur des Menschen sind es die „guten Anlagen", die jemand mitbringt, das „Talent", die „Begabung". Talent kann ein Mensch zu allen möglichen Dingen haben. Bei geistigen, intellektuellen Dingen – auf die Origenes hinauswill – geht es um die „natürliche Begabung" εἰς σύνεσιν, „zur Einsicht", „zum Verstehen". Σύνεσις ist wörtlich die „Fassungskraft", also die Fähigkeit, geistige Erkenntnisse und Zusammenhänge rasch zu erfassen und sie richtig beurteilen zu können. Ἡ εἰς σύνεσιν εὐφυΐα – eine Wendung, die gut zu verstehen, aber nicht leicht zu übersetzen ist – meint also die „Auffassungsgabe", die jemand von Hause aus mitbringt. Nicht alle sind ‚Schnell-Checker', wie es in der gegenwärtigen Jugendsprache heißt, aber wer über eine entsprechende Auffassungsgabe verfügt, der oder die kann damit etwas erreichen im Leben – und zwar, wenn etwas Zweites zur Begabung hinzukommt, nämlich ἄσκησις, „Übung". Ein Talent darf nicht vernachlässigt werden, sondern muss geübt und trainiert werden, wenn es zu etwas führen soll. Origenes spricht dafür schlicht von ἔργον, was „Tätigkeit" im Sinne der verrichteten „Arbeit" heißt oder das meint, was dabei herauskommt: das „Gemachte", ein „Werk". „Leistung" ist nach dieser Formel des Origenes also „Talent" plus „Übung".

Allerdings war für Origenes der Leistungsnachweis noch nicht das Ziel des Studiums. Die solchermaßen erbrachte „Leistung" soll vielmehr zu dem „Ziel" führen, „das jemand durch eine solche Übung erreichen will". Das Wort τέλος bezeichnet nicht einfach nur das „Ende" oder das „Ziel" einer Tätigkeit oder eines Werkes – etwa das Ende des Studiums nach Erbringung aller Leistungen –, sondern in wesentlich gefüllterem Sinn die „Vollendung", die „Erfüllung", das „Gelingen", ja noch mehr: den „Höhepunkt", das „Höchste, was zu erreichen ist", die „vollständige Ausbildung", die „volle Entwicklung" bis hin zur „Vervollkommnung" oder „Vollkom-

---

40 Origenes, ep. Greg. 1 (FC 24, 214): Ἡ εἰς σύνεσιν, ὡς οἶσθα, εὐφυΐα ἔργον φέρειν δύναται ἄσκησιν προσλαβοῦσα, ἄγον ἐπὶ τὸ κατὰ τὸ ἐνδεχόμενον, ἵν' οὕτως ὀνομάσω, τέλος ἐκείνου, ὅπερ ἀσκεῖν τις βούλεται. Die Übersetzung dieser und der folgenden Passagen aus dem Brief an Gregor entstammt der Ausgabe von P. Guyot/R. Klein, *Gregor der Wundertäter* (FC 24), 214–221, des öfteren allerdings mit Modifizierungen.

menheit" dessen, wonach man strebt; daher die füllige Übersetzung des zitierten Textes mit „zur vollkommenen Erreichung des Zieles". Mit dem Begriff τέλος bezeichneten die hellenistischen Philosophen das höchste Ziel des Lebens, das vollkommene Erreichen dessen, worauf alles im Leben letztlich hinausläuft; die entsprechenden ethischen Traktate führten den Titel Περὶ τελῶν, was Cicero in seiner entsprechenden Schrift mit *De finibus bonorum et malorum* wiedergab.[41] Origenes redete also von mehr als von Etappenzielen des Studiums oder anderweitiger Anstrengungen und Leistungen: Er dachte an das τέλος im philosophisch-ethischen Sinn, an das „Höchste", das man im Leben erreichen will oder kann, an das, was zur „Vollendung" führt. Daher die Einschränkung „um mich so auszudrücken", weil er einen philosophischen Wertbegriff mit der pädagogischen Begrifflichkeit von „Begabung", „Übung" und „Leistung" verband – wobei freilich zu bedenken ist, dass auf diesem Gebiet die Philosophie engstens mit Pädagogik verknüpft war; daher die zweite Einschränkung „soweit das möglich ist", weil die „vollkommene Erreichung des Zieles", das man erreichen will, gerade wenn es um die „Vollendung" des Lebens geht, kaum definitiv möglich zu sein scheint.

Hier redet ein Pädagoge, der selbst eine Schule gegründet hat und betreibt, die zurecht als erste christliche Hochschule gilt, und der sich mit Lehrplänen und Studienzielen auskennt, die er für seine Studierenden entworfen hat. Es geht aber noch um mehr: Es geht um eine Grundfrage aller Bildung und Ausbildung, nämlich worauf sie zielen und wofür sie gut sein sollen. Begabung, Übung und Leistung sind nicht Selbstzweck, sondern Mittel zu einem höheren Ziel. Dieses höhere Ziel betrifft die Frage, wie jemand sein Leben verbringen und was er in seinem Leben erreichen möchte.

Nach diesem inhaltsschweren Einleitungssatz steuerte Origenes denn auch sogleich diese Frage an, indem er sie auf den Adressaten Gregor anwandte. Sein ehemaliger Student hatte mehrere Optionen, von denen Origenes aber klar eine favorisierte:

> So kann deine Begabung Dich zu einem vollendeten römischen Juristen machen und zu einem griechischen Philosophen in einer der als bedeutend geltenden Schulen. Aber ich wollte immer, dass Du die ganze Kraft Deiner natürlichen Begabung, was das Ziel angeht, auf das Christentum verwendest.[42]

Das ursprüngliche Ziel Gregors, als er zusammen mit seinem Bruder Athenodorus aus seiner Heimat aufbrach, war es gewesen, in Beirut Römisches Recht zu studie-

---

41 Auf diesen griechischen Titel seiner Schrift verweist Cicero selbst: Att. XIII 12,3.
42 Origenes, ep. Greg. 1 (FC 24, 214): Δύναται οὖν ἡ εὐφυΐα σου Ῥωμαῖόν σε νομικὸν ποιῆσαι τέλειον καὶ Ἑλληνικόν τινα φιλόσοφον τῶν νομιζομένων ἐλλογίμων αἱρέσεων. Ἀλλ' ἐγὼ τῇ πάσῃ τῆς εὐφυΐας δυνάμει σου ἐβουλόμην καταχρήσασθαί σε τελικῶς μὲν εἰς χριστιανισμόν …

ren und auf dieser Basis eine Karriere in der römischen Staatsverwaltung anzustreben.[43] Durch Zufall kamen beide nach Caesarea maritima (südlich von Beirut), der Hauptstadt der römischen Provinz Syria Palaestina, wo sie mit Origenes in Kontakt kamen und, von ihm fasziniert – so beschrieb Gregor es selbst in blumigsten Worten[44] –, beschlossen, das Jurastudium an den sprichwörtlichen Nagel zu hängen und stattdessen in der Hochschule des Origenes christliche Philosophie zu studieren. Von „christlicher Philosophie" spreche ich jetzt absichtlich, nicht nur, weil das eine treffende Bezeichnung für die Denkform des Origenes ist, sondern auch, weil es die zweite Möglichkeit erklärt, die Origenes im Brief anspricht: Das durch und durch philosophisch grundierte Studium bei Origenes hätte Gregor auch die Möglichkeit eröffnet, sein weiteres Leben als professioneller Philosoph zu verbringen.

Origenes wünschte sich für Gregor aber etwas anderes, nämlich sein Leben dem „Christentum" zu widmen. Der Begriff χριστιανισμός umfasst mehr als „die christliche Lehre", wie meist übersetzt wird.[45] Diese ist im Kontext von Bildung und Wissenschaft zwar auch gemeint, doch beinhaltet das, was Origenes darunter verstand – wie aus dem Fortgang des Briefes hervorgeht –, mehr als nur Lehre. Es geht um die Denk- und Lebensform des Christentums in ihren doktrinären wie in ihren praktischen Aspekten, um das „Christsein", dem Gregor sein ganzes Leben widmen soll.

Nachdem Origenes Gregor gesagt hat, was er sich für dessen Leben wünschte, „was das Ziel angeht" (τελικῶς), erklärte er ihm noch ebenso kurz, wie er das Erreichen dieses Zieles in die Tat umsetzen soll, „was die Vorgehensweise betrifft" (ποιητικῶς):

> Was aber die Vorgehensweise betrifft, hätte ich mir deshalb gewünscht, dass Du sowohl von der Philosophie der Griechen das übernimmst, was sozusagen als Allgemeinbildung oder Propädeutik für das Christentum dienen kann, als auch von der Geometrie und Astronomie das, was für die Erklärung der heiligen Schriften nützlich sein wird, damit wir das, was die Schüler der Philosophen über Geometrie und Musik, über Grammatik und Rhetorik wie auch Astronomie sagen, dass sie nämlich Gehilfen der Philosophie seien, auch über die Philosophie selbst im Hinblick auf das Christentum sagen können.[46]

---

43 Gregor Thaumaturgus, pan. Orig. 62–72 (FC 24, 146–150).
44 Ebd. 73–92 (24, 150–158).
45 So von P. Guyot/R. Klein, *Gregor der Wundertäter* (FC 24), 215; ebenso von H. Crouzel, *Grégoire le Thaumaturge* (SC 148), 187: „la doctrine chrétienne", dann aber zweimal „christianisme" (ebd., 189).
46 Origenes, ep. Greg. 1 (FC 24, 214): … ποιητικῶς δὲ διὰ τοῦτ' ἂν ηὐξάμην παραλαβεῖν σε καὶ φιλοσοφίας Ἑλλήνων τὰ οἱονεὶ εἰς χριστιανισμὸν δυνάμενα γενέσθαι ἐγκύκλια μαθήματα ἢ προπαιδεύματα, καὶ τὰ ἀπὸ γεωμετρίας καὶ ἀστρονομίας χρήσιμα ἐσόμενα εἰς τὴν τῶν ἱερῶν γραφῶν διήγησιν· ἵν', ὅπερ φασὶ φιλοσόφων παῖδες περὶ γεωμετρίας καὶ μουσικῆς, γραμματικῆς τε καὶ

In diesem Satz benannte Origenes kurz und bündig sowohl die Hauptinhalte dessen, was man als christliche Bildung, oder im antiken Kontext: christliche Paideia, bezeichnen könnte, als auch deren Zuordnung untereinander. Ich lasse die philologische und nicht einfach zu entscheidende Frage beiseite, ob es sich bei der ersten Nennung der Fächer Geometrie und Astronomie im Zusammenhang mit Exegese um einen späteren Einschub dergestalt handelt, dass eine Randglosse von einem Abschreiber in den Text übernommen wurde, weil beide Fächer noch einmal vorkommen und gleichsam den Gedankengang stören,[47] und konzentriere mich stattdessen auf die inhaltlichen Aussagen. Zur christlichen Paideia gehören demnach die „Philosophie", die Fächer der antiken „Allgemeinbildung", der ἐγκύκλιος παιδεία, oder wie Origenes hier sagt: ἐγκύκλια μαθήματα, für die Geometrie und Astronomie genannt werden, und schließlich die „Erklärung der heiligen Schriften", also Exegese. Die Zuordnung dieser Bestandteile sieht so aus, dass die antiken Wissenschaften und die Philosophie als „Propädeutik" (προπαιδεύματα) für das Christentum bzw. die Exegese fungieren sollen, wofür sich Origenes auf antike Vorbilder beruft: Wie die antiken Wissenschaften der allgemeinen Bildung, für die er Geometrie, Musik, Grammatik, Rhetorik und Astronomie nennt, als „Gehilfen" oder „Mitarbeiter" (συνέριθος; ἔριθος ist der „Lohnarbeiter", der „Tagelöhner") der Philosophie angesehen würden, so soll diese in Bezug auf das Christentum fungieren.

Mit diesem Bildungskanon und seiner Organisation griff Origenes auf alte und verbreitete antike Traditionen zurück. Von den Philosophen wurde den Fachwissenschaften in der Antike von jeher kein Eigenwert zuerkannt, sondern wurden diese nur, aber dies durchaus, als Vorbereitung für höhere Lebensziele angesehen. So bezeichnete Platon in der *Politeia* Rechnen und Geometrie „als Vorbildung (προπαιδεία) für die Dialektik",[48] die höchste Stufe des Denkens, und organisierte demgemäß den Schulbetrieb in der Akademie zu Athen. Für Seneca diente im 88. Brief an Lucilius *De liberalibus studiis* (so die ersten Worte gleichsam als Themaangabe) die Erziehung der Kinder in den „freien Studien" dem Zweck, „den Geist zur Aufnahme der Tugend vorzubereiten", dem höchsten Gut und Lebensziel (τέλος) der Stoiker.[49] Origenes griff diese Zuordnung auf und ordnete sie dem τέλος unter, das er im Brief an Gregor propagierte: dem Christsein.

Damit war er nicht der erste, sondern stand wie so oft in einer alexandrinischen Tradition. Der jüdische Philosoph Philon von Alexandria hat als erster bei-

---

ῥητορικῆς καὶ ἀστρονομίας, ὡς συνερίθων φιλοσοφίᾳ, τοῦθ᾽ ἡμεῖς εἴπωμεν καὶ περὶ αὐτῆς φιλοσοφίας πρὸς χριστιανισμόν.
47 So die These von B. Neuschäfer, *Origenes als Philologe I*, 156–158.
48 Platon, polit. VII 536 d.
49 Seneca, ep. 88,20: ... *animum ad accipiendam uirtutem praeparant.*

des, die antiken Wissenschaften und die Philosophie, der „Weisheit" zugeordnet, unter der er die aus der jüdischen Bibel stammende Erkenntnis verstand: „Und in der Tat", schrieb er in seinem Traktat über die Allgemeinbildung (Περὶ τῆς πρὸς τὰ προπαιδεύματα συνόδου), „wie die enkyklischen Wissenschaften zum Erwerb der Philosophie, so trägt auch die Philosophie zum Besitz der Weisheit bei ... So dürfte wohl ebenso wie die enkyklische Bildung die Sklavin der Philosophie, die Philosophie auch die Sklavin der Weisheit sein."[50] Dass Origenes von diesem Gedanken Philons beeinflusst war, kann man wohl daraus ersehen, dass Philon in dieser Schrift dieselben fünf Fächer der Allgemeinbildung aufzählte wie Origenes im Brief an Gregor, nämlich Grammatik, Geometrie, Astronomie, Rhetorik und Musik[51] – bei beiden fehlen von den klassischen sieben Fächern Dialektik und Arithmetik. Beeinflusst war Origenes aber sicherlich auch von seinem unmittelbaren christlichen Vorgänger Clemens von Alexandria, der auf derselben Linie die Philosophie als „Gehilfin", „Mitarbeiterin" und „Vorbildung" (προπαιδεία) für die „wahre Erkenntnis" bezeichnete.[52]

Dieses Konzept christlicher Bildung hat Origenes selbst bei seiner Lehrtätigkeit praktiziert. Laut Eusebius erteilte er denen, die er für „begabt" (εὐφυῶς) hielt, Unterricht in den „philosophischen Wissenschaften" (φιλόσοφα μαθήματα) Geometrie, Arithmetik und den anderen „propädeutischen Fächern" (προπαιδεύματα) und führte sie in die philosophischen Schulen ein, indem er deren Schriften erklärte und kritisch kommentierte; auch „bildungsferneren" Leuten (ἰδιωτικώτεροι) empfahl er das Studium der „allgemeinen Fächer" (ἐγκύκλια γράμματα) als Grundlage „für das Verständnis der göttlichen Schriften" und „hielt auch für sich selbst die Pflege der weltlichen und der philosophischen Wissenschaften (κοσμικὰ καὶ φιλόσοφα μαθήματα) für sehr notwendig".[53] Im Curriculum seiner Hochschule in Caesarea hat Origenes dieses Studienprogramm umgesetzt, wie Gregor es aus

---

50 Philon, congr. erud. grat. 79–80 (III p. 87–88 L. Cohn/P. Wendland): Καὶ μὴν ὥσπερ τὰ ἐγκύκλια συμβάλλεται πρὸς φιλοσοφίας ἀνάληψιν, οὕτω καὶ φιλοσοφία πρὸς σοφίας κτῆσιν ... Γένοιτ' ἂν οὖν ὥσπερ ἡ ἐγκύκλιος μουσικὴ φιλοσοφίας, οὕτω καὶ φιλοσοφία δούλη σοφίας. Übersetzung: H. Lewy, „Allgemeinbildung", 24.
51 Ebd. 11 (III p. 74).
52 Clemens von Alexandria, strom. I 99,1 (GCS Clem. Al. 2⁴, 63): ... συναίτιον <τὴν> φιλοσοφίαν καὶ συνεργὸν λέγοντες τῆς ἀληθοῦς καταλήψεως, ζήτησιν οὖσαν ἀληθείας, προπαιδείαν αὐτὴν ὁμολογήσομεν ...
53 Eusebius, hist. eccl. VI 18,3–4 (GCS Eus. 2, 556): Εἰσῆγέν τε γὰρ ὅσους εὐφυῶς ἔχοντας ἑώρα, καὶ ἐπὶ τὰ φιλόσοφα μαθήματα, γεωμετρίαν καὶ ἀριθμητικὴν καὶ τἆλλα προπαιδεύματα παραδιδοὺς εἴς τε τὰς αἱρέσεις τὰς παρὰ τοῖς φιλοσόφοις προάγων καὶ τὰ παρὰ τούτοις συγγράμματα διηγούμενος ὑπομνηματιζόμενός τε καὶ θεωρῶν εἰς ἕκαστα ..., πολλοὺς δὲ καὶ τῶν ἰδιωτικωτέρων ἐνῆγεν ἐπὶ τὰ ἐγκύκλια γράμματα, οὐ μικρὰν αὐτοῖς ἔσεσθαι φάσκων ἐξ ἐκείνων ἐπιτηδειότητα εἰς τὴν τῶν θείων γραφῶν θεωρίαν τε καὶ παρασκευήν, ὅθεν μάλιστα καὶ ἑαυτῷ ἀναγκαίαν ἡγήσατο τὴν περὶ τὰ κοσ-

eigener Kenntnis in seiner Dankrede beschrieb: Gemäß der seit hellenistischer Zeit üblichen Einteilung der philosophischen Disziplinen absolvierten die Studenten des Origenes Kurse in Dialektik, Physik, Ethik und Theologie;[54] für die Naturwissenschaft (φυσιολογία) nannte Gregor exemplarisch dieselben Fächer wie Origenes im Brief an Gregor, nämlich Geometrie und Astronomie[55] – Hat Gregor sich für diese Fächer vielleicht besonders interessiert? –, und im Fach Theologie wurden die Schriften aller griechischen Philosophen und Dichter studiert mit Ausnahme der „Atheisten", die Gott und die Vorsehung leugneten,[56] ehe in der letzten Studienphase die Theologie der Heiligen Schrift, mithin Exegese, auf dem Lehrplan stand.[57]

Dieses Konzept hat eine ungeheure Wirkung auf den christlichen Bildungskanon ausgeübt. Einerseits fußte dieser damit nicht nur auf der Bibel, sondern auch auf allen anderen ‚weltlichen' Wissenschaften. Die Bedeutung dieser Einbeziehung sämtlichen verfügbaren Wissens in die Bibelauslegung und auf diesem Wege in die Formung einer christlichen Weltsicht kann gar nicht hoch genug veranschlagt werden. Andererseits wurden die Wissenschaften und die Philosophie dem Bildungsziel, dem „Christsein", wie Origenes formulierte, klar untergeordnet, was im Hochmittelalter – mit einem stärker an Philon als an Origenes erinnernden Ausdruck – in die Vorstellung von der Philosophie als „Magd der Theologie" (*ancilla theologiae*) mündete. Eine so starke Abwertung, wie diese Redeweise impliziert, war bei Origenes allerdings nicht gemeint. Die „Weisheit dieser Welt", wie er in seiner systematischen Hauptschrift *De principiis* die Allgemeinbildung nannte, für die er wie im Brief an Gregor Dichtung, Grammatik, Rhetorik, Geometrie, Musik und zusätzlich Medizin aufzählte, habe zwar über die relevanten Fragen in Metaphysik bzw. Theologie, Physik und Ethik nichts zu sagen,[58] weshalb sie für die Frage nach Gott nicht heranzuziehen sei.[59] Doch weil sich auch in der heidnischen Literatur weise und kluge Aussagen fänden, die ein Christ nicht in aufgeblähtem Hochmut verachten soll,[60] und weil ein ‚starker' Christ alles lesen darf und soll,

---

μικὰ καὶ φιλόσοφα μαθήματα ἄσκησιν. Übersetzung: Ph. Haeuser/H. A. Gärtner, *Eusebius*, 291–292 (modifiziert).

54 Gregor Thaumaturgus, pan. Orig. 93–108 (FC 24, 160–166); 109–114 (24, 166–170); 115–149 (24, 170–184); 150–183 (24, 184–200). Zu diesen Teilen der Philosophie siehe P. Hadot, „Einteilung der Philosophie".
55 Gregor, ebd. 113 (24, 168).
56 Ebd. 151–153 (24, 184–186).
57 Ebd. 173–178 (24, 196–198).
58 Origenes, princ. III 3,2 (GCS Orig. 5, 257).
59 In Lev. hom. 5,7 (GCS Orig. 6, 347).
60 In Ex. hom. 11,6 (GCS Orig. 6, 260) mit Rekurs auf 1 Thess 5,21; Cels. VIII 52 (GCS Orig. 2, 267).

dabei aber beim rechten Glauben bleiben soll,⁶¹ haben die Wissenschaften und die Philosophie einen propädeutischen Wert für das Verständnis der Bibel,⁶² weshalb die Christen dieses Fachwissen für ihren Unterricht fruchtbar machen und zur Erläuterung der Bibel heranziehen.⁶³ Im Kontext des antiken Fächerkanons und seiner schon in der Philosophie vorgenommenen Strukturierung im Hinblick auf höhere Bildungsziele schrieb Origenes damit den Wissenschaften und der Philosophie einen bleibend positiven Wert für das Ziel der christlichen Paideia zu und machte sie im christlichen Bildungskanon heimisch.

b) Biblische Absicherung

Nach dieser kurzen, aber inhaltsschweren Beschreibung des Lebensinhalts, den Origenes sich für Gregor wünschte, gab er im folgenden Abschnitt seinem Gedankengang eine Wendung, die sich bei ihm öfter beobachten lässt: Er suchte nach biblischen Zeugnissen, mit denen sich die theoretischen philosophischen Erörterungen stützen lassen. Im Freiheitstraktat in *De principiis* beispielsweise ging er ebenso vor, dass er die Fähigkeit des Menschen zu freier Selbstbestimmung zunächst mit Hilfe von Denkmustern aus der stoischen Handlungstheorie postulierte und in einem zweiten Schritt Aussagen für und wider die Freiheit in der Bibel analysierte.⁶⁴ In *De oratione* erörterte er die Frage nach dem Sinn des Betens mittels einer philosophischen Reflexion auf den Freiheitsbegriff, ehe er diesbezügliche biblische Zeugnisse heranzog.⁶⁵ Und ein letztes Beispiel aus einem Kommentar: Im *Johanneskommentar* ging er sämtliche Verwendungsweisen des Wortes ἀρχή in der Philosophie durch, ehe er nach der Bedeutung dieses Wortes am Anfang des Johannesevangeliums fragte.⁶⁶ Desgleichen ergänzte er im Brief an Gregor die philosophischen Ausführungen durch biblische Auslegungen.

Der Idee, auf die er kam,⁶⁷ um die Benutzung der antiken, und das heißt jetzt: der heidnischen Bildung im Christentum biblisch zu rechtfertigen, war ein genauso erfolgreiches Nachleben beschieden wie seinem Konzept als solchem. Origenes kombinierte die Aussagen in Ex 11,2 und 12,35, dass sich die Israeliten

---

61 In Num. hom. 20,3 (GCS Orig. 7, 191–192) mit Rekurs auf 1 Kor 8,10.
62 Cels. III 58 (GCS Orig. 1, 253).
63 In Gen. hom. 11,2 (GCS Orig. 6, 103).
64 Princ. III 1,1–5 (GCS Orig. 5, 195–201) und III 1,6–24 (5, 201–244).
65 Orat. 5–7 (GCS Orig. 2, 308–316) und 8–17 (2, 316–340).
66 In Ioh. comm. I 16,90–18,108 (GCS Orig. 4, 20–23) und I 19,109–20,124 (4, 23–25).
67 Irenäus von Lyon, adv. haer. IV 30,1–4 (FC 8/4, 236–244), hat ihn vielleicht dazu angeregt. Allerdings redete Irenäus nur von materiellen Gütern, die die Christen mit der Lebenswelt der Heiden teilen. Die Anwendung der Exodusstellen auf die Bildung stammt von Origenes, weshalb er als der Schöpfer dieser Idee gelten darf.

bei ihrem Auszug aus Ägypten von den Ägyptern „Geräte aus Silber und Gold und auch Gewänder" erbitten sollten, mit den Angaben zu den Abgaben der Israeliten für das Heiligtum, worunter sich laut Ex 25,3 und 35,5 „Gold und Silber" befanden, aus denen die Gegenstände im Bundeszelt hergestellt wurden:

> Und vielleicht spielt die Stelle im Buch Exodus auf einen solchen Gedanken an, wo Gott selbst den Söhnen Israels sagen lässt, sie sollen sich von ihren Nachbarn und Mitbewohnern „silberne und goldene Geräte und Kleidung" (Ex 11,2; 12,35) erbitten, damit sie, nachdem sie die Ägypter dessen beraubt hätten, Material fänden, um die in Besitz genommenen Gegenstände für den Gottesdienst herzurichten. Aus den Gegenständen, deren die Söhne Israels „die Ägypter beraubt hatten" (Ex 12,36), wurden nämlich die Dinge im Allerheiligsten hergestellt, die Lade mit ihrem Deckel und die Cherubim und der Versöhnungsaltar und der goldene Krug, in dem das Manna, das Brot der Engel, aufbewahrt wurde (vgl. die Beschreibung des Zeltes und seiner Ausstattung in Ex 25–27 und 35–39).[68]

Origenes las diese Texte auf der materiellen Ebene ganz wörtlich so, dass Dinge aus der gottlosen heidnischen Welt, für die Ägypten steht,[69] vom Volk Gottes übernommen und von diesem für die rechte Gottesverehrung im liturgischen Sinn verwendet werden. Auf der geistigen Ebene übertrug er dieses Verfahren auf die Verwendung der heidnischen Bildung im Christentum, wodurch deren falsche Verwendung zu falschen Zwecken in deren richtige Verwendung zum einzig richtigen Zweck überführt werde. Die Ägypter, meinte er, „pflegten" die ihnen von den Israeliten entwendeten Gegenstände „nicht so, wie es sich gehört hätte, zu verwenden, die Hebräer jedoch verwendeten sie dank der Weisheit Gottes für die Gottesverehrung".[70]

Zwei Züge an dieser Auslegung sind charakteristisch für Origenes. Zum einen die tentative Ausdrucksweise: Die aus dem Buch Exodus herangezogene Stelle „spielt vielleicht auf einen solchen Gedanken an". Origenes wollte das nicht dogma-

---

68 Origenes, ep. Greg. 2 (FC 24, 214–216): Καὶ τάχα τοιοῦτό τι αἰνίσσεται τὸ ἐν Ἐξόδῳ γεγραμμένον ἐκ προσώπου τοῦ Θεοῦ, ἵνα λεχθῇ τοῖς υἱοῖς Ἰσραὴλ αἰτεῖν παρὰ γειτόνων καὶ συσκήνων „σκεύη ἀργυρᾶ καὶ χρυσᾶ καὶ ἱματισμόν"· ἵνα σκυλεύσαντες τοὺς Αἰγυπτίους εὕρωσιν ὕλην πρὸς τὴν κατασκευὴν τῶν παραλαμβανομένων εἰς τὴν πρὸς Θεὸν λατρείαν. Ἐκ γὰρ ὧν „ἐσκύλευσαν τοὺς Αἰγυπτίους" οἱ υἱοὶ Ἰσραὴλ τὰ ἐν τοῖς ἁγίοις τῶν ἁγίων κατεσκεύασται, ἡ κιβωτὸς μετὰ τοῦ ἐπιθέματος καὶ τὰ χερουβὶμ καὶ τὸ ἱλαστήριον καὶ ἡ χρυσῆ στάμνος, ἐν ᾗ ἀπέκειτο τὸ μάννα τῶν ἀγγέλων ὁ ἄρτος.
69 Das ist durchgängig das negative Ägyptenbild des Origenes, z. B. in Gen. hom. 15,5 (GCS Orig. 6, 132–133); 16,4 (6, 141); in Ex. hom. 2,1 (GCS Orig. 6, 146); 8,1 (6, 217–218); in Ios. hom. 1,7 (GCS Orig. 7, 295–296); 5,6 (7, 318–321); 26,2 (7, 459). Es geht auf Philon zurück, z. B. migr. Abr. 77 (II p. 283 L. Cohn/P. Wendland), wo Ägypten als Symbol für körperliche Sinneswahrnehmung und Leidenschaft steht.
70 Origenes, ep. Greg. 3 (FC 24, 216): …, οἷς Αἰγύπτιοι μὲν οὐκ εἰς δέον ἐχρῶντο, Ἑβραῖοι δὲ διὰ τὴν τοῦ Θεοῦ σοφίαν εἰς θεοσέβειαν ἐχρήσαντο.

tisch behaupten. Aber er versuchte natürlich so überzeugend wie möglich für seine Textauffassung zu argumentieren, so dass man merkt, dass er die Stelle durchaus so verstanden hat. Zum anderen: Die Dinge selbst sind ethisch neutral, auch wenn sie wie Gold und Silber einen gewissen Materialwert haben. Entscheidend ist aber nicht dieser, sondern ihre Verwendung durch die Menschen. Das bedeutet, allgemeines Bildungswissen und philosophische Kompetenzen sind an sich weder gut noch schlecht. Indem Origenes sie mit Gold und Silber parallelisiert, wird ihnen indirekt sogar eine nicht geringe Kostbarkeit attestiert. Die antike Bildung an sich wird nicht abgewertet, sondern in ihrem Wert anerkannt. Wichtiger als dieser ist jedoch, für welche Zwecke die Menschen sie verwenden. Das haben auch antike Philosophen schon so dargestellt, etwa wenn – wie oben vermerkt – Platon sie auf die „Dialektik" hin ausrichtete, Seneca auf die „Tugend" und der jüdische Philosoph Philon auf die „Weisheit". Origenes wird am Schluss des Briefes Gregor ans Herz legen, wofür er sie verwendet wissen möchte.

c) Das Risiko von Philosophie und Bildung

Zuvor jedoch kam er noch eindringlich auf eine Gefahr zu sprechen, die sich seiner Ansicht nach für einen Christen aus der Beschäftigung mit antiker Bildung und vor allem mit antiker Philosophie ergeben könnte. Ebenfalls im Buch Exodus taucht das Gold nämlich noch an einer weiteren Stelle und an dieser in einer ganz falschen Verwendung auf: bei der Herstellung und Anbetung des goldenen Kalbes (Ex 32). Im Ersten Buch der Könige wird ebenfalls von einem König berichtet, Jerobeam I., der sogar zwei goldene Kälber aufstellen ließ (1 Kön 12,28–29). Origenes vermengte zwar Jerobeam mit dem Edomiter Hadad, die beide vor Salomo nach Ägypten flohen (1 Kön 11,14–22 bzw. 11,26–12,33): Hadad heiratete dort die Schwester der Frau des Pharao und erzog seine Kinder zusammen mit den Kindern des Pharao, Jerobeam stellte nach seiner Rückkehr aus Ägypten die zwei goldenen Kälber auf, was Origenes ebenfalls Hadad zuschrieb. Doch dieser Lapsus tut seiner Deutung keinen Abbruch:

> Die göttliche Schrift freilich weiß, dass es manchen Leuten zum Verhängnis geworden ist, aus dem Land der Söhne Israels nach Ägypten hinabgezogen zu sein, indem sie andeutet, dass manchen der Aufenthalt bei den Ägyptern, das heißt bei den weltlichen Wissenschaften, zum Verhängnis wird, nachdem diese Leute im Gesetz Gottes und in der Gottesverehrung Israels erzogen worden sind.[71]

---

71 Ebd. (FC 24, 216–218): Οἶδεν μέντοι ἡ θεία γραφή τισι πρὸς κακοῦ γεγονέναι τὸ ἀπὸ τῆς γῆς τῶν υἱῶν Ἰσραὴλ εἰς Αἴγυπτον καταβεβηκέναι· αἰνισσομένη, ὅτι τισὶ πρὸς κακοῦ γίνεται τὸ παροικῆσαι τοῖς Αἰγυπτίοις, τουτέστι τοῖς τοῦ κόσμου μαθήμασι, μετὰ τὸ ἐντραφῆναι τῷ νόμῳ τοῦ Θεοῦ καὶ τῇ Ἰσραηλιτικῇ εἰς αὐτὸν θεραπείᾳ.

Für Christen sei es also gefährlich, sich mit den weltlichen Wissenschaften zu beschäftigen, weil sie dadurch von der rechten Gottesverehrung zum Götzendienst (vgl. Ex 32,4.8; 1 Kön 12,28) abfallen könnten.

Dieses Risiko hat Origenes als nicht gering eingeschätzt. Seiner Erfahrung nach, mit der er explizit argumentierte, kommt es sogar sehr häufig vor, dass die Beschäftigung mit der heidnischen Wissenschaft die Christen zu falschen Ansichten über Gott und die Bibel führt:

> Auch ich aber habe aus Erfahrung gelernt und möchte Dir deshalb sagen, dass sich selten jemand die brauchbaren Dinge Ägyptens aneignet und nach der Rückkehr von dort Gegenstände für den Gottesdienst herstellt; zahlreich sind hingegen die Brüder des Edomiters Hadad. Das sind diejenigen Leute, die aufgrund einiger beschränkter griechischer Kenntnisse häretische Gedanken hervorgebracht und sozusagen goldene Kälber in Bet-El aufgestellt haben, was übersetzt ‚Haus Gottes' bedeutet. Mir aber scheint das Wort auch dadurch anzudeuten, dass sie den Schriften, in denen das Wort Gottes wohnt und die im bildlichen Sinn Bet-El genannt werden, ihre eigenen Einbildungen übergestülpt haben.[72]

Die verderbliche Wirkung der antiken Bildung sah Origenes konkret darin, dass daraus „häretische Gedanken" entspringen können. Das war ein Topos der altkirchlichen, auch schon frühchristlichen Häresiologie, wenn beispielsweise Tertullian die Philosophen als „Patriarchen der Häretiker" verunglimpfte.[73] Auch dieses Motiv hat Schule gemacht: Dass die Philosophie gleichsam die Brutstätte aller Häresien sei, wie Hieronymus in einem antipelagianischen Brief meinte,[74] wurde noch in Humanismus und Renaissance als Gemeinplatz christlicher Ketzerpolemik kolportiert.[75]

Interessant an der Aussage des Origenes ist weniger diese Topik als vielmehr der Grund, den er für dieses Risiko angab: Die Christen, die auf diese Weise „häretische Gedanken" produzieren, eignen sich nicht „die brauchbaren Dinge Ägyptens" an und verfügen nur über „einige beschränkte griechische Kenntnisse",

---

72 Ebd. (FC 24, 218): Κἀγὼ δὲ τῇ πείρᾳ μαθὼν εἴποιμ' ἄν σοι, ὅτι σπάνιος μὲν ὁ τὰ χρήσιμα τῆς Αἰγύπτου λαβὼν καὶ ἐξελθὼν ταύτης καὶ κατασκευάσας τὰ πρὸς τὴν λατρείαν τοῦ Θεοῦ· πολὺς δὲ ὁ τοῦ Ἰδουμαίου Ἄδερ ἀδελφός. Οὗτοι δέ εἰσιν οἱ ἀπό τινος Ἑλληνικῆς ἐντρεχείας αἱρετικὰ γεννήσαντες νοήματα, καὶ οἱονεὶ δαμάλεις χρυσᾶς κατασκευάσαντες ἐν Βαιθήλ, ὃ ἑρμηνεύεται οἶκος Θεοῦ. Δοκεῖ δέ μοι καὶ διὰ τούτων ὁ λόγος αἰνίσσεσθαι, ὅτι τὰ ἴδια ἀναπλάσματα ἀνέθηκαν ταῖς γραφαῖς, ἐν αἷς οἰκεῖ λόγος Θεοῦ, τροπικῶς Βαιθὴλ καλουμέναις. – Die Etymologie von Bet-El z. B. auch in Iud. hom. 5,3 (GCS Orig. 7, 493); in Cant. comm. III 13,51 (OWD 9/1, 378); in Cant. hom. 2,12 (OWD 9/2, 128). Siehe dazu F. Wutz, *Onomastica sacra*, 1061. 1067.
73 Tertullian, an. 3,1 (CCSL 2, 785): *philosophi, patriarchae hereticorum*. Vgl. ebd. 23,6 (2, 815); 36,1 (2, 838); adv. Hermog. 8,3 (CCSL 1, 404).
74 Vgl. Hieronymus, ep. 133,1,2 (CSEL 56, 242).
75 Viele weitere Belege hierzu bei N. Brox, „Häresie", 266.

oder wörtlicher: „eine *gewisse* griechische Bewandertheit" (ἀπό τινος Ἑλληνικῆς ἐντρεχείας), eine „gewisse", also keine richtige Kompetenz in griechischer Bildung. Es liegt also nicht an dieser Bildung als solcher, die erneut nicht abgewertet wird, sondern wieder an deren Verwendung, aber diesmal nicht am Zweck, sondern an deren mangelhaften Rezeption. Es geht auch nicht um Quantität, nicht um „eine umfassende Auswahl" durch die Christen aus dem heidnischen Bildungsgut gegenüber einer gefährlichen „partiellen Aufnahme".[76] Es geht vielmehr um Qualität, und zwar nicht der ausgewählten Gegenstände – obgleich diesen im Bild von Gold und Silber eine solche attestiert wird –, sondern um die Qualität der Kompetenz der Rezipienten. Origenes warnte nicht vor Philosophie und Bildung an sich, sondern davor, sich damit nur oberflächlich und ungenügend zu befassen und deshalb daraus die falschen Schlüsse für das Christentum zu ziehen. Als Konsequenz aus dieser Gefahr ergibt sich offenbar nicht das, was manche altkirchliche Theologen angemahnt haben, nämlich von Philosophie und Bildung lieber die Finger zu lassen, sondern umgekehrt die Aufforderung, wenn man sich mit antiker Philosophie und Bildung beschäftigt, das dann intensiv und gekonnt zu tun. Gegen das Risiko, das von Philosophie und Bildung für Christen ausgehen kann, forderte Origenes also nicht weniger, sondern *mehr* und *eingehendere* Beschäftigung damit – auch wenn er das hier nur indirekt zu erkennen gab.

Eine mögliche zweite verderbliche Folge, die mit der ersten eng zusammenhängt, kann sein, dass Christen, die aufgrund mangelhafter Kompetenz in antiker Philosophie und Bildung zu häretischen Ansichten kommen, „den Schriften ihre eigenen Einbildungen überstülpen". Wenn, wie Origenes im Eingangsabschnitt des Briefes sagte, die antike Allgemeinbildung „für die Erklärung der heiligen Schriften nützlich" ist,[77] dann wirkt sich eine mangelhafte Bildung natürlich negativ auf das Verständnis der Bibel aus. Auch hier ergibt sich als Konsequenz *mehr* Sorgfalt und *mehr* Aufmerksamkeit, nicht nur beim Studium der Wissenschaften und der Philosophie, sondern auch beim Studieren der Bibel.

d) Grundhaltungen des Exegeten

Auf diese Anforderungen kommt Origenes im Schlussabschnitt seines Briefes zu sprechen, in dem er Gregor zu solcher Sorgfalt und Aufmerksamkeit auffordert:

---

76 So P. Guyot/R. Klein, *Gregor der Wundertäter* (FC 24), 78.
77 Origenes, ep. Greg. 1 (FC 24, 214).

> Du also, mein Herr und mein Sohn, widme Dich in erster Linie aufmerksam der Lektüre der göttlichen Schriften – doch tue dies aufmerksam! Denn wir bedürfen großer Aufmerksamkeit, wenn wir die göttlichen Bücher lesen, damit wir nicht zu voreilig etwas über sie sagen oder denken.[78]

Der zentrale Lebensinhalt Gregors soll also die Beschäftigung mit der Bibel sein. Sich das „Christsein" als Ziel zu setzen, wie Origenes eingangs anmahnte, heißt demnach konkret, Exeget zu werden – im übrigen der ‚Beruf' des Origenes, wenn man so sagen will. Allerdings war nicht gemeint, statt der heidnischen Schriften nur noch die Bibel zu lesen, wie es in reichskirchlicher Zeit von manchen christlichen Autoren als asketisches Ideal propagiert wurde, etwa von Hieronymus, der im oben genannten Brief an Laeta über Kindererziehung die Lektüre ausschließlich der Bibel empfahl, um eine rein christliche Erziehung zu gewährleisten.[79] Origenes hingegen sprach davon, „in erster Linie" die Bibel zu lesen und zu studieren. Die Bibel stand also an erster Stelle, doch schloss das in seinem Konzept die Lektüre und Verwendung der antiken Literatur nicht aus, sondern ein.

Damit bewegte er sich erneut auf der von Philon und Clemens vorgegebenen Linie der alexandrinischen Tradition, die sich im Christentum weithin durchsetzte, etwa bei den Kappadokiern. Das Gegenprogramm zu Hieronymus – der sich im übrigen selbst nicht an seine Maxime hielt – ist beispielsweise die kleine Schrift des Basilius von Caesarea *An die Jugend über den nützlichen Gebrauch der heidnischen Literatur*.[80] Die Bibel an die erste Stelle zu setzen bedeutet auch, aus ihr die Kriterien für die Entscheidung zu gewinnen, was aus der antiken Bildung für das Christentum und für die Erklärung der Bibel brauchbar ist. Wie dialektisch diese Verhältnisbestimmung in Wirklichkeit war, da es sich nicht um eine souveräne Nutzung der antiken Bildungsinhalte von einer überlegenen christlichen Warte aus handelte, sondern um einen komplexen Prozess wechselseitiger Beeinflussung, geht aus den Schriften des Origenes aus praktisch jeder Seite hervor.

Im Brief an Gregor ging Origenes auf diese Dialektik aber nicht ein, sondern legte den Ton auf die Haltung bzw. innere Einstellung des Exegeten gegenüber dem Bibeltext. Leitwortartig schärfte er die erforderliche „Aufmerksamkeit" ein; fünfmal begegnet diese Begrifflichkeit in diesem Passus: „Sei aufmerksam" (πρόσεχε)![81]

---

78 Ebd. 4 (FC 24, 220): Σὺ οὖν, κύριε υἱέ, προηγουμένως πρόσεχε τῇ τῶν θείων γραφῶν ἀναγνώσει· ἀλλὰ πρόσεχε. Πολλῆς γὰρ προσοχῆς ἀναγινώσκοντες τὰ θεῖα δεόμεθα, ἵνα μὴ προπετέστερον εἴπωμέν τινα ἢ νοήσωμεν περὶ αὐτῶν.
79 Hieronymus, ep. 107,4 (CSEL 55, 293–295).
80 In dt. Übersetzung bei A. Stegmann/Th. Wolbergs, *Basilius*, 13–35.
81 Origenes, ep. Greg. 4 (FC 24, 220).

In seinen exegetischen Schriften forderte Origenes immer wieder dazu auf, den biblischen Text sehr genau zu studieren, um seinen Sinn zu erfassen und „nicht", wie er hier schrieb, „voreilig etwas über ihn zu sagen oder zu denken".[82] Diese Tugend des Exgeten kombinierte er mit einer weitreichenden hermeneutischen Bemerkung:

> Und wenn Du Dich mit einer gläubigen und gottgefälligen Voreinstellung aufmerksam der Lektüre der göttlichen Bücher widmest, klopfe bei denjenigen Stellen an, die ihr verschlossen sind, und es wird Dir von dem Türhüter geöffnet werden, über den Jesus sagte: „Diesem öffnet der Türhüter" (Joh 10,3). Und wenn Du Dich aufmerksam der göttlichen Lektüre widmest, suche auf rechte Weise und mit unbeugsamem Glauben an Gott nach dem Sinn der göttlichen Texte, der der Menge verborgen bleibt![83]

Das Interessanteste an dieser Aufforderung ist m. E. nicht so sehr die letzte Aussage, die womöglich am deutlichsten ins Auge fällt. Bei Origenes finden sich gelegentlich solche esoterisch klingenden Bemerkungen, die jedoch insgesamt von dem pädagogischen Bestreben motiviert sind, den Sinn der Bibel allen Menschen abgestimmt auf ihr jeweiliges, entwicklungsfähiges Fassungsvermögen zu vermitteln.[84] Wichtiger scheint mir die Bemerkung zur „Voreinstellung" des Exegeten zu sein: Diese soll „eine gläubige und gottgefällige" sein, der Exeget soll „auf rechte Weise und mit unbeugsamen Glauben an Gott nach dem Sinn der Texte suchen".

Das ist eine zentrale hermeneutische Einsicht. Origenes scheint erkannt zu haben, dass das Verstehen eines Textes, was die grundsätzliche Richtung des Verständnisses betrifft, entscheidend von der „Voreinstellung" des Interpreten abhängt. Die πρόληψις, ein Terminus aus der epikureischen und stoischen Philosophie, meint die allgemein herrschende, dem menschlichen Verstand innewohnende Vorstellung von den Dingen, das präreflexive Vorverständnis, mit dem jeder Mensch an etwas herangeht, ehe er anfängt, darüber bewusst nachzudenken. Dieses „Vorverständnis", das Gadamersche „Vorurteil", bestimmt wesentlich und meist, ohne dass man sich dessen bewusst ist, die Richtung des Verständnisses eines Textes. Damit sich ein Text wie der der Bibel erschließt – so betont Origenes hier zweimal –, muss man sozusa-

---

82 Zu dieser exegetischen Tugend bei Origenes siehe P. W. Martens, *Origen and Scripture*, 171–174 mit zahlreichen Belegen zu den Stichworten „watchfulness" und „care", z. B. in Hier. hom. 18,6 (GCS Orig. 3², 157); in Hier. frg. P 4,2 (GCS Orig. 3², 198) = philoc. 10,2 (SC 302, 370); in Ioh. comm. VI 8,53 (GCS Orig. 4, 117). Auf 1 Tim 4,13 rekurrierte er in Matth. comm. X 15 (GCS Orig. 10, 18). Vgl. auch Cels. III 20 (GCS Orig. 1, 217).
83 Ep. Greg. 4 (FC 24, 220): Καὶ προσέχων τῇ τῶν θείων ἀναγνώσει μετὰ πιστῆς καὶ Θεῷ ἀρεσκούσης προλήψεως κροῦε τὰ κεκλεισμένα αὐτῆς, καὶ ἀνοιγήσεταί σοι ὑπὸ τοῦ θυρωροῦ, περὶ οὗ εἶπεν ὁ Ἰησοῦς· „Τούτῳ ὁ θυρωρὸς ἀνοίγει." Καὶ προσέχων τῇ θείᾳ ἀναγνώσει ὀρθῶς ζήτει καὶ μετὰ πίστεως τῆς εἰς Θεὸν ἀκλινοῦς τὸν κεκρυμμένον τοῖς πολλοῖς νοῦν τῶν θείων γραμμάτων.
84 Siehe dazu jüngst F. Tilling, *Mysterienbegriff bei Origenes*, 361–367.

gen mit einer positiven Grundeinstellung an ihn herantreten.[85] Um es konkret zu machen: Man kann die Bibel auch so lesen, wie die Christentumskritiker Kelsos oder Porphyrios das getan haben, d. h. darin *von vornherein* nichts als niveaulos präsentierte Ungereimtheiten, Widersprüche und Anstößigkeiten sehen, und wird eben diese dann darin finden. Man kann aber auch mit der Einstellung an die Bibel herangehen, die Origenes propagierte, nämlich dass darin tiefe Wahrheiten verborgen sind, die es zu entdecken gilt, und dann wird man diesem tieferen Sinn auf die Spur kommen.

Zu dieser Einstellung, die Origenes mit religiösen Vokabeln als „gläubig" und „gottgefällig" beschrieb,[86] gehört dann notwendigerweise das Gebet darum, dass der Sinn des Textes sich erschließen möge:

> Begnüge Dich aber nicht mit dem Anklopfen und dem Suchen! Am notwendigsten ist nämlich auch das Gebet um das Verständnis der göttlichen Bücher. Dazu forderte uns der Erlöser auf, indem er nicht nur sagte: „Klopft an, und es wird euch geöffnet werden", und: „Sucht, und ihr werdet finden", sondern auch: „Bittet, und es wird euch gegeben werden!" (Mt 7,7; Lk 11,9).[87]

Auch dies hat Origenes besonders in seinen Predigten immer wieder praktiziert, indem er entweder selbst darum bat, „Jesus möge kommen und uns erscheinen und uns jetzt darüber belehren, was hier geschrieben steht",[88] oder, noch öfter, seine Gemeinde aufforderte, ihn durch entsprechende Gebete zu unterstützen, damit sich ihm der Text erschließe.[89] Die Überschrift in der *Philokalie* über diesen Brief ist gerade im Blick auf die Ausführungen des Origenes zu den Voraussetzun-

---

85 Zu dieser Tugend des Exegeten siehe P. W. Martens, *Origen and Scripture*, 169–170. – Auch Augustinus nannte später als Voraussetzung dafür, die Bibel verstehen zu können, „ergeben und ehrfürchtig" (*devote ac pie*) an sie heranzugehen: util. cred. 13 (CSEL 25/1, 18).
86 Siehe dazu Martens, ebd., 178–181.
87 Origenes, ep. Greg. 4 (FC 24, 220): Μὴ ἀρκοῦ δὲ τῷ κρούειν καὶ ζητεῖν· ἀναγκαιοτάτη γὰρ καὶ ἡ περὶ τοῦ νοεῖν τὰ θεῖα εὐχή· ἐφ᾽ ἣν προτρέπων ὁ σωτὴρ οὐ μόνον εἶπεν τό· „Κρούετε, καὶ ἀνοιγήσεται ὑμῖν", καὶ τό· „Ζητεῖτε, καὶ εὑρήσετε", ἀλλὰ καὶ τό· „Αἰτεῖτε, καὶ δοθήσεται ὑμῖν." Siehe dazu P. W. Martens, ebd., 186–191.
88 In Hier. hom. 19,1(18,10) (GCS Orig. 3², 165); Übersetzung: A. Fürst/H. E. Lona, *Origenes* (OWD 11), 463. Vgl. ebd. 19,1(18,11) (3², 167); 19,4(18,14) (3², 170); in Matth. comm. ser. 38 (GCS Orig. 11, 72); in Ioh. comm. VI 2 (GCS Orig. 4, 108).
89 Vgl. z. B. in Ex. hom. 1,1 (GCS Orig. 6, 146); in Num. hom. 19,1 (GCS Orig. 7, 176); 26,3 (7, 248–249); in Ios. hom. 8,2.3 (GCS Orig. 7, 337. 338); 20,1.4 (7, 415. 422); in Ps. 36 hom. 4,4 (GCS Orig. 13, 170. 171); in Ps. 77 hom. 1,4 (13, 359); 2,4 (13, 374); 4,10 (13, 406); in Ps. 80 hom. 2,5 (13, 503); in Is. hom. 5,1 (GCS Orig. 8, 263); 7,1 (8, 279); 9,1 (8, 288); in Hiez. hom. 2,5 (GCS Orig. 8, 347); 4,3 (8, 364); 11,1 (8, 424); in Luc. hom. 32,2 (GCS Orig. 9², 182). Siehe dazu P. W. Martens, *Origen and Scripture*, 181–186.

gen auf Seiten des Exegeten trefflich gewählt: „Wann und *für wen* die Kenntnisse aus der Philosophie für die Erklärung der heiligen Schriften nützlich sind."[90]

Die elementarisierte Einführung in biblische Hermeneutik, die Origenes seinem ehemaligen Studenten Gregor gab, könnte man so zusammenfassen: Aufmerksames Lesen unter Einbeziehung profunder Kenntnisse in Bildung, Wissenschaft und Philosophie und unter der Voraussetzung einer offenen, aufgeschlossenen Voreinstellung führt zum Verstehen der Bibel, oder im Sinne der Denkweise des Origenes vielleicht besser gesagt: *kann* dazu führen. *Ohne* diese Voraussetzungen jedenfalls kommt man nach Ansicht des Origenes nicht dahin.

e) Das Ziel christlicher Paideia

Nach diesem Grundkurs in christlicher Bildung und Exegese rundete Origenes den Brief damit ab, dass er erst jetzt, buchstäblich in der letzten Zeile, schrieb, was denn nun das Lebensziel sei, um das es beim „Christsein" geht:

> Diese Worte habe ich aufgrund meiner väterlichen Liebe zu Dir gewagt. Ob es sich mit meinem Wagnis gut verhält oder nicht, wird wohl Gott wissen und sein Christus und derjenige, der am Geist Gottes und am Geist Christi teilhat. Mögest auch Du daran teilhaben und Deine Teilhabe immer weiter vergrößern, damit Du nicht nur sagen kannst: „Zur Teilhabe an Christus sind wir gelangt" (Hebr 3,14), sondern auch: Zur Teilhabe an Gott sind wir gelangt![91]

Das Ziel, zu dem Origenes Gregor mit diesem Bildungsbrief anleiten wollte, ist die „Teilhabe an Gott", die über die „Teilhabe an Christus" erlangt wird. Das Schlusskolon formuliert die Grundidee des Origenes vom menschlichen Leben als ständiges Voranschreiten in der Nachfolge Jesu bis hin zu Gott. Dabei präsentierte er genau die Verschränkung von Bibel und Philosophie, der er im ganzen Brief das Wort redete: Die Teilhabe an Christus bzw. an Gott ist zwar mit einem Zitat aus dem Hebräerbrief formuliert, doch der Teilhabegedanke an sich ist platonisch. Und wenn Origenes die Teilhabe an Christus in die Teilhabe an Gott münden lässt, dann formuliert er damit biblisch-platonisch den philosophischen Grundgedanken der Angleichung an Gott (ὁμοίωσις θεῷ), der gleichfalls breiten Eingang in die christliche Spiritualität gefunden hat.[92] Die christliche Existenz, für die

---

90 Philoc. 13 tit. (p. 64 Robinson): Πότε καὶ τίσι τὰ ἀπὸ φιλοσοφίας μαθήματα χρήσιμα εἰς τὴν τῶν ἱερῶν γραφῶν διήγησιν.
91 Ep. Greg. 4 (FC 24, 220): Ταῦτα ἀπὸ τῆς πρός σε ἐμοῦ πατρικῆς ἀγάπης τετόλμηται. Εἰ δ' εὖ ἔχει τὰ τετολμημένα ἢ μή, θεὸς ἂν εἰδείη καὶ ὁ χριστὸς αὐτοῦ καὶ ὁ μετέχων πνεύματος θεοῦ καὶ πνεύματος Χριστοῦ. Μετέχοις δὲ σὺ καὶ ἀεὶ αὔξοις τὴν μετοχήν, ἵνα λέγῃς οὐ μόνον τό· „Μέτοχοι τοῦ Χριστοῦ γεγόναμεν", ἀλλὰ καί· Μέτοχοι τοῦ θεοῦ γεγόναμεν.
92 Siehe dazu die meisterhafte Studie von N. Russell, *Doctrine of Deification* (für Origenes: ebd., 140–154), ferner speziell zu Origenes A. Fürst, *Vergöttlichung und Sozialethik*.

Origenes hier warb, tritt von Anfang bis Ende des Briefes ausgesprochen philosophisch auf, so sehr er auch die zentrale Stellung der Bibel betonte.

Sehr zu Recht sprach Origenes dabei von einem „Wagnis", dessen Ausgang offen ist. Im engeren Kontext des Briefes ist dabei gewiss an seine unmittelbare Wirkung zu denken: Ob Gregor dem Wunsch des Origenes entsprechen oder nicht doch nach dem philosophisch-exegetischen Studium in Caesarea wieder die Laufbahn eines Juristen einschlagen würde, wie er das ursprünglich vorhatte, konnte Origenes zur Zeit der Abfassung des Briefes nicht wissen – eben deshalb hat er diesen Brief ja vermutlich geschrieben. Aus der weiteren Lebensgeschichte Gregors wissen wir, dass er weder Jurist noch Philosoph geworden ist, sondern sein Leben in der Tat dem „Christsein" widmete, als Bischof der winzigen Christengemeinde von Neocaesarea in Pontus (heute Niksâr in der nordöstlichen Türkei) von 243 an allerdings weniger schriftstellerisch als vielmehr missionarisch aktiv war.

In noch einem anderen Sinne ist die Lebensform, die Origenes in diesem Brief beschrieb, durchaus ein „Wagnis": Origenes selbst wurde schon zu Lebzeiten und nach seinem Tod mit zunehmender Vehemenz eben das vorgeworfen, wozu er Gregor einerseits mahnte, sich nämlich intensiv mit Philosophie zu beschäftigen, und wovor er ihn andererseits warnte, nämlich der Bibel eigene Eingebungen überzustülpen. Dass Origenes durch zu viel Philosophie die biblische Botschaft verfälscht habe, wurde zum Standardvorwurf gegen seine Denkform.[93] Obwohl die Grundsätze, die er im Brief an Gregor formulierte, christlich-kirchliches Allgemeingut geworden sind, ist er selbst – tragische Ironie der Geschichte – für das Risiko und Wagnis, das er damit einging, zum Häretiker gestempelt worden.

---

93 Um in sehr großen historischen Schritten ein paar Stationen zu nennen: Dieser Vorwurf geht zurück auf Porphyrios, adv. Christ. III frg. 39 Harnack = frg. 6 F Becker, zitiert bei Eusebius, hist. eccl. VI 19,5–8 (GCS Eus. 2, 558–560), aus diesem übernommen im byzantinischen Lexikon der *Suda* s.v. Ὠριγένης (III p. 617 Adler). Im lateinischen Mittelalter findet er sich bei Thomas von Aquin, s. th. I q. 51 a. 1; I–II q. 5 a. 4. In der ersten wissenschaftlichen Erörterung der Lehren des Origenes in der Neuzeit, in Pierre-Daniel Huets *Origeniana* von 1668, wird dieser Vorwurf ebenfalls stark hervorgehoben: P.-D. Huet, *Origeniana* II 1,4 (p. 27 = PG 17, 702); II 2,11,13 (p. 150 = PG 17, 1021); II 2,11,21 (p. 155 = PG 17, 1031), auch wenn Huet ihn bei der Diskussion konkreter Fälle, speziell in der Trinitätslehre, relativierte. Siehe dazu A. Fürst, „Trinitätslehre in Huets *Origeniana*", 121–133. Für die weitere Geschichte dieser sog. Hellenisierungsthese in der Neuzeit siehe W. Glawe, *Hellenisierung des Christentums*. Der prominente moderne Vertreter dieser These ist A. von Harnack, *Wesen des Christentums*, 117–118 u. ö.

5 Exegetische Bildung

Etwas weniger ausführlich sei auf den zweiten erhaltenen Brief des Origenes eingegangen, auch wenn dieser deutlich länger ist. Der Brief an Julius Africanus, den Origenes wohl in seinen letzten Lebensjahren 248/50 von Nikomedien in Bithynien aus schrieb,[94] kann nämlich als Beispiel dafür gelesen werden, wie Bildung in einem Brief vermittelt wird, auch wenn weder auf diese noch auf den Prozess ihrer Vermittlung explizit eingegangen wird. Im vorliegenden Fall geht es um exegetische Bildung, womit der philosophisch-biblischen Paideia, die Origenes im Brief an Gregor entwarf, ein Beispiel an die Seite gestellt werden kann, was konkret zu dieser Paideia gehören konnte.

a) Bibelphilologie und Echtheitskritik: Der Brief des Julius Africanus an Origenes

Sextus Julius Africanus, der Adressat des Briefes, war ein vielseitig interessierter und gesellschaftlich und politisch bestens vernetzter Gelehrter aus Jerusalem, der sich mit vielen Themen der antiken Fachwissenschaften beschäftigte. Unter anderem verfasste er die erste, bis 217 bzw. 221 n. Chr. reichende christliche Weltchronik (*Chronographiae*), für die er die biblischen Texte ebenso auswertete wie chronographische Überlieferungen in der paganen und jüdischen Literatur.[95] In einem dem Kaiser Alexander Severus (222–235) gewidmeten Werk mit dem Titel *Stickereien* (*Cesti*) behandelte er im Stile der klassischen Buntschriftstellerei allerlei Fragen aus Naturwissenschaft, Medizin, Magie und Kriegswesen.[96] Dieser Kaiser beauftragte ihn damit, in Rom die Bibliothek des Pantheon einzurichten. Julius Africanus kann als die Art von christlicher Gelehrter betrachtet werden, die Origenes im Brief an Gregor beschrieb, der sich also intensiv wissenschaftlich betätigte und über breite Kompetenzen auf zahlreichen Wissensgebieten verfügte. Auch für exegetische Fragen interessierte er sich, so für die unterschiedlichen Stammbäume Jesu im Matthäus- und im Lukasevangelium (Mt 1,1–16; Lk 3,23–38). Aus einem diesbezüglichen Brief an einen ansonsten unbekannten Aristides haben sich dazu lange Passagen bei Eusebius von Caesarea und Niketas von Herakleia erhalten.[97]

---

94 Der Abfassungsort geht aus dem Brief eindeutig hervor, weil Origenes ihn selbst nannte: ep. Afric. 2 (SC 302, 522); 21 (302, 572). Zur Frage der Datierung siehe N. de Lange, *Origène* (SC 302), 498–501, ferner P. Nautin, *Origène*, 182.
95 Die Fragmente in M. Wallraff u. a., *Iulius Africanus: Chronographiae*.
96 Die Fragmente in dies., *Iulius Africanus: Cesti*.
97 Die Erstausgabe von W. Reichardt, *Briefe des Sextus Julius Africanus*, 53–62 ist jetzt ersetzt durch Ch. Guignard, *La lettre de Julius Africanus à Aristide*, 289–314.

Auch in dem Brief des Julius Africanus an Origenes, mit dem er befreundet war, ging es um ein exegetisches Problem.[98] Africanus bezweifelte die Echtheit der Erzählung von Susanna, die in der Septuaginta und in der altkirchlich gebräuchlichen griechischen Fassung des Theodotion als eigenständiger Text vor dem Buch Daniel steht, damit aber mit diesem über die Person Daniels verbunden ist. Anlass des Schreibens war – damit beginnt der Brief – ein Gespräch, das Origenes mit einem ansonsten unbekannten Bassus[99] geführt hatte und bei dem Africanus zugegen war. Dabei habe, schreibt Africanus, Origenes die vor dem Danielbuch stehende Geschichte von Susanna als „Prophetie des Daniel in seiner Jugendzeit" (vgl. Sus 45) erwähnt und sie somit als Teil des Buches Daniel betrachtet. Erst danach sind Africanus jedoch Zweifel an dieser Ansicht gekommen, die er nunmehr Origenes brieflich mitteilt:

> Ich wundere mich aber, wie dir verborgen bleiben konnte, dass dieser Teil des Buches eine Fälschung ist. Denn die Perikope an sich ist zwar sicherlich ein Text mit einem gewissen Charme, doch lässt sich zeigen und mit vielen Argumenten nachweisen, dass der Text jünger und erfunden ist.[100]

Mit dieser Bemerkung verrät Africanus eine gründliche Schulung in alexandrinischer Philologie, denn aus dieser stammen die hier verwendeten Termini „jünger und erfunden" (νεωτερικὸν καὶ πεπλασμένον): Aristarch von Samothrake hat im 2. Jahrhundert v. Chr. die späteren Zusätze, die er von dem von Homer selbst verfassten Text unterschied (bzw. meinte unterscheiden zu können), polemisch als „Erfindungen" der „Jüngeren" bezeichnet.[101]

Auch mit den Argumenten, die Africanus für seine Ansicht anführt, stellt er eindrücklich seine philologischen Kompetenzen unter Beweis: Erstens prophezeie Daniel nicht durch Inspiration, wie in der Susanna-Geschichte,[102] sondern durch Visionen, Träume und Erscheinungen eines Engels.[103] Auch dahinter steht die alexandrinische Philologie, die sich um die Eruierung des für einen bestimmten

---

98 Julius Africanus, ep. Orig. (SC 302, 514–520). Übersetzungen daraus: A. Fürst.
99 Der Name des Gesprächspartners geht aus dem Brief des Origenes hervor: ep. Afric. 3 (SC 302, 522).
100 Julius Africanus, ep. Orig. 2 (SC 302, 514): Θαυμάζω δὲ πῶς ἔλαθέ σε τὸ μέρος τοῦτο τοῦ βιβλίου κίβδηλον ὄν· ἡ γάρ τοι περικοπὴ αὕτη χάριεν μὲν ἄλλως σύγγραμμα, ἀλλὰ σύγγραμμα νεωτερικὸν καὶ πεπλασμένον δείκνυταί τε καὶ κατὰ πολλοὺς ἀπελέγχεται τρόπους.
101 Siehe F. Schironi, Aristarchus, 652–708.
102 Vgl. Sus 45–46 in der Fassung des Theodotion, während in der Septuaginta-Version von einem Engel die Rede ist, der Daniel die Einsicht eingibt.
103 Julius Africanus, ep. Orig. 3 (SC 302, 514–516): Πρῶτον ὅτι Δανιὴλ ἄλλῳ τρόπῳ προφητεύει, ὁράμασι καὶ ὀνείροις διὰ παντὸς καιροῦ, καὶ ἀγγέλου ἐπιφανείας τυγχάνει, ἀλλ' οὐκ ἐπινοίᾳ προφητικῇ.

Autor charakteristischen Stils bemühte und davon abweichende Ausdrücke als spätere Hinzufügungen identifizierte.[104] Zweitens überführe Daniel die Übeltäter „auf eine irgendwie ganz unerwartete Weise" – auch das „Paradoxe" (παραδοξότατα) als Argument für Unechtheit entstammt der Homerphilologie[105] –, indem er ein Wortspiel verwende, nämlich πρῖνος („Eiche") von πρῖσαι („zersägen") und σχῖνος („Pistazienbaum") von σχίσαι („zerspalten") (vgl. Sus 54–55. 58–59), das nur im Griechischen, aber nicht im Hebräischen funktioniere (und auch nicht im Deutschen).[106] Drittens seien bei den Kriegsgefangenen in Babylonien weder der Wohlstand denkbar, der Susannas Ehemann in der Geschichte zugeschrieben wird, noch die Möglichkeit, „ein Todesurteil fällen zu können", zu dem die beiden Ältesten für die Vergewaltigung Susannas verurteilt werden (vgl. Sus 62).[107] Viertens „ist diese Perikope zusammen mit den beiden anderen am Ende", nämlich den Geschichten von „Daniel und Bel" sowie von „Daniel und dem Drachen", „nicht in dem bei den Juden überlieferten Buch Daniel enthalten".[108] Und schließlich zitiere Daniel mit der Aussage: „Einen Unschuldigen und Gerechten sollst du nicht töten" (Sus 53 in der Version Theodotions) einen anderen Propheten, nämlich Mose (vgl. Ex 23,7), was von den vorausgehenden Propheten keiner getan habe, denn „ihre Verkündigung musste nicht betteln gehen, da sie wahr und echt war".[109] „Aus allen diesen Gründen" zog Africanus den Schluss, „dass diese Perikope hinzugefügt worden ist", und schob noch hinterher, dass „auch der Stil anders" sei, ohne darauf jedoch näher einzugehen.[110]

---

104 Siehe F. Schironi, *Aristarchus*, 217–264.
105 Siehe dies., „Aristarchan Philology".
106 Julius Africanus, ep. Orig. 4–5 (SC 302, 516): Ἔπειτα … καὶ παραδοξότατά πως αὐτοὺς ἀπελέγχει … Οὐ γὰρ ἐξήρκει ἡ διὰ τοῦ πνεύματος ἐπίπληξις, ἀλλ᾽ ἰδίᾳ διαστήσας ἑκάτερον ἐρωτᾷ ποῦ αὐτὴν θεάσαιτο μοιχωμένην. Ὡς δὲ ὁ μὲν „ὑπὸ πρῖνον" ἔφασκεν, ἀποκρίνεται „πρίσειν" αὐτὸν τὸν ἄγγελον, τῷ δὲ „ὑπὸ σχῖνον" εἰρηκότι „σχισθῆναι" παραπλησίως ἀπειλεῖ. Ἐν μὲν οὖν ἑλληνικαῖς φωναῖς τὰ τοιαῦτα ὁμοφωνεῖν συμβαίνει, παρὰ τὴν πρῖνον τὸ πρῖσαι καὶ σχίσαι παρὰ τὴν σχῖνον, ἐν δὲ τῇ ἑβραΐδι τῷ παντὶ διέστηκεν. Ἐξ Ἑβραίων δὲ τοῖς Ἕλλησι μετεβλήθη πάνθ᾽ ὅσα τῆς παλαιᾶς διαθήκης φέρεται παρὰ Ἰουδαίοις.
107 Ebd. 6 (302, 518): < … > αἰχμάλωτοι ὄντες ἐν τῇ Βαβυλωνίᾳ … οἵδε καὶ περὶ θανάτου ἔκρινον, καὶ ταῦτα τῇ βασιλέως αὐτῶν γενομένου γυναικὶ Ἰωακείμ, ὃν σύνθρονον πεποίητο ὁ Βαβυλωνίων βασιλεύς· Εἰ δὲ οὐχ οὗτος, ἀλλ᾽ ἄλλος τις τοῦ λαοῦ Ἰωακείμ, πόθεν τοιαύτη κατάλυσις αἰχμαλώτῳ περιῆν καὶ παράδεισος ἀμφιλαφὴς ἦν;
108 Ebd. 7 (302, 518): Πρὸ δὲ τούτων ἁπάντων ἥδε ἡ περικοπὴ σὺν ἄλλαις δύο ταῖς ἐπὶ τῷ τέλει τῷ παρὰ τῶν Ἰουδαίων εἰλημμένῳ Δανιὴλ οὐκ ἐμφέρεται.
109 Ebd. 8 (302, 520): Ἐπὶ δὲ πᾶσι, τοσούτων προωδοιπορηκότων προφητῶν ἑξῆς οὐδεὶς ἑτέρου κέχρηται ῥητῷ νοήματι· οὐ γὰρ ἐπτώχευσεν ὁ λόγος αὐτῶν ἀληθὴς ὤν. Οὑτοσὶ δὲ ἐκείνῳ θατέρῳ ἐπαπειλῶν ὑπομιμνήσκει „λέγοντος τοῦ Κυρίου· Ἀθῷον καὶ δίκαιον οὐκ ἀποκτενεῖς".
110 Ebd. 9 (302, 520): Ἐξ ἁπάντων τούτων ἐμοὶ δοκεῖ προσκεῖσθαι ἡ περικοπή· ἀλλὰ καὶ τῆς φράσεως ὁ χαρακτὴρ διαλλάσσει.

Das ist eine bemerkenswerte Reihe von überzeugenden Argumenten für die nachträgliche Hinzufügung der Susanna-Geschichte zum Buch Daniel. Aus heutiger exegetischer Sicht muss man sagen, dass Julius Africanus damit richtig lag. Auch seine Beobachtung, dass die Erzählung aufgrund des erwähnten Wortspiels im Original auf Griechisch verfasst worden sein muss, ist richtig: Eine hebräische oder aramäische Vorlage dafür ist nicht bekannt. Schon zu seiner Zeit stand er mit dieser Einsicht nicht allein. Hippolyt formulierte in seinem *Danielkommentar* im Sinne von Africanus' drittem Argument Vorbehalte gegen diese Erzählung: „Wie hätten diese Leute, die doch Kriegsgefangene und Sklaven der Babylonier waren, sich an einem Ort versammeln können, als könnten sie frei über sich selbst bestimmen?"[111] Mit demselben, von Juden vorgebrachtem Argument begründete später Hieronymus den Ausschluss der Susanna-Erzählung aus dem hebräischen Kanon: „Wie hätte es denn möglich sein können, dass Kriegsgefangene die Macht gehabt hätten, ihre Anführer und Propheten zu steinigen?"[112] Doch unabhängig von der Triftigkeit der Argumente des Africanus kann ein Leser seines kurzen Briefes von ein bis zwei Seiten sehr viel über Echtheitskritik und philologische Argumentation lernen. Damit ist der Brief ein Fall von Bildung, die in ihm vermittelt wird, ohne dass dies das explizite Ziel des Briefes war, und zugleich ein Beleg für die Bildung seines Autors.

b) Bibelwissen: Der Antwortbrief des Origenes

Origenes hingegen war von den Argumenten des Julius Africanus alles andere als überzeugt und hat in seinem langen Antwortschreiben[113] viel Mühe darauf verwendet, sie zu widerlegen oder zumindest ihre Durchschlagskraft in Zweifel zu ziehen. Dafür mag auch eine Rolle gespielt haben, dass ihn der Vorwurf des Africanus, die Unechtheit der Susanna-Geschichte sei ihm „entgangen" bzw. „verbor-

---

111 Hippolyt, in Dan. I 14,4 (GCS N.F. 7, 34): ... πῶς γὰρ οὗτοι αἰχμάλωτοι ὑπάρχοντες καὶ ὑπόδουλοι Βαβυλωνίοις γεγενημένοι ἠδύναντο συνέρχεσθαι ἐπὶ τὸ αὐτὸ ὡς αὐτεξούσιοι;
112 Hieronymus, in Hier. V 67,6 (CCSL 74, 285): ‚Qui enim', inquit, ‚fieri poterat, ut captiui lapidandi principes et prophetas suos haberent potestatem?'
113 Origenes, ep. Afric. (SC 302, 522–572). Übersetzungen daraus: A. Fürst. Gleich zu Beginn spielt Origenes übrigens mit dem Motiv der für einen Brief geforderten Kürze, ebd. 2 (302, 522): Ἡ μὲν σὴ ἐπιστολή, δι᾽ ἧς ἐμάνθανον ἃ ἐνέφηνας περὶ τῆς ἐν τῷ Δανιὴλ φερομένης ἐν ταῖς ἐκκλησίαις Σουσάννας, βραχεῖα μέν τις εἶναι δοκεῖ, ἐν ὀλίγοις δὲ πολλὰ προβλήματα ἔχουσα, ὧν ἕκαστον ἐδεῖτο οὐ τῆς τυχούσης ἐξεργασίας ἀλλὰ τοσαύτης ὥστε ὑπερβαίνειν τὸν ἐπιστολικὸν χαρακτῆρα καὶ συγγράμματος ἔχειν περιγραφήν – Der Brief des Africanus „scheint zwar kurz zu sein, enthält in wenigen Worten aber viele Probleme, von denen jedes einzelne nicht einfach nur oberflächlich, sondern so ausführlich behandelt werden müsste, dass es über die Gattung des Briefes hinausginge und den Umfang eines Traktates annähme." Das Topische dieser Bemerkung wird daraus ersichtlich, dass sein Antwortbrief faktisch zu einem kleinen Traktat angewachsen ist.

gen geblieben", offensichtlich in seiner exegetischen Ehre gekränkt hat. Jedenfalls ging er darauf gleich mehrmals ein[114] und wehrte sich energisch gegen diese indirekte Infragestellung seiner exegetischen Kompetenz. Wirklich überzeugend sind seine Einwände gegen die These des Africanus nicht ausgefallen, musste doch auch Origenes zugeben, dass sich für das griechische Wortspiel im Hebräischen kein Äquivalent finden lässt, obwohl er sich auf allen denkbaren Wegen, nicht zuletzt indem er sich bei Juden nach den Bezeichnungen für die fraglichen Bäume erkundigte, darum bemüht hatte.[115] Obwohl die Argumentation des Origenes, mit der er die Echtheit der Susanna-Geschichte nachweisen wollte, erstaunlich schwach ist, bietet sein Brieftraktat doch eine Fülle an Wissen, das er im Rahmen seiner Überlegungen ausbreitete. Ein Leser konnte daher aus diesem Brief sehr viel über den Text der Bibel lernen, auch wenn ihn die Argumente des Origenes als solche nicht überzeugten. In diesem Sinne kann man den Brief als Quelle für exegetische Bildung lesen.

Dies gilt besonders für das zentrale Argument des Africanus, dass nämlich diese Geschichte im hebräischen Text des Buches Daniel nicht vorkommt.[116] Origenes ging darauf im ersten Teil seines Briefes ausführlich ein, weil er nachweisen wollte, dass dies nicht nur für die Susanna-Geschichte und die Erzählung von Bel und dem Drachen gilt, die Africanus anführte, sondern noch für einige weitere Passagen im Buch Daniel, namentlich den Lobgesang der drei Jünglinge im Feuerofen; dazu führte er detailliert und präzise die Verse auf, die im griechischen Danielbuch stehen, im hebräischen Text aber fehlen, und vermerkte dabei sogar Unterschiede zwischen den Übersetzungen der Septuaginta und Theodotions (Dan 3,24–91).[117] Damit begnügte sich Origenes allerdings noch nicht. Vielmehr listete er im Anschluss daran sämtliche größeren Abweichungen des griechischen Bibeltextes vom hebräischen auf, und zwar in den Büchern Esther, Ijob und Jeremia, und dies erneut höchst detailliert: im Buch Esther die Gebete Mordechais (Esth 4,17a–i) und Esthers (Esth 4,17k–z) sowie die Briefe Ammans (Esth 3,13a–g) und Mordechais (Esth 8,12a–x); im Buch Ijob das Nachwort (Ijob 42,17a–e), die Rede von Ijobs Frau an ihren Mann (Ijob 2,9a–e) und viele weitere Passagen, die jeweils im hebräischen oder griechischen Text stehen, im Pendant dazu aber fehlen; zum Buch Jeremia verwies er pauschal auf „viele Umstellungen und Abänderungen des Textes der

---

114 Ebd. 3 (302, 522–524); 6 (302, 530); 8 (302, 532).
115 Ebd. 10 (302, 536–538); 18 (302, 558–560).
116 Julius Africanus, ep. Orig. 7 (SC 302, 518), bzw. Origenes, ep. Afric. 3 (SC 302, 524).
117 Origenes, ebd. 4 (302, 524–526).

Prophezeiungen"; und schließlich führte er kleinere Unterschiede in den Büchern Genesis und Exodus an (bezüglich Gen 1,8 und Ex 35–40).[118]

Bedenkt man, dass Origenes diesen Brief in Nikomedien diktierte, er also nicht seine Bibliothek in Caesarea als Arbeitsinstrument zur Verfügung hatte, wird man nicht umhinkönnen, dieser stupenden Leistung Respekt zu zollen. Offenbar hatte Origenes diese Abweichungen im Kopf. Die jahre-, wenn nicht jahrzehntelange Arbeit an der *Hexapla*, die er selbst in diesem Zusammenhang öfter erwähnt,[119] hat ihm zu dieser detaillierten Kenntnis der Texte verholfen. Damit wollte er Africanus seine überlegene Kompetenz demonstrieren: Ihm, der so genau über die Unterschiede im Textbestand zwischen dem hebräischen und dem griechischen Alten Testament Bescheid weiß, soll eben dies bei der Susanna-Geschichte entgangen sein? Will heißen: Das ist ihm selbstverständlich nicht „verborgen geblieben"; er zog nur nicht die Schlüsse aus dieser Beobachtung, die Africanus zog. Sieht man von diesem Zweck der Aufstellung im engeren Sinne ab, konnte ein Leser aus ihr enorm viel lernen. Wer sich über die wichtigsten Abweichungen der beiden Textfassungen voneinander informieren wollte, wurde in diesem Brief umfassend und detailliert instruiert. Allein das konnte schon Grund genug gewesen sei, diesen Brief in eine Katene zum Buch Daniel, in dem diese Unterschiede so auffällig sind, aufzunehmen.

Ähnliches gilt für ein weiteres Argument des Africanus, dass nämlich Daniel im Unterschied zu allen vorausgehenden Propheten einen anderen Propheten zitiere.[120] Dieses Argument vermochte Origenes leicht zu schwächen, da es offensichtlich nicht stimmt. Es gibt Verse und ganze Passagen, die bei mehreren Propheten (zu denen auch Mose und David zählen) begegnen. Origenes referierte die Parallelen zwischen der Friedensweissagung in Jes 2,2–4 und Mich 4,1–3, ferner das Zitat von Ps 104(105),1–15 in 1 Chron 16,8–22 sowie im Anschluss daran das Zitat des ganzen Ps 95(96) in 1 Chron 16,23–33.[121] Wieder verfuhr Origenes wie bei der Frage nach den Unterschieden im Textbestand: Er lieferte aus dem Gedächtnis eine beeindruckende Liste von innerbiblischen Zitaten, die erneut eine intime Vertrautheit mit den biblischen Texten bezeugen. Erneut konnte ein Leser dieses Briefes enorm von der Lektüre profitieren. Er fand darin eine in diesem Fall nicht erschöpfende, aber erhellende Aufstellung von Zitaten oder Doppelungen im biblischen Text. Der Brief wurde damit nicht nur zu einer Wissensquelle,

---

118 Ebd. 5–7 (302, 526–532). Siehe zu diesen Unterschieden im Textbestand F. Siegert, *Einführung in die Septuaginta*, 53. 69–70. 70–71. 293–294. 304–306; M. Tilly, *Einführung in die Septuaginta*, 59–60. 94–95.
119 Origenes, ebd. 6 (302, 530); 7 (302, 530–532); 9 (302, 534); 18 (302, 560).
120 Julius Africanus, ep. Orig. 8 (SC 302, 520).
121 Origenes, ep. Afric. 21 (SC 302, 568–570).

sondern regelrecht zu einem Nachschlagewerk. Erneut konnte das zu den Gründen gehört haben, die den Verfasser der Danielkatene dazu bewogen haben, den Brief in seinen Kommentar aufzunehmen. Abgesehen von Erklärungen zum Buch Daniel lieferte der Brief Wissen über den Text der Bibel in einem Umfang und in einer Genauigkeit, wie es nicht leicht zur Verfügung stand.

6 Der Lebensalltag eines christlichen Gelehrten

Zu dieser brieflichen Bildungsliteratur gehört noch ein Aspekt, der abschließend erwähnt sei, weil sich dazu in den Resten, die von den Briefen des Origenes erhalten sind, zwei aufschlussreiche Zeugnisse befinden. Diese Briefe verraten auch viel über die Bildungswelt, in der Absender und Adressaten sich bewegten. So ließ Julius Africanus Origenes Grüße von „allen Gelehrten hier" ausrichten und grüßte seinerseits „alle meine Herren" und die „Weggefährten" im Kreis um Origenes.[122] Origenes erwiderte dies, indem er Grüße von seinem Mäzen Ambrosius, „der mich bei der Abfassung dieses Briefes mit seinem Rat unterstützt hat und allezeit zur Stelle war, um ihn überall, wo er es für nötig hielt, zu korrigieren", und dessen Frau Marcella und ihren Kindern, ferner von einem Aniket ausrichtete und seinerseits „Grüße an unseren guten Vater Apolinarius und an alle, die uns in Liebe verbunden sind", schickte.[123] Abgesehen von Ambrosius und seiner Familie[124] wissen wir zu den hier genannten Personen weiter nichts. Was jedoch aufscheint, ist das Netzwerk einer gebildeten christlichen Welt, in der diese Briefe geschrieben wurden und gewiss zirkulierten. Sie hatten damit eine Wirkung über den spezifischen Adressaten hinaus und trugen auf diese Weise ebenfalls zur Schaffung einer christlichen Paideia bei. Zur intensiven Kommunikation im antiken Christentum gehörten also nicht nur Briefe zwischen Gemeinden bzw.

---

122 Julius Africanus, ep. Orig. 10 (SC 302, 520): Τοὺς κυρίους μου πάντας προσαγόρευε· σὲ οἱ ἐπιστάμενοι πάντες προσαγορεύουσιν. Ἔρρωσθαί σε ἅμα τῇ συνοδίᾳ ... (der Schluss des Briefes ist verderbt).
123 Origenes, ep. Afric. 24 (SC 302, 572): Προσαγορεύει σε ὁ συναγωνισάμενος τῇ ὑπαγορεύσει τῆς ἐπιστολῆς καὶ παρατυχὼν πάσῃ αὐτῇ, ἐν οἷς βεβούληται διορθωσάμενος, κύριός μου καὶ ἀδελφὸς ἱερὸς Ἀμβρόσιος. Ἀσπάζεται δέ σε καὶ ἡ πιστοτάτη σύμβιος αὐτοῦ Μαρκέλλα ἅμα τοῖς τέκνοις, καὶ Ἀνίκητος. Σὺ τὸν καλὸν ἡμῶν πάπαν Ἀπολινάριον ἄσπασαι, καὶ τοὺς ἀγαπῶντας ἡμᾶς.
124 Vgl. zu dieser exhort. mart. 14 (GCS Orig. 1, 14); 36 (1, 33); 37–38 (1, 34–36); Cels. VIII 76 (GCS Orig. 2, 292). Zum Verhältnis zwischen Origenes und seinem Mäzen bzw. Patron Ambrosius siehe A. Monaci Castagno, „Origene et Ambrogio", und A. Fürst, *Christentum als Intellektuellen-Religion*, 68–69.

Bischöfen, sondern in, wie man wohl schließen darf, nicht unerheblichem Maße auch Briefe zwischen christlichen Privatleuten und besonders den Wohlhabenden und Gebildeten unter ihnen.

Manchmal wird die Lebenswelt dieser gebildeten Christen direkt greifbar. Zur Lebensform eines Bibelgelehrten wie Origenes überliefert Hieronymus eine Notiz aus einem Brief an Origenes, in dem sein Mäzen Ambrosius Folgendes geschrieben habe:

> In einem Brief, den er von Athen aus an Origenes geschrieben hatte, teilt er mit, dass er niemals mit diesem zusammen eine Mahlzeit zu sich genommen habe, ohne dass dabei eine Lesung gehalten wurde, und in seiner Anwesenheit sei er nie zu Bett gegangen, bevor einer der Brüder aus den heiligen Schriften vorgelesen habe. Dies habe er Tag und Nacht so gehalten, so dass die Lesung das Gebet und das Gebet die Lesung ablöste.[125]

Schriftlesung begleitete demnach den Tagesablauf des Origenes, sowohl bei den Mahlzeiten als auch vor der Nachtruhe. Das passt zur Lebensform des Exegeten, der Origenes sich verschrieben hatte und die wir aus vielen anderen Aussagen von ihm selber kennen.[126]

Weniger idyllisch klingt allerdings das, was Origenes dazu selbst einmal geschrieben hat, besonders was das Verhältnis zu seinem Mäzen betrifft. In der *Suda*, wiedergegeben auch von Kedrenos, wird aus einem Brief des Origenes an einen Unbekannten[127] zitiert, in dem Origenes plastisch die Arbeitslast ausmalt, die Ambrosius ihm als Gegenleistung für sein äußerst großzügiges Sponsoring offenbar aufbürdete:

> Der heilige und Gott aufrichtig ergebene Ambrosius lässt Dir viele Grüße ausrichten. Er, der meint, ich sei arbeitswütig und dürste ohne Unterlass nach dem göttlichen Wort, hat mich mit seiner eigenen Arbeitswut und seiner Liebe zu den heiligen Wissenschaften übertroffen: Er hat mich so weit hinter sich gelassen, dass ich Gefahr laufe, seinen Vorgaben nicht nachkommen zu können. Ich kann nämlich nicht einmal essen, ohne mich mit ihm zu unterhalten, und nach dem Essen kann ich nicht spazieren gehen und dem armen Körper Er-

---

125 Hieronymus, ep. 43,1 (CSEL 54, 318): *Ambrosius ... in quadam epistula, quam ad eundem de Athenis scripserat, refert numquam se cibos Origene praesente sine lectione sumpsisse, numquam uenisse somnum, nisi e fratribus aliquis sacris litteris personaret, hoc diebus egisse uel noctibus, ut et lectio orationem susciperet et oratio lectionem.* Übersetzung: L. Schade, *Hieronymus*, 46 (modifiziert).
126 Siehe dazu A. Fürst, „Exegese als Lebensform".
127 P. Nautin, *Lettres*, 251–253 vermutet Bischof Fabianus von Rom als Adressaten, weil er glaubt, die *Suda* bzw. Kedrenos zitierten aus dem Brief des Origenes an Fabianus, den Hieronymus einmal nannte und dabei Ambrosius erwähnte (siehe oben Anm. 20). Dabei ging es jedoch um ein anderes Thema, nämlich die angebliche Verfälschung der Bücher des Origenes, weshalb diese Bezugnahme unsicher bleibt.

holung gönnen, sondern auch in jenen Momenten sind wir zu gelehrter Arbeit und zur Korrektur der Manuskriptkopien gezwungen. Es ist uns zudem nicht einmal möglich, zur Gesunderhaltung des Leibes die ganze Nacht zu schlafen, da sich die gelehrte Arbeit bis weit in den Abend hineinzieht. Und ich will gar nicht davon reden, was wir von Tagesanbruch an bis zur neunten, manchmal auch bis zur zehnten Stunde machen, denn alle Leute, die arbeiten wollen, widmen diese Zeit dem Studium und der Lektüre der göttlichen Worte.[128]

Es gibt weitere Stellen in Werken von Origenes und über ihn, in denen er sich über die ihm von seinem Mäzen aufgebürdete Arbeitslast beklagte. So verglich er im Vorwort zum fünften Buch des *Johanneskommentars*, das auf Griechisch in der *Philokalie* erhalten ist, Ambrosius mit den ägyptischen „Aufsehern" bzw. „Antreibern", die im Buch Exodus die Israeliten zur Arbeit antreiben (Ex 5,6.10.13).[129] Eusebius berichtet, dass Ambrosius Origenes „durch unzähliges Zureden und Ermuntern" zur Auslegung der Bibel anhielt und „sogar mit unsagbarem Eifer an der mühevollen Bearbeitung der göttlichen Schriften teilnahm, wodurch er Origenes ganz besonders zur Abfassung seiner Kommentare antrieb".[130] Und Hieronymus schließlich erzählt, Ambrosius habe „in unglaublichem Eifer täglich ein Werk von ihm verlangt", weshalb „Origenes ihn in einem Brief ‚Antreiber' nennt".[131] Damit könnte der in der *Suda* und bei Kedrenos zitierte Brief gemeint sein, denn inhaltlich passen beide Zeugnisse bestens zusammen, doch da speziell dieses Wort (ἐργοδιώκτης) darin nicht vor-

---

128 *Suda* s.v. Ὠριγένης (III p. 621 Adler) und Kedrenos (I p. 444 Bekker = PG 121, 485 B–C) in der von P. Nautin, *Lettres*, 250–251 auf dieser Basis angefertigten Edition: Ὁ ἱερὸς καὶ θεῷ γνησίως ἀνακείμενος Ἀμβρόσιος πολλὰ προσαγορεύει σε· ὅστις νομίζων με φιλόπονον εἶναι καὶ πάνυ διψᾶν τοῦ θείου λόγου ἤλεγξε τῇ ἰδίᾳ φιλοπονίᾳ <καὶ> τῷ πρὸς τὰ ἅγια μαθήματα ἔρωτι· ὅθεν ἐπὶ τοσοῦτόν με παρελήλυθεν, ὥστε κινδυνεύειν ἀπαυδᾶν πρὸς τὰς αὐτοῦ προτάσεις. Οὔτε γὰρ δειπνῆσαι ἔστιν ὅτι μὴ ἀντιβάλλοντα, οὔτε δειπνήσαντα ἔξεστι περιπατῆσαι καὶ διαναπαῦσαι τὸ σωμάτιον, ἀλλὰ καὶ ἐν τοῖς καιροῖς ἐκείνοις φιλολογεῖν καὶ ἀκριβοῦν τὰ ἀντίγραφα ἀναγκαζόμεθα, οὔτε μὴν ὅλην ἐπὶ θεραπείᾳ τοῦ σώματος τὴν νύκτα ἔξεστιν ἡμῖν κοιμᾶσθαι, ἐπὶ πολὺ τῆς ἑσπέρας τῆς φιλολογίας παρατεινούσης· ἐῶ δὲ λέγειν καὶ τὰ ἕωθεν μέχρι τῆς ἐννάτης ἔσθ᾽ ὅτε καὶ δεκάτης ὥρας· πάντες γὰρ οἱ θέλοντες φιλοπονεῖν τοὺς καιροὺς τούτους τῇ ἐξετάσει τῶν θείων λογίων καὶ ταῖς ἀναγνώσεσιν ἀνατιθέασι. Übersetzung: A. Fürst.
129 Philoc. 5,1 (SC 302, 284) = Origenes, in Ioh. comm. V 1 (GCS Orig. 4, 100).
130 Eusebius, hist. eccl. VI 23,1–2 (GCS Eus. 2, 568–570): Ἐξ ἐκείνου δὲ καὶ Ὠριγένει τῶν εἰς τὰς θείας γραφὰς ὑπομνημάτων ἐγένετο ἀρχή, Ἀμβροσίου παρορμῶντος αὐτὸν μυρίαις ὅσαις οὐ προτροπαῖς ταῖς διὰ λόγων καὶ παρακλήσεσιν αὐτὸ μόνον, ἀλλὰ καὶ ἀφθονωτάταις τῶν ἐπιτηδείων χορηγίαις ... ναὶ μὴν καὶ ἐν τῇ περὶ τὰ θεῖα λόγια ἀσκήσει τε καὶ σπουδῇ προθυμίαν ἄφατον αὐτῷ συνεισέφερεν, ᾗ καὶ μάλιστα αὐτὸν προύτρεπεν ἐπὶ τὴν τῶν ὑπομνημάτων σύνταξιν. Übersetzung: Ph. Haeuser/H. A. Gärtner, *Eusebius*, 296–297.
131 Hieronymus, vir. ill. 61,3 (p. 218 Barthold): *Ambrosius ... cohortatus est Origenem in scripturas commentarios scribere ..., quodque his maius est, incredibili studio cotidie ab eo opus exigens. Vnde et in quadam epistula ἐργοδιώκτην eum Origenes uocat.* Übersetzung: C. Barthold, *Hieronymus*, 219 (modifiziert).

kommt, lässt sich das nicht völlig sicher sagen. Doch wie auch immer es sich damit verhalten mag: In der Sache spricht der Text für sich, und besonders die Zunft der Gelehrten und der Wissenschaftler dürfte wenig Mühe haben, sich darin selbst zu erkennen.

7 Briefform und Protreptik

Der Briefwechsel zwischen Julius Africanus und Origenes und der Brief des Origenes an Gregor den Wundertäter bieten eindrückliche Beispiele dafür, wie Bibel und Bekenntnis in der antiken christlichen Epistolographie zum Briefinhalt wurden. Weit über die konkreten Anlässe der Briefe hinaus nutzte Origenes das Medium des Briefes, um über Bildung zu reflektieren (Brief als Bildung) oder solche zu vermitteln (Bildung im Brief). In diesem Sinne sind diese Briefe Bildungsliteratur in doppeltem Sinn: als Ausdruck und als Medium von Bildung.

Was den Brief des Origenes an Gregor den Wundertäter betrifft, lässt sich die Briefform noch in einer spezifischeren Weise mit dem Bildungsziel verknüpfen, das Origenes darin verfolgte. Er hätte seine Ansichten zu einem christlichen Bildungskanon und einer wissenschaftlich und philosophisch fundierten Bibelhermeneutik, in der auch die Voraussetzungen, die in der Person des Exegeten vorliegen müssen, reflektiert werden, auch in einem Traktat darlegen können. Dieser wäre mühelos deutlich länger ausgefallen als der relativ kurze Brief, und Origenes hätte seine Überlegungen, nicht zuletzt die zu den Risiken der Philosophie für einen gläubigen Christen und den Schwierigkeiten eines zutreffenden Verständnisses der Bibel, viel eingehender erklären können. Eine solche Darstellung wäre detaillierter, aber wohl auch theoretischer ausgefallen.

Die Briefform bietet diesbezüglich gegenüber dem Traktat einen entscheidenden Vorteil. Durch die den Brief konstituierende Gesprächssituation zwischen einem Ich und einem Du kann die Mahnrede, die darin steckt, ungleich persönlicher und dadurch eindringlicher ausfallen. Dies zieht weitere Effekte nach sich: Aus dem Brief geht von Anfang bis Ende hervor, dass Origenes von seinen eigenen Erfahrungen aus redet – einmal sagt er das ja auch direkt – und dass seine eigene Denk- und Lebensform als philosophischer Exeget im Hintergrund seiner Ausführungen steht. Der Brief ist damit indirekt ein autobiographisches Zeugnis. Vor allem aber kann er damit dem Adressaten Gregor in einer unverwechselbaren erstpersönlichen Perspektive gegenübertreten. Origenes selbst tritt durch den Brief als Modell für die Lebensform auf, an der teilzuhaben er Gregor einlädt. Diese Gesprächssituation vermag viel mehr Überzeugungskraft zu entfalten als jeder noch so gelungene Traktat. Umgekehrt kann sich auf der Adressatenseite der solchermaßen persönlich Angesprochene gleichermaßen als Person in seiner ihm eigenen Individualität wahrgenommen fühlen und sich entsprechend zu den Aufforderungen und Ermutigungen verhalten. Über die Intensivierung der Wirkung, die Origenes damit auf seinen Adressaten ausübt, hinaus lässt sich dieser Effekt verallgemeinern: Jeder Leser, jede Leserin des Briefes kann die Protreptik darin unmittelbar auf sich beziehen, weil er und sie jeweils in das Du schlüpfen können, das angesprochen wird.

Diese Gesprächssituation korreliert in diesem Fall auf das Beste mit dem Inhalt des Briefes, geht es doch um die Existenzweise eines „Christseins", die nur von je einzelnen Menschen realisiert werden kann. Was Origenes darin als Inhalt und Methode, vor allem aber als Sinn und Zweck von Bildung erläutert, kann nur durch je individuelle Menschen in ihrer jeweiligen Eigenart in konkrete Lebenspraxis umgesetzt werden. Genau das möchte Origenes bei Gregor erreichen. Indem er dafür die Briefform wählt, verleiht er nicht nur seiner Protreptik höhere Überzeugungskraft, sondern ist das Persönliche und Individuelle der Darstellung die einzige dem Gegenstand und dem Ziel christlicher Bildung angemessene Form und reicht sie zugleich weit über den spezifischen Adressaten Gregor hinaus. Nicht zuletzt deswegen haben viele protreptische Briefe auch von anderen christlichen Autoren der Antike, die an bestimmte Personen adressiert waren, aber von vorneherein eine größere Öffentlichkeit im Auge hatten, eine über ihren konkreten Anlass weit hinausreichende Wirkung erzielt.

Bibliographie

C. Barthold, *Hieronymus, De viris illustribus. Berühmte Männer* (Mülheim a.d. Mosel: Carthusianus Verlag, ²2011).

E. Baumkamp, *Kommunikation in der Kirche des 3. Jahrhunderts. Bischöfe und Gemeinden zwischen Konflikt und Konsens im Imperium Romanum* (Studien und Texte zu Antike und Christentum 92; Tübingen: Mohr Siebeck, 2014).

H.-G. Beck, „Überlieferungsgeschichte der byzantinischen Literatur", in: *Geschichte der Textüberlieferung der antiken und mittelalterlichen Literatur I* (hg. v. H. Hunger u. a.; Zürich: Atlantis-Verlag, 1961), 423–510.

J.-F. Borkowski, *Socratis quae feruntur epistolae. Edition, Übersetzung und Kommentar* (Beiträge zur Altertumskunde 94; Stuttgart/Leipzig: Teubner, 1997).

N. Brox, „Häresie", in: *RAC* 13 (1986), 248–297.

C. Burini (Hg.), *Epistolari cristiani (secc. I–V). Repertorio bibliografico. Parte prima: Epistolari Greci e Latini (secc. I–III)* (Rom: Benedictina, 1990).

H. Crouzel, *Grégoire le Thaumaturge, Remerciement à Origène, suivi de la lettre d'Origène a Grégoire* (Sources Chrétiennes 148; Paris: Cerf, 1969).

H. Crouzel, „A Letter from Origen ‚to Friends in Alexandria'", in: *The Heritage of the Early Church. Essays in Honor of G. V. Florovsky* (hg. v. D. Neiman/M. Schatkin; Orientalia Christiana Analecta 195; Rom: Pontificium Institutum Studiorum Orientalium, 1973), 135–150.

J. Dräseke, „Der Brief des Origenes an Gregorios von Neocäsarea", in: *Jahrbücher für protestantische Theologie* 7 (1881), 102–126.

J. Dräseke, *Der Brief an Diognetos* (Leipzig: Barth, 1881).

A. Fürst, *Christentum als Intellektuellen-Religion. Die Anfänge des Christentums in Alexandria* (Stuttgarter Bibelstudien 213; Stuttgart: Verlag Katholisches Bibelwerk, 2007).

A. Fürst, „Exegese als Lebensform. Christliche Paideia und Psychagogie bei Origenes", in: *Zwischen Exegese und religiöser Praxis. Heilige Texte von der Spätantike bis zum Klassischen Islam* (hg. v. P. Gemeinhardt; Tübingen: Mohr Siebeck, 2016), 85–115.

A. Fürst, „Quelle aller Irrtümer des Origenes? Die Trinitätslehre in Huets *Origeniana* im Kontext der neuzeitlichen Hellenisierungsdebatte", in: *Origenes in Frankreich. Die* Origeniana *Pierre-Daniel Huets* (hg. v. A. Fürst; Adamantiana 10; Münster: Aschendorff, 2017), 115–140.

A. Fürst, *Vergöttlichung und Sozialethik. Die neuentdeckte Homilie des Origenes über Psalm 82 (81 LXX) im auslegungsgeschichtlichen Kontext* (Adamantiana 29; Münster: Aschendorff, 2024).

A. Fürst/H. E. Lona, *Origenes, Die Homilien zum Buch Jeremia* (Origenes Werke mit deutscher Übersetzung 11; Berlin/Boston: De Gruyter, 2018).

W. Glawe, *Die Hellenisierung des Christentums in der Geschichte der Theologie von Luther bis auf die Gegenwart* (Neue Studien zur Geschichte der Theologie und Kirche 15; Berlin: Trowitzsch, 1912 [Nachdruck Aalen: Scientia, 1973]).

Ch. Guignard, *La lettre de Julius Africanus à Aristide sur la généalogie du Christ. Analyse de la tradition textuelle, édition, traduction et étude critique* (TU 167; Berlin/Boston: De Gruyter, 2011).

P. Guyot/R. Klein, *Das frühe Christentum bis zum Ende der Verfolgungen. Eine Dokumentation II. Die Christen in der heidnischen Gesellschaft* (Texte zur Forschung 62; Darmstadt: Wissenschaftliche Buchgesellschaft, 1994).

P. Guyot/R. Klein, *Gregor der Wundertäter, Oratio prosphonetica ac panegyrica in Origenem. Dankrede an Origenes. Im Anhang: Origenis Epistula ad Gregorium Thaumaturgum. Der Brief des Origenes an Gregor den Wundertäter* (Fontes Christiani 24; Freiburg i.Br. u.a.: Herder, 1996).

P. Hadot, „Die Einteilung der Philosophie im Altertum", in: *Zeitschrift für philosophische Forschung* 36 (1982), 422–444.

Ph. Haeuser/H. A. Gärtner, *Eusebius von Caesarea, Kirchengeschichte* (Darmstadt: Wissenschaftliche Buchgesellschaft, [6]2011).

A. von Harnack, *Das Wesen des Christentums* (hg. v. C.-D. Osthövener; Tübingen: Mohr Siebeck, 2005).

W.-D. Hauschild, *Basilius von Caesarea, Briefe. Erster Teil* (Bibliothek der griechischen Literatur 32; Stuttgart: Hiersemann, 1990).

P.-D. Huet, *Origeniana* (Rouen, 1668).

E. Klostermann, „Die Schriften des Origenes in Hieronymus' Brief an Paula", in: *Sitzungsberichte der Preußischen Akademie der Wissenschaften Berlin* (1897), 855–870.

S. Klug, *Alexandria und Rom. Die Geschichte der Beziehungen zweier Kirchen in der Antike* (Jahrbuch für Antike und Christentum. Erg.-Bde. Kleine Reihe 11; Münster: Aschendorff, 2014).

P. Koetschau, *Des Gregorios Thaumaturgos Dankrede an Origenes, als Anhang der Brief des Origenes an Gregorios Thaumaturgos* (Sammlung ausgewählter kirchen- und dogmengeschichtlicher Quellenschriften 9; Freiburg i.Br./Leipzig: Mohr, 1894).

N. de Lange, *Origène, La lettre à Africanus sur l'histoire de Suzanne* (Sources Chrétiennes 302; Paris: Cerf, 1983), 469–578.

H. Leclercq, „Lettres chrétiennes", in: *DACL* VIII/2 (1929), 2683–2885.

H. Lewy, „Über das Zusammenleben um der Allgemeinbildung willen", in: *Philo von Alexandria, Die Werke in deutscher Übersetzung VI* (hg. v. L. Cohn u. a.; Berlin: De Gruyter, ²1962), 1–49.

P. W. Martens, *Origen and Scripture. The Contours of the Exegetical Life* (Oxford: Oxford University Press, 2012).

G. Maspero u. a., „Who Wrote Basil's *Epistula 38*? A Possible Answer through Quantitative Analysis", in: *Gregory of Nyssa, Contra Eunomium III. An English Translation with Supporting Studies* (hg. v. J. Leemans/M. Cassin; Supplements to Vigiliae Christianae 124; Leiden/Boston: Brill, 2014), 579–594.

A. Monaci Castagno, „Origene e Ambrogio. L'indipendenza dell'intellettuale e le pretese del patronato", in: *Origeniana Octava. Origen and the Alexandrian Tradition I* (hg. v. L. Perrone; Bibliotheca Ephemeridum Theologicarum Lovaniensium 164; Leuven: Peeters, 2003), 165–193.

M. Naldini, *Il Cristianesimo in Egitto. Lettere private nei papiri dei secoli II–IV* (Studi e Testi di Papirologia 3; Florenz: Le Monnier, 1968 [Nachdruck 1998]).

P. Nautin, *Lettres et écrivains chrétiens des IIe et IIIe siècles* (Patristica 2; Paris: Cerf, 1961).

P. Nautin, *Origène. Sa vie et son œuvre* (Christianisme antique 1; Paris: Beauchesne, 1977).

B. Neuschäfer, *Origenes als Philologe*, 2 Bde. (Schweizerische Beiträge zur Altertumswissenschaft 18/1–2; Basel: Reinhardt, 1987).

R. Nickel, *Epikur, Wege zum Glück* (Düsseldorf/Zürich: Artemis & Winkler, ²2006).

G. A. Pentiti/M. C. Spadoni Cerroni (Hg.), *Epistolari cristiani (secc. I–V). Repertorio bibliografico. Parte seconda: Epistolari Latini (secc. IV–V)* (Rom: Benedictina, 1990).

J. B. Pitra, *Spicilegium Solesmense I* (Paris: Didot, 1852; Nachdruck Graz: Akademische Druck- und Verlagsanstalt, 1962).

W. Reichardt, *Die Briefe des Sextus Julius Africanus an Aristides und Origenes* (Texte und Untersuchungen 34/3 = 3. Reihe 4/3; Leipzig: Hinrichs'sche Verlagsbuchhandlung, 1909).

N. Russell, *The Doctrine of Deification in the Greek Patristic Tradition* (Oxford: Oxford University Press, 2004 [²2006]).

L. Schade, *Eusebius Hieronymus, Ausgewählte Briefe* (Bibliothek der Kirchenväter² II 16; München: Kösel, 1936).

L. Schade/J. B. Bauer, *Hieronymus, Briefe über die christliche Lebensführung* (Schriften der Kirchenväter 2; München: Kösel, 1983).

F. Schironi, „Theory into Practice. Aristotelian Principles in Aristarchan Philology", in: *Classical Philology* 104 (2009), 279–316.

F. Schironi, *The Best of the Grammarians. Aristarchus of Samothrace on the Iliad* (Ann Arbor MI: University of Michigan Press, 2018).

F. Siegert, *Zwischen Hebräischer Bibel und Altem Testament. Eine Einführung in die Septuaginta* (Münsteraner Judaistische Studien 9; Münster: LIT-Verlag, 2001).

F. Sillitti (Hg.), *Epistolari cristiani (secc. I–V). Repertorio bibliografico. Parte terza: Epistolari Greci (secc. IV–V)* (Rom: Benedictina, 1990).

A. M. Silvas, *Gregory of Nyssa, The Letters. Introduction, Translation and Commentary* (Supplements to Vigiliae Christianae 83; Leiden/Boston: Brill, 2007).

A. Städele, *Die Briefe des Pythagoras und der Pythagoreer* (Beiträge zur Klassischen Philologie 115; Meisenheim a. Glan: Hain, 1980).

A. Stegmann/Th. Wolbergs, *Basilius von Caesarea, Mahnreden. Mahnwort an die Jugend und drei Predigten* (Schriften der Kirchenväter 4; München: Kösel, 1984).

K. Thraede, *Grundzüge griechisch-römischer Brieftopik* (Zetemata 48; München: C. H. Beck, 1970).

F. Tilling, *Für alle verborgen. Der biblisch-alexandrinische Mysterienbegriff bei Origenes* (Adamantiana 22; Münster: Aschendorff, 2021).

M. Tilly, *Einführung in die Septuaginta* (Darmstadt: Wissenschaftliche Buchgesellschaft, 2005).

M. Wallraff u. a., *Iulius Africanus, Chronographiae. The Extant Fragments* (Die griechischen christlichen Schriftsteller N.F. 15; Berlin/New York: De Gruyter, 2007).

M. Wallraff u. a., *Iulius Africanus, Cesti. The Extant Fragments* (Die griechischen christlichen Schriftsteller N.F. 18; Berlin/Boston: De Gruyter, 2012).

F. Wutz, *Onomastica sacra. Untersuchungen zum Liber interpretationis nominum Hebraicorum des hl. Hieronymus* (Texte und Untersuchungen 41 = 3. Reihe 11; Leipzig: Hinrichs'sche Verlagsbuchhandlung, 1914–1915).

J. Zachhuber, „Nochmals: Der ‚38. Brief' des Basilius von Caesarea als Werk des Gregor von Nyssa", in: *Zeitschrift für antikes Christentum* 7 (2003), 73–90.

Gina Derhard-Lesieur
Hieronymus' ‚Miniatur-Viten' ep. 23, 24 und 38
Moralische Erbauung durch Intertexte

1 Einleitung

Während seines zweiten Romaufenthalts (382–385) avancierte Hieronymus zum gelehrten Schriftausleger und spirituellen Führer einer Gruppe von asketisch lebenden Frauen, die sich um die Witwe Marcella gruppiert hatten. An diese Marcella, selbst eine hochgebildete Frau, adressierte Hieronymus eine Reihe von Briefen. Während viele dieser Briefe auf Fragen zur hebräischen Sprache und zur allegorischen Schriftauslegung antworten, porträtieren drei von ihnen (ep. 23, 24 und 38) das Leben einiger Asketinnen aus dem Kreis um Marcella (Lea, Asella, Blesilla). Sie formen eine Art Triptychon von ‚Miniatur-Viten', welche die Lebensweise von Asketinnen exemplarisch darstellen.[1] So begründet Hieronymus die Abfassung von ep. 24 damit, dass er, nachdem er das Leben einer Witwe beschrieben hat (ep. 23), sich gezwungen sieht, auch das einer Jungfrau darzulegen (ep. 24). Gleichzeitig fällt auf, dass zwei dieser Briefe (ep. 23 und ep. 38) Elemente enthalten, die sich nicht aus der panegyrischen Lebensbeschreibung erklären lassen, sondern polemisch und satirisch sind.

Alle drei Briefe richten sich aber nicht nur an Marcella, sondern visieren ein breiteres Publikum an. Sie wurden vom Autor selbst in einer Sammlung von Briefen an Marcella publiziert.[2] Für die Abfassung dieser Briefe habe Marcella Hieronymus einige Informationen über die Lebensführung der jeweiligen Protagonistin zukommen lassen, was das Verhältnis von Autor, Adressat,[3] Information und Medium in ein neues Licht rückt. Dieses geteilte Wissen wird literarisch mithilfe von Intertexten überarbeitet.

---

[1] Vgl. A. J. Cain, *Letters of Jerome*, 70: „Three are miniature vitae of aristocratic women in Jerome's Roman network (Epp. 23, 24, 38)."
[2] Vgl. Hieronymus, vir. ill. 135,3, dazu A. J. Cain, ebd., 69–71. A. Canellis, „La lettre selon saint Jérôme", 327 hebt hervor, dass die meisten Briefe an Marcella, ungleich die hier behandelten, Lehrbriefe („lettres didactiques") sind, die sich mit Exegese und Philologie beschäftigen.
[3] Die maskulinen Formen ‚Adressat' und ‚Leser' werden im Folgenden verwendet, wenn sie die entsprechenden kommunikativen Funktionsstellen benennen. Marcella wird in diesem Aufsatz häufig als Widmungsträgerin betitelt, um den breiteren Leserkreis zu berücksichtigen.

Gina Derhard-Lesieur, Bochum

https://doi.org/10.1515/9783110742459-013

Literarische Gelehrtheit ist die Voraussetzung für das Instrument der Intertextualität, durch welches die extratextuellen Informationen über die jeweilige Protagonistin literarisch überformt und transformiert werden. In den vorliegenden Briefen kommen diese Transformationsprozesse u. a. zur moralischen und sittlichen Förderung der (sekundären) Leser zum Einsatz: Bekanntes außerliterarisches Wissen und Intertextualität werden erstens in einen moralischen Bildungszusammenhang gestellt; der Brief dient als Medium der religiös-moralischen Bildungsabsicht. Zweitens leiten diese Intertexte kontrastierende Gegenbeispiele ein. Drittens wird dadurch wiederum den Leserinnen und Lesern ein moralisches Modell vor Augen gestellt, das eine apologetische Lesart eröffnet. Die Untersuchung der Intertexte ermöglicht schließlich einige Rückschlüsse über die Wahl der Gattung Brief, seine informationsübermittelnde Funktion sowie die Wahl der Widmungsträgerin. Die drei ausgewählten Briefe erlauben in dieser Hinsicht einige Beobachtungen zum Themenkomplex ‚Brief und Bildung'.

Das deutsche Konzept ‚Bildung' hat viele verschiedene Facetten,[4] von denen in diesem Aufsatz vor allem zwei zum Tragen kommen: Einerseits waren Autor und Adressatin dieser drei Briefe *literarisch* hochgebildet, d. h. dass sie eine umfassende Kenntnis eines christlichen sowie klassischen Lektürekanons teilten.[5] Literarische Bildung ist die Voraussetzung dafür, dass literarische Werke in einem neuen Kontext zur Anwendung kommen und transformiert werden. Eine solche literarische Bildung bezeichne ich in diesem Aufsatz als Gelehrtheit. Andererseits kann Bildung als moralische Förderung des einzelnen Gläubigen verstanden werden. Dafür verwende ich in diesem Aufsatz den Begriff der Erbauung.[6]

2 Neue, religiöse Lesart einer bekannten Story

Hieronymus schrieb seine drei ‚Miniatur-Viten' im Sommer und Herbst 384. Ep. 38 wurde wahrscheinlich im Sommer 384 verfasst, ep. 23 und 24 im Abstand von zwei Tagen im Oktober desselben Jahres. In allen drei Briefen wird deutlich, dass die Adressatin bzw. Widmungsträgerin Marcella mit dem beschriebenen Inhalt,

---

4 Vgl. z. B. R. Vierhaus, „Bildung".
5 B. Jeanjean, „Lettres 107 et 128", zeigt die Bedeutung der Wahl von klassischen und christlichen Intertexten beispielhaft an Hieronymus, ep. 107 und 128 auf, in denen es um die Erziehung zweier junger Mädchen geht.
6 Vgl. zur Erbauung/*aedificatio*/οἰκοδομή R. Herzog, „Exegese – Erbauung – Delectatio", 62–65. Ebd. 63 zeichnet er die Bedeutungsgeschichte von *aedificatio* und οἰκοδομή in der Spätantike nach und verweist dabei auf Origenes, der das gemeindlich-eschatologische Konzept „in die moralische Wandlung des einzelnen Gläubigen transformiert" (vgl. PG 13, 764 A).

d. h. der Lebensführung von Blesilla, Lea und Asella, vertraut war.[7] Bei allen drei Protagonistinnen handelt es sich um asketisch lebende Frauen in der Stadt Rom, die in engem Kontakt zu Marcella standen. In ep. 24 deckt Hieronymus das Paradox auf, dass er bestens über die Lebensführung der Jungfrau Asella[8] informiert ist, obwohl sie zurückgezogen lebe und nur sehr wenig Kontakt zur Außenwelt, insbesondere zu Männern pflege. Er begründet dies damit, dass Marcella ihm viele Informationen hat zukommen lassen: „Und diese Dinge weißt Du, von der wir einige solche erfahren haben, sowieso besser" (ep. 24,5,1: *Et haec quidem tu melius nosti, a qua pauca didicimus*).[9] Marcella sei somit besser (*melius*) informiert als der Autor. Der daraus resultierende Widerspruch wird wiederum dadurch erklärt, dass die Widmungsträgerin aufgefordert wird, ihn anderen jungen Frauen zu deren Erbauung vorzulesen (vgl. ep. 24,1,2).

Auch aus ep. 23 und 38 geht hervor, dass die Adressatin Marcella über die Lebensführung der jeweiligen Frau im Bilde ist und die beiden Frauen mindestens ebenso gut kennt wie Hieronymus. In ep. 23,1 erinnert Hieronymus Marcella daran, wie sie am selben Morgen zusammen die Botschaft von Leas Tod erhalten haben, als sie gemeinsam in die Lektüre eines Bibelverses (Ps. 72,15, vgl. unten Anm. 16) vertieft waren. Lea war eine verwitwete Nonne, die mit Marcella befreundet war.[10] Marcella war auch mit der dritten Protagonistin, Blesilla, vertraut, einer Tochter von Hieronymus' lebenslanger Freundin Paula, die sich nach dem Tod ihres Mannes zunächst nicht der asketischen Einstellung ihrer Mutter

---

7 Unter dem in der Zwischenüberschrift verwendeten Begriff ‚Story' verstehe ich das, was in den Briefen über die Lebensführung der drei Protagonistinnen erzählt wird und was der Widmungsträgerin Marcella gleichzeitig auch außerhalb der Briefe über sie bekannt sein mag. Für eine narratologische Definition von ‚Story' vgl. M. Bal, *Narratology*, 5.
8 Vgl. zu Asella z. B. B. Feichtinger, *Apostolae apostolorum*, 213–215; A. Fürst, *Hieronymus*, 166; Ch. Krumeich, *Hieronymus*, 74. Unsere Informationen über alle drei Frauen stammen beinahe ausschließlich aus Hieronymus' Briefen.
9 Am Ende hingegen fasst Hieronymus noch einmal allgemeine Aussagen über Asellas Tugenden zusammen, von denen er auch selbst wissen könne: *nos, quod scire possumus, explicamus* (ep. 24,5,1). Dabei handelt es sich um Tugenden, die dem Sprecher besonders wichtig sind. Trotz seiner Bemühungen, Marcella als wichtigste Informationsquelle darzustellen, kannte Hieronymus Asella sicherlich auch persönlich: vgl. den Verweis auf sie in ep. 65,2,2, den an sie gerichteten Abschiedsbrief ep. 45, sowie die wahrscheinlich ebenfalls ihr gewidmete *Vita Hilarionis* (vgl. P. B. Harvey, „Vita Hilarionis").
10 Vgl. z. B. Ch. Krumeich, *Hieronymus*, 65. B. Feichtinger, *Apostolae apostolorum*, 194 geht darüber hinaus davon aus, dass „sie nicht unmittelbar dem Kreis um Hieronymus angehört" hat. Daraus lässt sich schließen, dass sein Kontakt zu ihr hauptsächlich indirekt über Marcella bestanden hat.

hatte anschließen wollen, bevor sie wenige Monate vor ihrem frühen Tod wegen einer schweren Krankheit doch zur Askese konvertierte.[11] In ep. 38,2 verweist Hieronymus mit der Wendung *Blesillam nostram uidimus* darauf, dass auch Marcella über Blesillas Krankheit im Bilde war. Blesilla lebte wie Marcella in Rom, und ihre Mutter und Schwester waren bereits vor ihrer Konversion Teil des Kreises um Marcella und damit in regelmäßigem Austausch mit ihr. Mit ihrer im Brief beschriebenen Konversion zur Askese schloss sie sich dann wohl ebenfalls Marcellas Kreis an, womit der Widmungsträgerin Blesillas Konversion bekannt sein sollte.

In allen drei Briefen finden sich also Hinweise auf das Wissen, das Autor und Widmungsträgerin teilen. Allerdings wird dieses gemeinsame Wissen – so die zentrale These – durch den Einsatz von Intertexten transformiert und religiös aufgeladen. Damit entsteht auch für die Widmungsträgerin etwas Neues, das sie moralisch und sittlich erbauen kann.[12]

In ep. 38 beschreibt Hieronymus, wie Blesilla an einem langen Fieber gelitten habe, bevor sie geheilt worden und zur asketischen Bewegung konvertiert sei. Die der Adressatin – und dem breiteren Kreis im engeren Sinne (z. B. ihrer Mutter Paula und ihrer jungfräulichen Schwester Eustochium) – bekannte Geschichte von Blesillas Krankheit und Konversion wird durch die Verwendung von Intertexten nacheinander als ein Lern-, Heilungs- und Auferstehungsprozess gedeutet. Durch diese dreifache Deutung wird Blesilla schließlich zu einem moralischen Exemplum stilisiert. Zunächst vergleicht Hieronymus Blesilla mit fünf männlichen biblischen Figuren – Abraham, Joseph, Ezechias, Petrus und Paulus –, weil sie alle von Gott auf die Probe gestellt worden seien, um gottesfürchtiger zu werden. Ebenso sei Blesilla durch ihre Krankheit in ihrem Glauben gestärkt worden. Ihre (lebensgefährliche) Krankheit wird als Lehr- und Lernprozess (*sciret*) beschrieben (vgl. ep. 38,1–2). Daraufhin wird erzählt, dass sie geheilt sei: „Es kam auch zu ihr Jesus, der Herr, er berührte ihre Hand und siehe da, sie steht auf und dient ihm" (ep. 38,2,1: *uenit et ad hanc dominus Iesus tetigitque manum eius et ecce surgens ministrat ei*). In diesen Satz sind zwei biblische Intertexte eingeflochten, die zu neutestamentlichen Heilungsgeschichten führen. Ein Prätext ist Lk 4,38–39, wo Jesus Simons Schwiegermutter von einem starken Fieber befreit, mit der Folge, dass „sie gleich darauf aufstand und sie (d. h. die Gäste) bediente" (*et continuo surgens ministrabat illis* [Vulg.]); Blesilla dient (*ministrat*) hingegen Christus als Asketin. Der Ausdruck *tetigitque manum* spielt auf Mk 5,41 (*tenens manum puellae*,

---

11 So begründet zumindest Hieronymus ihre Konversion in ep. 38,2. Für weitere Informationen zu Blesilla vgl. B. Feichtinger, ebd., 222–225; Ch. Krumeich, ebd., 91–94.
12 Das anvisierte Zweitlesepublikum erhält darüber hinaus eine Menge an Informationen über die Lebensführung der Asketinnen.

„die Hand des Mädchens haltend") an, eine Geschichte, in der Jesus ein junges Mädchen auferstehen lässt. Durch die Verflechtung zweier Intertexte in einer Textpassage und zweier Narrative zu einem verbindet Hieronymus Blesillas lebensbedrohliche Krankheit mit ihrer Konversion zur Askese.

In einem nächsten Schritt baut Hieronymus die intertextuell bereits angedeutete Auferstehung aus. Auch dafür greift er auf einen neutestamentlichen Intertext zurück: In den folgenden Sätzen wird Blesilla mit Lazarus von Bethanien assoziiert, den Jesus von den Toten auferweckt habe (vgl. Joh. 11,1–44). Angesichts der Tatsache, dass Blesilla nicht an dem beschriebenen Fieber gestorben war, setzt Hieronymus die Synkrisis so um, dass er Blesilla zunächst aufgrund ihrer Vorliebe für ein weltliches Leben als spirituell tot darstellt: „Sie roch ein wenig nach Gleichgültigkeit und gefesselt durch die Schnüre von Reichtum lag sie im Grab der Welt" (ep. 38,2,2: *redolebat aliquid neglegentiae et diuitiarum fasciis conligata in saeculi iacebat sepulchro*). Durch den Ausdruck *iacere in sepulchro* wird Blesilla als Tote dargestellt. In Form einer Klimax kommt Hieronymus von Blesillas Krankheit zu ihrem metaphorischen Tod. Dieser metaphorische Tod ist wichtig, um Blesilla dann durch den Ausruf „Blesilla, komm heraus" (ep. 38,2,2: *Blesilla, exi foras*; vgl. Joh 11,43: *Lazare, ueni foras*) durch Namensersetzung explizit mit Lazarus zu assoziieren.

Innerhalb von zwei Sätzen verarbeitet Hieronymus also drei biblische Heilungs- und Auferstehungsgeschichten.[13] Der Rückgriff auf diese drei Intertexte, mit denen Hieronymus Blesilla von einer Genesenen zu einer Konvertierten und Auferstandenen transformiert, ermöglichen eine religiöse Deutung von Blesillas Heilungsgeschichte.

Auch in ep. 23 verwendet Hieronymus Intertexte, um Leas Leben literarisch umzuformen. Zunächst beschreibt der Sprecher, dass er mit der Adressatin den 72. Psalm studiert habe, als die Nachricht über Leas Tod eingetroffen sei. Bereits damit verweist er auf seine eigene Gelehrtheit ebenso wie auf die seiner Adressatin. So betont der Sprecher – für den weiteren Inhalt des Briefes völlig irrelevant –, dass der Titel des Psalms sich auf das zweite und dritte Buch des Psalters aufteile (ep. 23,1,1: *tituli ipsius partem ad finem secundi libri, partem ad principium tertii libri pertinere*) und dass die existierende lateinische Übersetzung den 15. Vers anders wiedergebe (ebd.: *quod in Latinis codicibus non ita habemus expressum*). Diese Lehre wird von Hieronymus mit dem Verb *docere* bezeichnet.[14] Der Brief wird damit ebenfalls als Medium der Bildung klassifiziert, weil er die exege-

---

13 Vgl. A. J. Cain, *Letters of Jerome*, 75: „Jerome stitches together a series of biblical intertexts to create a firm typological link between Blesilla's life and the life of Christ, and also, more subtly, between himself as *auctor* and the Gospel writers."
14 Dabei kontrastiert der lange Vorbau mit dem kurzen Hauptsatz, der das Eintreffen der Todesnachricht beschreibt.

tische Arbeit *in persona* nun *in epistula* fortsetzt.[15] Der Brief dokumentiert zudem die literarische Gelehrtheit des Autors und der Adressatin. Marcella war bereits eine literarisch sehr gebildete Frau, als Hieronymus im Jahre 382 in Rom eintraf. So erklärt sich, dass sie Hieronymus' Bericht zufolge auch Interesse an philologischen und textkritischen Fragestellungen hatte. Gleichzeitig weckt der Briefbeginn die literarische und exegetische Neugier eines Zweitlesepublikums.

Daneben ermöglicht dieses literarische und exegetische Interesse wiederum, religiös-moralische Forderungen abzuleiten: Der studierte Psalm wird in Hieronymus' Brief in Bezug zur Gegenwart gesetzt. In Psalm 72 geht es um das scheinbare Glück der Frevler. Der 15. Vers dieses Psalms, der im Moment des Eintreffens der Todesnachricht debattiert worden sei,[16] beschreibt den Umkehrpunkt, in dem der Sprecher merkt, dass das augenscheinliche Glück der Frevler im Diesseits unwirklich und trügerisch ist.[17] Zudem verweist Hieronymus in seinem Brief auf die in Lk 16,19–31 erzählte Geschichte ‚vom reichen Mann und armen Lazarus', in der ebenfalls eine Umkehr beschrieben wird: Der reiche Mann, der zu Lebzeiten nicht mit Lazarus hat teilen wollen, leidet im Jenseits Höllenqualen, während Lazarus in Abrahams Schoß sitzt. Diese beiden biblischen Prätexte werden in Hieronymus' Brief auf Lea und den kurz zuvor verstorbenen Vettius Agorius Praetextatus übertragen, einen Anhänger des Paganismus, der kurz vor seinem Amtsantritt als Konsul überraschend aus dem Leben schied. Während Lea ein asketisches, gottgefälliges Leben geführt habe, das als *amentia* (ep. 23,3,3) bewertet worden sei, habe Praetextatus alle diesseitigen Freuden genossen, obwohl er in den Augen des Sprechers ein Frevler war. Im Moment des Sterbens sei die Situation, so die Analogie, umgekehrt worden. Durch die genannten Intertexte wird dem Leser eine zusätzliche Lektion erteilt: Leas Leben sei rückblickend als exemplarisch zu beurteilen. Der Verdeutlichung halber wird es, passend zu den beiden biblischen Narrativen, dem des Praetextatus gegenübergestellt. Der Kipppunkt zwischen dem Abschnitt, der sich Lea widmet, und dem, der von Praetextatus handelt, wird mit dem Ausruf *o rerum quanta mutatio!* (ep. 23,3,2) verdeutlicht, der semantisch auf den Kipppunkt des Briefes sowie intertextuell auf den des Psalms verweist.

---

15 Damit knüpft Hieronymus an die Definition an, der zufolge der Brief eine Hälfte des Dialogs (vgl. Pseudo-Demetrius, eloc. 223) oder der Ersatz für einen Dialog ist (vgl. Cicero, fam. XII 30,1). Zu diesen Brieftheorien vgl. z. B. A. J. Malherbe, *Ancient Epistolary Theorists*, 12. Möglicherweise gab es im Laufe des Tages bereits zuvor einen brieflichen Austausch, auf den der Begriff *fabula* (ep. 23,1,2) hindeuten könnte, der in Hieronymus' Briefen manchmal für die epistolare und nicht präsentische Kommunikation verwendet wird. Vgl. ep. 5,1; 7,2,1.
16 Vgl. ep. 23,1: ... *in quo iustus loquitur: ‚Si dicebam, narrabo sic, ecce generationem filiorum tuorum praeuaricatus sum'.*
17 Vgl. B. Jeanjean, *Jérôme, Lettres*, 79.

Das mit Marcella geteilte Wissen über Leas Tod wird also auch hier transformiert: Hieronymus nutzt biblische Intertexte, um durch Leas Ableben die Askese zu begründen und sie zu einem moralischen Exemplum zu stilisieren. Seine literarische Gelehrtheit ist Voraussetzung für die Kenntnis und Anwendung der Intertexte; diese wiederum bilden das Instrument für die literarische Transformation. Das Ergebnis ist ein Narrativ, das eine neue Lesart der bekannten biblischen und extratextuellen Stories ermöglicht und die Widmungsträgerin und weitere Leserinnen und Leser erbauen kann. Der Brief macht dementsprechend nicht nur das persönliche Gespräch einer breiteren Öffentlichkeit zugänglich, sondern bereitet es für Marcella und für ein weiteres Publikum zur moralischen Erbauung neu auf und schafft damit eine neue Wirklichkeit.

Hieronymus' literarische Bildung dekliniert sich also dreifältig: Er porträtiert sich und die Widmungsträgerin im gelehrten Gespräch,[18] gibt im Brief selbst eine exegetische Deutung des Psalms und macht sein literarisches Geschick im Umgang mit biblischen Prätexten manifest, indem er anhand von ihnen – wie in ep. 38 – seinen Brief aufbaut und ein Gegenbeispiel konstruiert.

3 Kontrastierung durch Gegenbeispiele

Während sich ep. 24 abgesehen von einigen Metatexten auf die Beschreibung von Asellas Lebensführung beschränkt, ermöglichen die genannten Intertexte in ep. 23 und 38 eine Kontrastierung des positiven Exemplums mit einem negativen. Durch die Intertexte wird somit eine Gegenfolie zum positiven Exemplum der ‚Miniatur-Vita' geschaffen, die letzteres verstärkt. Die Wahl der intertextuellen Verweise und die Form des jeweiligen Briefes sind eng gekoppelt. So werden Psalm 72,15 und die Lazarusgeschichte an die Argumentation von ep. 23 gekoppelt, indem Lea mit Praetextatus und ihr jeweils diesseitiges und jenseitiges Leben kontrastiert werden. Dementsprechend widmet Hieronymus sich nacheinander einer Lebensbeschreibung von Leas und dann von Praetextatus' Leben. Dieses Vorgehen beobachtet der Sprecher metatextuell wie folgt:

> *quaeras, quo pertineat ista replicatio? respondebo tibi uerbis apostoli: „multum per omnem modum". primum, quod uniuersorum gaudiis prosequenda sit, quae calcato diabolo coronam iam securitatis accepit; secundo, ut eius uita breuiter explicetur; tertio, ut designatum consulem de suis saeculis detrahentes esse doceamus in tartaro* (ep. 23,2,1).

---

18 Vgl. zum Porträt von Hieronymus als Lehrer und Marcella als seiner Schülerin insbesondere A. J. Cain, *Letters of Jerome*, 79.

Du fragst vielleicht, worauf diese erneute Beschreibung der Fakten abzielt? Ich werde dir mit den Worten des Apostels antworten: ‚auf viel, in jeder Hinsicht' (Röm 3,2).[19] Erstens, weil die, die schon den Teufel niedergetreten hat und die Krone der Sicherheit erlangt hat, von den Freuden aller begleitet werden muss; zweitens, um ihr Leben kurz zu entfalten; drittens, um die Lebenswelt des designierten Konsuls zu diffamieren und zu lehren, dass er sich im Tartarus befindet.

Das Verb *docere* weist erneut auf die religiöse Erbauung *durch* Briefe und *in* Briefen hin. Der Sprecher zielt darauf, nachzuweisen, dass sich die Askese der Protagonistin gelohnt habe, da sie im Gegensatz zum designierten Konsul Praetextatus nach ihrem Tod vom Jenseits profitiere, womit der in dem Psalmvers angedeutete Kipppunkt wieder aufgegriffen wird. Auf die kontrastierenden Beschreibungen von Leas und Praetextatus' diesseitigem und jenseitigem Leben verweist Hieronymus zwei Tage später zurück, wenn er sich mit einer Lebensbeschreibung von Asella erneut an Marcella wendet: Er erklärt, dass er „in seinen Briefen einige entweder lobt oder tadelt" (ep. 24,1,1: *in epistulis aliquos aut laudamus, aut carpimus*). Beides diene einer moralisch bildenden Absicht, nämlich die Leserinnen und Leser zu korrigieren und zu einem tugendhaften Leben anzuregen (ebd.: *cum et in arguendis malis sit correptio ceterorum et in optimis praedicandis bonorum ad uirtutem studia concitentur*). Ausgehend von seinen beiden Intertexten ‚lobt' und ‚tadelt' Hieronymus in einem einzigen Brief, und zwar in ep. 23, auf den er zurückverweist.[20] Die Wahl des Intertextes begründet den Gebrauch von polemischen und satirischen Passagen innerhalb eines Briefes, der auch metatextuell als ‚Miniatur-Vita' angekündigt worden ist (ep. 23,2,1: *ut eius uita breuiter explicetur*).[21] Die Beschreibung von Praetextatus' Leben, oder vielmehr seines schrecklichen Daseins im Jenseits, wird ebenfalls durch das Verb *docere* begründet. Auch hier handelt es sich wieder um eine moralische Lehre, die durch die Intertexte manifest wird: Literarisch umgesetzt wird die Kontrastfolie, indem die Figur Lea im Jenseits auf den leidenden Vettius Agorius Praetextatus blickt und damit Lea den biblischen Lazarus und Praetextatus den biblischen Reichen spiegelt (ep. 23,3,1).[22]

---

19 Während der Intertext in Hieronymus' Brief begründet, warum die Ereignisse des Vormittags im Brief aufgerollt werden, geht es im Prätext um die Frage, ob die Juden den Heiden etwas Voraus haben, obwohl einige von ihnen gegen Gottes Gesetz verstoßen haben. Paulus geht deswegen auf die Vorteile des jüdischen Volkes gegenüber den Heiden ein. Dies könnte einen invektivischen Seitenhieb auf den Heiden Praetextatus darstellen.
20 Vgl. G. Derhard, *Dynamiken der Briefform*, 186–187.
21 Vgl. zum Gebrauch von *uita* und *breuiter* unten S. 331.
22 Vgl. A. J. Cain, *Letters of Jerome*, 77: „Jerome aimed to teach a moral lesson by portraying Lea as a modern-day beggar – a very awkward fit for an aristocratic lady, needless to say – and Praetextatus as the unrighteous rich man roasting in an underworld furnace."

Auch in ep. 38 erleichtern Intertexte den Zugang zu Elementen, die über eine Beschreibung von Blesillas Konversion zur Askese hinausgehen. Die bereits genannte Auferstehung des Lazarus beschreibt zunächst Blesillas Konversion, da sie, wie Lazarus, von den Toten auferstanden sei, nachdem Jesus sie gerufen habe. In Joh. 11,45–53; 12,10–11 wird anschließend erzählt, dass eine kleine Gruppe den Beschluss zur Tötung Jesu fasst, da wegen der Auferstehung des Lazarus viele Juden begonnen hätten, Jesus zu folgen.[23] Hieronymus greift diesen Punkt auf, indem er die Gegner der asketischen Bewegung und speziell die Mitglieder von Blesillas Familie, die ihre Konversion nicht unterstützten, als Juden bezeichnet, die in keiner Weise zu Blesillas Heilung und metaphorischer Auferstehung beigetragen hätten (ep. 38,2,2–3). Er schließt mit einer Apostrophe: „Nichts schuldet dir, undankbare Verwandtschaft, die Frau, die für die Welt gestorben ist und für Christus wiederbelebt wurde. Wer Christ ist, soll sich freuen; wer zürnt, zeigt, dass er kein Christ ist" (ep. 38,2,3: *nihil tibi debet, o ingrata cognatio, quae mundo periit et Christo reuixit. qui Christianus est, gaudeat; qui irascitur, non esse se indicat Christianum*). Von der Konversionsbeschreibung gelangt man durch die Wahl des Intertextes somit zu einer polemischen Verallgemeinerung der Opposition zur Askese. Die Reihenfolge der Intertexte bekommt dadurch weitere Relevanz: Nicht nur wird die Heilungs- zu einer Auferstehungsgeschichte gesteigert; der letzte Intertext ermöglicht auch einen Wechsel zu polemischen und sogar satirischen Passagen. Denn die Form der ‚Miniatur-Vita' wird entschieden verändert, da im Folgenden erneut eine Gegenfolie gezeichnet wird. So wird nicht nur Jesu Aufforderung an Lazarus („Lazarus, komm heraus") als geflügeltes *bon mot* in den Brief versetzt, sondern auch der Kontext der gesamten Passage und damit der Widerstand gegenüber gottgefälligen Menschen in den Brief transportiert.

Trotz der derart gelegten Grundlage zu einer polemischen Auseinandersetzung mit der Thematik ist es möglich, im weiteren Verlauf zusätzliche intertextuelle Verweise zu lesen, die ebenfalls mitsamt ihrem ursprünglichen Kontext Sinn ergeben und den christlich gebildeten Leserinnen und Lesern eine Deutung mit zusätzlichen Details zum extratextuellen Hintergrund aufzeigen könnten. So könnte sich ein tertullianischer Prätext hinter folgender Aussage verbergen: „Eine Witwe, die von der ehelichen Fessel befreit worden ist, muss nichts tun außer durchhalten" (ep. 38,3,1: *uidua, quae soluta est uinculo maritali, nihil necesse habet nisi perseuerare*; vgl. Tertullian, uxor. I 4,8: *nihil uiduitati apud deum subsignatae necessarium est quam perseuerare.*). In beiden Textstellen wird dann ein Gegenargument referiert, das im weiteren Verlauf entkräftet wird. Bei Tertullian heißt es: „Jedoch sprechen Menschen sich Gründe für die Hochzeit zu, die

---

23 Anders S. Letsch-Brunner, *Marcella*, 141, Anm. 311.

sich von der Sorge um eine Nachkommenschaft und um Kinder, einem sehr lästigen Wunsch, ableiten" (ebd. I 5,1: *addicunt quidem sibi homines causas nuptiarum de sollicitudine posteritatis et liberorum amarissima uoluptate*). Wenn in der oben zitierten Sentenz tatsächlich ein Intertext beabsichtigt wäre, erführen aufmerksame Leserinnen und Leser, die möglicherweise in Tertullian nachlesen können, dass die Vorwürfe, denen Blesilla ausgesetzt war, in Nachkommenschaft und Kindern bestünden.[24]

In Hieronymus' Brief gelingt die Entkräftung der anti-asketischen Kritik durch die dreifache Verwendung des Verbs *scandalizare*, das maßgeblich bei Tertullian belegt ist:[25]

> 1 *at scandalizat quempiam uestis fuscior: scandalizet Iohannes, quo inter natos mulierum maior nullus fuit, qui angelus dictus ipsum quoque dominum baptizauit, qui camelorum uestitus tegumine zona pellicia cingebatur. cibi displicent uiliores: nihil uilius est locustis.* 2 *illae Christianos oculos potius scandalizent, quae purpurisso et quibusdam fucis ora oculosque depingunt, quarum facies gypseae et nimio candore deformes idola mentiuntur, quibus si forte inprouidens lacrimarum stilla eruperit, sulco defluit, quas nec numerus annorum potest docere, quod uetulae sunt, quae capillis alienis uerticem instruunt et praeteritam iuuentutem in rugis anilibus poliunt, quae denique ante nepotum gregem trementes uirgunculae conponuntur* (ep. 38,3,1–2).

> 1 Jedoch schockiert irgendjemanden eine dunklere Kleidung: Dann könnte wohl auch Johannes schockieren, der größte von einer Frau geborene Mensch, der ‚Bote' genannt wurde (vgl. Mt 11,10–11) und auch den Herrn selbst taufte (vgl. Mt 3,13–16), der sich mit Kamelhaut kleidete und sich einen Fellgürtel umband (vgl. Mt 3,4). Wertlose Speisen missfallen: Nichts ist wertloser als Heuschrecken (vgl. ebd.). 2 Jene Frauen sollen christliche Augen mehr schockieren, die ihre Wangen und Augen mit Purpurfarbe und roter Schminke bemalen, deren übergipste und von zu viel weißer Farbe entstellte Gesichter Götzenbilder nachahmen, auf denen, wenn zufällig ein unvorhergesehener Tränentropfen hervorquillt, dieser in einer Furche herabfließt; jene Frauen, die die Zahl der Jahre nicht lehren kann, dass sie Vetteln sind, die ihren Scheitel mit fremden Haaren herrichten und sich trotz der Falten einer Greisin eine vergangene Jugend zurechtbügeln, die sich schließlich als zitternde Jungfrauen vor der Schar ihrer Enkel inszenieren.

---

24 Drei Argumente scheinen mir dafür zu sprechen, auch wenn es schwierig ist, eine Aussage darüber zu treffen, ob ein Prätext bewusst verarbeitet worden ist: Im selben Brief wird mindestens ein weiterer tertullianischer Prätext verarbeitet (vgl. unten Anm. 28); Hieronymus empfiehlt jungen Asketinnen die Lektüre dieses Autors auch an anderer Stelle (vgl. ep. 22,23,3); Tertullians Werk *Ad uxorem* widmet sich Überlegungen für Witwen, wie Blesilla auch selbst eine war.
25 Tertullian, adv. Marc. IV 11, bringt auch Johannes den Täufer und das Verb *scandalizare* in Verbindung: *sed scandalizatur Iohannes auditis uirtutibus Christi, ut alterius*. Diese Stelle ist von Mt 11,2–6 inspiriert, in der Johannes von den Wundern Jesu erfährt und Boten zu ihm sendet, um zu erfahren, ob er der versprochene Messias ist.

An dieser Stelle findet eine Umkehr vom Vorwurf gegenüber Asketen zu einem Vorwurf von Asketen an weltlichen Christen statt, wobei die verbalen Modi des Verbs *scandalizare* eine wichtige Rolle spielen: Das erste *scandalizat* steht im Indikativ und spielt damit auf eine reale Begebenheit an: Die dunkle Kleidung der römischen Mönche sorgt für Aufsehen und Kritik in der Hauptstadt. Ebenso wie in der genannten anfänglichen Maxime ist die Darstellung weiterhin allgemein gefasst (*quempiam*). Bei dem zweiten *scandalizet* handelt es sich um einen Potentialis, der bestätigt, dass, wenn Asketen in die Kritik geraten, Johannes der Täufer ebenfalls kritisiert werden könnte, der wegen seiner einfachen Kleidung und Ernährung als asketischer Prototyp galt.[26] Die dritte Form *scandalizent* ist ein Jussiv, mit dem Hieronymus den Leser dazu auffordert, Frauen, die sich um ein besonders jugendliches Aussehen bemühen, als skandalös zu betrachten. Diesen Gedanken verstärkt er durch eine minutiöse satirische Beschreibung von Schminke und Frisuren dieser Frauen.

Durch diese intertextuellen Verweise gelangt man im Brief von einer panegyrischen ‚Miniatur-Vita' zu einer satirischen Gegenfolie weltlicher Frauen, die sich um ihr Aussehen bemühen. Blesillas Exemplum erstrahlt vor dieser Gegenfolie umso heller. Im folgenden Kapitel wird die Antithese weiter umgesetzt, indem Blesillas asketischem Leben jeweils Gewohnheiten aus ihrem weltlichen Leben gegenübergestellt werden.[27] So wird beispielsweise beschrieben, wie Blesilla vor ihrer Konversion zur Askese unter großem Aufwand ihre Haare frisieren ließ, während sie danach ihr Haupt verschleierte (vgl. ep. 38,4,2). Auch diese Gegenüberstellungen sind im Sinne der Askese gestaltet.

Verurteilt werden hingegen die Kritiker der asketischen Bewegung, die in einem weiteren auf Tertullian zurückgehenden Intertext als vom Teufel alias Skorpion angestachelt beschrieben werden, der gleichzeitig als Antichrist der Gegenspieler Christi ist (vgl. ep. 38,4,4: *scorpius, antichristus*). In der korrespondierenden Passage bei Tertullian (scorp. 1,9)[28] werden Valentinianer, die glauben, dass das Blutsmartyrium unnötig sei, als Skorpione verurteilt.[29] Blesillas Kritiker

---

26 Vgl. A. de Vogüé, *Mouvement monastique*, 360.
27 Vgl. zu diesen Gegenüberstellungen G. Derhard, *Dynamiken der Briefform*, 196–197.
28 Zum Vergleich: Tertullian, scorp. 1,9: *at tu, si fides uigilat, ibidem scorpio pro solea anathema inlidito et relinquito in suo pure morientem* und Hieronymus, ep. 38,4,4: *si huic proposito inuidet scorpius et sermone blando de indebita rursum arbore comedere persuadet, inlidatur ei pro solea anathema et in suo morienti puluere dicatur: „uade retro, satanas"* (Mk 8,33), *quod interpretatur ‚aduerse'; aduersarius quippe Christi est antichristus, cui praecepta displicent.*
29 Vgl. B. Goldlust, „Scorpiace", 21; G. D. Dunn, *Tertullian*, 107. Ikonographisch wird der Skorpion als Symbol für die Juden bei der Kreuzigung Christi verwendet. Vgl. S. Braunfels, „Skorpion", 170–171.

sind somit vom Teufel[30] geschickte Häretiker, denn die einzig orthodoxen Christen sind, dieser Passage zufolge, die Asketen. Jeder, der nicht asketisch lebt, wird zu einem Gegner Christi stilisiert. Nach der Assoziierung weltlicher Christen mit der Invektive ‚Juden' werden dieselben nun als ‚Häretiker' beschimpft. Diese Injurie geht allerdings nur aus der Kenntnis des Prätextes hervor. Die Askese kann durch den tertullianischen Intertext als neue Form des Martyriums gedeutet werden. Während sich Tertullian mit seiner Schrift gegen den Valentinianismus und für das Blutsmartyrium ausspricht, kann der gebildete Leser den Wandel vom Bluts- zum asketischen Martyrium nachzeichnen.

Die Prätexte werden hier in eine neue Wirkabsicht gestellt: Hieronymus stellt sich durch die Intertextualität nicht nur in Tertullians satirische Nachfolge, sondern verkehrt durch die mehrfachen Verweise auch den Vorwurf gegen eine christliche Askese ins Gegenteil: Nicht Asketinnen und Asketen seien für ihre Lebensführung anzuklagen, sondern weltlich lebende Christinnen und Christen sowie Menschen, die nicht dem christlichen Glauben folgen. Somit schafft er eine Apologie der Askese. Denn durch die Intertexte werden der Wandel von einem Einzelfall zu Asketinnen und Asketen im Allgemeinen sowie die Polemik gegen Feinde der Askese möglich. Die polemischen und satirischen Passagen sorgen dann dafür, dass das Askeseideal durch eine pro-asketische Brille gelesen wird und den Zweitleserinnen und -lesern Orientierung bietet.

4 Modellbildung

Hieronymus identifiziert in diesen drei Briefen die Askese als den einzigen mit dem Christentum zu vereinbarenden Lebensstil. Satirische und polemische Passagen sorgen dafür, dass den Leserinnen und Lesern ein weltliches Leben unter dem Eindruck dieser drei (und vieler anderer) Hieronymus-Briefe absurd erscheinen mag. Die Gegenfolien tragen dazu bei, dass der panegyrisch beschriebene asketische Lebensstil favorisiert wird. Von Lea wird explizit gesagt, dass ihr Leben von der breiten Öffentlichkeit als *amentia* wahrgenommen wurde (vgl. ep. 23,3,3); über Blesilla wissen wir, dass ihre Konversion zur Askese von einem Teil ihrer

---

[30] Hieronymus endet seinen Brief mit dem Eigennamen ‚Beelzebub'. Dieser benennt im Neuen Testament (z. B. Mt 12,24) den Obersten der Dämonen (*princeps daemoniorum*), durch den Jesus gemäß der Meinung der Pharisäer andere Dämonen austreibe. Hieronymus rekurriert hier auf Mt 10,25, wo Jesus beschreibt, dass er wie seine Apostel als Beelzebub (und demzufolge als Teufel) geschmäht würde. Blesilla könne über solche Verunglimpfungen gegen Asketinnen und Asketen nur lachen, da sie sich um ihr weltliches Ansehen keine Gedanken mehr mache (vgl. ep. 38,5,2). Asketinnen und Asketen werden hier einmal mehr als Anhänger Christi dem Teufel gegenübergestellt.

Familie und der breiten aristokratischen Öffentlichkeit nicht unterstützt wurde.[31] Asella hingegen wird als allseits akzeptierte Asketin vorgestellt, deren Lebensführung keine satirische Gegenfolie benötigt, um (zeitgenössische) Leserinnen und Leser von ihrer Lebensform zu überzeugen. Hieronymus schließt seinen Bericht mit einem Verweis auf die Akzeptanz und Hochachtung ihr gegenüber:

> *sola uitae suae qualitate promeruit, ut ... et boni eam praedicent et mali detrahere non audeant, uiduae imitentur et uirgines, maritae colant, noxiae timeant, suscipiant sacerdotes* (ep. 24,5,2).

> Allein durch die Qualität ihres Lebens verdiente sie sich, dass ... sowohl die guten Menschen sie loben als auch die schlechten sie nicht zu kritisieren wagen, dass Witwen und Jungfrauen sie nachahmen, verheiratete Frauen sie ehren, schädliche sie fürchten und Priester sie unterstützen.

Asella ließe also aufgrund ihres beispiellosen Lebens nur Lob (*eam praedicent*) und keinerlei Kritik zu (*detrahere non audeant*),[32] im Gegensatz zu weltlich lebenden Menschen, die Hieronymus zu epistolarem Tadeln (*carpere*) veranlasst hatten (ep. 24,1,1: *in epistulis aliquos aut laudamus aut carpimus*).[33] In diesen beiden Stellen werden Lob (*praedicare/laudare*) und Kritik (*detrahere/carpere*) einander gegenübergestellt; allerdings beziehen sie sich im ersten Fall (ep. 24,5,2) beide auf Asella, der ausschließlich Lob und keinerlei Kritik entgegengebracht wird, während sie sich im zweiten Fall (ep. 24,1,1) auf die Antithese Lea/Praetextatus beziehen, die Hieronymus in ep. 23 starkmacht.

Während Asella in ep. 24 als Exemplum vorgestellt wird, werden Lea und Blesilla erst durch die intertextuelle Kontrastierung zu einem solchen.[34] Dies mag mit dem Bekanntheitsgrad der drei Frauen zusammenhängen: Während Asella eine in Rom etablierte Asketin war, handelt es sich bei Lea um eine wahrscheinlich eher unbekannte Nonne; Blesilla ihrerseits war noch nicht als Asketin bekannt, sondern als weltliche Aristokratin.

---

31 Vgl. zur Opposition innerhalb Blesillas Familie ep. 38,2,2; B. Feichtinger, *Apostolae apostolorum*, 223; Ch. Krumeich, *Hieronymus*, 86–87.
32 Möglicherweise schickte Hieronymus auch seinen apologetischen Abschiedsbrief aus Rom (ep. 45) an Asella, weil sie eine allgemein anerkannte Asketin war. Vgl. A. J. Cain, *Letters of Jerome*, 124–126, der davon ausgeht, dass Asella Hieronymus nicht zu seinem Schiff begleitet habe, da er ihr einen Brief schickt. Allerdings schließen sich für Hieronymus mündliche und epistolare Kommunikation nicht aus, wie z. B. die Analyse zu ep. 23,1 oben S. 321–322 mit Anm. 15 gezeigt hat.
33 Vgl. oben S. 324.
34 Dies heißt nicht, dass in Asellas Lebensbeschreibung keine Intertexte verwendet werden. Vgl. z. B. V. Recchia, „Verginità e martirio", 48 zur Darstellung von Asellas Geburt (ep. 24,2), die auf Parallelen zu den Geburten von Jeremias, Johannes dem Täufer und Paulus beruht.

Die Modellbildung geschieht ferner durch die Verallgemeinerung des jeweiligen Fallbeispiels: Hieronymus weitet Blesillas Konversion zur Askese auf eine asketische Gruppe aus, indem er das anonyme und allgemeine *uidua* sowie die Formen *Blesilla nostra* und *uidua nostra* verwendet. Während in der Verwendung des allgemeinen *uidua* eine Verallgemeinerung des Fallbeispiels Blesilla stattfindet, erlangt Blesilla durch die Nennung als *nostra* eine neue Gruppenzugehörigkeit. Dank ihrer Konversion gehört sie nun zur Gruppe der (stadtrömischen) Asketinnen und Asketen. Auch die Asketinnen Lea und Asella werden mit dem Possessivpronomen *nostra* bedacht (vgl. ep. 23,2,2 und 24,1,2) und derselben Gruppe zugeschrieben. Im letzten Kapitel von ep. 38 geht die Verallgemeinerung und Gruppenzugehörigkeit gar so weit, dass der Sprecher in der ersten Person Plural von *monachi* (ep. 38,5,2) spricht.[35]

Auch explizit wird dieser Modellcharakter betont: Asellas Lebensführung soll „als Norm erachtet" (ep. 24,1,2: *normam arbitrentur*) und „nachgeahmt werden" (ep. 24,5,2: *imitentur*). Hier wird namentlich darauf verwiesen, dass sie als Exemplum für eine Gruppe christlicher *uiduae* und *uirgines* steht, die sich an (Hieronymus') Askeseideal orientieren sollen.[36] In ep. 24 wird dies wiederum metatextuell reflektiert: „Denn indem man schlechte Menschen bloßstellt, tadelt man auch die übrigen Schlechten, und indem man die Besten lobt, werden die Guten angestachelt, zur Tugend hin zu streben" (ep. 24,1,1: *cum, et in arguendis malis, sit correptio ceterorum, et in optimis praedicandis, bonorum ad uirtutem studia concitentur*). Gute und schlechte Beispiele haben dieser Passage zufolge eine Auswirkung auf das Verhalten der Leserinnen und Leser: Sie dienen als Anschauungsmaterial, um sie religiös-moralisch zu erbauen.

---

35 Vgl. A. de Vogüé, *Mouvement monastique*, 359: „Sa dernière description ne vise pas directement la veuve devenue moniale, mais l'ensemble des moines, c'est-à-dire Jérôme et ses confrères masculins. C'est que le directeur de Blésilla se sent impliqué dans la réprobation que suscite le comportement de sa dirigée." Hierbei muss betont werden, dass dieser Brief an ein pro-asketisches Publikum gerichtet ist. In der Tat deuten die Polemik und Invektive gegen contra-asketische Christen sowie besonders die konzessiven Konjunktive, die sie mit den Juden assoziieren, darauf hin, dass Hieronymus weniger daran gelegen ist, ein contra-asketisches Publikum von der Askese zu überzeugen, als vielmehr bereits pro-asketisch eingestellte Christen in ihrer Überzeugung zu bestärken.

36 Vgl. V. Recchia, „Verginità e martirio", 47, der die Anschaulichkeit eines solchen Exemplums zu protreptischen Zwecken betont. Vgl. allgemein zu der Frage nach Hieronymus' Askeseideal A. Fürst, *Hieronymus*, 45–58. A. J. Cain, *Letters of Jerome*, 74 sieht in Hieronymus' Beschreibung von Asella vor allem eine Apologie seiner selbst: „By pinning his controversial teachings on a woman evidently already distinguished for her holiness – and made more distinguished by his praise of her – Jerome could vindicate these teachings in the face of mounting criticism from the wider Roman Christian community and especially its clergy."

Dieses erbauliche Anschauungsmaterial mit protreptischer Funktion ist von anderen Autoren bereits theoretisiert worden: „Nach Clemens von Alexandrien (paed. 1,1,2), der darin heidnischen Vorbildern (vgl. Seneca ep. 95,66) folgt, gibt es zwei Weisen, die Seele zu heilen und ihr rechtes Handeln nahezubringen: unmittelbar durch Ermahnung, Rat und Unterweisung, mittelbar durch Beispiele dessen, was zu tun oder zu unterlassen ist."[37] Auffällig ist in diesem Zusammenhang, dass Leas Exemplum dank der intertextuell eingeführten Gegenfolie des Praetextatus zu einer expliziten Warnung durch den Sprecher Hieronymus führt: „Ich mahne und rufe [dich] weinend und stöhnend an" (ep. 23,4: *moneo et flens gemensque contestor*): Christen sollen nicht, wie Praetextatus, nach irdischem Reichtum und Macht streben, um Gewinn aus dem Jenseits schlagen zu können.

5 Abschließende Überlegungen zu Bildung und Brief

Im Gegensatz zu ep. 38 nennen ep. 23 und 24 beide das Ziel, „ein Leben kurz darzulegen" (vgl. ep. 23,2,1: *ut eius [i. e. Leae] uita breuiter explicetur*; 24,1,2: *Asellae nostrae uita breuiter explicanda est*). *Breuiter* ist sicherlich als Anspielung auf die epistolare Kürze zu verstehen; gleichzeitig steht es dem Gebrauch von *uita* gegenüber, die auf die gleichnamige Gattung verweisen kann.[38] Ep. 24 speist sich ausschließlich aus einer typisch panegyrischen Lebensbeschreibung, die auch auf Abstammung, Ausbildung etc. der Protagonistin eingeht.[39] Der Briefform können gegenüber der christlichen Vita zwei entscheidende Vorteile eingeräumt werden, die hier zum Tragen kommen: Erstens ermöglicht die Gattung Brief eine höhere

---

37 J. Procopé, „Erbauungsliteratur", 30.
38 Der Titel von ep. 24 *Ad Marcellam de uita Asellae* verweist paratextuell ebenfalls auf die beiden Gattungen, während der von ep. 23 *Ad Marcellam de exitu Leae* sich nicht nur als Brief charakterisiert, sondern auch das ‚Ab-Leben' in den Vordergrund rückt. An dieser Stelle sei auf die Handschrift Berolinensis lat. 18 verwiesen, die auf fol. 53–54 in den einleitenden Sätzen zu Asellas Leben (ep. 24,1,1 nach *nudius tertius de beatae memoriae Lea aliqua dixeramus* [*diximus scilicet*]) Leas Lebensbeschreibung aus ep. 23,2,2–3,3 Asellas Vita voranstellt.
39 Zu panegyrischen Lebensbeschreibungen in Hieronymus' Briefen vgl. G. Derhard, *Dynamiken der Briefform*, 154–185. Hieronymus selbst hat bereits vor der Abfassung dieser drei ‚Miniatur-Viten' mit der Gattung Vita experimentiert, als er seine *Vita Pauli* (376) schrieb. Später verfasste er noch zwei weitere Viten, nämlich die *Vita Malchi* (388) und die *Vita Hilarionis* (zwischen 389 und 392). Zu den Abfassungsdaten der drei Mönchsviten vgl. P. Leclerc, „Introduction", 11–20. Beschreibungen des Lebens von Frauen bestehen in seinem Werk allerdings ausschließlich in Texten, die innerhalb des Briefkorpus ediert sind.

inhaltliche Flexibilität. Die durch Intertexte eingeführten polemischen und satirischen Gegenfolien widersprechen nicht der Erwartung, die ein Leser an einen Brief stellen könnte. Sie ermöglichen, wie oben erklärt, dass der Leser moralisch erbaut wird. Darüber hinaus überraschen auch die Verweise auf vorherige mündliche und epistolare Kommunikation und auf Bildungsabsicht in der Gattung Brief wenig. Diese drei Briefe sind damit inhaltlich variabler als es eine reine ‚Miniatur-Vita' wäre.

Zweitens ist der Adressat bzw. Widmungsträger im Brief im Allgemeinen präsenter als in der Vita, denn der Brief gibt sich als privater Raum, obwohl er seinen Inhalt gleichzeitig der Öffentlichkeit zugänglich macht.[40] Gerade die Tatsache, dass Marcella die Protagonistinnen sehr genau kennt, versichert dem weiten Leserkreis, dass Hieronymus in seinem Text nur ‚Wahres' preisgebe, was Marcella mit eigenen Augen gesehen habe[41] und folglich bezeugen könne. Die Wahl von Marcella als Adressatin der drei Briefe bestätigt dementsprechend dem Zweitleser den Wahrheitsgehalt der Informationen, die der Brief übermittelt. Dies wird besonders dann relevant, wenn man bedenkt, dass Hieronymus Marcella auch mündlich (persönlich oder über einen Boten) hätte darüber informieren können, dass Asellas Lebensbeschreibung anderen Frauen vorgelesen werden soll. Die schriftliche Einbettung dieser Information in ep. 24,1 kann als Versicherung gegenüber den Zweitleserinnen und -lesern gedeutet werden, dass die literarische Darstellung der Protagonistinnen deren enge Bekannte nicht schockiert. Damit wird der Brief zu mehr als einem Ersatz für ausgebliebene mündliche Kommunikation.

Dank Hieronymus' religiöser Deutung der Stories durch Intertextualität transportieren die Briefe erbauendes Material, das auch Leserinnen und Leser, die mit Lea, Asella und Blesilla vertraut waren, bilden kann. Die Intertexte ermöglichen vor allem in den Briefen 23 und 38 eine religiöse Deutung geschehener Ereignisse und führen kontrastierende Gegenfolien ein, die die Protagonistinnen zu Modellen der Askese machen.

---

[40] Vgl. F. C. Eickhoff/W. Kofler/B. Zimmermann, „Einleitung", 4 und 6 sowie F. C. Eickhoff, *Muße und Poetik*, 71–72.
[41] Vgl. Hieronymus, ep. 24,5,1: *cuius oculis; perspecta est*. Der ‚Wahrheitsanspruch' des Augenzeugenberichts wird darüber hinaus dadurch vermittelt, dass Asella den Brief nicht sehen soll (vgl. ep. 24,1,2) und Hieronymus somit keine Gegenleistung (z. B. in Form von Bezahlung) von ihr erwarten kann. Zur Bezahlung als Gegenleistung für einen Brief vgl. z. B. ep. 10,3,1; 79,4,2. Ebenso richtet sich ep. 38 nicht direkt an Blesilla. Lea ist zum Zeitpunkt der Abfassung des Briefes ohnehin bereits verstorben.

Bibliographie

M. Bal, *Narratology. Introduction to the Theory of Narrative* (Toronto: University of Toronto Press, ²2004).
S. Braunfels, „Skorpion", in: *Lexikon der christlichen Ikonographie* 4 (1972), 170–172.
A. J. Cain, *The Letters of Jerome. Asceticism, Biblical Exegesis, and the Construction of Christian Authority in Late Antiquity* (Oxford Early Christian Studies; Oxford: Oxford University Press, 2009).
A. Canellis, „La lettre selon saint Jérôme. L'épistolarité de la correspondance hiéronymienne", in: *Epistulae Antiquae II* (hg. v. L. Nadjo/É. Gavoille; Louvain/Paris: Peeters, 2002), 311–332.
G. Derhard, *Dynamiken der Briefform bei Hieronymus* (Orbis Antiquus 56; Münster: Aschendorff, 2021).
G. D. Dunn, *Tertullian* (The Early Church Fathers; London: Routledge, 2004).
F. C. Eickhoff, *Muße und Poetik in der römischen Briefliteratur* (Otium 15; Tübingen: Mohr Siebeck, 2021).
F. C. Eickhoff/W. Kofler/B.Zimmermann, „Muße, Rekursivität und antike Briefe. Eine Einleitung", in: *Muße und Rekursivität in der antiken Briefliteratur, mit einem Ausblick in andere Gattungen* (hg. v. F. C. Eickhoff; Otium 1; Tübingen: Mohr Siebeck, 2016), 1–14.
B. Feichtinger, *Apostolae apostolorum. Frauenaskese als Befreiung und Zwang bei Hieronymus* (Studien zur Klassischen Philologie 94; Frankfurt a. M. u. a.: Peter Lang, 1995).
A. Fürst, *Hieronymus. Askese und Wissenschaft in der Spätantike* (Freiburg/Basel/Wien: Herder, ²2016).
B. Goldlust, „Structure logique et réseaux d'images dans le Scorpiace de Tertullien", in: *Nihil veritas erubescit. Mélanges offerts à Paul Mattei* (hg. v. C. Gerzaguet/J. Delmulle/C. Bernard-Valette; Instrumenta Patristica et Mediaevalia 74; Turnhout: Brepols, 2017), 19–32.
P. B. Harvey Jr., „Jerome dedicates his Vita Hilarionis", in: *Vigiliae Christianae* 59 (2005), 286–297.
R. Herzog, „Exegese – Erbauung – Delectatio. Beiträge zu einer christlichen Poetik der Spätantike", in: *Formen und Funktionen der Allegorie* (hg. v. W. Haug; Germanistische Symposien-Berichtsbände 3; Stuttgart: Metzlersche Verlagsbuchhandlung und Carl Ernst Poeschel, 1979), 52–69.
B. Jeanjean, *Saint Jérôme, Lettres. Traduction nouvelle* (Collection de l'Abeille; Paris: Cerf, 2012).
B. Jeanjean, „Les Lettres 107 et 128 de Jérôme. Un programme d'éducation chrétienne des petites filles?", in: *Conseiller, diriger par lettre* (hg. v. É. Gavoille/F. Guillaumont; Epistulae Antiquae 9; Tours: Presses universitaires François-Rabelais, 2017), 401–419.
Ch. Krumeich, *Hieronymus und die christlichen feminae clarissimae* (Habelts Dissertationsdrucke. Reihe Alte Geschichte 36; Bonn: Habelt, 1993).
P. Leclerc: „Introduction", in: *Jérôme, Trois Vies de moines* (Sources Chrétiennes 508; Paris: Cerf, 2007), 11–72.
S. Letsch-Brunner, *Marcella – discipula et magistra. Auf den Spuren einer römischen Christin des 4. Jahrhunderts* (Beihefte zur Zeitschrift für die neutestamentliche Wissenschaft und die Kunde der älteren Kirche 91; Berlin: De Gruyter, 1998).
A. J. Malherbe, *Ancient Epistolary Theorists* (Society for Biblical Studies 19; Atlanta GA: Scholars Press, 1988).
J. Procopé, „Erbauungsliteratur I. Alte Kirche", in: *TRE* 10 (2010), 28–43.
V. Recchia, „Verginità e martirio nei colores di S. Girolamo (Ep. 24 – Hilberg)", in: *Vetera Christianorum* 3 (1966), 45–68.
R. Vierhaus, „Bildung", in: *Geschichtliche Grundbegriffe. Historisches Lexikon zur politisch-sozialen Sprache in Deutschland* 1 (2004), 508–551.
A. de Vogüé, *Histoire littéraire du mouvement monastique dans l'antiquité II. Première partie: Le monachisme latin: de la mort d'Antoine à la fin du séjour de Jérôme à Rome (356–385)* (Paris: Cerf, 1991).

Peter Gemeinhardt
Bildung in Briefen – Bildung durch Briefe
Spätantike christliche Briefe als Medien theologischer, rhetorischer und pastoraler Kommunikation

1 Einleitung: Brief und Bildung – ein mehrdimensionales Spannungsfeld

Die Geschichte des Christentums ließe sich vermutlich nicht zur Gänze als Briefroman schreiben. Doch steht es außer Frage, dass im frühen (und späteren) Christentum briefliche Kommunikation eine zentrale Rolle spielte. In einer Publikation der Münsteraner „Forschungsstelle Brief" mit solchen Trivia zu beginnen heißt natürlich nichts anderes, als Eulen nach Athen zu tragen oder Briefe nach Korinth zu schicken. Verdankt sich doch die Gründung dieser Forschungsstelle der These, dass zu Briefen im Christentum, aber auch darüber hinaus noch lange nicht alles gesagt sei und dass es vereinter interdisziplinärer Anstrengungen bedürfe, um zu einem umfassenden Bild dieses anspruchsvollen Genres zu gelangen. Das hat wiederum nicht unwesentlich damit zu tun, dass Briefe nicht nur *de facto* das bevorzugte Mittel literarischer Kommunikation in vormoderner Zeit waren, sondern auch ein Beispiel par excellence für die vielfältige und teils rasante Entwicklung von Genres und Diskursen darstellen, die sich gerade in der Spätantike vollzogen, und zwar über die (selbst kommunikativ ausgehandelten) Grenzen von Religionskulturen hinaus. Das kommt insbesondere zum Ausdruck, wenn der Bildungsaspekt als präzisierender Fokus hinzugenommen wird. Denn dann betreten wir das seinerseits hoch dynamische Feld der Diskussion traditioneller und neuartiger Bildungsideale und -praktiken zwischen Christen und ihren Zeitgenossen, die erstaunt waren, als „Heiden" klassifiziert zu werden.[1] Zugleich zeigt sich dabei, dass der literarische

---

1 Von „Heiden" (ἔθνη, *gentiles*, *pagani*) oder „heidnisch" ist nur zu sprechen, wenn man sich bewusst macht, dass man damit die normative Perspektive des spätantiken Christentums reproduziert – was gerechtfertigt sein kann, um genau diese Sichtweise kritisch zu rekonstruieren – und dass die Übergänge zwischen einer ethnischen, kulturellen und religiösen Fremdbezeichnung fließend sind, wie z. B. der Gebrauch des Begriffs ἑλληνισμός zeigt, der sowohl die „hellenistische" Literatur als auch die darin zu findenden religiösen Überzeugungen von Gott und der Welt bezeichnen kann, wie Gregor von Nazianz gegenüber Kaiser Julian betonte: P. Gemeinhardt, *Das lateinische Christentum*, 363–364.

Peter Gemeinhardt, Göttingen

Diskurs über die Legitimität der Inanspruchnahme paganer Bildung nicht nur eine Unterscheidung von Christen und „Heiden" voraussetzt, sondern auch die Zuschreibung einer religiösen Dimension an literarische Kommunikationsformen. Von „spätantiken *christlichen* Briefen" zu sprechen, wie ich es im Titel meines Beitrags tue, ist also durchaus nicht selbsterklärend; es scheint mir jedoch dadurch gerechtfertigt, dass Christen Briefe in innovativer Weise einsetzten und dabei explizit oder implizit Arbeit am Bildungsbegriff leisteten. Die leitende Fragestellung meines Beitrags ist also nicht, ob Christen andere Briefe schrieben als Nichtchristen,[2] sondern *wie* sie Briefe als Medien theologischer, rhetorischer und pastoraler Kommunikation einsetzten und mit welchen Inhalten sie das – wie gesagt: schon in sich polyvalente – Briefgenre füllten. Diese Frage nach Briefen und der in ihnen vermittelten und in Anspruch genommenen Bildung möchte ich mit einigen grundsätzlichen Überlegungen einleiten, um dann an mehreren Beispielen *in medias res* zu gehen.[3]

Über Briefe und über Bildung, aber auch über Bildung *in* Briefen oder Bildung *durch* Briefe ist bereits manches geschrieben worden. Betrachtet man beide Begriffe für sich, so ergibt sich ein in manchem ähnliches, aber keinesfalls identisches Spannungsfeld. Wenn Christen Briefe schrieben, taten sie dies in vieler Hinsicht genau wie ihre nichtchristlichen Vorläufer oder Zeitgenossen. Das schloss die Sammlung und Verbreitung von Briefen sowie die Etablierung literarischer Netzwerke ein: Der Senator Quintus Aurelius Symmachus und der Bischof Ambrosius von Mailand, deren literarischer Disput über die Entfernung und Wiederaufstellung des Altars der Victoria in der römischen Kurie viel Beachtung gefunden hat,[4] stellten im späten 4. Jahrhundert fast zeitgleich ihre Briefbücher zusammen, wobei sie beide dem Vorbild Plinius' des Jüngeren folgten (allerdings mit der Ausnahme, dass Symmachus, anders als Plinius und Ambrosius, den neun Büchern mit Freundschaftsbriefen nicht ein zehntes Buch mit Amtsbriefen anfügte).[5] Nur selten betonten Christen Unterschiede zur paganen Briefkultur. Augustinus kontrastierte das gattungsspezifische Postulat der *brevitas* mit dem Umfang der Paulusbriefe und folgerte: „Selbst wenn der Brauch bei Autoren, die zu einer anderen Art von Literatur gehören, anders wäre (sc. wenn auch die Römer ausführlicher schrieben), wäre uns doch weit eher geboten, in dieser Sache der Au-

---

2 Dies behandelt Ch. Markschies, „Christen".
3 Zum Briefgenus in spätantiker paganer *und* christlicher Sicht vgl. die immer noch grundlegende Studie von K. Thraede, *Brieftopik*. Meine eigene Sicht auf dieses Spannungsfeld habe ich entwickelt in: P. Gemeinhardt, *Das lateinische Christentum*, 187–201.
4 Vgl. E. Dassmann, *Ambrosius*, 81–91.
5 Zum Vergleich der Briefsammlungen des Symmachus und des Ambrosius vgl. M. Zelzer, „Symmachus", 153–156; zu Plinius' Briefbüchern als literarischem Vorbild spätantiker Briefsammlungen vgl. K. Zelzer/M. Zelzer, „Brief".

torität unserer eigenen (Autoren) zu folgen."⁶ In der Tat übersteigt der Umfang der Briefe eines Augustinus, Hieronymus oder Paulinus von Nola oft das Maß der Briefe eines Cicero, Symmachus oder Sidonius Apollinaris; problematisiert wurde dies aber nur gelegentlich. Wichtiger war die von Christen und „Heiden" geteilte Überzeugung, dass Briefe – so Hieronymus mit dem Dichter Turpilius – „aus Abwesenden Anwesende machen": „Wenn man mit denen, die man liebt, in seinen Briefen spricht, oder wenn man sie aus ihren Briefen hört, werden sie da nicht, obwohl sie fern weilen, gegenwärtig?"⁷ Anders lag der Fall in Bezug auf Bildung: Hier wurden vielfach die Differenzen betont. Christen setzten für epistolographische Kommunikation Kompetenzen und Wissensbestände ein, die sie Seite an Seite mit ihren „peers", die den traditionellen Kulten verpflichtet waren, auf der Schulbank des Grammatikers oder Rhetors gelernt hatten – in einem Setting, das *prima facie* nicht explizit von religiösen Affiliationen geprägt war. Umso leidenschaftlicher rang die Generation der oben genannten christlichen Theologen um die Legitimität der Nutzung paganer Bildung für christliche Zwecke. So schrieb im späten 4. Jahrhundert Hieronymus an den jungen Nepotianus, dessen Onkel Heliodorus er Jahrzehnte zuvor zu einem asketischen Leben zu bewegen versucht hatte, und entschuldigte sich wortreich für diesen früheren Brief: Das sei das unreife Machwerk eines Jünglings, ja eines Knaben (von fast dreißig Jahren!) gewesen, denn „in jenem Werk haben wir unserem Alter angepasst herumgespielt. Noch unter dem Eindruck der Schule und den Unterweisungen der Rhetoriker stehend habe ich da einiges in blumenreichen Worten niedergeschrieben."⁸ Zwar webt Hieronymus im Fortgang des Briefes an Nepotianus eine kunstvoll verschlungene Girlande von Vergil- und Bibelzitaten, leitet zum Thema, das erneut die Askese ist, aber wiederum mit einer klaren Abgrenzung über: „Beachte also, um mit dem heiligen Cyprian zu sprechen, meine zwar nicht beredten, dafür aber umso gehaltvolleren Worte!"⁹

---

6 Augustinus, ep. 137,19 (CSEL 44, 123.15–124.1): *et si auctorum ad alias litteras pertinentium mos esset alius, nostrorum nobis in hac re dignius imitanda praeberetur auctoritas.*
7 Hieronymus, ep. 8,1 (CSEL 54, 31.8–12): *Turpilius comicus tractans de uicissitudine litterarum: „sola", inquit, „res est, quae homines absentes praesentes faciat." nec falsam dedit, quamquam in re non uera, sententiam. quid enim est, ut ita dicam, tam praesens inter absentes, quam per epistulas et adloqui et audire quos diligas?* Übersetzung: L. Schade, BKV² I 16, 24. Zitat: Turpilius, inc. fab. frg. 1 (II p. 111 Ribbeck).
8 Hieronymus, ep. 52,1,1–2 an Nepotianus (CSEL 54, 414.1–7): *sed in illo opere pro aetate tunc lusimus et calentibus adhuc rhetorum studiis atque doctrinis quaedam scolastico flore depinximus.* Bei dem Brief an Heliodorus handelt es sich um ep. 14 (verfasst 375/78).
9 Ebd. 52,4,1.3 (54, 420.18–421.1): *Audi igitur, ut beatus Cyprianus ait, „non diserta, sed fortia"* (= Cyprian, ad Donat. 2 [CCSL 3A, 3.20–4.32]).

Ist das nun ein „christlicher Brief", der „christliche Bildung" vermittelt? Oder ist es ein „klassischer Brief", in dem ein christlicher Inhalt mit traditionellen Formen kontaminiert ist? Diese Frage ist bei Hieronymus besonders kompliziert, denn zu seinen literarischen Kenntnissen und Kompetenzen nahm er oft und durchaus nicht einheitlich Stellung.[10] Sie ist aber in dieser Form auch gar nicht zielführend. Literarische Kommunikation war (und ist) ohne die entsprechende Kunstfertigkeit nicht zu haben, und trotz aller Kritik am antiken Bildungswesen gründeten Christen in der Spätantike keine eigenen Schulen, an denen man anderes (bzw. dasselbe anhand anderer Lehrtexte) hätte lernen können – das Phänomen monastischer Bildung ist die Ausnahme von der Regel, auf die wir noch zurückkommen müssen.

Wie und wozu aber solche Kunstfertigkeit christlichen Autoren diente, lässt sich an Briefen zeigen, die nicht nur auf der formalen, sondern auch auf der inhaltlichen Ebene Bildung einsetzen. Interessant sind dabei vor allem solche Schreiben, die nicht nur Wissen vermitteln oder Handlungsweisen einschärfen sollen, sondern darüber hinaus die Intention des Absenders erkennen lassen, dem Empfänger Anstöße zur *Selbst*-Bildung zu geben. Schreiben mit nachvollziehbarer pädagogischer Wirkabsicht erlauben es, den Bildungsanspruch, der im Medium des Briefes realisiert werden sollte, genauer in den Blick zu bekommen. Was den modernen Begriff „Bildung" auszeichnet, ist auch schon in der Spätantike zu beobachten: Bildungsprozesse sind unverfügbar und nicht von außen steuerbar.[11] Doch schließt dies die „Fremdaufforderung zur Selbsttätigkeit"[12] keineswegs aus. Bildung ist nicht einfach gegeben, wie die durch Sozialisation beiläufig erworbene Vertrautheit mit der Lebenswelt, sie ist aber auch kein definiertes und kontrollierbares Ziel wie in der Erziehung: Man kann Bildung nicht „machen" – aber man kann darüber im Gespräch sein. Dabei bieten Briefe wie kaum ein anderes Genre die Chance, in historischer Perspektive ergebnisoffene, dialogbasierte Bildungsprozesse zu verfolgen: Briefe konstituieren, stabilisieren und dokumentieren interpersonelle Beziehungen und fungieren dabei als Medien eines individuellen *und* sozialen Bildungsgeschehens – sie ermöglichen es dem einen Partner, diese Selbsttätigkeit des anderen anzuregen, das sich bildende Subjekt bei diesem Prozess zu begleiten und ihm seine Fortschritte (oder deren Ausbleiben) zu spiegeln. Der bereits erwähnte Topos des *sermo absentium*[13] macht deutlich, dass wir es mit einer sozialen Praxis zu tun

---

10 Vgl. dazu M.-C. Aris, „Cicero".
11 Vgl. dazu im Horizont moderner Bildungstheorien B. Schröder, „Bildung als regulative Idee", 173.
12 D. Benner, *Allgemeine Pädagogik*, 70–71.
13 Ambrosius von Mailand, ep. 1 (CSEL 82/1, 3.4); 33,1 (82/1, 229.3–11); 48,1 (82/2, 49.5–6); vgl. P. Gemeinhardt, *Das lateinische Christentum*, 196–197.

haben, die sich auch in unmittelbarer zwischenmenschlicher Interaktion abspielen könnte und zweifellos abgespielt hat – in letzterem Fall aber für uns kaum nachzuvollziehen ist.

Meine These, die ich im Folgenden an konkreten Beispielen begründen möchte, ist, dass das spätantike Christentum in Briefen unterschiedliche Bildungs*güter* behandelte und damit auch unterschiedliche, adressatenspezifische Bildungs*ziele* verfolgte, die in dem oben skizzierten Sinne zu Bildungs*prozessen* führen sollten. Dabei lasse ich Freundschaftsbriefe außen vor, über die Symmachus ausdrücklich sagte: Sie „plätschern zwischen uns hin und her, da diesem Stil kein anderer Inhalt zur Verfügung steht."[14] Ebenso außer Betracht bleiben briefliche Rahmungen anderer Textgattungen.[15] Ich ziehe in drei Schritten jeweils einen oder mehrere Briefe aus einem größeren Corpus eines Autors heran: In den 360er und 370er Jahren schrieb Basilius von Caesarea Briefe, um in einer kritischen Phase des trinitätstheologischen Streites Allianzen zu schmieden, indem er seinen Mitstreitern theologische Bildung vermittelte und damit auch das trinitarische Dogma vorbereitete (2). Bald darauf nutzte Paulinus von Nola das Medium Brief für eine Auseinandersetzung mit einem interessierten Nichtchristen um die Legitimität literarischer Bildung, die beide in beträchtlichem Maße genossen hatten, die Paulinus nach seiner Konversion aber in einen anderen konzeptionellen Rahmen einfügte, womit er die epistolare Rhetorik signifikant modifizierte (3). Ein letzter Streifzug führt ins 6. Jahrhundert nach Gaza, wo die Mönche Barsanuphius und Johannes in strengem Schweigen lebten, aus ihren Mönchszellen heraus aber durch Briefe pastoral wirkten und zu geistlicher Bildung anleiteten (4). Diese drei Konstellationen erlauben Einblicke in unterschiedliche Diskurskulturen im spätantiken Christentum repräsentativ und können so dazu dienen, das Thema „Brief und Bildung" aus der Perspektive christlicher Praxis

---

14 Symmachus, ep. II 35,2 an Virius Nicomachius Flavianus (MGH.AA VI/1, 54.4–5): *Quousque enim dandae et reddendae salutationis verba blaterabimus cum alia stilo materia non suppetat?* Vgl. dazu M. Zelzer, „Symmachus", 153–154. Dass auch diese Briefe bei Christen *und* Nichtchristen eine wichtige Funktion (z. B. der wechselseitigen Versicherung von Wertschätzung und damit der Netzwerkbildung) erfüllten, ist damit nicht in Abrede gestellt; für Basilius und andere kappadokische Theologen zeigt das z. B. N. D. Howard, „Gifts", 44–48.
15 So erfüllt die *Vita Antonii* des Athanasius zwar das Kriterium, ein Brief liege vor, „wenn am Anfang steht, wer an wen schreibt", so Augustinus, retr. II 46 (CSEL 36, 155.3): *habet quippe in capite quis ad quem scribat*. Sie entbehrt aber nach der Vorrede jeder epistolographischen Topik und wird in der handschriftlichen Tradition ganz angemessen überwiegend als βίος καὶ πολιτεία Ἀντωνίου überschrieben (FC 69, 102; vgl. auch ebd. Anm. 1). Die briefliche Rahmung ist aber ursprünglich, wie die Überschrift *Athanasius ad peregrinos fratres* in Evagrius' lateinischer Übersetzung zeigt (CCSL 170, 3.1). Das Subgenre der Widmungsbriefe, die Bildungsanstöße in dem beschriebenen Sinne intendieren konnten, wäre eine gesonderte Untersuchung wert.

zu beleuchten. Was sich daraus für das Gesamtthema dieses Bandes ergibt, ist am Ende knapp zu bedenken.

2 Gott als den Dreieinen (an)erkennen: Basilius von Caesarea

Basilius (330–378), seit 370 Bischof von Caesarea in Kappadokien, gehört zu den produktivsten christlichen Briefschreibern seiner Zeit: Das von ihm erhaltene Corpus umfasst mehr als 350 Briefe,[16] auch wenn nicht alle ihm selbst zuzuschreiben sein dürften; so ist sein Briefwechsel mit dem antiochenischen Rhetor Libanius höchstwahrscheinlich eine spätere Ergänzung.[17] Basilius stand mit zahlreichen Bischöfen, Mönchen und „weltlichen" Amtsträgern in brieflichem Austausch. Er kann – wie der etwas jüngere Ambrosius – als Prototyp des spätantiken Bischofs gelten, der sein Amt als Knotenpunkt eines weit gespannten persönlichen Netzwerks gestaltete.

Eine solche Netzwerkbildung konnte er – auch hierin Ambrosius vergleichbar – nur betreiben, weil er über die nötigen literarischen Kompetenzen verfügte: Basilius entstammte einer christlichen Familie im kappadokischen Caesarea, erhielt zunächst Unterricht von seinem Vater und verbrachte dann Studienjahre in Konstantinopel und Athen.[18] Die Karriere als Rhetor, die ihm offenstand, schlug er zugunsten einer Konversion zur Askese aus; schon bald trat er als Autor von monastischen Lehrschriften in Erscheinung, die teils auch in Briefform vorliegen.[19] Die „klassische" Bildung ließ Basilius jedoch keineswegs hinter sich, vielmehr verfasste er für seine Neffen einen Protrepticus *Über den nützlichen Gebrauch der heidnischen Literatur* (*Ad adolescentes*): Nicht verwerfen, sondern kritisch sichten solle man die nichtchristliche Literatur und sie beherzt heranziehen, wenn sie sich als moralisch

---

[16] Offensichtlich gab es schon bald nach seinem Tod erste Sammlungen seiner Korrespondenz (A. Silvas, „Letters", 119–123; A. Radde-Gallwitz, „Letter Collection", 75), während Basilius selbst keine Briefkollektionen publiziert hatte.

[17] H.-G. Nesselrath, *Libanios*, 126; zu der möglichen Schülerschaft des Basilius bei Libanius ebd., 112–113; zu dem Briefwechsel mit Libanius als solchem (ungeachtet der Authentizitätsfrage) L. Van Hoof, „Falsification".

[18] Zu Basilius' Leben und Wirken vgl. Ph. Rousseau, *Basil of Caesarea*; zum Bildungshintergrund M. Mayerhofer, *Erziehung des Menschen*, 89–92.

[19] Vgl. bes. ep. 2 und 22 aus den späten 350er Jahren, jedenfalls vor Abfassung der *Moralia* (359/60).

nützlich und der christlichen Wahrheit mindestens verwandt erweise.[20] Die Protreptik war auch eine (implizite) Apologetik, denn Basilius rechtfertigte damit seinen eigenen Gebrauch der ihm verfügbaren Bildung – allerdings nicht im Blick auf das Schreiben von Briefen, das ihm (wie den meisten anderen Christen) als solches selbstverständlich erschien und das er – wie auch seine kappadokischen Weggefährten Gregor von Nazianz und Gregor von Nyssa – einsetzte, um Netzwerke unter gleich Gebildeten zu pflegen, seien sie christlichen Bekenntnisses oder nicht.[21]

Als Basilius Bischof seiner Heimatstadt Caesarea wurde, hatte er also bereits ein bemerkenswertes literarisches Œuvre vorzuweisen und war darüber hinaus seit den frühen 360er Jahren in die trinitätstheologischen Diskussionen involviert.[22] In Frage stand die Zuordnung der Einheit zur Dreiheit Gottes: Wie konnte das Bekenntnis zum *einen* Gott damit vereinbart werden, dass dieser als Vater, Sohn/ Logos und Geist geschichtswirksam geworden war? Und ließ dieses individuierte Handeln darauf schließen, dass in Gott von Ewigkeit her eine differenzierte Einheit bestand? Wenn das so war, musste diese Drei-Einheit als abgestuft gedacht werden, um nicht bei drei gleichursprünglichen Göttern zu landen? Die Synode von Nizäa (325) hatte dies bestritten und den Sohn als mit dem Vater „wesensgleich" (ὁμοούσιος) erklärt, was allerdings in den folgenden Jahrzehnten eher als Problem denn als Lösung betrachtet worden war. Erst in den 350er Jahren stellte Athanasius von Alexandrien das Bekenntnis von Nizäa erneut als die Grundlage der orthodoxen Trinitätslehre in den Vordergrund. Sein *Tomus ad Antiochenos* (362) wies insofern in die Zukunft, als er die problematische Gleichsetzung von οὐσία („Wesen") und ὑπόστασις („Existenzweise" im Sinne einer eigenständig agierenden Instanz) im Nizänum zu relativieren trachtete: Vermeide man die falschen Extreme einer Identifikation von Vater und Sohn sowie einer Subordination des Sohnes unter den Vater, könne man sowohl von *einer* als auch von *drei* Hypostasen sprechen.[23]

Basilius war einer der führenden Köpfe jener Gruppierung, die auf dieser Grundlage bis 381 die „neunizänische" Lehre entwickelte, die als trinitarisches Dogma Anerkennung fand: Der Glaube an den *einen* Gott und an seine *dreifache* Individuierung in Vater, Sohn und Geist seien *zugleich*, aber mit ihrer je unterschiedlichen Pointe auszusagen, um das von Ewigkeit her angelegte, in der Geschichte wirksam und anschaulich gewordene, aber erst eschatologisch abzuschließende

---

20 Basilius von Caesarea, adolesc. 4,1 f.9 (p. 44–46 Boulenger); vgl. dazu aus der jüngeren Literatur M. Mayerhofer, *Erziehung des Menschen*, 134–152 und J. R. Stenger, „Transformationen des Bildungsbegriffs", 333–338.
21 Vgl. B. N. D. Howard, „Gifts", 42–43.
22 Zum folgenden Problemaufriss vgl. W. A. Bienert, *Dogmengeschichte*, 163–192; L. Ayres, *Nicaea and its Legacy*, 85–186.
23 Athanasius, tom. ad Ant. (AW III/1.4, Dok. 69.2).

Heilshandeln logisch und theologisch widerspruchsfrei erklären zu können. Basilius gelangte darüber selbst erst mit der Zeit zu einer tragfähigen Position.[24] Sein Briefwechsel erlaubt es, diese Denkbewegung nachzuvollziehen: Diese verband sich kontinuierlich mit dem Bestreben, Sympathisanten und Kritiker der neunizänischen Theologie von deren Plausibilität zu überzeugen und damit eine Koalition gegen die „homöische" Gegnerschaft zu schmieden, also durch briefliche Kommunikation theologische Bildung zu vermitteln und Kirchenpolitik zu betreiben. Dies sei im Folgenden an einer kleinen Briefkollektion illustriert.

Ein entscheidender Aspekt der Debatte war die Klärung, wie der Geist mit Vater und Sohn gemeinsam als göttlich aufgefasst werden konnte. Der Geist war als dritte Hypostase zwar oft mitgemeint gewesen, wurde aber erst jetzt selbst zum Thema. Basilius behandelte diese Frage in seiner Schrift *De Spiritu sancto*, die er seinem Bischofskollegen Amphilochius von Ikonium widmete. Amphilochius hatte allerdings Rückfragen, was zu einem mehrfachen Austausch von Briefen im Winter und Frühjahr 375 führte (ep. 232–236).[25] Nur der erste Brief (ep. 232) weist eine Briefeinleitung auf, bei den anderen ist sie entweder nicht erhalten oder schien aufgrund des intensiven persönlichen Kontakts entbehrlich, den die zahlreichen persönlichen Anreden an Amphilochius belegen. Dem Auftaktbrief hatte Basilius ein Memorandum (ὑπομνηστικόν) beigefügt (ep. 236), das dogmengeschichtlich von höchster Relevanz ist, insofern hier erstmals die sogenannte „kappadokische" Trinitätstheologie, d. h. die neunizänische Rede von „einem Wesen und drei Hypostasen" Gottes (μία οὐσία – τρεῖς ὑποστάσεις) begegnete.[26] Beides gehörte zusammen, damit „bei uns die Vorstellung von Vater, Sohn und Heiligem Geist unvermischt und verdeutlicht ist"[27]. Das bedeutete für Basilius:

---

24 Diesen Denkweg zeichnet V. H. Drecoll, *Entwicklung der Trinitätslehre*, minutiös nach; vgl. auch schon R. H. Hübner, „Genese der trinitarischen Formel". Basilius' zunächst tastende Denkversuche belegt u. a. sein Briefwechsel mit dem „Altnizäner" Apollinaris von Laodicea in den frühen 360er Jahren (ep. 361, 362, 364 = AW III/1.5, Dok. 70.1–2; 73.7); dazu P. Gemeinhardt, „Apollinaris of Laodicea". Skeptisch zur Authentizität des Briefwechsels mit Apollinaris äußert sich jetzt wieder A. Radde-Gallwitz, „Letter Collection", 74–75 aufgrund seines Fehlens in wichtigen Strängen der Handschriftenüberlieferung und aufgrund der Überschneidung mit anderen Schriften des Basilius, die aber m. E. eher auf bestimmte Grundlinien seines theologischen Denkens hinweisen, die sich früh abzeichneten.
25 Hierzu V. H. Drecoll, ebd., 282–290.
26 Wenn auch nur *cum grano salis*, da die „drei Hypostasen" ausdrücklich nur dort erwähnt werden, wo Basilius ihren falschen Gebrauch durch seine Gegner referiert – doch ist seine Argumentation nur schlüssig, wenn ihr der korrekte Gebrauch dieser Wendung zugrunde liegt: V. H. Drecoll, ebd., 282–283.
27 Basilius, ep. 236,6 (III p. 53.3–7 Courtonne): Διὰ τοῦτο οὐσίαν μὲν μίαν ἐπὶ τῆς θεότητος ὁμολογοῦμεν, ὥστε τὸν τοῦ εἶναι λόγον μὴ διαφόρως ἀποδιδόναι· ὑπόστασιν δὲ ἰδιάζουσαν, ἵν'

> Wenn wir nicht bei jedem die abgegrenzten Eigentümlichkeiten bedenken – wie zum Beispiel Vaterschaft, Sohnschaft und Heiligung –, sondern Gott aufgrund des gemeinsamen Begriffs des Seins bekennen, ist es unmöglich, auf gesunde Weise vom Glauben Rechenschaft abzulegen.[28]

Die Eigentümlichkeiten (χαρακτῆρες) der individuellen trinitarischen Akteure waren also nicht nur als Spezifikationen eines Oberbegriffs (κοινὴ ἔννοια) zu verstehen. Das bedeutete, dass man „von der Existenz *eines* Gottes zu sprechen hat, von diesem Gott aber nur als Vater, Sohn und Geist sprechen kann"[29]. Dieser paradoxe Dual durfte nach Basilius nicht in die eine oder andere Richtung vereindeutigt werden – obwohl die menschliche Vernunft danach drängte. Das war offensichtlich das Problem des Amphilochius, das die kürzeren Briefe 233–235 adressierten. Anhand der darin behandelten Trinitätstheologie, deren Details hier nicht vertieft diskutiert werden können, ist im Folgenden zu fragen, wie Basilius mit seinen Briefen zur Selbst-Bildung anleiten wollte, um das Paradox des Glaubens als vernunftgemäß zu begreifen.

Hinter der Überlegung, wie die Begriffe „Wesen" (οὐσία) und „Existenzweise" (ὑπόστασις) zu verstehen seien, stand die Frage, ob eine begriffliche Erfassung Gottes *überhaupt* möglich sei. Dies hatte wiederum eine unmittelbare Vorgeschichte: Basilius' langjähriger Gegner Eunomius hatte gemeint, das Wesen Gottes aussagen zu können: Er sei „ungeworden" (ἀγέννητος), womit – als Gewordener, wenn auch nicht Geschaffener – Christus unmöglich Gott Vater wesensgleich (ὁμοούσιος) sein könne.[30] Basilius' Bildungsprojekt bestand darin, Amphilochius klarzumachen, dass man zwar Gottes Wesen nicht erkennen könne, deshalb aber nicht über Gott schweigen müsse, wenn man sich des „mit der Gottheit des Geistes vermischten Verstandes"[31] bediene. Gott zu erkennen gehe nicht ohne Gott, was die Gegner nicht verstünden:

ἀσύγχυτος ἡμῖν καὶ τετρανωμένη ἡ περὶ Πατρὸς καὶ Υἱοῦ καὶ Ἁγίου Πνεύματος ἔννοια ἐνυπάρχῃ. Übersetzung: W.-D. Hauschild, BGrL 37, 74.
28 Ebd. 236,6 (III p. 53.7–11): Μὴ γὰρ νοούντων ἡμῶν τοὺς ἀφωρισμένους περὶ ἕκαστον χαρακτῆρας, οἷον πατρότητα καὶ υἱότητα καὶ ἁγιασμόν, ἀλλ' ἐκ τῆς κοινῆς ἐννοίας τοῦ εἶναι ὁμολογούντων Θεόν, ἀμήχανον ὑγιῶς τὸν λόγον τῆς πίστεως ἀποδίδοσθαι. Übersetzung: ebd.
29 V. H. Drecoll, *Entwicklung der Trinitätslehre*, 285–286.
30 Vgl. dazu mit Belegen L. Ayres, *Nicaea and its Legacy*, 146–149.
31 Basilius, ep. 233,1 (III p. 40.21–22 Courtonne): τῇ θεότητι τοῦ Πνεύματος ἀνακραθεὶς νοῦς. Übersetzung: Hauschild, BGrL 37, 65. Hier spricht Basilius außergewöhnlich deutlich von der Gottheit des Geistes (vgl. etwa noch ep. 210,4 = AW III/1.5, Dok. 84.2; c. Eun. III 5.18–37), was er in ep. 236,6 und in *De Spiritu sancto* unterlässt.

> Daher sollen sie jene dialektischen Fragen sein lassen und die Wahrheit nicht arglistig, sondern ehrfürchtig untersuchen. Uns ist die Urteilskraft des Verstandes zum Verstehen der Wahrheit gegeben. Die Wahrheit schlechthin aber ist unser Gott.[32]

Das „Wir" stiftet Gemeinschaft zwischen Basilius und Amphilochius, besser gesagt: Es nimmt die Übereinstimmung vorweg, die Basilius zu erzeugen hofft: Die Vielfalt der Gottesprädikate in der Bibel widerspricht nicht, wie die Gegner meinen, der Einfachheit seines Wesens. Nicht die eine Wesenheit (οὐσία) lässt sich erkennen, aber ihre vielfältige Wirkung (ἐνέργεια), die als solche die Existenz Gottes unzweifelhaft verbürgt:

> Erkenne folglich, dass es die Redeweise von Witzbolden ist: ‚Wenn du Gottes Wesen nicht kennst, verehrst du, was du nicht erkennst.' Ich jedenfalls weiß zwar, *dass* er ist, aber was sein Wesen ist, halte ich für die Vernunft übersteigend. Wie werde ich nun gerettet? Durch den Glauben. Ein hinreichender Glaube aber ist es, zu wissen, ‚dass Gott ist', nicht wie er ist, ‚und dass er denen, die ihn suchen, ihren Lohn gibt' (Hebr 11,6).[33]

Basilius nutzt demnach die Briefform für ein dialogisches Angebot zur Identifikation mit seiner theologischen Auffassung; den Schritt gehen und sich das sachlich und hermeneutisch Gelehrte aneignen muss Amphilochius aber selbst. Gott in seinem Da-Sein zu erkennen (γινώσκειν) bedeutet zugleich, sich der Unerkennbarkeit seines So-Seins im Glauben zu nähern (πιστεύειν), woraus allein Anbetung (προσκυνεῖν) entstehen kann.[34] Man kann Gott also zugleich kennen und auch wieder nicht kennen – wie einen Menschen:

> Ich kenne ihn in einer Beziehung, in einer anderen aber kenne ich ihn nicht. Ich kenne ihn zwar hinsichtlich der Gestalt und der übrigen Eigenheiten, aber ich kenne sein Wesen nicht. Denn auch mich selbst kenne ich und kenne ich nicht in genau dieser Weise. Ich kenne mich ja, wer ich bin, aber ich kenne mich insofern nicht, als ich mein Wesen nicht kenne.[35]

---

32 Ebd. 233,2 (III p. 40.1–4): Ὥστε ἀφέντες ἐκείνας τὰς διαλεκτικὰς ἐρωτήσεις, μὴ κακεντρεχῶς, ἀλλ' εὐλαβῶς ἐξεταζέτωσαν τὴν ἀλήθειαν. Δέδοται ἡμῖν τὸ τοῦ νοῦ κριτήριον εἰς τὴν τῆς ἀληθείας σύνεσιν. Ἔστι δὲ ἡ αὐτοαλήθεια ὁ Θεὸς ἡμῶν. Übersetzung: ebd., 66. Polemik gegen die dialektische Methode der Eunomianer findet sich zeitnah z. B. in spir. 3,5 (FC 12, 84.7–11).

33 Ep. 234,2 (III p. 43.7–12 Courtonne): Γίνωσκε τοίνυν ὅτι παιζόντων ἐστὶν ἡ φωνή · εἰ τὴν οὐσίαν τοῦ Θεοῦ ἀγνοεῖς, ὃ μὴ γινώσκεις σέβεις. Ἐγὼ δὲ ὅτι μὲν ἔστιν οἶδα, τί δὲ ἡ οὐσία ὑπὲρ διάνοιαν τίθεμαι. Πῶς οὖν σώζομαι; Διὰ τῆς πίστεως. Πίστις δὲ αὐτάρκης εἰδέναι ὅτι ἐστὶν ὁ Θεός, οὐχὶ τί ἐστι, καὶ τοῖς ἐκζητοῦσιν αὐτὸν μισθαποδότης γίνεται. Übersetzung: ebd., 67.

34 Ebd. 234,3 (III p. 44.19–21); 235,1 (III p. 44.16–17).

35 Ebd. 235,2 (III p. 45.26–46.31): ἀλλὰ κατ' ἄλλο μὲν οἶδα, κατ' ἄλλο δὲ ἀγνοῶ. Οἶδα μὲν γὰρ αὐτὸν κατὰ τὸν χαρακτῆρα καὶ τὰ λοιπὰ ἰδιώματα, ἀγνοῶ δὲ αὐτοῦ τὴν οὐσίαν. Ἐπεὶ καὶ ἐμαυτὸν οὕτω τούτῳ τῷ λόγῳ καὶ οἶδα καὶ ἀγνοῶ. Οἶδα μὲν γὰρ ἐμαυτὸν ὅστις εἰμί, οὐκ οἶδα δὲ καθὸ τὴν οὐσίαν μου ἀγνοῶ. Übersetzung: W.-D. Hauschild, BGrL 37, 69.

Wenn nun in der Erkenntnisfähigkeit die Gottebenbildlichkeit des Menschen liegt, wie Basilius zuvor betont hatte,[36] ist Selbst-Erkenntnis analog dazu stets auch Gottes-Erkenntnis; und das gilt auch umgekehrt: Wenn der Mensch sich selbst nicht vollkommen durchsichtig ist, liegt das an seiner Bestimmung als *imago dei*, die ein völliges Sich-Durchschauen des Menschen verhindert. Entsprechend ist die Aneignung theologischer Bildung, die nur im Glauben rezipiert werden kann, auch *Selbst*-Bildung: Zusammen mit dem Wissen werden die Bedingungen und Begrenzungen seiner Aneignung vermittelt, und dies so, dass Gotteserkenntnis nie nur kognitiv, sondern auch existenziell vollzogen werden muss. Basilius' Briefe an Amphilochius sind also mehr als Lehrschriften, sie regen individuelle Bildungsprozesse an: Erkenntnis führt über Glauben zu Anbetung. Mit letzterer wird allerdings das epistolare Format überschritten. Dennoch fungiert Basilius als Briefschreiber zugleich als Lehrer einer Theologie, die selbst durchdacht werden will – und dann möglicherweise weitere Bildungs-Briefe anregen kann.

3 Konversion der Gebildeten mitsamt ihrer Bildung: Paulinus von Nola

Eine in vieler Hinsicht andere epistolographische Welt eröffnet uns das Briefcorpus des Paulinus von Nola (354–431), eines Altersgenossen Augustins.[37] Er stammte aus einer senatorischen Familie in Aquitanien und absolvierte zügig den *cursus honorum* auf lokaler und reichsweiter Ebene. Bald nach 390 wandte er sich jedoch einem asketischen Leben zu und siedelte sich in Nola am Heiligtum des Konfessors Felix an, das er zu einer vielbesuchten Pilgerstätte ausgestaltete. Für den Heiligen schrieb er Gedichte, vor allem aber führte er von dort aus einen umfangreichen Briefwechsel, der nicht zuletzt deshalb bemerkenswert ist, weil Paulinus in der Lage war, zugleich mit Personen in Kontakt zu stehen, die einander ansonsten in herzlicher Abneigung zugetan waren, wie z. B. Sulpicius Severus und Hieronymus.

In Paulinus' Briefen ist eine „Christianisierung" des Briefgenres im Vollzug zu beobachten: Er nahm reichlich Bezug auf herkömmliche Topik, wertete sie aber dezidiert um. Das lässt sich am Stichwort *caritas* illustrieren: Der klassische *terminus technicus* für die Beziehung, die unter Gebildeten durch Briefe gestiftet wurde, war

---

36 Vgl. ebd. 233,1 (III p. 39.3–4): καλὸν μὲν ὁ νοῦς καὶ ἐν τούτῳ ἔχομεν τὸ κατ' εἰκόνα τοῦ κτίσαντος, καὶ καλὸν τοῦ νοῦ ἡ ἐνέργεια.
37 Grundlegend für das Folgende ist S. Mratschek, *Briefwechsel des Paulinus von Nola*; speziell zu Paulinus als Briefschreiber vgl. P. Gemeinhardt, *Das lateinische Christentum*, 211–218; S. Mratschek, „Zirkulierende Bibliotheken"; D. Trout, „Letter Collection".

amicitia. Symmachus erklärte entsprechend, die Briefkommunikation folge „verpflichtenden Regeln, durch die in korrekter Weise Freundschaft gefördert wird".[38] Dem stimmte Paulinus im Grundsatz zu, sprach aber z. B. in einem gemeinsam mit seiner Gattin Therasia an Augustinus gesandten Brief in Anspielung auf 2 Kor 5,14 von der „Liebe Christi, die uns drängt und sogar ferne Menschen durch die Einheit des Glaubens miteinander verbindet".[39] Aus der horizontalen Freundschaft unter Menschen wurde damit eine Triangulation, in der auch Christus seinen Platz hatte. Die bereits oben erwähnte Eigenschaft eines Briefes, eine Beziehung unter *absentes* zu stiften und zu festigen, blieb aber erhalten. Das literarische Motiv änderte sich also im Prinzip nicht, nur die Art der Verbundenheit, die das Medium des Briefes zu bewirken imstande war, wandelte sich von Freundschaft zu Liebe, und zwar zu der an Christus ausgerichteten Liebe.[40] Zwar hatte bereits Cicero Freundschaft als „Übereinstimmung in menschlichen und göttlichen Dingen mit Wohlwollen und *caritas*" definiert.[41] Aber in der Sicht von Paulinus – und ebenso von Augustinus – trat an die Stelle der bei Cicero *zwei Erfahrungsbereiche* vereinenden Freundschaft die Unterscheidung von zweierlei *Arten* von Freundschaft.[42] Pointiert ließe sich sagen: Paulinus schrieb als Christ nicht andere Briefe, aber er schrieb sie unter Einbezug eines anderen, nämlich Christus.

Damit partizipierte er allerdings *nolens volens* am angeregt, teils auch erregt geführten Bildungsdiskurs seiner Zeit. Gegenüber seinem einstigen Lehrer und väterlichen Freund Ausonius hatte Paulinus die Exklusivität seiner Hingabe an Christus vehement, aber in gereimter, also fachgerechter Form verteidigt.[43] Gelegentlich konnte er sogar eine an Tertullian erinnernde Alternative zwischen christlicher und paganer Bildung formulieren:

---

38 Symmachus, ep. VII 129 (MGH.AA VI/1, 213.18–214.1): *religiones quibus iure amicitia confertur.* Vgl. S. Mratschek, *Briefwechsel des Paulinus von Nola*, 390; Ph. Bruggisser, *Symmaque*, 20–24.
39 Paulinus von Nola, ep. 4,1 (FC 25/1, 156.3) = Augustinus, ep. 25,1 (CSEL 34/1, 78.7): *caritas Christi, quae urget nos et absentes licet per unitatem fidei adligat.* Übersetzung: M. Skeb, FC 25/1, 157.
40 Vgl. auch Paulinus von Nola, ep. 11,5 (25/1, 250.20–22); 40,2 (25/3, 895.3–7); 51,3 (25/3, 1080.3–4). In gleichem Sinne schrieb Hieronymus, ep. 53,1 (CSEL 54, 442.5–443.4) an Paulinus selbst.
41 Cicero, Lael. 20: *Amicitia est rerum humanarum et diuinarum cum beniuolentia et caritate consensio.*
42 Vgl. Augustinus, ep. 155,1 (CSEL 44, 431.3–5); 258,1–2 (57, 605.11–606.8; 607.5–10); vgl. P. Gemeinhardt, *Das lateinische Christentum*, 193–194.
43 Nach S. Mratschek, *Briefwechsel des Paulinus von Nola*, 98 sah Ausonius in Paulinus' Konversion und ihren Folgen eine „Verachtung gegenüber den traditionellen Vorstellungen kultivierter Freundschaft". Zu diesem literarischen Wortwechsel vgl. auch H.-A. Gärtner, „Bildung im Widerstreit", 557–558; P. Gemeinhardt, ebd., 146–148.

> Die Redner sollen ihre Literatur für sich behalten, die Philosophen ihre Weisheit, die Reichen ihren Reichtum, die Könige ihre Reiche – für uns ist Christus unser Ruhm, Besitz und Reich; für uns liegt Weisheit in der Torheit der Predigt ...[44]

Entsprechend riet er Sulpicius Severus, dem Hagiographen des Martin von Tours, er solle sich von der Weisheit der „Weltmenschen" völlig abwenden: „Über sie und über uns sind wir nämlich hinreichend unterrichtet durch die Heiligen Schriften."[45] Klassische literarische Bildung war, so könnte es scheinen, für Paulinus eine Sache der Vergangenheit, die er mit seiner Konversion ein für alle Mal hinter sich gelassen hatte.

Umso interessanter ist ein protreptischer Brief an einen nichtchristlichen Literaten namens Jovius, um dessen Konversion sich Paulinus nachhaltig bemühte.[46] Er war Jovius – einem Verwandten aus Aquitanien – verpflichtet, da dieser nach einem Schiffbruch einen Teil von Paulinus' Vermögen gerettet und damit dessen Bauprojekte in Nola vor dem Scheitern bewahrt hatte. Paulinus hoffte, Jovius werde in diesen Vorgängen die heilbringende Hand Gottes erkennen und nicht „den Lehrern" folgen, „die wegen ihrer eigenen Weisheit hochmütig sind, sich weigern, die Weisheit Gottes zu suchen, und, aus dem Reich der Wahrheit verbannt, ihr Leben führen".[47] Doch baute Paulinus seinem Briefpartner eine Brücke von „Heidnischem" zu Christlichem, versuchte die strikte Alternative also kommunikativ zu entschärfen: Jovius bringe alle nötigen Kompetenzen mit, um Gott zu erkennen und sogar selbst zu verkündigen, er dürfe sich aber nicht länger mit zweckfreier ästhetischer Beschäftigung begnügen, sondern müsse sich der Bibel zuwenden. Ja, im Grunde gehe es um nichts weiter als um ein Motivationsproblem:

> Gerade die Fülle deiner Beredsamkeit und wissenschaftlichen Bildung beweist, dass dir mehr ein angemessenes Verlangen fehlt, die heiligen Schriften zu lesen, als freie Zeit oder Möglichkeit ... Ich frage dich: Wo sind die finanziellen Verpflichtungen, wenn du Tullius

---

44 Paulinus von Nola, ep. 38,6 (FC 25/3, 866.12–15): *Sibi habeant litteras suas oratores, sibi sapientiam suam philosophi, sibi divitias suas divites, sibi regna sua reges; nobis gloria et possessio et regnum Christi est, nobis sapientia in stultitia praedicationis* ... Übersetzung: M. Skeb, FC 25/2, 867. Die Antithese zwischen „Athen und Jerusalem" formulierte Tertullian in apol. 46,18 (CCSL 1, 162) und praescr. 7,9–11 (CCSL 1, 193); in zeitlicher Nähe zu Paulinus pflegte z. B. Hieronymus, ep. 22,29,7 (CSEL 54, 189), eine vergleichbare Antithetik.
45 Paulinus von Nola, ep. 1,2 (FC 25/1, 120.10–11): *instructi enim satis per sacras litteras et de ipsis et de nobis sumus.* Übersetzung: M. Skeb, FC 25/1, 121.
46 Zu Jovius' Person vgl. S. Mratschek, *Briefwechsel des Paulinus von Nola*, 628 sowie bereits W. Erdt, *Christentum und heidnisch-antike Bildung*, 10–12.
47 Paulinus von Nola, ep. 16,2 (FC 25/1, 374.24–376.1): *Sed hanc sententiam video de illis obortam magistris, qui sapientia sua superbi sapientiam dei quaerere dignati a finibus veritatis exules agunt.* Übersetzung: M. Skeb, FC 25/1, 375–377. Vgl. auch carm. 22,87–90 (CCSL 21, 569).

und Demosthenes durchliest? Gleichsam schon voll Überdruss aus Übersättigung am üblichen Lesestoff wälzt du in immer wiederholter Lektüre Xenophon, Plato, Cato, Varro und außerdem noch viele, von denen wir vielleicht nicht einmal die Namen kennen, aber du sogar die Bücher besitzt. Um dich mit jenen zu beschäftigen, warst du ohne Verpflichtungen und frei; um Christus, d. h. die Weisheit Gottes, kennenzulernen, hast du Verpflichtungen und bist beschäftigt ... Verwandle deine Weisheit und deine Beredsamkeit! Du brauchst nicht deine geistige Bildung abzulegen, wenn du sie nur mit Glauben würzt und, mit Frömmigkeit verbunden, weiser gebrauchst. Du sollst ein Philosoph und Dichter Gottes sein, weise nicht durch die theoretische Suche nach Gott, sondern durch die Nachahmung Gottes. Dann wirst du so sehr sprachliche Bildung wie Lebensbildung besitzen und Bedeutsames ebenso erörtern wie tun.[48]

Paulinus unterscheidet hier bewusst die schulische Bildung (*lingua*) von der lebenspraktischen Bildung (*vita*) – und verknüpft wieder beides, insofern das Leben zurück zur Lehre führt (*tam disseras quam facias*). Neben die Klassikerlektüre, aber nicht an ihre Stelle soll hiernach die Lektüre der Heiligen Schrift treten. Jovius soll keine andere Bildung erwerben, sondern dieselbe Bildung anders gebrauchen, soll also durchaus ein Philosoph und Poet, aber beides in Bezug auf Gott sein; er soll statt des distanzierten *quaerere* das lebenspraktische *imitari* üben. Leitend ist der Komparativ: „Weiser" soll gebraucht werden, was dem Adressaten im Überfluss zur Verfügung steht.[49] Hatte Paulus in 1 Kor 1,24 den gekreuzigten Christus als Weisheit Gottes der Weisheit der Welt strikt entgegengesetzt, so musste nach Paulinus die Weisheit der Welt nicht verworfen, sondern transformiert, genauer: neu kontextualisiert werden. Nicht die paradoxe Rede vom Kreuz war dazu dienlich, sondern die weit anschlussfähigere Rede von der Weisheit Gottes: Dieser habe Jovius seine Fähigkeiten als „eine gleichsam geborgte Gabe" mitgeteilt; nun könne und solle er sie nutzen – „sofern du es dir zur einzigen Sorge machst, zu bekennen, daß Gott der Spender auch dieser Dinge

---

48 Ep. 16,6 (FC 25/1, 386.3–6.11–18.19–24): *Arguit enim ipsa facundiae tuae doctrinaeque fecunditas voluntatem tibi potius in sacris litteris parem quam aut vacationem aut facultatem abesse ... Quaeso te, ubi tunc tributa sunt, cum Tullium et Demosthenem perlegis? Vel iam usitatiorum de saturitate fastidiens lectionum Xenophontem, Platonem, Catonem Varronemque perlectos revolvis multosque praeterea, quorum nos forte nec nomina, tu etiam volumina tenes? Ut istis occuperis, immunis et liber, ut Christum hoc est sapientiam dei discas, tributarius et occupatus ... Verte potius sententiam, verte facundiam. Nam animi philosophiam non deponas licet, dum eam fide condias et religione conserta utare sapientius, ut sis dei philosophus et dei vates, non quaerendo sed imitando deum sapiens, ut non lingua quam vita eruditus tam disseras magna quam facias.* Übersetzung: ebd., 387.
49 Vgl. ebd. 16,9 (25/1, 390.20) zu den Gaben Gottes, *quaecumque tibi donavit ingenita aut adiecit extrinsecus*, präzisiert als *ingenii tui facultates et omnes mentis ac linguae opes* (Z. 24–25).

ist".⁵⁰ Dann wäre der Schritt von der „Beredsamkeit der Philosophen" (*philosophorum facundia*) zur Wahrheit getan, die dem Denker selbst und seinen Mitmenschen dienlich sei:

> Besser ist es, wenn du das Göttliche bereits besitzt, während du es suchst, als daß du es suchst, indem du darüber diskutierst. Gib diejenigen auf, die sich immer mit der Dunkelheit der Unwissenheit beschäftigen, die sich verzehrt haben im Gezänk ihrer gebildeten Geschwätzigkeit und sich zu Sklaven gemacht haben in der unsinnigen Auseinandersetzung mit ihren eigenen Wahngebilden. ‚Sie suchen immer die Weisheit und finden sie nie' (2 Tim 3,7), denn sie verdienen es nicht, Gott zu verstehen, an den sie nicht glauben wollen. Für dich soll es genug sein, von jenen den Reichtum des sprachlichen Ausdrucks und den Schmuck der Rede zu erwerben – gleichsam wie eine Rüstung aus den Waffen des Feindes, damit du, nackt in Bezug auf ihre Irrtümer und bekleidet mit ihrer Redekunst, jene Schminke der Beredsamkeit, mit der die leere Weisheit täuscht, auf die volle Wirklichkeit aufträgst. So sollst du nicht ein leeres Schriftwerk der Fiktionen, sondern ein mit Mark erfülltes Werk der Wahrheit ausschmücken und nicht nur Dinge erwägen, die den Ohren gefallen, sondern auch den Seelen der Menschen nutzen werden.⁵¹

Rhetorik kommt hier als eine Kunst in den Blick, die den Glauben als ihren Gegenstand bereits voraussetzt; wenn aber der Glaube ergriffen ist, kann er unbefangen nach den Regeln der Kunst denjenigen kommuniziert werden, die solches schätzen. Wird dagegen Grund und Gegenstand rhetorischer Kommunikation in dieser selbst erblickt, entsteht nutzlose *erudita loquacitas*, die Paulinus pauschal den „Philosophen" attestiert. Philosophie erscheint als freitragende Denkanstrengung, die Göttliches allein mit der *ratio* zu verstehen sucht.⁵² Gegenüber einem gewissen Amandus formulierte Paulinus daher ausdrücklich als Ziel des missio-

---

50 Ebd. 16,9 (25/1, 390.18–19.21–23): *quasi mutuo beneficio redde summo patri gratiam ... Habeas licet tibi et tuis cuncta quae possides, tantum id curans, ut horum quoque largitorem deum esse fatearis.* Übersetzung: ebd., 391. Vgl. W. Erdt, *Christentum und heidnisch-antike Bildung*, 218: Jovius „soll als Grandseigneur, der er ist, nicht mehr heidnisch, sondern christlich in seiner Freizeit und Muße dichten und schreiben".
51 Ebd. 16,11 (25/1, 394.15–396.5): *Melius enim tenere te potius divina quaerentem quam quaerere disputantem. Mitte illos semper in tenebris ignorantiae volutatos, in contentionibus eruditae loquacitatis absumptos et altercatione vesana cum suis phantasmatis famulatos, semper quaerentes sapientiam et numquam invenientes, quia quem nolunt credere deum intellegere non merentur. Tibi satis sit ab illis linguae copiam et oris ornatum quasi quaedam de hostilibus armis spolia cepisse, ut eorum nudus erroribus et vestitus eloquiis fucum illum facundiae, quo decipit vana sapientia, plenis rebus accommodes, ne vacuum figmentorum sed medullatum veritatis corpus exornans, non solis placitura auribus sed et mentibus hominum profutura mediteris.* Übersetzung: ebd., 395–397.
52 Zur negativen Sicht der Philosophie bei Paulinus vgl. W. Erdt, *Christentum und heidnisch-antike Bildung*, 291–292 mit Bezug auf ep. 12,4 (FC 25/1, 284.9–16).

narischen Wirkens durch Briefe, „alles Verstehen zum Gehorsam gegenüber Christus zu veranlassen".[53]

Paulinus rechtfertigte damit, was er im Brief an Jovius selber praktizierte: Er betrachtete seine rhetorische Bildung als etwas, was für Christen weder wesentlich noch notwendig ist, aber nützlich werden kann, um eine Brücke über den diskursiv konstruierten Graben zwischen Christen und „Heiden" zu schlagen.[54] Briefe schreiben zu können war, anders gewendet, die Voraussetzung, um in einem gewissen Milieu zu missionieren. Paulinus fügte seinem Brief an Jovius sogar ein Gedicht[55] bei – die im Brief aus christlicher Perspektive depotenzierte Bildung wurde damit gezielt eingesetzt, nicht zufällig gegenüber dem einzigen nichtchristlichen Adressaten in Paulinus' Briefcorpus.[56] Inhaltlicher Referenzrahmen war die Bibel, doch war literarische Bildung erforderlich, um Paulinus' Briefe in ihrer Tiefenstruktur zu entschlüsseln; dies zeigt, dass die Adressaten seiner Missionsbemühungen in der gebildeten Elite zu suchen waren.[57] Tatsächlich stand Paulinus nicht in der Tradition Tertullians, sondern anderer Apologeten wie Justin und Minucius Felix, die Bildung und religiöse Erkenntnis als miteinander harmonierend dargestellt hatten.[58] Interessanterweise anerkannte der „Heide" Jovius offensichtlich die asketische Lebensform des gebildeten Senators und war bereit, sich auf die ihm dargebotene theoretische Begründung einzulassen.[59] Gerade weil Paulinus entgegen seiner eigenen Beteuerung *nicht* auf die Preisgabe seiner eigenen kulturellen und literarischen Herkunft verzichtete, sondern neuen Wein äußerst kreativ in alte Schläuche goss, konnte er die Askese in der Aristokratie Galliens und Italiens „gesellschaftsfähig" machen.[60]

---

53 Ebd. 2,4 an Amandus (25/1, 142,19–20): *omnem intellectum ad oboediendum Christo perducere*. Übersetzung: M. Skeb, FC 25/1, 143. Vgl. 2 Kor 5,10.
54 Vgl. W. Erdt, *Christentum und heidnisch-antike Bildung*, 253–256.
55 Paulinus von Nola, carm. 22 (CSEL 30, 186–193).
56 Vgl. S. Mratschek, *Briefwechsel des Paulinus von Nola*, 328–329.
57 Vgl. C. Conybeare, *Paulinus Noster*, 116: „These works demand a reader who is highly educated within an appropriate matrix of reference, but as a means to an end: to equip him or herself to look beyond the letter to the spirit, beyond the literal to the spiritual. This runs exactly counter to the explicit message of Paulinus' letters: the fiction actively sustained is of an unintellectual programme of ascetic behaviour, whereas his prose style presupposes a great deal of Christian education ...".
58 Vgl. P. Gemeinhardt, *Das lateinische Christentum*, 89. 103–104.
59 Paulinus von Nola, ep. 16,1 (FC 25/1, 372.10–12): *cum certe studiosus Christiani nominis conprobatorque propositi etiam nostri amore docearis*; vgl. Mratschek, *Briefwechsel des Paulinus von Nola*, 171–173.
60 So S. Mratschek, ebd., 177. Anders N. Brox, „Evangelium und Kultur", 279: „Es gibt für ihn (sc. Paulinus) keinen wirklichen Grund, auch nicht einen erzieherischen oder missionarischen, hinter die Ablehnung der antiken Welt der Paideia vorübergehend zurückzugehen." Der Brief an

4 Schweigend Seelsorge treiben: Barsanuphius und Johannes

Während asketisch orientierte Theologen wie Basilius und Paulinus sowie natürlich Hieronymus[61] schon oft das Interesse der epistolographischen Forschung auf sich gezogen haben, bleiben die Verfasser anderer monastischer Briefcorpora unter dem Radar der Briefliebhaberinnen und -liebhaber. Mehr oder weniger umfangreiche Sammlungen werden in der Überlieferung einigen ägyptischen Wüstenvätern des 4. Jahrhunderts – Antonius, Ammonas, Pachomius und Evagrius Ponticus – zugeschrieben, ebenso dem im Nildelta lebenden Isidor von Pelusium, dem Kleinasiaten Nilus von Ancyra aus dem 5. und den palästinischen Koinobiten Barsanuphius und Johannes aus dem 6. Jahrhundert. Diese Briefsammlungen sind für viele andere Fragen ausgewertet worden, nur selten aber unter Hinsicht auf spezifisch monastische briefliche Kommunikation.[62] Dabei bieten diese Sammlungen von „Mönchsbriefen" Einblicke *sui generis* in die Theologie und Frömmigkeitspraxis des sich entwickelnden Mönchtums unterschiedlicher Regionen und Ausprägungen. Für eine vergleichende Untersuchung ergibt sich reiches Material. Hier kann ich nur an einem Beispiel andeuten, was daran theologisch *und* literarisch interessant erscheint.

Unter einem „Mönchsbrief" verstehe ich die briefliche Kommunikation von Mönchen über monastische Praxis und deren Reflexion.[63] Wie solche Kommunikation sich vollzog, lässt sich exemplarisch an einem umfangreichen Quellenbestand aus dem Kloster Tawatha in der Nähe von Gaza beobachten. In dieser Region florierten im 6. Jahrhundert ganz verschiedene Sparten von Bildung:[64] Rhetorik (Aeneas und Choricius), Exegese (Prokop), aber auch asketisch-theologische Unterweisung. Ja, man kann sogar feststellen: „Monasticism in Tawatha was a literate discipline."[65] Für diese stand z. B. Dorotheus von Gaza mit seinen *Geistlichen Lehren*, die er laut dem Superscriptum in jener Phase seines Lebens verfasste, „nachdem er das Kloster des Abbas Seridus verlassen und mit Gottes Hilfe ein eigenes Kloster gegründet hat, nach

---

Jovius zeige allenfalls „eine begrenzte Konzilianz in dieser Richtung" (ebd., Anm. 29). Dabei wird jedoch die Doppelkodierung der kritisierten *und* genutzten Bildung unterschätzt.

61 Vgl. *pars pro toto* B. Conring, *Hieronymus als Briefschreiber*.
62 Einen Überblick gibt P. Gemeinhardt, „Mönchsbrief".
63 Auch das bereits ausschnittsweise behandelte Briefcorpus des Paulinus von Nola oder dasjenige des Hieronymus könnte als „monastisch" angesehen werden – das würde aber den Rahmen dieses Beitrags sprengen.
64 Vgl. hierzu zuletzt die Beiträge in J. R. Stenger (Hg.), *Learning Cities in Late Antiquity*.
65 J. L. Hevelone-Harper, *Disciples of the Desert*, 35; vgl. L. Perrone, „Spiritual Direction", 133.

dem Tod des Abbas Johannes, des Propheten, und nach dem Rückzug des Abbas Barsanuphius ins völlige Schweigen."[66]

Die beiden „Schweigemönche" Barsanuphius und Johannes lebten in der ersten Hälfte des 6. Jahrhunderts. Johannes starb wohl an der 541 im östlichen Mittelmeerraum grassierenden Pest, was einen *terminus ad quem* für das Briefcorpus ergibt.[67] Dieses stellt insofern eine Besonderheit dar, als es von *zwei* Autoren stammt, die ausschließlich durch Briefe aktiv waren und die monastische Welt von Gaza nachhaltig prägten, obwohl sie schweigend in ihren Zellen verharrten und nicht einmal miteinander sprachen. Vermutlich wurde Johannes – selbst der Empfänger der ersten 54 Briefe von Barsanuphius – von diesem in die extreme asketische Lebensform eingeführt.[68] Zwar sind die Briefe je einem der Altväter namentlich zugeordnet, dennoch ist ihre Unterweisung von beeindruckender Geschlossenheit. Die beiden Altväter (γέροντες) betrachteten sich als geistlich untrennbar zusammengehörig, wie Johannes an Dorotheus schrieb:

> Wenn wir eins sind, der Alte in Gott und ich in ihm, dann wage ich zu sagen: Wenn er dir ein Wort gab, dann (gebe) auch ich (dir meines) durch ihn ... Denn er handelt barmherzig an mir, so dass wir beide eins sind.[69]

Damit gewinnt der Topos von der Vergegenwärtigung des Abwesenden im Medium des Briefes noch einmal eine besondere Pointe. Denn das Corpus belegt nicht nur, wie erwähnt, den in der spätantiken Briefliteratur singulären Fall einer doppelten Autorschaft, sondern lässt auch erkennen, dass die beiden „Alten" von den Zeitgenossen und der Nachwelt als *eine* Stimme wahrgenommen wurden, ja als *eine* übereinstimmende Quelle geistlicher Autorität galten.[70] Bemerkenswert ist nicht, dass

---

66 Dorotheus von Gaza, doct. superscr. (FC 37/1, 122.4–7): ἀναχωρήσαντος αὐτοῦ ἐκ τῶν τοῦ ἀββᾶ Σερίδου καὶ τὸ ἴδιον σὺν Θεῷ συστησαμένου μοναστήριον μετὰ τὴν τοῦ ἀββᾶ Ἰωάννου τοῦ προφήτου τελευτὴν καὶ τελείαν σιωπὴν τοῦ ἀββᾶ Βαρσανουφίου. Übersetzung: J. Pauli, FC 27/1, 123. Möglicherweise ist Dorotheus mit Johannes' Schüler und „Briefträger" Dorotheus zu identifizieren oder sogar mit dem Kompilator der Briefsammlung; dies ist aber nicht sicher nachweisbar: J. L. Hevelone-Harper, ebd., 76–77.
67 J. L. Hevelone-Harper, ebd., 119–128. 140–141.
68 J. L. Hevelone-Harper, ebd., 38–44 begründet m. E. überzeugend, dass der in diesen Briefen adressierte Johannes der spätere Zellennachbar und Mit-Epistolograph des Barsanuphius ist. Hingegen unterscheidet L. Perrone, „Spiritual Direction", „John of Beersheva", den Adressaten von ep. 1–54, von „John of Gaza" bzw. „the Prophet" (passim).
69 Barsanuphius und Johannes, ep. 305 (SC 450, 296.11–13.14–15): Εἰ ἕν ἐσμεν οἱ πάντες, τολμῶ λέγειν, ὁ Γέρων ἐν τῷ Θεῷ, κἀγὼ σὺν αὐτῷ, εἰ αὐτὸς ἔδωκέ σοι λόγον, κἀγὼ δι' αὐτοῦ ... Ἔλεος γὰρ ποιεῖ μετ' ἐμοῦ, τοῦ εἶναι τοὺς δύο ἕν.
70 Vgl. L. Perrone, „Gehorsam", 220–224.

sich individuelle Züge beider Autoren beobachten lassen[71], sondern dass die Mönche gemeinsam eine autoritative Stellung einnahmen, wohingegen die formale Leitungsrolle des Abtes Seridus in den Hintergrund trat. Für den jungen Mönch Dorotheus, an den allein 87 Briefe gerichtet wurden, obwohl er im selben Kloster wohnte, waren die beiden Alten die wichtigsten Ratgeber, auch im Umgang mit älteren Brüdern und sogar mit dem Abt.[72] Der Duktus dieser pastoralen Briefunterweisung sei an einem Beispiel illustriert:

> Frage desselben (sc. Dorotheus) an denselben (Alten): Das Denken sagt mir, dass die Ruhe am notwendigsten von allen ist und dass sie mir nützt. Stimmt das? Antwort des Johannes: Was anderes ist die Ruhe, als sein Herz von Geben und Nehmen fernzuhalten, vom Versuch, Menschen zu gefallen, und anderen Tätigkeiten? ... Wenn du aber gehört hast, dass Barmherzigkeit mehr ist als Opfer (Mt 9,13; vgl. Lk 10,37), wende dein Herz der Barmherzigkeit zu. Denn der Vorwand der Ruhe führt zu Hochmut, bevor der Mensch sich selbst gewonnen hat, also bevor er untadelig geworden ist. Dann nämlich ist Ruhe (erreicht), wenn einer das Kreuz getragen hat. Wenn du also Mitleid hast, wirst du Hilfe finden; wenn du dich aber bezwingst, angeblich um das Maß zu überschreiten, dann wisse: Du wirst verlieren, was du hast. Strebe also weder nach außen noch nach innen, sondern nach der Mitte, und wisse, was der Wille Gottes ist, ‚denn die Tage sind böse' (Eph 5,16).[73]

Die Frage des Dorotheus nach der Ruhe (ἡσυχία) ist charakteristisch für die spätantike monastische Literatur. Das gilt ebenso für die Mahnung des Johannes, weder in Selbstbezogenheit noch in karitativen Aktionismus zu verfallen, sondern Maß zu halten und den Mittelweg zu beschreiten. Gerade das Angetriebensein vom „Gedanken" (λογισμός), d. h. konkret vom eigenen oder von Dämonen befeuerten Denken, ist gefährlich; dagegen hilft nur radikales Nichtwissen, wie Dorotheus lernen muss:

> (Frage) desselben an denselben Alten: Wenn mich einer der Alten über irgendeine Sache befragt, soll ich sagen, was ich für nützlich halte? Antwort des Johannes: Du hast überhaupt

---

71 So J. L. Hevelone-Harper, „Letter Collection", 420: „Barsanuphius's letters tend to be longer and more focused on abstract spiritual principles. John's letters were often shorter and more pragmatic. He answered more concrete questions and was sometimes called upon to clarify a response from Barsanuphius."
72 Vgl. hierzu B. Bitton-Ashkelony/A. Kofsky, *School of Gaza*, 266–269.
73 Barsanuphius und Johannes, ep. 314 (SC 450, 308.1–7.11–20): Ἐρώτησις τοῦ αὐτοῦ πρὸς τὸν αὐτόν · Ὁ λογισμὸς λέγει μοι ὅτι ἡ ἡσυχία πάντων ἐστὶν ἀναγκαιοτέρα καὶ ὅτι συμφέρει σοι. Ἆρα καλῶς λέγει; Ἀπόκρισις Ἰωάννου · Ἡ ἡσυχία τί ἐστιν, ἀλλ' ἢ τὸ συστεῖλαί τινα τὴν καρδίαν αὐτοῦ ἀπὸ δόσεως καὶ λήψεως, καὶ ἀνθρωπαρεσκείας καὶ τῶν λοιπῶν ἐνεργειῶν; ... Εἰ οὖν ἔχεις ἅπαξ ὅτι τὸ ἔλεος πλεῖόν ἐστι τῆς θυσίας, εἰς τὸ ἔλεος κλῖνον τὴν καρδίαν σου. Καὶ γὰρ ἡ πρόφασις τῆς ἡσυχίας φέρει εἰς ὑψηλοφροσύνην πρὶν ἢ ὁ ἄνθρωπος κερδάνῃ ἑαυτόν, τοῦτ' ἔστιν ἄμωμος γένηται. Τότε γὰρ ἡσυχία ἐστίν ὅτι ἐβάσταξε τὸν σταυρόν. Ἐὰν οὖν συμπαθήσῃς, εὑρίσκεις βοήθειαν, ἐὰν δὲ κρατήσῃς ἑαυτὸν ὡς δῆθεν ὑπεραναβῆναι ὑπὲρ τὸ μέτρον, τοῦτο μάθε ὅτι καὶ ὃ ἔχεις ἀπώλεσας. Μήτε οὖν ἔσω μήτε ἔξω, ἀλλὰ μέσως πορεύθητι, συνιών τί τὸ θέλημα τοῦ Θεοῦ, „ὅτι αἱ ἡμέραι πονηραί εἰσιν".

nichts zu sagen, denn du kennst den Willen Gottes nicht, ob etwas nützlich ist. Aber wenn dich einer von ihnen fragt, sage ihm: Verzeihe mir, aber ich weiß es nicht.[74]

In der Sache sind die Lehren der Schweigemönche eng mit den *Apophthegmata Patrum* verwandt, die auch häufig zitiert werden. Das dort zu findende Wechselspiel von Frage („Gib mir ein Wort!") und Antwort ist bei Barsanuphius und Johannes sprachlich (Ἐρώτησις – Ἀπόκρισις) und damit auch formal in eine klassische Form gebracht, in die der Erotapokriseis: Diese begegnen in der monastischen Literatur in Basilius' Mönchsregeln und in ausführlicherer Gestalt in Johannes Cassians *Collationes Patrum* sowie in der patristischen Theologie z. B. bei Maximus Confessor und Anastasius vom Sinai – gehen aber auf die Tradition der hellenistischen Philologie und der jüdischen Schriftauslegung bei Philon von Alexandrien zurück.[75] Ausgerechnet Barsanuphius, der in der Sache die „Spekulationen der Griechen" als bloße „Erdichtungen der Menschen" ablehnte,[76] griff der Form nach also auf eine rhetorische Strategie zurück, die zuerst der Behandlung homerischer Texte gedient hatte, aber verschiedentlich für pastorale Kommunikation rezipiert wurde.

Während Barsanuphius den seinerzeit in Palästina diskutierten „Origenismus" strikt zurückwies, war Johannes hier nicht ganz einer Meinung mit dem „großen Alten": Zwar müsse man mit „hellenistisch" kontaminierten Autoren wie Origenes und Evagrius Ponticus vorsichtig sein, dürfe aber von diesen lesen, „was der Seele nützt".[77] Entscheidend war aber der den Vätern geschuldete Gehorsam,[78] auch gegen vordergründige Einsicht: „Wenn die Väter dir sagen, Finsternis sei Licht, versuch zu glauben, dass es so ist, denn sie sagen nichts ohne Gott!"[79]

---

74 Ebd. 292 (450, 284.1–7): Τοῦ αὐτοῦ πρὸς τὸν αὐτὸν Γέροντα · Ἐάν τις τῶν Γερόντων ὑπὲρ ἐμὲ ἐρωτήσῃ με περὶ πράγματος, ὀφείλω λέγειν ὅπερ νομίζω συμφέρειν; Ἀπόκρισις Ἰωάννου · Σὸν οὐκ ἔστι εἰπεῖν τίποτε, οὐκ οἶδας γὰρ τὸ θέλημα τοῦ Θεοῦ, εἰ οὕτω συμφέρει. Ἀλλ' ἐὰν ἐρωτήσῃ σέ τις αὐτῶν, εἰπὲ αὐτῷ · Συγχώρησον ὅτι κἀγὼ οὐκ οἶδα.
75 Vgl. H. Dörrie/H. Dörries, „Erotapokriseis".
76 Barsanuphius und Johannes, ep. 600 (SC 451, 808.55–56): Ταῦτα Ἑλλήνων εἰσὶ δόγματα, ταῦτα ματαιολογίαι εἰσὶν ἀνθρώπων, οἰομένων τι εἶναι. Eine kommentierte Übersetzung der Lehre beider Altväter über den kritisch-distanzierten Umgang mit den unter Häresieverdacht stehenden Origenes, Evagrius Ponticus und Didymus von Alexandrien bietet A. Fürst, „Barsanuphius"; vgl. auch schon A. Kofsky, „Holy Person", 281–285. Erst in späterer Zeit geriet Barsanuphius' Loyalität zum christologischen Dogma von Chalzedon ins Zwielicht, da er sich dogmatischen Debatten grundsätzlich verschloss und entsprechend auch nicht affirmativ zur Frage der Orthodoxie Stellung nahm: J. L. Hevelone-Harper, *Disciples of the Desert*, 29–30.
77 Barsanuphius und Johannes, ep. 602 (SC 451, 812.5): τὰ πρὸς ὠφέλειαν ψυχῆς.
78 Ebd. 614 (451, 856.28–37).
79 Ebd. 842 (468, 322.7–324.9): ἐὰν εἴπωσί σοι οἱ Πατέρες σου περὶ τοῦ σκότους ὅτι φῶς ἐστιν, ἔχῃ οὕτως, καὶ ὅτι ἐκτὸς τοῦ Θεοῦ οὐδὲν λαλοῦσι.

Nur dann führt die asketische Existenz zur „Vergöttlichung" des Menschen:[80] Die vollkommenen Pneumatiker werden „ganz Intellekt, ganz Auge, ganz Leben, ganz Licht, ganz Vollkommene, ganz Götter" sein.[81] Dieser Weg wird aber durch geistliche Lektüre monastischer Briefe beschritten: „Wiederkäue die Briefe, und du wirst gerettet werden, denn wenn du sie verstehst, hast du in ihnen das Alte und das Neue (Testament)!"[82]

Das Schreiben und Lesen von Briefen, ja deren *ruminatio*, wurde im spätantiken Gaza also zu einer grundlegenden monastischen Praxis, aber unter Rückgriff auf eine vor- und außerchristliche rhetorische Technik, die in den Dienst geistlicher Selbst-Bildung gestellt wurde. Es ergab sich, wenn man so will, ein unerwartetes epistolographisches *Cross-over*. Anders als die gezielt dekontextualisierten *Apophthegmata Patrum* erlauben die Briefe der beiden Schweigemönche eine detaillierte Rekonstruktion brieflicher Kommunikation zum Zweck geistlicher Unterweisung, ja einer „school of Christianity":[83] Dieses – *sit venia verbo* – Distanzlernen machte Schritt für Schritt aus geistlichen Anfängern „vollkommene Lehrer"[84] mit Jesus Christus selbst als dem „guten Lehrer" – einem in der patristischen Literatur weit verbreiteten Motiv.[85]

5 Bildung in Briefen – Bildung durch Briefe: Abschließende Überlegungen

Ich fasse zusammen und zeichne die Befunde knapp in einen größeren Rahmen ein. Behandelt wurden spätantike Briefe christlicher Autoren unter der Hinsicht auf
- *Bildungsgüter*: Dabei treten das theologische Wissen bei Basilius, die literarische Tradition samt dem klassischen Lektürekanon bei Paulinus und die monastische Lebensform bei Barsanuphius und Johannes ins Blickfeld;
- *Bildungsziele*: Hier fokussieren alle drei Corpora die richtige Orientierung des eigenen Erkenntnisstrebens in Bezug auf Gott, allerdings konzentriert sich Basi-

---

[80] Ebd. 199 (427, 630.32–33): Ἄνθρωπος γέγονε διὰ σὲ ὁ Υἱὸς τοῦ Θεοῦ, γενοῦ καὶ σύ, δι' αὐτοῦ Θεός – „Der Sohn Gottes wurde für dich Mensch; werde nun du Gott für ihn."
[81] Ebd. 207 (427, 648.17–19): ὅλοι νοῦς γενόμενοι, ὅλοι ὀφθαλμός, ὅλοι ζῶντες, ὅλοι φῶς, ὅλοι τέλειοι, ὅλοι θεοί.
[82] Ebd. 49 (426, 264.13–15): μαρύκησον εἰς τὰς ἐπιστολὰς καὶ σώζῃ, ἔχεις γὰρ ἐν αὐταῖς, ἐὰν συνιῇς, τὴν Παλαιὰν καὶ τὴν Καινήν.
[83] L. Perrone, „Spiritual Direction", 146.
[84] Barsanuphius und Johannes, ep. 98 (SC 427, 408.4): τελείους διδασκάλους.
[85] Ebd. 196 (427, 622.25–26): τὸν διδάσκαλον τὸν ἀγαθόν. Vgl. P. Gemeinhardt, „Teaching the Faith", 150–161.

lius auf die Eingrenzung und Präzisierung begrifflicher Zugänge zu Gott durch Amphilochius, während Paulinus auf die „Konversion" der erworbenen Kenntnisse und Fähigkeiten des Jovius zielt und Barsanuphius und Johannes auf Akzeptanz der Autorität der Väter als Führer zur Vollkommenheit hinwirken;
- *Bildungsprozesse:* Basilius zeigt Amphilochius am eigenen Vorbild, wie man über Gott so denken kann, dass man der eigenen Gottebenbildlichkeit gerecht wird und damit nicht über irgendeinen, sondern über den dreieinen Gott nachdenkt; Paulinus dringt darauf, dass Jovius zwischen seinen nützlichen Kompetenzen und deren paganer Herkunft zu unterscheiden lernt und womöglich selbst ein Rhetor Gottes wird; Barsanuphius und Johannes schließlich nehmen ihre Adressaten mit auf einen Mittelweg zwischen den Extremen weltlicher Betriebsamkeit und kontemplativer Selbstabschließung, um sie zu Untadeligkeit, d. h. Gottgefälligkeit anzuleiten.

Von *Bildung* ist zu reden, weil alle Autoren in ihren Briefen nicht von oben herab lehren, sondern um die Arbeit der Adressaten an sich selbst werben. Wissen, Schriftkompetenz und Askese können zwar in abstrakter Form dargestellt werden, müssen aber lebenspraktisch angeeignet werden, was nicht ein für alle Mal oktroyiert werden kann, sondern nur mit denkerischer, spiritueller und leibhafter Mitarbeit in prozessualer Form gelingt. Insofern geht es allen drei Autoren um Einsicht in die Potenziale des Selbst und um deren Realisierung, also um „Einübung" (ἄσκησις). Diese Askese kann aber auch eine theologische und eine konversionsförderliche Pointe haben. Zwar ist es offensichtlich sämtlichen Autoren wichtig, dass das angestrebte Ziel erreicht wird – mit der Versendung eines Briefes geben sie das Heft des Handelns aber aus der Hand. Die faktische Offenheit solcher Rezeptionsprozesse brachte Ambrosius auf den Punkt: „Schlecht ergeht es dem Buch, das sich ohne Beschützer nicht verteidigen kann. Also muss für sich selbst sprechen, wer ohne Dolmetscher (in die Welt) hinausgeht."[86]

Das heißt natürlich nicht, dass es innerhalb brieflicher sozialer Netzwerke nicht auch Modi der Rezeptionssteuerung gegeben hätte. Das Briefgenre machte es aber grundsätzlich möglich, dem Rezipienten in ausdrücklicher Offenheit zu begegnen, also – in der oben vorgestellten Terminologie – nicht nur (zu Orthodoxie oder Orthopraxie) zu *erziehen*, sondern selbsttätige *Bildung* anzuregen. Das Medium des Briefes eröffnete die Gelegenheit zu persönlicher Ansprache, ergebnisoffener Belehrung und Inanspruchnahme bewährter Stilmittel, die dem Bildungsziel zuarbeiteten, seien es Rollenzuschreibungen von „ich", „du", „wir" und

---

86 Ambrosius, ep. 32(48),3 (CSEL 82/1, 227.30–32): *Male habet liber, qui sine adsertore non defenditur. Ipse igitur pro se loquatur, qui procedit sine interpraete.*

"die da" bei Basilius, die kunstgerechte Rede unter gleichzeitiger Rekontextualisierung bei Paulinus oder das erfahrungsbasierte Modell von Frage und Antwort bei Barsanuphius und Johannes. Bildung war demnach nicht nur Thema *in* Briefen, diese waren selbst Bildungsvorgänge im Vollzug.

Man könnte nun fragen: Ist es nicht selbstverständlich, dass Briefe – immerhin Medien der Kommunikation der *happy few* unter den spätantiken Menschen, die jemals einen Lehrer von Nahem gesehen hatten – Bildung in Anspruch nehmen? Und ist all das nicht einfach ein Beispiel für die „Nutzung" antiker Bildung durch Christen? Eine solche *chrêsis* hat Christian Gnilka als Prinzip des Umgangs christlicher Autoren mit paganen Bildungsgütern herausgearbeitet.[87] Der Brief des Paulinus von Nola ist in der Tat ein Beispiel für kritisches Sichten, Auswählen und Anwenden des aus christlicher Sicht Nützlichen. Nur entsprechen die Briefe des Basilius zu dogmatischen Themen und die pastorale Korrespondenz des Barsanuphius und Johannes dem Modell der *chrêsis* keineswegs: Keiner von ihnen baut Brücken zu Nichtchristen oder wirbt für die Rezipierbarkeit von paganer Bildung.[88] Diese wird vielmehr schlicht eingesetzt, um ein bestimmtes argumentatives oder seelsorgerliches Ziel zu erreichen. Christliche Autoren waren Menschen ihrer Zeit, sie teilten deren literarische Ausdrucksmöglichkeiten, und wenn die christliche Epistolographie innovativ war, dann – wie gesehen – nicht formal, sondern inhaltlich. Schon Paulus wäre es merkwürdig erschienen, rechtfertigen zu müssen, *warum* er sich im Medium des Briefes an seine Gemeinden wandte. *Wie* er diesen *sermo absentium* gestaltete, war ihm erheblich mehr Denkarbeit wert, und so hielten es auch seine spätantiken Nachfolger.

Darum dürfte es fruchtbar sein, nicht nur nach Bildung *in* Briefen, sondern auch nach Bildung *durch* Briefe zu fragen, und zwar als Frage nach Bildungsprozessen, die durch Briefe initiiert werden, in denen Bildungsgüter diskutiert und transformiert werden und die auf Selbst-Bildung zielen, also auf etwas, das der „Machbarkeit" entzogen ist. Selbst-Bildung bedarf aber der Anregung *ab extra*

---

87 Vgl. Ch. Gnilka, *Chrêsis*, 12–13: „Die durch die christliche Religion bewirkte Metamorphose der mittelmeerischen Kultur ist ihrerseits das Ergebnis bewusst gestaltender, umformender Arbeit, ist das Resultat sorgsam auswählender, prüfender, sichtender und sondernder, kurzum: diakritischer Anstrengung." Dabei „arbeiteten die Kirchenväter im Umgang mit den vorchristlichen Geistesgütern nach einem einheitlichen großen Plan. Sie standen mit beiden Füßen auf festem Boden; sie wussten, warum sie die antike Bildung benutzen durften und benutzen mussten."
88 Verallgemeinernd bleibt zu fragen, ob eine χρῆσις ὀρθή von den spätantiken christlichen Autoren faktisch durchgeführt wurde – und zwar von allen, nicht nur den ‚Leuchttürmen' insbesondere der Generation Augustins und einigen Vorläufern und Nachfolgern. Nicht das sprachliche Phänomen steht also infrage, wohl aber seine sachliche Reichweite; auch der von Gnilka normativ gebrauchte Begriff der „Väter" wäre kritisch zu diskutieren. Vgl. hierzu knapp P. Gemeinhardt, *Das lateinische Christentum*, 15–16. 507 sowie ebd., 470–481 zu Modellen christlicher *chrêsis*.

und auch bestimmter Gegenstände, an denen sie sich aus-bilden kann; und sie wird dann am ehesten angestoßen, wenn dem Absender die nötige Autorität zugeschrieben wird, sei es die des Bischofs und theologischen Experten, des mit der klassischen Literatur Vertrauten oder des Altvaters und geistlich Erfahrenen.[89] In den Briefen des Paulinus von Nola erscheint, wie gesehen, Freundschaft als Abbild der Liebe Christi, der Briefverkehr als (partielle) Antizipation der von Gott begründeten Gemeinschaft untereinander und mit Christus.[90] Zu solcher Bildung konnten und sollten Briefe anleiten – und dann durften sie, *pace* Cyprian, *diserta et fortia*, beredsam *und* gehaltvoll sein.

Bibliographie

M.-C. Aris, „Cicero. Der Traum des Hieronymus und das Trauma der Christen", in: *Mittelalterliches Denken. Debatten, Ideen und Gestalten im Kontext* (hg. v. Ch. Schäfer/M. Thurner; Darmstadt: Wissenschaftliche Buchgesellschaft, 2007), 1–13.

L. Ayres, *Nicaea and its Legacy. An Approach to Fourth-Century Trinitarian Theology* (Oxford: Oxford University Press, 2004).

D. Benner, *Allgemeine Pädagogik. Eine systematisch-problemgeschichtliche Einführung in die Grundstruktur pädagogischen Denkens und Handelns* (Weinheim: Beltz Juventa, [7]2012).

W. A. Bienert, *Dogmengeschichte* (Grundkurs Theologie 5/1; Stuttgart: Kohlhammer, 1997).

B. Bitton-Ashkelony/A. Kofsky, *The Monastic School of Gaza* (Supplements to Vigiliae Christianae 78; Leiden/Boston: Brill, 2006).

N. Brox, „Evangelium und Kultur in der Spätantike", in: *Kultur als christlicher Auftrag heute* (hg. v. A. Paus; Kevelaer: Butzon & Bercker, 1981), 247–304.

Ph. Bruggisser, *Symmaque ou le rituel épistolaire de l'amitié littéraire. Recherches sur le premier livre de la correspondance* (Paradosis 35; Fribourg: Éditions universitaires, 1993).

B. Conring, *Hieronymus als Briefschreiber. Ein Beitrag zur spätantiken Epistolographie* (Studien und Texte zu Antike und Christentum 8; Tübingen: Mohr Siebeck, 2001).

C. Conybeare, *Paulinus Noster. Self and Symbols in the Letters of Paulinus of Nola* (Oxford: Oxford University Press, 2000).

E. Dassmann, *Ambrosius von Mailand. Leben und Werk* (Stuttgart: Kohlhammer, 2004).

H. Dörrie/H. Dörries, „Erotapokriseis", in: *RAC* 6 (1964), 342–370.

---

89 Hierzu vgl. ders., „Autorität und Bildung".

90 Paulinus von Nola, ep. 11,5 an Sulpicius Severus (FC 25/1, 250.20–22): *quod praedestinatos nos invicem nobis in caritate Christi iunctissima prioris quoque vitae amicitia signavit*. Eine vergleichbare „Christianisierung der Freundschaftstopik" liegt nach B. Conring, *Hieronymus als Briefschreiber*, 243 auch bei Hieronymus vor, insofern hier „Christus oder Gott das Subjekt der Entstehung der Freundschaft sind oder das Christsein als zentrale Mitte der Freundschaft qualifiziert wird", so z. B. in ep. 5,1 an Florentinus (CSEL 54, 21.6–10): *nunc igitur, quomodo ualeo, pro me tibi litteras repraesento. etsi corpore absens, amore et spiritu uenio inpendio exposcens, ne nascentes amicitias, quae Christi glutino cohaeserunt, aut temporis aut locorum magnitudo diuellat*.

V. H. Drecoll, *Die Entwicklung der Trinitätslehre des Basilius von Cäsarea. Sein Weg vom Homöusianer zum Neonizäner* (Forschungen zur Kirchen- und Dogmengeschichte 66; Göttingen: Vandenhoeck & Ruprecht, 1996).

W. Erdt, *Christentum und heidnisch-antike Bildung bei Paulin von Nola. Kommentar und Übersetzung des 16. Briefes* (Beiträge zur Klassischen Philologie 82; Meisenheim am Glan: Hain, 1976).

A. Fürst, „Barsanuphius, Lehrschreiben an Bischof Aurelianus von Gaza über die Ansichten des Origenes, Evagrius und Didymus", in: *Verurteilung des Origenes. Kaiser Justinian und das Konzil von Konstantinopel 553* (hg. v. A. Fürst/Th. R. Karmann; Adamantiana 15; Münster: Aschendorff, 2020), 248–261.

H.-A. Gärtner, „Bildung im Widerstreit. Paulinus von Nola argumentiert gegen seinen Lehrer Ausonius", in: *Ars philologica. Festschrift für Baldur Panzer* (hg. v. K. Grünberg/W. Potthoff; Frankfurt u.a.: Peter Lang, 1999), 553–562.

P. Gemeinhardt, „Apollinaris of Laodicea. A Neglected Link of Trinitarian Theology between East and West?", in: *Zeitschrift für antikes Christentum* 10 (2006), 286–301.

P. Gemeinhardt, *Das lateinische Christentum und die antike pagane Bildung* (Studien und Texte zu Antike und Christentum 41; Tübingen: Mohr Siebeck, 2007).

P. Gemeinhardt, „Teaching the Faith in Early Christianity. Divine and Human Agency", in: *Vigiliae Christianae* 74 (2020), 129–164.

P. Gemeinhardt, „Tradition, Kompetenz und Charisma. Streiflichter auf das Spannungsfeld von Autorität und Bildung in spätantiken Religionskulturen", in: *Autorität im Spannungsfeld von Bildung und Religion* (hg. v. P. Gemeinhardt/T. S. Scheer; SERAPHIM 9; Tübingen: Mohr Siebeck, 2021), 161–201.

P. Gemeinhardt, „Mönchsbrief", in: *Handbuch Brief: Antike* (hg. v. E.-M. Becker/U. Egelhaaf-Gaiser/A. Fürst; Berlin/Boston: De Gruyter [im Druck]).

Ch. Gnilka, *Chrêsis. Die Methode der Kirchenväter im Umgang mit der antiken Kultur I. Der Begriff des „rechten Gebrauchs"* (Basel/Stuttgart: Schwabe, 1984).

W.-D. Hauschild, *Basilius von Caesarea, Briefe III* (Bibliothek der griechischen Literatur 37; Stuttgart: Hiersemann, 1993).

J. L. Hevelone-Harper, *Disciples of the Desert. Monks, Laity, and Spiritual Authority in Sixth-Century Gaza* (Baltimore MD: Johns Hopkins University Press, 2005).

J. L. Hevelone-Harper, „The Letter Collection of Barsanuphius and John", in: *Late Antique Letter Collections. A Critical Introduction and Reference Guide* (hg. v. C. Sogno/B. K. Storin/E. J. Watts; Oakland CA: University of California Press, 2017), 418–432.

N. D. Howard, „Gifts Bearing Greekness. Epistles as Cultural Capital in Fourth-Century Cappadocia", in: *Journal of Late Antiquity* 6 (2013), 37–59.

R. H. Hübner, „Zur Genese der trinitarischen Formel bei Basilius von Caesarea", in: ders., *Kirche und Dogma im Werden. Aufsätze zur Geschichte und Theologie des frühen Christentums* (hg. v. R. Kany; Studien und Texte zu Antike und Christentum 108; Tübingen: Mohr Siebeck, 2017), 291–325.

A. Kofsky, „The Byzantine Holy Person. The Case of Barsanuphius and John of Gaza", in: *Saints and Role Models in Judaism and Christianity* (hg. v. M. Poorthuis/J. Schwartz; Jewish and Christian Perspectives Series 7; Leiden/Boston: Brill, 2004), 261–285.

Ch. Markschies, „Schreiben Christen andere Briefe als Heiden? Zur brieflichen Kommunikation in der kaiserzeitlichen Antike", in: *Mediengesellschaft Antike? Information und Kommunikation vom alten Ägypten bis Byzanz* (hg. v. U. Peter/S. J. Seidlmayer; Berlin: Akademie-Verlag, 2006), 113–130.

M. Mayerhofer, *Die Erziehung des Menschen. Untersuchungen zu einem Leitmotiv im Wirken von Basilius von Cäsarea* (Paradosis 54; Fribourg: Éditions universitaires, 2013).

S. Mratschek, *Der Briefwechsel des Paulinus von Nola. Kommunikation und soziale Kontakte zwischen christlichen Intellektuellen* (Hypomnemata 134; Göttingen: Vandenhoeck & Ruprecht, 2002).

S. Mratschek, „Zirkulierende Bibliotheken. Medien der Wissensvermittlung & christliche Netzwerke", in: *L'étude des correspondance dans le monde romain* (hg. v. J.-C. Jolivet et al.; Lille: Université Charles de Gaulle, 2011), 325–350.

H.-G. Nesselrath, *Libanios. Zeuge einer schwindenden Welt* (Standorte in Antike und Christentum 4; Stuttgart: Hiersemann, 2012).

L. Perrone, „The Necessity of Advice. Spiritual Direction as a School of Christianity in the Correspondence of Barsanuphius and John of Gaza", in: *Christian Gaza in Late Antiquity* (hg. v. B. Bitton-Ashkelony/A. Kofsky; Jerusalem Studies in Religion and Culture 3; Leiden/Boston: Brill, 2004), 131–149.

L. Perrone, „Aus Gehorsam zum Vater. Mönche und Laien in den Briefen von Barsanuphius und Johannes von Gaza", in: *Foundations of Power and Conflicts of Authority in Late-Antique Monasticism* (hg. v. A. Camplani/G. Filoramo; Orientalia Lovaniensia Analecta 157; Leuven: Peeters, 2007), 217–243.

A. Radde-Gallwitz, „The Letter Collection of Basil of Caesarea", in: *Late Antique Letter Collections. A Critical Introduction and Reference Guide* (hg. v. C. Sogno/B. K. Storin/E. J. Watts; Oakland CA: University of California Press, 2017), 69–80.

Ph. Rousseau, *Basil of Caesarea* (The Transformation of the Classical Heritage 20; Berkeley CA: University of California Press, 1995).

B. Schröder, „Bildung als regulative Idee allen Handelns im Namen des Christentums. Praktisch-theologische und religionspädagogische Perspektive", in: *Bildung* (hg. v. B. Schröder; Themen der Theologie 14; Tübingen: Mohr Siebeck, 2021), 165–192.

A. Silvas, „The Letters of Basil of Caesarea and the Role of Letter-Collections in their Transmission", in: *Collecting Early Christian Letters. From the Apostle Paul to Late Antiquity* (hg. v. B. Neil/P. Allen; Cambridge: Cambridge University Press, 2015), 113–128.

J. R. Stenger, „Transformationen des Bildungsbegriffs im griechischen und lateinischen Christentum der Spätantike", in: *Was ist Bildung in der Vormoderne?* (hg. v. P. Gemeinhardt; SERAPHIM 4; Tübingen: Mohr Siebeck, 2019), 331–351.

J. R. Stenger (Hg.), *Learning Cities in Late Antiquity. The Local Dimension of Education* (London/New York: Routledge, 2019).

K. Thraede, *Grundzüge griechisch-römischer Brieftopik* (Zetemata 48; München: C. H. Beck, 1970).

D. Trout, „The Letter Collection of Paulinus of Nola", in: *Late Antique Letter Collections. A Critical Introduction and Reference Guide* (hg. v. C. Sogno/B. K. Storin/E. J. Watts; Oakland CA: University of California Press, 2017), 254–268.

L. Van Hoof, „Falsification as a Protreptic to Truth. The Forged Epistolary Exchange between Basil and Libanius", in: *Education and Religion in Late Antique Christianity. Reflections, Social Contexts, and Genres* (hg. v. P. Gemeinhardt/L. Van Hoof/P. Van Nuffelen; London/New York: Routledge, 2016), 116–130.

K. Zelzer/M. Zelzer, „‚Retractationes' zu Brief und Briefgenos bei Plinius, Ambrosius und Sidonius Apollinaris", in: *Alvarium. Festschrift für Christian Gnilka* (hg. v. W. Blümer u. a.; Jahrbuch für Antike und Christentum. Erg.-Bd. 33; Münster: Aschendorff, 2002), 393–405.

M. Zelzer, „Symmachus, Ambrosius, Hieronymus und das römische Erbe", in: *Studia Patristica* 28 (1993), 146–157.

AUSBLICKE IN NEUZEIT UND MODERNE

Jürgen Overhoff
Briefe zur Bildung der Jugend im Zeitalter der Aufklärung
Joachim Heinrich Campes wegweisende Korrespondenz mit Kindern und Jugendlichen

1 Einleitung: Brief und Bildung im 18. Jahrhundert

Das 18. Jahrhundert, das sogenannte Zeitalter der Aufklärung, war ein Säkulum, in dem nicht nur die Briefkultur zu einer selten beeindruckenden, vielleicht zu der seit der Antike schönsten Blüte getrieben wurde,[1] sondern in welchem auch die Form der Bildung ihre erkennbar moderne Gestalt erhielt.[2] Denn die bildungsbeflissenen Menschen im Adel und Bürgertum Europas und der überseeischen europäischen Kolonien waren sich sowohl ihrer Erziehungsbedürftigkeit als auch ihrer Bildungsfähigkeit in besonderer Intensität bewusst. Zudem verfügten sie wie niemals zuvor in der Geschichte – und noch dazu in einer erstaunlich großen Breite – über die Kapazität, ihren geistigen Horizont als Lesende und Schreibende kontinuierlich zu erweitern, ganz besonders durch die Lektüre und die Komposition von Briefen. Voraussetzung dafür war zum einen, dass die Alphabetisierung in diesem Zeitraum im Schnitt verdreifacht wurde. Auch weil nun flächendeckend Elementarschulen gegründet wurden und nach dem von Preußen im Jahr 1717 gegebenen Beispiel immer mehr Staaten die Schulpflicht einführten, konnten bis zum Ende des Jahrhunderts zwischen 30% und 50% der Menschen – je nach Region – gut lesen und schreiben, während es um 1700 nur 10% gewesen waren.[3] Spätestens seit den 1780er Jahren, als auch die Mädchenbildung einen rasanten Aufschwung erhielt, waren die Frauen den Männern als Lesende und Schreibende nahezu ebenbürtig.[4] Dass darüber hinaus die Briefzustellung verlässlicher und schneller als jemals zuvor ausgeführt wurde und das Netz der Postkutschenstationen zwischen 1700 und 1800 immer dichter wurde, begünstigte diese Entwicklung naturgemäß. Als Beispiel mag hier das Wirken Benjamin Franklins

---

1 Vgl. dazu grundlegend C. Furger, *Briefsteller*, und R. Vellusig, *Schriftliche Gespräche*.
2 R. Vierhaus, „Bildung", 530ff.
3 Vgl. dazu grundlegend H. E. Bödeker/E. Hinrichs (Hg.), *Alphabetisierung*.
4 C. Mayer, „Erziehung und Schulbildung", 198.

Jürgen Overhoff, Münster

https://doi.org/10.1515/9783110742459-015

dienen, der als Generalpostmeister der britischen Kolonien Nordamerikas in den 1760er Jahren entschied, dass die Postreiter ihre Fracht auch in der Nacht austragen mussten: Auf diese Weise sorgte er dafür, dass ein am Nachmittag von Philadelphia nach New York abgehender Brief – ohne Aufpreis – bereits am nächsten Morgen zugestellt werden konnte.[5]

Förderlich für die Briefkultur im 18. Jahrhundert insgesamt war also die von Königreichen, Fürstentümern wie Republiken betriebene, auf das Ausschöpfen aller intellektuellen Ressourcen zielende und gleichzeitig auch die Chancengleichheit fördernde Bildungsexpansion sowie die flächendeckend verbesserte und verbindliche Briefzustellung. Aber auch die genaue Vorstellung davon, was einen idealtypischen Bildungsbrief denn nun auszeichnete, änderte sich im Zeitalter der Aufklärung maßgeblich. Während noch zu Beginn des Jahrhunderts der einem Traktat ähnelnde und in lateinischer Sprache verfasste philosophische Gelehrtenbrief, der auch gerne in Druck gegeben wurde, als Schreiben in höchster Vollendung galt, stand am Ende dieser Epoche der im Plauderton verfasste Brief, in welchem der Verfasser in seiner Muttersprache bzw. Nationalsprache vorzugsweise über Reiseerlebnisse mit ihren vielfältigen Alltagseindrücken berichtete, in höchstem Ansehen. Während die Ausführung eines Gelehrtenbriefs nur wenigen hochgebildeten Personen, meist Männern der akademischen Elite, vorbehalten war, konnten Alltagserlebnisse prinzipiell von jedermann, von Männern und Frauen, ausformuliert und einander mitgeteilt werden. Sowohl der oder die solche Briefe komponierende Schreibende wie auch die Leserin (oder der Leser) derartig verschrifteter Ausführungen bildeten sich durch die von diversen Reisen berichtenden Briefe in Hinsicht auf teilnehmende Beobachtungsgabe, vergleichendes Urteil, literarische Ausdrucksfähigkeit und Weltläufigkeit. Selbst Kindern und Jugendlichen, Jungen wie Mädchen, wurde am Ende des 18. Jahrhunderts von Erziehungsschriftstellern und Bildungsphilosophen zugetraut, durch das Verfassen derartiger Schriftstücke im leichten und unterhaltenden Erzählton sowohl sich selbst als auch die erwachsenen Leser gründlich bilden zu können. Die auch für die Erwachsenen lehrreichen Briefwechsel mit Kindern und Jugendlichen gehören zu den wohl bemerkenswertesten Erscheinungsformen und Bildungserlebnissen der historischen Aufklärung – und sie stellen zugleich eine originelle Besonderheit und ein ganz neues Kapitel in der Geschichte des Briefes als bevorzugtes Bildungsmittel der Menschen dar.

Im Folgenden soll zunächst eine kurze Darstellung der im Verlauf des 18. Jahrhunderts erfolgten Ablösung des Gelehrtenbriefs durch den exemplarischen Kinderbrief als aufklärerisches Bildungsmittel und Bildungserlebnis *par excellence*

---

5 J. Overhoff, *Benjamin Franklin*, 205.

gegeben werden. Sodann soll die mit Kindern und Jugendlichen geführte Korrespondenz des braunschweigischen Jugendbuchschriftstellers und Bestsellerautors Joachim Heinrich Campe – der einer der führenden Pädagogen der deutschen Spätaufklärung war – näher untersucht und aufgeblättert werden. Eines der zahlreichen Kinder, das in den 1780er Jahren mit Campe einen kontinuierlichen Briefwechsel unterhielt, der zur Bildung und Horizonterweiterung von Absender wie Empfänger beitrug, war der nachmals als Erwachsener so berühmte preußische Bildungsreformer Wilhelm von Humboldt.

2 Vom Gelehrtenbrief zum Brief im Plauderton

Am Anfang der europäischen Aufklärungsbewegung steht das Wirken des englischen Philosophen John Locke. Lockes an der Schwelle zum 18. Jahrhundert veröffentlichte Schriften zu Themen der Medizin, der Ökonomie, der Psychologie, der Pädagogik und der politischen Verfassung eines freiheitlichen Gemeinwesens beeinflussten die Diskussionen über den Aufbau von Staat und Gesellschaft sowie die Einrichtung von Schulen und die Ausgestaltung von Unterrichtsinhalten zwischen 1700 und 1800 ganz maßgeblich. Der erste deutsche Pädagogikprofessor Ernst Christian Trapp feierte Locke noch im Jahr 1782 voller Verehrung als die „Urquelle"[6] der Aufklärung. Eine der wichtigsten Veröffentlichungen Lockes war ein in lateinischer Sprache verfasster Brief, in dem er sich für eine radikale religiöse Toleranz als Grundlage für alle gesellschaftlichen Beziehungen in einer freiheitlichen Gesellschaft aussprach. Dieser Brief, der ganz und gar die Form einer gelehrten Abhandlung hat, setzt sich mit einem Traktat des holländischen Theologieprofessors Philipp van Limborch auseinander, der sich mit Fragen der Verfasstheit der bürgerlichen Gesellschaft und der Gleichstellung der unterschiedlichen Konfessionen beschäftigt. Dem als „vir clarissimus" adressierten Limborch gefiel dieser Brief so gut, dass er ihn im Jahr 1689 in Gouda – ohne zuvor Lockes Zustimmung eingeholt zu haben – veröffentlichte.[7] Anschließend wurde er in fast alle europäischen Sprachen übersetzt und fand so seinen Weg in die Zirkel der europäischen Geisteselite, die Lockes Vorbild dann zu ähnlichen Briefen und Traktaten inspirierte. Noch Goethes Brief über die Toleranz aus dem Jahr 1773 ist Locke verpflichtet.[8]

---

6 E. Ch. Trapp, *Hallesches Erziehungs = Institut*, 10.
7 J. Locke, *Epistola de Tolerantia*. Zu den Umständen der Veröffentlichung vgl. R. Woolhouse, *Locke*, 230–236.
8 J. W. von Goethe, „Brief".

Doch der große Latinist Locke konnte auch anders. Er hatte durchaus seine Freude am Verfassen von englischsprachigen Briefen im Plauderton, in denen er nicht erhabene philosophische Weisheiten verkündete, sondern über witzige Alltagserlebnisse berichtete. Einige seiner humorvollsten und mit feinen satirischen Spitzen gewürzten Schriften sind Briefe, die er im Jahr 1665 als junger Mann aus Deutschland während seines ersten Auslandsaufenthaltes an einen Freund nach England schrieb, um ihm von seinen Reiseerlebnissen Mitteilung zu machen. Locke, der in der niederrheinischen Stadt Kleve im winterlich kalten Dezember ein Paar Handschuhe kaufen möchte, berichtet hier von den Schwierigkeiten, die er dabei überwinden musste:

> Drei Tag wurden damit zugebracht, einen Handschuhmacher zu finden, obwohl ich die ganze Stadt in weniger denn einer Stunde abschreiten kann, doch sind ihre Läden derart angelegt, als wollten sie ihre Waren verbergen und nicht anbieten, und ich finde, möget Ihr es für seltsam genug halten, das ist auch wohlgetan und ist eine Bescheidenheit, die ihnen wohlansteht: das zu verbergen, dessen sich zu schämen sie wahrhaft Grund genug haben. Doch um fortzufahren, die nächsten beiden Tage gingen damit hin, sie anzuprobieren, den rechten Handschuh am Donnerstag und den linken am Freitag, und ich darf Euch versichern, daß das zwei Tage gute Arbeit waren und wenig genug, sie meinen Händen passend zu machen und dazu zu bringen, daß sie Gesellen sein mögen, wovon sie aber zuletzt immer noch so weit entfernt sind, daß ich, sind sie angezogen, stets befürchte, sie könnten einander Hiebe geben, so wenig stimmen sie überein. Am Samstag schlossen wir den Preis ab, berechneten und tauschten unser Geld, denn es braucht eine Menge Arithmetik und eine Menge Münze, 28 Stüber und 7 Deut zu entrichten.[9]

Locke schickte diesen Brief und etliche ähnliche Reisebriefe offenbar niemals ab – jedenfalls wurden dieses Schreiben und auch andere dieser Art in seinem Nachlass aufgefunden. Heute werden sie in der Bodleian Library in Oxford verwahrt, im Druck erschienen sie in der historisch-kritischen Briefausgabe der Clarendon Press im Jahr 1976.[10] Für Locke waren diese Briefe durchaus wertvoll, um sich im Beobachten und Formulieren zu üben, doch verspürte er keinen Anlass und Grund dazu, derartige Briefe als Bildungserlebnisse zu veröffentlichen, wie das dann spätere Generationen taten. In seiner Person erkennen wir aber dennoch interessanterweise einen Autor der Frühaufklärung, der die Kunst des Abfassens eines lateinischen Gelehrtenbriefs genauso sicher beherrscht, wie er über das Talent verfügt, einen vor Witz sprühenden Reisebrief im Plauderton zu entwerfen.

---

9 J. Locke, „Weihnachten in Deutschland", 789.
10 J. Locke, *Correspondence*, 228–250.

Bei dem französischen Aufklärer und Dichter Voltaire findet sich dann bemerkenswerterweise im Jahr 1734 eine hochoriginelle und in der Folge ebenfalls stilbildende Vermischung der beiden Briefformen, paart er in seinen französischsprachigen *Lettres philosophiques*[11] doch den Gehalt des philosophischen Gelehrtenbriefs mit den Alltäglichkeiten des quasi im Vorübergehen erzählten brieflichen Reiseberichts. Wie Locke, den er in seinem 13. Brief für seine Vorbildfunktion als Vorkämpfer der religiösen Toleranz preist, handelt er – allerdings in einer ganzen Reihe von Briefen – in seinen Schriften von den Grundlagen einer freiheitlichen Gesellschaft, die ihm in England, wo der Franzose in den 1720er Jahren eine längere Zeit gelebt hat, in bewunderungswürdiger Weise eingerichtet zu sein scheint. Ausführlich analysiert er als Philosoph die Verfassung der konstitutionellen Monarchie mit den jeweils unterschiedlichen Aufgabenbereichen der Regierung und des Parlaments, er spricht über ökonomische Fragen und er untersucht den Rang der Naturwissenschaften und der Gesundheitsvorsorge. Er tut dies aber, in dem er sich als Flaneur geriert, der durch die Straßen Londons zieht und dabei seine einschlägigen Beobachtungen macht. Die in England gewährte religiöse Toleranz bewundert er nachhaltig und so beschreibt er die Lebensgewohnheiten der einzelnen Religionsgemeinschaften sehr anschaulich. Ein typisches Beispiel dafür ist gleich der erste Brief, in dem er die Eigenheiten der Quäker schildert:

> Um mich mit ihnen bekannt zu machen, besuchte ich einen der vornehmsten Quäker von ganz Englands, der, nachdem er dreißig Jahre lang im Handel tätig gewesen war, die Weisheit besaß, seinem Glücksstreben und seinem Begehren enge Grenzen zu ziehen. Er hatte seinen Wohnort an einem entlegenen kleinen Ort, nicht weit von London. Als ich dort hinkam, erblickte ich ein kleines, aber gut gebautes Haus, sehr hübsch, aber es kam völlig ohne auch nur den kleinsten Pomp in der Innenausstattung aus.[12]

Seinen französischen Lesern, die er vom Wert der englischen Staatseinrichtung überzeugen möchte, macht er in seinen philosophischen Briefen die Vorzüge der englischen Verfassung bekannt, in dem er diese einerseits als Gelehrter im akademischen Duktus analysiert, seine Überlegungen aber immer wieder mit Beobachtungen würzt, wie sie ein Auslandsreisender in seinen Reisebriefen auch einstreuen würde. Um die angestrebte politische Bildung seiner französischen Landsleute zu

---

11 Voltaire, *Lettres philosophiques*.
12 Ebd., 5: „Pour m'en instruire, j'allai trouver un des plus célèbres Quakers d'Angleterre, qui après avoir été trente ans dans le Commerce, avait scu mettre des bornes à sa fortune & à ses désirs, et s'était retiré dans une campagne auprès de Londres. Je fus le chercher dans sa retraite: c'étoit une maison petite, mais bien bâtie, pleine de propreté sans ornement." Übersetzung: J. Overhoff.

erreichen, ist Voltaire also der Ton des Reisebriefs nicht minder wichtig als der Stil des Gelehrtenbriefs.

Wahrscheinlich ist, dass Voltaire sich während der Zeit seines Auslandsaufenthaltes in London auch von Ton und Gehalt der von Joseph Addison herausgegebenen moralischen Wochenschrift *The Spectator* inspirieren ließ. Diese Zeitung war eines der ersten periodisch erscheinenden Blätter überhaupt, in dem regelmäßig und vorsätzlich Leserbriefe abgedruckt wurden, um den öffentlichen Diskurs und die Bildung der Gesellschaft durch das Verbreiten von Meinungen und Beobachtungen auch des einfachsten Lesers zu bereichern. Der *Spectator* erschien erstmals im Jahr 1711. Innerhalb kürzester Zeit erhöhte sich seine tägliche Auflage allein in London auf zunächst 3000, dann 20.000 und schließlich 30.000 Stück. Dabei wurde jedes einzelne Exemplar von bis zu zwölf Lesern gelesen, vorwiegend von Männern, doch auch zunehmend von vielen Frauen. Bereits Ende des Jahres wurden die ersten Stücke des *Spectator* in Buchform wiederabgedruckt und erfreuten sich auch in dieser Gestalt über Jahrzehnte hinweg einer großen Nachfrage.[13]

Addison selbst brüstete sich in seinem Blatt damit, dass der *Spectator* auch außerhalb der Bibliotheken, Schulen und Colleges wie selbstverständlich gelesen wurde. Somit weckte er bei den unterschiedlichsten Menschen, in Clubs und parlamentarischen Versammlungen, an Teetischen und in Kaffeehäusern, die Lust am täglichen Hinzulernen. Was den *Spectator* für seine Leser so angenehm, unterhaltsam und anregend macht, ist sein freundlicher und völlig unaufdringlicher Ton, der den Klang einer frei und natürlich dahinfließenden Rede zu imitieren sucht. Die wichtigsten der von Addison angestellten Beobachtungen, die sich insgesamt auf eine ganze Bandbreite von Gegenständen beziehen, hat er auf „Auslandsfahrten" gesammelt. Denn gerade diejenigen Betrachtungen, die man auf Reisen in unbekannte Gefilde und Regionen anstellen kann, lassen allzu bekannte Alltäglichkeiten plötzlich in einem überraschend neuen Licht erscheinen. Wie nur wenige andere Erfahrungen fordern Reiseerlebnisse zur erneuten, womöglich noch genaueren Beobachtung alter Gepflogenheiten heraus.

Aus diesem Grund benötigt Addisons Zeitschrift Leser, die nun ihrerseits einen ähnlichen Beobachtungsdrang zu entfalten beginnen, ein Forum, das ihre möglicherweise lehrreichen Betrachtungen öffentlich zur Diskussion stellt. Schon in der ersten Nummer seines Blattes bittet der Herausgeber seine Leser darum, ihm persönliche Beobachtungen, die zur Beförderung des öffent-

---

13 Vgl. dazu die Einleitung zur historisch-kritischen Ausgabe des *Spectator*: D. F. Bond (Hg.), *Spectator*, Bd. 1, i–xxi.

lichen Wohls geeignet sein können, unbedingt per Brief zuzuleiten.[14] Leserbriefe, die entweder auf Addisons Überlegungen direkten Bezug nehmen oder von den eigenen Ansichten, Anschauungen und Betrachtungen der Abonnenten berichten, erscheinen denn auch ab dem 9. März 1711 fortlaufend und regelmäßig. Die Publikation von Leserbriefen, mit ihren zum Teil sehr alltäglichen Betrachtungen, die auch auf Reisen angestellt wurden, sind für Addison das beste Mittel, den Lernwillen und die Bildung seiner Landsleute zu befördern. Dabei geht er mit seinem aufklärerischen Bildungsbegriff davon aus, dass ausnahmslos jeder Mensch durch gute Beobachtungen mit seinem Brief einen unverzichtbaren Beitrag für das Gemeinwohl leisten kann.

Ein begeisterter Leser der Leserbriefe des *Spectator* und zugleich Verehrer des Toleranzbriefs von John Locke sowie der *Lettres philosophiques* von Voltaire war in Deutschland der Bestsellerautor und Leipziger Professor für Moral Christian Fürchtegott Gellert.[15] Gellert, der mit seinen 1746 erschienenen Fabeln[16] in ganz Deutschland ein Publikum in allen Schichten erreichte und den dezidierten Anspruch hatte, volksaufklärerisch zu wirken, schrieb dem Brief als Mittel zur moralischen Bildung eine überragende Bedeutung zu. Im Jahr 1751 veröffentlichte Gellert eine Sammlung von einigen aus seiner Sicht vorbildlichen Briefen, denen er eine Abhandlung beigesellte, in der er darlegte, was einen guten, der Bildung dienlichen Brief denn eigentlich genau auszeichnete. Mit diesem Briefsteller prägte der vielgelesene Gellert die Vorstellung von einem guten Brief und die Praxis des Briefeschreibens in der zweiten Hälfte des 18. Jahrhunderts wie kein anderer Autor in Deutschland.[17]

Zunächst sei es wichtig, so Gellert, dass jeder Brief über Originalität verfüge, er müsse im wahrsten Wortsinn die persönliche Handschrift des Verfassers tragen: „Wenn man endlich selbst Briefe schreiben will, so vergesse man die Exempel, um sie nicht knechtisch nachzuahmen, und folge seinem eignen Naturelle. Ein jeder hat eine gewisse Art zu denken und sich auszudrücken, die ihn von andern unterscheidet".[18] Diese Individualität müsse man immer zum Ausdruck bringen. Zudem müssten das Naheliegende und Alltägliche der Betrachtung stets für Wert gehalten werden. Es gehe darum, die Umwelt mit wachen, neugierigen und möglich vorurteilsfreien Augen zu betrachten, um darüber Auskunft zu geben. Schließlich müsse man sich getrauen, so natürlich wie möglich zu schreiben, auch indem man sich am Sprechfluss der gesprochenen Sprache orientiert.

---

14 Vgl. dazu ebd., 4–5.
15 Vgl. dazu J. Overhoff, *Frühgeschichte des Philanthropismus*, 64–71.
16 Ch. F. Gellert, *Fabeln*.
17 Ders., *Briefe*.
18 Ebd., 71.

Gellert betonte nun, für viele gelehrte Männer überraschend, dass derjenige, der einen guten Brief schreiben möchte, sich in vielerlei Hinsicht an den Briefen und Erzählweisen der Frauen zu orientieren habe. Denn Frauen sorgten „weniger für die Ordnung eines Briefes, und weil sie nicht durch die Regeln der Kunst ihrem Verstande eine ungewöhnliche Richtung gegeben haben: so wird ihr Brief desto freier und weniger ängstlich."[19]

Gellert tadelt die Deutschen, dass Sie sich bislang nicht auf eine solche Art Briefe zu schreiben eingelassen haben, anders als die Engländer oder Franzosen. Er verweist auf „Voltairen", der als großer Poet sich nicht zu schade gewesen sei, auch „gute Briefe" im Plauderton verfasst zu haben.[20] Also: Ein leichter, freier, von individuellem Naturell zeugender Brief, der sich nicht um klassische Ordnung und Reihenfolge der verhandelten Themen schert, sondern munter wie in einer lebendigen Erzählung springt, dabei aber aufmerksam und neugierig selbst alltägliche Kleinigkeiten betrachtet und darüber reflektiert, ist ein guter Brief. Da nun die Frauen, wie der Professor ja zu erkennen meint, besonderes Talent für derartige Briefe haben, korrespondierte Gellert deshalb auch vorzugsweise und sehr gerne mit ihnen – berühmt sind seine Briefwechsel mit Erdmuth von Schönfeld und Caroline Lucius. Nur vom Dünkel befallene Männer meinen, dass es unter ihrer Würde sei, solchen Briefen einen bildenden Gehalt zuzumessen.

Gellert schwärmt also vom Briefstil der Frauen und möchte diesen – auch unter Verweis auf den großen Voltaire, der so feminin-plaudernd und seine Leser bildend schreibt, wie sich das der Leipziger Professor nur eben wünschen kann – nicht nur den deutschen Gelehrten ans Herz legen, den erwachsenen Männern, sondern gerade auch Kindern und Jugendlichen. Auch diese können nämlich, wie Gellert meint, gute Briefe schreiben, mit denen sie sich und ihre erwachsenen Leser auch bilden. Wie er in der Vorrede seines Briefstellers von 1751 schreibt, ist es somit eine wichtige „Absicht" dieses Buches, „insonderheit" auch „junge Leute" zu der von ihm empfohlenen „natürlichen Schreibart zu ermuntern".[21]

---

[19] Ebd., 76.
[20] Ebd., 67.
[21] Ebd., Vorrede.

3 Campes Briefwechsel mit Kindern und Jugendlichen

Gellert selbst kaprizierte sich in seiner Korrespondenz – trotz dieses ausdrücklichen Hinweises auf die Jugend – auf seinen auch immer öffentlichkeitswirksam betriebenen brieflichen Austausch mit Frauen. Einen ostentativen Briefwechsel mit Kindern und Jugendlichen führte er nicht. Doch wurde seine Aufforderung, auch junge Leute zur von ihm empfohlenen Schreibart von Briefen zu ermuntern, vom führenden deutschen Kinder- und Jugendbuchschriftsteller des ausgehenden 18. Jahrhunderts, Joachim Heinrich Campe, entschlossen aufgegriffen. Campe,[22] der im Jahr 1746 im Herzogtum Braunschweig-Wolfenbüttel in Deensen bei Holzminden geboren wurde, hatte an der braunschweigischen Landesuniversität Helmstedt ein Studium der lutherischen Theologie aufgenommen, das er an der preußischen Universität Halle beendete, bevor er dann zwischen 1769 und 1775 in Berlin und Tegel als Hauslehrer in der Familie von Humboldt wirkte, wo er geschickten Gebrauch von den Erziehungsprinzipien der vom Hamburger Schulreformer Johann Bernhard Basedow entwickelten philanthropischen Pädagogik machte. Wilhelm von Humboldt und sein jüngerer Bruder Alexander erhielten damit ihre erste, elementarische und dauerhaft prägende Bildung von Campe. 1776 wechselte Campe als stellvertretender Leiter an die von Basedow bereits 1774 in Dessau errichtete Musterschule der deutschen Aufklärung, die sogenannte Schule der Menschenfreundschaft, deren gräzisierter Name „Philanthropin" der von Basedow im Anschluss an Gellert, dessen Student Basedow gewesen war, entwickelten Erziehungslehre den Namen philanthropische Pädagogik eintrug.

Im Mittelpunkt der philanthropischen Pädagogik stand das spielerische Lernen und die Erziehung zur Menschenliebe und zur religiösen Toleranz. 1777 gründete Campe dann in der Nähe von Hamburg ein eigenes philanthropisches Erziehungsinstitut und begann dort mit dem Verfassen von Büchern eigens für die Jugend. Ein Bestseller gelang ihm – einer Anregung von Jean-Jacques Rousseaus *Émile* folgend – mit der Adaption und Neuerzählung von Daniel Defoes Robinsonade, die er 1779 in Hamburg unter dem Titel *Robinson der Jüngere* veröffentlichte.[23] Nach einem Zwischenspiel als Schulreformer in der Schulverwaltung des heimatlichen Herzogtums Braunschweig-Wolfenbüttel etablierte er sich in der Residenzstadt Braunschweig

---

22 Eine moderne Campe-Biographie liegt jetzt vor: H.-J. Perrey, *Joachim Heinrich Campe*. Vgl. auch den Versuch, die Grundzüge von Campes Lebensgeschiche aus der Lektüre seiner Briefe herauszulesen: J. Overhoff, „Panorama des aufklärerischen Denkens".
23 J. H. Campe, *Robinson der Jüngere*.

als erfolgreicher Verleger. In seinem Verlag publizierte er bis zu seinem Tod im Jahr 1818 eine ganze Fülle an Schriften für Kinder, zu denen auch Briefe an die Jugend und hier vor allem Reisebriefe zählten. Wenn man den sorgfältigen Aufzeichnungen Eckermanns folgt, lobte Goethe diesen produktiven Jugendschriftsteller Campe mit folgenden Worten: „Er hat den Kindern unglaubliche Dienste geleistet; er ist ihr Entzücken und sozusagen ihr Evangelium."[24]

Campe schrieb für Kinder aufklärerische Erzählungen, besonders gerne über fremde Länder und Sitten, die auch bebildert waren, und versuchte dabei eine Sprache zu finden, die dem kindlichen Verständnis angemessen war. Immer ließ er auch in seine Bücher für Kinder und Jugendliche lehrreiche Dialoge zwischen einem Erwachsenen und einem Kind auf Augenhöhe einfließen. Ziel war es dabei, das kindliche Gemüt für religiöse Toleranz und Menschenfreundschaft zu erwärmen. So erzählt in seinem *Robinson* ein Vater dem Kind Johannes von einem Schiffsuntergang, bei dem christliche Schiffbrüchige einmal von muslimischen Rettern aus den Fluten vor dem Verderben gerettet worden waren. Der erstaunte Johannes sagt daraufhin im Buch: „Das hätte ich doch nicht gedacht, daß die Türken so gute Menschen wären!"[25] Und der Vater erwidert: „Lieber Johannes, du wirst immer mehr erfahren, daß es unter allen Völkern, in allen Ländern gute Leute gibt; so wie es unter allen Völkern, in allen Ländern und zu allen Zeiten auch hin und wieder Taugenichts gegeben hat."[26]

Wichtiger noch als diese fiktiven Dialoge zwischen Kindern und Erwachsenen – die Campe allerdings nach Möglichkeit auf der Grundlage selbsterlebter und selbstgeführter Gespräche mit Jugendlichen nachempfand – wurden ihm dann seine Briefe mit Kindern, also verschriftete Gespräche, wo sich erst der eine äußert, dann der andere im gewissen zeitlichen Abstand antwortet, um vom Korrespondenten wiederum eine schriftliche Gegenrede zu erhalten und immer so fort. Besonders gerne schrieb und erhielt Campe Reisebriefe, die Jugendlichen die beste Möglichkeit eröffneten, eine gebildete Weltläufigkeit zu erwerben. Viele dieser Reisebriefe von und an Kinder und Jugendliche gab Campe dann auch im Druck heraus. Sie gehörten zu den populärsten seiner Veröffentlichungen. Auch diese veröffentlichten Briefe knüpfen an private und nicht publizierte Briefwechsel mit Jugendlichen an, die Campe seit den 1780er Jahren von Hamburg aus führte.[27]

---

24 J. P. Eckermann, *Gespräche mit Goethe*, 692.
25 J. H. Campe, *Robinson der Jüngere*, 358.
26 Ebd.
27 Alle bekannten und erhaltenen Briefe, die Campe mit Kindern und Jugendlichen wechselte, sind veröffentlicht in: J. H. Campe, *Briefe*, 2 Bde.

Zu den ersten dieser Briefwechsel zählt seine Korrespondenz mit dem dreizehnjährigen Wilhelm von Humboldt. Nur drei dieser Briefe sind erhalten, allesamt die Schreiben des Jungen an seinen ehemaligen Lehrer und väterlichen Freund. Ein besonders langer Brief des Knaben Wilhelm liegt leider nur als Fragment vor. Alle Briefe des jungen Humboldt an Campe werden in der Herzog August Bibliothek in Wolfenbüttel in der Sammlung Vieweg verwahrt, sie sind nun in der historisch-kritischen Ausgabe von Campes Briefwechsel, die der Potsdamer Bildungshistoriker Hanno Schmitt besorgt hat, gut kommentiert veröffentlicht.[28] Trotz seiner Unvollständigkeit bietet dieser Briefwechsel einen wertvollen Einblick in die Anfänge von Campes Korrespondenz mit Kindern, in die verhandelten Themen, in Stil und Sprache und in die darin zum Ausdruck kommenden Bildungsideale. Gleich im ersten Brief von Humboldt fällt auf, wie vertrauensvoll der Junge schreibt. Er hat Respekt vor dem ehemaligen Hauslehrer, der ihm das Lesen und Schreiben einst beibrachte, aber hier klingt keine ehrfürchtige Reverenz an, sondern der liebevolle und freundschaftliche Umgangston macht die Stimmungslage des Briefes aus: „Mein lieber Herr Campe", plaudert Humboldt am 27. Februar 1781 ganz ungezwungen, „ich habe Ihnen zwar lange nicht geschrieben, aber desto öfter an Sie gedacht."[29] „Könnten Sie uns doch einmahl auf ein paar Monate hier besuchen, ich wollte, ich weiß nicht was, darum geben! ... wie herrlich wollten wir uns dann nicht amüsieren."[30] Der junge Humboldt erzählt ungehemmt, bis ihm plötzlich auffällt, dass manches von dem, was er berichtet, schon von anderer Seite an Campes Ohr gedrungen sein mag: „Verzeihen Sie, daß ich Ihnen Dinge erzähle, die Sie schon wißen."[31] Aber dann geht es doch immer so weiter und Humboldt erzählt lauter Dinge aus dem alltäglichen Leben in Berlin und Tegel. Am Ende des Briefes erwähnt er noch, dass sein jüngerer Bruder sehr gerne – wie übrigens sehr viele Kinder der damaligen Zeit – mit Feuereifer in Campes *Robinson* liest: „Doch nein, ich habe noch vergessen, Ihnen zu sagen, daß mein jüngerer Bruder Alexander, mich gebeten hat, Sie doch in seinem Namen zu grüßen, und Ihnen recht herzlich für Ihren Robinson und Ihre Kinderbibliothek zu danken. Diese hat er zum Weihnachtsgeschenke bekommen. Er ließt recht fleißig darin. Aber nun habe ich Ihnen alles gesagt, wovon ich glaube, daß es Sie interreßiren würde."[32]

Dieser Brief ist ein Musterbeispiel für die Art des Schreibens, wie sie Gellert in seinem Briefsteller auch jungen Leuten empfahl. In einem weiteren Brief, den

---

28 Ebd., Bd. 1, bes. 284–287. 302–307.
29 Ebd., 284.
30 Ebd.
31 Ebd.
32 Ebd., 286.

der nun vierzehnjährige Humboldt aus Tegel, dem Sommersitz seiner Familie, im August 1781 an seinen ehemaligen Lehrer Campe schickte, benannte er denn auch „Gellerts Briefe"[33] ganz dezidiert als sein Vorbild. Auch gab er sein großes Gefallen an Literatur für Kinder und Jugendliche zu erkennen, wie sie gerade in dieser Zeit in großer Zahl entstand, wobei er sich besonders für Reiseerzählungen und Berichte über die Weltgeschichte erwärmte, insbesondere aus der Feder von Johann Matthias Schröckh, vor allem „desselben allgemeine Weltgeschichte für Kinder".[34] Und wieder kam er in diesem Zusammenhang auf Campes *Robinson* zu sprechen, den er nun ein zweites Mal gelesen hatte, diesmal in der zwei Jahre zuvor erschienenen französischen Übersetzung.[35]

Campes Korrespondenz mit Kindern wird in der Folge fortgesetzt und erweitert. Ein wichtiger Briefwechsel ist seine Korrespondenz mit Johann Nikolaus Böhl, einem ehemaligen Schüler aus der Hamburger Zeit, der das Vorbild für den Johannes im *Robinson* darstellte. Böhl wird von seinen Eltern als dreizehnjähriger Junge im Sommer 1784 für einige Woche nach England gegeben, um sich dort, zwischen Salisbury und Winchester, über Land und Leute aus erster Hand und aus eigener Anschauung zu informieren. Der Brief des dreizehnjährigen Böhl an seinen Ex-Lehrer Campe ist ein Paradebeispiel für einen Reisebrief, der die Art alltägliche Beobachtungen über Landschaft und Menschen enthält, die den Schreibenden wie den Lesenden aufklären und somit weiterbilden sollen. Er teilt mit, dass die mokanten Engländer ihn gerne necken und dass dies offenbar ein Wesenszug „des englischen Charackters"[36] ist. Er schreibt: „Die Engl. Aussprache ist wie jederman weiß sehr schwer, und man moquirt sich immer über einen Ausländer der es nicht recht ausspricht. Aber ich bin dieß jezo schon gewohnt, und macht mir nichts mehr auß."[37] Auch erwähnt Böhl die Begeisterung der Engländer für technische Innovationen. Nach dem der mit Wasserstoff gefüllte Ballon des französischen Physikers Jacques Alexandre César Charles am 1. Dezember 1783 erstmals einem Menschen zu einer Luftfahrt verholfen hatte, gelang Vincenzo Lunardi am 15. September 1784 der erste bemannte Ballonflug von London nach Standon in Hertfordshire. Dazu Böhl an Campe: „Wir haben hier viel mit Luft Ballons zu thun. Aus den Zeitungen werden sie wohl vernommen haben, daß in London ein gewisser Hr. Lunardi aufgegangen ist, dessen Luftballon ich gesehen."[38] Trotz der Spötteleien der Engländer über seine Aussprache fühlt sich der Hamburger Junge in Großbritannien be-

---

33 Ebd., 305.
34 Ebd.
35 Vgl. dazu ebd., 305.
36 Ebd., 375.
37 Ebd.
38 Ebd., 376–377.

schwingt und frei. So endet er seinen Brief mit folgenden Worten: „Ich füge nur noch hinzu noch daß sowohl das Land selbst als auch die Art zu leben mir ausserordentlich gefällt."[39]

Diese Briefwechsel mit Humboldt, Böhl und anderen Kindern und Jugendlichen bleiben unveröffentlicht, aber sie ermutigen Campe Ende der 1780er Jahre dazu, die Briefe, die er mit den Kindern aus seiner eigenen Familie austauscht, nun auch in Druck zu geben. Als Bildungserlebnis sollen sie erwachsene und jugendliche Leser gleichermaßen inspirieren und dazu ermuntern, ebenfalls in eine möglichst vielfältige Korrespondenz miteinander einzutreten. Wieder sind es Reisebriefe – genauer: Briefe von einer Fahrt von Braunschweig nach Paris an seine vierzehnjährige Tochter Lotte –, die hier im Jahr 1789 den Anfang machen. Sie erscheinen unter dem Titel *Reise von Braunschweig nach Paris im Heumonat 1789*.[40] Der Vater Campe nimmt seine Tochter so ernst wie nur einen Erwachsenen und berichtet ihr Vorkommnisse von unterwegs, die ihn selbst beeindruckt haben und die ihr Weltbild und Gesellschaftsverständnis erweitern sollen. Geschickt webt er in die Reisebriefe an sein Kind „einen roten Faden in seinen Bericht hinein, indem er Städte und Territorien, die er bis zum Erreichen der französischen Grenze passiert, daraufhin beleuchtet, ob und inwieweit sich Aufklärung und Moderne hier durchgesetzt haben, ob Freiheit, (Glaubens-)Toleranz, Gewerbefreiheit und Manufakturwesen anzutreffen sind."[41]

Ein gutes Beispiel dafür ist, was er Lotte aus Krefeld schreibt. Hier besucht Campe die Textilmanufaktur der Herren von der Leyen. Von der Fabrik zeigt er sich überwältigt. Hier ein Auszug aus dem Brief an seine Tochter:

> Wir besahen die bewundernswürdigen Sammt- und Seidenwerkstäte der Herren von der Leyen: eine Anstalt, die nicht bloß dieser Familie und nicht bloß diesem Orte, sondern ganz Deutschland Ehre macht. Man glaubt, indem man dieselbe sieht, in einer der blühendsten Gewerktstäte Englands zu sein; so groß ist der Umfang dieser Anstalt, so sinnreich das Maschinenwerk, so musterhaft die dabei überall herrschende Ordnung und Reinlichkeit! Von der Größe derselben wirst du dir einen Begriff machen können, wenn ich dir sage, daß sie gegen 6000 Menschen beschäftiget und daß, außer einigen palastmäßigen Gebäuden, ganze Straßen kleinerer Häuser dazu gehören, die inwendig durchbrochen sind, so daß man aus einer Werkstatt in die andere tritt, und alle unter einem Dache zu sein scheinen.[42]

Bemerkenswert ist auch, wie Campe seiner Tochter im heimatlichen Braunschweig mit seinen zu dieser Zeit weniger als 30.000 Einwohnern die Riesenstadt

---

39 Ebd., 376.
40 J. H. Campe, „Reise von Braunschweig nach Paris".
41 H.-J. Perrey, *Joachim Heinrich Campe*, 195.
42 J. H. Campe, „Reise von Braunschweig nach Paris", 41.

Paris schildert, die von 800.000 Menschen bevölkert wird. Größere Städte sind zu dieser Zeit im ganzen weiten Weltenrund nur mit London und Peking aufzufinden. Wie kann der Verfasser des Reisebriefes nur das Treiben und Tosen der Metropole an der Seine einem Kind begreiflich machen: Er schreibt Lotte, dass ihm Paris wie ein „allgemeiner und unaufhörlicher Jahrmarkt"[43] erscheint. Die Sommerhitze treibt in der dichtbevölkerten Stadt zudem einen ganz unangenehmen Gestank hervor: „Wir haben unglücklicher Weise gerade sehr heißes Wetter, und leiden daher in den engen, dumpfigen und volkreichen Straßen von Hitze, Drang, Staub und häßlichen Gerüchen mehr als ich dir beschreiben kann."[44] Das Kind muss also auch seine eigene Phantasie bemühen, um das durch das Schreiben entstandene Bild im Kopf zu komplettieren. Und desgleichen sind dazu alle Kinder aufgefordert, die Campes in Druck gegebene Briefe an seine Tochter dann in Buchform lesen.

Umgekehrt lässt Campe auch Briefe in Druck gehen, die von Kinderhand geschrieben sind. Am schönsten und typischsten ist in dieser Hinsicht wohl das Buch *Reise von Braunschweig nach Karlsbad und durch Böhmen, in Briefen von Eduard und Karl.*[45] Dieses Buch erscheint im Jahr 1806. Bei den Schreibern der Briefe handelt es sich um Campes Enkel, die zu diesem Zeitpunkt erst neun und sechs Jahre alt sind. Selbst ihre Briefe, vor allem Eduards Schreiben, hält er für bedeutsam genug, sie einem Lesepublikum vor Augen zu führen, das nicht nur aus Kindern, sondern auch aus Erwachsenen besteht. Gerade der naive und unvoreingenommene Blick von Kindern, so Campe, kann Leser im reifen und weit fortgeschrittenen Alter auf ganz eigene Weise bilden und auf Dinge hinweisen, die ihrem Blick sonst möglicherweise ohne die kindliche Perspektive entgangen wären. Eduards Reisebriefe aus Böhmen werden übrigens an sämtliche Mitglieder der Familie Campe geschickt.

Besonders schön und bezeichnend sind Eduards Briefe an seine jüngeren, noch leseunkundigen Schwestern, die ihnen gleich nach ihrer Ankunft in Braunschweig von einem Erwachsenen vorgetragen werden sollen. Sofort nach dem ersten Reisetag schreibt er an Lilla, die sich noch kaum aus dem elterlichen Haus fortbewegt hat: „Du glaubst nicht, liebe Lilla, wie groß die Welt ist! Ich glaube es auch nicht, aber nun weiß ich es. Wenn ich sonst so auf meinem Karlsberge stand und in die weite Welt hinauskuckte, so meinte ich, hinter dem Elm und der Asse habe die Erde ihr Ende. Wie konnte ich anders … Ich dachte also: da ist die Welt mit Brettern zugenagelt."[46] Aber Eduard werden dann eben von Tag zu Tag mehr

---

43 Ebd., 164.
44 Ebd., 155.
45 J. H. Campe, „Reise von Braunschweig nach Karlsbad".
46 Ebd., 5.

die Augen geöffnet für das ganz und gar Unbekannte, von dem er fast jeden Tag fröhlich plaudernd nach Hause berichtet. Die Reiselust ebbt auch nicht ab, als er in der böhmischen Hauptstadt angekommen ist. Aus Prag schreibt er am 3. August 1805 an Minna:

> Das Reiseleben, liebe Minna, ist doch wirklich ein köstliches Leben! Nicht bloß deswegen, weil man so angenehm dabei fortgerollt wird; auch nicht bloß deswegen, weil man so viel Neues und Schönes dabei sieht, hört, lernt und genießt; sondern vornehmlich auch deswegen, weil man an jedem neuen Tage gleichsam in ein neues Dasein übergeht, sich in eine neue Lage, in neue Verhältnisse und Umstände versetzt sieht, gleichsam zu einem neuen Leben hervorgeht, welches von dem gestrigen oft himmelweit verschieden ist.[47]

Und so erzählt Eduard auch in den Folgebriefen begeistert von seinen Erlebnissen.

Der Campe-Biograph Hans-Jürgen Perrey nennt die Briefe des Knaben Eduard „lesenswert" und ein „gutes Stück Reiseliteratur" – allerdings mutmaßt er auch, dass die Briefe des Enkels von seinem Großvater Campe vor der Drucklegung redigiert worden seien, weil ihm „das Ganze" denn doch „[zu] stilisiert zu sein scheint".[48] Das nun lässt sich heute allerdings nicht mehr nachvollziehen, da – anders als im Fall der Briefe des dreizehnjährigen Wilhelm von Humboldt, von denen immerhin wenige, wenn auch zum Teil nur als Fragment, erhalten geblieben sind – von Eduards Briefen nur noch die gedruckte Form bekannt ist. Entscheidend ist in der Geschichte des Briefes als Bildungsmittel jedoch das Signal und die tiefe Überzeugung, die von Campes Editionstätigkeit ausgeht: Während an der Schwelle zum 18. Jahrhundert noch das Sendschreiben des Gelehrten, vorzugsweise in lateinischer Sprache, unangefochten als Idealform des bildenden Briefes anerkannt ist, hat sich im Zeitalter der Aufklärung, spätestens an der Schwelle zum 19. Jahrhundert, die Vorstellung davon, welche Art Briefe zu bilden vermögen, radikal erweitert, wenn nun Kinder auf Reisen den zurückgebliebenen Erwachsenen die Welt in ihrer eigenen Sprache erklären.

Bibliographie

H. E. Bödeker/E. Hinrichs (Hg.), *Alphabetisierung und Literalisierung in Deutschland in der frühen Neuzeit* (Tübingen: Niemeyer, 1999).
D. F. Bond (Hg.), *The Spectator*, 5 Bde. (Oxford: Clarendon Press, 1965).

---

47 Ebd., 241.
48 H.-J. Perrey, *Joachim Heinrich Campe*, 316.

J. H. Campe, „Reise von Braunschweig nach Paris im Heumonat 1789", in: ders., *Sammlung interessanter und durchgängig zweckmäßig abgefaßter Reisebeschreibungen für die Jugend*, 8. Teil (Reutlingen: Johannes Grözinger, 1790), 1–268.

J. H. Campe, „Reise von Braunschweig nach Karlsbad und durch Böhmen, in Briefen von Eduard und Karl", in: ders., *Neue Sammlung merkwürdiger Reisebeschreibungen für die Jugend*, 7. Teil (Braunschweig: Schulbuchhandlung, 1806), 1–339.

J. H. Campe, *Robinson der Jüngere, zur angenehmen und nützlichen Unterhaltung für Kinder* [1779] (nach dem Erstdruck hg. v. A. Binder/H. Richartz; Stuttgart: Reclam, 2000).

J. H. Campe, *Briefe von und an Joachim Heinrich Campe I. Briefe von 1766–1788* (hg., eingel. und komm. v. H. Schmitt; Wiesbaden: Harrassowitz, 1996); *II. Briefe von 1789–1814* (hg., eingel. und komm. v. H. Schmitt/A. Lindemann-Stark/C. Losfeld; Wiesbaden: Harrassowitz, 2007).

J. P. Eckermann, *Gespräche mit Goethe in den letzten Jahren seines Lebens* (Frankfurt a.M./Leipzig: Insel Verlag, 1992).

C. Furger, *Briefsteller. Das Medium „Brief" im 17. und frühen 18. Jahrhundert* (Köln u.a.: Böhlau, 2010).

Ch. F. Gellert, *Fabeln und Erzählungen* (Leipzig: Johann Wendler, 1746).

Ch. F. Gellert, *Briefe, nebst einer praktischen Abhandlung von dem guten Geschmacke in Briefen* (Leipzig: Johann Wendler, 1751).

J. W. von Goethe, Brief des Pastors zu *** an den neuen Pastor zu ***, in: ders., *Werke* (Hamburger Ausgabe 12; hg. von E. Trunz; München: Beck, ^{12}1994), 228–239.

J. Locke, *Epistola de Tolerantia* (Gouda: Hoeve, 1689).

J. Locke, *The Correspondence of John Locke I* (hg. v. E. S. de Beer; Oxford: Clarendon Press, 1976).

J. Locke, „Weihnachten in Deutschland (1665). Mit einer Vorbemerkung von J. Overhoff", in: *Sinn und Form. Beiträge zur Literatur* 6 (2021), 777–790.

C. Mayer, „Erziehung und Schulbildung für Mädchen", in: *Handbuch der deutschen Bildungsgeschichte II. 18. Jahrhundert. Vom späten 17. Jahrhundert bis zur Neuordnung Deutschlands um 1800* (hg. v. N. Hammerstein/U. Herrmann; München: C. H. Beck, 2005), 188–211.

J. Overhoff, *Die Frühgeschichte des Philanthropismus von 1715 bis 1771. Konstitutionsbedingungen, Praxisfelder und Wirkung eines pädagogischen Reformprogramms im Zeitalter der Aufklärung* (Tübingen: Niemeyer, 2004).

J. Overhoff, *Benjamin Franklin. Erfinder, Freigeist, Staatenlenker* (Stuttgart: Klett-Cotta, 2006).

J. Overhoff, „Ein Panorama des aufklärerischen Denkens. Zum exemplarischen und facettenreichen Briefwechsel des Braunschweiger Schriftstellers, Pädagogen und Verlegers Joachim Heinrich Campe", in: *Historische Zeitschrift* 289 (2009), 365–382.

H.-J. Perrey, *Joachim Heinrich Campe. Menschenfreund – Aufklärer – Publizist* (Bremen: edition lumière, 2010).

E. Ch. Trapp, *Ueber das Hallesche Erziehungs = Institut* (Dessau: Buchhandlung der Gelehrten, 1782).

R. Vellusig, *Schriftliche Gespräche. Briefkultur im 18. Jahrhundert* (Wien u.a.: Böhlau, 2000).

R. Vierhaus, „Bildung", in: *Geschichtliche Grundbegriffe. Historisches Lexikon zur politisch-sozialen Sprache in Deutschland* 1 (2004), 508–551.

Voltaire, *Lettres philosophiques* (Amsterdam: Lucas, 1734).

R. Woolhouse, *Locke. A Biography* (Cambridge: Cambridge University Press, 2007).

Albrecht Beutel
Johann Gottfried Herder im epistolographischen Streit
Ein Musterfall hermeneutischer Aufklärung

1 Herders Abkehr von Spalding

Wie die meisten seiner intellektuellen Zeitgenossen[1] unterhielt auch Johann Gottfried Herder eine extensive Korrespondenz. Die aktuelle Gesamtausgabe seiner Briefe[2] kennt 2.270 Stücke aus Herders Feder; mit einer namhaften Dunkelziffer dürfte überdies noch zu rechnen sein. Insgesamt entstanden diese Episteln nicht im selbstgefälligen Seitenblick auf öffentliche Rezeption, wirken also nicht künstlich stilisiert oder geckenhaft kalkuliert, sondern offenherzig, unverstellt und authentisch. Dergestalt stellen sie für Herders Biographie, für die Geschichte seiner Selbst- und Fremdwahrnehmung, seines Erlebens und Erleidens einen unentbehrlichen Quellenbestand dar.[3] So lässt sich beispielsweise das anhaltend heftige emotionale Wechselbad seiner Italienreise einschließlich des dort Anfang November 1788 vollzogenen Bruchs mit Johann Wolfgang von Goethe[4] im Briefkorpus unmittelbar nachvollziehen.

Ebenso aufschlussreich wie die epistolographisch dokumentierten Befindlichkeitszeugnisse sind auch die Konflikte, in die Herder mit seinen Schreiben bisweilen geriet. Von einem dieser Konflikte soll jetzt, durchaus exemplarisch, die Rede sein. Er eskalierte im Jahr 1774, also mitten in der Bückeburger Anstellungszeit, und zielte auf den neologischen Meistertheologen und Berliner Propst Johann Joachim Spalding.[5] Die Umstände und Voraussetzungen lassen sich mit wenigen Strichen skizzieren.

---

[1] Zur gelehrten Briefkultur im Zeitalter der Aufklärung vgl. R. Vellusig, „Aufklärung und Briefkultur"; ders., „Die Poesie des Briefes".
[2] J. G. Herder, „Briefe".
[3] Es verwundert, dass sich in S. Greif/M. Heinz/H. Clairmont (Hg.), *Herder Handbuch*, zum Stichwort „Briefe" weder ein eigener Artikel noch ein Registereintrag findet.
[4] Vgl. A. Beutel, „Selbstfindung im Süden?" Zu Goethe als Briefschreiber vgl. A. Schöne, *Briefschreiber Goethe*.
[5] Im Folgenden schreibe ich, mitunter in enger Anlehnung, meine frühere Studie fort: A. Beutel, „Herder und Spalding". Zu Herders Streitpartner vgl. ders., *Spalding*.

Albrecht Beutel, Münster

Spätestens gegen Ende der 1760er Jahre, also noch während seiner Zeit in Riga, verstand sich Herder als ein theologischer Aufklärer und verehrte den Berliner Propst als sein verbindliches Vorbild. Gefühlvoll interessierte er sich für den Menschen Spalding, zog immer wieder Erkundigungen über dessen Ergehen[6] und dessen Arbeiten ein;[7] von Spaldings Gedächtnisschrift auf seine verstorbene Frau Wilhelmine Sophie[8] ward Herder zu Tränen gerührt.[9] Auch hat er die Predigt- und Buchpublikationen Spaldings mit heftig zustimmender Aufmerksamkeit rezipiert.[10] In die 1766/67 entstandenen Fragmente *Über die neuere deutsche Literatur* ist ein besonderes, Spalding gewidmetes Ruhmesblatt eingerückt.[11] Dieser erscheint dort als „ein Schriftsteller, nicht blos des Vaterlandes, sondern auch der Menschheit". „Mit Genauigkeit und Wahrheit" beschreibe Spalding den schmalen Grat zwischen Philosophie und Banalität, und dessen Übereinstimmung von „Schreibart" und „Denkart" offenbare eine selten gewordene „Treue" zur Sache der Theologie. Wenn irgendeiner, fuhr Herder fort, dann sei Spalding dazu berufen, der protestantischen Religionskultur „gesunden Menschenverstand" einzuverleiben und der Gemeinde weder als „Rabbi" noch als Popularphilosoph, sondern in der „Rednersorte eines Freundes, eines Vertrauten, eines Seelsorgers" zu begegnen. Dergestalt sei Spalding dazu prädestiniert, als ein neuer Reformator „in die Theologie ein Denken einzuführen, das eben so wenig Deismus und Freigeisterei, als nachgebetete Formel ist".[12]

Den Ruf nach Bückeburg hatte Herder nicht zuletzt seinem aufklärerischen Profil zu verdanken. Graf Wilhelm von Schaumburg-Lippe hoffte darauf, in ihm einen Ersatz für den früh verstorbenen Gesprächspartner Thomas Abbt zu bekommen.[13] Doch Herder wollte sich nicht vereinnahmen lassen und blieb reserviert, zumal der Graf, diese „feinste griechische Seele in einem westphälischen Körper",[14] an seinen kirchlichen Reformbestrebungen keinerlei Interesse zeigte. Schon bald nach der Ankunft in Bückeburg war bei Herder ein Wandel seines

---

6 Vgl. etwa Herder an Johann Friedrich Hartknoch, Ende Okt. 1769, in: J. G. Herder, *Briefe*, Bd. 1, 171.
7 Vgl. etwa Herder an Johann George Scheffner, 31.10.1767, in: ebd., Bd. 1, 93; Herder an Moses Mendelssohn, Anfang April 1769, in: ebd., Bd. 1, 138.
8 Nach dem Tod seiner ersten Frau Wilhelmine Sophie Spalding geb. Gebhardi (1734–1762) brachte Spalding ein an seinen Schwiegervater gerichtetes Erinnerungsblatt zum Druck: J. J. Spalding, „Doctor Gebhardi".
9 Herder an Karoline Flachsland, etwa 1.11.1770, in: J. G. Herder, *Briefe*, Bd. 1, 279–280.
10 Für die Nachweise vgl. A. Beutel, „Herder und Spalding", 261–262.
11 J. G. Herder, *Sämtliche Werke*, Bd. 1, 223–224.
12 Ebd., Bd. 1, 223.
13 Vgl. M. Maurer, *Herder*, 61.
14 Zu diesem Wort vgl. A. Beutel, „Herder und Spalding", 262.

theologischen Koordinatensystems zu bemerken, in seinen Themen und Thesen begannen sich die Interessen einer neuen Generation zu artikulieren.

Dieser Wandel verband sich mit einer Revision der bisherigen Einschätzung des um drei Jahrzehnte älteren Spalding, ja er hat sich darin wahrscheinlich sogar erstmals manifestiert. Mit der Rührung, die Spaldings Gedächtnisblatt noch kurz zuvor ausgelöst hatte, schien es unwiderruflich vorbei: Er habe, ließ Herder seine Braut wissen, „jetzt Vorurtheil gegen ihn".[15] Hatte er 1765 die vermeintliche Kühle Spaldings noch bewundert,[16] so geißelte er nun dessen „kalte[n], nervenlose[n] Ton" als die „Erbsünde" des einst verehrten Idols. Und die ehedem hoch geschätzten Predigten Spaldings schienen ihm jetzt nur noch „feierlich dämmernd, so wortreich, so unbestimmt und Menschheitsarm".[17] Insofern mag die Vermutung nicht ganz abwegig sein, Herder habe die Erfüllung der noch kurz zuvor in Spalding gesetzten Erwartung, zum theologischen Jahrhundertreformer zu werden, spätestens seit 1771 als seine eigene Mission und Aufgabe entdeckt.

Kurz darauf veröffentlichte Spalding seine *Ueber die Nutzbarkeit des Predigtamtes und deren Beförderung*[18] handelnde klassische Homiletik der Neologie. Damit waren für Herder Gegenstand und Zeitpunkt einer Generalabrechnung mit dem aufgekündigten Vorbild gesetzt. Gegen das von Spalding gezeichnete Pfarrerbild schrieb er seine *An Prediger* gerichteten *Funfzehn Provinzialblätter*.[19] Es scheint, als sei in der Heftigkeit dieses „verblüffenden Pamphlet[s]"[20] „etwas von dem Eifer eines Renegaten gegen die eigene bisherige Position"[21] zu entdecken gewesen. Den Erstentwurf brachte Herder im Frühsommer 1773 zu Papier, eine überarbeitete Fassung gab er dann im November desselben Jahres zum Druck. Voller Ungeduld fieberte Herder der sich bis Juni 1774 verziehenden Auslieferung seines „Anti-Spalding"[22] entgegen,[23] und mehrfach maß er den *Provinzialblättern* den Vorrang unter allem, was er in Bückeburg verfasst hatte, zu.[24] Mag Herder diese Schrift auch als ein auf Göttingen gemünztes akademisches Empfehlungs-

---

15 Herder an Karoline Flachsland, 15.8.1772, in: J. G. Herder, *Briefe*, Bd. 2, 204.
16 Vgl. Herder an Johann Georg Hamann, 23.4./4.5.1765, in: ebd., Bd. 1, 42.
17 Herder, *Sämtliche Werke*, Bd. 1, 223–224.
18 J. J. Spalding, *Nutzbarkeit des Predigtamtes*. Herder hat diese Schrift in Gestalt der nicht unerheblich erweiterten und veränderten zweiten Auflage (1773) benutzt.
19 Nachfolgend zitiere ich die am leichtesten zugängliche, obgleich den Text nicht immer diplomatisch getreu darbietende Ausgabe: J. G. Herder, „An Prediger", in: ders., *Theologische Schriften*, 67–138.
20 Ch. Bultmann, „Herderforschung", 47.
21 H. Nordmann, „Spalding", 109.
22 R. Haym, *Herder*, 593.
23 Vgl. die detaillierten Nachweise in A. Beutel, „Herder und Spalding", 238, Anm. 9.
24 Vgl. ebd., Anm. 10–12.

schreiben gedacht haben,[25] so markiert diese hitzige Selbstverständigung über Wesen und Funktion des Predigtamts doch zweifellos zugleich die organisierende Mitte der damals entstandenen Schriften.[26]

2 Herders *Provinzialblätter*

Die *Provinzialblätter* des noch nicht dreißigjährigen Herder umfassen 15 kurze, in sich geschlossene Stücke, denen jeweils ein literarisches Zitat als Motto vorangestellt ist. Redegestus und Sprachstil des Textes wirkten provozierend und mussten befremden. Die *Allgemeine Deutsche Bibliothek* rügte denn auch alsbald den „dunkeln Orakelton, der dem Verfasser beliebt hat, der so oft nachdrücklich und herzeindringend seyn soll, und so oft nichtsbedeutend ist".[27] Und noch drei Jahrzehnte später hat Friedrich Schleiermacher den Ton der *Provinzialblätter* als verunreinigend und missverständlich gerügt.[28] Es scheint, als habe sich Herder bereits in formaler Hinsicht Mühe gegeben, „so anti-Spaldingisch wie möglich"[29] zu sein.

Spalding, der Aufklärer, war auch stilistisch von ruhigem, ausgewogenem Temperament. In seinen Predigten und Publikationen pflegte er die Gedanken in ruhig abwägender Nachdenklichkeit zu entwickeln. Mit populartheologischer Milde warb er um das Einverständnis der Rezipienten, denen er weder besondere Bildung noch Divination, nur die Bereitschaft zur Selbstrechenschaft abforderte. In kleinen Schritten, immer wieder durch wohldosierte Redundanzen unterbrochen, schritt er mit ihnen den gebahnten Denkweg entlang.

Gegenüber dieser philanthropischen Fürsorglichkeit kannte Herder nur Hohn und Spott. Er verabscheute den pharmakologischen „Modeton", die „holde Dämmerung" Spaldings, dessen in „kalte[m], nervenlose[m] Ton" sich artikulierende „güldne Mittelmäßigkeit".[30] In der Sprachgestalt seiner *Provinzialblätter* erprobe Herder die extreme Alternative. Sein Stil ist genialisch und intuitiv, sprühend lebendig, leidenschaftlich, parteilich, stürmend und drängend. Mit Ironie, Spott und Sarkasmus atta-

---

25 Vgl. R. Smend, „Herder und Göttingen", 10–11; K. Hammann, *Universitätsgottesdienst*, 276.
26 Vgl. Ch. Bultmann/Th. Zippert, „Kommentar zu *An Prediger*", 928; M. Buntfuß, „An Prediger".
27 Allgemeine Deutsche Bibliothek 23 (1775), 347. – Diese außergewöhnlich umfangreiche Besprechung von Herders Schrift *An Prediger* wurde merkwürdiger Weise ohne jedes Namenskürzel des Verfassers gedruckt, so dass der Autor dieser überaus kritischen Rezension nicht zu ermitteln ist.
28 Vgl. F. Schleiermacher, „Rez. Spalding", 33.
29 R. Haym, *Herder*, 598.
30 Herder, „An Prediger", 78. 97. 72; Herder an Johann Caspar Lavater, 30.10.1772, in: J. G. Herder, *Briefe*, Bd. 2, 253.

ckierte er die gegnerische Position, in polemischer Gereiztheit übertrieb er graduelle Sachdifferenzen zu dramatischer Antithetik. Die Wohltemperiertheit aufklärerischer Kanzelsprache konterkarierte er durch anakoluthisch-tumultuarische Rede, durch archaische Sprachbildung,[31] durch einen „declamatorischen Elisions- und Interjectionsstil":[32] „hem! heu! ohe! eheu!"[33]

Für die vorsätzlichen Verdrehungen, Missdeutungen und Entstellungen, deren sich Herder bediente, mögen drei Beispiele genügen. Während Spalding seinen anfänglichen Vergleich des Predigers mit den alten Propheten und Philosophen sogleich in das zeitgemäße Bild des Freundes und Ratgebers, „mit welchem man so über seine moralischen Angelegenheiten, wie mit einem Arzte über seinen Gesundheitszustand, zu Rathe gehen kann",[34] eingeholt hatte, polterte Herder, die Homiletik Spaldings bleibe in „bloßen Wolken, und Nebelzuge allgemeiner Wahrheiten"[35] stecken, und für den Berliner Tugendlehrer sei die Bibel, dieses „Hauptbuch"[36] des Glaubens, nur „ein Nebengerüst",[37] die „Rede Jesu nur Citatum":[38] „lebe wohl, Christentum, Religion, Offenbarung – die Namen werden höfliche Maske".[39]

Und während Spalding den himmelweiten Unterschied zwischen dem religiösen und politischen Nutzeffekt des Predigtamtes in der nicht als arithmetische Präzisionsangabe, sondern als symbolischer Ausdruck der Unvergleichbarkeit gemeinten Verhältnisbestimmung von 1000:1 veranschaulichte – „es wäre, als wenn eine Maschine von tausend Pfund Kraft angesetzt würde, eine Last von einem Pfunde zu bewegen"[40] –, erhob Herder den grotesk irrlichternden Vorwurf, Spalding habe in vollständiger Fixierung auf den Erweis der gesellschaftlichen Nützlichkeit eine religiöse Wesensbestimmung des Predigtamtes gänzlich verabsäumt,[41] finde deshalb auch nicht ein einziges Wort zu der Frage, „was ein Prediger vor

---

31 Eine instruktive Sammlung von Beispielen hat R. Haym, *Herder*, 596, zusammengestellt.
32 Ebd.
33 J. G. Herder, „An Prediger", 130. Die geballte Häufung von Ausrufesätzen in diesem Werk ist signifikant.
34 J. J. Spalding, *Nutzbarkeit des Predigtamtes*, 64.
35 J. G. Herder, „An Prediger", 71.
36 Ebd., 79.
37 Ebd.
38 Ebd., 90.
39 Ebd.
40 J. J. Spalding, *Nutzbarkeit des Predigtamtes*, 90.
41 Vgl. J. G. Herder, „An Prediger", 75; ders., *Sämtliche Werke*, Bd. 5, 268: „Spalding handelte sein Thema von Nutzbarkeit der Prediger [!] aufs neue ab, mit untermengten schönen Gloßen und Politischen Aphorismen, so daß wozu hie und da Prediger unwesentlich nutz sein könnten, viel drin stand, was aber sie wesentlich seyn sollten, nicht möchten und beliebten, keyn Wort."

Gott u[nd] Menschen sein soll"[42] und was er tun soll, wenn sein „leidlicher Tugendvortrag und Unterricht nicht verfängt".[43] „Die Nutzbarkeit des Predigtamts nach politischem Maßstabe und gemäß der Landluft"[44] – diese Quintessenz unterschob Herder dem Gegenstand seiner blinden oder blendenden, jedenfalls aber in ungezügelter Leidenschaft geführten Attacke.

Zudem gab Herder auch auf die von Spalding verfochtene Psychologie einen irreführenden Fehlschuss ab. Denn während der Berliner Propst zwischen den oberen und unteren Seelenkräften in der Absicht unterschieden hatte, sie in einem strukturierten Ganzen zusammenzuhalten, da doch der Kopf und Herz, Verstand und Gefühl, Intellekt und Affekt umfassende *ganze* Mensch als Adressat des Wortes Gottes angesprochen sei, verzerrte Herder die von Spalding vorgenommene Differenzierung in eine beziehungslose Trennung und schleuderte ihm das Mt 19,6b travestierende Schriftwort entgegen: „Wer bist du, abzusondern, was Gott zusamengefüget hat?"[45] Die Zeichen also, kein Zweifel, standen auf Streit, Sturm und Drang.

3 Ein Streit in Briefen

1.) Am 15. Juni 1774 begann, unter der Tarnkappe harmloser Leutseligkeit, der epistolographische Streit: Herder übersandte ein Exemplar seiner soeben erschienenen *Provinzialblätter* an Spalding. Der Ton seines Begleitschreibens[46] war höchst erstaunlich: überbordend von Freundlichkeit und Respekt. Umstandslos bekannte er sich zur Verfasserschaft und beteuerte seine aufrichtige Devotion: „Niemand in Deutschland kann die weise Einfalt u[nd] Redlichkeit u[nd] Güte Spaldings mehr als ich verehren".[47] Das Befremden, das „der bescheidene, stille Spalding"[48] bei der Lektüre des Buches vielleicht empfinden würde, suchte Herder in mehreren Anläu-

---

42 Herder an Johann Caspar Lavater, etwa 18.12.1773, in: ders., *Briefe*, Bd. 3, 59–60: „Ihr Spalding ärgert mich von Tag zu Tage mehr. Seine 2te Auflage des Predigers [!] kein Wort was ein Prediger vor Gott u[nd] Menschen sein soll! alles nur was er in den Staaten Seiner Glorwürdigsten Majestät, des Königs von Preußen höchstprivilegirter massen seyn darf u[nd] seyn möchte, um doch auch so Etwas zu seyn."
43 Ders., „An Prediger [Entwurf 1773]", in: ders., *Sämtliche Werke*, Bd. 7, 191.
44 Ders., „An Prediger", 81.
45 Ebd., 100.
46 Herder an Johann Joachim Spalding, 15.6.1774, in: J. G. Herder, *Briefe*, Bd. 3, 97–98.
47 Ebd., 97.
48 Ebd.

fen zu zerstreuen. So habe er dessen „theuren Namen" mit „völliger Auslassung"[49] geschont. Dies freilich stellte eine gezielte, unschwer zu entlarvende Fehlinformation dar. Denn über eine namentliche Erwähnung[50] hinaus waren neun der 15 Motti, die jeweils ein Kapitel einleiteten, als Zitate aus einem Buch Spaldings ausgewiesen. Sodann habe die den *Provinzialblättern* beigegebene Vorrede zur Unterscheidung von Meinungsstreit und persönlicher Wertschätzung aufgerufen:[51] „Vergiß also Personen, Leser, und suche Wahrheit!"[52]

Indessen fixierte sich Herder nun gleichwohl auf Personen: Nicht gegen Spalding habe sich seine Empörung gerichtet, sondern gegen die Aufklärer Wilhelm Abraham Teller, Johann August Eberhard, Christian Tobias Damm und Friedrich Nicolai[53] – und damit gegen Autoren, die ebenso wie Spalding unlängst eine neologische Religionsschrift veröffentlicht hatten.[54] Staunend mag der Adressat sich gefragt haben, ob diese aufklärungstheologische Binnendifferenzierung nur einen fadenscheinigen Beschwichtigungsversuch darstellte oder den Ausdruck aufrichtiger Naivität.

Schließlich erläuterte Herder, dass er, mit Spalding in dem Interesse am Predigerstand engstens verbunden, von dessen Homiletik ausgehen musste, die „so vortrefflich auf Einer Seite, mich auf der andern so mangelhaft u[nd] durch den Mangel abführend dünkt".[55] Der „zu starke Ton" missfalle ihm inzwischen selbst, desgleichen die „Ketzermacherei",[56] zu der er sich habe hinreißen lassen. Ganz unbefangen bat er Spalding abschließend um Nachricht, „mit welchem Herzen … Sie die Schrift aufgenommen! u[nd] was Ihre ganze Seele dagegen zu sagen hat".[57]

2.) Die Antwort kam prompt,[58] sie war nobel, sanftmütig und souverän, man hat sie das Angebot einer goldenen Brücke genannt.[59] Spalding begann dort, wo Her-

---

49 Ebd.
50 Vgl. J. G. Herder, „An Prediger", 127.
51 Ebd., 69: „Man kann uneinig in Meinungen sein, und doch die Denkart eines Mannes, selbst mit dem, was uns Mangel oder Irrtum dünkt, sehr ehren, und vielleicht als Mensch sich gar die Denkart mit allen Fehlern wünschen!"
52 Ebd.
53 Vgl. Herder an Spalding, 15.6.1774, in: J. G. Herder, *Briefe*, Bd. 3, 97.
54 Vgl. W. A. Teller, *Wörterbuch des Neuen Testaments*; J. A. Eberhard, *Neue Apologie des Sokrates*; Ch. T. Damm, *Vom historischen Glauben*; ders., *Betrachtungen über die Religion*; F. Nicolai, *Sebaldus Nothanker*.
55 Herder an Johann Joachim Spalding, 15.6.1774, in: J. G. Herder, *Briefe*, Bd. 3, 97.
56 Ebd.
57 Ebd., 98.
58 Johann Joachim Spalding an Herder, 2.7.1774, in: J. J. Spalding, *Briefe*, 234–237.
59 Vgl. R. Haym, *Herder*, 616.

der geendet hatte, und gab Nachricht von seinem Herzen. Die Enttäuschung darüber, dass ihn ein Mann von großen Geistesgaben statt mit der erhofften Zustimmung mit „so viel Tadel" bedacht hatte, sei bald der Einsicht gewichen, „daß Beifall ein Geschenk ist, daran man sich freuen kann, nicht aber eine Schuld, die man fordern und über deren Ausbleiben man sich kränken darf".[60] Und wenn er sich angesichts des von Herder angeschlagenen Tons auch frage, ob aus Brief und Buch „ein und dieselbe Seele sprechen könne", wolle er doch darüber, „weil dieser Ton Ihnen selbst mißfällt, kein Wort weiter verlieren".[61]

Dann unterzog Spalding die Kritik, die Herders *Provinzialblätter* artikuliert hatten, einer besonnen differenzierenden Evaluation. Einerseits rügte er die sinnentstellende Wiedergabe einzelner Stellen seiner homiletischen Prinzipienschrift. Andererseits tadelte er die Konstruktion eines Dissenses, „wo im Grunde kein Widerspruch ist".[62] Denn da sie beide ja offenkundig in der Absicht übereinkämen, die „Richtung der Seele zur Wahrheit, zum Guten, zu Gott" zu lenken, wäre es besser und redlicher gewesen, in ruhiger Nüchternheit den „Punkt der Uebereinstimmung" zu suchen, anstatt die Leser mit einer Entgegensetzung zu schrecken, „die mehr in Worten als in der Sache ist".[63]

Was aber darüber hinaus die tatsächlichen Meinungsverschiedenheiten anging, sah sich Spalding veranlasst, dem jugendlichen Streitpartner eine hermeneutische Elementarlektion zu erteilen. Ein Widerspruch, der sich damit begnüge, nur das Resultat der eigenen Gedankenreihe thetisch zu postulieren, vermöge niemanden zu überzeugen, der nicht ohnehin schon denselben Gesichtspunkt vertrete. Stattdessen sei es ein Gebot diskursiver Redlichkeit, denjenigen, die man im Irrtum befangen glaubt, „die *Stelle* zu zeigen, wo sie bei ihrem Ausgehen von gemeinschaftlichen wahren Grundsätzen seitwärts abtreten",[64] anstatt solchen Fehltritt nur mit Unwillen und Verachtung zu brandmarken.[65] Der Verzicht auf eine deduk-

---

60 Johann Joachim Spalding an Herder, 2.7.1774, in: J. J. Spalding, *Briefe*, 234.
61 Ebd.
62 Ebd., 235.
63 Ebd.
64 Ebd.
65 Ebd. 235–236: „Es ist schön, das Ganze mit *einem* Blick zu fassen, aber es gehört ein Standpunkt dazu, den gewiß auch Temperament, Unterricht, Umgang, Lesung u. s.w. unmerklich mit machen hilft; und wenn nun mein Freund, eben aus diesen Ursachen, einen andern hat, von da einen ganz andern, eben so lebhaften Blick thut, und auf mich eben so unwillig wird, als ich, daß ich den Gegenstand nicht so sehe, wie er, wo ist da das Mittel zusammen zu kommen anders, als durch das vorsichtige Zurückgehen auf gemeinschaftliche Wahrheitsgründe, und durch gelassene Bemerkung des ersten Fehltrittes oder mehrerer? Oder wenn der, der nicht dieß helle Auge, nicht diesen Adlerflug, aber gleich guten Willen hat, durch seine Dämmerung näher zu dem Lichte hinanzuschreiten strebt und ohne angewiesene Fußtapfen nicht fortzukommen vermag,

tive Plausibilisierung dessen, was man selbst für wahr hält, sei unbarmherzig und hochmütig, denn „Wenigen ist es gegeben die Wahrheit zu erfliegen, wenn sie sich überall erfliegen läßt; die andern bedürfen einer Anzeige der Schritte, welche sie gehen müssen um langsamer dahin zu kommen."[66] Zugleich aber erweise sich ein solcher Verzicht, wie Spalding mit einem Seitenhieb auf die jüngste literarische Bewegung hinzufügte, als theologisch unsachgemäß: „Gott, mit seiner erleuchtenden leitenden Wahrheit, ist nicht im Sturm und Gewölke."[67] Deshalb geböten es humaner Anstand und religiöse Pflicht gleichermaßen, die Menschen „sanftmüthig bei der Hand zu nehmen und sie so zu leiten, daß sie sagen müssen, dieß ist der rechte Weg".[68] Indem Spalding das, was Herder hätte tun sollen, in das Horaz zugeschriebene Wort „*Errantis poena doceri*"[69] zusammenfasste – „Die Strafe des Irrenden besteht darin, belehrt zu werden" –, brachte er damit, was die singularische Form unterstreicht, zugleich ironisch die eigene Reaktion, die er Herder zuteil werden ließ, auf den Begriff.

Nachdem er noch ein paar artige Verbindlichkeiten hinzugefügt hatte, schloss Spalding, ebenso vornehm wie subtil, mit dem Wunsch, Herder möge „die großen Talente ..., die Gott Ihnen gegeben hat", dazu nutzen, „die Gesinnungen des Christenthums mit Feuerflammen, und zugleich auf die Dauer [!], in die Herzen zu schreiben".[70]

3.) Mitte Juli 1774, wohl noch aus dem in Pyrmont verbrachten Kuraufenthalt, schrieb Herder erneut.[71] Ohne auch nur mit einem Wort auf Spaldings diskursstrategische Belehrung zu replizieren, gab er die erstaunliche Beteuerung ab, die *Provinzialblätter* seien gar nicht gegen ihn, „eigentlich gegen Niemand"[72] gerichtet. Noch erstaunlicher war das Anerbieten, zum Erweis seiner Aufrichtigkeit in einer künftigen Ausgabe die Spalding zitierenden Motti durch andere zu ersetzen, ohne dadurch den Charakter des Buches zu ändern – es war dies nicht weniger als das Angebot, den Kreis zu quadrieren. Hinsichtlich seines in Buch und Brief so disparaten Tons verwies Herder auf die Unterscheidung von Werk und Person: „Ein Buch, was wir schreiben, [ist] nicht wir selbst, sondern ein Gespenst, eine Art Phantom von Uns",[73] und die Aufnahme, die es im Publikum finde, könne es

---

so wäre es doch hart, ihn weit zurück da stehen zu lassen, wo er steht, und nur über ihn zu zürnen, daß er nicht weiter ist."
66 Ebd., 235.
67 Ebd., 236.
68 Ebd.
69 Ebd.
70 Ebd.
71 Herder an Johann Joachim Spalding, Mitte Juli 1774, in: J. G. Herder, *Briefe*, Bd. 3, 104–106.
72 Ebd., 105.
73 Ebd.

geradewegs ins Gegenteil unserer selbst verkehren: „Gegen so ein Phantom von literarischem Spalding muste ich schreiben."[74] Sollte dies also heißen, dass die Invektiven Herders lediglich auf eine intentionswidrige Rezeption der vom Berliner Propst publizierten Predigtlehre abzielten?

Mochte diesbezüglich auch kalkulierte Unklarheit walten, so war der eigentliche Anlass des Briefes doch anderer Art. In Berlin, wo ja bislang nur das an Spalding übersandte Exemplar der *Provinzialblätter* existierte, sei er, klagte Herder, in abfälliges Gerede gekommen, man unterstelle ihm Gehässigkeit und Heuchelei gegen Spalding und glaube zu wissen, er habe die Veröffentlichung seines Buches schon wieder bereut. Durchaus vornehm gab Herder seinem Ärger über die Spalding unterstellte Indiskretion Luft und Raum; seine anhaltende persönliche Hochschätzung wollte er dadurch in keiner Weise getrübt wissen. Der abschließende Gruß, er wünsche Spalding den „schönsten heitersten Genuß des Alters",[75] mochte verbindlich gemeint sein, dürfte aber auch die Konnotation, dem sechzigjährigen Adressaten werde ein Rückzug ins Altenteil angeraten, billigend einkalkuliert haben.

4.) Im Sommer 1774 kam Spalding unter der Last seiner Dienstpflichten dem Zusammenbruch nahe. Während der Erholungszeit, die ihm von Anfang Juli bis Ende September gewährt wurde, ruhte er „in hypochondrischer Niedergeschlagenheit"[76] von aller Arbeit.[77] Inwieweit auch der schwelende Streit mit Herder zu dieser Erschöpfung beigetragen hatte, ist schwer zu ermessen. Immerhin zeigte sich Spalding über „die Bewegungen in der literarischen, auch selbst der theologischen Welt", wie er am 8. November an Johann Caspar Lavater schrieb,[78] zusehends befremdet.

Inmitten dieser gravierenden Unpässlichkeit reagierte er auf die neuerliche Zuschrift Herders bereits am 8. August.[79] Dass ihm die Verwirrung, in die ihn die atmosphärische Diskrepanz zwischen Herders Buch und Briefen gestürzt hatte, weiterhin zusetze, gestand er freimütig ein und bemühte sich zugleich, sie als die „unbedeutende Kleinigkeit",[80] die sie zwar nicht in persönlicher, aber in sachlicher Hinsicht war oder zu sein schien, beiseite zu lassen.

Umso ausführlicher verwahrte sich Spalding nun aber gegen den von Herder erhobenen Vorwurf der Indiskretion. Er könne schlechterdings kein Unrecht

---

74 Ebd.
75 Ebd., 106.
76 J. J. Spalding, „Lebensbeschreibung", 172.
77 Vgl. A. Beutel, *Spalding*, 175–176.
78 Johann Joachim Spalding an Johann Caspar Lavater, 8.11.1774, in: J. J. Spalding, *Briefe*, 241.
79 Johann Joachim Spalding an Herder, 8.8.1774, in: ebd., 239–240.
80 Ebd., 240.

darin erkennen, dass er die *Provinzialblätter* in den vertrauten Umgang mit seinen Berliner Freunden eingebracht habe, wobei es gar nicht nötig gewesen sei, den Autor dieser Schrift zu benennen: „Ein jeder, der sie las, nannte, wegen der darin herrschenden Art zu denken und zu schreiben, Sie, als den Verfasser."[81] Und wenn die *Provinzialblätter* unterdessen zum Gesprächsgegenstand geworden seien, so müsse Herder dies als Teil der öffentlichen Debatte, der sich jeder Schriftsteller aussetze, hinnehmen.

Zwei persönliche Voten unterschiedlicher Art schlossen sich an. Sollte er, fuhr Spalding fort, durch die Weitergabe nicht des Buches, aber der Briefe von Herder dessen „Mißvergnügen" erregt haben, so bitte er „inständig um die Verzeihung einer Offenherzigkeit, die durch eine sehr natürliche Empfindung und, wie ich noch glaube, mit Unschuld auf meiner Seite veranlaßt ward".[82] Dann aber rief er den jugendlichen Briefpartner dazu auf, seinen „Unmut" nicht auf theologische Zielgefährten, die vielleicht unterschiedliche Wege wählten, zu konzentrieren, sondern auf „den verderbenden Geist des ruchlosen Unglaubens", den „Verwüster der menschlichen Würde und Glückseligkeit",[83] der Gesellschaft und Religion gleichermaßen zu ruinieren drohe.

Herder war empört, er witterte Kabale in Berlin und zog Konsequenzen. Unmittelbar nach Erhalt dieses Briefes schrieb er an Lavater, er bereue nun die Verbindlichkeit, mit der er Spalding bedacht habe, und sehe sich durch „unreife Güte betrogen".[84] Es schien, als sei nunmehr für ihn der Korrespondenzfaden in die preußische Metropole gerissen.

5.) Dann aber, ausgefertigt am 22. September, kam abermals Post aus Berlin. Als Absender firmierte Wilhelm Abraham Teller,[85] der als Propst an St. Petri amtierte und mit Spalding in enger Kollegenfreundschaft verbunden war. Unumwunden gab er sich als den zu erkennen, der sich am 15. Juni brieflich gegenüber dem Braunschweiger Abt Johann Friedrich Wilhelm Jerusalem hart missbilligend über die *Provinzialblätter* geäußert hatte, und benannte in aller Klarheit die Gründe seiner Missbilligung. Auch zeigte er sich in Kenntnis der von Herder an Spalding versandten Briefe, die ihn erst recht an dessen „schriftstellerische[m] Charakter irre gemacht"[86] hätten.

---

81 Ebd.
82 Ebd.
83 Ebd.
84 Herder an Johann Caspar Lavater, Mitte August 1774, in: J. G. Herder, *Briefe*, Bd. 3, 111.
85 Wilhelm Abraham Teller an Herder, 22.9.1774, in: W. Schubert/R. Schlichting (Hg.), *Impulse*, 274–278.
86 Ebd., 274.

Zugleich hielt Teller mit seinen Vermutungen, was Herder zu dem harten „Herausforderungslibell"[87] gegen Spalding veranlasst haben mochte, nicht hinter dem Berg. Als Anlass mutmaßte er einen Akt der Rache an der Berliner Kirchenleitung, der auch Spalding angehörte, denn diese hatte unlängst, wie Teller wusste, das von dem bestens vernetzten Johann Wilhelm Ludwig Gleim verfolgte Begehren, Herder aus dem ihm längst überdrüssig gewordenen Bückeburg in die im Dezember 1772 vakant gewordene Superintendentur nach Halberstadt zu berufen, abschlägig beschieden. Außerdem deutete er die publizistische Attacke als eine auf die Veränderung in eine Göttinger Professur zielende Selbstempfehlung.[88]

Große Empörung bezeugte Teller insbesondere über die „Erniedrigung des wahrhaftig großen Spaldings zum unchristlichsten Prediger, planlosesten Schriftsteller, kriechendsten Schmeichler der Großen".[89] Die von Herder beanspruchte Unterscheidung zwischen Person und Autor ließ Teller nicht gelten: „Spalding der Mensch und der Gelehrte und der Schriftsteller [ist] so ganz nur Ein Mann ... wie ich fast keinen weiter kenne."[90] Nach ausführlicher Rühmung Spaldings, der ihm „ein großer Segen für unser Berlinsches Publicum" und wahrhaftiger „Engel Gottes"[91] zu sein dünkte, schloss Teller seine „herzhafte[n] Erklärungen" mit dem Wunsch, Herder möge seine öffentlichen Äußerungen künftig in einer Weise abfassen, die auch erkennen lässt, was er damit meint. Die für Teller ganz ungewöhnliche Heftigkeit dieses Protestbriefes[92] dürfte wohl aus dem Umstand zu erklären sein, dass er sich in dem Freund und Amtsbruder Spalding, mit dem er sich menschlich und theologisch aufs Engste verbunden wusste,[93] zugleich in eigener Person attackiert sah.

6.) Das Protestschreiben Tellers traf am 28. September 1774 bei Herder ein. Postwendend sah sich dieser zur Antwort veranlasst, dies freilich nicht an Teller, sondern an Spalding.[94] Der Ton war jetzt spitz-distanziert, der Empfänger sah sich nicht mehr als „Verehrungswürdiger Herr", nur noch als „Hochgeschätzter

---

87 Ebd., 275.
88 Vgl. M. Maurer, *Herder*, 81–83.
89 Wilhelm Abraham Teller an Herder, 22.9.1774, in: W. Schubert/R. Schlichting (Hg.), *Impulse*, 275.
90 Ebd., 276.
91 Ebd., 277.
92 Diese Einschätzung verdanke ich meinem über W. A. Teller forschenden Mitarbeiter Lukas Wünsch.
93 Vgl. nur W. A. Teller, „Gedächtnis-Predigt". Der genaue Termin dieser Gedächtnispredigt dürfte sich nicht mehr ermitteln lassen. Spalding, geboren 1714, war am 22. Mai 1804 verstorben, der um 20 Jahre jüngere Teller verstarb am 9. Dezember desselben Jahres.
94 Herder an Johann Joachim Spalding, 29.9.1774, in: J. G. Herder, *Briefe*, Bd. 3, 118–120.

Herr"⁹⁵ tituliert. Tief empört führte Herder bittere Klage über die Zuschrift Tellers, der ihm „einen Schand-Teufelskloack von Gründen ... auf die bubenhafteste Weise ins Gesicht"⁹⁶ geworfen habe und damit zum Störer seines Hausfriedens geworden sei: „Ich verachte sein Betragen von ganzem Herzen ... u[nd] habe mit Tellern nichts zu thun."⁹⁷ Die ehrenrührigen Absichten, die ihm unterstellt wurden, wies Herder entschieden zurück, und eine Lobrede auf Spalding habe er nicht nötig, am wenigsten aus dem Munde von Teller. Da Herder eine Kontaktnahme mit diesem rundheraus ablehnte, forderte er Spalding auf, er möge „diesen Brief mit seiner Erklärung, H[errn] Teller in natura communiciren".⁹⁸

Getrieben von der spontanen Wut, die ihn bei der Lektüre des Teller-Briefes augenscheinlich erfasst hatte, kündigte Herder nun auch jedwede Verbindung mit Spalding auf, und dies in einem Ton, der die Frage erlauben mag, ob die Beteuerungen tief-aufrichtiger Verehrung, die er dem Berliner Propst noch wenige Wochen zuvor hatte zukommen lassen, womöglich ihrerseits bloße, ungedeckte Eingebungen des Augenblicks oder vielleicht sogar taktisch motivierte Verschleierungen darstellten. Jedenfalls ließ Herder jetzt an der Endgültigkeit des Bruches, den er vollzog, nicht den mindesten Zweifel:

> Ich nehme hiemit meine Briefe, die ich je an Spalding geschrieben, förmlich u[nd] feierlich zurück ... ich habe sie von jetzt an nicht geschrieben ... Eine Privatsituation gegen Spalding die ich nie gehabt u[nd] haben dörfen (blos eine unzeitige Güte hat sie versucht, die mir aber übel vergolten wird) fällt weg u[nd] hat nie existirt. Ich stelle die Sache in ihren vorigen ärgern Zustand freiwillig her.⁹⁹

7.) Spalding antwortete am 9. Oktober und damit, legt man die üblichen Brieflaufzeiten zugrunde, seinerseits postwendend.¹⁰⁰ Anders als Herder hielt er an seiner bisher gebrauchten, freundlich aufklärenden Tonlage fest. In ruhiger Entschiedenheit verwahrte er sich erneut gegen den Vorwurf der Indiskretion. Auch wies er die Zumutung, Herders beleidigende Invektiven gegen Teller dem Berliner Kollegen zu übermitteln, mit Nachdruck zurück. Gleichzeitig erklärte er sich bereit, „den ganzen Handel, soweit er ihn selbst persönlich angehe, von nun an als nicht

---

95 Ebd., 118.
96 Ebd.
97 Ebd., 119. 118.
98 Ebd., 120.
99 Ebd., 119.
100 Johann Joachim Spalding an Herder, 9.10.1774. Dieser Brief ist heute nicht mehr auffindbar. Da er dem Herder-Biographen Rudolf Haym offenbar noch vorlag, folgt die Darstellung dem dort Referierten: R. Haym, *Herder*, 621.

geschehen und vergessen ansehen zu wollen".[101] Für den äußersten Notfall behielt er sich allerdings zu eigener Rechtfertigung eine Veröffentlichung des geführten Briefwechsels vor. Am Ende wiederholte Spalding seine von ihm als „abgenutzt" benannte Erklärung, dass „Heftigkeiten in dergleichen Dingen zu nichts helfen, da sie nur die ruhige Ueberschauung der Sache hindern und sehr oft weiter führen, als man vielleicht gern kommen wollte!"[102] Damit, kommentierte ein Biograph lakonisch, war „Herders Niederlage ... vollständig".[103]

8.) Am 17. November legte Herder ein letztes Mal nach. In einem unfreundlichen, auf jede Anrede verzichtenden knappen Billett[104] forderte er seine an Spalding gerichteten Briefe zurück und retournierte zugleich die empfangenen Schreiben. Vorweg Abschriften der Briefe anzufertigen wolle er nicht untersagen, doch verbitte er sich nachdrücklich jede Publikation, zumal ein solcher „Nothdrang", wie Spalding andeutete, schlechterdings nicht vorstellbar sei. Statt eines Grußes schloss das Billett ebenso anmaßend wie beleidigend mit dem Zitat von Gen 16,5: „Der Herr sei Richter zwischen mir u[nd] Dir!"[105]

9.) Spalding sandte daraufhin die Herder-Briefe zurück[106] und quittierte den zornig missbrauchten Bibelspruch mit einem „freundlichen Rath und Wunsch".[107] Dergestalt schien der zwischen den beiden ausgetragene epistolographische Streit keine versöhnliche Klärung, sondern nur einen verstockten Abbruch gefunden zu haben.

4 Nachwehen

Gleichwohl blieben die Nachwehen auf Seiten Herders beträchtlich. Seine Auseinandersetzung mit Spalding war von heftigen Klagen über das ihm in Berlin scheinbar widerfahrene Unrecht begleitet, und die Gelassenheit, die er am 14. November 1774 gegenüber dem Freund Johann Georg Hamann demonstrierte, glich einer Maske, die seine Erregung kaum zu kaschieren vermochte. „Die in Berlin wüten außerordentlich", hieß es da, „u[nd] ermangeln nicht, mir die niedrigsten Beweggründe

---

101 Ebd.
102 Ebd.
103 Ebd.
104 Herder an Johann Joachim Spalding, 17.11.1774, in: J. G. Herder, *Briefe*, Bd. 3, 131.
105 Ebd.
106 Auch für diesen nicht mehr verfüg- und datierbaren Brief Spaldings bietet das Referat von R. Haym, *Herder*, 623, die einzige greifbare Quelle.
107 Ebd.

dazu unterzuschieben: woraus ich mir aber, wenn der Erste Menschliche Stoß vorüber ist, nichts mache: es zeigt an, daß das Salz beißt u[nd] das soll es".[108] Andernorts brach sich sein Zorn dagegen ungehemmt Bahn: Spalding sei ein „verlarvte[r] sittliche[r] Mann",[109] schob er vier Tage später an Hamann nach, Teller sah sich als ein „boshafte[r] Lotterbube"[110] verunglimpft, durch die Berliner „Priester u[nd] Leviten", annoncierte Herder seinem Verleger Johann Friedrich Hartknoch, geschehe ihm „das entsetzlichste Heuchelunrecht",[111] und ob seine Rede von der „Consistorial-Dreckseele"[112] auf Spalding oder Teller oder sie beide gemünzt war, ist nicht zu entscheiden.

Allerdings zeigte sich Herder von Anfang an auch zum Eingeständnis einer gewissen eigenen Mitschuld bereit: „Zum Theil", räumte er gegenüber Hamann ein, „hab ichs verdient."[113] Wenig später präzisierte er: „Daß die ganze Einkleidung link, verzerrt u[nd] abscheulich sei, weiß ich jetzt – leider! konnt ich damals nicht anders schreiben."[114] Nach den *Provinzialblättern* hat er persönliche Auseinandersetzungen jedenfalls nicht mehr in vergleichbarer Schärfe geführt. Die Wunde vernarbte nur langsam,[115] und noch im Mai 1775 war bei ihm der Gedanke an jenes Buch von dem Gefühl begleitet, „als ob ich eine Distel salben wollte".[116] Immerhin schien Herder im Sommer 1777 eine Neubearbeitung – „ganz anders in Ansehn u[nd] Würkung" – erwogen zu haben.[117] Sechs Jahre später berichtete er von einem literarischen Plan, „durch den ich die 15 arme und zu hitzig geschriebene Provinzialblätter an Prediger gut zu machen gedenke";[118] der Plan ist nie verwirklicht worden. Auf die kurz nach Erscheinen der dritten Auflage von Spaldings Homiletik ergangene Anregung Gleims, er möge doch die *Provinzialblätter* einer Neubearbeitung unterziehen,[119] hat Herder gar nicht mehr reagiert.

---

108 Herder an Johann Georg Hamann, 14.11.1774, in: J. G. Herder, *Briefe*, Bd. 3, 128.
109 Herder an Johann Georg Hamann, etwa 18.11.1774, in: ebd., 132.
110 Herder an Christian Gottlob Heyne, Nov. 1774, in: ebd., 135.
111 Herder an Johann Friedrich Hartknoch, 19.11.1774, in: ebd., 133.
112 Herder an Christian Gottlob Heyne, Nov. 1774, in: ebd., 136.
113 Herder an Johann Georg Hamann, 10.9.1774, in: ebd., 115.
114 Herder an Johann Georg Hamann, etwa 18.11.1774, in: ebd., 132.
115 Herder an Johann Georg Hamann, 11.2.1775, in: ebd., 155: „Spaldings Briefwechsel sollen Sie bekommen, wenn die Wunde zugeheilt ist. Jetzt ist sie noch zu frisch u[nd] da kratzt man nicht gern an der Narbe. Ich mag auch dafür ... noch nichts hören, bis mir Gott hilft."
116 Herder an Johann Georg Hamann, Mitte Mai 1775, in: ebd., 183.
117 Herder an Johann Friedrich Hartknoch, 25.9.1777, in: ebd., Bd. 4, 42. Dagegen hieß es noch im Februar 1775, Herder an Johann Georg Hamann, 11.2.1775, in: ebd., Bd. 3, 156: „An Fortsetzung der ProvinzialBlätter denke ich nicht: ich will u[nd] muß schweigen."
118 Herder an Friedrich Haller, 3.1.1783, in: ebd., Bd. 4, 250.
119 Vgl. Johann Wilhelm Ludwig Gleim an Herder, 17.2.1794, in: H. Düntzer / F. G. Herder (Hg.), *Von und an Herder*, Bd. 1, 171.

Spalding hingegen blieb gänzlich im Reinen mit sich, und dies, wie man urteilen mag, mit einigem Fug und Recht. Als er am 2. Januar 1775 dem Freund Lavater erstmals die ganze Affäre anzeigte, wiederholte er in ruhig-abgeklärtem Ton die Einschätzung, die er schon gegenüber Herder vertreten hatte: Wenn ihn eine öffentlich bekundete Meinungsdifferenz auch weder befremde noch beunruhige, so könne er Herders mutwillige Verdrehungen und Verfälschungen doch schlechterdings nicht als redlich erkennen.[120] Im Übrigen erweise dieser mit seiner „bittern höhnenden Verachtung anderer" den beträchtlichen Geistesgaben, über die er verfüge, einen schlechten, abträglichen Dienst: „Ehrlich Irrenden gebührt und hilft eine solche Sprache nicht, sondern das ruhige klare Licht von Gründen."[121] Nachdem man Herder im Jahr darauf zum Hofprediger, Oberkonsistorialrat und Generalsuperintendenten nach Weimar berufen hatte, war Spalding nicht überrascht, ihn unter „den neuen deutschen Genies von der brausenden Art" vorzufinden, „welche jetzt den dortigen jungen Herzog umgeben, und unter welchen besonders Göthe sein alles vermögender Liebling ist".[122]

Im ferneren Nachgang ihres brieflich ausgetragenen Streits äußerte sich Herder über Spalding nur noch sporadisch, in der Sache meist marginal, fast immer in einer durch den zeitlichen Abstand erleichterten Freundlichkeit. Bisweilen würdigte er die schriftstellerische Eigenart und die Person des greisen Patriarchen der Neologie,[123] den er als „ehrwürdiger Geistlicher"[124] titulierte. Spaldings Erfolgsbuch *Die Bestimmung des Menschen*[125] trage einen „schöne[n] Titel"[126] und sei eine „schöne Schrift",[127] und in dessen später, 1797 erschienener Religionsschrift[128] hätten der Name und Begriff der Religion „ein[en] glücklich[en] Ausdruck"[129] gefunden. Anerkennung erfuhren auch weiterhin die Übersetzungen Spaldings,[130] doch das größte Verdienst hatte sich Spalding, dem Urteil Herders zufolge, ausgerechnet in jener Gattung erworben, die einst der erbittert befehdete

---

120 Johann Joachim Spalding an Johann Caspar Lavater, 2.1.1775, in: J. J. Spalding, *Briefe*, 243: „Die stark insinuirten Beschuldigungen von Civilpriestern, von niederträchtiger Gefälligkeit gegen ungläubige Regenten, von Unterwerfung der Wahrheit unter ihre Verordnungen, u. s.w. Das weiß ich nicht für redliche Herleitung aus den Grundsätzen meines Buchs zu erklären."
121 Ebd., 244.
122 Spalding an Unbekannt, 2. Mai 1776, in: ebd., 260.
123 Vgl. J. G. Herder, *Sämtliche Werke*, Bd. 15, 43. 54.
124 Ebd., Bd. 23, 154–155.
125 J. J. Spalding, *Bestimmung des Menschen*.
126 J. G. Herder, *Sämtliche Werke*, Bd. 15, 134.
127 Ebd., Bd. 30, 175.
128 J. J. Spalding, *Religion*.
129 J. G. Herder, *Sämtliche Werke*, Bd. 20, 141.
130 Vgl. ebd., Bd. 10, 305; Bd. 17, 157.

Gegenstand war, nämlich durch die „redliche Einfalt und Würde" seiner „schönen Lehrpredigten",[131] und darüber hinaus durch seinen Einfluss auf die Verbesserung des Geschmacks und Tons der zeitgenössischen Theologie: „Ohne diese vielfach-freiere Ansicht der Dinge", mutmaßte Herder, „säßen wir vielleicht noch auf den Schulbänken der lateinischen alten Dogmatik."[132]

Als Spaldings jüngster Sohn Georg Ludwig im Frühjahr 1785 auf Bildungsreise ging und dabei in Weimar, unterstützt durch ein – leider verlorenes – Empfehlungsschreiben des Vaters, im Hause Herder die herzlichste Aufnahme gefunden hatte, gestand Spalding brieflich dem Abt Jerusalem, er habe die „äußerst offenherzige Freundschaftlichkeit", die sein Sohn dort genießen konnte, „nicht erwartet".[133] Er konnte nicht ahnen, dass die Einkehr seines Sohnes in Weimar bei Herder eine späte Genugtuung und Reue ausgelöst hatte: das erstere deshalb, weil er aus dem Begleitbrief des Alten erkannte, „daß auch *die* Spitze verwetzt ist",[134] das andere aber insofern, als Herder im persönlichen Umgang mit dem Sohn nun plötzlich den Vater, dem er nie begegnet war, zu verstehen und sich seines damals über ihn angemaßten Richteramtes zu schämen begann.[135]

Weitere fünf Jahre später referierte Spalding in dem 1790 verfassten Teil seiner *Lebensbeschreibung* knapp und sachlich den alten Streit.[136] Ohne die nicht abgesprochene Intervention Tellers, deren Heftigkeit „vielleicht etwas stark" gewesen sei, würde er Herder möglicherweise „auf etwas bessere Gedanken gebracht und sanfter gemacht haben"[137] können. Immerhin habe der Vorstoß Tellers eine Wirkung ausgelöst, wie sie „es nur immer bey jemand, der die Wahrheit eines Vorwurfs fühlt, und sie doch nicht gestehen will, hätte thun können".[138] Später habe dann aber die Aufnahme, die sein Sohn bei Herder fand, deutlich gemacht, „daß seine Gesinnung in Ansehung meiner sich zu meinem Vortheil und Vergnügen geändert habe".[139] Und im Folgejahr, als er die dritte Auflage seiner Homiletik heraus-

---

131 Ebd., Bd. 11, 55; ähnlich Bd. 22, 162 u. ö.
132 Ebd., Bd. 24, 96; vgl. Bd. 11, 205.
133 Johann Joachim Spalding an Johann Friedrich Wilhelm Jerusalem, 7.6.1785, in: J. J. Spalding, *Briefe*, 312.
134 Herder an Johann Georg Hamann, 23.4.1785, in: J. G. Herder, *Briefe*, Bd. 5, 122.
135 Ebd.: „Der junge Mensch war so liebenswürdig, gutherzig u[nd] wirklich gelehrt, daß ich ihm mit Freuden alle Höflichkeiten erwies, die ich ihm erweisen konnte ... Ich habe im Sohn den Vater studirt u[nd] gesehen, daß gutherzige Furchtsamkeit gerade das seyn möge, was ich für ganz etwas anders aufnahm, darüber aber kein Richter hätte seyn dörfen. Wir fehlen alle mannichfaltig." Vgl. auch Herder an Johann Georg Müller, 24.4.1785, in: ebd., 124.
136 Vgl. J. J. Spalding, „Lebensbeschreibung", 168–170.
137 Ebd., 169–170.
138 Ebd., 170.
139 Ebd.

brachte, blickte Spalding auf den Konflikt mit Herder als auf etwas längst Vergangenes zurück. Zwar mochte er sich den kleinen Triumph, anders als seine Predigtlehre hätten Herders *Provinzialblätter* „schon seit geraumer Zeit aufgehört ..., Sensation zu machen",[140] nicht entgehen lassen. Gleichwohl stellte er das Urteil den Lesern, die beide Schriften vergleichen wollten, anheim, fügte indes entschärfend hinzu, es verdienten dergleichen „unerhebliche Nebendinge" nicht, „daß man irgend eine ruhige oder besser zu brauchende Stunde darüber verliere".[141]

5 Dissens über Geschichtstheologie

Errantis poena doceri: Es scheint, als habe Herder den alten Weisheitsspruch zumindest in dem dargestellten Konflikt außer Kraft gesetzt. Dies dürfte schwerlich den Rückschluss auf ein substanzielles didaktisches Defizit der von Spalding erteilten aufgeklärten Belehrung erlauben. Und vielleicht hatte sich der Lerneffekt auch gar nicht verweigert, sondern bloß auf andere, unerwartete Weise realisiert.

Tatsächlich stellte für Herder, nachdem er sich aus der geistigen Enge des pietistischen Elternhauses und der pedantischen Sturheit seines Mentors Sebastian Friedrich Trescho[142] befreit hatte, die von Spalding repräsentierte Neologie einen entscheidenden Stabilisierungsfaktor bereit. Was ihn seit seiner Zeit in Bückeburg bewegte, war nicht das Interesse, die Neologie vollständig zu alternieren, sondern „die kritische Absicht, die späte Aufklärungstheologie zu korrigieren, ohne hinter deren Errungenschaften zurückzufallen".[143] Ohnehin lässt sich bei Herder die Neigung feststellen, bevorzugt solche Auffassungen polemisch zu attackieren, die sich in auffallender sachlicher Nähe zu den seinen bewegen.[144] Dergestalt rang er um die Anschlussfähigkeit der Aufklärungstheologie an die in ihm und seiner Generation aufbrechenden neuen Fragen und Themen. Eines dieser

---

140 J. J. Spalding, *Nutzbarkeit des Predigtamtes*, 6 [Vorrede zur dritten Auflage, datiert auf den 31.3.1791].
141 Ebd.
142 Auf die 1761 erstmals erschienene pietismuskritische Schrift Spaldings (J. J. Spalding, *Werth der Gefühle*) hatte Trescho mit einer harschen Gegenschrift reagiert, in welcher er Spalding mit Häme und Spott übergoss und ihn bald einen Pelagianer, bald einen Sozinianer schalt (vgl. S. F. Trescho, *Beurtheilung*).
143 M. Buntfuss, „An Prediger", 339. Ähnlich bereits H. Stephan, *Herder in Bückeburg*, 107: „Herder ist sich bewusst, die Linien der Aufklärung ... selbständig weiterzuführen. Was er bekämpft, das ist ... die ungenügende Ausmünzung des Reichtums, der in diesen Grundsätzen beschlossen liegt."
144 Vgl. hierzu auch M. Kumlehn, *Predigtverständnis*, 169, Anm. 112.

Themen, das den Konflikt mit Spalding zutiefst grundierte, lag auf dem Feld der Geschichtstheologie.

Nun ist die These von der vermeintlich unhistorischen Denkart der theologischen Aufklärer längst falsifiziert worden.[145] Stellte doch bei Johann Salomo Semler und anderen Neologen die historische Kritik der Bibel und Kirchengeschichte einen wesentlichen Teil ihres wissenschaftlichen Instrumentariums dar. Auch Spalding hatte beispielsweise das auf der lutherischen Rechtfertigungslehre lastende Unbedingtheitspostulat durch historische Interpretation elastisch akkommodiert: nicht um die Wahrheit der paulinisch-lutherischen Lehrbildung zu leugnen, sondern um vor deren ungeschichtlicher, die aktuelle religiöse Lage verfehlender Übertragung zu warnen.[146] Konnte Spalding darum mit Herders Auffassung, die reformatorischen Bekenntnisschriften seien „Kasual ... d. i. aus Zeitbedürfnissen entstanden, Zeitmittel brauchend, auf zeitige Zwecke strebend",[147] nahtlos übereinstimmen, so gingen Spalding und Herder in der theologischen Deutung dieser Erkenntnis doch unterschiedliche Wege.

Spalding, gut neologisch, sah das Zeitbedingte als durch den Fortgang der Geschichte überholt, als akzidentelle Einkleidung eines zeitlosen Wahrheitskerns. Ihm diente die historische Kritik dazu, den Kern von seiner überalterten Schale zu trennen, um ihn der eigenen Gegenwart zeitgemäß akkommodieren zu können. Dagegen waren für Herder die geschichtlichen Entwicklungsstufen der Religion nicht äußerliche Adaptionen, die mit den Umständen, welche sie einst bedingt hatten, vergangen und abgetan sind, vielmehr, wie die *Provinzialblätter* klarstellten, „Denkmale des Ursprungs, ... historische Ehrenmonumente",[148] kontingente Metamorphosen der geschichtlich ausreifenden Offenbarung. Anders als Spalding hatte Herder Sinn und Geschmack für die Eigenständigkeit der alten biblischen und christentumsgeschichtlichen Vorstellungswelten. Infolgedessen verlangte er von den Theologen und zumal den Predigern unbedingte Achtung vor den Konkretionen der entwicklungsphysiologischen „Haushaltung Gottes".[149]

Dieses neue Geschichtsverständnis hat Herder wenig später auch für den Bereich der Religion eminent fruchtbar gemacht, und dies nicht allein im Sinne der von Spalding angedrohten *poena doceri*, sondern desgleichen auch, obschon fiktional gebrochen, in epistolographischer Gattung, nämlich in Gestalt seiner 1780/

---

145 Vgl. bereits K. Aner, *Theologie der Lessingzeit*, 309.
146 Vgl. A. Beutel, „Elastische Identität".
147 J. G. Herder, „An Prediger", 110.
148 Ebd., 112.
149 Ebd., 131. Ebd., 87: „Reich Gottes ist Senfkorn, Perle, Netz – was kann das Netz nicht umfangen! die Perle nicht kaufen! das Samenkorn nicht fruchten ... Gott gibt Gedeihen seinem Samen ... Wort Gottes und Kraft Gottes durch die es wirkt: Der Säemann säet."

81 publizierten *Briefe, das Studium der Theologie betreffend*.[150] Davon freilich nicht jetzt, sondern, wenn es füglich erscheint, ein anderes Mal.

Bibliographie

Quellen

Schriften

Ch. T. Damm, *Vom historischen Glauben* (Berlin: Selbstverlag, 1772).
Ch. T. Damm, *Betrachtungen über die Religion* (Berlin: Selbstverlag, 1773).
J. A. Eberhard, *Neue Apologie des Sokrates oder Untersuchung der Lehre von der Seligkeit der Heiden I* (Friedrich Nicolai: Berlin, 1772).
J. G. Herder, „An Prediger. Funfzehn Pastoralblätter. Entwurf 1773", in: J. G. Herder, *Sämtliche Werke VII* (hg. v. B. Suphan; Berlin: Weidmannsche Buchhandlung, 1884 [Nachdruck Olms-Weidmann: Hildesheim/Zürich/New York, 1994]), 177–224.
J. G. Herder, „An Prediger. Funfzehn Pastoralblätter (1774)", in: J. G. Herder, *Theologische Schriften* (hg. v. Ch. Bultmann/Th. Zippert; Frankfurt a. M.: Deutscher Klassiker Verlag, 1994), 67–138.
J. G. Herder, „Briefe, das Studium der Theologie betreffend (1780/81)", in: J. G. Herder, *Theologische Schriften* (hg. v. Ch. Bultmann/Th. Zippert; Frankfurt a. M.: Deutscher Klassiker Verlag, 1994), 139–607.
J. G. Herder, *Sämtliche Werke*, 33 Bde. (hg. v. B. Suphan; Weidmannsche Buchhandlung: Berlin, 1877–1913 [Nachdruck Olms-Weidmann: Hildesheim/Zürich/New York 1994]).
J. G. Herder, *Briefe. Gesamtausgabe 1763–1803*, 18 Bde. (hg. v. Klassik Stiftung Weimar [Goethe- und Schiller-Archiv]; bearb. v. W. Dobbek/G. Arnold; Weimar: Hermann Böhlaus Nachfolger, 1977–2016).
F. Nicolai, *Das Leben und die Meinungen des Herrn Magister Sebaldus Nothanker I* (Berlin/Stettin: Friedrich Nicolai, 1773 [Nachdruck Hildesheim/Zürich/New York: Georg Olms, 1988]).
F. Schleiermacher, „Rez. Johann Joachim Spalding, Lebensbeschreibung (1805)", in: F. Schleiermacher, *Kritische Gesamtausgabe I/5* (Berlin/New York: De Gruyter, 1995), 27–38.
J. J. Spalding, *Religion, eine Angelegenheit des Menschen* (^{1}1797–^{4}1806) (hg. v. T. Jersak/G. F. Wagner; Spalding Kritische Ausgabe I/5; Tübingen: Mohr Siebeck, 2001).
J. J. Spalding, „Lebensbeschreibung von ihm selbst aufgesetzt", in: J. J. Spalding, *Kleinere Schriften II* (hg. v. A. Beutel/T. Jersak; Spalding Kritische Ausgabe I/6-2; Tübingen: Mohr Siebeck, 2002), 105–240.
J. J. Spalding, *Ueber die Nutzbarkeit des Predigtamtes und deren Beförderung* (^{1}1772; ^{2}1773; ^{3}1791) (hg. v. T. Jersak; Spalding Kritische Ausgabe I/3; Tübingen: Mohr Siebeck, 2002).
J. J. Spalding, *Gedanken über den Werth der Gefühle in dem Christenthum* (^{1}1761–^{5}1784) (hg. v. A. Beutel/T. Jersak; Spalding Kritische Ausgabe I/2; Tübingen: Mohr Siebeck, 2005).
J. J. Spalding, „An Se. Hochehrwürden Herrn Doctor Gebhardi in Stralsund (1762)", in: J. J. Spalding, *Kleinere Schriften I* (hg. v. O. Söntgerath; Spalding Kritische Ausgabe I/6-1; Tübingen: Mohr Siebeck, 2006), 303–314.

---

150 J. G. Herder, „Studium der Theologie".

J. J. Spalding, *Die Bestimmung des Menschen* (^{1}1748-^{11}1794) (hg. v. A. Beutel/D. Kirschkowski/D.Prause; Spalding Kritische Ausgabe I/1; Tübingen: Mohr Siebeck, 2006).
J. J. Spalding, *Briefe* (hg. v. A. Beutel/O. Söntgerath; Tübingen: Mohr Siebeck, 2018).
W. A. Teller, *Wörterbuch des Neuen Testaments zur Erklärung der christlichen Lehre* (Berlin: Mylius, 1772).
W. A. Teller, „Gedächtnis-Predigt dem verewigten Greis Johann Joachim Spalding gewesenen Probst in Berlin und Ober-Consistorialrath (1804)", in: J. J. Spalding, *Einzelne Predigten* (hg. v. A. Beutel/ O. Söntgerath; Spalding Kritische Ausgabe II/6; Tübingen: Mohr Siebeck, 2013), 293-300.
S. F. Trescho, *Beurtheilung der Schrift: vom Werth der Gefühle im Christenthum* (Johann Christian Gebhard: Frankfurt a. M., 1764).

Briefe

J. G. Herder an J. G. Hamann, 23.4./4.5.1765, in: Herder, *Briefe*, Bd. 1, 40-43.
J. G. Herder an J. G. Scheffner, 31.10.1767, in: Herder, *Briefe*, Bd. 1, 91-94.
J. G. Herder an M. Mendelssohn, Anfang April 1769, in: Herder, *Briefe*, Bd. 1, 137-143.
J. G. Herder an J. F. Hartknoch, Ende Okt. 1769, in: Herder, *Briefe*, Bd. 1, 166-171.
J. G. Herder an K. Flachsland, etwa 1.11.1770, in: Herder, *Briefe*, Bd. 1, 278-280.
J. G. Herder an K. Flachsland, 15.8.1772, in: Herder, *Briefe*, Bd. 2, 203-204.
J. G. Herder an J. C. Lavater, 30.10.1772, in: Herder, *Briefe*, Bd. 2, 262-259.
J. G. Herder an J. C. Lavater, etwa 18.12.1773, in: Herder, *Briefe*, Bd. 3, 59-60.
J. G. Herder an J. J. Spalding, 15.6.1774, in: Herder, *Briefe*, Bd. 3, 97-98.
J. J. Spalding an J. G. Herder, 2.7.1774, in: Spalding, *Briefe*, 234-237.
J. G. Herder an J. J. Spalding, Mitte Juli 1774, in: Herder, *Briefe*, Bd. 3, 104-106.
J. J. Spalding an J. G. Herder, 8.8.1774, in: Spalding, *Briefe*, 239-240.
J. G. Herder an J. C. Lavater, Mitte August 1774, in: Herder, *Briefe*, Bd. 3, 110-111.
J. G. Herder an J. G. Hamann, 10.9.1774, in: Herder, *Briefe*, Bd. 3, 114-116.
W. A. Teller an J. G. Herder, 22.9.1774, in: W. Schubert/R. Schlichting (Hg.), *Impulse. Aufsätze, Quellen, Berichte zur deutschen Klassik und Romantik* 13 (1990), 274-278.
J. G. Herder an J. J. Spalding, 29.9.1774, in: Herder, *Briefe*, Bd. 3, 118-120.
J. J. Spalding an J. C. Lavater, 8.11.1774, in: Spalding, *Briefe*, 241-242.
J. G. Herder an J. G. Hamann, 14.11.1774, in: Herder, *Briefe*, Bd. 3, 127-140.
J. G. Herder an J. J. Spalding, 17.11.1774, in: Herder, *Briefe*, Bd. 3, 131.
J. G. Herder an J. G. Hamann, etwa 18.11.1774, in: Herder, *Briefe*, Bd. 3, 131-133.
J. G. Herder an J. F. Hartknoch, 19.11.1774, in: Herder, *Briefe*, Bd. 3, 133-134.
J. G. Herder an Ch. G. Heyne, Nov. 1774, in: Herder, *Briefe*, Bd. 3, 134-136.
J. J. Spalding an J. C. Lavater, 2.1.1775, in: Spalding, *Briefe*, 243-245.
J. G. Herder an J. G. Hamann, 11.2.1775, in: Herder, *Briefe*, Bd. 3, 155-156.
J. G. Herder an J. G. Hamann, Mitte Mai 1775, in: Herder, *Briefe*, Bd. 3, 182-184.
J. J. Spalding an Unbekannt, 2.5.1776, in: Spalding, *Briefe*, 259-261.
J. G. Herder an J. F. Hartknoch, 25.9.1777, in: Herder, *Briefe*, Bd. 4, 42.
J. G. Herder an F. Haller, 3.1.1783, in: Herder, *Briefe*, Bd. 4, 249-252.
J. G. Herder an J. G. Hamann, 23.4.1785, in: Herder, *Briefe*, Bd. 5, 119-123.
J. G. Herder an J. G. Müller, 24.4.1785, in: Herder, *Briefe*, Bd. 5, 123-124.
J. J. Spalding an J. F. W. Jerusalem, 7.6.1785, in: Spalding, *Briefe*, 311-312.

J. W. L. Gleim an J. G. Herder, 17.2.1794, in: H. Düntzer/F. G. Herder (Hg.), *Von und an Herder, Ungedruckte Briefe aus dem Nachlaß I* (Dyk: Leipzig, 1861 [Nachdruck Georg Olms: Hildesheim/New York, 1981]), 171.

Literatur

K. Aner, *Die Theologie der Lessingzeit* (Niemeyer: Halle, 1929 [Nachdruck Georg Olms: Hildesheim, 1964]).
A. Beutel, „Herder und Spalding. Ein theologischer Generationenkonflikt", in: *Reflektierte Religion. Beiträge zur Geschichte des Protestantismus* (hg. v. A. Beutel; Tübingen: Mohr Siebeck, 2007), 237–265.
A. Beutel, „Elastische Identität. Die aufklärerische Aktualisierung reformatorischer Basisimpulse bei Johann Joachim Spalding", in: *Zeitschrift für Theologie und Kirche* 111 (2014), 1–27.
A. Beutel, „Selbstfindung im Süden? Die Reisen der protestantischen Schriftsteller Johann Gottfried Herder (1788/89) und Gotthold Ephraim Lessing (1775) ins katholische Italien", in: *Zeitschrift für Theologie und Kirche* 114 (2017), 177–209.
A. Beutel, *Johann Joachim Spalding. Meistertheologe im Zeitalter der Aufklärung* (Tübingen: Mohr Siebeck, ²2023).
Ch. Bultmann, „Herderforschung 1985–2000", in: *Theologische Rundschau* 67 (2002), 35–60.
Ch. Bultmann/Th. Zippert, „Kommentar zu *An Prediger*", in: J. G. Herder, *Theologische Schriften* (hg. v. Ch. Bultmann/Th. Zippert; Frankfurt a. M.: Deutscher Klassiker Verlag, 1994), 916–996.
M. Buntfuß, „An Prediger. Fünfzehn Provinzialblätter (1994)", in: *Herder Handbuch* (hg. v. S. Greif/M. Heinz/H. Clairmont; Osnabrück: Wilhelm Fink, 2016), 338–343.
S. Greif/M. Heinz/H. Clairmont (Hg.), *Herder Handbuch* (Paderborn: Wilhelm Fink, 2016).
K. Hammann, *Universitätsgottesdienst und Aufklärungspredigt. Die Göttinger Universitätskirche im 18. Jahrhundert und ihr Ort in der Geschichte des Universitätsgottesdienstes im deutschen Protestantismus* (Beiträge zur Historischen Theologie 116; Tübingen: Mohr Siebeck, 2000).
R. Haym, *Herder nach seinem Leben und seinen Werken I* (Berlin: Weidmannsche Buchhandlung, 1880 [Nachdruck Biblio Verlag: Osnabrück, 1978]).
M. Kumlehn, *Gott zur Sprache bringen. Studien zum Predigtverständnis Johann Gottfried Herders im Kontext seiner philosophischen Anthropologie* (Tübingen: Mohr Siebeck, 2009).
M. Maurer, *Johann Gottfried Herder. Leben und Werk* (Böhlau: Köln/Weimar/Wien, 2014).
H. Nordmann, „Spalding und seine Zeitgenossen", in: *Jahrbuch für brandenburgische Kirchengeschichte* 26 (1931), 100–120.
A. Schöne, *Der Briefschreiber Goethe* (München: C. H. Beck, 2015).
R. Smend, „Herder und Göttingen", in: *Bückeburger Gespräche über Johann Gottfried Herder 1988* (hg. v. B. Poschmann; Schaumburger Studien 49; Bösendahl: Rinteln, 1989), 1–28.
H. Stephan, *Herder in Bückeburg und seine Bedeutung für die Kirchengeschichte* (Mohr: Tübingen, 1905).
R. Vellusig, „Aufklärung und Briefkultur. Wie das Herz sprechen lernt, wenn es zu schreiben beginnt", in: *Kulturmuster der Aufklärung. Ein neues Heuristikum in der Diskussion* (hg. v. D. Fulda/S. Kerschbaumer; Göttingen: Wallstein, 2011), 154–172.
R. Vellusig, „Die Poesie des Briefes. Eine literaturanthropologische Skizze", in: *Was ist ein Brief? Aufsätze zu epistolarer Theorie und Kultur* (hg. v. I. Matthews-Schlinzig/C. Socha; Würzburg: Königshausen und Neumann, 2018), 57–75.

Martina Wagner-Egelhaaf
Sohn- und Vater-Bildung
Zu Kafkas *Brief an den Vater*

1 Einleitung

Es gibt zwei literarische Briefe, die in der germanistischen Literaturwissenschaft eine hervorgehobene Rolle spielen und daher in Forschung und Lehre immer wieder präsent sind: Hugo von Hofmannsthals sog. ‚Chandos-Brief' aus dem Jahr 1902 und Franz Kafkas im November 1919 verfasster *Brief an den Vater*. Der richtige Titel des Chandos-Briefs ist *Ein Brief*; d. h. der Text stellt sein Briefsein gewissermaßen aus. Es ist ein literarischer Brief, geschrieben von dem fiktiven Verfasser „Philipp Lord Chandos, jüngerer Sohn des Earl of Bath", adressiert an „Francis Bacon, später Lord Verulam und Viscount St. Albans",[1] also eine historische Figur. Der Brief datiert sich also ins späte 16., frühe 17. Jahrhundert. Der ‚Chandos-Brief' ist das zentrale literarische Dokument der modernen Sprachkrise: Der Briefschreiber verkündet seinem Freund Francis Bacon, dass er künftig auf jegliche literarische Tätigkeit verzichten wird, weil er das Vertrauen in die Sprache verloren hat. In den abstrakten Worten sieht er keinen Inhalt mehr und keinerlei Bezug zur Wirklichkeit, sie zerfallen ihm „im Munde wie modrige Pilze",[2] wie das vielzitierte Diktum lautet. Mit dem angekündigten Verzicht auf literarische Betätigung wird auch gleich die ganze humanistische Bildung abserviert, in der, das macht der Brief deutlich, Lord Chandos sozialisiert ist. Der Brief ist durchsetzt mit Anspielungen auf die antike Literatur und Rhetorik. Erwähnt werden etwa ein Aphorismus des Hippokrates, ein Brief Ciceros, der Redner Crassus; Chandos selbst hat mit 19 Jahren einen „Neuen Paris" geschrieben, einen „Traum der Daphne", ein „Epithalamium" und „unter dem Prunk ihrer Worte hintaumelnde[] Schäferspiele". Als junger Mann fand er in sich ein „Gefüge lateinischer Perioden",[3] wollte „eine Sammlung ‚Apophtegmata' anlegen, wie deren eine Julius Cäsar verfaßt hat", die den Titel „Nosce te ipsum"[4] führen sollte. All das gibt er nun auf zugunsten eines genügsamen Lebens auf dem Land, das seine Erfüllung im Anblick einer vom Gärtner

---

1 H. von Hofmannsthal, „Ein Brief", 461.
2 Ebd., 465.
3 Ebd., 461.
4 Ebd., 663.

Martina Wagner-Egelhaaf, Münster

unter einem Nußbaum vergessenen halbvollen Gießkanne findet. Man muss allerdings hinzufügen, dass ohne all diese Bildungsbestände des aus großbürgerlichen Verhältnissen stammenden Autors das Hofmannsthal'sche Œuvre überhaupt nicht denkbar wäre.

Ganz anders sieht es bei dem nur neun Jahre später geborenen Kafka aus! In einem ersten Schritt (2) werden Adressat und Schreiber von Kafkas *Brief an den Vater* mit ihren divergierenden Bildungsgängen vorgestellt, bevor im nächsten Abschnitt (3) der Aspekt der Bildung im *Brief an den Vater* beleuchtet wird. Im Folgenden (4) wird das Verhältnis von Brief, Autobiographie und Bildungsroman in den Blick genommen, bevor in einem weiteren Schritt (5) die Sohn- und Vater-Bilder analysiert werden, die der *Brief* transportiert. Im Zusammenhang damit sollte sich dann auch die Überschrift dieses Beitrags „Sohn- und Vater-Bildung" erklären. Schließlich (6) muss das Verhältnis von Brief und Literatur nochmals genauer konturiert und in Bezug auf den Begriff ‚Autofiktion' diskutiert werden, bevor eine kurze Zusammenfassung der Ergebnisse die hier vorgetragenen Überlegungen abschließt (7).

2 Bildungs-Biographien

Geschrieben wurde der Brief im November 1919 in Schelesen, wo sich der tuberkulosekranke Kafka zur Erholung aufhielt. In ihm und mit ihm wollte Kafka sein schwieriges Verhältnis zu seinem Vater Hermann Kafka klären. Der Vater Hermann Kafka[5] wurde 1852 in dem südböhmischen Dorf Wossek in einer armen Familie geboren. Sein Vater war Fleischhauer und Schächter für die jüdische Bevölkerung im Dorf und in der Umgebung. Hermann Kafka hatte noch fünf Geschwister und musste schon als Kind mit zum Unterhalt der Familie beitragen, indem er das Fleisch auf einem Handwagen zu den Kunden der umliegenden Dörfer brachte. Im Alter von 14 Jahren trat er eine Stelle in einem Geschäft der Kreisstadt Pisek an. Der Militärdienst war für ihn die Gelegenheit, sich aus den bedrückenden, ärmlichen Verhältnissen zu befreien; in nur wenigen Jahren rückte er zum Feldwebel auf. Im Anschluss an den Militärdienst suchte er sein Einkommen als Wanderhändler, der Schnüre und Zwirn verkaufte, bevor er sich schließlich in Prag niederließ und zusammen mit einem Kompagnon ein Galanteriewarengeschäft eröffnete, also mit Modeartikeln für Damen wie Handschuhe, Schirme und Fächer handelte. Das Geschäft florierte und konnte 1912 in das Zentrum der Prager Altstadt, ins Palais Kinsky, umziehen

---

[5] Zum Folgenden vgl. M. Müller, „Zur Person des Adressaten"; vgl. auch ders., „Kafka und sein Vater".

und mehrere Angestellte beschäftigen. 1882 hatte Hermann Kafka die aus einer wohlhabenden Brauereibesitzerfamilie stammende Julie Löwy geheiratet und 1883 wurde das erste Kind des Ehepaars geboren, ein Sohn, Franz Kafka. Mehrere Schwestern folgten. Zwei Brüder starben bereits als Kleinkinder. Hermann Kafka war also ein eher bildungsferner *selfmade man*, der sich durch Fleiß, Disziplin und vermutlich Durchsetzungskraft nach oben gearbeitet hatte.

Kafka selbst wuchs behütet auf und hatte völlig andere Startbedingungen als sein Vater.[6] Er besuchte von 1893 bis 1901 das deutschsprachige humanistische Gymnasium in der Prager Altstadt, das im gleichen Gebäude untergebracht war, in dem sein Vater später sein Geschäft hatte – eine durchaus bemerkenswerte Koinzidenz. Von 1901 bis 1906 studierte er an der Deutschen Universität Prag, zunächst kurzzeitig Chemie, wechselte dann zur Rechtswissenschaft, probierte es ein Semester mit Germanistik und Kunstgeschichte, schloss dann aber schließlich ordnungsgemäß sein Jurastudium nach fünf Jahren mit der Promotion ab. Auf das Studium folgte ein einjähriges Rechtspraktikum am Landes- und Strafgericht. Von Oktober 1907 bis Juli 1908 arbeitete Franz Kafka bei der privaten Versicherungsgesellschaft *Assicurazioni Generali* und von 1908 bis 1922 war er in der halbstaatlichen *Arbeiter-Unfallversicherungs-Anstalt für das Königreich Böhmen in Prag* tätig. Obwohl die Arbeit im Büro für ihn, wie er selbst sagte, nur ein „Brotberuf" war, verrichtete er sie gewissenhaft und wurde mehrfach innerhalb der Arbeiter-Unfallversicherungs-Anstalt befördert. Als er 1917 an Tuberkulose erkrankte und um Pensionierung bat, wollte man ihn nicht gehen lassen. Erst 1922 konnte er den Dienst quittieren; Kafka starb 1924.

Dass Franz Kafka ein extrem schwieriges Verhältnis zu seinem Vater hatte, ist in der Kafka-Forschung oft genug thematisiert worden. Dafür gibt es vielerlei Gründe: Vater und Sohn waren gänzlich verschiedene Charaktere: der Vater laut, herrisch und dominant, der Sohn eher schwächlich und ängstlich. Der Vater machte keinen Hehl daraus, dass er sich seinen Sohn anders gewünscht hätte und dass ihm die Schreiberei des Sohns suspekt war; der Sohn interessierte sich nicht für die Geschäfte des Vaters, nicht zuletzt deswegen, weil sein wahres Interesse dem Schreiben galt. Hier ist nicht tiefer in die Familienpsychologie einzusteigen. Das schwierige Verhältnis zum Vater spiegelt sich auch im literarischen Werk, in dem immer wieder problematische und furchteinflößende Vaterfiguren

---

6 Vgl. L. Dietz, „Kafka, Franz".

auftreten, beispielsweise in der Erzählung *Das Urteil* von 1912,[7] aber etwa auch in der 1915 publizierten *Verwandlung*.

3 Bildung im *Brief an den Vater*

1919 nun schrieb Kafka den *Brief an den Vater*, um sein Verhältnis zu ihm zu klären. Es ist bezeichnend, dass dies nicht in einem offenen Gespräch geschieht, sondern dass Kafka einen Brief schreibt, und zwar einen langen, 103 handgeschriebene Seiten umfassenden Brief (Abb. 1).[8] Bildung und Gelehrsamkeit scheinen im Brief an den Vater keine explizite Rolle zu spielen, obwohl Kafka als Autor durchaus vertraut war mit der abendländischen Bildungstradition, die etwa in Form von mythologischen Bezügen in seinem Werk präsent ist. In Bezug auf den Brief muss auf das Bildungsgefälle verwiesen werden, das die Konstellation zwischen Vater und Sohn bestimmt: der Vater ein bildungsferner Aufsteiger, der seinen Sohn aber natürlich auf das humanistische Gymnasium schickte, der Sohn, dem das Bildungswissen der Zeit zur Verfügung stand, allerdings ohne dass er sich in emphatischer oder programmatischer Weise damit identifiziert hätte. Es gibt eine sprechende Passage im *Brief an den Vater*, in der Kafka schreibt:

> Du suchtest dann (für mich ist das heute rührend und beschämend) aus meiner Dich doch sehr schmerzenden Abneigung gegen das Geschäft, gegen Dein Werk, doch noch ein wenig Süßigkeit für Dich zu ziehen, indem Du behauptetest, mir fehle der Geschäftssinn, ich habe höhere Ideen im Kopf und dergleichen.[9]

Dieser im Schreiben geübte Sohn, für den das Schreiben sogar das wahre Leben darstellte, wie er immer wieder zu verstehen gab, dieser Sohn schreibt nun seinem Vater eine lange Epistel. Er sucht den Kontakt zum Vater über das Schreiben, über diesen Brief, von dem man sich gar nicht vorstellen kann, wann der etwas grobschlächtige und allzeit beschäftigte Vater diesen Brief hätte lesen sollen. Insofern verkörpert bereits dieser lange Brief die grundsätzliche Asymmetrie der Kafka'schen Vater-Sohn-Beziehung. Dass Kafka den Brief seinem Vater wirklich

---

7 Vgl. dazu auch Ch. H. Hammond, Jr., „Franz Kafka's *Das Urteil*", der auf die Schreibpassion des Kafka'schen Protagonisten Georg Bendemann sowie das Unverständnis von dessen Vater in *Das Urteil* hinweist. Die Erzählung gilt als literarischer (Zerr-)Spiegel der Beziehung zwischen Franz Kafka und seinem Vater Herrmann Kafka.
8 Zum *Brief an den Vater* vgl. grundlegend M. Holdenried, „Franz Kafka", sowie D. Weidner, „Brief an den Vater". Weidner verweist auf die überschaubare Forschungslage zum *Brief an den Vater* und macht den „faktual-fiktionalen Zwitterstatus" (ebd. 294) des Texts dafür verantwortlich.
9 F. Kafka, *Brief an den Vater*, 19.

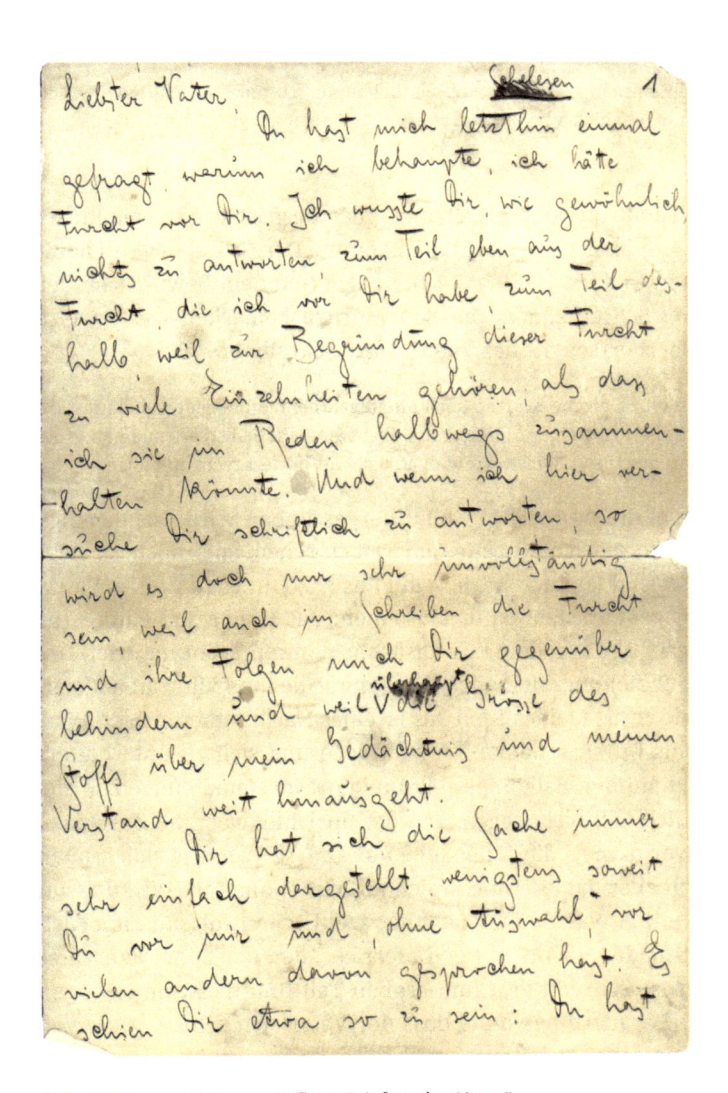

Abb. 1: Die erste Seite von Kafkas „Brief an den Vater".
(https://commons.wikimedia.org/wiki/File:De_Kafka_Brief_an_den_Vater_001.jpg)

schicken wollte, hat er wiederholt ebenfalls in Briefen an seine Schwester Ottla und gegenüber Max Brod geäußert.

Was ist der Inhalt des Briefs – und was hat dieser Inhalt mit Bildung zu tun? Der Brief setzt mit der Beantwortung einer Frage ein, die der Vater dem Sohn gestellt hat, von diesem aber nicht im mündlichen Gespräch hatte beantwortet werden können:

> Liebster Vater,
> Du hast mich letzthin einmal gefragt, warum ich behaupte, ich hätte Furcht vor Dir. Ich wußte Dir, wie gewöhnlich, nichts zu antworten, zum Teil eben aus der Furcht, die ich vor Dir habe ...[10]

Der Brief erscheint also als direkte Fortsetzung eines Gesprächs bzw. als Ersatz für das Gespräch, das offenbar nicht stattfinden konnte. Der Grund liegt, so heißt es im Brief dann weiter, in der väterlichen Übermacht und dem Bewusstsein der eigenen Nichtigkeit des Schreibenden. Der Sohn spricht bemerkenswerweise von der „geistige[n] Oberherrschaft" des Vaters. Dazu schreibt er z. B.:

> Du hattest Dich allein durch eigene Kraft so hoch hinaufgearbeitet, infolgedessen hattest Du unbeschränktes Vertrauen zu Deiner Meinung ... Dabei war Dein Selbstvertrauen zu groß, daß Du gar nicht konsequent sein mußtest und doch nicht aufhörtest recht zu haben.[11]

Eine zentrale Kategorie, die im Brief hin- und hergeschoben wird, ist diejenige der ‚Schuld'. Jeder scheint die Schuld beim anderen zu sehen, aber doch, so stellt der Briefschreiber fest, sind letztlich beide schuldlos.[12] Wenn es in Kafkas Vater-Brief nicht um Bildung geht, so steht dafür umso mehr das Thema ‚Erziehung' zur Verhandlung. Der Begriff der Erziehung ist tatsächlich omnipräsent im Brief. Der Sohn rekapituliert die Erziehungsmethoden des Vaters, die ihn früh traumatisierten. So schildert er, wie er als kleines Kind, als er eines Nachts ständig nach Wasser verlangte, nicht aus Durst, sondern um zu ärgern und sich zu unterhalten, vom Vater kurzerhand auf den Balkon gestellt und dort im Hemd einige Zeit stehen gelassen wurde. „Ich will nicht sagen, daß das unrichtig war", heißt es dazu im Brief, „vielleicht war damals die Nachtruhe auf andere Weise wirklich nicht zu verschaffen, ich will aber damit Deine Erziehungsmittel und ihre Wirkung auf mich charakterisieren. Ich war damals nachher wohl schon folgsam, aber ich hatte einen inneren Schaden davon."[13] Der Unterricht, den der Sohn vom Vater empfangen habe, war, so schreibt er, „zum großen Teil Unterricht im richtigen Benehmen bei Tisch"[14] – allerdings ohne dass der Vater sich selbst an die von ihm aufgestellten Regeln gehalten hätte.

Auch die Religion bietet weder Ausweg noch Hilfe. Kafka schreibt:

> Ebenso wenig Rettung vor Dir fand ich im Judentum. Hier wäre ja an sich Rettung denkbar gewesen, aber noch mehr, es wäre denkbar gewesen, daß wir uns beide im Judentum gefun-

---

10 Ebd., [7].
11 Ebd., 13.
12 Vgl. ebd., 8.
13 Ebd., 11.
14 Ebd., 15.

den hätten oder daß wir gar von dort einig ausgegangen wären. Aber was war das für Judentum, das ich von Dir bekam!¹⁵

Nämlich keines, das in irgendeiner Weise Halt gegeben hätte. „Ich durchgähnte und durchduselte also [in der Synagoge] die vielen Stunden (so gelangweilt habe ich mich später, glaube ich, nur noch in der Tanzstunde)",¹⁶ heißt es weiter. Und wenn vom Vater schon kein brauchbarer Unterricht kam, so hätte er doch, so meint der Briefschreiber, durch ein „beispielhaftes Leben"¹⁷ dem Sohn etwas mit auf den Lebensweg geben können. Die folgende Passage, in der denn doch ein Bildungsmotiv aufscheint, ist symptomatisch für die fehlgehende Bildungskommunikation zwischen Vater und Sohn:

> Du hast letzthin Franklins Jugenderinnerungen gelesen. Ich habe sie Dir wirklich absichtlich zum Lesen gegeben, aber nicht, wie Du ironisch bemerktest, wegen der kleinen Stelle über Vegetarianismus, sondern wegen des Verhältnisses zwischen dem Verfasser und seinem Vater, wie es dort beschrieben ist, und des Verhältnisses zwischen dem Verfasser und seinem Sohn, wie es sich von selbst in diesen für den Sohn geschriebenen Erinnerungen ausdrückt.¹⁸

Benjamin Franklin, ebenfalls ein *selfmade man*, zählt zu den Gründervätern der USA, der an der Ausarbeitung der amerikanischen Verfassung beteiligt war. In seiner Autobiographie beschreibt er, dass zwischen ihm und seinem Vater wie insgesamt in der Familie Franklin ein ausgesprochen harmonisches Verhältnis herrschte – dies wollte Kafka seinem Vater offensichtlich im Medium der Franklin'schen Autobiographie vor Augen führen, aber der Vater pickt sich das Falsche heraus: nämlich eine Stelle über Vegetarianismus – ein weiterer Punkt des Dissenses zwischen Vater und Sohn. Franz Kafka war nämlich schon in jungen Jahren zur vegetarischen Ernährung übergegangen, was für den Vater, den Sohn eines Fleischhauers und passionierten Fleischesser, eine persönliche Provokation darstellte.¹⁹ D. h. der Text, den Kafka seinem Vater als Spiegel eines idealen Vater-Sohn-Verhältnisses gegeben hat, stellt keine Brücke her, sondern führt erst recht ins Missverständnis.

---

15 Ebd., 37. Weidner betont, dass die „Krise der jüdischen Vaterschaft [in Kafkas *Brief an den Vater*] auch eine Krise der jüdischen Tradition" sei: D. Weidner, „Brief an den Vater", 295; vgl. dazu auch M. Grafenburg, *Jüdische Identität*, 132–143.
16 F. Kafka, ebd.
17 Ebd., 40.
18 Ebd.
19 Vgl. ebd., 90–91.

Doch ist es mitnichten so, dass nur der Vater kritisiert wird. Auch sich selbst stellt Kafka nicht in das günstigste Licht. Während der Vater behaupte, Franz habe als Kind immerfort gelernt und später nur geschrieben, sagt der Briefschreiber von sich:

> Das stimmt nun nicht im entferntesten. Eher kann man mit viel weniger Übertreibung sagen, daß ich wenig gelernt und nichts erlernt habe; daß etwas in den vielen Jahren bei einem mittleren Gedächtnis, bei nicht allerschlechtester Auffassungskraft hängengeblieben ist, ist ja nicht sehr merkwürdig, aber jedenfalls ist das Gesamtergebnis an Wissen, und besonders an Fundierung des Wissens, äußerst kläglich im Vergleich zu dem Aufwand an Zeit und Geld inmitten eines äußerlich sorglosen, ruhigen Lebens, besonders auch im Vergleich zu fast allen Leuten, die ich kenne.[20]

Der Grund dafür, dass er so wenig gelernt habe, liegt darin, so heißt es im Brief, dass er mit seiner „geistigen Existenzbehauptung"[21] beschäftigt gewesen sei: „Mich beschäftigte nur die Sorge um mich",[22] wofür nun wieder der übermächtige Vater als Ursache angesehen werden kann. Der Vater ist der Grund für das mangelnde Selbstvertrauen des Briefschreibers und für einen Bildungsweg, der ganz und gar keine Progressions- oder Selbstvervollkommnungsgeschichte erzählt. Vielmehr verhält es sich folgendermaßen:

> Meine Selbstbewertung war von Dir viel abhängiger als von irgend etwas sonst, etwa von einem äußeren Erfolg. Der war die Stärkung eines Augenblicks, sonst nichts, aber auf der anderen Seite zog Dein Gewicht immer viel stärker hinunter. Niemals würde ich durch die erste Volksschulklasse kommen, dachte ich, aber es gelang, ich bekam sogar eine Prämie, aber die Aufnahmeprüfung ins Gymnasium würde ich gewiß nicht bestehen, aber es gelang; aber nun falle ich in der ersten Gymnasialklasse gewiß durch, nein, ich fiel nicht durch, und es gelang immer weiter und weiter. Daraus ergab sich aber keine Zuversicht, im Gegenteil, immer war ich überzeugt – und in Deiner abweisenden Miene hatte ich förmlich den Beweis dafür –, daß je mehr mir gelingt, desto schlimmer es schließlich wird ausgehn müssen.[23]

Durch die Matura sei er zum Teil nur durch Schwindel gekommen. Und weil ihm alle Lehrgegenstände am Gymnasium gleichgültig gewesen seien, habe es eigentlich keine Freiheit der Berufswahl für ihn gegeben. Es sei nur darum gegangen, etwas zu finden, das die eigene Eitelkeit nicht allzu sehr verletzte. Und so sei Jus das Selbstverständliche gewesen, mit kurzen der Eitelkeit schmeichelnden Ausflügen in ein vierzehntägiges Chemiestudium und in ein halbjähriges Deutschstudium, die ihn freilich nur in seiner Grundüberzeugung, dass Jus denn doch das

---

20 Ebd., 42.
21 Ebd., 41–42.
22 Ebd., 42.
23 Ebd., 44.

Richtige sei, bestärkten. Und so nährte er sich, wie er schreibt, „geistig vom Holzmehl", das ihm „überdies schon von tausend Mäulern vorgekaut war".[24] Und gerade dies habe ihm in gewisser Weise geschmeckt, weil es von hier keine Rettung mehr zu erwarten gab.

Es wird also deutlich, dass Bildung zu Beginn des 20. Jahrhunderts, einer Zeit rapiden sozialen Wandels und der Durchmischung gesellschaftlicher Schichten, wie sie Hermann Kafka paradigmatisch verkörpert, keine verbindliche Kommunikationsgrundlage mehr darstellt. Hermann Kafka hatte sich aus einfachen Verhältnissen hochgearbeitet und eine Frau aus wohlhabender Familie geheiratet. Bildung bestimmt aber auch nicht mehr ohne Weiteres das Selbstbild von Briefe schreibenden Absolventen höherer Bildungsinstitutionen, wie ihn eben der Sohn Franz Kafka verkörpert. Wie gesagt, ist es eher die erhaltene oder nicht erhaltene ‚Erziehung', die im *Brief an den Vater* immer wieder zur Sprache kommt: „gegenüber jeder Kleinigkeit überzeugtest Du mich durch Deine Erziehung, so wie ich es zu beschreiben versucht habe, von meiner Unfähigkeit".[25]

4 Brief, Autobiographie, Bildungsroman

Und doch ist das Bildungsparadigma im Hinblick auf den *Brief an den Vater* nicht gänzlich zu verabschieden. Denn dieser Brief an den Vater ist im Grunde eine kondensierte Autobiographie, ein Genre, das in der deutschsprachigen Tradition stark mit dem Bildungsromanschema verbunden ist. In diesem Zusammenhang wäre auf Goethes *Dichtung und Wahrheit* zu verweisen. Jürgen Jacobs beschreibt den Bildungsroman als „Großform erzählender Prosa", die bestimmt ist „durch die Entwicklungsgeschichte eines jungen Protagonisten".[26] Es lohnt sich, noch einen Blick auf Jacobs' weitere Gattungsbestimmung zu werfen, derzufolge der Bildungsroman

> [e]rzählerische Darstellung des Wegs einer zentralen Figur durch Irrtümer und Krisen zur Selbstfindung und tätigen Integration in die Gesellschaft [ist]. Der auf einen Ausgleich mit der Welt zulaufende Schluß ist oft nur mit ironischen Vorbehalten oder Brüchen geschildert; er ist jedoch als Ziel oder zumindest als Postulat notwendiger Bestandteil einer ‚Bildungsgeschichte' (in der Regel eines geistig-künstlerisch tätigen Menschen). Durch die

---

24 Ebd., 45.
25 Ebd., 56.
26 J. Jacobs, „Bildungsroman", 230.

Orientierung auf diesen Zielpunkt bekommt der epische Vorgang eine teleologische Struktur, in der die einzelnen Phasen der Entwicklung funktionalen Wert für den Gesamtprozeß haben.[27]

Mit der Terminologie hat sich die Forschung immer etwas schwergetan. Gelegentlich stößt man auch auf den Begriff des ‚Entwicklungsromans', der als Oberbegriff zu ‚Bildungs-' und ‚Desillusionsroman' verstanden wird, wobei letzterer den „Weg … einer zentralen Figur durch Krisen und Konflikte zum Scheitern an inneren oder äußeren Widersprüchen"[28] schildert. Auch der ‚Erziehungsroman' taucht in der literaturwissenschaftlichen Forschung als Begriff auf; er bezeichnet eine „[a]uf pädagogische Probleme orientierte Darstellung eines von Erziehungsinstanzen gesteuerten Entwicklungsprozesses".[29] Das klassische Paradigma für den Bildungsroman ist Goethes *Wilhelm Meisters Lehrjahre* (1795/96), ein Roman, den Georg Lukács, um die Verwirrung komplett zu machen, als ‚Erziehungsroman' beschrieben hat.[30] Der klassische Bildungsroman endet übrigens wie auch die seinem Muster folgende Autobiographie des 18. und 19. Jahrhunderts idealtypischerweise mit der Eheschließung des Protagonisten und seiner Eingliederung in die bürgerliche Gesellschaft[31] – bis dahin muss die Persönlichkeitsbildung abgeschlossen sein, und ganz offensichtlich gibt es danach auch nichts für den Bildungsprozess Bedeutsames mehr zu erzählen. Vor diesem Hintergrund ist es bemerkenswert, dass auch Kafkas *Brief an den Vater* auf die Thematisierung der mehrfachen, aber immer gescheiterten Heiratspläne hinführt. Kafka war zweimal mit Felice Bauer verlobt (1914 und 1917) und einmal mit Julie Wohryzek (1917). Zur Heirat kam es in beiden Fällen nicht. Der Grund ist, dem *Brief an den Vater* zufolge – das überrascht jetzt nicht mehr –, eben der Vater:

> Warum also habe ich nicht geheiratet? Es gab einzelne Hindernisse wie überall, aber im Nehmen solcher Hindernisse besteht ja das Leben. Das wesentliche, vom einzelnen Fall leider unabhängige Hindernis war aber, daß ich offenbar geistig unfähig bin zu heiraten … Es ist der allgemeine Druck der Angst, der Schwäche, der Selbstmißachtung.
>
> Ich will es näher zu erklären versuchen. Hier beim Heiratsversuch trifft in meinen Beziehungen zu Dir zweierlei scheinbar Entgegengesetztes so stark wie nirgends sonst zusammen. Die Heirat ist gewiß die Bürgschaft für die schärfste Selbstbefreiung und Unabhängigkeit. Ich hätte eine Familie, das Höchste, was man meiner Meinung nach erreichen kann, also auch das Höchste, das Du erreicht hast, ich wäre Dir ebenbürtig, alle alte und ewig neue Schande und Tyrannei wäre bloß noch Geschichte. Das wäre allerdings märchenhaft, aber darin liegt eben

---

27 Ebd.
28 Ebd.
29 Ebd.
30 Vgl. ebd., 232.
31 Vgl. B. Neumann, *Von Augustinus zu Facebook*, 39. 57. 110. 170. 224.

schon das Fragwürdige. Es ist zu viel, so viel kann nicht erreicht werden. Es ist so, wie wenn einer gefangen wäre und er hätte nicht nur die Absicht zu fliehen, was vielleicht erreichbar wäre, sondern auch noch, und zwar gleichzeitig die Absicht, das Gefängnis in ein Lustschloß für sich umzubauen. Wenn er aber flieht, kann er nicht umbauen, und wenn er umbaut, kann er nicht fliehen. Wenn ich in dem besonderen Unglücksverhältnis, in welchem ich zu Dir stehe, selbständig werden will, muß ich etwas tun, was möglichst gar keine Beziehung zu Dir hat; das Heiraten ist zwar das Größte und gibt die ehrenvollste Selbständigkeit, aber es ist auch gleichzeitig in engster Beziehung zu Dir. Hier hinauskommen zu wollen, hat deshalb etwas von Wahnsinn, und jeder Versuch wird fast damit gestraft.[32]

Gefangen im klassischen *double bind*, könnte man hier konstatieren. Dass bei Kafka eben nicht geheiratet wird, wo der klassische Bildungsroman in die Ehe führt, sowie die Tatsache, dass Bildungs- und Erziehungsroman einander in der Forschung auch gegenseitig in die Hand spielen, berechtigt vielleicht dazu, dem *Brief an den Vater* eine *ex negativo*-Bildungsstruktur zu unterstellen.

5 Sohn- und Vater-Bilder

Tatsächlich geht es im Bildungsroman nicht nur um Bildungs- und Wissensbestände, die sich der Protagonist aneignet und die zu seiner Bildung beitragen, sondern es geht eben um ‚Bildung' im Sinne von Prägung oder Herausbildung der gereiften Persönlichkeit. Und da steht Kafka ängstlich, schwach und voller Selbstmissachtung da – und neben dem Vater. Eine Szene, die Kafka im *Brief an den Vater* aus der Kindheit beschreibt, fasst das Verhältnis in ein sprechendes Bild. Sie schildert – im Übrigen nicht ohne Sinn für Humor – Vater und Sohn im Schwimmbad:

> Ich erinnere mich ... daran, wie wir uns öfters zusammen in einer Kabine auszogen. Ich mager, schwach, schmal, Du stark, groß, breit. Schon in der Kabine kam ich mir jämmerlich vor, und zwar nicht nur vor Dir, sondern vor der ganzen Welt, denn Du warst für mich das Maß aller Dinge. Traten wir dann aber aus der Kabine vor die Leute hinaus, ich an Deiner Hand, ein kleines Gerippe, unsicher, bloßfüßig auf den Planken, in Angst vor dem Wasser, unfähig Deine Schwimmbewegungen nachzumachen, die Du mir in guter Absicht, aber tatsächlich zu meiner tiefen Beschämung immerfort vormachtest, dann war ich sehr verzweifelt ...[33]

---

32 F. Kafka, *Brief an den Vater*, 54–56.
33 Ebd., 12.

Hier geht es um mehr als um Körper-Bildung. Zumindest scheinen sich die hier gezeichneten Körper-Bilder auf die im Brief entworfenen Bilder von Vater und Sohn insgesamt übertragen zu lassen.

Auch wenn Kafkas *Brief an den Vater* eine kondensierte Autobiographie darstellt, der, gerade in der Nichterfüllung, das Bildungsromanschema zugrunde liegt, handelt es sich doch in erster Linie um einen Brief. Der Brief stellt die Hälfte eines Gesprächs dar, und im Vorausgegangenen ist bereits darauf hingewiesen worden, dass sich Kafkas *Brief an den Vater* als die Fortsetzung eines nicht geführten Gesprächs präsentiert. Der Vater hat eine Frage gestellt, und der Brief versucht nun die im Gespräch ausgebliebene Antwort zu geben. Das Spezifikum des *Briefs an den Vater* allerdings ist, dass er nicht nur die eine Seite des Gesprächs bildet, sondern zugleich die andere Hälfte, d. h. den Part des Vaters mit übernimmt. Dies hat natürlich damit zu tun, dass das gezeichnete Selbstbild von Anfang an im Schatten, oder besser im Zeichen des Vaters steht und das Bild des Vaters dem Bild des Sohnes konstitutiv eingeschrieben ist. Und tatsächlich nimmt der Sohn-Schreiber immer wieder auch die Perspektive des Vaters ein. Das geschieht gleich schon im zweiten Absatz, der folgendermaßen beginnt:

> Dir hat sich die Sache immer sehr einfach dargestellt, wenigstens soweit Du vor mir und, ohne Auswahl, vor vielen andern davon gesprochen hast. Es schien Dir etwa so zu sein: Du hast Dein ganzes Leben lang schwer gearbeitet, alles für Deine Kinder, vor allem für mich geopfert, ich habe infolgedessen ‚in Saus und Braus' gelebt, habe vollständige Freiheit gehabt zu lernen was ich wollte, habe keinen Anlaß zu Nahrungssorgen, also zu Sorgen überhaupt gehabt, Du hast dafür keine Dankbarkeit verlangt ...[34]

Usw. – das geht noch eine ganze Weile so fort. Der Wechsel zwischen Sohn- und Vater-Perspektive bestimmt Logik und Struktur des ganzen Briefs. D. h. der Sohn rekonstruiert oder besser: konstruiert die Position des Vaters, um sich dann in ihrem Licht zu verteidigen und zu erklären. Das geht so weit, dass ganz am Ende des Briefs, als alles gesagt scheint und vielleicht doch nicht, der Sohn-Erzähler dem Vater nochmals explizit das Wort gibt, und das über fast zwei Druckseiten hinweg. Dieses Vater-Wort wird so explizit gemacht, dass es sogar in Anführungszeichen, den Zeichen der wörtlichen Rede, gesetzt wird, so dass man tatsächlich vermeint, den Vater sprechen zu hören:

> Du könntest, wenn Du meine Begründung der Furcht, die ich vor Dir habe, überblickst, antworten: ‚Du behauptest, ich mache es mir leicht, wenn ich mein Verhältnis zu Dir einfach durch Dein Verschulden erkläre, aber ich glaube, daß Du trotz äußerlicher Anstrengung es Dir zumindest nicht schwerer, aber viel erträglicher machst. Zuerst lehnst auch Du jede Schuld und Verantwortung von Dir ab, darin ist also unser Verfahren das gleiche. Während

---

34 Ebd.

ich aber dann so offen, wie ich es auch meine, die alleinige Schuld Dir zuschreibe, willst Du gleichzeitig ‚übergescheit' und ‚überzärtlich' sein und auch mich von jeder Schuld freisprechen. Natürlich gelingt Dir das letztere nur scheinbar (mehr willst Du ja auch nicht) ... Lebensuntüchtig bist Du; um es Dir aber darin bequem, sorgenlos und ohne Selbstvorwürfe einrichten zu können, beweist Du, daß ich alle Deine Lebenstüchtigkeit Dir genommen und in meine Tasche gesteckt habe. Was kümmert es Dich jetzt, wenn Du lebensuntüchtig bist, ich habe ja die Verantwortung, Du aber streckst Dich ruhig aus und läßt Dich, körperlich und geistig, von mir durchs Leben schleifen ... Im Grunde aber hast Du hier und in allem anderen für mich nichts anderes bewiesen, als daß alle meine Vorwürfe berechtigt waren und daß unter ihnen noch ein besonders berechtigter Vorwurf gefehlt hat, nämlich der Vorwurf der Unaufrichtigkeit, der Liebedienerei, des Schmarotzertums. Wenn ich nicht sehr irre, schmarotzest Du an mir noch mit diesem Brief als solchem.'[35]

Soweit die abschließenden Worte des Vaters, auf die der Sohn aber doch nochmals repliziert, und zwar frappierenderweise mit dem Argument, dass „dieser ganze Einwurf, der sich zum Teil auch gegen Dich kehren läßt, nicht von Dir stammt, sondern eben von mir"[36] – denn er hat ihn ja soeben formuliert. Das ist natürlich ein schlagendes Argument, dem der imaginierte Vater auch nichts mehr entgegenzusetzen hat.

6 Sohn- und Vater-Bildung

Der Einwurf, dass sich das Schmarotzen „mit diesem Brief als solchem" fortsetzen könnte, verweist auf die konstitutive Medialität des Briefs in Bezug auf das Vater-Sohn-Verhältnis. Gewiss liegt dem Brief eine familiäre Realität zugrunde, die der Brief aber nicht einfach abbildet. Der Beitrag ist mit „Sohn- und Vater-Bildung" überschrieben, weil sich die Positionen von Vater und Sohn/Sohn und Vater *im Medium* des Briefes und *im* Akt des Schreibens bilden und immer wieder auflösen, ineinander übergehen und verkehren. ‚Sohn- und Vater-Bildung' ist in Kafkas *Brief an den Vater* ein im Akt des Schreibens sich vollziehender performativer Vorgang. Dass das wahre Interesse des Briefschreibers dem Schreiben galt und eben sein Schreiben dem Vater immer ein besonderer Dorn im Auge war, wird im Brief selbst gesagt,[37] ist als Motiv aber auch in Kafkas anderen Texten präsent. „Mein Schreiben handelte von Dir", so heißt es an anderer Stelle im *Brief an den*

---

35 Ebd., 57–58.
36 Ebd., 58–59.
37 Vgl. ebd., 41–42.

Vater.[38] Der performative Akt des Schreibens ist also das Medium, in dem sich diese intrikate Vater-Sohn-Konstellation gestaltet. Dieser Prozess der Vater-und-Sohn-Bildung vollzieht sich im *Brief an den Vater* sehr analog zu dem in der bereits erwähnten Erzählung *Das Urteil*, in der sich ebenfalls ein Vater und ein Sohn gegenüberstehen und der Vater in dem Maß groß und mächtig erscheint, in dem sich der Sohn klein und schwach fühlt, der Vater aber dann buchstäblich schrumpft, wenn sich der Sohn wieder selbst ermächtigt. Allerdings verurteilt der Vater in der Erzählung den Sohn zum Tod durch Ertrinken und der Sohn vollstreckt dieses Urteil *stante pede*, indem er aus dem Haus rennt und sich von der naheliegenden Brücke in den Fluss stürzt.[39]

7 Brief und Literatur. Autofiktion

Kafka hat seinen *Brief an den Vater* am Ende doch nicht abgeschickt; veröffentlicht wurde er erst 28 Jahre nach Kafkas Tod, im Jahr 1952.[40] In den Kafka-Ausgaben findet er sich nicht in den Brief-Bänden, sondern unter den literarischen Werken. Und weil die Kafka-Forschung sich entschlossen hat, ihn als literarischen Text zu lesen, gibt es etwa auch das entsprechende gelbe Reclam-Bändchen. Tatsächlich lässt sich die Unterscheidung zwischen literarischen Texten und autobiographischen Dokumenten, wie sie beispielsweise Briefe darstellen, bei Kafka nicht mit guten Gründen treffen. Sein Werk ist im gleichen Maß so biographisch motiviert wie die Briefe literarische Kunstwerke sind. In diesem Sinn hält auch der Kafka-Herausgeber Hans-Gerd Koch fest:

> Kafka hat immer Literatur geschrieben, und es gibt bei ihm nicht diese Unterscheidung zwischen Autobiografie auf der einen Seite und Werk auf der anderen. Seine Briefe sind auch Literatur, und sie sind so, dass man auch sagen könnte, dass eine seiner Figuren diese Briefe hätte schreiben können. Die Briefe an Max Brod zum Beispiel oder an Miléna Polak hätte auch Gregor Samsa oder Georg Bendemann (der Protagonist der Erzählung *Das Urteil*; M. W.-E.] schreiben können. Es ist Literatur.[41]

Die Autobiographieforschung hat schon seit den 1960er-Jahren auf die fiktionale Dimension hingewiesen, die in jeder Autobiographie steckt, was Goethe in *Dichtung*

---

38 Ebd., 42.
39 Vgl. F. Kafka, „Das Urteil".
40 Vgl. S. Koldehoff, „Briefe wie Literatur".
41 Ebd.

und Wahrheit bereits 150 Jahre früher reflektiert hat.⁴² In den 1980er-Jahren kam der Begriff der Autofiktion auf, um die spezifische Relation von Fiktion und Autobiographie näher zu bestimmen.⁴³ Und da gibt es ganz unterschiedliche Definitionen. Besonders produktiv erscheint eine Bestimmung des Begriffs, die im Akt des Schreibens einen biographischen und biographiekonstitutiven Vorgang sieht, der in jedem Fall eine Rückwirkung auf das Leben des Autors bzw. der Autorin hat. In diesem Verständnis heißt autobiographisches Schreiben nicht einfach Schilderung des zugrundeliegenden Lebens, sondern das autobiographische Schreiben ist selbst Teil dieser Lebensrealität, in der es schreibend Lebenseffekte hervorbringt. D. h. Kafkas *Brief an den Vater* bildet nicht einfach eine problematische Vater-Sohn-Beziehung ab, sondern er bildet sie im Schreiben auch gleichermaßen heraus.

Auch die in der Forschung gegebenen Erklärungen, warum Kafka den Brief doch nicht abgeschickt hat, sehen die biographische Relevanz dieses literarischen Texts. Hartmut Binder führt die mögliche Rücksichtnahme auf Mutter und Schwester an, während Joachim Pfeiffer dem Brief eine eigene „kathartische Wirkung" zuspricht, die Franz Kafka, dem ‚ewigen Sohn', wie ihn Peter-André Alt genannt hat,⁴⁴ den finalen Weg in die Literatur wies.⁴⁵ Vor diesem Hintergrund sind die letzten Sätze des Briefs signifikant. Der Briefschreiber hat, darauf wurde bereits hingewiesen, geltend gemacht, dass der lange Einwurf des Vaters nicht von diesem, dem Vater, sondern von ihm, dem Sohn, selbst stammt. Und dann heißt es weiter:

> Eine gewisse Berechtigung des Einwurfes, der ja auch noch an sich zur Charakterisierung unseres Verhältnisses Neues beiträgt, leugne ich nicht ... mit der Korrektur, die sich durch diesen Einwurf ergibt, einer Korrektur, die ich im einzelnen weder ausführen kann noch will, ist meiner Meinung nach doch etwas der Wahrheit so sehr Angenähertes erreicht, daß es uns beide ein wenig beruhigen und Leben und Sterben leichter machen kann. Franz⁴⁶

Auch wenn es der Einwurf des Vaters ist, der das Verhältnis von Vater und Sohn zumindest etwas geklärt hat, so ist es doch der Sohn, der dem Vater das Wort gegeben hat und der mit seiner Signatur seine verantwortliche Autorschaft, um nicht zu sagen seine ‚Autor-Bildung' bekräftigt – an der der Vater trotz allem oder gerade deswegen maßgeblichen Anteil hat.

---

42 Vgl. dazu M. Wagner-Egelhaaf, *Autobiographie*, 2–3. 165–174.
43 Vgl. etwa C. Gronemann, „‚Autofiction'"; M. Wagner-Egelhaaf (Hg.), *Auto(r)fiktion*; M. Wagner-Egelhaaf, „Strange Loops".
44 Vgl. P.-A. Alt, *Franz Kafka*.
45 Vgl. M. Holdenried, „Kafka".
46 F. Kafka, *Brief an den Vater*, 59.

8 Fazit

Bildung im Sinn von Wissensbeständen, die im Brief übermittelt werden oder auf die Bezug genommen würde, spielt in Kafkas *Brief an den Vater* keine Rolle. Die Beziehung zwischen Vater und Sohn wird vielmehr im Zeichen einer von Seiten des Sohns als fehlgehend wahrgenommenen Erziehung reflektiert. Gleichwohl unterliegt dem *Brief an den Vater* – ex negativo – das Schema des Bildungsromans, der im Idealfall zur Ausbildung einer gereiften Persönlichkeit führt. Der *Brief an den Vater* zeichnet allerdings eher einen Protagonisten, der sich selbst als schwach, ängstlich und lebensuntüchtig darstellt. Kafka nutzt für das Durchspielen seines problematischen Verhältnisses zum Vater die Form des Briefs, weil ein Brief authentisch und literarisch zugleich sein kann. Dass der Schreiber-Erzähler nicht nur die eine Hälfte des Gesprächs liefert, sondern den Part des Adressaten gleich mitübernimmt, modelliert die literarische Dimension des Briefs, der man eine autofiktionale Rückwirkung ins Leben des Autors zuerkennen muss, denn am Ende des Briefs scheint ein *modus vivendi* gefunden. Da muss der Brief tatsächlich nicht mehr abgeschickt werden. Sein Verfasser und sein Brief sind in der Literatur angekommen.

Bibliographie

P.-A. Alt, *Franz Kafka. Der ewige Sohn. Eine Biographie* (München: C. H. Beck, 2005).

L. Dietz, „Kafka, Franz", in: *Metzler Autoren Lexikon* (hg. v. B. Lutz/B. Jeßing; Stuttgart/Weimar: Metzler, ⁴2010), 393–396.

M. Grafenburg, *Gemeinschaft vor dem Gesetz. Jüdische Identität bei Franz Kafka* (Diss. Tübingen, 2013).

C. Gronemann, „,Autofiction' und das Ich in der Signifikantenkette. Zur literarischen Konstitution des autobiographischen Subjekts bei Serge Doubrovsky", in: *Poetica* 31 (1999), 237–362.

Ch. H. Hammond, Jr., „I Witness Testimony. Assigning Guilt in Franz Kafka's *Das Urteil* (The Judgement)", in: *Colloquia Germanica* 51 (2020), 113–140.

H. von Hofmannsthal, „Ein Brief", in: ders., *Erzählungen, erfundene Gespräche und Briefe, Reisen, Gesammelte Werke in zehn Einzelbänden* (hg. v. B. Schoeller/R. Hirsch; Frankfurt a. M.: Fischer, 1979), 461–472.

M. Holdenried, „Franz Kafka: *Brief an den Vater* (1919) [*Letter to His Father*]", in: *Handbook of Autobiography/Autofiction III. Exemplary Texts* (hg. v. M. Wagner-Egelhaaf; Berlin/Boston: De Gruyter, 2019), 1672–1687.

J. Jacobs, „Bildungsroman", in: *Reallexikon der deutschen Literaturwissenschaft. Neubearbeitung des Reallexikons der deutschen Literaturgeschichte* 1 (2007), 230–233.

F. Kafka, *Brief an den Vater. Textausgabe mit Anhang und Anmerkungen und Nachwort* (hg. u. komm. v. M. Müller; Stuttgart: Reclam, 1995).

F. Kafka, „Das Urteil", in: *Die Erzählungen und andere ausgewählte Prosa* (hg. v. R. Hermes; Frankfurt a. M.: Fischer, ⁴2018), 43–55.

S. Koldehoff, „Briefe wie Literatur", in: *Deutschlandfunk*, 6. 2. 2014 (https://www.deutschlandfunk.de/kafkas-korrespondenz-briefe-wie-literatur.700.de.html?dram:article_id=276821) (abgerufen am 17.11.2021).

M. Müller, „Zur Person des Adressaten", in: F. Kafka, *Brief an den Vater* (hg. v. M. Müller; Stuttgart: Reclam, 1995), 67–68.

M. Müller, „Kafka und sein Vater. Der Brief an den Vater", in: *Kafka-Handbuch. Leben – Werk – Wirkung* (hg. v. B. von Jagow/O. Jahraus; Göttingen: Vandenhoeck & Ruprecht, 2008), 37–44.

B. Neumann, *Von Augustinus zu Facebook. Zur Geschichte und Theorie der Autobiographie* (Würzburg: Königshausen & Neumann, 2013).

M. Wagner-Egelhaaf, *Autobiographie* (Stuttgart/Weimar: Metzler, ²2005).

M. Wagner-Egelhaaf (Hg.), *Auto(r)fiktion. Literarische Verfahren der Selbstkonstruktion* (Bielefeld: Aisthesis, 2013).

M. Wagner-Egelhaaf, „Of Strange Loops and Real Effects. Five Theses of Autofiction/the Autofictional", in: *The Autofictional* (hg. v. A. Effe/H. Lawlor; Cham: Palgrave, 2022), 21–39.

D. Weidner, „Brief an den Vater", in: *Kafka-Handbuch* (hg. v. M. Engel/B. Auerochs; Stuttgart/Weimar: Metzler, 2010), 293–301.

Register

Stellen

1 Bibel

Genesis (Gen)
1,8 307
2,25 282
3,1 282
3,12 282

Exodus (Ex)
5,6 310
5,10 310
5,13 310
11,2 292, 293
12,35 292, 293
12,36 293
14,14 282
23,7 304
25–27 293
25,3 293
32 294
32,4 295
32,8 295
35–39 293
35–40 307
35,5 293

Levitikus (Lev)
19,19 225

Deuteronomium (Dtn)
22,9 225
26,12–13 223, 224

Erstes Buch der Könige (1 Kön)
11,14–22 294
11,26–12,33 294
12,28 295
12,28–29 294

Erstes Buch der Chronik (1 Chron)
16,8–22 307
16,23–33 307

Zweites Buch Esra (2 Esdr)
4,17 209
5,7 209

Esther (Esth)
3,13a–g 306
4,17a–i 306
4,17k–z 306
8,12a–x 306

Zweites Buch der Makkabäer (2 Makk)
1,1 210
1,1–10a 214
1,7 215
1,9 215
1,10b 216
1,10b–2,18 215
1,10b–18a 216
1,11–17 216
1,18a 216
1,18b–36 216
1,34 216
2,1 217
2,1–8 217
2,7 217
2,9–12 217
2,13 217
2,14 217
2,15 217
2,16 215
2,16–18 216, 217
2,18 218
2,21 218
2,23 213
3,39 218
10,1–8 214
14,34–36 218
15,36 213, 218

Psalmen (Ps)
72 321, 322
72,15 319, 321, 322, 323
95(96) 307
104(105),1–15 307

Ijob (Ijob)
2,9a–e 306
42,17a–e 306

Micha (Mich)
4,1–3 307

Jesaja (Jes)
2,2–4 307

Susanna (Sus)
45 303
45–46 303
53 304
54–55 304
58–59 304
62 304

Daniel (Dan)
3,24–91 306
3,31 223
3,98 Θ´; 4,34c LXX 210
6,26 MT 223
13 284
14 284

Matthäus (Mt)
1,1–16 302
3,4 326
3,13–16 326
7,7 299
9,13 353
10,25 328
11,2–6 326
11,10–11 326
12,24 328
17,3 268
20,26–28 79

Markus (Mk)
5,41 320
8,33 327
9,14 268
10,44–45 79

Lukas (Lk)
3,23–38 302
4,38–39 320
9,30–31 268
10,37 353
11,9 299
16,19–31 322

Johannes (Joh)
10,3 298
11,1–44 321
11,43 321
11,45–53 325
12,10–11 325

Apostelgeschichte (Apg)
5,34 224
9,1 224
15,28 223
22,3 224
22,5 224
26,12 224

Römerbrief (Röm)
1,16–17 244
3,2 324
8,17 264
15,54 264

Erster Korintherbrief (1 Kor)
1,24 348
7 244
8,10 292

Zweiter Korintherbrief (2 Kor)
5,4 264
5,10 350
5,14 346

Galaterbrief (Gal)
1 244

Epheserbrief (Eph)
2,4–6 264
2,6 264
5,16 353

Philipperbrief (Phil)
1,1 231
1,1–26 233
1,7 231
1,7–26 237
1,12 237
1,12–13 231
1,21–22 231
1,21–26 233, 238
1,25 237
1,27–2,5 233
2,1–4 243
2,1–5 238
2,2 243
2,3 236, 243
2,5 243
2,6 240
2,6a 241
2,6–7 241
2,6–11 233, 236, 238, 240
2,6–30 236–237
2,7 245
2,8 238, 240, 241
2,8b 241
2,9–11 241
2,19 241
2,19–24 233, 236, 238, 241
2,20 238, 241
2,21 238, 241
2,25 242
2,25–30 233, 236, 238, 241
2,30 238, 241
3,1–21 233
3,6 242
3,10–11 233, 245
3,11 238
3,12ff. 237
3,12–14 242
3,14 242

3,17 233, 234, 242, 244
3,20–21 245
3,21 233, 238

Kolosserbrief (Kol)
2,12 264
3,1–3 264
3,24–35 79

Erster Thessalonicherbrief (1 Thess)
4,9 244
5,21 291

Erster Timotheusbrief (1 Tim)
4,13 298

Zweiter Timotheusbrief (2 Tim)
3,7 349

Hebräerbrief (Hebr)
3,14 300
11,6 344

2 Apokryphen

2 Baruch (2 Bar)
1,2 219
10,5b–19 221
21,9 221
22–30 221
31–34 220
35,1–5 221
36–37 221
44–46 220
53 221
62,6 219
77,1–17 220
77,12 220
77,19 219, 220
78,1 219
78,2 220f.
78,3–7 221
79–80 221
81,1 221
81,2 221
81,3 221

81,4 221
82,2–9 221
83,1–8 221
83,10–22 221
84 221
85,3 221
85,6 220
86,1–3 221

4 Esra (4 Esr)
13,40 219

3 Inschriften, Papyri, Ostraka, Tabulae

BGU
II 423 74
IV 1080 78

C.Pap.Hengstl
75 78
83 72
84 74
99, 243 71

CPJ
I–III 209
I 128 209
I 133 209
II 424 209
IV 557–577 209

NHC (Nag Hammadi Codices)
I/4, 43.25–44.3 262
I/4, 44.4–7 262
I/4, 44.8–12 262
I/4, 44.13–17 263
I/4, 44.17–34 263
I/4, 44.33–45.2 263
I/4, 45.2–9 263
I/4, 45.9–13 263
I/4, 45.14–21 263
I/4, 45.15 263
I/4, 45.22–23 264
I/4, 45.23–28 264
I/4, 45.39–46.2 264

I/4, 46.3–8 264
I/4, 46.8–9 265
I/4, 46.8–13 265
I/4, 46.10–13 265
I/4, 46.19–24 265
I/4, 46.35–47.1 265
I/4, 47.2–13 266
I/4, 47.14–16 266
I/4, 47.17–24 266
I/4, 47.24–36 267
I/4, 47.26–27 265
I/4, 47.38–48.3 267
I/4, 48.4–6 267
I/4, 48.6–16 268
I/4, 48.21–30 268
I/4, 48.27–49.7 268
I/4, 49.9–36 269
I/4, 50.11–13 271
I/4, 50.11–16 270
I/5, 123.21–22 263
II/1, 31.28–34 254

O.Claud.
II 409–416 68

oDeM (Ostrakon Deir el-Medine)
1039 38
1404 vs. 49

P.Anastasi
I 38, 39, 40, 43, 44, 45, 46, 47, 49, 51
1,1 50
1,3 44
1,7 43
1,8 53
1,13,6–7 47
2,1 53
3,8 53
4,5–5,2 46
5,3–6,5 47
7,3 47
7,4–7 47
7,7–8 52
8,3–5 47
8,7 47
8,7–10,9 48
10,3–7 48

10,9–11,8 48
11,1–2 42, 48, 59
11,4 53
11,4–8 49
11,8 49
11,8–12,6 52
12,6 52
13,1–4 52
13,4 52
13,4–8 54
13,8–14,8 55
14,8–16,5 55
16,5–17,2 55
17,2–3 44
17,2–18,2 55
18,3–20,6 55
20,7 55
20,7–21,2 55
21,2–22,2 56
22,2–23,1 56
23,1–7 56
23,5 56
23,7–25,2 57
25,2–6 57
25,6–26,3 57
26,3–9 57
26,9–28,1 57
28,1–8 58
28,2 60
28,4–5 59
28,6 59
28,7 60

P.Aphrod.Lit.
38 82

P.Bon.
5 (I p. 22–28 Montevecchi) 9

pBrooklyn
47.218.84 42
47.218.84 9,2–11,8 47
47.218.135 6,11 43

P.Cair.
III 67295 82

P.Cair.Masp.
III 67295 79

pChester Beatty
I 52, 53, 54
I 3,7–4,1 53

P.Flor.
II 259 78

P.Fouad.
89 81, 82

P.Leiden
I 348 recto 1,5–2,9 53

P.Oxy.
I 119 68
II 217 162
II 265.24 5
III 531 72
VI 930 71, 75
XII 1467 76
XIV 1664 77, 78
XVIII 2190 73
XXXI 2603 80
LV 3812 77

P.Petaus
121 68

pSallier
I, 3, 4–5 38

SB
V 7567 72
XXII 15708 73

SEG
XXXVII 863 164

Sel.Pap.
I 112 74
I 130 71

SIG[3]
578.62–63 5

T.Vindol.
291 5
292–293 5
294 5

UPZ
I 148 71

W.Chr.
138 71
382 72
478 78
480 74

4 Antike Autoren und Texte

Abū Maʿšar
Great Introduction
6,21 186
Apom. myst.
3,33 186

Achilleus Tatios
Isagoge (isag.)
29 178

Alkiphron
Hetärenbriefe
Nr. 1 134
Nr. 18 134

Ambrosius von Mailand
Epistulae (ep.)
1 338
1(7),1 8
32(48),3 356
33(49),1 8, 338
48(66),1 8, 338

Anacharsis
Epistulae (ep.)
9–10 163

Anonymus
De planetis
CCAG II, 178.15 176

Antigonos von Nikaia
Hadriani genitura
I, 189–190 200
II, 807–809 200

Apollonios von Tyana
Epistulae (ep.) (ed. Penella)
1–8 143
8 141
9 143
10 142, 143
11 144, 145
12 144, 145
13 144, 145
14–18 143
19 143
20 143
20–21 158
21 143
24 144
25 144
26 142
27 142, 144
28 143, 163
32 144
33 144
34 142
35 144
38–41 144
42 143
42 f–h 158
43 141
44–45 145
46 145
47 144, 145
48 145
49 145
50–52 143
55 145
56 144
60 143
63 144
64 144
65–68 144
69 144
70 144
72–73 145

74 143
75–76 144
77 d 158
77 f 158

Apuleius
Metamorphosen (met.)
VI 8 178

Aratos
225 182

Aristobulos
frg. 5 211

Aristoteles
De arte poetica (poet.)
1451 b 1 110
1451 b 27 110
Politica (pol.)
VI 2, 1317 b 38–41 5
priv. script. frg. (ed. Plezia)
p. 13,9–14,9 162
p. 15,1–5 161
p. 28,1–20 162
p. 29,1–30,5 161
p. 30,6–31,5 162
p. 31,7–33,7 161
Fragmente
frg. 982 Gigon 151

Athanasius
Thomus ad Antiochenos (tom. ad Ant.)
AW III/1.4, Dok. 69.2 341

Athenagoras
Legatio pro Christianis (legat. Christ.)
inscriptio 158

Athenaios
VII 279 e–f 156
XII 546 d 156

Augustinus von Hippo
De civitate Dei (civ.)
VII 14 178
XXI 8 195

Epistulae (ep.)
25,1 346
137,19 337
155,1 346
167,21 11
258,1–2 346
Retractationes (retr.)
II 46 339
II 20,1 7
De utilitate credendi (util. cred.)
13 299

Aulus Gellius
Noctes Atticae (noct. Att.)
XIII 17,1 4
XX 5,1–13 157
XX 5,8 157
XX 5,9 157
XX 5,11 157
XX 5,12 157

Ausonius
Epistulae (ep.)
21–24 115
21,3 123
21,49 123
21,70–72 121
21,73–74 116
22,3 121
22,28–31 120
22,31 120
27,67ff. 115
27,110–118 115
29,45–61 115
Parentalia
30,5 120

Barsanuphius und Johannes
Epistulae (ep.)
49 355
98 355
196 355
199 355
207 355
292 354
305 352
314 353

600 354
602 354
614 354
842 354

Basilius von Caesarea
Ad adolescentes (adolesc.)
4,1f. 341
4,9 341
Adversus Eunomium (c. Eun.)
III 5.18–37 343
Epistulae (ep.)
2 340
22 340
38 279
194 8
210,4 343
232–236 342
232 342
233–235 343
233,1 343, 345
233,2 344
234,2 344
234,3 344
235,1 344
235,2 344
236,6 342, 343
361 342
362 342
364 342
De spiritu sancto (spir.)
3,5 344

Cassiodor
Variae epistulae (var.)
II 40 167
IX 24,8 167

Cassius Dio
XXXVII 18,2–19,3, §2 190
XXXVII 18,2–19,3, §3 190

Catalogus Codicum Astrologorum Graecorum (CCAG)
I, 106–107 190
I, 128,10 198
V, 184.1 194

VI, 63 191
VI, 63–64 190
VII, 239.5 181

Catull
Carmina (carm.)
64,59 118
65 105, 107, 108, 109
65,1–18 105–109
65,13–14 107, 108
65,19–24 105
66 105
116 107

Cicero
Epistulae ad Atticum (Att.)
XIII 12,3 287
Ad familiares (fam.)
I 9,18 131
II 4,1 10
III 11,2 8
IV 13,1 10
VI 10,4 10
XI 5 235, 237
XI 7 235, 237
XII 30,1 322
XV 20(21),4 10
De finibus (fin.)
II 92 131
Pro L. Valerio Flacco (Flacc.)
37 10
Laelius de amicitia (Lael.)
20 346
De oratore (orat.)
III 127 4
In M. Antonium orationes Philippicae (Phil.)
2,7 8
Tusculanae disputationes (Tusc.)
V 100 131

Clemens von Alexandria
Excerpta ex Theodoto (exc. ex Theod.)
7,5 264
Paedagogus (paed.)
1,1,2 331
Stromata (strom.)
I 99,1 290

I 150,11 216
II 36,2-4 250
II 114,3-6 250
III 59,3 250
VII 108,1 270

Cyprian
Ad Donatum (ad Donat.)
2 337

Pseudo-Demetrios
De elocutione (eloc.)
223 8, 9, 322
223-235 8
224-226 8
227 8
234 8

Diogenes von Sinope
Epistulae (ep.)
4 162
5 162
14 162
15 162
24 162
29 162
34 162
40 162
45 162

Diogenes Laërtius
I 53-54 163
I 64 163
I 66-67 163
I 67 163
I 73 163
I 81 163
I 94 163
I 100 163
I 105 163
IV 2 156
V 27 163
VII 7 157
VII 8-9 157
X 3-8 95
X 5 94
X 6 94, 95

X 7 95
X 9 95
X 14 92
X 18 93
X 22 93

Dorotheus von Gaza
Doctrinae diversae (doct.)
superscr. (FC 37/1, 122.4-7) 352

Dorotheus von Sidon (arabus)
Carmen astrologicum
V 15 184
V 26 188
V 26,5-8 189

Epiktet
Dissertationes (diss.)
II 1,22 5
II 1,25 5

Epikur
Brief an Herodot (ep. ad Hdt.)
35 90
36 90
43 89
53-54 89
55 89
65 90
81 90
82 90
83 90
Brief an Menoikeus (ep. ad Men.)
126 90
129 87
131 88
135 91
Ratae sententiae (rat. sent.)
51 94
Fragmenta (frg.)
5, col. XXIII 96

Epiphanius von Salamis
Panarion (pan.)
31,5-6 249
31,7,2 255
33,2-7 257

33,3,1 256, 257
33,3,1-7,10 255
33,3,4 258
33,3,8 258
33,4,1-2 258
33,4,3 258
33,4,-14 259
33,5,1 259
33,5,1-3 259
33,5,5 259
33,5,8-15 259
33,7,1 259
33,7,2 259
33,7,3-5 259
33,7,7 260
33,7,10 256
40,1,6 272

Euripides
Hippolytus (Hipp.)
856-880 129

Eusebius von Caesarea
Demonstratio evangelica (dem. ev.)
VII 3,18 302
Historia ecclesiastica (hist. eccl.)
I 7,2-16 302
V 15 253
V 20,4 253
VI 2,6 282
VI 3,1-3 252
VI 3,8 252
VI 14,8-9 282
VI 18,3-4 290
VI 19,5-8 301
VI 19,11-14 282
VI 19,16-19 281, 282
VI 23,1-2 310
VI 27 280
VI 31,1 283
VI 36,3-4 279
VI 36,4 281
VI 39,5 280
Praeparatio evangelica (praep. ev.)
VI 10,20 194
IX 20,1 211
IX 22,1-12 211
IX 24,1 211
IX 37,1-3 211
XIII 12,9-16 211

Firmicus Maternus
Mathesis (math.)
III 1,13 178
III 11,18 182
IV 19,2 189
VIII 7,3 183

Gregor Thaumaturgus
Panegyricus ad Origenem (pan. Orig.)
62-72 288
73-92 288
93-108 291
109-114 291
113 291
115-149 291
150-183 291
151-153 291
173-178 291

Gregor von Nazianz
Epistulae (ep.)
51 10
51,1-3 278
54 278

Gregor von Nyssa
Epistulae (ep.)
35 279

Hephaistion
II 20,1-4 177
II 25,1 195
III 7-47 187
III 16,5 185
III 26 187
III 27 184
III 27,1 195
III 27,2 185
Epitomai (epit.)
I 39 187
II 2,25 187
II 2,97.4-7 184
II 3,9 184

IV 4,87.1-3 184
IV 103,1 187
IV 104 184

Heraklit von Ephesos
Epistulae (ep.) (ed. Malherbe)
1-2 163

Herodot
I 123,4-124,3 130
III 40,1-4 130
III 42,3 130
V 35,2-3 130
VII 239,3-4 130

Hesiod
Fragmente (frg.)
274,1 MW 78

Hieronymus
Apologia contra Rufinum (apol. c. Rufin.)
II 18 281
Chronica (chron.)
a. 336 5
Epistulae (ep.)
1-17 14
5,1 322
7,2,1 322
8,1 337
10,3,1 332
14 337
22,22,3 326
22,29,7 347
22,30 12
23,1 319, 322, 329
23,1,2 322
23,2,1 323, 324, 331
23,2,2 330
23,2,2-3,3 331
23,3,1 324
23,3,3 322, 328
23,4 331
24,1 332
24,1,1 324, 329, 330, 331
24,1,2 319, 330, 331, 332
24,2 329
24,5,1 319, 332
24,5,2 329, 330
29,1,1 8
33 280, 284
33,4,9 280
38,1-2 320
38,1,1 321
38,2 320
38,2,1 320
38,2,2 321, 329
38,2,2-3 325
38,2,3 325
38,3,1 325
38,3,1-2 326
38,4,2 327
38,4,4 327
38,5,2 328, 330
43,1 309
45 319
52,1,1-2 337
52,4,1.3 337
53,1 346
65,2,2 319
79,4,2 332
84,10,2 281
107 279
107,4 297
133,1,2 295
134,1 11
In Hieremiam commentarii (in Hier.)
V 67,6 305
De viris illustribus (vir. ill.)
54,5 280
61,3 310
63,2 284
65,4 280
135,1.2 14
135,3 317

Hippolyt von Rom
Danielkommentar (in Dan.)
I 14,4 305
I 13-34 284
Refutatio omnium haeresium (haer.)
VI 38 256

Historia Augusta (SHA)
Aurel. 24,3-6 138
Aurel. 24,8 137

Homer
Ilias (Il.)
II 1-2 78
II 489 80, 82
VI 168-170 212
VI 168-178 129
IX 312-313 211
XIII 521 211
XXI 497-501 178
XXIV 353-357 178
XXIV 677-691 178
Odyssee (Od.)
VI 182-185 211
XI 415 78
XIX 518-523 107
XXIV 1-14 178

Homerische Hymnen
Hymnus in Mercurium
273 177
369 177
389 177

Horaz
Ars poetica (ars poet.)
75 107
Carmina (carm.)
I 1,1 101
II 7,13 178
Epistulae (ep.)
I 1,3 101
I 2,1-5 112
I 4 113
I 4,16 87
I 1,10-11 110
I 10, 1-5 114, 115
I 10,49-50 114
I 18, 104-112 113
I 20 110
II 1,77 122
II 1,126-131 111

II 1,250-251 111
Epodi (epod.)
1,4 101
Saturae (sat.)
I 1,1 101
I 4,38-62 110
I 4,39-42 110f.
II 6,17 111

Horoscopia graeca (Hor. gr.)
484.VII.18 196, 198
487.IX.5 190

Irenäus von Lyon
Adversus haereses (adv. haer.)
I praef. 2 252
I 1,1-8,4 255
I 6,2-3 269
I 8,4 263
I 8,5 255
I 12,1 255
I 30,15 253
III 15,2 270
IV 30,1-4 292
Fragmente (frg. syr.)
28 253

Isokrates
Epistulae (ep.)
1 160
2 161
3 161
6 160
7 160
9 160

Johannes Diaconus
frg. VI 280

Johannes Stobaios
Anthologie
Nr. 78 140
Nr. 81 141
Nr. 83 141
Nr. 84 141

Nr. 85 141
Nr. 86 141
Nr. 89 141
Nr. 93 141
Nr. 98 141

Josephus (Flavius)
Antiquitates (ant.)
VII 135–137 212
XX 263–265 213
Vita (vit.)
191 224

Julian
Epistulae (ep.) (ed. Bidez/Cumont)
1–2 164
5(?) 164
8 164
11 8
12 164
30 8
35 164
43–44 164
60 164
62 164
65 164
72(?) 164
74–79 164
83 164

Julius Africanus
Epistula ad Origenem (ep. Orig.)
2 303
3 303
4–5 304
6 304
7 304, 306
8 304, 307
9 304
10 308

Julius Victor
Ars rhetorica (rhet.)
26 9
27 7, 9, 10

Justin
Apologien (apol.)
II 2 255
II 8(3),1 271

Pseudo-Justin
De resurrectione (res.)
III p. 594 C 6 Otto 264

Juvenal
Saturae (sat.)
6,565–568 120

Kedrenos
I p. 444 Bekker (PG 121, 485 B–C) 282, 310

Das Leben von Secundus dem Philosophen
p. 74.12–90.15 Perry 165

Lehre des Ani
B 23,3 43
G 6,11 43

Libanios
Epistulae (ep.)
501 135
747 135

Pseudo-Libanios
Characteres epistularum (ep. char.)
2 8
46–48 10
49–50 10

Livius
I 34,4–35,6 121
I 39,1–41,7 121
XXII 10,9 178

Lukian
Alexandros (Alex.)
5 136
Pro lapsu inter salutandum
10 159

Lydos
De mensibus (mens.)
2,9 178

Manilius
II 614 186
II 693–721 196
II 713–717 196
II 864–880 200
II 865 200
II 888 194, 200
II 890 194, 195
II 943 201
V 412 185
V 472–473 177, 181
V 473 178
V 640–641 182

Marcus Aurelius
I 8–15 158

Martianus Cappella
IX 998 4

Mischna
mED 7,7 224
mRH 2,8–9 224
mMSh 5,6–11 223

Nikephoros Kallistos
Historia ecclesiastica (hist. eccl.)
V 21 284

Oracula Sibyllina (orac. Sib.)
III 419–420 211

Origenes
Contra Celsum (Cels.)
III 20 298
III 58 292
V 61 270
VI 41 136
VIII 52 291
VIII 76 308
Epistula ad Africanum (ep. Afric.)
1 285
2 302, 305
3 303, 306
4 306
5–7 307
6 306, 307
7 307
8 306
9 307
10 306
18 306, 307
21 302, 307
24 308
Epistula ad Gregorium (ep. Greg.)
1 286–288, 296
2 293
3 293
4 297–299, 300
Exortatio ad martyrium (exhort. mart.)
14 308
36 308
37–38 308
In Canticum canticorum commentarii (in Cant. comm.)
III 13,51 295
In Canticum canticorum homiliae (in Cant. hom.)
2,12 295
In Exodum homiliae (in Ex. hom.)
1,1 299
2,1 293
8,1 293
11,6 291
In Ezechielem homiliae (in Hiez. hom.)
2,5 299
4,3 299
11,1 299
In Genesim homiliae (in Gen. hom.)
11,2 292
15,5 293
16,4 293
In Hieremiam homiliae (in Hier. hom.)
18,6 298
19,1 299
19,4 299
frg. P 4,2 298
In Iohannem commentarii (in Ioh. comm.)
I 16,90–18,108 292
I 19,109–20,124 292
V I 310
VI 2 299
VI 9,53 298
In Iosuam homiliae (in Ios. hom.)
1,7 293

5,6 293
8,2 299
8,3 299
20,1 299
20,4 299
26,2 293
In Isaiam homiliae (in Is. hom.)
5,1 299
7,1 299
9,1 299
In Iudices homiliae (in Iud. hom.)
5,3 295
In Leviticum homiliae (in Lev. hom.)
5,7 291
In Lucam commentarii (in Luc. hom.)
32,2 299
In Matthaeum commentarii (in Matth. comm.)
X 15 298
In Matthaeum commentariorum series (in Matth. comm. ser.)
38 299
In Numeros homiliae (in Num. hom.)
19,1 299
20,3 292
26,3 299
In Psalmos homiliae (in Ps. hom.)
36 hom. 4,4 299
77 hom. 1,4 299
77 hom. 2,4 299
77 hom. 4,10 299
80 hom. 2,5 299
De oratione (orat.)
5–7 292
8–17 292
Philokalie (philoc.)
5,1 310
10,2 298
13 283
13 tit. 300
De principiis (princ.)
III 1,1–5 292
III 1,6–24 292
III 3,2 291

Ovid
Heroides (Her.)
15,7–8 108

15,153–155 108
Epistulae ex Ponto (Pont.)
IV 2,3–8 102, 125
IV 3,3–4 103
Tristia (trist.)
V 1,80 125

Passio Perpetuae et Felicitatis (pass. Perp.)
2,1 5

Paulinus von Nola
Carmina (carm.)
10 115, 116, 119, 121, 124
10,7–8 116
10,9–10 121
10,11 123
10,11–15 122
10,17 121
10,19 123
10,19–22 116
10,25 117
10,26 117
10,29–40 117
10,32 123
10,96 123
10,103–331 122
10,109–128 115
10,113–117 117f.
10,119–128 115
10,156 119
10,156–159 120
10,189 123
10,189–192 119
10,260–264 122, 123
10,261 122
10,263 123, 124
10,265–268a 123
10,298 123
11 115, 116, 124
11,4–7 123
11,5 123
11,6 124
22 350
22,87–90 347
Epistulae (ep.)
1,2 347
2,4 350

4,1 346
5,1 358
11,5 346, 358
12,4 349
16 11
16,1 350
16,2 347
16,6 11, 348
16,9 348, 349
16,11 349
38,6 347
40,2 346
51,3 346

Paulus Alexandrinus (ed. Boer)
21 p. 43.18 198
24 p. 54.5 201
24 p. 75.15 201

Pausanias
V 13,8–9 142

Persius
5,86 123

Philon von Alexandria
De congressu eruditionis gratia (congr. erud. grat.)
11 290
79–80 290
Legatio ad Gaium (legat.)
276–329 212
310 212
320 212
332 212
De migratione Abrahami (migr. Abr.)
77 293

Philostrat
Vita Apollonii (vit. Apoll.)
I 2,3 136, 158
I 3,2 136
I 13 143
I 16,4 141
I 23–24 139
II 27,2 141
IV 41 142

V 38 157
V 41 158
VI 29 158
VII 35 138, 158
VIII 7,3 158
VIII 7,29 142
VIII 7,30 142
VIII 7,39 142
VIII 20 138, 165
VIII 26 142
VIII 27–28 158
VIII 31,2–3 138
Epistulae (ep.)
42a–h 139, 140
42b–e 139
42f–h 139
77a–c 140
77a–f 139, 140
77c 140
77d–f 140

Pseudo-Phokylides
48 211
195–197 211

Photius von Konstantinopel
Bibliothek (bibl.)
34 284
118 280, 281

Pindar
Pythia (Pyth.)
1,92–98 133

Platon
Epistulae (ep.)
1–3 162
5 162
6 162
V 322a–b 131
Nomoi (nom.)
VII 817 e–819 a 5
Politeia (polit.)
V 473c–d 151
VI 500 d 5
VII 536 d 289
VII 536 e 5

Protagoras (Prot.)
312 b 5

Plinius der Jüngere
Epistulae (ep.)
I 10 143
VII 9,11 103
X 58 157

Plutarch
Alexandros (Alex.)
35 217
Quaestiones convivales (symp.)
151 B-C 163

Porphyrios
Adversus Christianos (adv. Christ.)
III frg. 39 Harnack 301
Fragmenta (frg.)
376F, Z. 91-95 Smith 140
Introductio (introd.)
6 p. 196-197 179
Isagoge (isag.)
16 200

Properz
I 7,19 124
II 1,41 124

Ptolemaios
Apotelesmatikè sýntaxis (apotel.)
I 4,7 178
I 5,2 179
I 7 179
I 9,19 182
I 21,25 179
II 3 179
IV 4,3 201

Pythagoras
Epistula ad Hieron. (ed. Städele)
S. 70-76 163
S. 186-203 163

Quintilian
Institutio oratoria (inst. orat.)
VIII 3,60 110

IX 4,19-20 10

Rufinus von Aquileja
De adulteratione librorum Origenis (adult. libr. Orig.)
7 281

Seneca
Epistulae morales ad Lucilium (ep.)
8,2 101
40,1 8
67,2 8
75,1 10
88,2 5
88,20 289
95,66 331
108 235
120,6-11 235

Sidonius Apollinaris
Epistulae (ep.)
IX 12 104
IX 12,1 103
IX 12,3 104
IX 12-16 104

Simplikios
Commentaria in Aristotelem Graeca (in Aristot. phys.)
CAG IX p. 8,21-25 Diels 157
CAG IX p. 8,26-29 Diels 157

Sinuhe
B38-39 59
B40-42 60
B110-111 60
B225-226 59
R65-66 69

Pseudo-Sokrates und Sokratiker
Epistulae (ep.)
1 Borkowski 163
24 Köhler 162
26 Köhler 162
28 Köhler 161
29 Köhler 161

Speusipp
frg. 156 Isnardi Parente 161

Statius
Achilleis (Ach.)
I 960 118

Strabon
Geographica (geogr.)
XVI 1,5 217

Suda
s.v. Διονύσιος (δ 1179) 156
s.v. Ἀφρικανός (I p. 434 Adler) 284
s.v. Σωσάννα (IV p. 408 Adler) 284
s.v. Ὠριγένης (III p. 621 Adler) 282, 301, 310

Symmachus
Epistulae (ep.)
II 35,2 339
VII 129 346

Talmud
bBer 63a-b 224
bKet 69a 225
bShab 139a 225
yHag 2,2, 77d 219
yNed 6,13, 40a 224
yNid 3,2, 50c 225
ySan 1,2, 19a 224

Tatian
Oratio ad Graecos (orat.)
19,3-4 271

Tertullian
Adversus Hermogenem (adv. Hermog.)
8,3 295
Adversus Marcionem (adv. Marc.)
IV 11 326
V 5,1 210
Adversus Valentinianos (adv. Val.)
1,1 254
4,1 254
De anima (an.)
3,1 295
23,6 295
36,1 295
Apologeticum (apol.)
46,18 347
De praescriptione haereticorum (praescr.)
7,9-11 347
7,12 262
42,1 253
De resurrectione mortuorum (res. mort.)
24,4-6 264
Scorpiace (scorp.)
1,9 327
Ad uxorem (uxor.)
I 4,8 325
I 5,1 326

Teukros
I 1,12 182

Themistios
Orationes (orat.)
8,107 c-d 151

Thukydides
I 128-132 130
I 137,4 130
VII 11-15 130

Tosefta
Sanhedrin 2,6 222

Tragicorum Graecorum Fragmenta (TrGF)
IV frg. 14 165

Turpilius
Incertarum fabularum fragmenta (inc. fab.)
frg. 1 337

Varro
Antiquitates rerum humanarum et divinarum (ant. div.)
16 frg. 250 Cardauns 178
De vita populi Romani (pop. Rom.)
1 frg. 5 Fraccaro 195

Vitruv
I 1,12 4

Namen und Begriffe

Abaelard 27, 85
Abaris 153
Abaskantos (sonst unbekannt) 72
Abbas Seridus 351, 353
Abbt, Thomas 380
Abū Ma'šar 186, 190
Achill 118
Addison, Joseph 368f.
Aelian 134
aemulatio 241f.
Aeneas von Gaza 351
Agathopus (sonst unbekannt) 250
Agrippa II. 212
Agrippa von Nettesheim 181
Albinus, Decimus Iunius Brutus 235
Alexander der Große 20, 87, 152, 157, 162
Alexander der Platoniker 158
Alexander Severus 302
Alexander von Abonuteichos 136
Alexander von Jerusalem 281, 282
Alkiphron 134
Alphabetisierung 67
Amandus (sonst unbekannt) 349f.
Amasis 130, 163
Ambrosius (Mäzen des Origenes) 281, 308, 309f.
Ambrosius von Mailand 13, 14, 278, 336, 340, 356
Ammonas (sonst unbekannt) 79, 351
Amphilochius von Ikonium 342–345, 356
Anacharsis 153, 163
Anastasius Sinaites 354
Andronikos von Rhodos 157
Angleichung an Gott (ὁμοίωσις θεῷ) 300
Ani 40
Anoubas (sonst unbekannt) 72
Antigonos II. Gonatas 157
Antigonos von Nikaia 196, 199f.
Antiochos IV. 213, 216
Antipater 162
Antonius 351
Antonius Maximus (sonst unbekannt) 74
Aphrodisios (sonst unbekannt) 73
Apion (sonst unbekannt) 74, 75, 77f.
Apolinarius (sonst unbekannt) 308
Apollinaris von Laodicea 342
Apollonios (Beamter) 131
Apollonios von Tyana 19, 158, 163, 164
Apollonios von Tyros 157
Archelaos (sonst unbekannt) 69
Archelaos I. von Makedonien 133, 153, 163
Archidamos III. 160
Aristainetos 134
Aristarch von Samothrake 303
Aristides 302
Aristobulos 211, 216
Aristokles (sonst unbekannt) 73
Aristoteles 20, 85, 87, 89, 110, 151, 157, 161, 162
Aristoxenos 164
Askese 115, 117, 317, 320, 324, 325, 327f., 328f., 337, 340, 350, 355, 356
Asklepiades (sonst unbekannt) 72
Astronomie 289, 291
Artaxerxes 153
ἀταραξία 90
Athanasius von Alexandrien 339, 341
Athenagoras 158
Athenodorus 287
Atticus 27
Auferstehung 266–269
Augustinus 7, 11, 26, 85, 132, 278, 299, 336, 345, 346, 357
Augustus 212, 239
Aurelia Thaisous = Lolliane (sonst unbekannt) 76
Aurelian 137
Ausbildung 38, 44, 111
Ausonius 18, 104, 115, 126, 346

Ba 225
Babylonischer Talmud 210
Bacon, Francis 401
Bakchios 158
Barsanuphius 24, 339, 355f., 357
Baruch 219
Basedow, Johann Bernhard 371
Basilius von Caesarea 11, 24, 132, 135, 278, 279, 283, 297, 339, 351, 354, 355f., 357
Bassos (sonst unbekannt) 143
Bassus (sonst unbekannt) 303
Bauer, Felice 410
Beatus Rhenanus 154

Begabung 23, 286
Bellerophon 119f., 121
Berauld, Nicolas 4
Berenike 105, 108, 109
Bias von Priene 163
Bion 153
Blesilla 320, 328
Boethius 167
Böhl, Johann Nikolaus 374
Brief
– Brieflänge 114, 277f., 336f.
– Briefsammlung 13f., 131, 138f., 164, 336, 373
– Brieftraktat 278
– Versepistel 101
Brod, Max 405, 414
Brutus 27, 153
Burckhardt, Jacob 165

Caligula 212
Campe, Eduard 376
Campe, Joachim Heinrich 25
Campe, Karl 376
Campe, Lilla 376
Campe (verheiratete Vieweg), Lotte 25, 375f.
Campe, Minna 377
Cassiodor 13, 167
Cato 348
Catull 104, 118, 125, 126
Chaeremon (sonst unbekannt) 73
Cheti 39
Cinna Catulus 158
Channuka-Fest 214, 215, 217, 226
Chijja 225
Chilon 163
Chion von Herakleia 153, 154
Choricius von Gaza 351
Christologie 263
Chrysipp 112
Cicero, Marcus Tullius 9f., 27, 28, 76, 85, 131, 235, 237, 277, 337, 346, 347, 401
Cicero, Quintus 27
Clarke, Samuel 85
Claudia Severa 5
Claudius Maximus 158
Claudius Severus 158
Clemens von Alexandria 216, 249, 250, 252, 264, 270, 290, 297, 331

Commodus 158
Cornelius Severus 102
Crassus 401
Crescens 271
Cyprian von Karthago 276, 337, 358
Cyriacus von Ancona 153, 155

Damm, Christian Tobias 385
Dämon 250
Dareios 163, 223
Defoe, Daniel 371
Deïdameia 118
Demetrios von Phaleron 8, 9
Demetrius von Alexandria 252, 281
Demiurg 259f.
Demosthenes 348
Demut (ταπεινοφροσύνη) 21, 236, 237, 238, 240, 241, 243, 245
Dialektik 289, 291, 294
Dichtung 117, 291
Didymos (sonst unbekannt) 73
Didymus von Alexandrien 354
Dindimus (Dandamis / Mandanis) 163
Diogas (sonst unbekannt) 73, 74
Diogenes (sonst unbekannt) 71
Diogenes Laërtios 87, 88, 89, 91, 92, 93, 94f., 157, 163
Diogenes von Oinoanda 93
Diogenes von Sinope 152, 162
Dion 162
Dion von Prusa 143
Dionysios (sonst unbekannt) 74
Dionysios I. von Syrakus 150, 152, 160
Dionysios II. von Syrakus 156, 162
Dionysodoros von Troizen 159
Dioskoros von Aphrodito 82
Diotimos (sonst unbekannt) 145
Doketismus 251
Domitian 135, 138, 143, 158
Dorotheos von Sidon 183, 184, 188, 200
Dorotheus von Gaza 351, 352, 353

Eberhard, Johann August 385
Eckermann, Johann Peter 372
Elite 11, 15, 17f., 22, 24, 68, 211, 243, 253, 262, 285, 350, 364, 365
Eltern 16, 69, 71, 96f., 98

Ephesos 163
Elpidius 164
Epiktet 5
Epikur 12, 17, 112, 277
Epimachos (sonst unbekannt) 74, 75
Epimenides 177
Epiphanius von Salamis 249, 256, 272
Erasmus von Rotterdam 4, 19, 28, 154
Eros (sonst unbekannt) 72
Erotapokriseis 354
Ethik 291
Euagoras von Salamis 160
Eugenius 164
Eugnostos 249
Eukleides 164
Euktemon (sonst unbekannt) 74
Eunoios (sonst unbekannt) 77
Eunomius 343
Euphrates von Tyros 143f.
Euripides 70, 129f., 133f., 153, 165
Eusebius von Caesarea 137, 216, 253, 279, 280, 281, 284, 290, 301, 310
Eusthatios 164
Eustochium 320
Evagrius Ponticus 339, 351, 354
Exegese 23, 258f., 289, 291, 296, 297f., 302f., 317, 321f., 351
Exodus 293
ἡδονή 87, 88, 94

Fabianus von Rom 279, 281, 309
Felix von Nola 345
Ferokianos (sonst unbekannt) 145
Firmicus Maternus 182, 183
Firmilianus von Caesarea 280, 282
Flachsland, Karoline 380, 381
Flavius Cerealis 5
Flavius Josephus 212f., 213, 224
Flavius Philostratus 10
Flora 22
Florentinus 358
Florinus 253
Fontenelle, Bernard le Bovier de 150f., 152, 161
Franklin, Benjamin 363, 407
Frau 5f., 16, 23f., 68, 71, 75, 87, 134, 327, 363, 364, 368, 370, 371
Frege, Gottlob 85

Freiheit 4f., 175, 412
Friedrich II. von Preußen 149–153
Fuscus 114

γαληνισμός 90
Gallonios (sonst unbekannt) 75
Gamaliel I. 224
Gamaliel II. 213, 222, 224, 226
Gellert, Christian Fürchtegott 369f., 373
Gellius, Aulus 157
Gleim, Johann Wilhelm Ludwig 390, 393
Glück 91
Gobar 282
Goethe, Johann Wolfgang von 365, 372, 379, 394, 409, 410, 414
Gordios (sonst unbekannt) 145
Gorgias von Leontinoi 160
Grammatik 70, 289, 291
– Grammatiker 337
– *grammatikos* 70, 75
– *grammatistes* 70
– *grammatodidaskalos* 70
Gregor der Wundertäter 22f., 280, 283, 285, 286f., 290, 291
Gregor von Nazianz 10, 13, 132, 275, 278, 283, 335, 341
Gregor von Nyssa 132, 275, 279, 341

Hadrian 138, 164, 199, 224
Halacha 211, 222
Haller, Friedrich 393
Hamann, Johann Georg 381, 392, 393, 395
Hardjedef 42, 46, 59
Häresie 295f.
Hartknoch, Johann Friedrich 380, 393
Hathyr II. (sonst unbekannt) 72
Haym, Rudolf 391
Hebräische Bibel 209, 216, 217
Heidegger, Martin 85
Heliodorus 337
Heloisa 27, 85
Hephaistion von Theben 184, 188
Herakles (sonst unbekannt) 74
Herakleides (sonst unbekannt) 79
Heraklit von Ephesos 163
Heras (sonst unbekannt) 79
Herder, Johann Gottfried 25f.

Hermachos (sonst unbekannt) 96
Herodot 130, 212f.
Herodotus 88f.
Heroninos (sonst unbekannt) 78
Hermias von Atarneus 162
Hesiod 78, 211
Hestiaios 144
Heyne, Christian Gottlob 393
Hierax (sonst unbekannt) 72
Hierokles von Nikomedia 137
Hieron I. 153, 163
Hieronymus 5, 11, 12, 13, 14, 23f., 26, 132, 278, 279, 280, 281, 282, 284, 295, 297, 303, 309, 310, 337, 338, 345, 351, 358
Hipparchos 153
Hippokrates 153, 401
Hippolyt 305
Hochzeit 78f., 176, 410f.
Hofmannsthal, Hugo von 401
Homer 70, 75, 78, 80, 82, 107, 112, 129, 176f., 201, 211, 212, 303, 354
Horaz 18, 87, 101, 104, 107, 122, 123, 125, 126, 178, 387
Hori 41
Horigenes (sonst unbekannt) 77
Horion (sonst unbekannt) 77
Horoskop 20
Hortalus 105, 106
Horus 42
Huet, Pierre-Daniel 301
Humanistenbrief 27
Humboldt, Alexander von 371, 373
Humboldt, Wilhelm von 25, 365, 371, 373f., 377
Hystanes 153

Idomeneus (sonst unbekannt) 93
Individuum 4, 211, 232, 243, 245, 369
Irenäus von Lyon 252f., 254, 255, 256, 269, 270, 276, 292
Isidor von Pelusium 275, 351
Ision (sonst unbekannt) 81
Isokrates 70, 159–161

Jason von Kyrene 213
Jason von Pherai 160
Jerusalem, Johann Friedrich Wilhelm 389, 395
Jochanan (Schreiber) 222

Jochanan ben Zakkai 224
Johannes Cassianus 354
Johannes Chrysostomus 275
Johannes Diaconus 280, 282
Johannes de Indagine 181
Johannes Hyrkanos I. 207
Johannes von Gaza 24, 339, 355f., 357
Josephus siehe Flavius Josephus
Jovius 347, 349, 351, 356
Juda ben Tabbai 219
Juda ha-Nasi 224, 225
Judas Makkabaios 215, 216, 217
Julia Augusta 212
Julian 132, 164, 335
Julianos (sonst unbekannt) 75
Julius Africanus 23, 283, 284, 285, 302, 305
Julius Cäsar 401
Julius Victor 9
Justin der Märtyrer 252, 264, 271, 276, 350
Juvenal 120, 121, 123

Kafka, Franz 26f.
Kafka, Ottilie (Ottla) 405
Kallimachos 105, 106, 108
Kanzleibrief 27
Kapiton (sonst unbekannt) 74
Kedrenos 282, 309, 310
Kelsos 299
Kephisophon 153
Kind 16, 17, 25, 68f., 96f., 111f., 364, 370, 402
– Mädchen 97, 363
Kiot (sonst unbekannt) 78
Klearchos 153
Kleon 91
Kleopatra 218
Krantor 112
Kroisos 153, 163
Ktesippos (sonst unbekannt) 96
Kyniker 134
Kyros 152

Laeta 279
Laubhüttenfest 214, 215, 216
Lavater, Johann Caspar 382, 384, 388, 389, 394
leadership 21
Lehrer 22, 39, 69, 71, 73, 74, 75, 115, 249, 251, 256, 262, 355, 373, 374

Leibniz, Gottfried Wilhelm 85
Leonides 282
Leontion (sonst unbekannt) 94
Lesekompetenz 6, 67, 70, 76
Levi (sonst unbekannt) 225
Libanios 9, 13, 132, 135, 340
Limborch, Philipp van 365
Literatur 73
Livius 121
Locke, John 85, 365f., 369
Lolliane siehe Aurelia Thaisous
Lollius Maximus 112
Löwy, Julie 403
Lucilius (Satiriker) 105
Lucilius 12, 101, 277, 289
Lucius, Caroline 370
Lucretia 119f., 121
Lukian von Samosata 132, 134, 136, 146
Lukrez 89
Lysias 160
Lysimachos (sonst unbekannt) 218

Mädchen siehe Kind
Maecenas 101, 110
Makrina die Ältere 283
Manilius 182
Manutius, Aldus 140
Marcella 14, 23f., 308
Marcianus 158
Mark Aurel 158
Markion 257f., 276
Martin von Tours 347
Masoretischer Text 218
Matris 153
Matron (sonst unbekannt) 96
Maussolos 160
Maximus 164
Maximus Confessor 354
Meister Eckhart 3
Menander 70, 134
Mendelssohn, Moses 380
Menoikeus (sonst unbekannt) 88f.
Metrodoros (sonst unbekannt) 93
Minucius Felix 350
Mischna 222
Mithridates 153
Mnesiergos aus Athen 216

Moiragenes 136f.
Montesquieu (Charles de Secondat) 85
Müller, Johann Georg 395
Musonios 139
Mutter 71, 75, 93, 94
Myron (sonst unbekannt) 72
Mythologie 16, 176, 404

Nachtigall 107f., 109
Naturwissenschaft 176, 302
Nebukadnezzar 223
Neilos von Ankyra 134f.
Nepotianus 337
Nero 139, 158
Nerva 158
Nicolai, Friedrich 385
Niketas von Herakleia 302
Nikias 130
Nikolaos (sonst unbekannt) 81
Nilus von Ancyra 351

Oberschicht 5, 243
Odysseus 112
Offenbarung 21
Ökonomie 365, 367
Olympias 162
Onnophras (sonst unbekannt) 72
Orakel 52
Oresius 104
Origenes 17, 22f., 136f., 146, 252, 270, 318, 354
Ovid 102, 108, 109, 125

Pachomius 351
Pädagogik 365
Pantänus 252
Paula 280, 284, 320
Paulinus von Nola 11, 13, 18, 24, 104, 115, 126, 278, 337, 339, 351, 355f., 357, 358
Paulos (sonst unbekannt) 80
Paulus (Apostel) 10, 17, 19, 21, 91, 135, 210, 224, 264, 275, 277, 324, 357
Paulus Alexandrinus 198
Pausanias 142
Pegasus 182
Peisistratos 163
Perdikkas III. 162
Periander 163

Perpetua 5
Persius 123
Persönlichkeitsbildung 6, 12, 24, 28, 90, 243, 245, 338, 343, 345, 355, 356, 357, 411
Petaus aus Ptolemais Hormu 68
Petrarca, Francesco 27, 85
Phalaris von Akragas/Agrigent 132, 153, 154
Phaon 108
Philemon 277
Philipp II. 160, 161
Philippus Arabs 279
Philodem 95
Philometor 216
Philon von Alexandria 211, 212, 289f., 291, 293, 294, 297, 354
Philosarapis (sonst unbekannt) 77
Philostrat von Lemnos 10, 134, 135–137, 141, 142, 158
Philoxenos (sonst unbekannt) 73
Photius von Konstantinopel 281
Phronimos (sonst unbekannt) 72
Pindar 109, 133
Pittakos 163
Platon 5, 19, 85, 87, 89, 92, 131, 150, 151, 152, 153, 160, 161, 162, 289, 294, 348
Plinius der Jüngere 11, 13, 14, 28, 103, 143, 277, 336
Plutarchos (?) 164
Polak, Miléna 414
Polykrates von Samos 130
Pompeji 95
Porphyrios 140, 299, 301
Poseidonios (sonst unbekannt) 74
Praetextatus, Vettius Agorius 322, 323, 324, 329, 331
Priskos 164
Prokles 163
Proklos 9
Prokop von Gaza 132, 351
πρόληψις 298
Propädeutik 23, 289, 290, 292
Properz 124
Protreptik 311f., 340f., 347–350
Pseudepigraphie 18f., 19f.
Psychologie 365, 384
Ptahhotep 39
Ptolemaios (sonst unbekannt) 72, 75

Ptolemaios 109, 218
Ptolemaios I. 159
Ptolemaios VI. 216
Ptolemaios, Claudius 176, 179, 182
Ptolemäus (Gnostiker) 22, 252
Purim-Fest 214, 219
Pythagoras 133, 138, 153
– Pythagoreer 134, 277
Pythokles (sonst unbekannt) 88f., 96

Qaṣra-jadi von Aser 56
Quintilian 10, 242
Qumran 217, 218, 222

Ramses II. 44, 56
Reformation 175
Regulus 237
Rheginos 22
Rhetorik 17, 70, 73, 79f., 115, 117, 132, 289, 291, 349, 351
– Rhetor 70, 337, 340, 356
Rousseau, Jean-Jacques 371
Rufinus von Aquileja 281, 283
Russell, Bertrand 85
Rusticus, Quintus Iunius 158

Sappho 108
Sarapion (sonst unbekannt) 80
Satire 15, 122f., 124
Satrap 153
Scheffner, Johann George 380
Schiller, Friedrich 85
Schleiermacher, Friedrich 382
Schönfeld, Erdmuth von 370
Schreibkompetenz 6, 67f., 70, 76
Schrift 67, 68, 75
Schröckh, Johann Matthias 374
Schule 16
– Schüler 22, 37, 39, 70, 71, 115, 249, 251, 256, 262, 374
Secundus (sonst unbekannt) 72
Secundus (Philosoph) 165
Semler, Johann Salomo 397
Seneca 10, 12, 17, 19, 85, 91, 101, 113, 158, 235, 277, 289, 294
Septuaginta 209, 217, 306
Serenilla (sonst unbekannt) 74

Serenos (sonst unbekannt) 75
Severa 279
Sextus von Chaironeia 158
Sidonius Apollinaris 13, 14, 103, 104, 337
Simeon ben Gamaliel 222, 224
Simon „von Kyrene" 214
Sinuhe 58–60
Sklave 5f., 71, 87, 231, 236, 349
Skopelianos 139
Sohn 26, 69, 71, 72, 73, 78f.
Sokrates 134, 163, 237, 277
– Sokratiker 134
Solon 153, 163
Sophist 143
sophistes 70
Sophokles 133, 153, 165
Soterichos von Oasis 137
Spalding, Georg Ludwig 395
Spalding, Johann Joachim 25f., 379
Spalding (geb. Gebhardi), Wilhelmine Sophie 380
Speusipp 156, 161
Spiel 49–52
Statius 118
Stobaios 140f.
Stoiker 87, 289
Sulpicia Lepidina 5
Sulpicius Severus 345, 347, 358
Susanna 23, 283, 284, 303
Symmachus, Quintus Aurelius 11, 13, 277, 336, 337, 339, 346
Synesios 132
Syntipas / Sindbad 152

Tanaquil 119f.
Tandasidos 158
Tarquinius Priscus 120
Tatian 271
Tauseret 41
Teller, Wilhelm Abraham 385, 389f., 390f., 393, 395
Tempel 214, 216f., 218
Tertullian von Karthago 23, 210, 253, 254, 262, 264, 325f., 326, 327f., 346, 350
Teukros von Babylon 182, 183
Themista (sonst unbekannt) 94, 96
Themistios 164

Theoctistus von Caesarea 281, 28
Theoderichs 167
Theodoros/Dorotheos 82
Theodotion 284, 303, 306
Theodotos (Dichter) 211
Theodotus (Gnostiker) 264
Theologie 291
Theon (sonst unbekannt) 69, 74
Theophylaktos Simokattes 134
Therasia 120, 123f., 346
Thomas von Aquin 301
Thrasylochos 153
Thukydides 130, 131
Thutmosis III. 56
Tibull 113
Timaios (sonst unbekannt) 78
Timotheos von Herakleia Pontike 160
Tiro 131
Titus 140, 158
Tod 105, 233, 234, 237, 263f., 266, 268
Tora 21, 211f., 221, 226
Tosefta 222, 226
Trapp, Ernst Christian 365
Trauer 107
Trescho, Sebastian Friedrich 396
Trinität 24
Trost 106, 221
Tugend 16, 243, 289, 294, 324, 330
Turbon (sonst unbekannt) 75
Turpilius 337

Übung 23, 286

Valens 195
Valentin 249, 250, 251, 252, 254, 255
Valla, Lorenzo 19
Varro 348
Vater 26, 68, 69, 72, 73, 74, 78f.
Vespasian 139, 158
Vestinus (sonst unbekannt) 72
Victor von Capua 280, 282
Viktor I. 253, 254, 270
Virius Nicomachius Flavianus 339
Voltaire 150, 152, 367f., 369, 370
Vorbild (*exemplum*) 233–238, 240–243, 244, 245, 318, 320, 323, 327, 329–331

Weisheit 290, 294, 347, 348, 349, 367
Wenennefer 41
Widmungsempfänger 101
Wilhelm von Schaumburg-Lippe 380
Wohryzek, Julie 410
Wolf, Christian 151

Xenophon 160, 348

Zeno (Kaiser) 190
Zenon von Kaunos 131
Zenon von Kition 157
Ziel (τέλος) 286f., 300